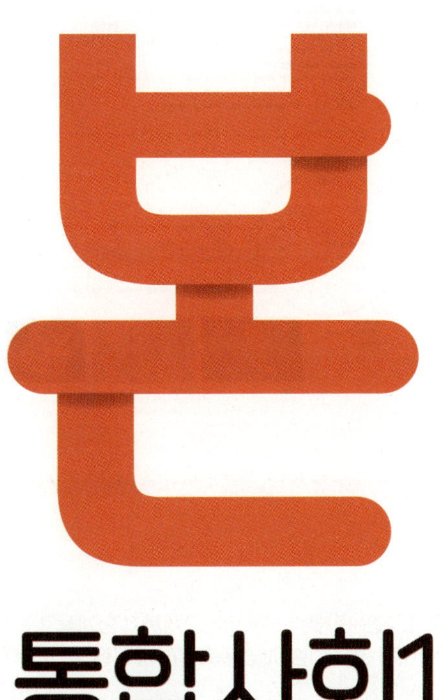

통합사회1

구성과 특징 Structure

◆ 핵심 개념 정리

이 주제에서 반드시 학습해야 하는 중요 개념을 이해하기 쉽게 정리하였고, 핵심적인 대표 자료와 추가적인 개념 설명을 제시·분석하여 통합사회의 주요 내용을 빠짐없이 수록하였습니다.

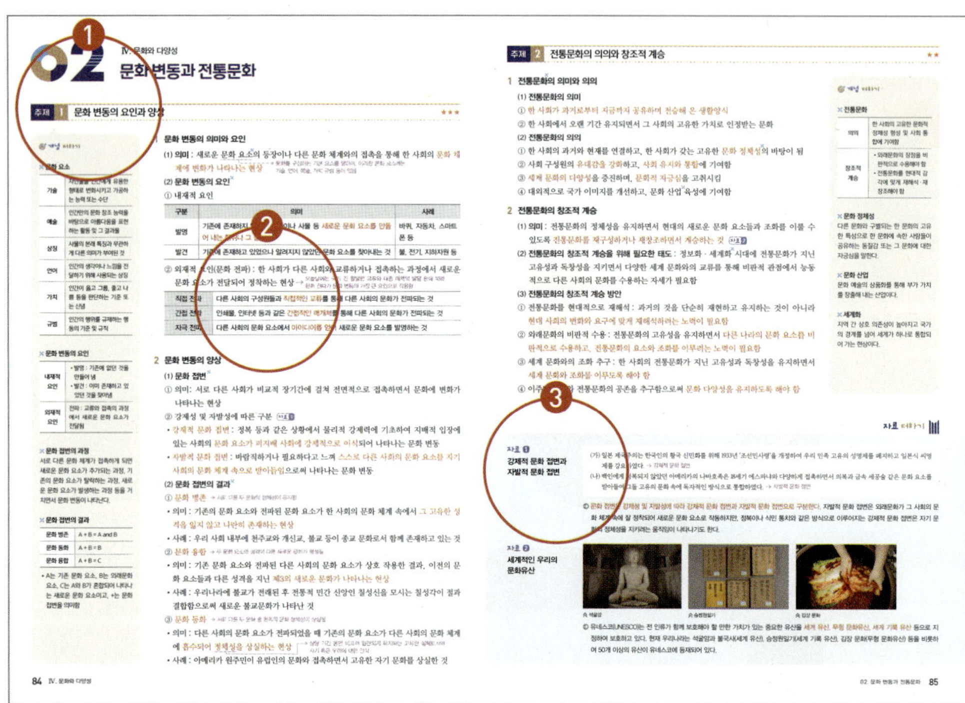

① 대표 주제

대표 주제별로 요점을 정리하였고, 주제별 출제 가능성 및 중요도를 알기 쉽게 제시하였습니다.

② 핵심 내용

8종 교과서를 종합하여 정리하였고, 대표 개념과 핵심 문장은 별색으로 구분하여 학생들이 반드시 파악해야 할 내용이 무엇인지를 한눈에 알아보기 쉽도록 하였습니다.

③ 대표 자료

교과의 핵심 개념과 연계하여 자료 분석 및 해석 능력을 함양할 수 있도록 강별로 대표 자료 1~4개를 제시하고 자세하게 분석하였습니다.

◆ STEP 1 내신 다지기

주제별로 쉬운 문제부터 어려운 문제까지 단계적으로 제시하여 문제 풀이를 통해 기본 개념을 확실하게 다질 수 있도록 구성하였습니다.

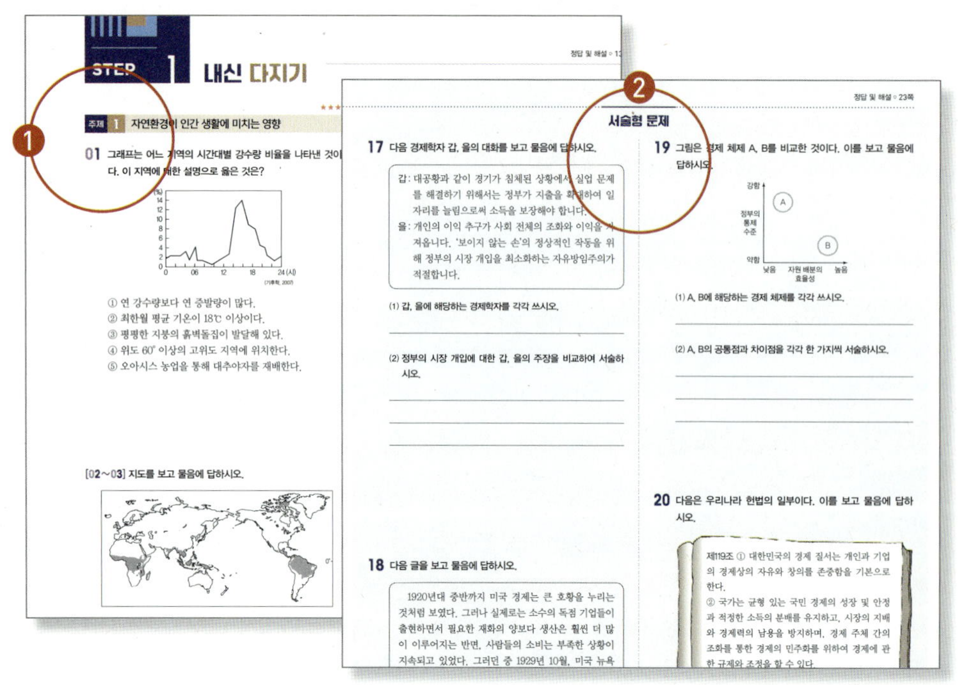

① 객관식 문제

학교 시험에서 자주 출제되는 여러 유형의 객관식 문제들을 풀어 보면서 실력을 향상시킬 수 있도록 하였습니다.

② 서술형 문제

내신 시험에서 서술형 문제가 차지하는 비중을 고려하여 학생들이 서술형 문제에도 완벽 대비가 가능하도록 하였습니다.

차례 Contents

통합적 관점

"인간, 사회, 환경을 바라보는 관점에는 어떤 것들이 있으며,
왜 통합적 관점으로 접근해야 할까?"

이 단원에서는 인간과 세상을 이해하기 위한 시간적, 공간적, 사회적, 윤리적 관점에 대해 학습하고,
각 관점을 종합적으로 함께 고려하는 통합적 관점의 필요성과 중요성을 이해한다.

이 단원 핵심 개념

강	대표 주제	대표 개념
01 인간, 사회, 환경을 바라보는 다양한 관점 ~ **02** 통합적 관점	주제1 인간, 사회, 환경을 바라보는 다양한 관점	✓ 시간적 관점 ✓ 역사적 배경 ✓ 시대적 맥락 ✓ 공간적 관점 ✓ 장소 ✓ 지역 ✓ 사회적 관점 ✓ 사회 구조 ✓ 사회 제도 ✓ 윤리적 관점 ✓ 도덕적 가치
	주제2 통합적 관점	✓ 인간, 사회, 환경에 대한 탐구 ✓ 통합적 관점

01~02 인간, 사회, 환경을 바라보는 다양한 관점~ 통합적 관점

주제 1 인간, 사회, 환경을 바라보는 다양한 관점 ★★★

개념 더하기

× 세상을 바라보는 다양한 관점

시간적 관점	시대적 맥락을 고려하여 과거와 현재, 미래를 이어 줌
공간적 관점	장소, 위치, 지역과 관련한 다양한 공간 정보를 고려함
사회적 관점	개인과 사회 구조의 관계를 고려함
윤리적 관점	도덕적으로 옳고 그름을 판단함

× 관점
- 사물이나 상황, 현상을 바라볼 때 어떤 것에 초점을 두어 저마다 인식하고 이해하는 방향이나 태도를 의미한다.
- 동일한 현상도 어떤 관점으로 보느냐에 따라 그 현상이 일어난 원인과 끼치게 될 영향, 문제 해결 방안들이 다르게 보일 수 있다.

× 사회적 관계
개인이 사회 속에서 다른 사람이나 집단과 끊임없이 상호 작용하면서 형성한 일정한 관계를 의미한다.

× 윤리적 관점의 필요성
윤리적 관점은 다양한 가치들 중에서 더 우선하는 가치나 태도는 무엇이고 가치 갈등을 어떻게 해결해야 할지에 대해 탐구함으로써 바람직하고 행복한 삶을 살기 위한 의사 결정이나 사회문제와 관련된 가치 갈등 해결을 위한 방안을 찾는 데 도움을 준다.

---

1 시간적 관점 ×

(1) 의미

① 역사적 배경과 시대적 맥락에 초점을 두고 인간, 사회, 환경을 바라보는 관점

② 과거에 발생한 사건이나 삶의 자취에 초점을 두고 당시의 시대적 상황과 역사적 사실을 현재와 연결 지어 의미를 부여하는 것

> 시간적 관점의 탐구를 위해서는 특정 현상과 관련된 과거의 자료를 수집해야 함

(2) 특징

① 과거의 특정 사건이나 상황이 현재의 사회현상에 어떤 영향을 미쳤는지 알 수 있음

② 현재의 사건이나 상황이 미래에 어떤 영향을 미칠 것인가를 예상할 수 있음

2 공간적 관점 ×

(1) 의미

① 장소와 지역 및 공간적 상호 작용에 초점을 두고 인간, 사회, 환경을 바라보는 관점

② 어떤 사회현상과 관련이 있는 위치나 장소, 분포 유형, 이동과 네트워크 등 다양한 공간 정보를 고려하는 것

위치와 장소	• 그 사회현상이 나타나는 일정한 자리 또는 공간 • 주로 경도와 위도의 지리적 좌표를 통해 파악함
분포 유형	일정한 특성이 나타나는 양상
이동과 네트워크	인구, 물자, 정보 등이 이동하면서 형성하는 네트워크를 통해 지역 간의 연결성을 파악할 수 있음

(2) 특징

① 사회현상에 영향을 미치는 자연환경과 인문환경 요소를 고려함으로써 지역 간 공통점과 차이점을 파악할 수 있음 (지형, 기후 등 / 언어, 종교, 민족, 문화 등)

② 지역 간 상호 작용의 변화와 그에 따른 인간의 삶과 세계에 미친 영향도 알 수 있음

3 사회적 관점 ×

(1) 의미 : 사회 구조 및 제도의 영향력에 초점을 두고 인간, 사회, 환경을 바라보는 관점

사회 구조	개인 간의 상호 작용이 지속되면서 나타난 사회적 관계들의 정형화된 틀 또는 조직적인 총체
사회 제도	사회 구성원의 욕구를 충족하고 공동체의 문제를 해결하기 위해 만들어진 관습화되고 공식화된 방법과 절차

(2) 특징

① 사회 구조가 사회 구성원에 미치는 영향을 파악하여 구성원의 행동뿐만 아니라 그에 따른 사회 변화의 양상과 문제점도 예측할 수 있음

② 공동체의 문제를 해결하기 위해 사회 제도를 먼저 개선함으로써 구성원의 행동을 유도할 수 있음

> 사회 구조나 제도, 관련 법률이나 정책의 개선을 통해 사회문제를 해결할 것을 강조함

4 윤리적 관점 ×

(1) 의미 : 도덕적 가치와 도덕규범을 고려하여 인간, 사회, 환경을 바라보는 관점

(2) 특징

① 우리가 지향해야 할 도덕적 가치를 판단하고 바람직한 행위 기준을 제시할 수 있음

② 더 나은 사회를 위한 규범과 가치를 설정하고, 이를 실천하는 방안을 모색하게 됨

> 사회문제를 해결하기 위한 개개인의 도덕성 함양 및 바람직한 태도와 실천 의지, 윤리 의식을 형성할 것을 강조함

1 인간, 사회, 환경에 대한 탐구

(1) 인간, 사회, 환경에 대한 탐구의 필요성
① 인간은 사회를 이루고 주변 환경과 상호 작용하며 살아감
② 삶에 영향을 주는 주변 환경에서 발생하는 문제를 인식하여 원인을 찾고 해결 방안을 모색하며 미래를 만들어 가기 위해 인간과 세상에 대한 깊이 있는 탐구가 필요함

(2) 인간, 사회, 환경에 대한 탐구의 의미
① 인간, 사회, 환경과 관련한 여러 사회현상에 대한 정보나 지식을 논증하는 과정
② 사회현상이 나타난 원인 파악과 결과를 예측하면서 문제를 해결해 가는 종합적인 과정

(3) 인간, 사회, 환경에 대한 탐구의 유의점
① 사회현상의 원인이 단순하지 않고 복합적인 경우가 많기 때문에 다양한 측면에서 그 원인을 검토해야 함
② 어떤 사회현상은 여러 '사실'과 '가치'가 혼재되어 발생하므로 문제 해결 과정에서 사실 판단뿐만 아니라 가치 판단도 필요함
③ 문제 해결 과정에서 새로운 문제가 발생하기도 하므로 새롭게 나타날 수 있는 문제점까지 고려해야 함

2 통합적 관점 자료 1

(1) 통합적 관점의 의미 : 하나의 사회현상에 대해 시간적 관점, 공간적 관점, 사회적 관점, 윤리적 관점을 총체적으로 적용하여 바라보는 것

(2) 통합적 관점의 필요성
→ 사회현상에 따른 문제를 한 가지 관점으로만 바라보고 해결하려는 시도는 사회문제의 다양하고 복잡한 측면을 고려하지 못하는 한계가 있음
① 인간, 사회, 환경이 상호 작용하면서 연계되어 나타나는 사회현상을 폭넓게 이해하기 위해서는 통합적 관점으로 사회현상을 바라보는 것이 중요함
② 사회현상을 통합적 관점으로 접근하면 발생 원인을 다각도로 분석할 수 있음
③ 문제가 발생했을 경우 실제적이고 다양한 측면의 해결 방안을 모색할 수 있음

(3) 통합적 관점을 적용한 탐구의 수행과 태도
① 다른 사람의 의견을 존중하고 다양한 의견을 포용하는 태도가 필요함
② 의견을 제시할 때는 관련 자료를 명확히 밝히고 해당 자료가 신뢰할 만한 것인지 확인하는 태도가 필요함
③ 제시하는 의견이 사회적으로 의미가 있는 것인지 등을 성찰해 보는 태도가 필요함

개념 더하기

사실 판단과 가치 판단

사실 판단	'참' 또는 '거짓'을 확인하여 구별할 수 있음 예) '물은 100℃에서 끓는다는 주장은 참이다.', '태양이 지구 주위를 돌고 있다는 주장은 거짓이다.'
가치 판단	'옳다' 또는 '그르다', '좋다' 또는 '나쁘다' 등을 구분하여 보다 바람직한 것을 추구하고자 함 예) '남을 돕는 행위는 선하다.', '도둑질을 하는 것은 옳지 않다.'

통합적 관점

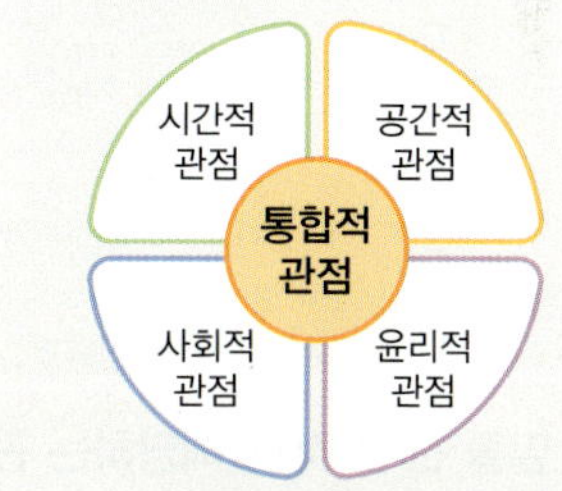

의미	하나의 사회현상을 시간적, 공간적, 사회적, 윤리적 관점을 모두 고려하여 통합적으로 살펴보는 것
필요성	하나의 사회현상에도 여러 분야가 긴밀하게 얽혀 있으므로 올바로 이해하려면 다양한 측면을 고려해야 함

자료 더하기 

자료 1
통합적 관점에서 살펴본 기후변화 문제

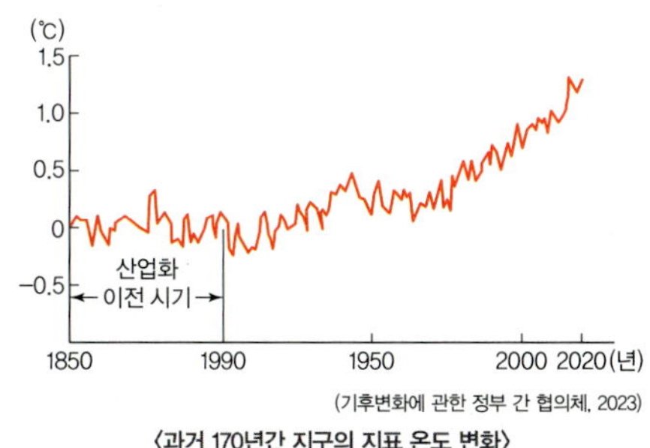

산업 혁명 이후 대기 중 온실가스 농도가 증가하여 ㉠산업화 이전보다 지구 지표 온도가 급격히 상승하였다. 이러한 추세라면 머지않아 산업화 이전보다 지표 온도가 1.5℃ 이상 상승할 것으로 예측된다. 이러한 급격한 기후변화는 물 부족, 식량 부족, 해수면 상승, 생태계 붕괴 등의 기후위기를 초래하는데, ㉡기후위기로 인한 직접적인 피해는 온실가스를 대량으로 배출해왔던 주요 선진국들보다 아프리카 등의 저개발국에서 더 심각하게 나타나고 있다. ㉢기후변화 문제에 대처하기 위해 여러 국가들은 온실가스 감축을 목표로 하는 파리 협정을 체결하였다. ㉣기후변화는 선진국과 저개발국 간의 정의의 문제이자, 미래 세대에 대한 책임과도 관련 있음을 분명하게 인식해야 한다.

➡ 기후변화 문제와 관련하여 ㉠은 시간적 관점, ㉡은 공간적 관점, ㉢은 사회적 관점, ㉣은 윤리적 관점에 해당한다. 하나의 사회현상을 볼 때, 시간적 관점은 역사적 배경과 시대적 맥락을 중시하고, 공간적 관점은 장소와 지역, 공간적 상호 작용을 중시하며, 사회적 관점은 사회 구조 및 제도의 영향력을 중시하고, 윤리적 관점은 도덕적 가치나 규범을 중시한다. 사회현상의 문제점을 해결하기 위해서는 시간적 관점, 공간적 관점, 사회적 관점, 윤리적 관점을 모두 고려하여 종합적으로 살펴보는 통합적 관점이 필요하다.

01 다음 글의 밑줄 친 관점에서 강조하는 내용으로 가장 적절한 것은?

> 오늘날 인류가 가지고 있는 정신적·물질적 토대는 오랫동안 축적된 역사의 결과물에 해당한다. 따라서 현재 나타나고 있는 사회현상을 과거와 비교하여 살펴보는 시간적 관점이 필요하다.

① 자연환경과 인문환경
② 사회 제도와 사회 구조
③ 역사적 배경과 시대적 맥락
④ 개인의 양심 및 도덕적 가치와 규범
⑤ 지역 간의 연결성과 공간적 상호 작용

02 밑줄 친 '이것'에 해당하는 관점으로 가장 적절한 것은?

> 이것은 세상에서 일어나는 다양한 현상을 위치와 장소, 분포 양상, 사람·재화·정보의 이동과 네트워크 등을 고려하여 살펴보는 관점이다.

① 공간적 관점 ② 사회적 관점
③ 시간적 관점 ④ 윤리적 관점
⑤ 통합적 관점

03 ㉠에 들어갈 내용으로 가장 적절한 것은?

> 인간, 사회, 환경을 바라보는 다양한 관점 중에서 특히 제도적, 정책적, 사회 구조적 영향력을 고려하여 사회현상을 살펴보는 것은 ㉠ 이다.

① 공간적 관점 ② 사회적 관점
③ 시간적 관점 ④ 윤리적 관점
⑤ 통합적 관점

04 밑줄 친 'A 관점'의 특징으로 가장 적절한 것은?

> 도덕적 가치와 규범은 마땅히 해야 할 일과 해서는 안 되는 일이 무엇이며 도덕적으로 더 바람직한 것은 무엇인지 판단하는 기준이다. 따라서 개인의 삶의 방향성을 정하고 더 나은 사회를 만들기 위해서는 A 관점을 중요하게 고려해야 한다.

① 현재의 삶을 '과거'라는 거울에 비추어 살펴본다.
② 인간 생활을 위치와 장소에 초점을 두고 살펴본다.
③ 사회현상의 분포 유형을 주로 지리적 좌표를 통해 파악한다.
④ 인간의 행위가 도덕적 차원에서 인정받기 위한 기준을 탐색한다.
⑤ 참과 거짓을 경험적으로 검증하여 객관화할 수 있는 사실문제에 치중한다.

05 사회현상을 바라보는 갑, 을의 관점을 옳게 연결한 것은?

> 갑 : 화장장 건설에 따른 지역 주민들 간의 갈등은 매우 심각한 사회문제라고 생각해. 합리적 합의를 통해 화장장을 건설하기 위해서는 어떤 법과 제도가 필요할까?
>
> 을 : 출퇴근 시간에 도심에서 발생하는 교통 혼잡은 매우 심각한 사회문제라고 생각해. 그런데 교통 혼잡이 농촌이나 어촌과는 달리 도심 지역에서 특히 심한 까닭은 무엇일까?

	갑	을
①	공간적 관점	통합적 관점
②	시간적 관점	윤리적 관점
③	사회적 관점	공간적 관점
④	윤리적 관점	시간적 관점
⑤	통합적 관점	사회적 관점

06 사회현상을 바라보는 관점 ㉠에 대한 설명으로 가장 적절한 것은?

> 인간, 사회, 환경을 바라보는 다양한 관점 중 ㉠ 은/는 우리 삶의 모습을 '과거'라는 거울에 비추어 보는 것이라고 말할 수 있다. ㉠ 을/를 통해 우리는 오늘날 어떤 사회현상이 발생하는 이유와 그 결과를 추론해 볼 수 있고, 앞으로 우리 사회의 변화 방향도 예상하는 것이 가능하다.

① 사회 제도의 영향력에 초점을 둔다.
② 시대적 배경과 맥락에 초점을 둔다.
③ 사회적 관계와 사회 구조를 중시한다.
④ 인간의 행위를 도덕적 차원에서 평가하고자 한다.
⑤ '어디에서'와 '왜 그곳인가'에 의문을 가지고 탐구한다.

07 사회현상을 바라보는 갑, 을의 입장에 대한 설명으로 적절한 것만을 〈보기〉에서 고른 것은?

┤ 보기 ├
ㄱ. 갑은 시대적 배경과 맥락을 토대로 사회현상을 살펴보고 있다.
ㄴ. 갑은 제도적, 정책적, 사회 구조적 영향력을 고려하여 사회현상을 살펴보고 있다.
ㄷ. 을은 규범적 방향성과 가치 등을 고려하여 사회현상을 살펴보고 있다.
ㄹ. 갑과 을은 모두 인간 생활과 사회현상을 공간적 관점에서 바라보고 있다.

① ㄱ, ㄴ　　② ㄱ, ㄷ　　③ ㄴ, ㄷ
④ ㄴ, ㄹ　　⑤ ㄷ, ㄹ

08 사회현상을 바라보는 (가), (나) 관점에 대한 설명으로 가장 적절한 것은?

> (가) 인간, 사회, 환경은 시간의 흐름 속에서 존재하고 변화한다는 점에 초점을 두는 관점이다.
> (나) 자연환경과 인문환경은 인간의 사고와 행동에 영향을 미친다는 점에 초점을 두는 관점이다.

① (가)는 사회현상이 나타나는 공간의 지리적 특성을 살펴볼 것을 강조한다.
② (나)는 다양한 공간 정보와 공간적 상호 작용을 중요하게 고려한다.
③ (나)는 사회현상을 이해하기 위해서 시대적 배경과 맥락을 탐구하고자 한다.
④ (가)는 공간적 관점, (나)는 시간적 관점이다.
⑤ (가), (나)는 모두 개인과 사회 구조의 관계를 고려하는 사회적 관점에 해당한다.

09 사회현상을 바라보는 갑~정의 관점이 옳게 연결된 것만을 〈보기〉에서 있는 대로 고른 것은?

> 사회자 : 우리나라는 저출생으로 인한 고령화가 심각한 사회문제로 대두되고 있습니다. 고령화 현상의 원인과 문제점을 파악하고 극복 방안을 모색하기 위해서 살펴보아야 할 것들로는 무엇이 있는지 말씀해 주시기 바랍니다.
> 갑 : 도시와 농촌 지역의 고령 인구 비율을 비교해보아야 합니다.
> 을 : 우리나라의 시기별 고령 인구 비율 추이를 살펴보아야 합니다.
> 병 : 고령층의 복지 및 일자리와 관련된 정책을 점검해 보아야 합니다.
> 정 : 고령층이 소외되지 않도록 사회 구성원들이 갖추어야 할 바람직한 가치관에 대해 논의해보아야 합니다.

┤ 보기 ├
ㄱ. 갑 : 공간적 관점　　ㄴ. 을 : 시간적 관점
ㄷ. 병 : 개인적 관점　　ㄹ. 정 : 윤리적 관점

① ㄱ, ㄴ　　② ㄴ, ㄷ　　③ ㄷ, ㄹ
④ ㄱ, ㄴ, ㄹ　　⑤ ㄱ, ㄷ, ㄹ

10 (가)~(라) 관점에 해당하는 탐구 주제로 적절한 것만을 〈보기〉에서 고른 것은?

보기
ㄱ. (가) : 커피가 주로 재배되는 지역과 소비되는 지역 탐구
ㄴ. (나) : 과거에 비해 현재의 커피 소비량이 증가한 배경 탐구
ㄷ. (다) : 커피 문화 확산에 영향을 준 제도와 정책 탐구
ㄹ. (라) : 커피 생산 노동자의 정당한 처우를 보장할 수 있는 바람직한 소비 태도 탐구

① ㄱ, ㄴ ② ㄱ, ㄹ ③ ㄴ, ㄷ
④ ㄴ, ㄹ ⑤ ㄷ, ㄹ

11 다음은 어느 학생의 필기 노트이다. ㉠~㉣에 해당하는 관점을 옳게 연결한 것은?

〈다양한 관점에서 기후변화 이해하기〉
• 과거부터 현재까지의 이산화탄소 증가율을 조사하는 것 → ㉠
• 고위도 지방의 빙하 면적과 해수면 상승으로 침수되는 해안 저지대 지역을 조사하는 것 → ㉡
• 현세대가 기후변화로 인한 피해를 감당해야 할 미래 세대에 대해 책임 의식을 갖는 것 → ㉢
• 기후변화에 대처하기 위해 온실가스 배출권 거래제, 기후변화 영향평가 제도를 시행하는 것 → ㉣

	㉠	㉡	㉢	㉣
①	공간적 관점	사회적 관점	시간적 관점	윤리적 관점
②	공간적 관점	시간적 관점	윤리적 관점	사회적 관점
③	시간적 관점	공간적 관점	사회적 관점	윤리적 관점
④	시간적 관점	공간적 관점	윤리적 관점	사회적 관점
⑤	사회적 관점	공간적 관점	시간적 관점	윤리적 관점

12 밑줄 친 '이것'에 해당하는 관점으로 가장 적절한 것은?

이것은 인간과 세상을 이해하기 위해 시대적 배경과 맥락, 장소와 영역 및 네트워크 등의 공간 정보, 사회 구조 및 제도의 영향력, 규범적 방향성과 가치 등을 모두 고려하여 통합적으로 살펴보는 관점을 의미한다.

① 시간적 관점　　② 공간적 관점
③ 사회적 관점　　④ 윤리적 관점
⑤ 통합적 관점

13 ㉠에 들어갈 내용으로 가장 적절한 것은?

동일한 사회현상도 시대와 장소에 따라 다르게 해석되기도 하고, 사회 구조나 그 사회가 추구하는 가치에 따라 받아들이는 정도가 다를 수 있다. 또한, 하나의 사회현상에도 여러 분야가 긴밀하게 서로 엮여 있기도 하다. 따라서 사회현상을 제대로 탐구하고 이해하려면 ㉠

① 시간적 관점과 공간적 관점은 대립적 관계에 있음을 알아야 한다.
② 한 가지 학문의 경계 내에서 전문적으로 깊이 있게 접근해야 한다.
③ 개별적 관점을 넘어 통합적 관점에서 관찰하고 분석해 보아야 한다.
④ 과거의 문헌 자료에만 의지하여 과거와 현재의 관계를 파악해야 한다.
⑤ 가치와 사실의 문제를 분리하여 객관화 가능한 사실 문제만을 다루어야 한다.

14 ㉠에 들어갈 내용으로 적절하지 <u>않은</u> 것은?

우리가 사는 현대 사회의 불확실하고 복잡한 사회현상에 대처하려면 인간, 사회, 환경에 대한 다양한 관점을 통합적으로 활용하는 것이 중요하다. 통합적 관점은 사회현상을 볼 때 시간적, 공간적, 사회적, 윤리적 관점을 함께 고려하는 것이다. 즉, 통합적 관점에서는 ㉠ 을/를 고려한다.

① 도덕적 가치와 규범
② 역사적 배경과 시대적 맥락
③ 사회 구조 및 제도의 영향력
④ 공익이 아닌 사적 이익의 극대화
⑤ 장소와 지역 및 공간적 상호 작용

15 다음 글의 입장에서 지지할 주장으로 적절한 것만을 〈보기〉에서 고른 것은?

> 인간을 둘러싸고 발생하는 사회현상에는 다양한 요인이 영향을 주고 있다. 그러므로 사회현상을 탐구할 때에는 시간적, 공간적, 사회적, 윤리적 관점을 모두 활용하여 통합적으로 살펴보아야 한다.

┤ 보기 ├
> ㄱ. 사회현상은 개별 학문의 경계를 넘어 종합적으로 이해해야 한다.
> ㄴ. 복잡한 사회현상을 다양한 측면으로 분석하는 것은 비효율적이다.
> ㄷ. 사회 문제를 해결하기 위해서는 여러 가지 관점에서 살펴볼 필요가 있다.
> ㄹ. 사회현상을 제대로 이해하려면 어느 하나의 관점만으로 심층적인 연구를 해야 한다.

① ㄱ, ㄴ ② ㄱ, ㄷ ③ ㄴ, ㄷ
④ ㄴ, ㄹ ⑤ ㄷ, ㄹ

16 밑줄 친 ㉠~㉤에 대한 설명으로 적절하지 <u>않은</u> 것은?

> ○○신문　　　　　○○○○년 ○○월 ○○일
>
> ### 칼 럼
>
> 　쓰레기 매립지 확보와 선정을 둘러싼 사회적 논란이 뜨겁다. 이러한 ㉠사회적 갈등은 다양한 관점에서 종합적으로 살펴볼 필요가 있다. 먼저, ㉡시대별로 쓰레기를 어떻게 매립하고 처리해 왔는지를 알아보고, ㉢쓰레기 매립지로 가장 적합한 최적의 입지 조건은 무엇인지를 따져서 후보 지역들을 비교해보아야 한다. 그리고 ㉣자신의 지역에서 발생한 쓰레기를 타 지역으로 옮겨서 처리하는 것이 정당화될 수 있는지 여부에 대해서도 검토한 후 ㉤공익 증진을 위해 쓰레기 매립지를 수용한 지역 주민들의 손해를 방지하고 혜택을 줄 수 있는 제도적 장치를 마련해야 한다.

① ㉠은 사회현상의 다양한 측면을 통합적 관점에서 종합적으로 파악해야 한다는 내용이다.
② ㉡은 과거를 돌아봄으로써 현재 발생한 사회현상의 원인을 파악할 수 있게 한다.
③ ㉢을 위해서는 장소와 영역, 네트워크 등의 다양한 공간 정보를 활용해야 한다.
④ ㉣은 사회현상을 도덕적 가치 판단과 규범적 방향성에 기반하여 바라보는 관점이다.
⑤ ㉤은 물질적이고 경제적인 보상에 국한하여 사회현상의 해결책을 마련하고자 한다.

서술형 문제

17 표는 인간, 사회, 환경을 바라보는 다양한 관점을 정리한 것이다. 물음에 답하시오.

관점	의미
시간적 관점	(　㉠　)에 초점을 두고 사회현상을 바라보는 관점
(가)	장소와 지역, 공간적 상호 작용에 중점을 두고 사회현상을 바라보는 관점
사회적 관점	(　㉡　)에 초점을 두고 사회현상을 바라보는 관점
(나)	도덕적 가치와 규범을 고려하여 사회현상을 바라보는 관점

(1) (가), (나)에 들어갈 관점을 각각 쓰시오.

____

____

(2) ㉠, ㉡에 들어갈 적절한 내용을 각각 서술하시오.

____

____

18 다음 자료를 보고 물음에 답하시오.

> 　옛날 어느 왕이 코끼리 한 마리를 몰고 와 눈이 안 보이는 사람들을 불러 코끼리를 만져 보게 한 뒤 이에 대해 설명하도록 했다. 코끼리의 상아를 만진 사람은 무와 같다고 했고, 꼬리를 만진 사람은 새끼줄과 같다고 했으며, 귀를 만진 사람은 부채와 같다고 하면서 서로 자신이 옳다고 시끄럽게 떠들었다. 코끼리의 어느 한 부분만을 만져 보고 정확한 전체 코끼리의 모습을 알 수 없는 것처럼 사회현상에 대한 이해도 이와 마찬가지라고 할 수 있다. 즉, 시간적, 공간적, 사회적, 윤리적 관점을 함께 고려하는 　㉠　에서 사회현상을 바라볼 필요가 있다.

(1) ㉠에 들어갈 관점을 쓰시오.

____

(2) ㉠이 필요한 이유를 서술하시오.

____

____

01 (가)~(라) 모둠에 대한 설명으로 가장 적절한 것은?

> 선생님 : 모둠별로 공정 여행에 관한 탐구 과제를 발표해 볼까요?
>
> (가) 모둠 : 저희는 현지 문화와 지리적 특성을 고려한 지역별 공정 여행 코스를 계획해 보겠습니다.
>
> (나) 모둠 : 저희는 공정 여행을 장려하기 위한 국가 및 지방 자치 단체의 지원 정책에 대해 조사해 보겠습니다.
>
> (다) 모둠 : 저희는 현지 주민들의 삶과 환경을 보호하고 존중하기 위해 여행자가 갖추어야 할 태도에 대해 살펴보겠습니다.
>
> (라) 모둠 : 저희는 과거와 현재의 여행 방식이 변화된 과정과 공정 여행이 등장한 시대적 배경에 대해 조사해 보겠습니다.

① (가) 모둠은 사회가 지향해야 할 가치와 규범에 초점을 두고 있다.

② (나) 모둠은 사회현상이 발생하기까지의 시대적 배경과 맥락을 살펴보고자 한다.

③ (다) 모둠은 사회현상을 위치와 장소, 분포 등 공간적 맥락에서 살펴보고자 한다.

④ (라) 모둠은 사회현상을 시간의 흐름 속에서 파악하는 관점을 활용하고자 한다.

⑤ (가)~(라) 모둠은 모두 사회현상을 통합적 관점에서 접근하고 있다.

02 교사의 질문에 가장 적절하게 대답한 학생은?

① 갑 : 아동 노동이 시작된 계기와 시대적 배경을 조사해야 합니다.

② 을 : 아동 노동이 주로 발생하는 지역의 자연환경을 조사해야 합니다.

③ 병 : 아동 인권 침해가 잦은 지역의 사회 구조를 분석해보아야 합니다.

④ 정 : 아동의 인권을 보호하기 위해 요구되는 가치관을 탐색해야 합니다.

⑤ 무 : 아동을 학대한 농장주를 처벌할 수 있는 법적 절차를 마련해야 합니다.

03 밑줄 친 ㉠, ㉡의 관점에서 이루어질 수 있는 활동으로 가장 적절한 것은?

> 과학 기술의 발달로 새롭게 등장한 현대 사회의 문제들을 해결하기 위해서는 다양한 관점에서 총체적 접근이 필요하다. 예를 들어 '자율 주행 자동차의 주행 시스템은 돌발 상황에서 차량 탑승자와 보행자 중 누구를 보호하도록 설계되는 것이 바람직한가?'라는 쟁점이 생길 수 있다. 이를 해결하기 위해서는 무엇보다 ㉠ 윤리적 관점과 ㉡ 사회적 관점의 접근이 요구된다.

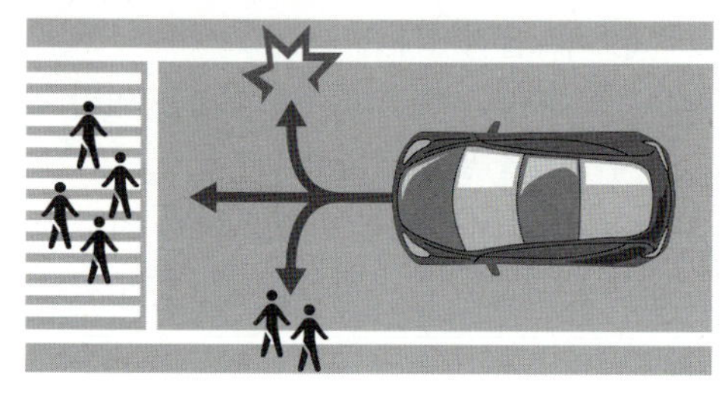

① ㉠ : 지역별, 연도별 자율 주행 자동차의 구입 현황 비교하기

② ㉠ : 자율 주행 자동차가 주행하기 어려운 공간적 특징 분석하기

③ ㉡ : 자동차의 역사적 발전 과정을 분석하여 미래 자동차의 모습 예측하기

④ ㉡ : 자율 주행 자동차에 적합한 교통 제도를 수립하고 제도의 변화가 사회에 미칠 영향 예측하기

⑤ ㉠, ㉡ : 기후와 지리적 환경이 자율 주행 자동차의 운행에 미치는 영향 탐구하기

04 (가)의 관점에서 (나)의 질문에 대답할 때, ㉠에 들어갈 진술로 가장 적절한 것은?

(가)	인간의 행위가 도덕적 차원에서 인정받기 위한 기준을 탐색하고 바람직한 삶의 모습을 살펴보는 관점
(나)	선생님 : 환경 문제에 대해 탐구한다면 어떤 내용을 조사해야 할까요? 학생 : ________㉠________

① 환경 문제의 실태를 지역별로 찾아보아야 합니다.

② 환경 문제의 시대별 변화 과정을 조사해야 합니다.

③ 환경 문제를 일으키는 제도적인 문제점에 대해 조사해야 합니다.

④ 환경 문제를 예방하기 위한 법률적 대책에 대해 알아보아야 합니다.

⑤ 환경 문제 해결에 필요한 가치나 규범적 방향에 대해 살펴보아야 합니다.

05 다음 글을 통해 알 수 있는 통합적 관점의 필요성으로 적절한 것만을 〈보기〉에서 고른 것은?

> 산 속에 살고 있는 멧돼지들이 인근 마을로 내려와 한바탕 소동이 벌어졌다는 뉴스를 종종 접하게 된다. 이때 멧돼지는 인간의 이익을 침해하므로 무조건 퇴치해야 한다거나, 멧돼지도 마땅히 존중받아야 할 생명체이므로 그대로 방치해야 한다고 일방적으로만 주장한다면 문제를 제대로 해결할 수 없다. 이러한 문제가 발생하게 된 시대적 배경, 문제가 발생한 곳의 지역적 특성, 우리 사회가 추구해야 할 가치에 대한 합의와 이를 토대로 관련 법률이나 정책의 마련 등을 종합적으로 함께 고려해야만 문제의 원인을 정확하게 파악하고 바람직한 해결 방안을 모색할 수 있다.

― 보기 ―

ㄱ. 하나의 사회현상에 사실과 가치의 문제가 섞여서 나타나지는 않기 때문이다.
ㄴ. 복잡하게 얽혀 있는 사회현상을 종합적으로 파악하고 대처할 수 있기 때문이다.
ㄷ. 같은 사회현상에 대한 해석이 시대나 장소에 따라 달라지는 것은 아니기 때문이다.
ㄹ. 같은 사회현상도 각자의 가치관이나 이해관계에 따라 해석이 다를 수 있기 때문이다.

① ㄱ, ㄴ　　② ㄱ, ㄷ　　③ ㄴ, ㄷ
④ ㄴ, ㄹ　　⑤ ㄷ, ㄹ

06 ㉠에 들어갈 적절한 진술만을 〈보기〉에서 고른 것은?

― 보기 ―

ㄱ. 다양한 관점에서의 통합적 접근이 요구됩니다.
ㄴ. 각 학문 간의 고유한 경계를 엄격하게 구분해야 합니다.
ㄷ. 인간과 사회 및 환경에 대한 종합적 이해가 필요합니다.
ㄹ. 한 영역의 지식만으로 모든 사회현상에 접근해야 합니다.

① ㄱ, ㄴ　　② ㄱ, ㄷ　　③ ㄴ, ㄷ
④ ㄴ, ㄹ　　⑤ ㄷ, ㄹ

07 다음 사례와 관련하여 A~D의 관점에서 탐구할 수 있는 적절한 활동만을 〈보기〉에서 고른 것은?

> 우리나라의 2020년과 2021년의 출산율은 각각 0.84와 0.81로, 전 세계에서 최초로 0.85 미만을 기록하였다. 이러한 저출생 문제는 노동 인구의 부족으로 경제 성장 저해, 고령층 부양 비용 상승 등의 다양한 사회문제를 초래하며, 사회의 존립 자체를 위태롭게 할 수 있다.

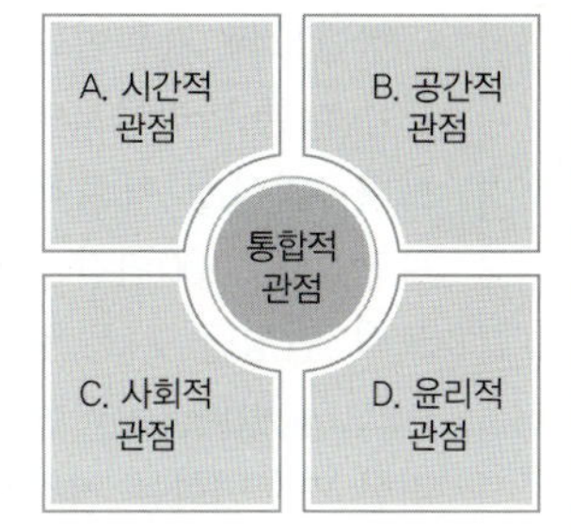

― 보기 ―

ㄱ. A : 연도별 출생아 수 및 출산율 비교하여 분석하기
ㄴ. B : 출산율을 높이는 데 기여할 바람직한 가치관 탐색하기
ㄷ. C : 출산과 육아를 장려하기 위한 정책 및 제도 찾아보기
ㄹ. D : 출산율이 낮은 지역의 산업 및 거주 환경 특성 조사하기

① ㄱ, ㄴ　　② ㄱ, ㄷ　　③ ㄴ, ㄷ
④ ㄴ, ㄹ　　⑤ ㄷ, ㄹ

08 다문화 정책 수립을 위한 탐구 주제 (가)~(라)에 대한 설명으로 적절한 것만을 〈보기〉에서 있는 대로 고른 것은?

> (가) 농촌 지역과 도시 지역의 다문화 가구 분포의 특징은 무엇인가?
> (나) 우리나라 다문화 정책의 역사적 변천 과정과 그 배경은 무엇인가?
> (다) 다문화 사회를 위해 우리나라에서 수립된 제도와 법률은 무엇인가?
> (라) 다양한 문화가 공존하기 위해 우리가 갖추어야 할 바람직한 태도는 무엇인가?

― 보기 ―

ㄱ. (나)는 시대적 맥락을 토대로 다문화 정책을 살펴보고자 한다.
ㄴ. (다)는 개인에게 영향을 미치는 사회 구조와 정책의 영향력을 강조한다.
ㄷ. (라)는 자신과 타인의 이익을 고려해 법과 제도를 개선하고자 한다.
ㄹ. (가)는 시간적 관점, (라)는 공간적 관점에서 접근하고 있다.

① ㄱ, ㄴ　　② ㄱ, ㄹ　　③ ㄷ, ㄹ
④ ㄱ, ㄴ, ㄷ　　⑤ ㄴ, ㄷ, ㄹ

09 다음 사례와 관련하여 A~D 관점에서 탐구할 수 있는 적절한 내용만을 〈보기〉에서 고른 것은?

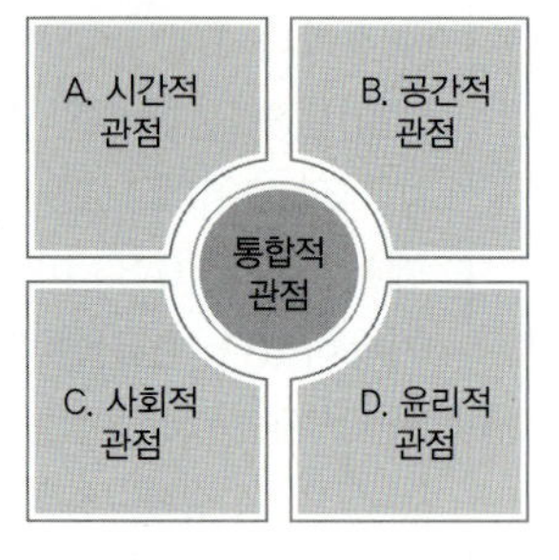

―― 보기 ――

ㄱ. A : 한반도와 지구 전체의 지난 100년간 평균 기온 상승 폭을 비교한다.
ㄴ. B : 우리나라에서 고산 식물과 냉대림의 분포 지역 변화를 살펴본다.
ㄷ. C : 기후변화로 인해 미래 세대의 생존권이 침해될 가능성을 고려한다.
ㄹ. D : 온실가스 배출을 통제하는 법률을 제정한다.

① ㄱ, ㄴ 　② ㄱ, ㄷ 　③ ㄴ, ㄷ
④ ㄴ, ㄹ 　⑤ ㄷ, ㄹ

10 인간, 사회, 환경을 바라보는 관점 (가)~(라)에 대한 설명으로 적절하지 <u>않은</u> 것은?

〈'축구'를 대상으로 한 탐구 활동 선정하기〉

관점	탐구 활동
(가)	축구공 생산 과정에서 발생하는 아동 노동 착취를 인권 보호의 측면에서 비판하기
(나)	프로 축구 선수가 소속팀을 옮길 때 지켜야 할 법 제도에는 무엇이 있는지 탐구하기
(다)	현대 축구의 기원과 관련된 문헌을 살피고 축구의 발전 과정을 시기 순서대로 정리하기
(라)	겨울에 축구 리그를 운영하는 국가를 지도에 표시하고 기후와 연결하여 이유를 생각하기

① (가)는 사회현상을 도덕적 가치에 따라 평가하는 관점이다.
② (나)는 사회 구조와 사회 제도의 영향력을 강조하는 관점이다.
③ (다)는 사회현상을 시간의 흐름 속에서 이해하는 관점이다.
④ (라)는 위치와 장소 등의 공간적 맥락을 중시하는 관점이다.
⑤ (가)~(라)의 관점 중 어느 하나의 관점으로만 사회현상을 탐구하는 자세가 필요하다.

11 다음은 우리나라의 인구 고령화 현상에 대해 다양한 관점에서 갑~정이 발표한 내용이다. 이에 대한 설명으로 가장 적절한 것은?

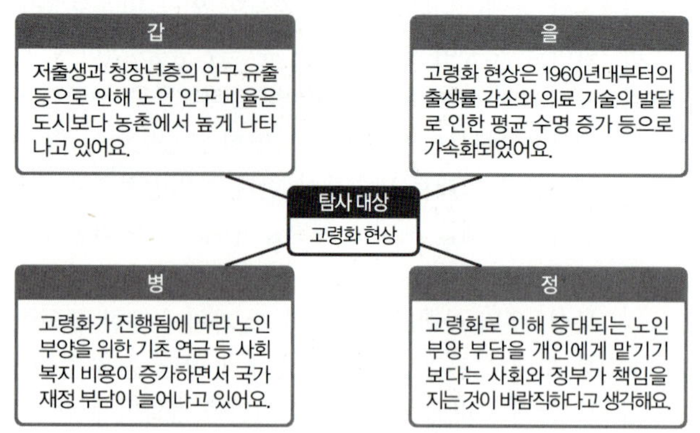

① 갑은 고령화 현상의 공간적 특징에 대해서는 고려하고 있지 않다.
② 을은 고령화의 진행 과정을 시간적 맥락과 무관하게 파악하고 있다.
③ 병은 고령화 현상의 문제점을 사회 구조적 측면에서 분석하고 있다.
④ 정은 고령화 현상을 가치 중립적인 입장에서 과학적으로 평가하고 있다.
⑤ 정과 달리 병은 고령화에 따른 노인 부양을 개인이 책임져야 한다고 보고 있다.

12 다음에 나타난 문제를 해결하기 위해 A~D의 관점에서 제기할 수 있는 질문으로 적절한 것만을 〈보기〉에서 고른 것은?

―― 보기 ――

ㄱ. A : 플라스틱 쓰레기를 줄이기 위해 갖추어야 할 태도는 무엇인가요?
ㄴ. B : 플라스틱 쓰레기로 동물의 피해가 집중된 지역은 어디인가요?
ㄷ. C : 플라스틱 쓰레기의 무단 투기를 막을 제도는 무엇인가요?
ㄹ. D : 플라스틱 쓰레기로 인한 동물의 피해는 언제부터 증가했나요?

① ㄱ, ㄴ 　② ㄱ, ㄷ 　③ ㄴ, ㄷ
④ ㄴ, ㄹ 　⑤ ㄷ, ㄹ

│ 교육청 기출 │

13 다음 사례와 관련하여 A~D의 관점에서 탐구할 수 있는 적절한 활동만을 〈보기〉에서 고른 것은?

> 우리나라 지방 소도시들의 소멸 가능성을 언급한 감사원 보고서가 발표되었다. 감사원은 수도권 집중화 등으로 인해 지방 소도시들의 인구가 점차 감소하여, 2047년에는 전국 시·군·구의 68%가 소멸 고위험단계에 진입할 것으로 예상하였다.

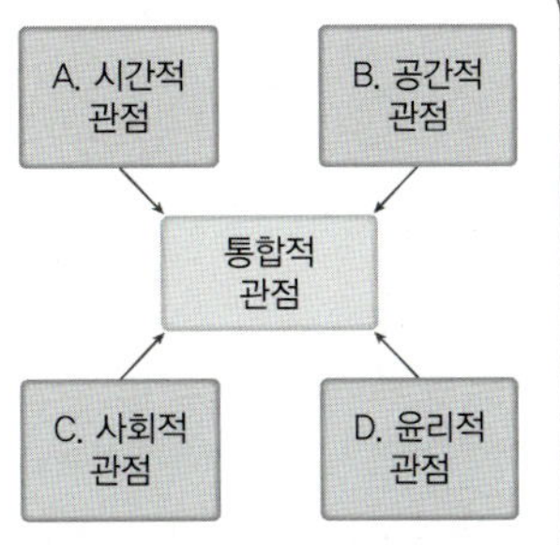

│ 보기 │

ㄱ. A : 지방 소도시의 연도별 인구 증감률 분석하기
ㄴ. B : 지방 소도시 발전을 위한 바람직한 태도 알아보기
ㄷ. C : 수도권 집중화를 완화할 수 있는 정책 찾아보기
ㄹ. D : 전국 시·군·구의 대기업 본사 입지 현황 조사하기

① ㄱ, ㄴ   ② ㄱ, ㄷ   ③ ㄴ, ㄷ
④ ㄴ, ㄹ   ⑤ ㄷ, ㄹ

14 인간, 사회, 환경을 바라보는 관점 (가)~(라)에 대한 설명으로 적절한 것만을 〈보기〉에서 있는 대로 고른 것은?

관점	감염병 문제 해결을 위한 탐구 주제
(가)	감염병은 인류 역사에서 언제 출현하였으며 어떠한 피해를 남겼는가?
(나)	감염병은 주로 어떤 환경적 조건을 갖춘 지역에서 확산이 심각한가?
(다)	감염병 문제를 대처하기 위해 필요한 제도나 기관에는 어떤 것들이 있는가?
(라)	감염병 확산으로 초래된 사회 갈등을 해결하기 위한 바람직한 태도는 무엇인가?

│ 보기 │

ㄱ. (가)는 시간적 관점에서 감염병에 대해 살펴보고자 한다.
ㄴ. (나)는 감염병 확산의 시대적 배경과 맥락에 초점을 두고 있다.
ㄷ. (라)는 공간적 특징이 감염병에 미치는 영향을 모색하고자 한다.
ㄹ. (다)는 사회적 관점, (라)는 윤리적 관점에서 접근하고 있다.

① ㄱ, ㄴ   ② ㄱ, ㄹ   ③ ㄴ, ㄷ
④ ㄱ, ㄷ, ㄹ   ⑤ ㄴ, ㄷ, ㄹ

15 다음 사례와 관련하여 다양한 관점에 따른 탐구 활동을 적절하게 발표한 학생만을 〈보기〉에서 고른 것은?

> 동해안 지역에 역대 최대 규모의 큰 산불이 발생하여 산림과 주택 및 각종 시설물 등에 대한 피해가 막심하다. 관련 당국은 주변을 지나가던 방문객들의 부주의한 실수로 인한 화재 발생 가능성을 수사 중이며, 관련 지역을 특별 재난 지역으로 선포하였다.

│ 보기 │

갑 : 시간적 관점에서 산불 발생으로 인한 손실 비용을 연도별로 분석하겠습니다.
을 : 공간적 관점에서 산불 발생을 방지하기 위해 갖추어야 할 태도를 탐구하겠습니다.
병 : 사회적 관점에서 산불 발생에 따른 피해 복구를 위해 필요한 정책을 조사하겠습니다.
정 : 윤리적 관점에서 산불 발생에 따른 피해가 심각한 지역의 분포를 조사하겠습니다.

① 갑, 을   ② 갑, 병   ③ 을, 병
④ 을, 정   ⑤ 병, 정

16 (가)의 ㉠~㉣의 관점에서 (나)에 대한 탐구 내용으로 적절한 것만을 〈보기〉에서 있는 대로 고른 것은?

(가)	사회현상을 살펴보는 관점으로, ㉠ 은 과거부터 현재의 모습이 있기까지의 변화 과정을 따라가며 시대적 배경과 맥락을 토대로 하고, ㉡ 은 인간 생활과 사회현상을 위치와 장소, 분포 패턴과 형성 과정, 이동과 네트워크 등의 측면에서 살피거나 공간적 맥락에서 설명하려는 것이다. ㉢ 은 제도적·정책적·사회 구조적 영향력을 고려하며, ㉣ 은 규범적 방향성과 가치 등을 고려하여 사회현상을 살펴보는 것이다. 사회현상을 제대로 탐구하고 이해하려면 ㉠~㉣의 관점을 모두 고려하는 통합적 관점이 필요하다.
(나)	탐구 주제 : 도심에서 교통 혼잡 현상이 발생하는 원인 파악

│ 보기 │

ㄱ. ㉠ : 자동차 보급률이 높지 않았던 과거에는 교통 혼잡이 심하지 않았다.
ㄴ. ㉡ : 관공서, 회사, 은행, 상가 등의 시설이 주변 지역보다 도심에 집중되어 있다.
ㄷ. ㉢ : 끼어들거나 정지선을 지키지 않는 비양심적 운전자들로 인해 교통 혼잡이 심해지고 있다.
ㄹ. ㉣ : 도심 내 교차로의 교통 신호 체계가 실제 교통 상황을 제대로 반영하지 못하고 있다.

① ㄱ, ㄴ   ② ㄱ, ㄷ   ③ ㄷ, ㄹ
④ ㄱ, ㄴ, ㄹ   ⑤ ㄴ, ㄷ, ㄹ

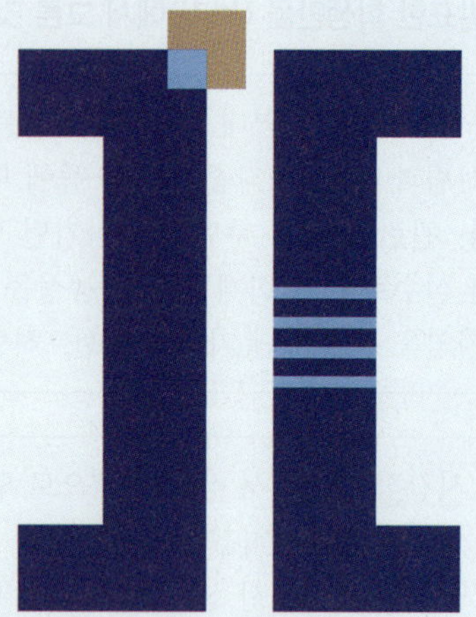

인간, 사회, 환경과 행복

이 단원
핵심 질문

"행복이란 무엇이며,
인간이 행복해지기 위해서는 무엇이 필요할까?"
–

이 단원에서는 시대와 지역에 따라 다르게 나타나는 행복의 기준과 의미를 성찰하고,
삶의 궁극 목적으로서의 행복을 실현하기 위한 다양한 조건을 파악한다.

이 단원 핵심 개념

강	대표 주제	대표 개념
01 행복의 기준과 의미	주제 1 행복의 기준	✓ 시대 상황 ✓ 산업화 시대 ✓ 삶의 질 ✓ 지역 여건 ✓ 자연환경 ✓ 인문환경 ✓ 정치적 여건 ✓ 경제적 여건
	주제 2 행복의 의미	✓ 유교 ✓ 불교 ✓ 도가 ✓ 아리스토텔레스 ✓ 에피쿠로스 ✓ 삶의 목적 ✓ 본질적 가치
02 행복한 삶을 실현하기 위한 조건	주제 1 질 높은 정주 환경과 경제적 안정	✓ 정주 환경 ✓ 택리지 ✓ 경제적 안정 ✓ 소득
	주제 2 민주주의 발전과 도덕적 실천	✓ 민주주의 ✓ 정치 참여 ✓ 도덕적 실천 ✓ 성찰

01 행복의 기준과 의미

주제 1 행복의 기준 ★★

개념 더하기

× 시대와 지역에 따른 행복의 기준

시대	시대의 지배적인 가치나 사상, 사회 변화 등이 행복의 기준에 영향을 줌
지역	주어진 환경에서 얻을 수 있는 것, 환경의 결핍을 채우는 것 등이 행복의 기준에 영향을 줌

× 헬레니즘 시대
- 알렉산드로스 대왕이 죽은 이후부터 그리스가 로마에 의해 정복당하기까지의 시기를 일컬어 헬레니즘 시대라고 한다.
- 정복 전쟁을 통해 유럽-아시아-아프리카에 이르는 대제국을 건설한 알렉산드로스 대왕이 죽고 나서 전쟁과 정치적 격변이 계속되자 사람들은 자신의 의지와는 무관한 국가와는 별도로, 개인적인 마음의 평온을 통해 행복을 찾고자 하였다.

× 자연환경에 따른 행복의 기준의 예
마실 물이 부족한 건조 기후 지역에서는 생존에 필요한 깨끗한 물을 확보하는 것이, 일조량이 부족한 북유럽 지역에서는 햇볕을 쬘 수 있는 것이, 척박한 기후로 기아와 질병에 시달리는 지역에서는 굶주림 없이 질병 치료를 받는 등 의식주를 확보하고 의료 혜택을 누리는 것이 행복의 기준이 될 수 있다.

1 시대 상황에 따른 행복의 기준
→ '삶에서 충분한 만족감이나 즐거움을 느끼는 상태'를 의미함
→ 행복의 기준은 고정적이거나 단일한 것이 아니라, 시대와 지역에 따라 달라질 수 있으며 다양하게 나타날 수 있음

선사 시대	생존을 위하여 식량을 확보하고 자연 재해나 사나운 짐승 등을 피해 외부의 위협으로부터 안전하게 사는 것
고대 그리스 시대	이성의 기능을 잘 발휘하여 철학적 성찰을 통해 지혜와 덕을 얻는 것 → 소크라테스, 플라톤, 아리스토텔레스
헬레니즘 시대	전쟁과 사회적 혼란에 따른 고통과 불안에서 벗어나 마음의 평안을 얻는 것 → 에피쿠로스, 스토아학파
중세 시대	신앙을 통해 신의 은총을 얻고 구원을 받아 내세에서 영원하고 완전한 존재인 신과 하나가 되는 것
산업화·민주화 시대	물질적인 풍요를 추구하고, 인간의 기본적 권리를 보장받는 것
오늘날	과거에 비해 개인이 느끼는 주관적 만족감이 중시되면서 행복의 기준이 훨씬 복잡하고 다양해짐

→ 산업화와 민주화를 거치면서 사람들은 행복을 인간의 노력으로 성취할 수 있는 것으로 인식하게 되었음

2 지역 여건에 따른 행복의 기준

(1) 환경적 여건

자연환경	• 기후, 지형 등과 관련됨 • 주어진 환경에 만족하거나 결핍된 요소를 충족하는 것이 행복임
인문환경	• 종교, 문화, 산업 등과 관련됨 • 지배적인 종교나 문화, 산업 등에 따라 행복의 기준이 다름

(2) 정치적 여건
① 민족, 종교, 정치적 갈등을 겪는 지역 : 평화와 정치적 안정을 중시함
② 민주주의가 실현되지 않은 지역 : 정치적 자유를 중시함

(3) 경제적 여건
① 경제적으로 빈곤한 지역 : 기본적인 의식주의 충족을 중시함
② 경제적으로 안정된 지역 : 소득 불평등 해소, 여가와 문화생활 향유 등 삶의 질을 중시함

주제 2 행복의 의미 ★★★

개념 더하기

× 상호 의존 관계
불교에서는 모든 것이 무수한 원인과 결과로 연결되어 있기 때문에 어떤 존재나 현상도 독립적일 수 없다고 본다. 불교의 이러한 사상을 인연생기(因緣生起), 줄여서 연기설이라고 한다.

1 동양에서의 행복

유교	• 하늘로부터 부여받은 도덕적 본성을 보존하고 함양하는 것 • 다른 사람과 더불어 살아가면서 인(仁)을 실현하는 것
불교	• 맑고 깨끗한 불성(佛性)을 바탕으로 만물이 상호 의존 관계에 있음을 깨닫는 것 • 고통받는 중생을 구제하기 위한 자비를 실천하여 해탈의 경지에 이르는 것
도가	타고난 그대로의 자연적 본성에 따라 인위적인 것이 더해지지 않은 자연 그대로의 모습으로 소박하게 살아가는 것

→ 모든 고통과 괴로움에서 벗어난 가장 이상적인 상태

무위자연(無爲自然)

2 서양에서의 행복

(1) **아리스토텔레스** 자료 1

① 행복은 최고의 선이며, 인간 삶의 궁극적인 목적임

② 행복해지기 위해서는 인간이 가진 이성의 기능을 탁월하게 발휘하여 덕을 실현해야 함

(2) **에피쿠로스** 자료 2 → 아타락시아(ataraxia)라고 함

① 육체에 고통이 없고 마음에 불안이 없는 평온한 상태가 행복임

② 행복해지기 위해서는 자연적이고 필수적인 욕구만을 최소한으로 충족하며 절제된 삶을 살아야 함

(3) **스토아학파** : 철저한 이성적 사고로 금욕적 생활을 통해 정념에 지배받지 않고 초연하게 이상적인 자연의 질서에 따라 사는 것이 행복임 → 외부의 자극으로 일어나는 마음의 모든 격렬한 움직임과 충동을 의미함

(4) **칸트** : 인간으로서 마땅히 지켜야 할 도덕 법칙을 실천하는 사람이 행복을 누릴 자격이 있다고 봄

(5) **벤담(공리주의)** : 쾌락의 충족이 곧 행복임 → '최대 다수에게 최대 행복'을 가져다주는 행위가 옳고 바람직한 행위라고 봄

3 삶의 목적과 진정한 행복

(1) **삶의 궁극 목적으로서의 행복**

① 삶의 모습과 행복의 기준은 사람마다 각기 다를 수 있음

② 성공, 재물, 명예 등은 그 자체가 목적이 아니라 행복을 위한 수단에 해당함

③ 행복은 사람들이 공통적이며 궁극적으로 추구하는 삶의 목적임 → 인간은 다른 그 무엇을 위해 행복해지려는 것이 아니라, 행복하기 위해 행복 자체를 선택하고 추구하는 것임

(2) **진정한 행복**

① 진정한 행복의 의미 : 일시적이고 감각적인 만족이나 즐거움이 아니라, 지속적이고 정신적이며 본질적인 것
→ • 물질적 욕구를 부정하거나 충족하지 않으면 행복하기 어렵고 생존 자체가 위태로울 수 있음
• 물질적 욕망만을 지나치게 추구하면 쾌락을 위한 행동이 오히려 더 큰 고통을 불러오는 '쾌락의 역설'을 초래할 수 있음

② 진정한 행복을 위한 노력

• 물질적 가치와 정신적 가치의 조화 : 물질적 욕망을 인정하고 절제하면서 정신적 가치를 함께 조화롭게 추구해야 함

• 의미 있는 목표의 설정과 추구 : 삶에서 의미 있는 목표를 설정하고 이를 달성하고자 노력하면서 자아실현에 힘써야 함

• 개인적 측면과 사회적 측면의 고려 : 개인이 느끼는 주관적 만족감과 사회 구성원으로서 누리는 사회적 여건을 함께 고려하고 중시해야 함

• 자신의 삶에 만족하고 성찰하는 태도 : 자신이 처해 있는 삶의 조건을 남과 비교하지 않고 인정하면서, 자기 삶에 대해 성찰하는 자세가 필요함

헬레니즘 시대의 행복

에피쿠로스	평정심 추구 : 육체에 고통이 없고 마음에 불안이 없는 상태가 행복이라고 봄
스토아학파	부동심 추구 : 정념에 방해받지 않는 초연한 태도로 필연적인 질서에 순응하는 것이 행복이라고 봄

도구적 가치와 본질적 가치

도구적 가치	그 자체가 목적이 되기보다는 다른 목적을 위한 수단이 되는 가치 → 돈, 사회적 지위 등의 물질적 가치는 주로 도구적 가치에 속함
본질적 가치	그 자체가 목적이 되는 가치 → 사랑, 지혜, 아름다움, 선(善), 성스러움 등을 들 수 있음

물질적 가치와 정신적 가치

물질적 가치	의식주에 대한 기본적 욕구 충족, 경제력, 사회적 지위 등의 물질적 조건
정신적 가치	사랑, 우정 등과 같은 감정적 충족감, 자아실현의 추구 등의 정신적 만족감

자료 더하기

자료 ❶
아리스토텔레스의 행복론

이 세상에 존재하는 모든 것들은 목적을 가지고 있다. 인간의 모든 행위에도 목적이 있는데, 인간 행위의 궁극적인 목적은 행복이다. 행복은 모든 것 중에서 가장 바람직하고, 여러 선 중에서 최고의 선이다. 따라서 행복은 궁극적이고 자족적이며, 모든 행동의 목적이라고 할 수 있다. 행복이란 덕에 따르는 정신의 활동이라고 할 수 있다.

➡ 아리스토텔레스는 인간의 궁극 목적은 행복으로 인간은 행복해지기 위해 존재하는 것이라고 보았으며, 참된 행복을 위해서는 오직 인간만이 가지는 고유한 기능인 정신의 이성적 활동 기능을 탁월하게 발휘해야 한다고 강조하였다.

자료 ❷
에피쿠로스의 행복론

쾌락이란 행복한 인생의 시작이자 끝이다. 우리가 추구하는 쾌락은 모든 욕구를 적극적으로 충족하는 데서 오는 쾌락이 아니라 고통을 제거함으로써 주어지는 쾌락이다. 참된 쾌락은 육체의 고통과 마음의 불안이 모두 소멸된 상태, 즉 평정심이다. 이를 위해서는 자연적이고 필수적인 욕구만을 최소한으로 충족하는 소박한 삶, 이성으로써 욕구를 분별하고 절제하는 검소한 삶을 살아야 한다.

➡ 에피쿠로스는 고대 그리스의 도시 국가들이 해체되고 정복 전쟁을 통해 대제국이 건설되면서 사회적·문화적으로 극심한 혼란기였던 헬레니즘 시대에 대규모의 공동체적 삶에서 벗어나 개인적인 마음의 평온을 통해 행복을 찾고자 하였다. 그리고 욕구의 충족을 통해서가 아니라, 불필요한 욕구의 제거를 통해 큰 만족을 얻고자 하였으며, 육체적 쾌락보다 정신적 쾌락을 추구할 것을 강조하였다.

★★

주제 1　행복의 기준

01 ㉠, ㉡에 들어갈 말을 옳게 연결한 것은?

> 사람이 행복한 삶을 영위하기 위해서는 의식주나 경제력, 사회적 지위 등의 (㉠) 조건이 필요하다. 이와 함께 가족과의 사랑, 친구와의 우정, 자아실현의 추구 등과 같은 (㉡) 만족감도 충족되어야 한다.

	㉠	㉡		㉠	㉡
①	개인적	사회적	②	물질적	정신적
③	본질적	도구적	④	이상적	현실적
⑤	일시적	지속적			

02 (가), (나) 국가들의 행복의 기준에 대한 설명으로 적절한 것만을 〈보기〉에서 있는 대로 고른 것은?

> (가) 경제 대국 상위 15위 안에 포함되어 있는 국가들
> (나) 생필품이 부족하고 주거 환경이 열악하여 질병과 빈곤으로 고통받고 있는 국가들

ㅡ 보기 ㅡ
ㄱ. (가) 국가들은 계층 간 소득 불평등 해소와 삶의 질 향상을 중시할 것이다.
ㄴ. (나) 국가들은 환경 보호보다 경제 성장이 국민의 행복 증진을 위해 필요하다고 볼 것이다.
ㄷ. (가) 국가들은 개인의 주관적 만족감을 중시하기에 (나) 국가들보다 행복의 기준이 단순하다.

① ㄱ　　② ㄷ　　③ ㄱ, ㄴ
④ ㄴ, ㄷ　　⑤ ㄱ, ㄴ, ㄷ

03 밑줄 친 ㉠~㉤에 대한 설명으로 옳지 <u>않은</u> 것은?

> ㉠행복은 많은 사람들이 추구하는 삶의 궁극 목적이라 할 수 있지만, 서양의 ㉡헬레니즘 시대나 ㉢중세와 근대, 그리고 산업화를 거쳐 정보화에 들어선 ㉣오늘날에 중시되는 ㉤행복의 기준이 항상 같았던 것은 아니다.

① ㉠ : 삶에서 충분한 만족감이나 기쁨을 느끼는 상태를 의미한다.
② ㉡ : 고통에서 벗어난 마음의 평안을 추구하였다.
③ ㉢ : 신과의 합일을 궁극적인 행복이라고 보았다.
④ ㉣ : 물질적 풍요를 가장 중요한 행복의 기준으로 여긴다.
⑤ ㉤ : 시대나 지역에 따라 달라질 수 있는 것이다.

04 다음 글을 통해 추론할 수 있는 내용으로 가장 적절한 것은?

> 넓은 평야 지대에서 마을 단위로 공동체를 이루어 함께 벼농사를 지으며 공동 작업이 필수적이던 고대 중국인들에게 행복이란 '공동체 구성원들과 화목한 인간관계를 맺으며 공동체에 필요한 사람이 되는 것'이었다. 반면 높은 산악 지대에서 가족이나 개인 단위로 목축업이나 무역업, 밀농사 등에 종사하던 고대 그리스인들은 행복을 '개인의 자율성'에 대한 신념을 바탕으로 정의했다.

① 자연환경의 차이는 행복의 기준에 영향을 미칠 수 있다.
② 시대를 초월하여 언제나 보편적인 행복의 기준이 존재한다.
③ 공동체의 선을 위해서는 개인의 희생을 당연하게 여겨야 한다.
④ 행복을 추구할 때는 물질적 가치에 대한 고려를 해서는 안 된다.
⑤ 개인은 공동체의 목표와 무관하게 자아실현만을 위해 힘써야 한다.

05 다음 신문 칼럼의 입장에서 지지할 수 있는 주장으로 가장 적절한 것은?

> ○○신문　　　　　　　　　　○○○○년 ○○월 ○○일
>
> **칼 럼**
>
> 우리나라는 1950년대까지만 해도 식량이 부족하여 대다수의 국민들이 끼니를 때울 걱정으로부터 자유롭지 못할 때가 있었다. 그 시절의 사람들은 '하루에 세끼를 온전히 먹을 수만 있다면 행복하겠다!'고 여겼다. 그러나 한강의 기적이 상징하는 고도성장의 시대를 지나면서 사람들은 더 이상 '배부르게 먹는 것'만을 행복의 척도로 여기지 않게 되었다. 오늘날에는 급여를 더 많이 받기 위해 직업에만 매몰되기보다는 가족이나 친구들과 함께 시간을 보내며 뜻깊은 시간을 보내는 것에서 더 큰 행복을 느끼는 사람들이 늘어나고 있다.

① 물질적 행복이 정신적 행복보다 더 중요하다.
② 물질적 가치를 배제해야만 행복에 이를 수 있다.
③ 행복의 기준은 시대적 상황에 따라 다를 수 있다.
④ 경제적 풍요는 시대 변화와 무관하게 행복의 최고 기준이다.
⑤ 소득이 높은 사람은 소득이 낮은 사람보다 항상 더 행복하다.

06 갑과 을의 입장을 통해 추론할 수 있는 내용으로 가장 적절한 것은?

> 갑 : 숙제가 아직도 반이나 남아서 불행해!
> 을 : 숙제가 이제 반밖에 안 남아서 행복해!

① 행복 실현은 객관적인 지표에 의해 결정된다.
② 상황에 대한 판단 기준은 모든 사람에게 동일하다.
③ 동일한 상황에서는 누구나 동일한 행복감을 느낀다.
④ 행복은 남과 얼마나 다르게 생각하느냐에 달려 있다.
⑤ 상황에 대한 인식 차이가 행복감의 차이를 가져올 수 있다.

07 다음 사례들을 종합하여 추론할 수 있는 내용으로 가장 적절한 것은?

> • 국제 연합(UN)은 1인당 국내 총생산(GDP), 건강 기대 수명, 사회적 지원, 부패에 대한 인식, 선택의 자유, 관대함 등 여섯 가지 지표를 통해 전 세계 각국의 '행복지수'를 측정한다.
> • 경제협력개발기구(OECD)는 주거, 소득, 직업, 공동체, 교육, 환경, 시민 참여, 건강, 삶의 만족, 안전, 일과 삶의 균형을 근거로 하여 '보다 나은 삶 지수'를 발표한다.

① 정신적인 만족도는 수치화하여 나타낼 수 없다.
② 행복의 기준이 되는 보편적 조건들이 존재한다.
③ 행복은 객관적으로 측정하여 비교할 수 없는 것이다.
④ 행복의 기준은 개인과 사회에 보편적으로 적용될 수 없다.
⑤ 물질적 측면과 달리 정신적 측면은 행복의 지표에 포함될 수 없다.

08 다음 사례를 통해 추론할 수 있는 내용으로 가장 적절한 것은?

> 대기업에 다니던 이○○씨는 직장 생활 5년이 되는 해에 사직서를 내고, 이탈리아로 여행을 떠났다. 그는 피렌체 지역의 한 공방에서 늘 배우고 싶어 하던 금속 공예를 배우고 돌아와 현재 금속 디자인 일을 하고 있다. 이 씨는 "직장 다니던 때에 비해 소득이 절반 정도밖에 안 되지만 내가 정말 하고 싶은 일을 하고 있어 행복하다."라고 말하였다.

① 행복한 삶에 대한 사람들의 생각에는 차이가 없다.
② 행복의 기준은 시대와 관계없이 보편적이어야 한다.
③ 행복에 있어서는 개인의 주관적 만족감이 중요하다.
④ 행복의 실현은 소득이 높을수록 더 빨리 이루어진다.
⑤ 행복은 현재 자신이 처한 환경에서 벗어날 때 달성된다.

09 다음 글에 대한 설명으로 적절한 것만을 〈보기〉에서 있는 대로 고른 것은?

> 나는 행복을 두 가지로 정의한다. 하나는 외직에 나가서는 대장군의 깃발을 앞세우고 관인을 허리에 두르고, 내직에 들어와서는 비단옷에 수레를 타고 사방을 다스릴 계책을 듣는 것으로 ㉠ 열복(熱福)이다. 또 하나는 깊은 산속에서 삼베옷에 짚신을 신고, 맑은 샘물에 발을 씻고, 소나무에 기대어 시를 읊는 것으로 ㉡ 청복(淸福)이다. 이 두 가지 복은 성품에 따라 달리 취할 수 있지만, 하늘은 청복을 몹시 아낀다. 그래서 열복을 누리는 이는 많아도 청복을 얻는 이는 몇 되지 않는다.
> – 정약용의 행복론 –

> **보기**
>
> ㄱ. ㉠은 고위 관리가 되어 권력과 부를 누리는 것이다.
> ㄴ. ㉡은 자연 친화적 삶을 살며 여유와 휴식을 누리는 것이다.
> ㄷ. ㉠은 세속적 출세, ㉡은 마음의 평화와 관련 있다.
> ㄹ. ㉠, ㉡을 통해 부귀영화와 달리 청빈한 삶으로는 행복에 이를 수 없음을 알 수 있다.

① ㄱ, ㄴ ② ㄱ, ㄹ ③ ㄷ, ㄹ
④ ㄱ, ㄴ, ㄷ ⑤ ㄴ, ㄷ, ㄹ

10 갑, 을의 입장에 대한 설명으로 적절하지 않은 것은?

① 갑은 인간으로서의 기본적인 삶의 환경 보장이 행복한 삶을 위해 필요하다고 본다.
② 을은 어느 지역에 거주하느냐에 따라 행복의 기준에도 차이가 있을 수 있다고 본다.
③ 갑은 을보다 행복을 수치화하여 비교할 수 있다고 볼 것이다.
④ 갑은 행복의 보편적 측면을, 을은 행복의 상대적 측면을 강조하고 있다.
⑤ 갑과 을은 모두 물질적 욕구의 충족은 행복 실현과 관련이 없다고 본다.

11 행복에 대한 옳은 설명만을 〈보기〉에서 고른 것은?

> ─── 보기 ───
> ㄱ. 참된 행복은 감각적 즐거움을 통해서만 얻어진다.
> ㄴ. 생활에서 충분한 만족과 기쁨을 느끼는 상태이다.
> ㄷ. 사람들이 삶에서 궁극 목적으로 추구하는 것이다.
> ㄹ. 정신적 가치가 아닌 물질적 측면은 행복 실현에 불필요하다.

① ㄱ, ㄴ ② ㄱ, ㄷ ③ ㄴ, ㄷ
④ ㄴ, ㄹ ⑤ ㄷ, ㄹ

12 동양 사상 (가), (나)의 입장으로 적절하지 <u>않은</u> 것은?

> (가) 행복은 선한 본성을 지키고 기르면서 다른 사람들과 더불어 살아가며 인(仁)을 실현하는 것이다.
> (나) 행복은 자연적 본성에 따라서 일체의 인위적인 것들을 배제하고 자연 그대로의 모습으로 살아가는 것[無爲自然]이다.

① (가) : 부모에게 효도하고 형제간에 우애 있게 지내야 한다.
② (가) : 인간은 하늘로부터 도덕적 본성을 부여받은 존재이다.
③ (나) : 삶과 죽음이 모두 고통임을 알고 자비를 실천해야 한다.
④ (나) : 남과 다투지 않고 겸허하게 물과 같은 삶을 살아야 한다.
⑤ (가)와 (나) : 인간은 선천적으로 타고난 본성을 해치지 않고 보존해야 한다.

13 다음 동양 사상의 입장으로 적절한 것만을 〈보기〉에서 고른 것은?

> 모든 인간은 청정한 불성(佛性)을 지니고 있으며, 누구나 올바른 수행을 통해 참된 진리를 깨달으면 더 이상 고통이 없는 해탈의 경지에 이를 수 있다.

> ─── 보기 ───
> ㄱ. 고통받는 중생을 구제하기 위해 힘써야 한다.
> ㄴ. 만물이 상호 의존 관계에 있음을 깨달아야 한다.
> ㄷ. 고정불변의 실체인 '나'를 확고하게 수립해야 한다.
> ㄹ. 선과 악을 구별하지 말고 자유롭게 행동해야 한다.

① ㄱ, ㄴ ② ㄱ, ㄷ ③ ㄴ, ㄷ
④ ㄴ, ㄹ ⑤ ㄷ, ㄹ

14 (가), (나)에 해당하는 서양 사상을 옳게 연결한 것은?

> 〈서양의 행복론〉
> (가) 행복은 정념에 방해받지 않고 초연한 태도로 이성적인 자연의 질서에 따라 살아가는 것이다.
> (나) 행복은 쾌락이며 삶의 목적이므로 '최대 다수에게 최대 행복'을 가져다 줄 수 있도록 행위해야 한다.

	(가)	(나)
①	스토아학파	공리주의
②	스토아학파	아리스토텔레스
③	스토아학파	에피쿠로스학파
④	에피쿠로스학파	공리주의
⑤	에피쿠로스학파	아리스토텔레스

15 다음 신문 칼럼에서 강조하는 내용으로 가장 적절한 것은?

> ○○신문　　　　　　　○○○○년 ○○월 ○○일
>
> **칼 럼**
>
> 미국의 어느 대학 연구팀에서 흥미로운 연구 결과를 발표했다. 몸이 아프지 않고 오랫동안 건강하게 장수하는 부부들의 공통점을 살펴봤더니 이들이 정기적으로 도움이 필요한 사람들을 찾아가 돕고 있다는 것이다. 연구 결과에 따르면, 사람은 남을 돕고 난 후에는 심리적 포만감인 헬퍼스 하이(Helper's High)를 느끼는데, 이 때 즐거움을 느끼게 하는 엔도르핀의 분비는 정상치의 3배 이상 상승하고, 바이러스와 싸우는 타액 속의 면역 항체 수치 또한 높아진다. 이는 결국 인간이 타인과 더불어 서로 돕고 도움을 받으며 살아갈 때 더 큰 행복을 느낄 수 있는 도덕적·사회적 존재라는 사실을 보여준다.

① 행복은 인간이 현실에서는 도달할 수 없는 이상적 목표에 불과하다.
② 나의 행복을 위한 활동과 타인의 행복을 돕는 활동은 서로 무관하다.
③ 행복에 이르려면 정신적 가치보다 물질적 가치의 추구에 전념해야 한다.
④ 다른 사람과 조화롭게 공존할 때 느끼는 만족감은 행복 실현에 기여한다.
⑤ 세속적 삶에서 벗어나 은둔적 삶을 살아갈 때 마음의 평안과 행복을 얻게 된다.

16 그림의 강연자가 긍정의 대답을 할 질문만을 〈보기〉에서 있는 대로 고른 것은?

> 이 세상에 존재하는 모든 것은 목적을 가지고 있습니다. 식물은 동물을 위해 존재하며, 동물은 인간을 위해 존재합니다. 인간의 삶에도 목적이 있는데, 그것은 바로 행복입니다. 즉, 인간은 행복해지기 위해서 존재하고 있는 것입니다. 무엇이 행복인지를 알려면 인간의 기능에 대해서 생각해 보아야 합니다. 인간만이 지닌 특별한 기능은 정신의 이성적 활동 능력입니다. 인간의 기능을 훌륭하게 수행하는 것은 바로 이성적 활동을 잘 수행하는 것이며, 어떠한 활동이 잘 수행되는 것은 그것에 알맞은 덕을 가지고 수행될 때입니다.

┌─ 보기 ─┐

ㄱ. 행복은 모든 인간이 추구하는 삶의 궁극 목적인가?
ㄴ. 행복이란 덕과 일치하는 정신의 활동이라고 할 수 있는가?
ㄷ. 행복한 삶을 위해 인간은 식물과 동물을 자원으로 이용할 수 있는가?
ㄹ. 행복에 이르려면 신앙을 통해 완전한 존재인 신과 하나가 되어야 하는가?

① ㄱ, ㄷ 　② ㄴ, ㄹ 　③ ㄷ, ㄹ
④ ㄱ, ㄴ, ㄷ 　⑤ ㄱ, ㄴ, ㄹ

17 다음을 주장한 고대 서양 사상가의 입장으로 적절한 것만을 〈보기〉에서 고른 것은?

> 행복의 시작이자 끝은 쾌락이다. 쾌락은 먹고 마시며 흥청거리는 데 있는 것이 아니라, 모든 선택과 기피의 근거를 찾고 헛된 믿음을 없애며 냉철하게 사고하는 데 있다. 쾌락은 그 자체로 유쾌하며 우리에게 좋은 것이지만 모든 쾌락이 추구할 만한 가치가 있는 것은 아니며, 모든 고통은 나쁜 것이지만 그렇다고 해서 반드시 회피되는 것은 아니다. 우리는 참을 것과 못 참을 것을 구분하여 모든 것을 올바르게 평가해야 한다.

┌─ 보기 ─┐

ㄱ. 참된 행복에 이르기 위해서는 이성적 숙고가 필요하다.
ㄴ. 단기적이고 육체적인 쾌락의 추구는 영원한 행복을 보장한다.
ㄷ. 몸에 고통이 없고 마음에 불안이 없는 상태가 최고 행복이다.
ㄹ. 당장의 쾌락을 위한 행동이 더 큰 고통을 초래하는 경우는 없다.

① ㄱ, ㄴ 　② ㄱ, ㄷ 　③ ㄴ, ㄷ
④ ㄴ, ㄹ 　⑤ ㄷ, ㄹ

18 (가)~(다)는 동양 사상에 대한 설명이다. 물음에 답하시오.

> (가) (A) 사상에서는 타고난 그대로의 본성에 따라 인위적인 것이 더해지지 않은 '자연 그대로의 모습으로 살아가는 것'을 행복으로 보았다.
> (나) 유교 사상에서는 하늘로부터 부여받은 도덕적 본성을 보존하고 함양하며 다른 사람과 더불어 살아가면서 '＿＿＿ ㉠ ＿＿＿'을/를 행복이라고 보았다.
> (다) 불교 사상에서는 청정한 불성(佛性)을 바탕으로 '나'라는 의식을 벗어 버리기 위한 수행과 고통받는 중생을 구제하는 실천을 통해 '＿＿＿ ㉡ ＿＿＿'을/를 행복으로 여겼다.

(1) A에 들어갈 동양 사상을 쓰시오.

(2) ㉠, ㉡에 들어갈 적절한 내용을 각각 서술하시오.

19 갑, 을은 고대 서양 사상가들이다. 물음에 답하시오.

> 갑 : (㉠)은/는 모든 것 가운데 가장 바람직한 것이요, 여러 선들 중에서 최고의 선이다. 따라서 (㉠)은/는 궁극적이고 자족적이며, 인간의 모든 행동의 목적이다. 덕과 일치하는 정신의 활동이 (㉠)이라고 할 수 있다.
> 을 : 쾌락은 행복의 시작이고 끝이며, 참된 쾌락은 ＿＿＿＿＿ ㉡ ＿＿＿＿＿, 즉 평정심(아타락시아)의 상태이다. 이를 위해서는 식욕과 같이 자연적이고 필수적인 욕구를 최소한으로 충족하면서 과도한 욕구를 절제하는 검소한 삶의 태도가 필요하다.

(1) 갑 사상가가 누구인지와, ㉠에 들어갈 단어를 각각 쓰시오.

(2) 을 사상가가 누구인지 쓰고, ㉡에 들어갈 내용을 '육체'와 '마음'을 포함하여 서술하시오.

|교육청 기출|

01 (가)에 들어갈 내용으로 가장 적절한 것은?

> 중세에는 종교적 절대자나 군주의 뜻을 따르는 데 개인의 행복이 있다고 여겼다. 근대에 들어 산업화가 시작되면서는 물질적 기반을 확보하고 개인의 권리를 보장받는 것이 행복의 중요한 기준이라고 보았다. 오늘날에는 물질적 풍요 외에도 자신이 부여한 삶의 가치와 심리적 만족감 등이 중시되고 있다. 결론적으로 행복의 기준은 ________(가)________

① 시대적 상황에 따라 다르게 나타난다.
② 지역을 초월하여 보편타당하게 정해진다.
③ 타인과의 비교를 통해 절대적으로 결정된다.
④ 의식주 등 기본적 욕구와 상관없이 정해진다.
⑤ 소수 지배자의 통치 목적을 실현하기 위해 정해진다.

02 다음 신문 칼럼에서 지지할 입장으로 가장 적절한 것은?

> ○○신문　　　　　　　　　○○○○년 ○○월 ○○일
>
> ### 칼럼
>
> 오늘날에도 깨끗한 마실 물이 부족해 집에서 멀리 떨어져 있는 곳을 1~2 시간이나 걸어서 이동하여 그리 깨끗하지 않은 물을 길어다 마시는 지역의 사람들이 있다. 이 지역의 사람들은 깨끗한 물과 충분한 음식을 제공받는 것이 큰 행복일 것이다. 그런가 하면 아직도 전쟁이 끊이지 않고 벌어지고 있는 분쟁 지역의 사람들은 평화의 실현을 행복의 기준으로 삼을 것이다. 그리고 정치적 억압과 경제적 착취가 사라지지 않은 국가의 시민들은 정치적·경제적으로 자유와 권리를 향유하게 될 때 행복을 느끼게 될 것이다.

① 시대적 상황과 무관하게 행복의 객관적 기준은 동일하다.
② 행복의 기준은 지역 여건에 따라 다양하게 나타날 수 있다.
③ 모든 사람에게 행복의 기준은 보편적·획일적으로 적용된다.
④ 개인이 처해 있는 환경은 행복의 기준과는 아무 관련이 없다.
⑤ 물질적 가치와 달리 정신적 가치는 행복의 기준이 될 수 없다.

03 다음 동양 사상에서 행복 실현을 위해 강조하는 삶의 태도로 가장 적절한 것은?

> 큰 도(道)가 행해지면 천하가 모두의 것이다. 어진[仁] 자나 재능 있는 자에게 정치를 맡겨 믿음과 화목을 두텁게 하고, 사람들은 자기 부모나 자식만을 친애하지 않는다. 노인과 아픈 사람과 홀로된 사람 모두 보살핌을 받게 되며, 스스로 일하는 것을 싫어하지 않지만 자신만을 위해서 일하지도 않게 된다. 그러므로 간사한 자나 도둑이 생기지 않는다. 이런 세상을 일컬어 대동(大同)이라고 한다.

① 어진 마음을 바탕으로 사회적 약자를 보살핀다.
② 자신의 부모와 자식만을 친밀하게 아끼고 사랑한다.
③ 인위적인 도덕규범에서 벗어나 정신적 자유를 누린다.
④ 자신이 맡은 일에 최선을 다하여 개인적 이익만을 추구한다.
⑤ 사회의 이익에 기여한 사람들에게게만 선별적으로 혜택을 제공한다.

04 다음 글을 통해 추론할 수 있는 내용으로 가장 적절한 것은?

> 계속되는 정복 전쟁에서 승리하여 영토를 넓혀나가고 있던 알렉산드로스 대왕은 아무것도 가진 것 없이 길거리에서 나무통에 기거하고 있다는 철학자 디오게네스 얘기를 듣고 그를 찾아갔다. "난 알렉산드로스 왕이다. 그대가 원하는 것은 무엇이든 말하면 내가 그것을 즉시 이루어 주겠다." 그러자 디오게네스가 말했다. "왕이시여, 지금 왕께서 거기 그렇게 서 있기에 제게 오는 따뜻한 햇볕이 가려지고 있습니다. 다른 것은 아무것도 필요 없으니 부디 저를 위해 한 발짝만 옆으로 비켜 서 주시기 바랍니다." 그 말을 듣고 알렉산드로스 왕이 한걸음 비켜서자 디오게네스는 자신에게 온전히 쏟아지는 따뜻한 햇볕을 쐬며 만족스러워 하였다.

① 권력과 명예를 획득할수록 더욱 행복한 삶을 살게 된다.
② 물질적으로 풍요롭지 않아도 만족하며 행복한 삶을 살 수 있다.
③ 경제적인 여유가 뒷받침되지 않는다면 결코 행복에 이를 수 없다.
④ 행복은 마음을 통제할 때만 가능하며 외부의 요인과는 전혀 관계없다.
⑤ 행복은 남과 비교하여 내가 더 많이 가졌을 때 느끼는 정신의 만족이다.

05 (가)의 관점에서 〈문제 상황〉의 A에게 제시할 조언으로 가장 적절한 것은?

(가) 만족할 줄 알면 수치를 겪지 않으며, 그칠 줄 알면 위태롭지 않을 터인즉, 오랫동안 안전할 수 있다. 만족을 모르는 것보다 더 큰 재앙은 없고, 탐욕을 부리는 것보다 더 큰 허물은 없다. 따라서 만족을 아는 만족이 영원한 만족이다.

〈문제 상황〉
회사원 A는 불의의 사고로 다친 코를 바로잡기 위해 성형병원을 찾았다가, 다른 부위들에도 조금씩만 손을 대면 지금보다 훨씬 아름다운 외모를 가질 수 있을 것이라는 얘기를 들었다. 집으로 돌아와 거울을 보니 눈도 코도 입모양새도 모두 불만족스러워서 불행한 기분에 빠진 A는 이번 기회에 거액의 비용을 들여 대규모로 성형수술을 할 것인지를 고민하고 있다.

① 육체적 쾌락 충족을 위해서는 비용을 아낌없이 지출할 수 있어야 해요.
② 현재 자신의 모습에 만족한다면 더 이상의 발전은 없음을 알아야 해요.
③ 과도한 욕심을 버리고 자연스런 자신의 모습에 만족할 줄 알아야 해요.
④ 사람들 대다수가 아름답다고 추구하는 모습에 자신을 맞출 수 있어야 해요.
⑤ 욕구의 즉각적 충족으로 욕구 불만 상태에서 벗어나는 것이 행복임을 알아야 해요.

06 그림의 강연자가 긍정의 대답을 할 질문으로 적절하지 <u>않은</u> 것은?

참된 앎이 곧 덕이며, 덕을 지닌 사람은 행복한 삶을 살게 됩니다. 즉 앎과 덕과 행복은 하나로 합치되는 것입니다. 참된 앎에 이르기 위해서는 자신이 제대로 알고 있지 못함을 깨닫고 스스로의 무지를 자각하는 것이 중요합니다. 유덕하게 행동하기 위해서는 덕이 무엇인지 알아야 하며, 덕이 무엇인지 알면 유덕하게 행동할 수 있습니다. 올바른 영혼을 가진 사람은 훌륭하게 살지만 올바르지 못한 영혼을 가진 사람은 훌륭하게 살지 못하며, 훌륭하게 사는 사람은 행복할 것이나 훌륭하게 살지 못하는 사람은 불행할 것이므로 이성적 성찰을 통해 각자의 영혼을 최상의 상태로 가꾸는 데 힘써야 합니다.

① 덕이 무엇인지를 알아야만 덕을 갖출 수 있는가?
② 올바른 영혼을 갖기 위해 이성적 성찰이 필요한가?
③ 올바른 영혼은 훌륭하고 행복한 삶과 관련 있는가?
④ 참된 앎에 이르지 못해도 행복한 삶을 살 수 있는가?
⑤ 자신의 무지를 자각하고 참된 앎을 추구해야 하는가?

07 ㉠에 들어갈 내용으로 가장 적절한 것은?

① 이성의 기능을 발휘하여 덕을 갖추는 것입니다.
② 부와 권력 등 세속적 가치를 추구하는 것입니다.
③ 감각적 쾌락과 욕망에 충실한 삶을 사는 것입니다.
④ 공동체의 이익보다는 사적인 이익을 우선시하는 것입니다.
⑤ 타인과의 모든 관계를 끊고 은둔적인 생활을 하는 것입니다.

| 교육청 기출 |

08 다음을 주장한 고대 서양 사상가의 입장으로 가장 적절한 것은?

행복이 덕에 따르는 활동이라면 당연히 그것은 최고의 덕을 따르는 것이어야 한다. 최고의 덕을 따르는 이성의 활동은 진리에 대한 관조이다. 인간은 이성적 관조 활동을 할 때 최고의 행복을 누릴 수 있다.

① 행복은 최고선으로 인간이 추구해야 할 궁극적 목적이다.
② 행복은 인간만의 고유한 정신적 기능 수행과 무관하다.
③ 행복을 위해 반드시 덕을 갖추어야 하는 것은 아니다.
④ 이성이 아닌 감정의 명령을 따라야 행복이 달성된다.
⑤ 부와 명예는 인간이 추구해야 할 최고의 행복이다.

09 다음 가상 편지를 쓴 고대 서양 사상가가 강조하는 삶의 태도로 적절한 것만을 〈보기〉에서 고른 것은?

> 사랑하는 제자 ○○에게
>
> 자네가 삶의 목적은 무엇인지 물었기에 그에 대해 답변을 하고자 하네. 내가 항상 강조하듯이 인간 삶의 목적은 다름 아닌 쾌락이라네. 쾌락은 행복한 삶의 시작이자 끝이며, 진정한 쾌락은 몸에 고통이 없고 마음에 불안이 없는 평정심의 상태를 의미한다네. 대부분의 사람들은 욕구의 충족을 통해 쾌락을 얻을 수 있다고 착각하지만, 내가 말하는 쾌락은 욕구의 적극적 추구가 아니라 오히려 불필요한 욕구를 제거함으로써 얻을 수 있다네. 사려 깊고, 아름답고, 정의롭게 살지 않고서는 결코 행복과 쾌락을 누릴 수 없음을 명심해야 하네.

─ 보기 ─

ㄱ. 몸의 고통과 마음의 불안이 소멸된 상태를 지향해야 한다.
ㄴ. 사려 깊음과 정의로움을 배제하고 평정심을 유지해야 한다.
ㄷ. 행복한 삶을 위해 이성으로 욕구를 분별하고 절제해야 한다.
ㄹ. 필수적이지 않은 욕구의 제거보다 감각적 쾌락의 추구에 힘써야 한다.

① ㄱ, ㄴ ② ㄱ, ㄷ ③ ㄴ, ㄷ
④ ㄴ, ㄹ ⑤ ㄷ, ㄹ

10 다음을 주장한 사상가의 입장으로 가장 적절한 것은?

> 쾌락은 행복한 인생의 시작이자 끝이다. 그런데 자연적 욕구들 중에는 충족하지 않더라도 고통을 느끼지 않는 욕구가 있다. 이러한 욕구를 충족하여 얻은 쾌락은 헛된 생각에서 나오는 것이다. 쾌락의 부재로 인해 고통을 느낄 때는 쾌락이 필요하지만, 고통을 느끼지 않을 때는 쾌락이 더 이상 필요하지 않기 때문이다. 따라서 자연적이고 필수적인 욕구만을 최소한으로 충족하는 삶을 살아야 한다.

① 필수적인 욕구를 제거해야만 진정한 행복이 완성된다.
② 진정한 행복을 이루려면 욕구를 분별하지 말아야 한다.
③ 고통의 제거를 통해서는 진정한 행복을 실현할 수 없다.
④ 진정한 행복을 위해 검소하고 절제하는 삶을 살아야 한다.
⑤ 인간의 자연적 욕구를 최대한 충족하는 것이 참된 행복이다.

11 갑, 을 사상가들의 입장으로 가장 적절한 것은?

> 갑 : 행복은 그 자체로 바라는 것이지 부나 쾌락 때문에 바라는 것은 아니다. 행복은 궁극적이고 자족적인 것으로 덕에 따르는 영혼의 활동이며 우리 행동의 목적이다.
>
> 을 : 행복한 인생의 시작이자 끝은 쾌락이다. 다만 내가 말하는 쾌락은 방탕한 자들의 쾌락이 아니라 몸의 고통과 마음의 혼란으로부터의 자유이다.

① 갑 : 행복은 부와 쾌락을 획득하기 위한 영혼의 활동이다.
② 갑 : 행복을 실현하기 위해서는 반드시 덕을 필요로 한다.
③ 을 : 행복한 삶은 모든 감각적인 욕망을 제거해야 가능하다.
④ 을 : 행복은 육체가 아닌 정신의 고통이 소멸되어야 실현된다.
⑤ 갑과 을 : 행복은 쾌락을 최대로 충족해야 달성되는 것이다.

12 다음을 주장한 사람의 입장에서 〈문제 상황〉 속 A에게 제시할 조언으로 가장 적절한 것은?

> 순수한 실천 이성은 우리가 행복에 대한 모든 요구를 포기할 것을 의욕하는 것이 아니다. 그것이 의욕하는 바는 오직 의무가 문제시될 때 행복을 전혀 고려하지 말아야 한다는 것이다. 도덕적 행위는 쾌락을 추구하는 경향성이나 욕구를 따르는 행위가 아니며, 단지 불쌍히 여기는 감정에 따라 남을 돕는 행위도 아니다. 도덕적 행위는 의무 의식에 따라 그 자체로 옳은 것을 실천하는 행위이다.
>
> 〈문제 상황〉
>
> 고등학생 A는 지하철에서 자리에 앉아 집에 가던 중에 몸이 불편한 사람이 탑승하는 것을 보았다. A는 자신의 자리를 양보해야 할지, 아니면 자는 척을 해야 할지 고민하고 있다.

① 인간의 자연스러운 감정과 본능적 욕구에 따라 행동하세요.
② 충분한 보상과 대가를 받을 수 있는지 따져보고 행동하세요.
③ 인간이라면 마땅히 행해야 할 도덕적 의무에 따라 행동하세요.
④ 사회 구성원 최대 다수에게 최대 행복을 가져다주도록 행동하세요.
⑤ 행위의 결과가 자신의 행복을 극대화하는지를 고려하여 행동하세요.

13 다음 글의 입장으로 가장 적절한 것은?

> 동물의 쾌락을 최대한 누릴 수 있게 보장해 준다고 해서 돼지가 되겠다는 사람은 없을 것이다. 존엄감은 저급한 존재가 되지 않으려는 인간의 의지이며, 행복의 본질적인 부분이다. 저급한 존재일수록 감각적 쾌락을 좇아 향유하며 쉽게 만족을 느끼지만, 지성과 상상력 등 고등 능력을 지닌 존재일수록 행복을 얻기 위해 보다 높은 수준의 삶을 선호하고 추구한다. 만족한 돼지보다 불만족한 인간이 되는 편이 낫고, 만족한 바보보다 불만족한 소크라테스가 되는 편이 낫다.

① 존엄감을 지키는 삶의 방식으로 행복을 얻을 수 있다.
② 육체적 쾌락과 정신적 쾌락에는 본질적인 차이가 없다.
③ 인간은 정신적 행복보다 육체적 만족을 추구해야 한다.
④ 삶의 질적 수준을 높이는 것은 행복 실현과 무관하다.
⑤ 감각적 욕구의 최대한 충족에서 오는 만족이 행복의 본질이다.

14 다음 신문 칼럼에서 강조하는 행복의 의미로 적절한 것만을 〈보기〉에서 있는 대로 고른 것은?

> | ○○신문 | ○○○○년 ○○월 ○○일 |
>
> **칼 럼**
>
> 파지를 주워 생활하던 할머니가 전 재산을 이웃에 기부하여 화제가 되고 있다. 할머니는 17세에 남편과 결혼하여 살다가 50세가 될 무렵 남편을 먼저 떠나보냈다. 아이가 없는 탓에 남편을 여읜 후 혼자가 된 할머니는 삶을 영위하기 위해 파지를 줍기 시작했다. 기초생활수급비와 함께 돈을 차곡차곡 모아오던 할머니는 80세가 되던 해에 "돈이 없어 교육을 못 받는 아이들을 위해 써 달라."며 전 재산을 기부했다. "자식도 없는 내가 나라에서 '공짜 돈(수급비)'을 타 먹는데 사람답게 살아야 저승 가서 할 말이 있겠다 싶었다. 돈을 꼬박꼬박 모으느라 고기 한번 제대로 못 먹고 병원에도 제때 못 갔지만 기부하고 나니 너무나 기쁘고 행복했다."라고 말하면서 할머니는 환하게 웃었다.

> ─── 보기 ───
> ㄱ. 물질적 조건에 부족함이 없어야만 행복한 삶이 실현된다.
> ㄴ. 어려운 처지에 있는 타인을 도움으로써 행복해질 수 있다.
> ㄷ. 경제적 요인은 행복한 삶에 아무런 영향을 끼치지 못한다.

① ㄱ ② ㄴ ③ ㄱ, ㄷ
④ ㄴ, ㄷ ⑤ ㄱ, ㄴ, ㄷ

15 (가), (나)에 나타난 행복의 기준에 대한 설명으로 옳은 것은?

> (가) 산업화가 한창 진행 중이던 1970년대에는 가난에서 벗어나기 위해 돈을 버는 것에 행복을 느끼는 경우가 많았다. 그러나 현재에는 경제적 가치보다 자신의 삶을 의미 있고 풍요롭게 만드는 것에 더 큰 행복을 느끼는 경우가 많다.
>
> (나) 마실 물이 부족한 사막 지역에서는 깨끗한 물을 얻는 것만으로도 행복을 느끼는 경우가 많다. 한편 일조량이 부족한 북유럽 지역에서는 햇볕을 쬘 수 있는 것만으로도 행복을 느끼는 경우가 많다.

① (가)는 경제적 가치가 행복의 기준이 될 수 없다고 본다.
② (가)는 시대에 따라 행복의 기준이 다를 수 있다고 본다.
③ (나)는 도덕적 실천을 행복의 기준으로 삼아야 한다고 본다.
④ (나)는 자연환경이 행복의 기준에 영향을 줄 수 없다고 본다.
⑤ (가)는 (나)와 달리 행복의 기준을 공간적 관점에서 본다.

16 다음 대화에서 '스승'이 지지하는 입장으로 가장 적절한 것은?

> 학생 : 물질적 풍요로움만 갖추어지면 그 자체로 행복이 실현되는 것인가요?
>
> 스승 : 물질적 풍요로움은 행복의 조건이 될 수 있지만, 행복 그 자체는 아닙니다. 아무리 물질적으로 풍요로운 상태라도 우리가 삶에 대해 느끼는 정신적 만족감이 떨어진다면 진정으로 행복하다고 말하기 어렵기 때문입니다.
>
> 학생 : 그렇다면 사람이 행복해지기 위해서는 물질적 조건 외에 더 무엇이 필요한가요?
>
> 스승 : 사람이 진정한 행복을 실현하기 위해서는 물질적 조건뿐만 아니라 평화로운 마음, 타인을 배려하며 느끼는 보람 등과 같은 정신적 만족감이 필요합니다.

① 경제적으로 안정되기만 하면 행복은 저절로 보장된다.
② 타인에게 베풀면서 느끼는 만족감은 행복과 무관하다.
③ 물질적 가치와 정신적 가치를 조화롭게 추구해야 한다.
④ 행복 실현을 위해서는 자신의 모든 욕망을 제거해야 한다.
⑤ 세속적인 부와 명예를 행복의 유일한 기준으로 삼아야 한다.

02 행복한 삶을 실현하기 위한 조건

주제 1 질 높은 정주 환경과 경제적 안정 ★★★

🎯 개념 더하기

✗ 행복한 삶의 실현 조건 (1)

질 높은 정주 환경	일정한 장소에 자리 잡고 살아가기에 필요한 제반 환경
경제적 안정	기본적 삶의 조건을 충족하고, 삶의 질을 유지하기 위해 일정 수준 이상의 소득이 뒷받침되는 것

✗ 정주 환경의 역사적 변화

산업화 이전	인간이 자연환경에 적응하면서 살아감
산업화 이후	도시화가 진행되면서 본격적으로 자연을 이용하고 개발하여 삶의 질을 높이는 정주 환경을 만들기 위해 노력함
최근의 경향	지역 문화를 보존하고, 자연과 인간이 공존하는 지속 가능한 생태환경을 만들어 국민의 행복을 증대시키기 위해 노력함

✗ 소득과 행복의 관계

구분	대한민국	에티오피아
1인당 국내 총생산 (달러)	33,393	1,467
영아 사망률 (명/천명당)	2.2	29.9
기대 수명 (세)	84.1	66.7

(세계 인구 전망, 2023)

국제 연합(UN)의 '세계 인구 전망'에 따르면 전반적으로 1인당 국내 총생산이 높은 나라에서 영아 사망률은 낮게, 기대 수명은 높게 나타났다.

---

1 질 높은 정주 환경

→ '인간이 살아가는 데 필요한 자연환경과 인문환경'을 의미함
- 위생적인 자연환경 : 깨끗한 물, 대기, 토양 등
- 사회적 인문환경 : 치안, 위생, 교통·통신, 문화, 교육, 보건 등

(1) 정주 환경의 의미

① 사람이 일정한 곳에 자리를 잡고 살아갈 수 있는 주변 여건이나 상황 등을 의미함

② 주거 환경에서부터 문화, 여가, 자연환경 등 일상생활의 전 영역을 광범위하게 일컬음

(2) 질 높은 정주 환경의 필요성 [자료 1]

① 생명을 유지하고 행복한 삶을 위해 안락한 보금자리를 제공해 주어야 함

② 정주 환경은 단순히 물리적 환경 이상의 의미를 지님 → 인간의 지각, 정서, 태도에 영향을 미쳐 특정 장소에 정서적 유대감을 느끼게 함

③ 정주 환경은 인간의 행복과 긴밀한 관련을 맺음 → 거주하는 사람들의 기억과 역사를 담고 있는 저장고의 역할을 함

(3) 질 높은 정주 환경의 조성을 위한 구체적 노력

① 주거 환경의 안락함 증진 : 국민들의 쾌적하고 살기 좋은 주거 생활을 보장하기 위한 정부의 주택 개발 정책 추진

② 교육과 의료 시설 확충 : 국민들에게 일정한 교육과 의료 혜택을 제공하기 위해 각종 학교나 병원 등의 설립 및 확충

③ 삶의 질 개선을 위한 시설 확충 : 인간다운 생활을 위한 문화, 예술, 체육, 복지 시설의 확충 및 편리한 삶을 위한 교통과 통신 시설 확충

④ 생태환경의 조성 : 인간과 자연이 조화와 공존을 이룰 수 있도록 도심 내 녹지 공간을 확대

2 경제적 안정

→ 유교 사상가인 맹자는 경제적 안정의 중요성을 강조하였음
"일반 백성들은 경제적으로 안정되지 않으면 도덕심을 유지하기 어렵다. 따라서 백성들이 생계를 안정적으로 유지할 수 있도록 하는 것이 왕도(王道)정치의 시작이다."

(1) 경제적 안정의 의미

① 기본적인 삶의 조건을 충족하고, 삶의 질을 유지하기 위해 일정 수준 이상의 소득이 뒷받침되는 것

② 경제 안정은 국민에게 쾌적한 환경이나 질 높은 의료 및 교육 혜택 제공을 가능하게 하여 경제적 불안감을 해소함

(2) 경제적 안정의 필요성

① 경제 성장만 추구하여 상대적 박탈감 등의 경제적 불안이 심화되면 삶의 만족도가 낮아지므로, 삶의 질을 유지할 수 있는 경제적 안정이 필요함

② 경제적으로 안정되면 기본적인 생계를 유지하고 자신의 필요를 충족할 수 있으며, 이를 통해 자아실현의 기회를 가질 수 있음

(3) 경제적 안정을 위한 구체적 노력

① 고용 안정 : 국가는 지속적인 경제 성장을 추구하면서도 일자리를 늘리기 위해 노력해야 하며, 최저 임금을 보장하고 실업 대책을 마련해야 함

② 복지 확충 : 질병, 사고, 실직 등 갑작스러운 상황으로 인한 어려움에 대비할 수 있는 복지 제도를 마련해야 함 → 국민의 행복한 삶을 실현하려면 경제적 안정과 더불어 다양한 사회 복지 제도를 마련해야 할 필요성이 있음

③ 경제적 불평등 해소 : 소외 계층이 상대적 박탈감 및 빈곤과 질병 등으로 고통받지 않도록 빈부 격차나 지역 격차의 심화를 해소해야 함

1 민주주의 발전

→ 민주주의는 기근의 방지에도 기여함
• 많은 민주주의 국가에서는 자연재해를 겪어도 기아의 고통을 줄이기 위해 신속하게 반응하는 정부가 존재했기 때문에 기근이 일어나지 않았음

(1) 민주주의 의미와 필요성
• 민주주의 국가는 선거가 이루어지고 야당과 언론이 자유롭게 비판할 수 있기 때문에 기근 방지 노력을 하지 않을 수 없음

의미	• '민중(demos)'과 '지배(kratos)'가 합쳐진 용어 → 국민이 스스로 권력을 행사하는 정치 제도 또는 사상 • 자유, 평등, 인간 존엄성을 중시함
필요성	• 독재 국가나 권위주의적 정치 체제는 국민의 기본적 인권을 침해할 수 있음 • 민주 국가에서는 국민 각자가 자신이 원하는 삶의 방식을 자유롭게 추구할 수 있으므로 삶에 대한 만족감과 행복감을 느낄 가능성이 높음

→ 시민은 주권자로서 자기 삶을 결정하고 주체적으로 문제를 해결하면서 성취감을 느낄 수 있기 때문임

(2) 민주주의의 특징
① 민주적 제도 : 의회 제도, 복수 정당 제도, 권력 분립 제도 등
② 민주적 문화 : 시민들은 자신의 권리와 의무, 정치 공동체에 대해 이해하고, 자발적이고 적극적으로 정치에 참여하는 정치 문화가 형성됨

(3) 정치 참여의 다양한 방법
→ 시민의 정치적·사회적 참여는 인간다운 삶과 행복, 복지를 위해 반드시 필요함
① 투표권 행사 : 국민이 주권자로서 선거나 국민 투표를 통해 자신의 의사를 표현
→ 가장 기본적인 정치 참여
② 직접적 참여 : 공직 선거에 자신이 직접 후보자로 입후보하여 활동하거나 집회, 시위 등과 같은 직접적 의사 표현 방법을 통한 참여
③ 집단을 통한 참여 : 정당, 이익 집단, 시민 단체 등에 가입하여 활동

2 도덕적 실천
• 타인을 배려하거나 곤경에 처한 사람을 돕는 행동을 의미함
• 사람들은 타인을 도울 때 행복감을 느끼기도 하는데, 이를 '헬퍼스 하이(Helper's high)'라고 함

(1) 도덕적 실천의 의미와 필요성

의미	• 자신의 삶을 반성하고 도덕적 삶을 목표로 삼아 실천으로 옮기는 것 • 도덕적 실천은 자신만의 이익을 위해 타인과 공동체에 해를 끼치는 비도덕적 행위를 하고 있지는 않은지 되돌아보는 도덕적 성찰을 전제로 함
필요성	• 도덕적 사고와 실천을 통해 개인적인 자존감과 행복감을 높일 수 있음 • 자신과 타인, 공동체의 행복을 함께 추구하여 실현할 수 있음

(2) 도덕적 성찰의 의미와 필요성 〔자료 2〕
→ '반성하고 살펴보는 것'

의미	윤리적 관점에서 자신의 생각과 행동을 반성하고 도덕적 삶을 고민하는 것을 의미함
필요성	인간은 불완전한 존재이기 때문에 도덕적 성찰을 통해 불완전성을 극복하고 인격적으로 성숙해 갈 수 있음

개념 더하기

※ 행복한 삶의 실현 조건 (2)

민주주의 발전	시민이 민주적 제도를 통해 자신의 의사를 자유롭게 표출
도덕적 실천	자신의 삶을 반성하고 도덕적 삶을 목표로 삼아 실천으로 옮기는 것

※ 민주적 제도

의회 제도	국민의 대표자로 구성된 의회가 국가의 법률을 제정하고 예산을 심의하며 중요한 정책을 결정하는 최고 의사 결정 기관임을 내세우는 제도
복수 정당 제도	일당 독재로 국가가 운영되지 않고 국민들의 다양한 의사가 자유롭게 표출될 수 있도록 두 개 이상의 정당을 두는 제도
권력 분립 제도	국가의 권력이 한 개인이나 집단에 집중되지 못하도록 입법, 사법, 행정을 분립하는 제도

※ 도덕적 실천을 위한 구체적 노력

역지사지의 마음	상대방의 입장이나 처지에서 생각해보는 마음가짐 함양 → 타인과 공동체에 대한 배려와 이해를 높일 수 있음
사회적 약자 배려	사회적 약자의 고통에 공감하고, 이를 시정하기 위한 기부나 사회봉사에 참여하는 노력이 필요함

 **자료 더하기**

자료 ❶ 질 높은 정주 환경

사람이 살 터로는 첫째로 지리(地理 : 풍수지리적 명당)가 좋아야 하고, 둘째는 생리(生利 : 그 땅에서 생산되는 이익, 풍부한 산물)가 좋아야 하며, 셋째는 인심(人心 : 넉넉하고 좋은 인심)이 좋아야 하며, 넷째로 산수(山水 : 빼어난 경치)가 좋아야 한다. 이 네 가지에서 하나라도 모자라면 살기 좋은 땅이 아니다.
– 이중환, 『택리지』 –

➥ 전통 사회에서는 질 높은 정주 환경의 조건으로 풍수지리적 요소를 강조하였다. 우리 민족의 독특한 자연관인 풍수지리 사상에서는 산을 등지고 앞으로는 물이 흐르는 배산임수의 입지를 명당으로 꼽았다.

자료 ❷ 성찰하는 삶의 중요성

(가) 증자는 말하였다. "나는 날마다 하루에 세 번 반성한다. 첫째, 남을 돕는 데 정성스럽게 하였는가? 둘째, 친구와 교제하는 데 신의를 다하였는가? 셋째, 스승에게 배운 것을 잘 익혔는가?"
– 『논어』 –
(나) 재물이나 명성과 명예는 최대한 많아지도록 마음을 쓰면서도 지혜와 진리, 자신의 영혼이 최대한 훌륭해지도록 하는 일에 대해서는 마음을 쓰지 않는 것을 부끄러워해야 한다. 성찰하지 않는 삶은 살 가치가 없다.
– 소크라테스 –

➥ (가) 증자는 대표적 유교 사상가인 공자의 제자로, 매일 하루 세 번씩 반성[일일삼성(一日三省)]하는 삶의 중요성을 강조하였다. (나) 고대 서양 사상가인 소크라테스는 세속적 가치보다는 지혜와 진리를 추구하며 살아갈 것과 성찰하는 삶의 자세를 강조하였다.

★★★

주제 1 질 높은 정주 환경과 경제적 안정

01 (가)에 들어갈 내용으로 적절하지 <u>않은</u> 것은?

> 교사 : 행복한 삶을 실현하기 위한 조건에는 무엇이 있을까요?
>
> 학생 : _______(가)_______ 이/가 필요합니다.

① 질 높은 정주 환경의 조성
② 도덕적 실천과 성찰하는 태도
③ 자신의 이익만을 최우선시하는 자세
④ 삶의 질을 유지하기 위한 경제적 안정
⑤ 시민 참여가 활성화되는 민주주의 발전

02 밑줄 친 ㉠을 위해 필요한 요소로 보기 <u>어려운</u> 것은?

> 정부는 ㉠질 높은 정주 환경을 조성하여 국민의 행복을 증대시키기 위해 노력해야 한다.

① 안락하고 편안한 주거 공간
② 교육과 의료 혜택을 누릴 수 있는 시설
③ 문화·예술·체육 활동을 누릴 수 있는 공간
④ 타인과의 소통을 용이하게 하는 교통과 통신 시설
⑤ 토지 가격이 가장 비싼 곳에 위치한 초호화 아파트

03 ㉠에 대한 설명으로 옳지 <u>않은</u> 것은?

> ㉠ (이)란 우리가 자리 잡고 살아가는 터전을 둘러싼 환경으로, 좁게는 주거 환경에서부터 넓게는 문화, 여가, 자연환경 등 일상생활의 전 영역을 광범위하게 일컫는 말이다.

① 인간의 지각, 태도, 감정에 영향을 미친다.
② 거주하는 사람들의 기억과 역사를 담고 있다.
③ 인간의 행복과는 무관한 물리적 환경일 뿐이다.
④ 전통 사회에서는 풍수지리 사상을 중요하게 고려하였다.
⑤ 오늘날에는 삶의 질 개선을 위한 다양한 시설의 확충이 요구된다.

04 밑줄 친 ㉠~㉢이 의미하는 바로 적절한 것만을 〈보기〉에서 고른 것은?

> 사람이 살 터를 정할 때 첫째는 ㉠지리(地理)가 좋아야 하고, 둘째는 ㉡생리(生利)가 좋아야 하며, 셋째는 ㉢인심(人心)이 좋아야 하고, 넷째는 ㉣산수(山水)가 좋아야 한다. 그 중 하나라도 모자라면 좋은 땅이라고 할 수 없다. 지리가 뛰어나도 생리가 부족하면 오래 살 수 없고, 생리가 좋아도 지리가 나쁘면 그 또한 오래 살 수 없다. 지리와 생리가 모두 좋아도 인심이 나쁘면 반드시 후회할 일이 생기고, 가까운 곳에 즐길만한 산수가 없으면 마음을 풍요롭게 가꿀 수 없다.
>
> – 이중환, 『택리지』

┤ 보기 ├
ㄱ. ㉠ : 유려하고 빼어난 경치
ㄴ. ㉡ : 땅에서 생산되는 이익
ㄷ. ㉢ : 넉넉하고 좋은 이웃 간의 정
ㄹ. ㉣ : 풍수지리적인 명당

① ㄱ, ㄴ   ② ㄱ, ㄷ   ③ ㄴ, ㄷ
④ ㄴ, ㄹ   ⑤ ㄷ, ㄹ

05 다음 글의 입장에서 강조할 내용으로 적절한 것만을 〈보기〉에서 고른 것은?

> 행복한 삶을 살기 위해서는 의식주와 같이 기본적인 경제적 조건과 안락한 삶의 공간이 갖추어져야 한다. 또한 민주적 절차와 참여가 보장되어야 자유롭고 평등한 삶을 살 수 있다. 아울러 공동체가 유지되려면 사회 구성원들이 올바른 가치관을 가지고 실천하는 풍토가 조성되어야 한다.

┤ 보기 ├
ㄱ. 국민의 삶의 질은 소득 수준에 영향을 받지 않는다.
ㄴ. 공동체의 행복을 위해서는 도덕적 가치를 실천해야 한다.
ㄷ. 질 높은 정주 환경이 보장되어야 행복한 삶을 살 수 있다.
ㄹ. 국민의 행복 실현을 위해 국가는 시민의 정치 참여를 제한해야 한다.

① ㄱ, ㄴ   ② ㄱ, ㄷ   ③ ㄴ, ㄷ
④ ㄴ, ㄹ   ⑤ ㄷ, ㄹ

06 다음 글에서 강조하고 있는 행복한 삶을 실현하기 위한 조건으로 가장 적절한 것은?

> 일반 백성은 고정적인 생업[항산(恒産)]이 없으면 흔들림 없는 도덕적인 마음[항심(恒心)]도 유지하기 어렵다. 그러므로 지혜로운 왕은 백성들의 생업을 보장해 주어 반드시 위로는 부모를 섬기기에 충분하게 하고 아래로는 자녀를 먹여 살릴만하게 하여, 풍년에는 언제나 배부르고 흉년에도 죽음을 면하게 한다.

① 도덕적 성찰
② 경제적 안정
③ 쾌적한 정주 환경
④ 참된 민주주의의 실현
⑤ 시민의 자유로운 정치 참여

07 국가의 부와 국민 행복의 관계에 대한 (가), (나)의 입장으로 가장 적절한 것은?

> (가) 부유한 국가의 국민이 가난한 국가의 국민보다 더 행복하고, 국가가 부유해질수록 국민의 행복 수준은 더 높아진다. 소득이 늘어나면 선택할 기회가 많아져 더 자유롭고 건강한 생활을 하므로 돈이 행복에 미치는 영향에는 한계가 없다.
>
> (나) 소득이 행복과 관련 있다는 점은 맞지만, 소득이 증가한다고 해서 반드시 더 행복한 것은 아니다. 소득이 일정 수준에 도달하고 기본적 욕구가 충족되면, 소득이 증가해도 행복에는 큰 영향을 미치지 않는다. 이러한 현상을 일컬어 해당 연구자의 이름을 따서 '이스털린의 역설'이라고 한다. 장기적으로 국가의 부가 증대하더라도 국민의 행복 수준이 이에 비례해 증가하는 것은 아니다.

① (가) : 소득이 낮을 때보다 소득이 높을 때 더 행복하다고 할 수 없다.
② (가) : 물질적 풍요는 삶에 대한 만족감의 증가와는 아무 관련이 없다.
③ (나) : 소득이 높아질수록 역설적으로 삶에 대한 만족도는 낮아지게 된다.
④ (나) : 소득이 일정 수준 이상이 되면 삶에 대한 만족감은 비례하여 증가하지 않는다.
⑤ (가)와 (나) : 국민의 행복 수준은 국가의 소득 수준에 따라 지속적으로 높아진다.

08 교사의 질문에 옳게 대답한 학생만을 고른 것은?

① 갑, 을
② 갑, 병
③ 을, 병
④ 을, 정
⑤ 병, 정

09 다음을 주장한 사람의 입장에서 지지할 진술로 가장 적절한 것은?

> 소득이 일정한 수준에 도달하면 더 이상 소득이 증가되더라도 행복이 증진되지는 않습니다. 하지만 소득이 일정한 수준에 도달하지 않은 경우는 다릅니다. 특히 기근의 상황에서 행복한 삶은 거의 불가능합니다. 흔히 기근으로 인한 고통스러운 삶의 원인을 식량 감소에서 찾지만, 정부가 국민의 복지에 관심을 두고 합당한 식량 정책을 갖추면 식량이 감소해도 기근은 발생하지 않습니다. 식량 부족량을 교정할 정부 정책이 실패할 때 기근으로 인해 국민의 삶은 고통스러워집니다.

① 국민의 행복 수준은 그 나라 식량 생산의 증감에 의해 결정된다.
② 국민의 행복감이 증진되면 반드시 국가의 소득 수준도 증가한다.
③ 정부가 경제 영역에 개입하지 않을 때 국민의 행복감은 증대된다.
④ 행복은 인간의 기본적인 욕구 충족과는 무관한 정신적 만족감이다.
⑤ 정부는 국민의 고통 감소 및 행복 증진을 위한 정책을 추진해야 한다.

10 ㉠에 대한 설명으로 옳지 않은 것은?

> ㉠ 은/는 민중을 뜻하는 'demos'와 지배를 뜻하는 'kratos'가 합쳐진 용어로, 국민이 권력을 가지고 스스로 권력을 행사하는 정치 제도 또는 사상을 의미한다.

① 국민에 의한, 국민을 위한 정치를 지향한다.
② 국민의 대표자로 구성된 의회가 법률을 제정한다.
③ 복수 정당 제도로 국민의 다양한 의사 표출을 보장한다.
④ 국민의 기본권 보장을 위해 권력 분립 제도에 기반한다.
⑤ 권위주의적 정치 문화로 국민은 생계에만 전념하게 한다.

11 다음 신문 칼럼의 ㉠에 들어갈 내용으로 가장 적절한 것은?

> **○○신문** ○○○○년 ○○월 ○○일
>
> ### 칼 럼
>
> 행복한 삶을 위해서는 ______㉠______ 이/가 필요하다
>
> A국은 악명 높은 독재자가 장기 집권하면서 정치적 경쟁자나 비판적인 언론인을 투옥시키고, 시민들의 언론·출판·집회·결사의 자유를 억압하고 있다. A국의 타락한 정치인들은 부정부패로 많은 재산을 축적하였고, 국민들은 빈부 격차와 높은 범죄율로 고통 받고 있다. 반면, B국은 정치 제도뿐만 아니라 자신들의 생활과 관련된 문제, 국제문제에 이르기까지 국민들이 직접 참여하여 자신의 의사를 정치에 적극 반영하면서 스스로 행복을 실현하기 위해 노력하고 있다.

① 빈부 격차 해소를 목적으로 획일적인 분배 제도의 실시
② 효율적인 국가 운영을 가능하게 하는 절대 권력의 확립
③ 정치인이 사유 재산을 갖는 것을 금지하는 법률의 마련
④ 시민들의 자유로운 정치 참여가 보장되는 민주주의 발전
⑤ 시민들에게 단일한 목표를 제시하는 권위주의 문화의 확산

12 밑줄 친 '시민 참여'의 구체적 사례로 적절하지 않은 것은?

> 국민의 기본적 인권을 침해하기 쉬운 독재 국가나 권위주의적 정치 체제와 달리, 자유와 평등, 인간 존엄성을 중시하는 민주 국가에서 국민들이 삶에 대한 만족감과 행복감을 느낄 가능성이 더 높다. 민주주의가 제대로 정착되고 실현되기 위해서 필요한 것은 자발적인 시민 참여이다.

① 갑은 투표를 통해 자신의 정치적 의사를 표현하였다.
② 을은 정당의 공천을 받아 공직 선거에 후보자가 되었다.
③ 병은 환경 문제 해결에 기여하고자 시민 단체에 가입하였다.
④ 정은 정부 정책을 비판하는 집회에 참석하여 행진을 하였다.
⑤ 무는 자신의 삶을 도덕적으로 성찰하기 위해 명상을 하였다.

13 다음 글의 ㉠에 들어갈 내용으로 적절한 것만을 〈보기〉에서 고른 것은?

> 국민은 주권자로서 선거나 국민 투표를 통해 자신의 의사를 표현할 수 있으며, 자신이 직접 공직 선거에 후보자로 입후보하여 활동할 수도 있다. 또한 정당이나 이익 집단, 시민 단체 등에 가입하여 활동할 수도 있고, 집회, 시위 등과 같은 직접적 의사 표현 방법을 통한 참여도 가능하다. 이처럼 다양한 방법으로 시민들이 자발적이고 적극적으로 정치에 참여하면 ______㉠______

> **보기**
> ㄱ. 사회 전반에 정치적 무관심이 확대될 수 있다.
> ㄴ. 국민의 여론이 반영된 정책이 산출되기 어렵다.
> ㄷ. 시민의 권익을 보호하고 공익을 증진할 수 있다.
> ㄹ. 국민의 삶에 대한 만족감이 커지고 행복 지수가 높아질 수 있다.

① ㄱ, ㄴ   ② ㄱ, ㄷ   ③ ㄴ, ㄷ
④ ㄴ, ㄹ   ⑤ ㄷ, ㄹ

14 ㉠에 들어갈 말로 가장 적절한 것은?

> 갑 : 당신은 제2차 세계 대전 당시 나치 정권에 부역하면서 수많은 유대인들을 가스 수용소로 끌고 갔습니다. 당신의 그러한 행위는 무고한 수많은 사람들의 생명을 희생시킨 심각한 죄악입니다.
>
> 을 : 그렇지 않습니다. 저는 단지 윗사람의 명령을 충실히 따르면서 제게 부여된 임무를 성실히 수행한 관료일 뿐입니다. 제가 운행하는 기차에 나무 목재가 실려 있는지, 유대인들이 타고 있는지는 제가 결정할 수 있는 사항이 아니었습니다.
>
> 갑 : 당신의 죄는 옳고 그름을 생각해보지 않고 무비판적으로 행동한 것이며, 그 죄로 인해 처벌을 피할 수 없습니다. 당신은 ▨▨▨ ㉠ ▨▨▨ 이/가 부족하여 자기 자신은 물론 타인과 인류 전체에 큰 불행을 끼쳤음을 알아야 합니다.

① 준법 정신
② 도구적 이성
③ 도덕적 성찰
④ 근면 성실한 태도
⑤ 권위에 대한 복종심

15 (가)의 입장에서 〈문제 상황〉의 A에게 제시할 조언으로 적절한 것만을 〈보기〉에서 고른 것은?

> (가) 나는 하루에 세 번 반성한다. 남을 돕는 데 정성스럽게 하였는가? 친구와 교제하는 데 신의를 다하였는가? 스승에게 배운 것을 잘 익혔는가?
>
> 〈문제 상황〉
>
> 고등학생 A는 같은 반 친구들이 한 친구를 따돌리면서 괴롭히는 것을 보았다. A는 괴롭힘을 당하는 친구를 도와주고 싶지만, 자신도 그와 똑같이 괴롭힘을 당하게 될까봐 고민하고 있다.

> ─────── 보기 ───────
>
> ㄱ. 옳음을 추구하기보다는 이익을 우선시하여 행동하세요.
> ㄴ. 친구 간에는 믿음과 의리를 가지고 서로 도와야 함을 아세요.
> ㄷ. 도덕적 실천은 행복한 삶의 실현에 이바지할 수 없음을 아세요.
> ㄹ. 상대방의 입장이나 처지에서 생각해보는 마음가짐을 함양하세요.

① ㄱ, ㄴ   ② ㄱ, ㄷ   ③ ㄴ, ㄷ
④ ㄴ, ㄹ   ⑤ ㄷ, ㄹ

서술형 문제

16 다음 글을 읽고, 갑과 을이 중요하게 여기는 행복한 삶을 실현하기 위한 조건을 각각 쓰시오.

> 선생님 : 행복한 삶을 실현하기 위한 조건으로는 크게 질 높은 정주 환경, 경제적 안정, 민주주의 발전, 도덕적 실천의 네 가지를 들 수 있습니다.
>
> 갑 : 저는 기본적 위생 시설과 의료 혜택을 누릴 수 있는 각종 편의 시설이 갖추어져 있어야 행복하게 살 수 있을 것 같습니다.
>
> 을 : 저는 기본적인 욕구 충족이 되지 않는 경제적으로 궁핍하거나 불안정한 상태에서는 행복한 삶을 살기 어려울 것 같습니다.

17 다음 자료를 읽고 물음에 답하시오.

> 고대 동양 사상가인 맹자는 백성들에게 생계를 유지할 수 있는 일정한 생업, 즉 항산(恒産)이 없다면 순수하고 변함없는 도덕심, 즉 항심(恒心)도 지속될 수 없다고 주장하면서, 백성들의 생계를 보장하는 것이 곧 왕도(王道) 정치의 시작이라고 보았다. 이러한 맹자의 주장이 행복한 삶의 실현을 위한 경제적 측면에 해당한다면, 정치적 측면에서의 고려도 필요하다. 개인의 자유와 평등 그리고 인간 존엄성을 중시하는 민주주의가 실현되는 국가에서 삶에 대한 만족도와 행복감을 더 크게 느낄 수 있기 때문이다. 민주주의가 온전히 실현되려면 자발적이고 적극적인 ㉠시민 참여가 필수적이다.

(1) 위의 글에서 강조하고 있는 행복한 삶을 실현하기 위한 조건 두 가지를 쓰시오.

(2) 밑줄 친 ㉠에 해당하는 다양한 방법 중 하나를 구체적 사례로 서술하시오.

01 다음 글을 토대로 (가), (나)에 해당하는 가거지의 요소를 옳게 연결한 것은?

> 조선 후기 실학자 이중환은 『택리지』를 통해 사람이 살만한 곳인 가거지(可居地)의 요소로 네 가지를 강조하였다. 지역이 풍수지리적 명당인지를 보는 '지리(地理)', 경제 활동에 유리한지를 보는 '생리(生利)', 아름다운 경관인지를 보는 '산수(山水)', 인심과 풍속이 좋은지를 보는 '인심(人心)'이 그것이다.
>
> 〈『택리지』에 나타나는 가거지의 요소〉
>
> | (가) | (나) |
> | --- | --- |
> | 옳은 풍속을 가리지 아니하면 자신에게만 해로울 뿐 아니라 자손들도 반드시 나쁜 물이 들어서 그르치게 될 근심이 있다. | 땅이 기름진 것이 제일이고, 배와 수레와 사람과 물자가 모여들어서 있는 것과 없는 것을 서로 바꿀 수 있는 곳이 그 다음이다. |

    (가)   (나)   (가)   (나)
① 산수   생리   ② 산수   인심
③ 생리   지리   ④ 인심   생리
⑤ 인심   지리

02 다음 글을 통해 추론할 수 있는 행복의 조건으로 가장 적절한 것은?

> 일반 백성은 생계를 안정적으로 유지해 나갈 수 있는 일정한 생업[恒産]이 없으면 흔들림 없는 도덕적인 마음[恒心]을 간직하기 어렵다. 그러므로 어질고 지혜로운 통치자가 제일 먼저 힘써야 할 일은 백성의 생업을 보장해 주는 것이다. 백성들이 부모를 봉양하고 자식들을 기르는 데 부족함이 없도록 한 연후에 백성들을 선(善)으로 인도한다면 천하를 다스리는 일이 크게 어렵지 않을 것이다.

① 구성원의 직접 참여를 통한 민주적 제도로 통치자를 선출해야 한다.
② 도덕적이고 행복한 삶은 물질적 가치와는 무관한 것으로 보아야 한다.
③ 가정이 화목하려면 반드시 풍속이 좋은 곳에 삶의 터전을 마련해야 한다.
④ 국가는 사회 구성원들이 경제적으로 안정된 삶을 살 수 있도록 해야 한다.
⑤ 백성의 생업 보장보다 자연환경을 쾌적하게 가꾸는 것을 우선시해야 한다.

03 그림의 강연자의 입장으로 적절하지 <u>않은</u> 것은?

① 국민은 대표자 선출 이외의 정치 참여에 무관심해야 한다.
② 국민이 정책에 대해 논의할 수 있는 제도가 마련되어야 한다.
③ 민주주의 이념의 실현은 국민의 행복 실현에 이바지할 수 있다.
④ 국민의 의견을 수렴하는 것은 사회 문제 해결에 기여할 수 있다.
⑤ 대의 민주주의 보완을 위해 직접 민주주의 요소를 도입해야 한다.

04 다음 가상 편지를 쓴 고대 서양 사상가의 입장으로 가장 적절한 것은?

> ○○에게
>
> 얼마 전 자네는 인간이 추구해야 할 가장 가치 있는 것이 무엇인지 나에게 물었지. 그것은 각자의 영혼을 최상으로 가꾸어 행복을 누리는 것일세. 어떤 사람들은 부와 명예를 얻으려 안달하면서도 지혜와 진리에 대해 관심을 갖지 않는다네. 자신이 무지하다는 것도 모르고, 모르는 것을 안다고 우기기도 하지. 행복한 삶은 유덕한 사람이 누리는 것이며, 유덕하게 행동하려면 참된 앎에 이르러야 하네. 이성으로 자신을 성찰하면서 선을 지향해야 하는 것일세.

① 윤리적 관점에서 자신의 생각과 행동을 돌아볼 필요가 없다.
② 행복은 각자가 중시하는 사회적 재화를 획득할 때 완성된다.
③ 영혼을 최상으로 가꾸기만 하면 부와 명예는 저절로 따라온다.
④ 성찰을 통해 자신의 영혼을 돌보아야만 행복을 실현할 수 있다.
⑤ 참된 앎이 없어도 자신의 현실에 만족하기만 하면 행복한 사람이다.

05 ㉠에 대한 설명으로 옳은 것만을 〈보기〉에서 고른 것은?

> 인간이 행복한 삶을 실현하기 위해 필요한 조건으로는 크게 네 가지를 들 수 있다. 그중 하나로 인간이 생명을 유지하고, 행복한 삶을 누리기 위해서는 일정한 지역에 자리 잡고 살아갈 수 있는 주거지와 다양한 주변 환경이 필요한데 이것을 ㉠ 이라고 한다. 인간이 행복한 삶을 살려면 질 높은 ㉠ 이 요구된다.

┤ 보기 ├
> ㄱ. 인간의 지각, 태도, 감정에는 영향을 미칠 수 없다.
> ㄴ. 인간이 자리 잡고 살아가는 터전을 둘러싼 환경을 의미한다.
> ㄷ. 좁게는 주거 환경에서부터 넓게는 일상생활의 전 영역을 일컫는다.
> ㄹ. 살아가는 사람들의 기억과 역사를 담고 있는 것으로, 인간의 행복과는 무관하다.

① ㄱ, ㄴ   ② ㄱ, ㄷ   ③ ㄴ, ㄷ
④ ㄴ, ㄹ   ⑤ ㄷ, ㄹ

06 다음 글을 통해 추론할 수 있는 내용으로 가장 적절한 것은?

> 소득의 증가와 행복의 증대는 관련 있지만 산업화된 여러 나라에서 소득 수준은 과거에 비해 크게 높아졌음에도 사람들의 행복감은 이에 비례하여 증가하지 않고 정체되어 나타났다. 이는 소득이 증가해도 일정 수준 이후에는 행복감이 변하지 않을 수 있음을 보여 준다.

① 소득의 증가는 행복한 삶에 영향을 끼치지 않는다.
② 소득이 적을수록 행복한 삶의 실현 가능성은 커진다.
③ 소득이 증가할수록 행복감 또한 지속적으로 높아진다.
④ 소득이 일정 수준을 넘어서면 행복감은 크게 낮아진다.
⑤ 소득이 계속 증가한다고 반드시 더 행복한 것은 아니다.

07 다음 내용을 종합하여 도출할 수 있는 우리나라의 민주적 제도에 대한 설명으로 가장 적절한 것은?

> • 대통령은 국회에서 의결된 법률안에 대해 거부권을 행사할 수 있다.
> • 국회는 국민들의 다양한 의사를 반영하여 필요한 법률을 제정하고, 행정부를 감시한다.
> • 헌법 재판소는 국회에서 제정된 법률이 헌법에 위배되는지의 여부를 심판할 수 있는 권한을 가지고 있다.

① 국민의 기본권 보장을 위해 국가 권력은 분립되어야 한다.
② 국회의원은 국민이 선출하고, 대통령은 국회의원이 선출한다.
③ 국회가 법률안을 다수결로 의결하면 그 즉시 법률로서 확정된다.
④ 국민의 의사를 통합하기 위해 정당은 두 개 이상이어서는 안 된다.
⑤ 국가의 의사를 결정하는 최고 권력인 주권은 시민이 아닌 헌법 재판소에 있다.

┤ 교육청 기출 ├

08 다음 신문 칼럼의 입장으로 가장 적절한 것은?

> | ○○신문 | ○○○○년 ○○월 ○○일 |
> |---|---|
>
> **칼 럼**
>
> 한 연구 결과에 의하면 일주일에 8시간 이상 봉사 활동을 하는 사람 중 95%가 봉사 활동 후 기분이 좋아지는 경험을 했다고 한다. 그들은 힘든 일을 하면서도 힘든 줄 몰랐을 뿐만 아니라 나눔을 실천하는 과정에서 행복감을 느꼈다고 한다. 이런 행복감을 왜 느끼는 것일까? 그것은 봉사 활동을 통해 자신의 이기적인 마음을 넘어 타인과 더불어 행복하게 사는 방법을 배울 수 있기 때문이다. 이러한 맥락에서 간디는 "보상을 구하지 않는 봉사는 남을 행복하게 할 뿐 아니라 우리 자신도 행복하게 한다."라고 하였다.

① 다른 사람과의 비교를 통해 행복을 얻을 수 있다.
② 행복한 삶을 위해서는 물질적으로 풍요로워야 한다.
③ 도덕적 실천은 다른 사람들에게만 행복을 가져다준다.
④ 자기 자신의 다양한 욕망을 자유롭게 추구할 때 행복해진다.
⑤ 타인을 배려하는 마음의 실천은 행복한 삶을 가능하게 한다.

09 다음 글에서 강조하는 내용으로 가장 적절한 것은?

> 행복한 삶을 위해서는 의식주가 어느 정도 충족되어야 한다. 경제적 풍요로움은 삶을 윤택하게 하는 데 도움이 되기 때문이다. 그러나 물질적인 요소에 얽매여 바람직한 삶에 대한 숙고와 인간으로서 마땅히 행해야 할 바를 결코 잊어서는 안 된다. 공자는 예(禮)가 아니면 보지도 말며, 듣지도 말며, 말하지도 말며, 움직이지도 말라고 했다. 공자의 가르침을 되새기며 진정으로 행복한 삶에 대해 진지하게 숙고해 보아야 한다.

① 질 높은 정주 환경은 행복한 삶의 유일한 선결 조건이다.
② 경제적 풍요로움은 필연적으로 행복한 삶의 완성을 보장한다.
③ 예(禮)를 따르지 않아도 인간으로서 행복한 삶을 살 수 있다.
④ 인간은 윤리적 성찰과 실천을 통해 행복한 삶을 실현해야 한다.
⑤ 의식주에 대한 욕구 충족을 행복한 삶의 궁극 목표로 삼아야 한다.

| 교육청 기출 |

10 (가), (나)에 나타난 행복의 조건에 대한 옳은 설명만을 〈보기〉에서 고른 것은?

> (가) A국은 ○○국으로부터 독립하였으나 권위주의 정권이 수립되어 국민들을 과도하게 통제하고 있다. 이로 인해 정치 과정에 참여할 방법이 없어진 국민들은 무력감과 고통에 시달리고 있다.
> (나) B국의 세대별 행복 지수를 분석한 결과, 청년층과 노년층의 점수가 낮게 나타났다. 이에 대한 주요 원인으로 청년층은 심각한 취업난으로 인한 경제적 어려움을, 노년층은 부족한 생활비와 미흡한 복지 정책을 손꼽았다.

—— 보기 ——
ㄱ. (가)를 통해 주권 회복이 행복을 보장하는 유일한 조건임을 알 수 있다.
ㄴ. (가)를 통해 시민 참여를 보장하는 민주주의의 실현이 행복의 조건임을 알 수 있다.
ㄷ. (나)를 통해 노년층의 행복 지수는 사회 제도와 무관하게 결정됨을 알 수 있다.
ㄹ. (나)를 통해 경제적인 안정이 청년층과 노년층의 행복에 중요한 요소임을 알 수 있다.

① ㄱ, ㄴ   ② ㄱ, ㄷ   ③ ㄴ, ㄷ
④ ㄴ, ㄹ   ⑤ ㄷ, ㄹ

11 (가), (나)에서 공통적으로 강조하는 내용으로 가장 적절한 것은?

> (가) 만족할 줄 모르는 것보다 더 큰 재앙은 없고, 얻기만 바라는 욕심보다 더 큰 허물은 없다. 그래서 만족할 줄 아는 데에서 얻는 만족이야말로 영원한 만족이다.
> (나) 우리는 자연적이고 필수적인 욕구를 최소한으로 추구하는 소박한 삶을 살아야 한다. 결핍으로 인한 고통이 제거된다면, 단순한 음식에서도 큰 만족감을 얻을 수 있다.

① 도덕적 실천을 통해 사회적으로 존경을 받아야 한다.
② 검소하게 생활하며 인간의 모든 욕구를 제거해야 한다.
③ 개인의 이익을 위해서 정치 활동에 적극 참여해야 한다.
④ 정주 환경을 개선하기 위해 자연을 적극적으로 개발해야 한다.
⑤ 경제적으로 풍요로워야만 행복한 삶을 살 수 있는 것은 아니다.

12 다음 가상 편지를 쓴 사람의 입장에서 지지할 내용으로 적절한 것만을 〈보기〉에서 고른 것은?

> 존경하는 ○○님에게
> 　최근 이 지역의 여러 국가들은 심각한 가뭄 때문에 큰 고통을 겪었는데, 얼마 되지 않아 이번엔 유례없는 홍수가 이어졌다는 소식에 걱정이 많으셨을 줄 압니다. 그러나 다행히도 제가 머물고 있는 국가에서는 식량이 모자라 굶주림을 겪는 기근은 발생하지 않았습니다. 기근의 원인을 홍수와 가뭄에서 찾는 사람들이 있지만, 실제로 이 지역의 일부 국가에서는 그와 같은 자연재해를 겪고도 기근이 일어나지 않았습니다. 왜냐하면 민주적 선거가 이뤄지고 정부에 대한 비판과 언론의 자유가 보장된 국가는 굶주림의 고통을 방지하고자 신속하고 체계적으로 대응하기 때문입니다.

—— 보기 ——
ㄱ. 자연재해를 겪은 모든 국가들에는 기근 문제가 발생한다.
ㄴ. 정부가 국민의 삶에 개입하지 않을 때 인간다운 삶이 보장된다.
ㄷ. 민주주의가 실현된 국가는 국민의 고통에 적극적으로 대처한다.
ㄹ. 정부의 정책 및 사회 제도는 국민의 행복한 삶에 영향을 미친다.

① ㄱ, ㄴ   ② ㄱ, ㄷ   ③ ㄴ, ㄷ
④ ㄴ, ㄹ   ⑤ ㄷ, ㄹ

교육청 기출

13 다음은 행복 실현의 조건에 관한 게임 규칙을 설명한 것이다. 게임 규칙에 따라 이동하게 될 경로로 옳은 것은?

[게임 규칙]

- 출발 지점은 A이다.
- 진술 (가) → (나) → (다) → (라)의 순서대로 진행한다.
- 진술이 행복 실현의 조건에 부합하면 실선 방향으로 한 지점만, 부합하지 않으면 점선 방향으로 한 지점만 이동한다.

순서	진술
(가)	삶의 질을 유지할 수 있는 경제적 안정이 보장되어야 한다.
(나)	시민 참여가 활성화될 수 있는 민주적 제도를 마련해야 한다.
(다)	인간다운 삶을 보장하는 질 높은 정주 환경을 조성해야 한다.
(라)	바람직한 삶에 대한 성찰을 토대로 도덕적 가치를 실천해야 한다.

① A–B–C–D–B
② A–B–C–D–C
③ A–D–B–C–A
④ A–D–C–A–D
⑤ A–D–C–D–B

14 (가)~(라)에 대한 설명으로 적절한 것만을 〈보기〉에서 고른 것은?

〈행복한 삶을 위한 조건〉

(가) 경제적 안정
(나) 도덕적 실천
(다) 민주주의 발전
(라) 질 높은 정주 환경

┤ 보기 ├

ㄱ. (가)를 위해 고용 안정, 경제적 불평등 해소를 위한 노력이 요구된다.
ㄴ. (나)를 위해 바람직한 가치를 행동으로 옮기려는 실천 의지가 필요하다.
ㄷ. (다)를 위해 권위주의적 정치 문화를 사회 전반에 확산시킬 필요가 있다.
ㄹ. (라)에는 자연환경이 아닌 교통, 복지, 문화 시설 등의 인문환경적 요소만이 포함된다.

① ㄱ, ㄴ
② ㄱ, ㄷ
③ ㄴ, ㄷ
④ ㄴ, ㄹ
⑤ ㄷ, ㄹ

15 다음 토론의 핵심 쟁점으로 가장 적절한 것은?

갑 : 주거 환경의 안락함은 인간의 행복 증진에 크게 기여합니다. 따라서 정부는 질 높은 정주 환경의 조성을 위해 힘써야 합니다.

을 : 동의합니다. 정부는 교통과 통신 시설 및 문화와 복지 시설을 확충하여 살기 좋은 주택 개발 정책을 추진해야 하며, 이를 위해 자연을 적극 개발해야 합니다.

갑 : 아닙니다. 건강하고 쾌적한 환경에서 살 권리인 환경권이 보호되지 않으면 인간은 행복한 삶을 실현할 수 없습니다. 정부는 자연 개발을 최소화하고 인간과 자연이 공존을 이루도록 생태 환경을 조성해야 합니다.

을 : 그렇지 않습니다. 인간이 자연환경에 의지하면서 살아왔던 과거와 달리 오늘날에는 자연을 이용하고 개발하여 삶의 질을 높이는 정주 환경을 만들어야 합니다.

① 주거 환경의 안락함은 인간의 행복 증진에 기여하는가?
② 인간의 행복한 삶은 자연환경과는 전혀 무관한 것인가?
③ 정부는 질 높은 정주 환경의 조성을 위해 노력해야 하는가?
④ 정주 환경의 개선을 위한 자연 개발은 결코 허용될 수 없는가?
⑤ 자연을 적극적으로 개발하여 질 높은 정주 환경을 만들어야 하는가?

16 (가)를 주장한 고대 서양 사상가의 입장에서 〈문제 상황〉의 A에게 제시할 조언으로 가장 적절한 것은?

(가) 반성하지 않는 삶은 살 가치가 없다. 자신의 삶을 끊임없이 돌아보고 무지(無知)를 자각하여 참된 앎을 지녀야만 유덕하며 행복한 삶을 살 수 있다.

〈문제 상황〉

고등학생 A는 사회적으로 인정받는 직업과 자신이 원하는 직업 사이에서 어느 것을 선택해야 자신이 행복감을 느낄 수 있을지를 고민하고 있다.

① 세속적인 성공을 도덕적인 가치보다 우선시 여기세요.
② 육체적인 쾌락이 정신적인 만족감보다 더 큰 것을 선택하세요.
③ 자신에 대한 성찰을 통해 진정으로 가치 있는 것을 추구하세요.
④ 자신의 만족과 행복보다 타인의 요구와 인정을 먼저 고려하세요.
⑤ 행복이란 물질적 욕구의 충족을 통해서만 얻을 수 있음을 자각하세요.

Ⅲ

자연환경과 인간

"자연환경은 인간의 삶과 생활에 어떠한 영향을 미치며,
인간과 자연의 바람직한 관계는 무엇일까?"

–

이 단원에서는 자연에 대한 인간의 다양한 관점을 살펴보고,
생태시민으로서 자연환경과 인간의 공존을 위한 사고를 함양한다.

이 단원 핵심 개념

강	대표 주제		대표 개념
01 자연환경과 인간 생활	주제 1	자연환경이 인간 생활에 미치는 영향	✓ 자연환경 ✓ 기후 ✓ 지형
	주제 2	안전하고 쾌적한 환경	✓ 자연재해 ✓ 안전권 ✓ 안전 교육
02 인간과 자연의 관계	주제 1	자연을 바라보는 다양한 관점	✓ 인간 중심주의 ✓ 이분법적 관점 ✓ 베이컨 ✓ 생태 중심주의 ✓ 전일론적 관점 ✓ 레오폴드
	주제 2	인간과 자연의 바람직한 관계	✓ 지속가능한 발전 ✓ 유기적 관계 ✓ 생태 도시 ✓ 슬로시티
03 환경 문제 해결을 위한 노력	주제 1	지구를 위협하는 환경 문제	✓ 지구 온난화 ✓ 산성비 ✓ 해양 쓰레기 섬 ✓ 오존층 파괴 ✓ 사막화 ✓ 열대림 파괴
	주제 2	환경 문제 해결을 위한 다양한 노력	✓ 정부 ✓ 시민사회 ✓ 기업 ✓ 생태시민

01 자연환경과 인간 생활

개념 더하기

기후
일정한 지역에서 장기간에 걸쳐 나타나는 대기의 평균적인 상태를 말한다. 기후는 위도, 해발 고도, 수륙 분포 등 다양한 요인에 의해 달라진다.

이동식 경작
열대 기후 지역에서 화전 농업의 형태로 많이 이루어지며, 숲에 불을 질러 밭을 만든 후 카사바 등의 식물을 재배한다. 일정 기간이 지나면 경지가 황폐해져 농사를 짓기 어렵기 때문에 주기적으로 이동한다.

나시고렝
인도네시아의 전통 요리 중 하나로 밥을 뜻하는 '나시'와 기름에 볶는다는 뜻의 '고렝'이 합쳐져 붙여진 이름으로 볶음밥에 해당한다.

△ 나시고렝(인도네시아)

오아시스 농업과 관개 농업
건조 기후 지역의 오아시스 농업은 물을 구하기 쉬운 오아시스나 외래 하천 주변에서 대추야자, 목화 등을 소규모로 재배한다. 관개 농업은 지하 관개 수로를 통해 물을 끌어와 밀 등을 재배한다.

△ '카나트'라 불리는 이란의 지하 관개 수로

1 인간 생활의 토대로서의 자연환경

(1) **자연환경의 의미** : 기후, 지형, 토양, 식생 등 인간을 둘러싼 환경

(2) **자연환경과 인간 생활의 관계**

① 인간은 자연으로부터 생활에 필요한 도구와 에너지, 자원을 얻으며 생활함

② 자연환경은 인간이 살아가는 데 필요한 의·식·주 재료와 삶의 토대를 마련해 줌

③ 지역마다 자연환경이 다르므로 다양한 생활 양식이 나타남

2 기후가 인간 생활에 미치는 영향

(1) **세계의 기후 지역 구분** : 기온과 강수 특성에 따라 적도에서 극지방으로 가면서 열대, 건조, 온대, 냉대, 한대 기후의 순으로 나타남 자료1

(2) **기후 특성에 따른 생활 모습** 자료2

기후	기후 특성		생활 모습	
열대 기후	일 년 내내 기온이 높음	의복	얇고 가벼워 통풍이 잘되는 시원한 옷	→ 강수량이 많아 토양의 영양분이 빗물에 쉽게 씻겨 내려가기 때문
		농목업	토양이 척박해 이동식 경작이 이루어짐	
		음식	부패 방지를 위해 기름에 볶거나 튀긴 음식, 다양한 향신료 사용 예 나시고렝	
		가옥	• 통풍이 잘되는 개방적 구조 • 열대 우림 지역 : 열기와 습기가 올라오는 것을 막기 위한 고상 가옥, 빗물이 잘 흘러내리게 만든 급경사의 지붕	

기후	기후 특성	구분	사막	초원
건조 기후	강수량이 매우 적음 → 연 강수량보다 연 증발량이 많아 매우 건조함	의복	얇은 천으로 온몸을 감싸는 옷	가축의 가죽이나 털을 이용한 옷
		농목업	오아시스 농업과 관개 농업	유목
		음식	대추야자를 이용한 음식	가축의 고기와 젖으로 만든 음식
		가옥	지붕이 평평하고 벽이 두꺼우며 창문이 작은 흙벽돌집	가축의 가죽이나 털을 이용한 이동식 가옥 예 몽골의 게르

기후	기후 특성		생활 모습	
온대 기후	사계절이 뚜렷하고, 기온이 온화함	의복	계절마다 옷차림이 달라짐	
		농목업	농경에 유리해 다양한 농산물이 생산됨 예 올리브와 오렌지(지중해 연안), 쌀(몬순 아시아) → 주로 수목 농업의 형태로 재배됨	
		음식	올리브, 쌀, 밀 등 다양한 식재료를 이용한 조리법과 요리가 발달함	
		가옥	• 지중해성 기후 : 여름이 건조하므로 창문이 작고 외벽을 하얗게 칠함 • 계절풍 기후 : 계절풍의 영향으로 냉·난방 장치가 발달함 예 온돌, 대청마루	
냉대 기후	사계절이 뚜렷하고, 겨울이 길고 추움	의복	계절마다 옷차림이 달라짐	
		농목업	보리, 밀 등의 곡물을 재배함	
		음식	밀을 이용한 음식이 발달함	
		가옥	• 보온을 위한 폐쇄적 구조 → 냉대 기후 지역의 침엽수림 지대 • 타이가 지대의 침엽수를 활용한 통나무집 발달	
한대 기후	일 년 내내 기온이 낮고 추움	의복	동물의 가죽이나 털로 만든 두꺼운 옷	
		농목업	농업이 거의 불가능함, 순록 유목 및 수렵 생활	
		음식	• 열량이 높은 육류 섭취, 저장 음식 발달 → 냉동, 훈제 등 다양한 방식으로 저장이 이루어짐 • 채소를 얻기 어려워 날고기, 날생선을 통해 비타민을 섭취함	
		가옥	• 보온을 위한 폐쇄적 구조 • 눈과 얼음을 이용한 임시 거처 예 이글루	

→ 지구는 자전축이 23.5° 기울어진 채로 태양 주위를 공전하므로 위치에 따라 태양의 고도가 달라지기 때문임

3 지형이 인간 생활에 미치는 영향

(1) 지형은 교통과 산업 등 인간 생활에 많은 영향을 미침

(2) 높은 산지나 사막은 교통에 장애가 되며, 하천은 지역 간 교통로로 이용됨

(3) 지형 특성에 따른 생활 모습

산지 지역	• 해발 고도가 높고 사면 경사가 급함 → 인간 거주에 불리함 • 밭농사, 목축업, 임업 및 광업, 관광 산업이 발달함 • 적도 부근의 고산 지대는 연중 봄과 같은 기후가 나타나 고산 도시가 발달함 예 에콰도르의 키토, 볼리비아의 라파스 → 상춘(常春) 기후 또는 열대 고산 기후라고 함
평야 지역	• 해발 고도가 낮고 지형이 평탄함 → 인간 거주와 농경에 유리함 → 계절에 따른 수위 변화가 작고 유량이 풍부하여 운하 발달에 유리함 • 벼농사(아시아) 및 밀농사(유럽과 아메리카)가 발달함 • 교통로 건설에 유리하여 대도시 발달, 각종 산업 시설 입지 예 독일의 라인강 운하
해안 지역	• 육지와 바다가 맞닿아 있음 → 교류에 유리하고 농업 및 어업이 모두 발달함 • 수심이 깊고 배가 드나들기 유리한 곳 → 항구 도시 발달, 산업 단지 조성 • 수심이 얕고 조차가 큰 곳 → 갯벌을 이용하여 염전, 양식장 조성 • 다양한 해안 지형을 이용한 관광 산업이 발달함 예 오스트레일리아의 대보초 해안
독특한 지형이 발달한 지역	• 화산 지형: 온천, 간헐천 등을 이용한 관광 산업이 발달함(아이슬란드의 간헐천), 지열을 이용한 전력 생산(뉴질랜드의 지열 발전소) • 카르스트 지형: 석회암이 용식 작용을 받아 형성된 지형 → 지형 경관이 독특하고 아름다워 관광 산업이 발달함 예 베트남 할롱 베이의 탑 카르스트, 튀르키예 파묵칼레의 석회화 단구

→ 탄산 칼슘이 함유된 물이 경사지를 따라 흐르면서 형성된 계단 모양의 지형

△ 간헐천(아이슬란드)

자료 더하기

자료 ❶ 세계의 기후 지역

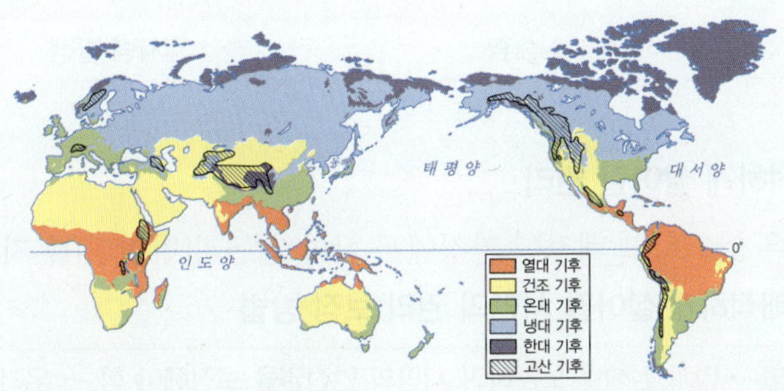

→ 적도 부근의 열대 기후 지역은 단위 면적당 일사량이 많아 일 년 내내 기온이 높고, 강수량도 많은 편이다. 건조 기후 지역은 연 강수량이 적어 물이 부족하므로 식물 성장과 인간 거주에 불리하다. 중위도의 온대 기후 지역은 사계절의 변화가 뚜렷하게 나타나며 기온이 온화하여 인간 생활에 유리하므로 인구 밀도도 높게 나타난다. 고위도에 분포하는 냉대 기후 지역은 사계절이 뚜렷하지만 온대 기후 지역에 비해 겨울이 길고 추운 편이다. 극지방과 그 주변 지역에 분포하는 한대 기후 지역은 냉대 기후 지역보다 겨울이 더 길고 추워 인간 거주에 불리하며 고위도에 위치하므로 여름철에 해가 지지 않아 낮이 계속되는 백야 현상이 나타난다. 고산 기후 지역은 해발 고도가 높아 주변의 저지대보다 평균 기온이 낮다.

자료 ❷ 기후 지역에 따라 다른 생활 모습

△ 열대 기후 지역의 모습 　△ 건조 기후 지역의 모습

△ 온대 기후 지역의 모습 　△ 냉대 기후 지역의 모습 　△ 한대 기후 지역의 모습

→ 열대 기후 지역: 연중 고온 다습한 열대 우림 기후 지역은 열기와 습기, 해충을 막기 위한 고상 가옥을 짓고, 빗물이 잘 흘러내리도록 지붕 경사를 급하게 만든다.

건조 기후 지역: 사막 기후 지역은 연 강수량이 매우 적어 지붕이 평평하고, 기온의 일교차가 크기 때문에 벽이 두껍고 창문이 작은 흙벽 돌집을 짓는다. 스텝 기후 지역에서는 유목 생활에 편리한 이동식 가옥을 짓는다.

온대 기후 지역: 여름이 고온 건조한 지중해 연안은 햇볕을 막기 위해 가옥의 벽을 하얗게 칠한다. 계절풍 기후 지역은 여름이 고온 다습하므로 벼농사가 발달해 있다.

냉대 기후 지역: 타이가의 풍부한 침엽수를 이용하여 통나무집을 짓는다.

한대 기후 지역: 기온이 매우 낮으므로 눈과 얼음을 이용한 이글루를 지어 사냥을 위한 임시 거처로 활용한다.

개념 더하기

1 자연환경의 변화가 인간의 삶에 미친 영향

(1) 인간은 자연환경과 끊임없이 상호 작용을 함 → 자연환경의 변화는 인간의 삶에 많은 영향을 줌

(2) **지구 온난화** : 기후변화로 인해 세계 곳곳에서 가뭄, 홍수 등 이상 기후가 자주 발생함 → 인명과 재산 피해가 나타나고, 해수면 상승으로 국토가 수몰될 위기에 처한 국가가 발생함, 오랜 가뭄으로 사막화 피해 지역이 확대됨

(3) **자연재해**

① 자연재해의 의미 : 기상 변화, 지각 변동 등의 자연 현상으로 인해 생기는 인적, 물적 피해

② 자연재해의 종류 → 지각이 불안정한 판의 경계부에서 발생 빈도가 높으며, 특히 '불의 고리'라고 불리는 환태평양 조산대에 속한 국가에서 지진과 화산 활동이 자주 발생함 ⓔ 일본, 칠레, 뉴질랜드 등

구분		특징	피해
지형적 요인	지진	땅이 갈라지고 흔들리며, 해저에서 지진 발생 시 지진 해일(쓰나미)이 발생하기도 함	건축물과 도로 등이 붕괴, 지진 해일로 인한 해안 지역의 침수 피해
	화산	용암과 화산 가스, 화산재 등 분출	화재, 항공 교통 마비 등
기후적 요인	태풍	강풍과 호우를 동반한 열대 저기압	풍수해
	호우	짧은 시간에 많은 비가 내려 홍수 발생	시가지, 농경지 등의 침수 피해
	가뭄	오랜기간 비가 내리지 않음	농작물 피해, 식수 부족 등
	폭설	짧은 시간에 많은 눈이 내림	교통 장애, 비닐하우스 및 축사 붕괴 등
	폭염	기온이 높게 상승함	일사병 발생

2 안전하고 쾌적하게 살아갈 권리

(1) 모든 시민은 안전하고 쾌적한 환경에서 살아갈 권리(안전권)를 지니고 있음

(2) **안전하고 쾌적하게 살아갈 시민의 권리 보장 방법**

국제 사회, 국가, 지방정부의 역할	• 법과 정책을 보완하여 시민의 안전권을 보장해야 함 → 우리나라는 헌법에 따라 국민의 생명과 재산 보호를 위한 법률을 제정하고 있음 → 재난 및 안전 관리 기본법, 자연재해대책법, 국민 안전교육 진흥 기본법 등 • 각종 인프라 구축, 지속가능한 개발 등의 다양한 조치를 취해야 함 ⓔ 재해 예방 및 복구, 지원에 대한 정책 수립 및 시행, 신속한 예보 및 경보 체계 구축 등
시민 스스로의 노력	• 재해 대비 안전 교육에 적극적으로 참여 • 재해 발생 시 행동 요령에 따라 안전하게 대피 자료 3 • 안전에 관한 자신의 권리를 적극적으로 행사

→ 지방 자치 단체에 안전 조치 요청, 신속한 피해 보상 신청 등

해수면 상승으로 인한 변화

전 세계 인구의 약 40%는 해안에서 100km 이내에 거주하고 있으며, 지구 온난화로 해수면이 상승하면 해안 저지대의 침수 면적이 증가하게 되어 많은 인구가 삶의 터전을 잃게 된다. 특히 남태평양의 투발루, 키리바시, 몰디브 등의 경우 피해가 심각할 것으로 예상된다.

풍수해

한자로 바람 풍(風), 물 수(水), 해할 해(害)라고 쓰며, 바람과 많은 비로 인해 발생하는 피해이다.

자연재해와 관련된 헌법 조항

> 제34조 ⑥ 국가는 재해를 예방하고 그 위험으로부터 국민을 보호하기 위하여 노력하여야 한다.
> 제35조 ① 모든 국민은 건강하고 쾌적한 환경에서 생활할 권리를 가지며, 국가와 국민은 환경 보전을 위하여 노력하여야 한다.

자료 더하기

자료 ❸
지진 발생 시 상황별 행동 요령

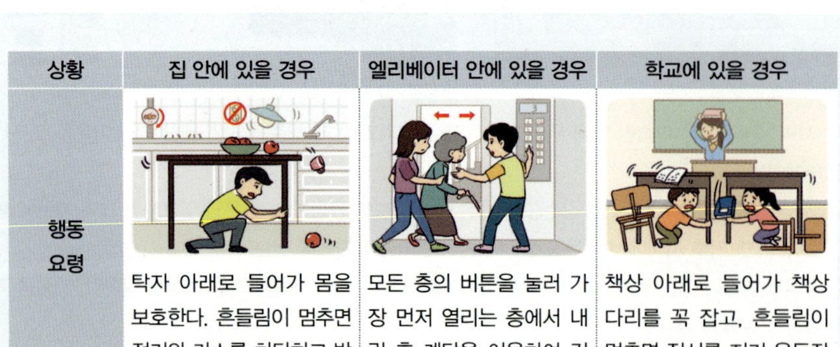

상황	집 안에 있을 경우	엘리베이터 안에 있을 경우	학교에 있을 경우
행동 요령	탁자 아래로 들어가 몸을 보호한다. 흔들림이 멈추면 전기와 가스를 차단하고 밖으로 나간다.	모든 층의 버튼을 눌러 가장 먼저 열리는 층에서 내린 후 계단을 이용하여 건물 밖으로 나간다.	책상 아래로 들어가 책상 다리를 꼭 잡고, 흔들림이 멈추면 질서를 지켜 운동장으로 대피한다.

➡ 지진은 재해 특성상 정확한 발생 시점을 파악하기가 어려우므로 평소 지진 발생 시 상황별 행동 요령을 숙지하고 훈련을 반복하여 피해를 최소화해야 한다.
이외에 건축물에 내진 설계를 통해 지진 발생 시 건축물의 붕괴 위험을 낮추는 등의 노력을 통해 지진 피해를 줄일 수 있다.

STEP 1 내신 다지기

★★★

주제 1 **자연환경이 인간 생활에 미치는 영향**

01 그래프는 어느 지역의 시간대별 강수량 비율을 나타낸 것이다. 이 지역에 대한 설명으로 옳은 것은?

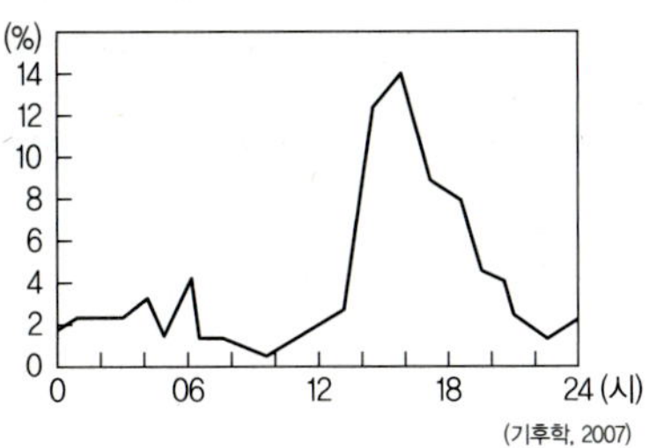

① 연 강수량보다 연 증발량이 많다.
② 최한월 평균 기온이 18℃ 이상이다.
③ 평평한 지붕의 흙벽돌집이 발달해 있다.
④ 위도 60° 이상의 고위도 지역에 위치한다.
⑤ 오아시스 농업을 통해 대추야자를 재배한다.

[02~03] 지도를 보고 물음에 답하시오.

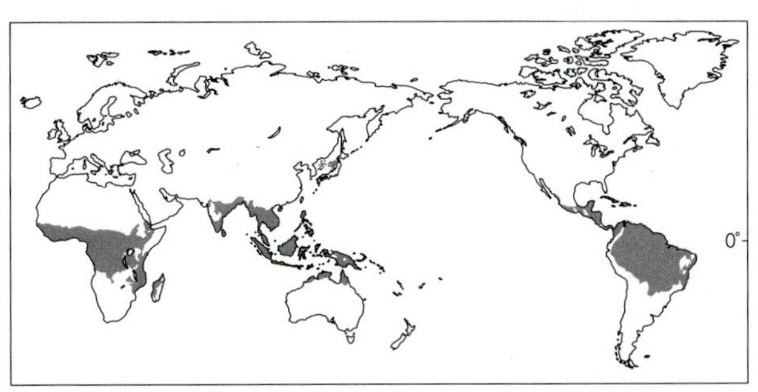

02 지도에 표시된 지역에서 나타나는 기후로 옳은 것은?

① 건조 ② 냉대 ③ 열대
④ 온대 ⑤ 한대

03 지도에 표시된 지역의 주민 생활에 대한 설명으로 옳은 것은?

① 순록 유목 및 수렵 생활을 한다.
② 개방적 구조의 고상 가옥이 발달해 있다.
③ 침엽수림을 이용한 통나무집이 발달해 있다.
④ 동물의 가죽이나 털로 만든 두꺼운 옷을 입는다.
⑤ 올리브, 오렌지 등을 수목 농업을 통해 재배한다.

04 지도의 (가), (나) 지역에 대한 설명으로 옳은 것만을 〈보기〉에서 고른 것은?

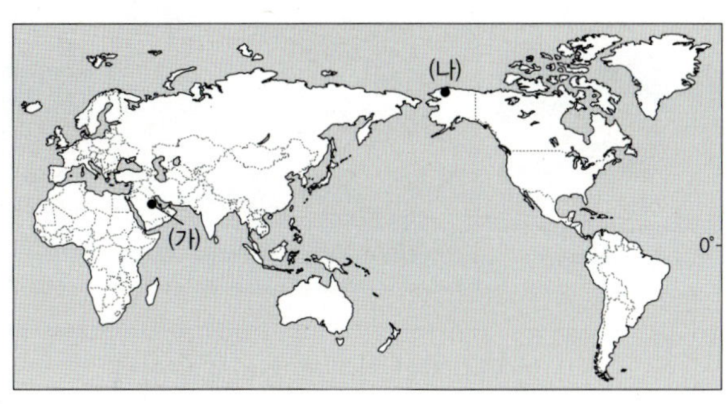

보기

ㄱ. (가)는 연중 고온 다습하다.
ㄴ. (나)의 주민들은 얇은 천으로 온몸을 감싸는 옷을 입는다.
ㄷ. (가)는 (나)보다 연평균 기온이 높다.
ㄹ. (나)는 (가)보다 연평균 습도가 높다.

① ㄱ, ㄴ ② ㄱ, ㄷ ③ ㄴ, ㄷ
④ ㄴ, ㄹ ⑤ ㄷ, ㄹ

05 다음 자료의 (가) 지역을 지도의 A~E에서 고른 것은?

__(가)__ 의 주민들은 주로 얇은 천으로 온몸을 감싸는 헐렁한 옷을 입는다. 또한 가옥의 지붕은 평평하며, 창문이 작고 벽이 두꺼운 흙벽돌집이 많다.

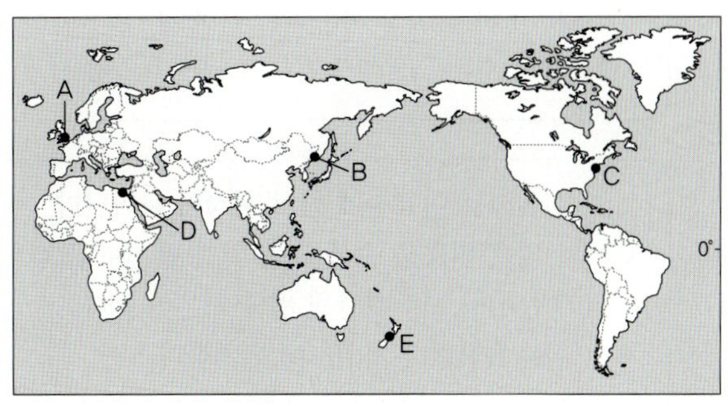

① A ② B ③ C
④ D ⑤ E

06 다음 자료는 두 지역에서 볼 수 있는 경관을 나타낸 것이다. (가), (나) 지역에 대한 설명으로 옳은 것만을 〈보기〉에서 고른 것은?

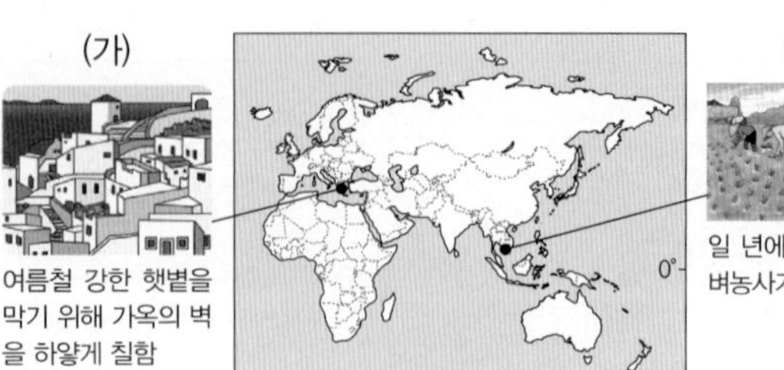

┤ 보기 ├
ㄱ. (가)의 대표적인 작물로 올리브가 있다.
ㄴ. (나)의 삼림은 대부분 침엽수림으로 이루어져 있다.
ㄷ. (가)는 (나)보다 여름 강수량이 적다.
ㄹ. (가), (나)는 모두 열대 기후 지역에 속한다.

① ㄱ, ㄴ　　② ㄱ, ㄷ　　③ ㄴ, ㄷ
④ ㄴ, ㄹ　　⑤ ㄷ, ㄹ

07 다음 자료는 두 지역의 전통 음식을 나타낸 것이다. (가), (나) 지역에 대한 설명으로 옳은 것만을 〈보기〉에서 고른 것은?

(가) 이곳의 전통 음식인 '나시고렝'은 밥을 뜻하는 '나시'와 볶거나 튀긴다는 의미의 '고렝'이 합쳐져 만들어진 이름이다. 나시고렝은 이곳에서 많이 생산되는 쌀을 주재료로 하여 채소와 향신료를 넣고 기름에 볶아 만든다.

(나) 이곳은 식물 재배가 사실상 불가능하기 때문에 주민들이 곡물이나 채소 대신 육류를 주로 섭취하며 비타민을 섭취하기 위해 날고기나 날생선을 먹는다. 또한 음식은 주로 냉동, 훈제, 건조하여 보관한다.

┤ 보기 ├
ㄱ. (가)에서는 여름철에 백야 현상이 나타난다.
ㄴ. (나)의 주민들은 순록 유목 및 수렵 생활을 한다.
ㄷ. (가)는 (나)보다 최난월 평균 기온이 높다.
ㄹ. (나)는 (가)보다 저위도에 위치한다.

① ㄱ, ㄴ　　② ㄱ, ㄷ　　③ ㄴ, ㄷ
④ ㄴ, ㄹ　　⑤ ㄷ, ㄹ

08 다음은 그림 속 지역의 생활에 대한 주민 인터뷰 내용이다. (가) 지역을 지도의 A~E에서 고른 것은?

제가 살고 있는 (가) 은/는 안데스산맥의 고산 지역에 위치하여 해발 고도가 높고 경사가 급한 편입니다. 하지만 이곳은 해안의 저지대에 비해 기후가 온화하고 연중 봄과 같은 기후가 나타나서 대도시가 형성되어 있어요. 도시 내에서도 고도 차이가 꽤 나기 때문에 케이블카를 대중교통 수단으로 이용하고 있답니다.

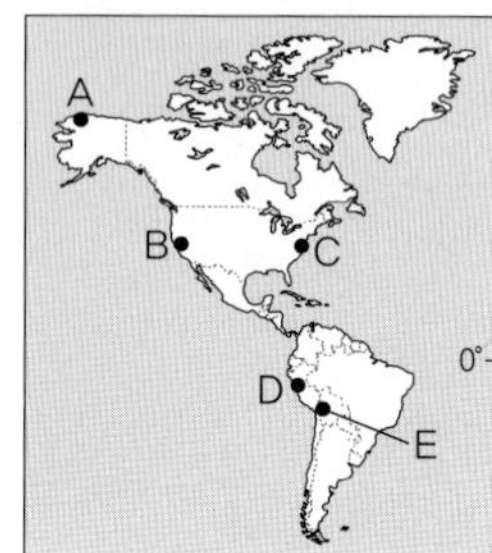

① A
② B
③ C
④ D
⑤ E

09 다음 자료는 학생이 어느 지역을 여행하고 보낸 엽서의 내용이다. (가)에 들어갈 사진으로 옳은 것은?

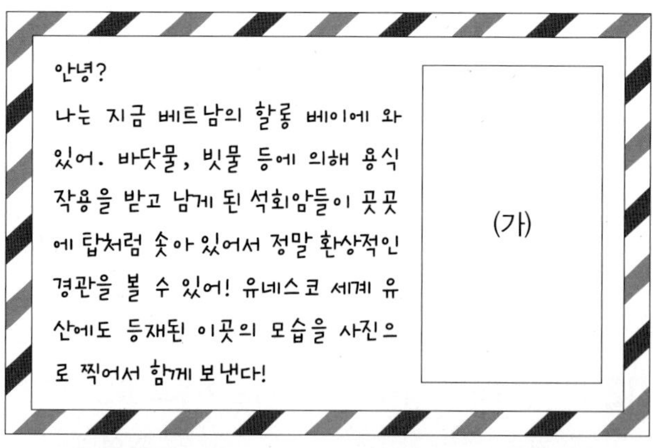
안녕?
나는 지금 베트남의 할롱 베이에 와 있어. 바닷물, 빗물 등에 의해 용식 작용을 받고 남게 된 석회암들이 곳곳에 탑처럼 솟아 있어서 정말 환상적인 경관을 볼 수 있어! 유네스코 세계 유산에도 등재된 이곳의 모습을 사진으로 찍어서 함께 보낸다!
(가)

① 
② 
③ 
④ 
⑤ 

★★

10 (가), (나) 자연재해로 옳은 것은?

> • 2011년 3월 일본 도호쿠 지방의 태평양 연안에서 발생한 ▢(가)▢ 으로 인해 바닷물 전체가 출렁이면서 초대형 쓰나미가 발생하였다. 이로 인해 도호쿠 연안 지역은 대규모 인적, 물적 피해를 입었으며 후쿠시마 원자력 발전소 사고가 발생하였다.
> • 주로 여름과 가을에 우리나라에 영향을 미치는 ▢(나)▢ 은 강한 바람과 많은 비를 동반하여 풍수해를 유발한다. 2002년 8월에 발생한 루사는 5조 1,479억 원의 재산 피해를 입혀 역대 1위로 기록되었다.

	(가)	(나)		(가)	(나)
①	지진	태풍	②	지진	화산
③	태풍	지진	④	태풍	화산
⑤	화산	지진			

11 다음 자료는 안전 안내 문자의 내용이다. (가) 자연재해에 대한 설명으로 옳은 것은?

[행정 안전부] 오늘 12시 00분 ▢(가)▢ 경보 발령 해안 지대 접근 금지, 선박 대피, 농수산물 보호 행위 자제 등 피해가 없도록 주의바랍니다.

① 주로 겨울철에 영향을 준다.
② 주로 지형적 요인에 의해 발생한다.
③ 판의 경계부에서 발생 빈도가 높다.
④ 대기 중 미세 먼지 농도 상승을 유발한다.
⑤ 열대 해상에서 발생하여 고위도 지방으로 이동한다.

12 다음 글의 (가)에 들어갈 내용으로 적절하지 않은 것은?

> 미국 텍사스주 동북부 지역에 허리케인급 폭풍이 몰아쳐 곳곳의 전력 시설이 파괴되면서 대규모 정전이 발생했다. 텍사스 댈러스 카운티 32만 3천가구(상업 시설 포함)를 비롯해 콜린 카운티 4만 8천 가구, 덴턴 카운티 3만 6천 가구 등 텍사스 내 총 105만 가구가 정전되었다. 주 정부는 허리케인으로 인한 피해 수습과 예방을 위해 ▢(가)▢ 등의 조치를 취하였다.

① 신속한 재난 경보 체계 구축
② 피해 지역 복구와 지원을 위한 제도 마련
③ 피해 발생 지역에 대한 보상과 지원 실시
④ 시민 대상 재난 발생 시 대피 요령 교육 강화
⑤ 국제 사회의 원조 거부 및 정치적인 개입 차단

서술형 문제

13 그림은 두 기후 지역의 주민 생활 모습을 나타낸 것이다. 이를 보고 물음에 답하시오.

(가)	(나)

(1) (가), (나)는 어느 기후 지역에 해당하는지 쓰시오.

____

(2) (가)와 비교한 (나)의 상대적 특징을 아래 단어를 사용하여 서술하시오.

> 수목 밀도, 연 강수량, 적도까지의 최단 거리

____

____

14 다음 자료를 보고 물음에 답하시오.

> 대서양 중앙 해령상의 섬나라인 ▢(가)▢ 은/는 온천, 간헐천 등을 이용한 관광 산업이 발달해 있다. 또한 이 국가는 ㉠화산 활동이 활발하여 지열을 이용한 전력 생산량도 많은 편이고, 빙하 지형이 발달하여 풍부한 유량과 큰 낙차를 확보할 수 있어 수력 발전도 활발하다.

▲ 간헐천

(1) (가)에 들어갈 국가명을 쓰시오.

____

(2) 밑줄 친 ㉠의 원인을 (가)의 지형적 위치와 관련하여 서술하시오.

____

____

01 지도의 A~E 지역에 대한 설명으로 옳은 것은?

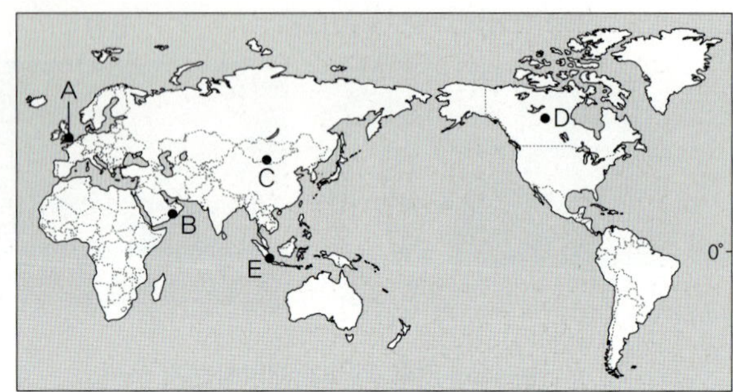

① A – 올리브, 오렌지의 재배가 활발하다.
② B – 쌀을 이용한 음식이 발달해 있다.
③ C – 주민들은 주로 통나무집에서 산다.
④ D – 개방적 구조의 고상 가옥이 발달해 있다.
⑤ E – 기름에 볶거나 튀긴 음식이 발달해 있고 향신료를 많이 사용한다.

02 다음은 학생이 작성한 여행기의 일부이다. (가)~(다) 지역을 옳게 연결한 선을 지도의 A~E에서 고른 것은?

(가) 수많은 석회암 봉우리들이 바다 곳곳에 우뚝 솟아 있는 모습이 정말 멋있었다. 유네스코 세계 자연 유산에 등재된 탑 카르스트를 보기 위해 많은 관광객들이 찾고 있었다.

(나) 세계 최대의 산호초 해안으로 알려진 이곳은 지상 낙원과 같았다. 배를 타고 나가 스쿠버 다이빙을 하면서 다양한 해양 생물들과 산호초를 볼 수 있었다.

(다) 해안 지역과 달리 이곳은 안데스산맥 고지대에 위치하여 선선한 봄과 같은 날씨가 나타났다. 고산병 증세 때문에 다소 힘들었지만 도시 곳곳을 둘러보는 재미가 있었다.

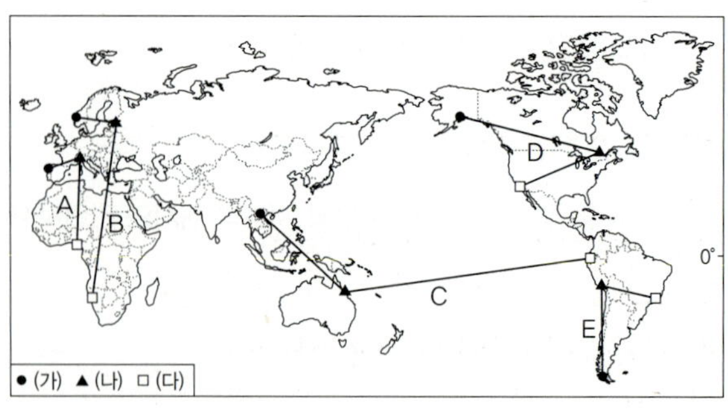

① A
② B
③ C
④ D
⑤ E

03 다음은 두 기후 지역의 전통 가옥을 나타낸 것이다. (가), (나) 기후 지역에 대한 설명으로 옳은 것만을 〈보기〉에서 고른 것은?

(가)   (나)

습기와 해충을 피하기 위한 고상 가옥   순록의 유목을 위한 이동식 가옥

보기
ㄱ. (가)는 연 강수량보다 연 증발량이 많다.
ㄴ. (나)의 주민들은 비타민을 날고기, 날생선을 통해 섭취한다.
ㄷ. (가)는 (나)보다 연평균 기온이 높다.
ㄹ. (나)는 (가)보다 주민 의복의 평균 두께가 얇다.

① ㄱ, ㄴ   ② ㄱ, ㄷ   ③ ㄴ, ㄷ
④ ㄴ, ㄹ   ⑤ ㄷ, ㄹ

04 다음 자료는 어느 지역 여행기의 일부이다. 이 기후 지역에 대한 설명으로 옳은 것은?

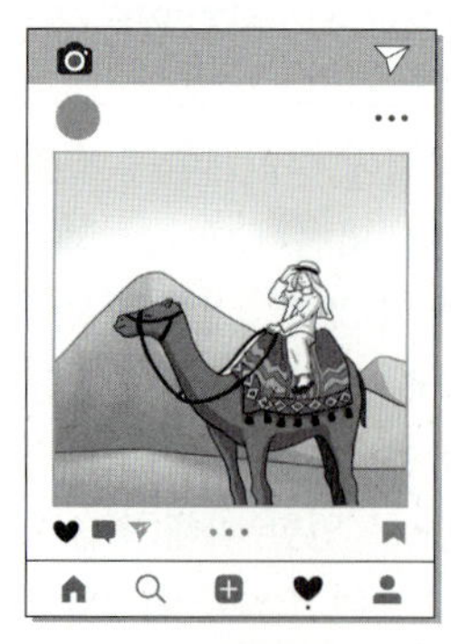

모래 언덕을 뜨겁게 달군 강렬한 햇볕과 숨을 들이쉴 때마다 들어오는 모래 알갱이……. 밤하늘을 수놓은 별은 총총 빛났고, 서늘한 밤공기가 텐트 안으로 들어왔다. 그렇게 사막의 밤은 저물었다.

① 연중 계절풍의 영향을 받는다.
② 개방적 구조의 고상 가옥이 발달해 있다.
③ 상록 활엽수가 다층의 숲을 이루고 있다.
④ 오아시스 농업을 통한 대추야자 재배가 이루어진다.
⑤ 눈과 얼음을 이용한 임시 거처인 이글루를 볼 수 있다.

05 다음 자료의 (가)에 들어갈 내용으로 옳은 것은?

수업 주제 : ○○ 지형의 형성과 주민 생활

- 사례 지역 : 베트남 할롱 베이
- 형성 과정 : [(가)] 과정에서 형성됨
- 주민 생활 : 관광 산업 종사자의 비율이 높음

① 빙하의 침식 작용을 받는
② 파랑에 운반된 물질이 퇴적되는
③ 점성이 큰 용암이 분출하여 식는
④ 바람에 날린 모래에 의해 암석이 깎이는
⑤ 빗물, 해수 등에 의해 석회암이 용식되는

06 다음 자료의 (가), (나) 자연재해로 옳은 것은?

	(가)	(나)
①	지진	태풍
②	지진	호우
③	태풍	지진
④	태풍	호우
⑤	호우	태풍

07 다음 자료는 세 지역의 촬영 장면을 나타낸 것이다. (가)~(다) 지역에 대한 설명으로 옳은 것은? (단, (가)~(다)는 각각 지도에 표시된 세 지역 중 하나임.)

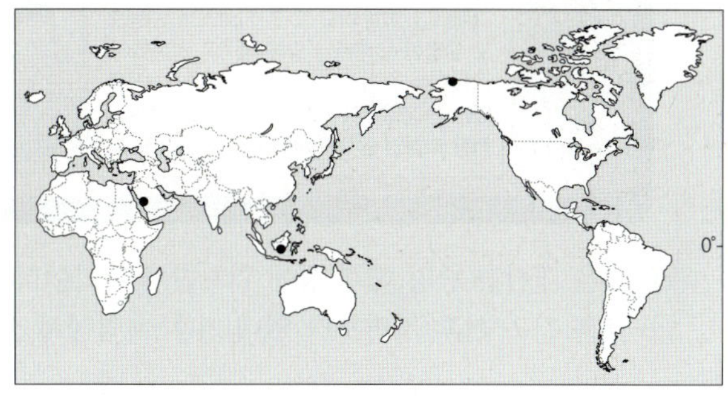

① (가)에서는 벼의 재배가 활발하다.
② (나)에서는 거의 매일 대류성 강수가 내린다.
③ (다)에는 '타이가'라고 불리는 침엽수림 지대가 있다.
④ (나)는 (다)보다 연 강수량이 적다.
⑤ (다)는 (가)보다 고위도에 위치한다.

08 다음 글의 (가) 지역을 지도의 A~E에서 고른 것은?

[(가)]의 마유주는 말의 젖을 가죽으로 만든 자루에 넣어 숙성시켜 만든 것으로 주민들이 물처럼 즐겨 마시는 술의 일종이다. 그런데 마유주는 발효되어 시큼한 향과 맛이 나는 데다가 가죽 냄새도 배어 있어 부정적인 평가를 받기도 하였다. 하지만 마유주는 물이 귀한 환경에서 유목 생활을 하는 지역 주민 나름의 생존 방식으로 바라보아야 한다.

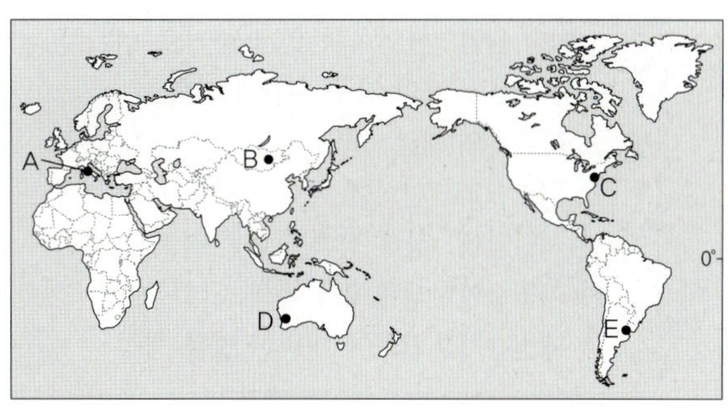

① A ② B ③ C
④ D ⑤ E

09 다음은 두 학생이 여행 중에 나눈 문자 메시지 내용이다. 밑줄 친 ㉠~㉥에 대한 설명으로 옳지 않은 것은?

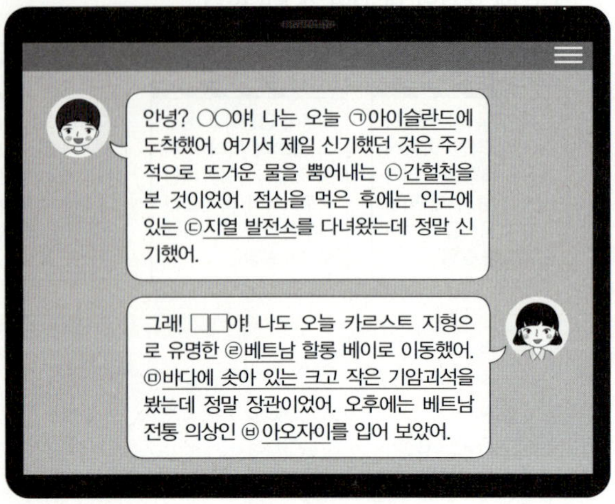

① ㉠은 대서양 중앙 해령 상에 위치한 섬나라이다.
② ㉤은 건조 기후 지역보다 열대 기후 지역에서 잘 형성된다.
③ ㉥은 동물의 두꺼운 가죽과 털로 만든다.
④ ㉠은 ㉣보다 고위도에 위치한다.
⑤ ㉡과 ㉢은 모두 화산 활동이 활발한 지역에서 쉽게 볼 수 있다.

10 다음은 통합사회 수업 중 학생이 작성한 노트이다. ㉠~㉣ 중 내용이 옳은 것만을 고른 것은?

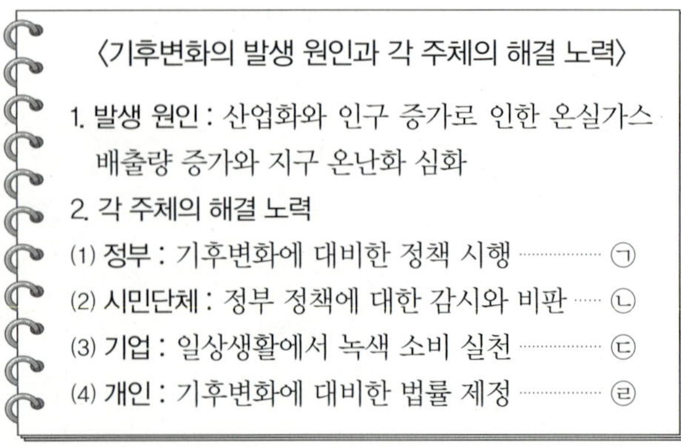

〈기후변화의 발생 원인과 각 주체의 해결 노력〉

1. 발생 원인 : 산업화와 인구 증가로 인한 온실가스 배출량 증가와 지구 온난화 심화
2. 각 주체의 해결 노력
(1) 정부 : 기후변화에 대비한 정책 시행 ········ ㉠
(2) 시민단체 : 정부 정책에 대한 감시와 비판 ····· ㉡
(3) 기업 : 일상생활에서 녹색 소비 실천 ········ ㉢
(4) 개인 : 기후변화에 대비한 법률 제정 ········ ㉣

① ㉠, ㉡ ② ㉠, ㉢ ③ ㉡, ㉢
④ ㉡, ㉣ ⑤ ㉢, ㉣

11 그림의 (가)~(다)에 해당하는 지역을 지도의 A~C에서 고른 것은?

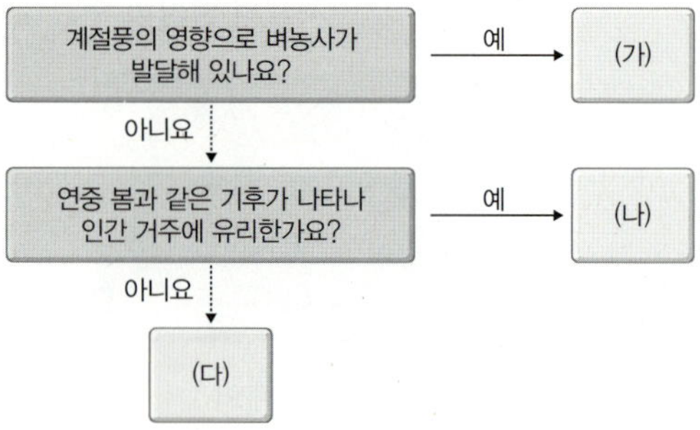

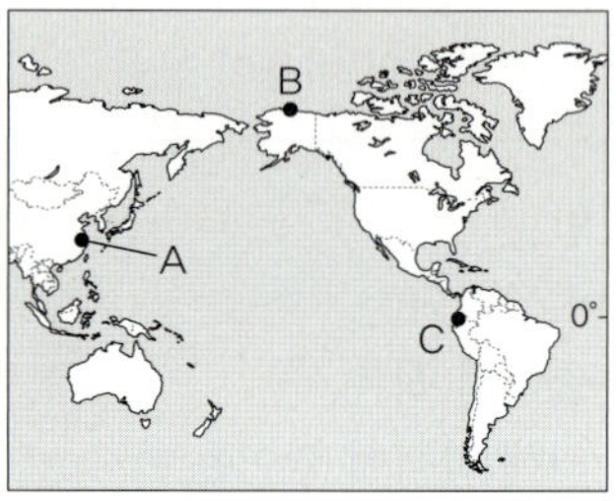

	(가)	(나)	(다)
①	A	B	C
②	A	C	B
③	B	C	A
④	C	A	B
⑤	C	B	A

12 다음과 같은 주민 생활 모습을 볼 수 있는 지역에 대한 설명으로 옳은 것은?

① 지중해 연안에 위치한다.
② 여름에 백야 현상이 나타난다.
③ 연 강수량이 250mm 미만이다.
④ 최난월 평균 기온이 0~10℃이다.
⑤ 이동식 경작을 통해 카사바 등을 재배한다.

13 다음은 통합사회 수업 중 학생이 작성한 노트이다. (가)에 들어갈 내용의 사례만을 〈보기〉에서 있는 대로 고른 것은?

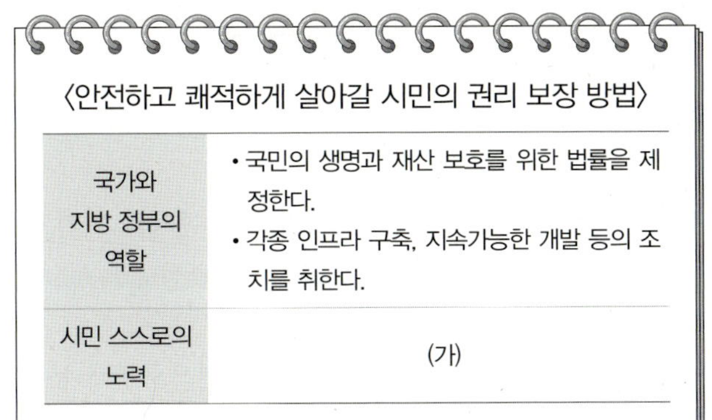

보기

ㄱ. 스마트 재난 안전 관리 시스템을 구축한다.
ㄴ. 구청에 산사태 대비 안전 조치를 요청한다.
ㄷ. 호우로 가옥이 침수되어 피해 보상을 신청한다.
ㄹ. 자연재해 대비 안전 교육에 적극적으로 참여한다.

① ㄱ, ㄴ 　② ㄱ, ㄷ 　③ ㄷ, ㄹ
④ ㄱ, ㄴ, ㄹ 　⑤ ㄴ, ㄷ, ㄹ

14 그래프는 우리나라의 (가)~(다) 자연재해 월별 발생 일수를 나타낸 것이다. 이에 대한 설명으로 옳은 것만을 〈보기〉에서 고른 것은? (단, (가)~(다)는 각각 대설, 태풍, 호우 중 하나임.)

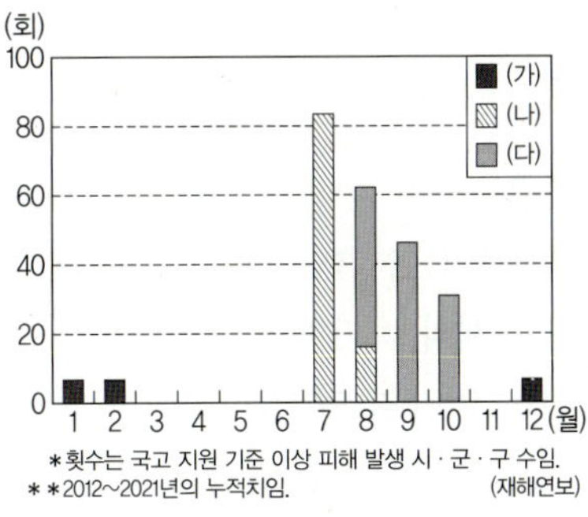

보기

ㄱ. (가)는 주로 우리나라에 장마 전선이 정체할 때 영향을 준다.
ㄴ. (나)는 필리핀 동부 해상에서 발생하여 북상하는 열대 저기압이다.
ㄷ. (나)는 (가)보다 우리나라의 연 강수량에 미치는 영향이 크다.
ㄹ. (다)는 (가)보다 바람에 의한 피해액이 많다.

① ㄱ, ㄴ 　② ㄱ, ㄷ 　③ ㄴ, ㄷ
④ ㄴ, ㄹ 　⑤ ㄷ, ㄹ

15 그래프는 지도에 표시된 두 지역의 월평균 기온과 월 강수량을 나타낸 것이다. (가), (나) 지역에 대한 설명으로 옳은 것은?

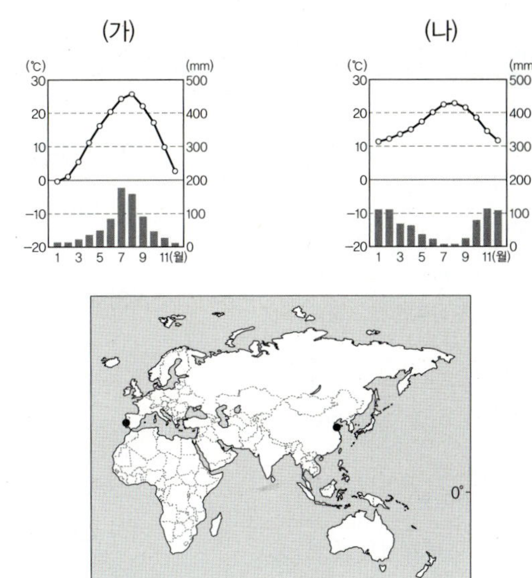

① (가)는 열대 기후 지역에 해당한다.
② (나)에서는 올리브, 오렌지 등을 수목 농업의 형태로 재배한다.
③ (가)는 (나)보다 여름 강수 집중률이 낮다.
④ (나)는 (가)보다 기온의 연교차가 크다.
⑤ (가)는 유라시아 대륙 서안, (나)는 유라시아 대륙 동안에 위치한다.

16 그래프는 세 기후 지역의 대륙별 면적 비율을 나타낸 것이다. (가)~(다)에 대한 설명으로 옳은 것은? (단, (가)~(다)는 각각 건조, 냉대, 열대 기후 지역 중 하나임.)

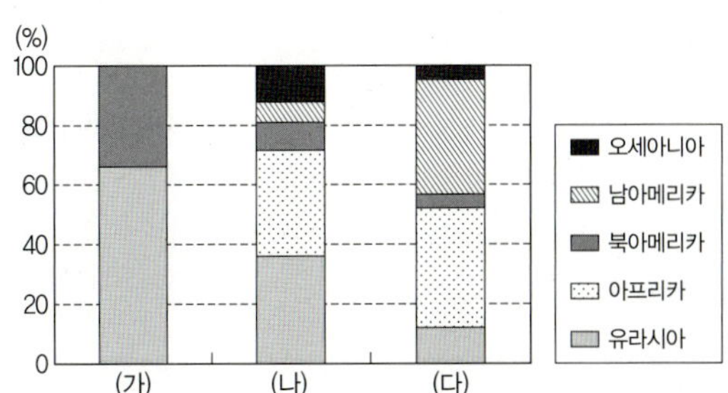

① (가)에는 '타이가'라는 침엽수림 지대가 있다.
② (나)는 연 강수량이 500mm를 넘는다.
③ (다)는 겨울이 길고 사계절이 뚜렷하다.
④ (나)는 (다)보다 수목 밀도가 높다.
⑤ (다)는 (가)보다 대체로 고위도에 분포한다.

02 인간과 자연의 관계

주제 1 자연을 바라보는 다양한 관점 ★★★

개념 더하기

✕ 인간 중심주의와 생태 중심주의

구분	인간 중심주의	생태 중심주의
도덕적 고려 대상	인간	인간+동물+식물+무생물=자연 전체
대표 사상가	베이컨, 데카르트	레오폴드
특징	• 이분법적 자연관 • 자연의 수단적 가치 강조	• 전일주의 • 자연의 내재적 가치 강조

✕ 서양의 인간 중심주의 사상가

아리스토텔레스	"식물은 동물을 위해서, 동물은 인간을 위해서 존재한다." → 식물과 동물은 궁극적으로 인간을 위해서 존재한다고 봄
칸트	인간은 오직 인간 자신에 대한 의무만을 지니며, 자연에 대한 의무는 지니지 않는다고 봄

✕ 전일론(全一論)

세계는 분리된 부분들의 단순한 집합이 아니라, 각 부분들이 밀접하게 연결되고 결합되어 복잡한 상호 의존 관계를 이루고 있으므로 세계 전체를 통합되어 있는 하나로 파악하는 관점이다.

✕ 환경 파시즘

파시즘(fascism)은 전체(집단, 국가)를 위해 개체(개인)의 희생을 정당화하는 전체주의를 의미하는 것으로, '환경 파시즘'은 생태계 전체의 선(善)을 위해서는 개체의 선을 희생할 수 있다고 보는 생태 중심주의 입장을 비판하는 용어이다.

1 인간 중심주의 ✕ [자료 1]

(1) 의미 : 인간을 다른 자연적 존재들보다 우월하고 가장 가치 있는 존재로 여기고, 인간과 자연의 관계에서 인간의 이익과 행복을 최우선적으로 고려하는 관점

(2) 특징

① 이분법적 세계관 : 인간은 자연에 포함된 한 부분이 아니라, 자연으로부터 분리된 독립적 존재라고 봄 → 인간과 자연을 둘로 나누어 별개의 존재로 파악함

② 도구적 자연관 : 자연은 그 자체로 가치를 지닌 존재가 아니라, 인간의 이익을 위해 자유롭게 사용할 수 있는 도구에 불과하다고 봄 → 자연을 인간의 이익과 행복을 위한 수단으로 파악함

(3) 인간 중심주의 대표 사상가 ✕ → 공통적으로 인간은 자연의 주인이자 소유자가 될 수 있다고 봄

베이컨	"자연을 사냥해서 노예로 만들어 인간의 이익에 봉사하도록 해야 한다." → 과학의 목적은 자연을 인간의 의도에 맞게 변형시켜 인간의 활동 영역을 넓히는 것이며, 이를 위해 자연을 지배하고 착취하는 것이 정당하다고 봄
데카르트	"인간은 정신을 소유한 존엄한 존재이지만, 자연은 의식이 없는 물질에 불과하다." → 이성을 지닌 인간과 물질적 대상인 자연을 이분법적으로 분리하여 인간이 우월하다고 봄

(4) 의의와 한계

① 의의 : 자연에 대한 탐구와 개발을 통해 과학 기술의 발전과 경제 성장을 이루어 인간의 삶을 풍요롭게 하는 데 기여하였음 → 인간의 필요 충족이나 이익 증진을 위해 자연을 훼손하고 지배하는 것을 정당화하기 때문임

② 한계 : 자연에 대한 무분별한 착취와 개발로 인해 자원 고갈, 환경 오염, 생태계 파괴 등의 환경 위기를 초래하였음

2 생태 중심주의 ✕ [자료 2]

(1) 의미 : 자연 그 자체를 존중받을 가치가 있는 존재로 여기고, 전체 자연을 도덕적 고려 대상으로 보는 관점

(2) 특징 → 전체로서의 자연 생태계 보존을 강조하는 생태 중심주의를 의미함
↳ 인간 중심주의는 인간이라는 개체만을 중시하는 개체론에 해당함

① 전일론적 관점 : 인간+동물+식물+무생물까지 포함한 생태계 전체를 하나의 도덕적 고려 대상으로 봄 → 인간을 자연의 지배자가 아니라, 다른 존재들과 마찬가지로 생태계를 이루는 평범한 한 구성원에 불과한 존재라고 파악함

② 자연이 지닌 내재적 가치 강조 : 자연은 인간의 이익을 위해서 존재하는 것이 아니라, 자연 그 자체가 본래적 가치를 지니고 있다고 보고 이를 존중할 것을 강조함

(3) 생태 중심주의 대표 사상가 → 다른 어떤 것의 수단이기 때문이 아니라 그 자체가 목적이기 때문에 가지는 가치임

레오폴드	• "어떤 것이 생명 공동체의 온전성, 안정성, 아름다움의 보존에 이바지한다면 그것은 옳고, 그렇지 않다면 그르다." → 생태계 내의 무생물과 생물들이 상호 의존하고 있는 균형 잡힌 먹이 사슬을 의미함 • 대지 윤리 : 대지 전체를 자연의 모든 존재가 서로 그물망처럼 얽혀있는 하나의 생명 공동체로 봄 → 생태계 전체의 유기적 관계와 균형을 중시함

(4) 의의와 한계

① 의의 : 인간과 자연이 서로 영향을 주고받는 관계로 조화와 균형을 강조함으로써 오늘날 환경문제를 해결하는 데 기여함

② 한계 : 개별 생명체의 이익보다 생태계 전체의 이익이 우선한다고 보아 '환경 파시즘'이라는 비판을 받기도 함

1 인간과 자연의 관계

(1) 인간이 자연을 바라보는 관점 변화

산업화 이전	인간은 오랫동안 자연에 의존하고 자연을 두려워하면서 자연에 순응하는 삶을 살아왔음
산업화 이후	인간 중심주의적 사고로 자연을 인간의 이익을 위한 이용과 지배의 대상으로 인식함
오늘날	지구 온난화 등의 환경 문제가 심각하게 대두되면서 환경 보호와 경제 성장을 함께 추구하는 '지속가능한 발전'과 더불어 친환경적인 삶을 강조함

(2) 인간과 자연의 유기적 관계

① 인간은 생태계를 구성하는 자연의 일부로서 다른 생명체들과 떼어 낼 수 없는 밀접한 관계를 맺으며 살아가는 존재임

② 인간과 자연은 서로 대립하거나 어느 한쪽이 일방적으로 우위를 가지는 관계가 아니라, 서로 공존해야 하는 관계임

2 인간과 자연의 공존을 위한 노력

(1) 생태계의 한 구성원으로서 환경친화적 가치 추구

① 자연과 인간의 공생을 중시하는 생태 공동체 의식 정립 → 생태계의 한 구성원으로서 지녀야 할 역할과 책임에 관한 의식임

② 효율성만을 중시하며 과학 기술로 모든 문제를 해결하려는 과학 기술 만능주의 경계

(2) 인간과 자연이 조화를 이루는 지속가능한 개발

① 자연 파괴를 최소화하며 인간과 자연이 공생을 추구하는 생태 도시와 슬로시티 지정

② 동식물의 서식지를 보호하기 위한 생태 통로 구축

③ 갯벌 복원 사업, 하천 생태계 복원 사업, 멸종 위기종 복원 사업 등의 추진

(3) 동양의 자연관 계승 → 유교, 불교, 도가 등 동양의 전통적인 자연관은 공통적으로 인간과 자연이 상생 관계에 있다고 보며, 인간과 자연의 조화를 추구함

유교	천인합일(天人合一) : 인간과 자연이 하나 되는 합일과 조화를 추구함
불교	연기(緣起) : 인간을 포함한 자연 만물은 독립적으로 존재할 수 없으며, 모두 무수한 상호 의존 관계를 맺고 있음을 깨닫고 모든 생명에게 자비를 베풀 것을 강조함
도가	무위자연(無爲自然) : 자연에 인위적인 조작이나 통제를 가하지 않고 자연의 섭리에 순응하면서 소박하게 살아갈 것을 강조함

✕ 생태 도시
- 인간과 자연환경이 조화를 이루며 공생할 수 있는 체계를 갖춘 지속가능한 도시이다.
- 독일의 프라이부르크는 도시 전체 면적의 약 40%가 숲으로 이루어져 있고, 재생 에너지를 적극적으로 이용하며, 자전거와 전차 위주의 교통 체계를 갖추고 있는 대표적인 생태 도시이다.

✕ 슬로시티(Slow City)
- 지역의 자연환경과 전통문화를 잘 지키고 보존하면서 느림의 삶을 추구하는 국제 운동이다.
- 우리나라에서는 완도 청산도, 담양 창평면, 신안 증도 등이 대표적이다.

✕ 생태 통로
- 인간이 만든 도로나 철도 등에 의해 야생 동물의 서식 환경이 단절되는 것을 막고, 동물 교통사고를 방지하기 위해 인공적으로 만든 길이다.
- 기존 생태 통로는 단순히 야생 동물의 이동 통로 역할에만 초점을 두었지만, 이제는 빗물 저장 및 공급 시설을 설치해 샘물을 제공하여 야생 동물의 생태 통로 이용률을 높이고자 설치되고 있다. 추풍령의 생태 통로가 대표적이다.

자료 더하기 

자료 ❶
베이컨과 데카르트의 인간 중심주의

- 베이컨 : 자연을 사냥해서 노예로 만들어 인간의 이익에 봉사하도록 해야 한다. 과학자의 목적은 고문을 해서라도 자연의 비밀을 밝혀 내는 것이다. 지식은 인간이 자연을 의도에 맞게 변형하여 자연에 대한 지배력을 강화하는 데 유용하다.
- 데카르트 : 이 세상에는 육체와 영혼이라는 두 가지 실체가 있다. 물질적 육체와 비물질적 영혼의 혼합체인 인간과 달리, 동물은 의식이 없고 단순히 움직이는 자동 기계일 뿐이다.

➡ 베이컨은 '아는 것이 힘이다.'라는 주장을 통해 자연 과학적 지식의 유용성을 강조하면서 인간의 자연에 대한 지배와 착취를 정당화하였다. 데카르트는 이성적 주체인 인간과 물질적 대상인 자연을 이분법적으로 엄격히 분리하였으며, 동물은 신이 창조한 기계에 불과하다는 '동물 기계론'을 주장하였다. 베이컨과 데카르트의 이러한 인간 중심주의적 관점은 오늘날 환경 문제를 초래한 주요 원인이 되었다.

자료 ❷
레오폴드의 생태 중심주의(대지 윤리)

　대지의 이용을 경제적 관점만이 아니라 윤리적 관점, 심미적 관점에서도 고찰해야 한다. 어떤 것이 생명 공동체의 온전성, 안정성, 아름다움의 보전에 기여한다면 그것은 옳고, 그렇지 않다면 그르다. … 흙, 물, 식물, 동물, 인간을 포함하는 생명 공동체는 생명적 성질을 지닌다. 인간은 생명 공동체의 지배자가 아니며, 대지 위의 모든 존재는 평등한 구성원이다.

➡ 레오폴드는 생태 중심주의 입장에서 생명 공동체의 범위를 인간과 동물, 식물 등의 생명체뿐만 아니라 흙, 물 등의 무생물까지 포함하여 대지 전체로 확장해야 한다는 대지 윤리를 제시하였다.

★★★

주제 1 자연을 바라보는 다양한 관점

01 ㉠에 들어갈 단어로 옳은 것은?

> 이성을 지닌 인간만이 본래적 가치를 지닌 존재라고 보고, 자연을 순전히 인간의 이익이나 필요에 따라 평가하는 관점을 ┌ ㉠ ┐ 중심주의라고 한다.

① 식물   ② 동물   ③ 인간
④ 생명   ⑤ 생태

02 밑줄 친 ㉠에서 ㉡에 비해 강조하는 특징만을 〈보기〉에서 고른 것은?

> 자연을 바라보는 인간의 관점에는 대표적으로 ㉠인간 중심주의와 ㉡생태 중심주의가 있다.

┌─ 보기 ─┐
ㄱ. 전일주의
ㄴ. 도구적 자연관
ㄷ. 이분법적 세계관
ㄹ. 자연의 내재적 가치

① ㄱ, ㄴ   ② ㄱ, ㄷ   ③ ㄴ, ㄷ
④ ㄴ, ㄹ   ⑤ ㄷ, ㄹ

03 다음을 주장한 사상가의 입장으로 가장 적절한 것은?

> 방황하고 있는 자연을 사냥해서 노예로 만들어 인간의 이익에 봉사하도록 해야 한다. 자연은 구속되어야 하고, 과학자의 목적은 고문을 해서라도 자연의 비밀을 밝혀내는 것이다.

① 모든 생명체는 도덕적 지위를 지닌다.
② 자연에 대한 인간의 지배는 정당하다.
③ 자연이 지닌 내재적 가치를 중시해야 한다.
④ 생태계 전체를 하나의 유기체로 간주해야 한다.
⑤ 자연은 인간을 위해, 인간은 자연을 위해 존재한다.

04 다음 글에 나타나 있는 자연관으로 옳은 것은?

> 인간은 생태계의 평범한 구성원으로서 자연 안의 모든 생명과 동등한 관계이다. 인간에게는 생태계 전체의 안정을 추구할 의무가 있으며, 자연을 경제적 관점으로만 보아서는 안 된다.

① 동물 중심주의   ② 물질 중심주의
③ 생명 중심주의   ④ 생태 중심주의
⑤ 인간 중심주의

05 밑줄 친 '모든 구성원'에 해당하는 존재만을 〈보기〉에서 있는 대로 고른 것은?

> 생태 중심주의에서는 생태계를 이루는 모든 구성원을 포함한 자연 전체를 도덕적으로 대우해야 한다고 본다.

┌─ 보기 ─┐
ㄱ. 이성을 지닌 인간
ㄴ. 동물과 식물 등의 생명체
ㄷ. 흙, 물 등의 무생물

① ㄱ   ② ㄴ   ③ ㄱ, ㄷ
④ ㄴ, ㄷ   ⑤ ㄱ, ㄴ, ㄷ

06 다음을 주장한 사상가의 입장으로 적절한 것만을 〈보기〉에서 고른 것은?

> 대지 윤리는 생명 공동체의 범위를 인간, 동물, 식물, 물, 토양까지 포괄하여 대지 전체로 확대하는 것이다. 대지 윤리는 인류의 역할을 생명 공동체의 정복자에서 그것의 평범한 구성원으로 변화시킨다.

┌─ 보기 ─┐
ㄱ. 자연의 모든 존재는 평등하다.
ㄴ. 자연은 인간의 소유물로서 존재한다.
ㄷ. 자연은 그 자체로 소중한 가치를 지닌다.
ㄹ. 자연은 인간이 정복하고 지배해야 할 대상이다.

① ㄱ, ㄴ   ② ㄱ, ㄷ   ③ ㄴ, ㄷ
④ ㄴ, ㄹ   ⑤ ㄷ, ㄹ

07 (가)에 들어갈 답변 내용으로 적절하지 <u>않은</u> 것은?

① 자연은 의식이 없는 물질에 불과하다고 봅니다.
② 자연은 인간의 풍요로운 삶을 위한 도구라고 봅니다.
③ 자연을 인간의 의도에 맞게 변형시켜야 한다고 봅니다.
④ 인간과 자연의 다른 존재들은 모두 동등한 관계라고 봅니다.
⑤ 인간과 자연을 분리하는 이분법적 세계관을 토대로 합니다.

08 다음 글에 나타나 있는 자연관의 입장으로 가장 적절한 것은?

> 인간은 자연의 지배자가 아니다. 인간을 포함하여 자연의 모든 존재는 생명 공동체의 평등한 구성원임을 깨닫고, 인간은 자연의 본래적 가치를 존중해야 한다.

① 자연은 인간의 행복을 위한 수단에 불과하다.
② 인간은 본질적으로 자연보다 우월한 존재이다.
③ 자연이 지닌 가치는 오직 경제적 관점에서 평가되어야 한다.
④ 인간은 오직 인간만을 도덕적 존중의 대상으로 여겨야 한다.
⑤ 인간과 동식물은 상호 의존하는 생태계의 동등한 구성원이다.

09 다음을 주장한 사상가의 입장에서 밑줄 친 '자연'에 대한 설명으로 가장 적절한 것은?

> 아는 것이 힘이다. 방황하고 있는 <u>자연</u>을 사냥해서 노예로 만들어 인간에게 이롭도록 지식을 활용해야 한다.

① 인간의 이익에 봉사해야 하는 물질적 수단이다.
② 인간의 생존을 가능하게 하는 숭배의 대상이다.
③ 인간이 존중하면서 평화롭게 공존해야 할 상대이다.
④ 인간의 평가와 무관하게 본래적 가치를 지닌 실체이다.
⑤ 인간과 떨어지거나 분리되어 존재할 수 없는 관계이다.

10 ㉠에 들어갈 내용으로 가장 적절한 것은?

> 〈생태 중심주의〉
> (1) **의미** : 자연 그 자체의 가치를 인정하고 자연 전체를 도덕적 고려의 대상으로 여기는 관점이다.
> (2) **특징** : 개별 생명체의 이익보다 생태계 전체의 안정과 균형이 더 중요하다고 강조한다.
> (3) **문제점** : __________㉠__________

① 동물과 식물이 지니는 내재적 가치를 전적으로 부정할 수 있다.
② 자원 고갈, 환경 파괴 등의 심각한 환경 문제를 초래할 수 있다.
③ 자연이 인간의 경제적 이익을 위한 존재가 아님을 간과할 수 있다.
④ 인간이 자연을 지배하고 정복해야 한다는 논리를 정당화할 수 있다.
⑤ 생명 공동체의 선을 지나치게 중시하여 환경 파시즘으로 흐를 수 있다.

11 갑, 을, 병 세 사람이 모두 부정의 대답을 할 질문만을 〈보기〉에서 있는 대로 고른 것은?

> 갑 : 식물은 동물을 위하여, 동물은 인간을 위하여 존재한다.
> 을 : 동물은 신의 섭리에 의해 인간이 사용하도록 운명 지어져 있다.
> 병 : 인간은 만물의 힘과 작용을 잘 응용함으로써 자연의 주인이자 소유자가 될 것이다.

> ┤ 보기 ├
> ㄱ. 인간과 자연은 상호 의존적인 관계라고 보는가?
> ㄴ. 인간 중심적이고 이분법적인 자연관에 반대하는가?
> ㄷ. 인간은 자연을 경외하면서 조화롭게 살아야 하는가?
> ㄹ. 인간은 자연을 필요에 따라 자유롭게 이용할 수 있는가?

① ㄱ, ㄷ   ② ㄱ, ㄹ   ③ ㄴ, ㄹ
④ ㄱ, ㄴ, ㄷ   ⑤ ㄴ, ㄷ, ㄹ

12 (가)의 입장에서 주장할 때, (나)의 ㉠에 들어갈 내용으로 적절하지 <u>않은</u> 것은?

(가)	자연은 그 자체로 존중받아야 하며 자연의 모든 생명은 평등한 가치와 권리를 가지고 있다. 인간은 생태계 전체를 도덕적으로 대우해야 한다.
(나)	

① 인간을 포함한 모든 생명체는 평등하다!
② 생태계 전체의 안정과 균형을 중시하자!
③ 인간과 자연의 조화로운 공존을 모색하자!
④ 자연 자체가 지니는 본래적 가치를 존중하자!
⑤ 생활의 편리를 위해 자연을 적극적으로 개발하자!

13 ㉠에 들어갈 발표 내용으로 적절하지 <u>않은</u> 것은?

> 교사 : 산업화 이전 시대와 산업화 시대, 그리고 오늘날의 인간과 자연의 관계 변화에 대해 발표해 볼까요?
> 학생 : _______________㉠_______________

① 산업화 이전의 전통 사회에서는 인간이 자연에 의존하며 순응하는 삶을 살았습니다.
② 산업화 시대에는 인간 중심적 사고를 기반으로 자연을 지배의 대상으로 삼았습니다.
③ 산업화 시대에 있었던 자연의 무분별한 이용과 개발은 이후 심각한 환경 파괴를 초래하였습니다.
④ 오늘날에는 환경친화적인 생활방식과 가치관의 중요성이 널리 확산되고 있습니다.
⑤ 오늘날에는 환경 보호와 경제 성장 중 어느 하나만을 선택해야 한다고 보고 있습니다.

14 다음 동양 사상으로 옳은 것은?

> 자연 만물은 상호 의존한다는 인과 법칙에 의해 생겨나고 변화하며 소멸한다. 즉 이것이 생기면 저것이 생기고, 이것이 소멸하면 저것이 소멸한다. 자연의 모든 존재는 독립적으로 존재할 수 없으므로 살아 있는 모든 것에 자비를 베풀어야 한다.

① 도가   ② 도교   ③ 불교
④ 유교   ⑤ 천주교

15 다음 사상들이 공통적으로 강조하는 인간과 자연의 관계에 대한 입장으로 가장 적절한 것은?

> • 유교 : 천인합일(天人合一)
> • 불교 : 연기(緣起)
> • 도가 : 무위자연(無爲自然)

① 인간은 자연을 만들어낸 창조자이다.
② 인간은 자연과 유기적인 관계에 있다.
③ 인간은 자연을 지배하고 착취해야 한다.
④ 인간은 자연을 벗어나서도 살아갈 수 있다.
⑤ 인간은 자연을 어떤 경우에도 이용해서는 안 된다.

16 ㉠에 들어갈 적절한 내용만을 〈보기〉에서 고른 것은?

> 근대에 들어 산업화가 진행되면서 인간은 자연을 자원으로만 여기고 사용하기에만 급급하였고, 그 결과 다양한 환경 문제가 초래되었다. 오늘날 환경 파괴는 인류의 지속적인 생존마저 위협하는 지경에까지 이르렀다. 이에 인간은 생태계의 일부로서 다른 생명체 및 환경과 유기적 관계를 맺으며 살아가야 한다는 성찰과 함께 환경친화적인 노력이 확산되고 있다. 환경친화적인 노력의 대표적 사례로는 '㉠' 등을 들 수 있다.

⎡ 보기 ⎤
ㄱ. 다양한 생물종들이 서식하고 있는 갯벌을 훼손됨이 없이 보존한다.
ㄴ. 야생 동물이 도로를 건너다 차에 치이지 않도록 생태 이동 통로를 만든다.
ㄷ. 주민들의 편리한 거주 환경을 위해 하천을 메우고 산을 깎아서 아파트를 짓는다.
ㄹ. 많은 관광객을 유치하여 높은 수익을 올리도록 경치 좋은 산에 케이블카를 설치한다.

① ㄱ, ㄴ ② ㄱ, ㄷ ③ ㄴ, ㄷ
④ ㄴ, ㄹ ⑤ ㄷ, ㄹ

17 다음 동양 사상에서 강조하는 자연관에 대한 설명으로 적절한 것만을 〈보기〉에서 고른 것은?

> 자신의 마음을 남김없이 실현하는 자는 자신의 선한 본성을 이해하게 된다. 자신의 본성을 이해하면 하늘을 이해하게 된다. 자신의 마음을 간직하고 자신의 본성을 기르는 것이 하늘을 섬기는 방법이다.

⎡ 보기 ⎤
ㄱ. 인(仁)의 실현을 통한 천인합일(天人合一)의 경지를 지향한다.
ㄴ. 인간은 자연의 일부분으로 자연과 조화를 이루어야 한다고 본다.
ㄷ. 인간은 만물이 상호 의존 관계에 있다는 연기(緣起)를 깨닫고 자비를 실천해야 한다고 본다.
ㄹ. 인위적 개입 없이 자연 그대로의 질서를 따르는 무위자연(無爲自然)을 추구할 것을 강조한다.

① ㄱ, ㄴ ② ㄱ, ㄷ ③ ㄴ, ㄷ
④ ㄴ, ㄹ ⑤ ㄷ, ㄹ

서술형 문제

18 다음 자료를 읽고 물음에 답하시오.

> 인간을 위해서 바람이 불고, 인간을 위해서 땅이 휴식을 취하고, 인간을 위해서 별들이 움직이고, 인간을 위해서 샘물이 흐른다. 인간의 눈에는 보이지 않는 모든 것들도 인간에게 유익한 의미를 담고 있는 기쁨이자 보물이다. 이 세계는 오직 인간을 위한 음식이 놓인 선반이거나 오직 인간을 위한 즐거움이 담긴 장식장이다.

(1) 위의 글에 나타나 있는 인간과 자연의 관계에 대한 관점을 쓰시오.

____

(2) 위의 글에 나타나 있는 자연관의 문제점에 대해 서술하시오.

____

____

19 다음 자료를 읽고 물음에 답하시오.

> 심각해지는 환경 파괴와 이로 인한 기후변화 문제에 대응하기 위해 우리는 대지 윤리를 제시한 이 사상가의 말에 귀를 기울일 필요가 있다. "인간은 지구라는 생명 공동체의 정복자가 아니라, ㉠. 생명 공동체의 온전함과 안정성 그리고 아름다움의 보존에 이바지하는 것은 옳고, 그렇지 않으면 그르다." 이 사상가의 주장처럼 인간은 자연과 조화를 이루는 겸손한 구성원으로 살아가야 한다.

(1) 위의 글에서 밑줄 친 '이 사상가'의 이름과, 그가 자연을 바라보는 관점을 각각 쓰시오.

____

____

(2) 위의 글에서 ㉠에 들어갈 적절한 내용을 서술하시오.

____

____

01 그림의 강연자가 지니고 있는 자연에 대한 입장으로 가장 적절한 것은?

① 인간은 자연의 이익을 위해 복무해야만 한다.
② 자연은 인간의 삶을 개선할 수 있는 수단이다.
③ 자연을 관찰과 실험으로 파악하려고 해서는 안 된다.
④ 인간은 자연을 지배할 수 없으며 자연에 순응해야 한다.
⑤ 인간은 자연의 내재적 가치를 침해하지 말고 존중해야 한다.

| 교육청 기출 |

02 다음을 주장한 근대 서양 사상가의 입장으로 옳은 것만을 〈보기〉에서 고른 것은?

> 이 세상에는 육체와 영혼이라는 두 가지 실체가 있다. 인간은 육체뿐 아니라 영혼도 지니고 있어 이성적 사유를 하고 언어를 정교하게 구사할 수 있다. 이와 달리 동물은 영혼을 지니지 않아서 이성의 능력이 없고 인간이 사용하는 말과 기호를 구사할 수 없다. 동물은 움직이는 기계에 불과하다.

⎯ 보기 ⎯
ㄱ. 이성은 인간의 본질을 규정하는 중요한 요소이다.
ㄴ. 인간은 다른 생명체보다 본래적으로 우월하지는 않다.
ㄷ. 언어 능력의 차이는 인간과 동물을 구별 짓는 특징이다.
ㄹ. 인간과 마찬가지로 동물은 이성적인 사유 능력을 지닌다.

① ㄱ, ㄴ   ② ㄱ, ㄷ   ③ ㄴ, ㄷ
④ ㄴ, ㄹ   ⑤ ㄷ, ㄹ

03 다음 신문 칼럼의 입장으로 적절한 것만을 〈보기〉에서 고른 것은?

> **○○신문**　　　　　　　　○○○○년 ○○월 ○○일
>
> **칼 럼**
>
> 오늘날 인류는 지구 온난화 등 심각한 기후변화와 환경 위기에 직면해 있다. 이는 자연을 단지 인간의 소유물이자 이익 추구의 수단으로 보고 인간이 자연을 무분별하게 착취한 결과라고 할 수 있다. 인간의 이익을 위한 행동이 환경을 심각하게 파괴하여 역설적으로 인간의 지속적 삶마저 위협받게 된 것이다. 이를 극복하려면 자연은 모든 존재가 서로 의존하면서 함께 살아가는 거대한 생태계이며, 인간은 자연의 주인이 아니라 자연의 한 구성원일 뿐임을 바르게 알아야 한다.

⎯ 보기 ⎯
ㄱ. 인간의 삶에 도움이 될 때만 자연은 가치를 지닌다.
ㄴ. 인간을 포함한 자연 만물은 상호 의존 관계에 있다.
ㄷ. 인간은 이성을 지닌 존재이므로 자연을 지배해야 한다.
ㄹ. 인간의 일방적인 자연 착취는 인간에게 이익이 되지 않는다.

① ㄱ, ㄴ   ② ㄱ, ㄷ   ③ ㄴ, ㄷ
④ ㄴ, ㄹ   ⑤ ㄷ, ㄹ

04 다음을 주장한 사상가가 긍정의 대답을 할 질문만을 〈보기〉에서 고른 것은?

> 바람직한 대지 이용을 오직 경제적 문제로만 생각하지 말라. 윤리적·심미적으로 무엇이 옳은가의 관점에서도 검토하라. 생명 공동체의 온전성과 안정성 그리고 아름다움의 보전에 기여하는 대지 이용이라면 그것은 옳다. 그렇지 않다면 그르다.

⎯ 보기 ⎯
ㄱ. 자연은 내재적 가치를 지니고 있다고 보아야 하는가?
ㄴ. 생태계 전체를 하나의 조화로운 유기체로 보아야 하는가?
ㄷ. 자연과 인간을 이분법적 세계관으로 구분해서 보아야 하는가?
ㄹ. 자연을 인간의 풍요로운 삶과 이익을 위한 도구로만 보아야 하는가?

① ㄱ, ㄴ   ② ㄱ, ㄷ   ③ ㄴ, ㄷ
④ ㄴ, ㄹ   ⑤ ㄷ, ㄹ

05 인간과 자연의 관계에 대한 다음 글의 입장으로 가장 적절한 것은?

> 토양에서 식물이 자라고, 동물은 그 식물을 먹고, 동물들의 배설물은 토양의 영양분이 되어 다시 식물이 자라는 것을 돕는다. 이처럼 여러 고리로 연결된 자연은 하나의 유기적인 전체이다. 인간도 자연의 평범한 구성원 중 하나로서 자연 속 다른 존재들과 유기적 관계를 맺으며 살아가고 있음을 이해해야 한다.

① 인간과 자연은 서로 관계없는 독립적인 존재이다.
② 자연은 인간의 풍요로운 삶을 위한 도구일 뿐이다.
③ 인간은 자연보다 본질적인 측면에서 우월한 존재이다.
④ 인간을 포함한 자연 전체의 조화와 균형을 고려해야 한다.
⑤ 자연은 인간의 경제적 이익에 기여할 때만 가치를 지닌다.

06 갑, 을의 입장에서 〈문제 상황〉 속 A에게 제시할 적절한 조언만을 〈보기〉에서 고른 것은?

> 갑 : 인간은 자신의 이익과 행복 증진을 위해 자연을 수단으로 이용할 수 있다. 따라서 인간의 필요에 따라 자연의 가치를 평가해야 한다.
> 을 : 인간은 자연의 평범한 한 구성원일 뿐이며, 자연 안의 모든 존재는 평등하다. 따라서 인간은 자연 그 자체의 가치를 존중해야 한다.
>
> 〈문제 상황〉
> 정책 결정권자인 A는 최근 ○○산에 케이블카를 설치하면 보다 많은 관광객들이 찾아와서 경제적 이익 창출에 도움이 될 것이라는 건설업자들의 요구와, ○○산에 살고 있는 멸종 위기 종들의 삶의 터전이 파괴될 것이므로 케이블카를 설치해서는 안 된다고 반대하는 시민 단체들의 요구 사이에서 고민하고 있다.

— 보기 —

ㄱ. 갑 : 자연이 지닌 도구적 가치보다 본래적 가치를 중시하세요.
ㄴ. 갑 : 인간에게 물질적 이득을 가져다 주는 요구를 수용하세요.
ㄷ. 을 : 케이블카 설치가 생태계에 미칠 부정적 영향을 고려하세요.
ㄹ. 갑과 을 : 인간은 자연과 구별되는 우월한 존재임을 명심하세요.

① ㄱ, ㄴ ② ㄱ, ㄷ ③ ㄴ, ㄷ
④ ㄴ, ㄹ ⑤ ㄷ, ㄹ

07 (가)의 사상가 갑, 을의 입장을 (나) 그림으로 탐구하고자 할 때, A~C에 해당하는 적절한 질문만을 〈보기〉에서 있는 대로 고른 것은?

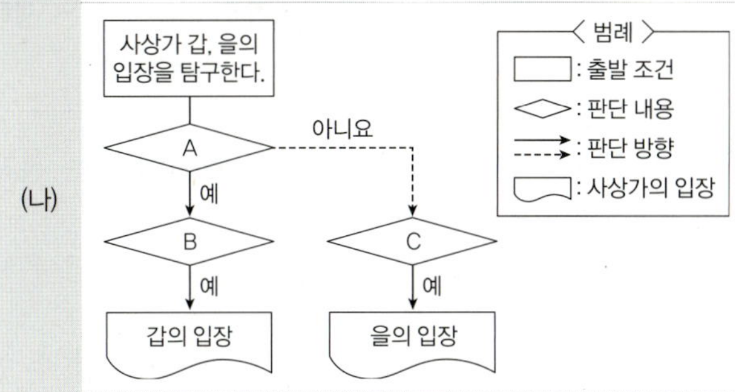

(가)
갑 : 동물은 신의 손으로 만들어진 하나의 움직이는 기계이다. 자연은 영혼 없는 동물들 속에서 기관들의 배치에 따라 작용한다.
을 : 인류는 생명 공동체 자체를 존중해야 한다. 대지 윤리는 인류의 역할을 대지 공동체의 정복자에서 평범한 구성원이자 시민으로 변화시킨다.

(나)

— 보기 —

ㄱ. A : 동물은 신이 창조한 존재라는 점에서 인간과 다른가?
ㄴ. B : 이성이 없는 동물은 신체 기능을 갖춘 장치일 뿐인가?
ㄷ. C : 인간은 생명 공동체의 한 구성원에 불과한 존재인가?
ㄹ. C : 흙, 물은 자연 상태로 존속할 권리를 가질 수 있는가?

① ㄱ, ㄴ ② ㄱ, ㄹ ③ ㄷ, ㄹ
④ ㄱ, ㄴ, ㄷ ⑤ ㄴ, ㄷ, ㄹ

08 갑, 을 사상가들의 입장으로 적절하지 **않은** 것은?

> 갑 : 과학의 목적은 자연을 인간의 의도에 맞도록 변형함으로써 인간의 활동 영역을 넓히는 것이다. 자연이 인간에게 이롭도록 지식을 활용해야 한다.
> 을 : 대지 윤리는 인간을 대지 공동체의 정복자에서 그 구성원으로 변화시키고자 한다. 인간은 평범한 구성원으로 전체 공동체에 대해 존경심을 가져야 한다.

① 갑 : 인간은 자연의 정복자이자 지배자가 되어야 한다.
② 갑 : 이분법적 세계관으로 인간과 자연을 구분해야 한다.
③ 을 : 인간을 포함한 자연 전체는 하나의 살아있는 유기체이다.
④ 을 : 대지 위의 모든 존재는 생명 공동체의 평등한 구성원이다.
⑤ 갑과 을 : 생명체와 무생물까지 포함한 생태계 전체가 도덕적 고려 대상이다.

09 갑의 입장에 대해 을의 입장에서 제기할 수 있는 비판으로 가장 적절한 것은?

> 갑 : 인간은 자연의 지배자로서 자연을 정복하고 이용할 권리를 지닙니다. 자연은 인간의 욕구 충족을 위한 도구이며 인간에게 혜택을 줄 때에만 가치를 지닙니다.
> 을 : 인간은 자연의 지배자가 아닌 자연의 한 구성원으로서 자연을 보전할 도덕적 의무를 지닙니다. 자연은 다양한 구성원들이 조화를 이루고 있는 생태계로서 그 자체만으로도 가치를 지닙니다.

① 인간은 자연보다 본질적으로 우위에 있는 존재임을 간과한다.
② 인간과 자연은 서로 독립적이며 개별적인 존재임을 간과한다.
③ 인간은 자신의 행복을 위해 자연을 이용할 수 있음을 간과한다.
④ 인간의 이익과 무관하게 자연은 가치를 지니고 있음을 간과한다.
⑤ 인간의 이익을 자연 전체의 균형보다 먼저 고려해야 함을 간과한다.

10 (가)의 갑, 을 사상가들의 입장을 (나) 그림으로 표현할 때, A~C에 해당하는 적절한 진술만을 〈보기〉에서 있는 대로 고른 것은?

(가)	갑 : 동물은 인간과 달리 영혼 없는 기계이다. 심장에 촛불 같은 불 하나만으로 피의 순환을 일으켜 생리 기능을 하는 자동 장치일 뿐이다. 을 : 대지 윤리는 인류의 동료 구성원에 대한 존중과 생명 공동체 자체에 대한 존중을 필연적으로 수반한다.
(나)	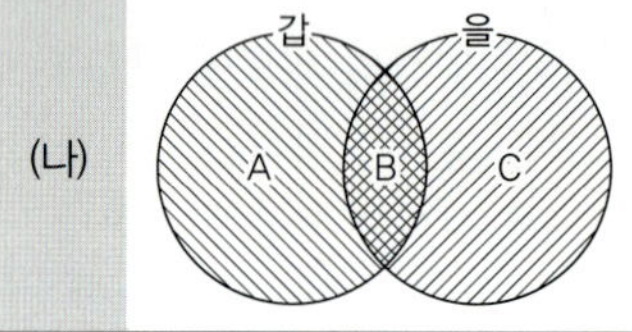 〈 범례 〉 A: 갑만의 입장 B: 갑, 을의 공통 입장 C: 을만의 입장

> 〈 보기 〉
> ㄱ. A : 동물은 도덕적으로 존중해야 할 대상이 아니다.
> ㄴ. A : 인간은 생명 공동체 자체를 도덕적으로 고려해야 한다.
> ㄷ. B : 이성을 지닌 존재인 인간은 도덕적 존중의 대상이다.
> ㄹ. C : 동물은 인간의 이익 추구를 위한 수단에 불과하다.

① ㄱ, ㄷ
② ㄴ, ㄷ
③ ㄴ, ㄹ
④ ㄱ, ㄴ, ㄹ
⑤ ㄱ, ㄷ, ㄹ

11 (가)의 갑, 을의 입장에서 (나)의 ㉠에 들어갈 진술로 가장 적절한 것은?

(가)	갑 : 사람은 땅을 본받고, 땅은 하늘을 본받으며, 하늘은 도(道)를 본받고, 도는 스스로 그러함[自然]을 본받는다. 도는 항상 무위(無爲)하지만 이루어지지 않음이 없다. 을 : 하늘과 땅은 만물을 낳는 것을 마음으로 삼고, 사람은 하늘과 땅의 마음을 얻어 그것을 마음으로 삼는다. 마음의 덕은 모든 것을 갖추었지만 한 마디로 말하면 인(仁)일 뿐이다.
(나)	인류의 생존을 위협하고 지구 생태계를 파괴하는 심각한 지구 온난화 문제를 해결하기 위해서는 ____㉠____

① 갑 : 문명의 발달을 위해 인간이 자연에 개입해야 한다.
② 갑 : 인간을 자연과 분리된 독립적 개체로 파악해야 한다.
③ 을 : 자연을 인과 법칙의 지배를 받는 기계로 보아야 한다.
④ 을 : 자연의 존재들을 어질게 대하며 조화를 추구해야 한다.
⑤ 갑과 을 : 자연은 인간을 위한 도구에 불과한 것으로 여겨야 한다.

12 다음 가상 대화의 스승이 지지할 입장으로 가장 적절한 것은?

① 자연을 도의 관점에서 바라보기 위해 분별적인 지혜를 쌓아야 한다.
② 자연 만물 각각이 지닌 고유한 가치를 파악하고 위계를 정해야 한다.
③ 자연의 흐름에 따라 인위적 규범에 구속되지 않는 삶을 살아야 한다.
④ 자연은 인간의 필요를 충족하기 위한 도구일 뿐임을 자각해야 한다.
⑤ 자연 전체의 조화와 아름다움을 위해 추한 것을 엄격히 배제해야 한다.

13 다음은 어느 인디언 추장이 쓴 편지 내용의 일부이다. 이 편지에서 강조하는 내용으로 가장 적절한 것은?

> 당신들은 이 땅에 와서, 무엇을 세우려 하십니까? 내가 보기에 당신들은 그저 땅을 파헤치고 건물을 세우고 나무들을 쓰러뜨릴 뿐입니다. 또한 우리는 하늘과 땅을 사고판다는 당신들의 생각을 이해할 수 없습니다. 공기의 신선함이나 물의 광채가 우리 것이 아닌데 어떻게 팔 수 있나요? 우리는 대지의 일부분이며, 대지는 우리의 일부분입니다. 들꽃은 우리의 누이이고, 순록과 말과 독수리는 우리의 형제입니다. …(중략)… 세상의 모든 것은 하나로 연결되어 있습니다.

① 인간이 지닌 자연을 지배할 권리를 이방인에게도 허용해야 한다.
② 인간은 대지에 속한 다른 존재보다 우월하고 가치 있는 존재이다.
③ 인간이 아닌 자연의 존재들은 경제적 가치로만 평가되어야 한다.
④ 인간은 동물과 식물을 포함하여 모든 자연에 대한 소유권을 가진다.
⑤ 인간은 대지의 일부이며 자연과 유기적 관계에 있음을 알아야 한다.

14 다음 동양 사상의 입장으로 옳은 것은?

> 윤회(輪廻)를 거듭하는 모든 중생(衆生)이 나의 부모이거늘, 중생을 해하는 것은 곧 나의 부모를 해하는 것이며, 나의 옛 몸을 해하는 것이니라. 일체의 땅과 물은 나의 옛 몸이요, 일체의 불과 바람은 나의 본체이니 항상 방생(放生)을 행할지어다.

① 인간은 자연의 한 부분으로 변하지 않는 실체이다.
② 인간은 자연의 다른 생명체들보다 우월한 존재이다.
③ 자연은 인과 관계에서 벗어나 있는 무질서의 체계이다.
④ 자연은 물질적 풍요를 위해 소유해야 할 대상일 뿐이다.
⑤ 자연은 만물이 상호 의존적 관계를 맺고 있는 연결망이다.

15 (가)의 갑, 을 사상가들의 입장을 (나) 그림으로 탐구하고자 할 때, A~C에 들어갈 적절한 질문만을 〈보기〉에서 고른 것은?

(가)

갑: 대지 윤리는 인간의 역할을 대지 공동체의 정복자에서 평범한 구성원으로 변화시킨다. 인간은 동료 구성원과 공동체 자체를 존중해야 한다.

을: 자연에 대한 인간의 지배력은 기술과 과학에 의해 좌우된다. 신이 선물로 준 자연에 대한 지배력은 올바른 이성의 인도를 받아 행사되어야 한다.

(나)

사상가 갑, 을의 입장을 탐구한다. → A → (예) B → (예) 갑의 입장 / B → (아니요) C → (예) 을의 입장

〈 범례 〉 출발 조건 / 판단 내용 / 판단 방향 / 사상가의 입장

〈 보기 〉
ㄱ. A : 인간은 자연을 자원으로 활용할 수 있는가?
ㄴ. B : 인간은 과학을 활용하여 자연을 지배해야 하는가?
ㄷ. B : 인간은 생태계 자체를 도덕적으로 존중해야 하는가?
ㄹ. C : 인간은 모든 동물과 동일한 도덕적 지위를 가지는가?

① ㄱ, ㄴ ② ㄱ, ㄷ ③ ㄴ, ㄷ
④ ㄴ, ㄹ ⑤ ㄷ, ㄹ

16 다음 글에 나타나 있는 자연관의 입장에서 긍정의 대답을 할 질문으로 가장 적절한 것은?

> 동양에서는 자연 운행의 질서 속에서 자연 만물의 관계를 파악하였다. 자연은 생명을 잉태하고 기르며, 그 속에서 만물은 상호 의존하여 조화를 이루고 생명을 지속하는 것으로 보았다. 그리고 자연은 있는 것 가운데 최선의 존재이며 살아 있는 유기체라고 생각하였으며, 그 속에서 인간도 자연과 조화를 이루며 살아가야 한다고 여겼다.

① 인간은 자연의 주인으로서 만물을 지배해야 하는가?
② 자연은 인간 중심적 관점에서 접근해야 할 대상인가?
③ 자연은 인간의 풍요로운 삶을 위해 이용해야 할 도구인가?
④ 인간은 자연의 흐름을 거스르지 않고 순리에 따라야 하는가?
⑤ 인간은 자연에서 벗어날 때에만 진정한 자유를 누릴 수 있는가?

03 환경 문제 해결을 위한 노력

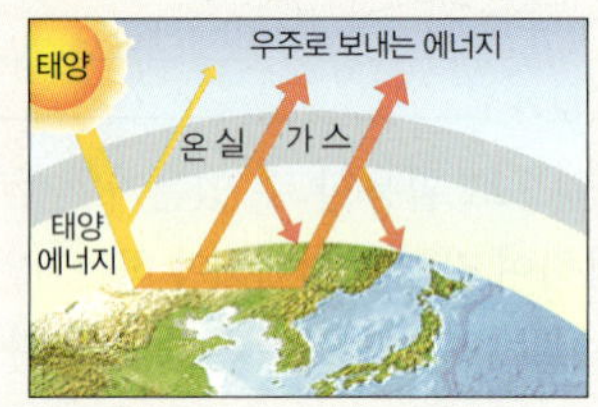

1 환경 문제의 발생 원인: 산업 혁명 이후 인구 증가 → 자원 소비량과 오염 물질 배출량 급증 → 자연환경 훼손 및 생태계 파괴 → 자정 능력 약화 → 환경 문제 발생

2 환경 문제의 특징: 복원하는 데 많은 시간과 비용이 필요하고, 발생 지역이나 국가를 넘어 인접 국가와 전 지구에 영향을 미침

3 다양한 환경 문제

> 산업 혁명 초기 영국에서 배출된 대기 오염 물질이 편서풍을 타고 인접한 노르웨이 등으로 이동하여 갈등을 일으킨 사례가 이에 해당함

환경 문제	원인	영향
지구 온난화 [자료 1]	화석 연료 사용으로 인한 온실가스 배출량 증가 → 온실 효과 심화	빙하 면적 축소, 해수면 상승으로 인한 저지대 침수, 기상 이변, 동식물 서식 환경 변화 등
산성비 [자료 2]	발전소, 공장, 자동차 등에서 배출된 대기 오염 물질이 비와 만나 발생	건축물 부식, 삼림 파괴, 토양 산성화, 오염 물질 이동으로 인한 주변국과의 갈등 등
해양 쓰레기 섬	해양으로 유입된 플라스틱이나 비닐 등의 쓰레기	해양 생태계 파괴, 선박 사고 유발, 어업 생산성 저하, 국가 간 갈등 유발 등
오존층 파괴	염화 플루오린화 탄소(CFCs)의 사용량 증가 → 성층권의 오존층 파괴	자외선 투과량 증가로 인한 피부암·백내장 발병률 증가, 식물 성장 저해 등
사막화	사막 주변 지역의 장기간 가뭄, 과도한 방목 및 개간, 삼림 벌채	식량 생산량 감소, 황사 현상 심화 등
열대림 파괴	무분별한 벌목, 농경지 및 목장의 확대, 자원 개발 및 도로 건설 등	동식물의 서식지 파괴, 지구 자정 능력 약화, 토양 침식 심화 등

> 열대림이 파괴되면 이산화 탄소와 같은 온실가스의 흡수량이 감소하여 지구 온난화를 심화시키는 원인 중 하나로 작용하게 됨

개념 더하기

✖ 온실 효과
온실가스가 온실의 유리처럼 지구 복사 에너지의 방출을 차단하여 지구의 평균 기온이 일정하게 유지되는 현상이다.

✖ 염화 플루오린화 탄소(CFCs)
오존층을 파괴하는 주요 원인 물질 중 하나로, 주로 냉장고나 에어컨의 냉매제로 사용된다.

자료 ❶ 지구 온난화로 인한 변화

(상해 현대 지도, 2023)

→ 지구 온난화로 지구촌 곳곳에서는 폭염, 폭우, 가뭄, 태풍과 같은 이상 기후 현상이 나타나고 있다. 홍수, 산사태 등의 자연재해 규모가 커지고 발생 빈도가 높아졌으며, 생태계 변화로 인류의 삶도 위협받고 있다. 지구 온난화로 평균 기온이 상승하면서 극지방과 알프스·히말라야산맥 등의 산악 지역에서는 빙하 면적이 축소되었으며, 고위도 지역에서는 영구 동토층의 면적이 축소되었다. 또한 해수 온도가 상승하여 인도네시아와 오스트레일리아 북동부의 산호초가 소멸되고 있으며, 가뭄이 지속되면서 아프리카의 사헬 지대에서는 사막화 현상이 더욱 심해져 기근으로 인한 사망자가 속출하고 있다.

자료 ❷ 산성비 피해

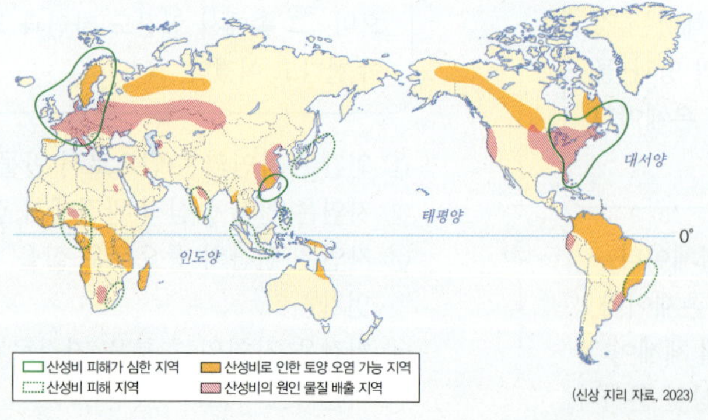

(신상 지리 자료, 2023)

→ 화력 발전소, 공장, 자동차 등에서 배출된 대기 오염 물질의 일종인 황산화물, 질소 산화물 등이 비와 만나게 되면 산성비가 되는데 산성비는 건축물을 부식시키고 삼림을 파괴하며, 토양 및 호수의 산성화를 유발한다. 특히 산성비는 원인 물질 배출 지역과 피해 지역이 일치하지 않는 경우가 많아 오염 물질 이동으로 주변국과의 갈등을 유발하기도 한다. 산성비 원인 물질의 주요 배출 지역으로는 북서 유럽, 미국 북동부, 동아시아 일대와 같이 인구와 산업 시설이 밀집한 지역이며, 원인 물질 배출 지역과 인접한 주변 지역까지 산성비 피해 지역에 포함되어 있어 산성비 문제의 해결을 위해서는 주변 지역과의 긴밀한 협조가 필요하다.

1 정부의 노력

국제 협약 체결	전 지구적 차원의 환경 문제 해결에 동참하여 국제 협약 체결 및 이행 자료 3
법과 제도 마련	• 「환경 정책 기본법」, 「자연환경 보전법」 제정 예 자연 개발 시 환경 영향 평가 시행 • 환경 보호를 위한 제도 운영 예 온실가스 배출권 거래 제도, 환경 성적 표지 제도(탄소 발자국), 탄소 배출량 감축 제도 등 자료 4
홍보 활동	기업과 개인을 대상으로 환경 정책과 에너지 절약 실천 방안 등을 홍보

2 기업의 노력

기반 시설 정비	노후화된 시설 정비, 오염 물질 정화 시설 설치
청정 기술 개발	폐기물 재활용, 기술 혁신을 통한 친환경 제품 생산, 에너지 고효율 제품 생산
신·재생 에너지 사용 확대	제품 생산 공정 전반에 걸쳐 신·재생 에너지 사용 확대 예 태양광, 풍력 등

→ 기존의 화석 연료를 변환하여 이용하거나 햇빛, 물, 바람 등 재생 가능한 에너지를 변환하여 이용하는 에너지

3 시민단체의 노력

→ 예 그린피스(Greenpeace), 지구의 벗(Friends of the Earth) 등

정부, 기업 감시	정부의 환경 정책 및 제도와 기업의 활동을 감시, 비판, 신고
시민 참여 유도	시민운동을 통해 환경 문제를 사회적 쟁점화, 환경 보호 캠페인 진행 등

→ 예 세계 자연 기금(WWF)의 '어스 아워' 행사, '지구의 벗'의 온실 효과 감축 캠페인 등

4 생태시민으로서의 노력

자원·에너지 절약	사용하지 않는 전자 제품 콘센트 뽑기, 대중교통 이용하기 등
재활용의 생활화	일회용품 사용 줄이기, 쓰레기 분리수거하기, 이면지 사용하기 등
녹색 소비 실천	제품을 구매하고 사용한 후 버릴 때까지의 전 과정에 걸쳐 친환경적 행동 실천하기

→ 환경 보호에 도움이 되는 제품의 구매를 지향하는 소비

개념 더하기

온실가스 배출권 거래 제도
정부가 기업의 온실가스 배출 허용량을 정하고, 기업은 그 범위 내에서 온실가스를 감축하되, 남거나 부족한 배출권의 기업 간 거래를 허용하는 제도이다.

탄소 발자국
일상생활에서 사용하는 연료, 전기, 용품 등을 모두 포함하여 개인 또는 단체가 직접 간접적으로 발생시키는 온실기체의 총량으로 온실가스가 지구의 기후변화에 미치는 영향을 알 수 있는 지표로 사용된다.

생태시민
환경 문제를 인식하고 환경을 보호하기 위해 참여와 실천을 하며 지속가능한 발전에 대한 책임과 의식을 가진 시민이다.

자료 더하기 

자료 3
주요 국제 환경 협약

전 지구적 차원의 환경 문제는 단일 국가의 노력만으로는 해결할 수 없으므로 국제 사회는 '국제 연합(UN) 인간 환경 선언(1972년)'을 시작으로 다양한 환경 협약을 통해 환경 문제에 공동으로 대응하고 있다. 국제 사회는 습지의 보호와 지속가능한 이용을 위해 람사르 협약(1971년)을 체결하였고, 오존층 파괴 문제의 해결을 위해 몬트리올 의정서(1987년)를 체결하였다. 또한 지구 온난화의 해결을 위해 교토 의정서(1997년)를 체결하였으며, 이후 이를 대신하는 기후변화 협약인 파리 기후변화 협약(파리 협정, 2015년)을 체결하여 선진국과 개발도상국 모두 온실가스 감축을 포함한 포괄적인 대응에 동참하도록 규정하였다. 이외에도 국제적 노력을 통해 사막화를 방지하고, 사막화를 겪고 있는 개발도상국을 재정·기술적으로 지원하기 위해 사막화 방지 협약(1994년)을 체결하는 등 국제 사회는 환경 문제에 공동으로 대응하고 협력하기 위해 노력하고 있다.

자료 4
환경 문제 해결을 위한 다양한 제도

환경 영향 평가 제도	각종 개발 사업이 시행되기 전에 환경에 미치게 될 영향을 예측하고 평가하여 환경에 미칠 부정적 영향을 줄이는 방안을 마련하는 제도
환경 성적 표지 제도	제품의 생산부터 폐기까지 전 과정에 대한 탄소 발자국, 오존층에 미치는 영향, 산성비 유발 가능성 등의 환경 영향을 계량적으로 표시하여 제품에 부착하는 제도
에너지 소비 효율 등급 표시 제도	소비자는 효율이 높은 에너지 절약형 제품을 구입하고, 생산자는 생산 단계에서부터 원천적으로 에너지 절약형 제품을 생산, 판매하도록 하는 신고 제도
빈 용기 보증금 제도	빈 용기 재사용률을 높여 자원 소비를 줄이기 위해 보증금을 돌려주는 제도

→ 정부는 환경과 관련된 다양한 제도를 마련하여 기업과 국민이 이를 실천할 수 있게 돕고 있으며, 기업들이 친환경 기술을 연구 개발하도록 장려하고 있다.

★★★

주제 **1** 지구를 위협하는 환경 문제

01 밑줄 친 ㉠~㉣ 중 옳은 내용만을 있는 대로 고른 것은?

> 산업 혁명 이후 ㉠인구 증가와 함께 자원 소비량이 급증하여 자연환경이 훼손되었다. 이에 ㉡지구의 자정 능력이 약화되면서 다양한 환경 문제가 발생하였다. ㉢환경 문제는 복원하는 데 많은 시간과 비용이 소요된다. 또한 대부분의 ㉣환경 문제가 원인 물질 배출 지역과 피해 지역이 일치하므로 단일 국가의 노력만으로도 해결이 가능하다.

① ㉠, ㉢   ② ㉠, ㉣   ③ ㉡, ㉣
④ ㉠, ㉡, ㉢   ⑤ ㉡, ㉢, ㉣

[02~03] 다음 글을 읽고 물음에 답하시오.

> 전 지구적 차원의 환경 문제 중 하나인 ⬚(가)⬚ 은/는 화석 연료 사용으로 인한 온실가스 배출량 증가가 주요 발생 원인이며, 이로 인해 ⬚(나)⬚ 등의 변화가 발생하고 있다.

02 (가)에 들어갈 환경 문제로 옳은 것은?

① 사막화   ② 산성비   ③ 오존층 파괴
④ 지구 온난화   ⑤ 해양 쓰레기 섬

03 (나)에 들어갈 내용으로 옳지 <u>않은</u> 것은?

① 극지방의 빙하 면적 축소
② 라인강의 결빙 일수 감소
③ 북극해의 해수 염도 상승
④ 우리나라의 침엽수림 면적 축소
⑤ 남태평양 섬나라의 해안 저지대 침수

04 다음 자료의 (가)에 들어갈 환경 문제로 가장 적절한 것은?

밀림의 왕 '타잔'이 무분별한 벌목과 개간 등으로 나무가 사라져 버린 환경에서는 더 이상 살아갈 수 없게 된 모습을 나타낸 포스터는 ⬚(가)⬚ (으)로 인한 환경 파괴를 경고하고 있다.

① 산성비   ② 열대림 파괴   ③ 오존층 파괴
④ 지구 온난화   ⑤ 해양 쓰레기 섬

05 지도는 아프리카 내 두 환경 문제의 발생 지역을 나타낸 것이다. (가), (나)에 대한 설명으로 옳은 것만을 〈보기〉에서 고른 것은? (단, (가), (나)는 각각 사막화, 열대림 파괴 중 하나임.)

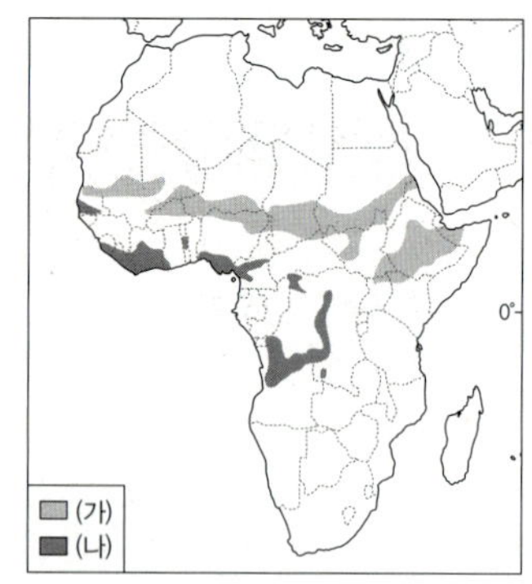

┌─ 보기 ─┐

ㄱ. (가)는 건축물 부식, 호수 산성화 등의 피해를 유발한다.
ㄴ. (나)의 주요 원인 물질은 염화 플루오린화 탄소이다.
ㄷ. (나) 발생 지역은 (가) 발생 지역보다 연 강수량이 많다.
ㄹ. (가), (나)의 공통적인 발생 원인으로 삼림 파괴를 들 수 있다.

① ㄱ, ㄴ   ② ㄱ, ㄷ   ③ ㄴ, ㄷ
④ ㄴ, ㄹ   ⑤ ㄷ, ㄹ

06 지도의 (가)에 대한 설명으로 옳은 것만을 〈보기〉에서 고른 것은?

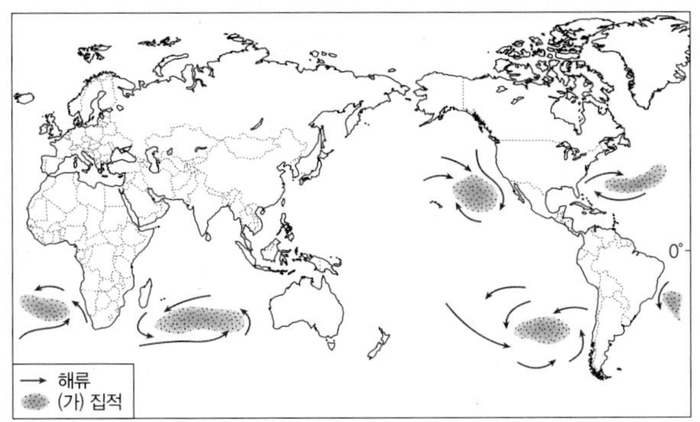

---- 보기 ----

ㄱ. 성층권의 오존층을 파괴시킨다.
ㄴ. 주로 플라스틱, 비닐로 이루어져 있다.
ㄷ. 주요 원인으로 화석 연료 사용량 증가가 있다.
ㄹ. 해양 생태계를 파괴하고 선박 사고를 유발한다.

① ㄱ, ㄴ   ② ㄱ, ㄷ   ③ ㄴ, ㄷ
④ ㄴ, ㄹ   ⑤ ㄷ, ㄹ

[07~08] 다음 글을 읽고 물음에 답하시오.

주로 냉장고나 에어컨의 냉매제로 사용되었던   (가)   에 의해 성층권의 오존층이 파괴되어 자외선 투과량이 증가함에 따라   (나)   등의 피해가 발생하고 있다.

07 (가)에 들어갈 내용으로 옳은 것은?

① 메테인   ② 황산화물   ③ 이산화 탄소
④ 질소 산화물   ⑤ 염화 플루오린화 탄소

08 (나)에 들어갈 내용으로 옳은 것만을 〈보기〉에서 고른 것은?

---- 보기 ----

ㄱ. 토양 산성화
ㄴ. 식물 생장 저해
ㄷ. 황사 현상 심화
ㄹ. 피부암, 백내장의 발병률 증가

① ㄱ, ㄴ   ② ㄱ, ㄷ   ③ ㄴ, ㄷ
④ ㄴ, ㄹ   ⑤ ㄷ, ㄹ

[09~10] 지도를 보고 물음에 답하시오.

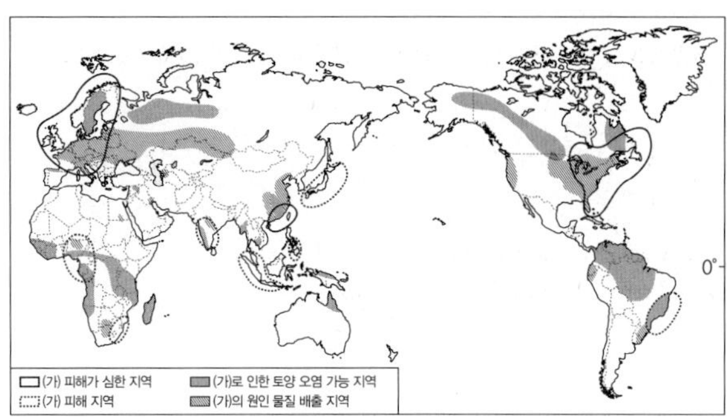

09 (가) 환경 문제로 옳은 것은?

① 사막화
② 산성비
③ 오존층 파괴
④ 지구 온난화
⑤ 해양 쓰레기 섬

10 (가) 환경 문제에 대한 설명으로 옳은 것은?

① 극지방 상공에서 피해가 가장 심각하다.
② 대표적인 피해 지역으로 사헬 지대가 있다.
③ 빙하 면적 축소, 해수면 상승의 주요 원인이다.
④ 주로 적도 주변의 열대 기후 지역에서 발생한다.
⑤ 황산화물, 질소 산화물 등이 비와 만나 발생한다.

11 지도의 (가)~(마)에 들어갈 지구 온난화로 인한 변화로 옳지 <u>않은</u> 것은?

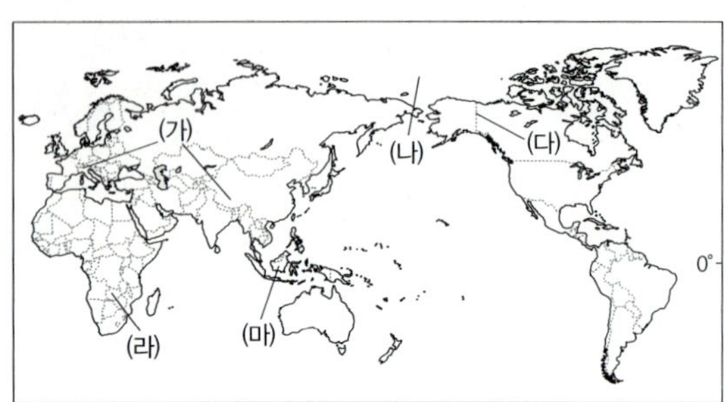

① (가) – 산악 빙하의 후퇴
② (나) – 북극해의 해빙 감소
③ (다) – 영구 동토층의 면적 확대
④ (라) – 계속되는 가뭄으로 인한 사막화 심화
⑤ (마) – 산호초 유실 면적 확대

12 다음 자료는 (가)~(다) 환경 문제의 발생 과정을 나타낸 것이다. 이에 대한 설명으로 옳은 것은? (단, (가)~(다)는 각각 사막화, 산성비, 지구 온난화 중 하나임.)

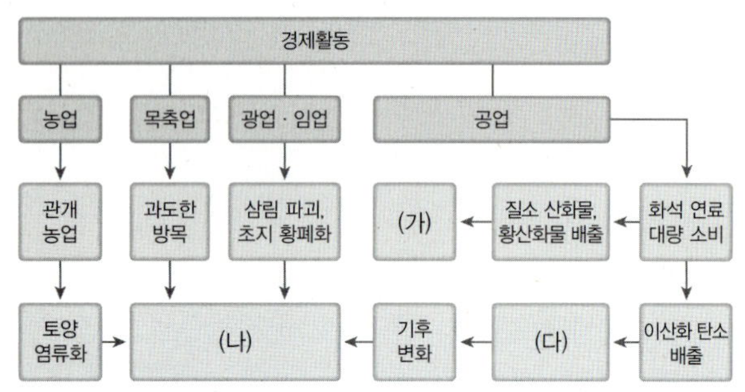

① (가)는 원인 물질 발생 지역과 피해 지역이 대체로 일치한다.
② (나)의 대표적인 피해 지역으로 아랄해 일대를 들 수 있다.
③ (다)가 심화될 경우 북극 항로의 연간 항해 일수는 감소한다.
④ (가)의 피해 지역은 (나)의 피해 지역보다 연 강수량이 적다.
⑤ 국제 사회는 (나)의 해결을 위해 파리 기후변화 협약, (다)의 해결을 위해 람사르 협약을 체결하였다.

13 지도는 주요 국제 환경 협약이 체결된 도시와 내용을 나타낸 것이다. (가)~(다)에 들어갈 내용을 〈보기〉에서 고른 것은?

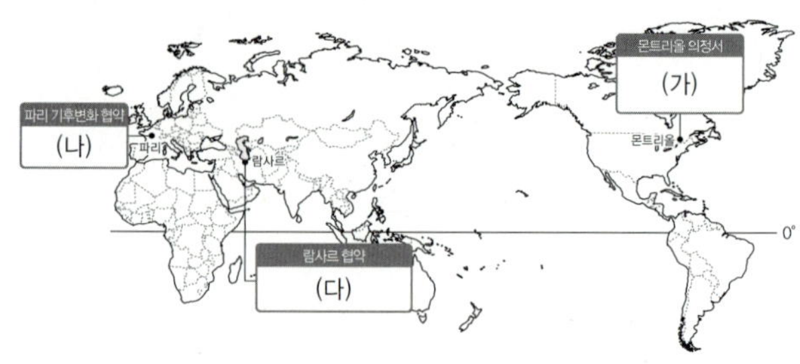

──── 보기 ────
ㄱ. 전 지구적 차원의 신기후 체제 출범
ㄴ. 오존층 파괴 물질의 생산 및 사용 감축
ㄷ. 물새 서식지로서 국제적으로 중요한 습지 보호

	(가)	(나)	(다)			(가)	(나)	(다)
①	ㄱ	ㄷ	ㄴ		②	ㄴ	ㄱ	ㄷ
③	ㄴ	ㄷ	ㄱ		④	ㄷ	ㄱ	ㄴ
⑤	ㄷ	ㄴ	ㄱ					

14 다음은 통합사회 수업 장면이다. 교사의 질문에 옳지 <u>않게</u> 답한 학생은?

① 갑　　② 을　　③ 병　　④ 정　　⑤ 무

15 다음 글의 ⊙~@에 대한 설명으로 옳은 것만을 〈보기〉에서 고른 것은?

> 국제 환경 단체인 ⊙ 그린피스가 화장품과 생활용품 제조에 이용된 ⓒ 미세 플라스틱인 '마이크로비즈'에 대한 사용 중단 및 ⓒ 규제 법안 제정을 촉구하며 한강에서 퍼포먼스를 벌였다. 퍼포먼스 이후 그린피스는 마이크로비즈 규제 법제화를 요구하는 @ 시민들의 서명을 국무총리실에 직접 전달했다.

> ┤ 보기 ├
> ㄱ. ⊙은 환경 보호를 목적으로 활동하는 국제 시민 단체이다.
> ㄴ. ⓒ이 바다로 유입될 경우 해양 오염을 유발하게 된다.
> ㄷ. ⓒ은 기업 주도로 이루어진다.
> ㄹ. 환경 문제 해결을 위한 @의 노력으로 청정 기술 개발을 들 수 있다.

① ㄱ, ㄴ   ② ㄱ, ㄷ   ③ ㄴ, ㄷ
④ ㄴ, ㄹ   ⑤ ㄷ, ㄹ

16 (가)~(다)에 대한 설명으로 옳은 것만을 〈보기〉에서 고른 것은?

> - ___(가)___ : 일상생활에서 사용하는 연료, 전기, 용품 등을 모두 포함하여 개인 또는 단체가 직접 간접적으로 발생시키는 온실 기체의 총량
> - ___(나)___ : 정부가 기업의 온실가스 배출 허용량을 정하고, 기업은 그 범위 내에서 온실가스를 감축하되, 남거나 부족한 배출권의 기업 간 거래를 허용하는 제도
> - ___(다)___ : 각종 개발 사업이 시행되기 전에 환경에 미치게 될 영향을 예측하고 평가하여 환경에 미칠 부정적 영향을 줄이는 방안을 마련하는 제도

> ┤ 보기 ├
> ㄱ. 생산 시 화석 연료를 많이 소비할수록 (가)의 크기는 작아진다.
> ㄴ. 환경 성적 표지 제도는 제품에 (가)를 표기하도록 규정하고 있다.
> ㄷ. (나)는 기업이 주도하여 마련된 제도이다.
> ㄹ. (나)는 온실가스 배출권 거래 제도, (다)는 환경 영향 평가 제도이다.

① ㄱ, ㄴ   ② ㄱ, ㄷ   ③ ㄴ, ㄷ
④ ㄴ, ㄹ   ⑤ ㄷ, ㄹ

서술형 문제

17 다음 자료를 보고 물음에 답하시오.

> ___(가)___ 은/는 온실가스가 온실의 유리처럼 지구 복사 에너지의 방출을 차단하여 지구의 평균 기온이 일정하게 유지되는 현상을 말한다.

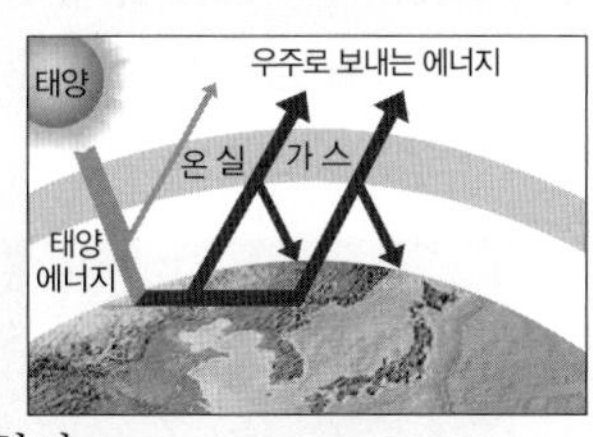

(1) (가)에 들어갈 용어를 쓰시오.

____

(2) (가)가 심화되어 발생하게 된 환경 문제는 무엇인지 쓰시오.

____

(3) (2)에서 답한 환경 문제로 인해 어떠한 변화가 나타났는지 아래 용어를 사용하여 서술하시오.

> 북극해의 평균 해수 염도, 시베리아 지방의 영구 동토층 면적, 남태평양 섬나라의 해안 저지대 침수 면적

____

____

18 다음 자료를 보고 물음에 답하시오.

> ○○군 인근의 ⊙ 레미콘 공장에서 폐수가 흘러나와 마을 하천에 사는 물고기 수백 마리가 폐사하였다. 이 하천은 농업용수로 사용될 뿐만 아니라 물총새, 도요새, 백로 등의 멸종 위기 조류가 서식하는 습지, 그리고 바지락 양식이 이루어지는 해안으로 연결되어 있다.

(1) ⊙으로 인해 ○○군에 나타날 것으로 예상되는 환경 문제를 세 가지만 서술하시오.

____

____

____

(2) (1)에서 답한 환경 문제를 해결하기 위한 방법을 정부, 기업, 시민단체의 입장에서 각각 한 가지씩만 서술하시오.

____

____

____

01 그림은 어느 환경 문제와 관련된 포스터이다. 이 환경 문제가 심화될 경우 나타날 수 있는 변화에 대한 설명으로 옳은 것은?

① 고산 지대의 만년설이 증가한다.
② 냉대림의 분포 면적이 넓어진다.
③ 북극해의 해수 염도가 낮아진다.
④ 말라리아와 같은 열대성 질병의 발병률이 감소한다.
⑤ 남태평양 섬의 해안 저지대 침수 면적이 감소한다.

02 다음 글의 (가)에 들어갈 내용으로 옳은 것만을 〈보기〉에서 고른 것은?

> 현대 사회에서 기업은 생산 활동의 주체로서 제품의 생산 및 유통, 소비에 이르는 전 과정에서 자연환경에 큰 영향을 준다. 따라서 기업은 주요 목적인 이윤 추구뿐만 아니라 환경 문제의 해결을 위해 (가) 등에 힘써야 한다.

│ 보기 │
ㄱ. 환경 정책 기본법의 수립
ㄴ. 오염 물질 정화 시설 설치
ㄷ. 정부 정책에 대한 감시, 비판
ㄹ. 기술 혁신을 통한 친환경 제품 생산

① ㄱ, ㄴ   ② ㄱ, ㄷ   ③ ㄴ, ㄷ
④ ㄴ, ㄹ   ⑤ ㄷ, ㄹ

03 다음 글의 (가)에 대한 설명으로 옳은 것만을 〈보기〉에서 고른 것은?

> 최근 (가) (으)로 인한 해양 생태계 파괴가 심각해지고 있다. ○○ 해변에 떠밀려 온 향유고래 사체 속에서는 플라스틱 컵 115개, 비닐봉지 25개 등 6kg에 달하는 (가) 이/가 나오기도 했다.

│ 보기 │
ㄱ. 해류가 약한 곳에 모여 쓰레기 섬을 만든다.
ㄴ. 선박 사고, 어업 생산성 저하의 원인이 된다.
ㄷ. 배출 지역과 피해 지역이 일치하는 경우가 많다.
ㄹ. 주요 원인으로 삼림 벌채, 과도한 방목 등을 들 수 있다.

① ㄱ, ㄴ   ② ㄱ, ㄷ   ③ ㄴ, ㄷ
④ ㄴ, ㄹ   ⑤ ㄷ, ㄹ

04 다음 글의 (가), (나) 제도로 옳은 것은?

> (가) 정부는 기업에 온실가스 배출 허용량을 정해 주고, 기업에서는 그 범위 내에서 온실가스를 감축하되 남거나 부족한 배출권은 다른 기업과 거래할 수 있는 제도이다.
> (나) 도시 개발 사업이나 산업 단지 조성, 에너지 개발 산업 등을 시행할 때 환경에 미치는 영향을 예측하여 법률에 따라 평가하는 제도이다.

	(가)	(나)
①	환경 성적 표지 제도	환경 영향 평가 제도
②	환경 성적 표지 제도	온실가스 배출권 거래 제도
③	환경 영향 평가 제도	환경 성적 표지 제도
④	온실가스 배출권 거래 제도	환경 성적 표지 제도
⑤	온실가스 배출권 거래 제도	환경 영향 평가 제도

05 다음 자료의 (가) 환경 문제에 대한 설명으로 옳은 것만을 〈보기〉에서 있는 대로 고른 것은?

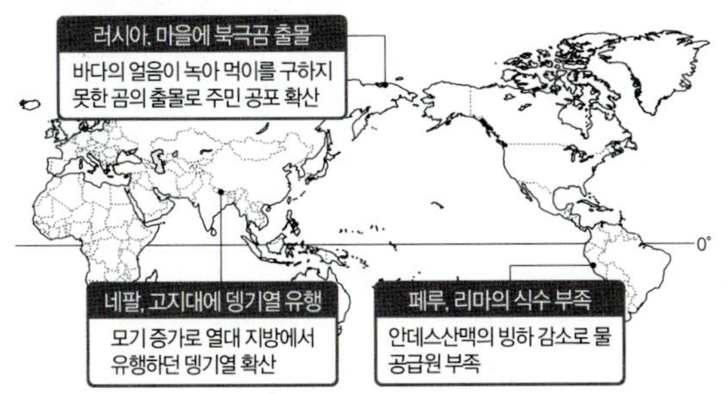

┌─ 보기 ─┐

ㄱ. 온실 효과가 강화되면서 발생한다.
ㄴ. 해결을 위해 국제 사회가 파리 기후변화 협약을 체결하였다.
ㄷ. 심화될 경우 우리나라의 사과 재배 적합지가 남하하게 된다.
ㄹ. 대책으로 화석 연료 소비량 감축 및 신·재생 에너지 개발 확대가 있다.

① ㄱ, ㄴ   ② ㄱ, ㄷ   ③ ㄷ, ㄹ
④ ㄱ, ㄴ, ㄹ   ⑤ ㄴ, ㄷ, ㄹ

06 다음 신문 기사의 (가)에 들어갈 내용으로 옳은 것은?

2021년 △△월 △△일

○○신문

우리나라 정부는 2030년까지 이산화 탄소 포집·저장 및 관련 기술 개발에 대규모로 투자할 계획을 발표하였다. 이산화 탄소 포집·저장 기술이란 산업 시설에서 배출된 불순물 중 이산화 탄소만을 분리하여 액화한 후 저장하는 기술을 말한다. 정부는 이를 통해 (가) 에서 규정한 온실가스 감축 의무를 반드시 이행하겠다는 의지를 표명하였다.

① 바젤 협약
② 교토 의정서
③ 람사르 협약
④ 몬트리올 의정서
⑤ 파리 기후변화 협약

[07~08] 지도는 (가)~(다) 환경 문제의 주요 발생 지역을 나타낸 것이다. 이를 보고 물음에 답하시오.

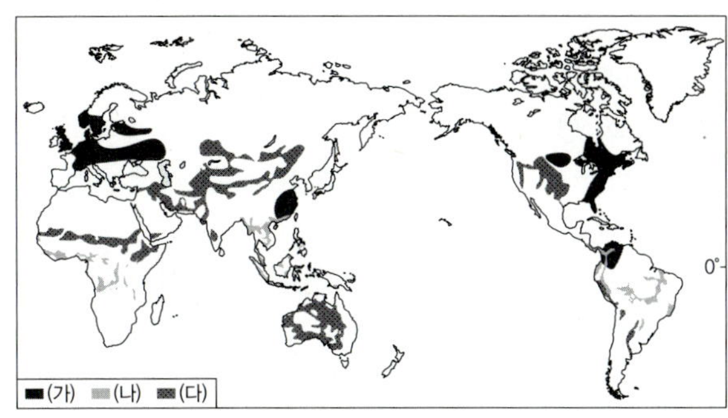

07 (가)~(다) 환경 문제로 옳은 것은?

	(가)	(나)	(다)
①	사막화	열대림 파괴	산성비
②	산성비	사막화	열대림 파괴
③	산성비	열대림 파괴	사막화
④	열대림 파괴	사막화	산성비
⑤	열대림 파괴	산성비	사막화

08 (가)~(다) 환경 문제에 대한 설명으로 옳은 것은?

① (가)의 주요 원인 물질은 염화 플루오린화 탄소이다.
② (나)의 대표적인 피해 지역으로 사헬 지대가 있다.
③ (다)의 대책으로 농경지 확대를 통한 식량 생산량 증대를 들 수 있다.
④ (가) 발생 지역은 (다) 발생 지역보다 연 강수량이 많다.
⑤ 국제 사회는 (나)의 해결을 위해 람사르 협약, (다)의 해결을 위해 사막화 방지 협약을 체결하였다.

09 다음 글의 (가), (나) 환경 문제에 대한 설명으로 옳은 것만을 〈보기〉에서 고른 것은?

> • 1987년 9월 16일에 [(가)] 물질인 염화 플루오린화 탄소의 사용 규제를 명시한 국제 협약이 채택되었으며, 이 날을 국제 연합(UN)은 세계 ○○층 보호의 날로 제정하였다.
> • 국제 북극곰의 날(2월 27일)은 [(나)](으)로 인해 해빙(海氷)이 감소하여 북극곰의 개체 수에 영향을 미치게 되자 이에 대한 경각심을 고취시키기 위해 제정되었다.

| 보기 |

> ㄱ. (가)는 극지방 상공보다 적도 부근 상공에서 피해가 심각하다.
> ㄴ. (나)가 심화될 경우 시베리아의 영구 동토층 면적이 확대된다.
> ㄷ. (가)는 오존층 파괴, (나)는 지구 온난화이다.
> ㄹ. 국제 사회는 (가)의 해결을 위해 몬트리올 의정서를, (나)의 해결을 위해 파리 협정을 체결하였다.

① ㄱ, ㄴ　　② ㄱ, ㄷ　　③ ㄴ, ㄷ
④ ㄴ, ㄹ　　⑤ ㄷ, ㄹ

10 다음은 통합사회 수업 중 학생이 작성한 노트이다. ㉠~㉣ 중 내용이 옳은 것만을 고른 것은?

> 〈환경 문제의 해결을 위한 각 주체의 다양한 노력〉
>
> 1. 정부 : 국제 협약 체결 및 이행 ············ ㉠
> 2. 시민단체 : 정부와 기업에 대한 감시와 비판
> ······· ㉡
> 3. 기업 : 자연환경보전법 제정 ············ ㉢
> 4. 개인 : 청정 기술 개발과 기반 시설 정비 ······ ㉣

① ㉠, ㉡　　② ㉠, ㉢　　③ ㉡, ㉢
④ ㉡, ㉣　　⑤ ㉢, ㉣

11 다음 글의 (가), (나)에 들어갈 내용으로 옳은 것은?

> 국제 사회는 지구 온난화의 원인이 되는 온실가스를 감축하기 위해 1992년에 기후변화 협약을 채택하였고, 1997년에는 온실가스 배출권 거래제를 도입한 [(가)]을/를 체결하였다. 이후 2015년에는 [(나)]을/를 체결하여 선진국과 개발도상국 모두에게 온실가스 감축 의무를 부여하고 있다.

	(가)	(나)
①	파리 기후변화 협약	교토 의정서
②	파리 기후변화 협약	람사르 협약
③	교토 의정서	파리 기후변화 협약
④	교토 의정서	람사르 협약
⑤	람사르 협약	파리 기후변화 협약

12 다음 글의 ㉠~㉣에 대한 설명으로 옳은 것만을 〈보기〉에서 고른 것은?

> • [㉠]은/는 ㉡오존층 파괴를 유발하는 물질의 생산 및 사용을 규제하여 오존층을 보호하기 위해 체결된 환경 협약이다.
> • 미국은 [㉢]을/를 해결하기 위해 국제 사회가 체결한 ㉣파리 협정에서 2017년 6월 탈퇴하였다가 바이든 대통령이 취임하면서 최근 다시 복귀하였다.

| 보기 |

> ㄱ. ㉠에는 '몬트리올 의정서'가 들어가야 한다.
> ㄴ. ㉡에는 질소 산화물과 황산화물이 해당한다.
> ㄷ. ㉢이 심화될 경우 북극 항로의 연간 항해일수가 증가한다.
> ㄹ. ㉣을 통해 온실가스 배출권 거래 제도가 최초로 도입되었다.

① ㄱ, ㄴ　　② ㄱ, ㄷ　　③ ㄴ, ㄷ
④ ㄴ, ㄹ　　⑤ ㄷ, ㄹ

13 지도의 (가)~(다) 지역에서 심각한 환경 문제에 대한 조사 주제로 옳은 것만을 〈보기〉에서 고른 것은?

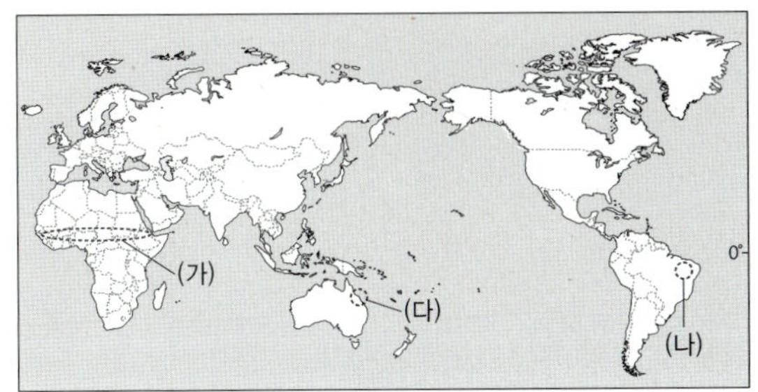

| 보기 |

ㄱ. 열대림 파괴로 인한 토양 침식
ㄴ. 사막화로 인한 토양 황폐화와 기근
ㄷ. 지구 온난화로 인한 수온 변화와 산호초의 백화 현상 심화

	(가)	(나)	(다)
①	ㄱ	ㄴ	ㄷ
②	ㄱ	ㄷ	ㄴ
③	ㄴ	ㄱ	ㄷ
④	ㄴ	ㄷ	ㄱ
⑤	ㄷ	ㄱ	ㄴ

14 다음 글에 대한 설명으로 옳은 것은?

> 　(가)　와/과　(나)　은/는 모두 프랑스의 수도 파리에서 체결된 환경 협약이다. 1994년 체결된　(가)　에는 주로 건조, 반건조 지역에서 발생하는 토지 황폐화 현상인　㉠　을/를 막고 지속가능한 개발을 위한 종합적 토지 개발 계획을 수립하자는 내용이 담겨 있다. 2015년 체결된　(나)　에는 　㉡　의 위험을 줄이기 위해서 산업화 전 수준 대비 지구 평균 기온 상승을 2℃보다 현저히 낮은 수준으로 유지하자는 내용이 담겨 있다.

① (가)는 파리 기후변화 협약, (나)는 사막화 방지 협약이다.
② (가)와 (나)는 모두 기업 주도로 체결된다.
③ ㉠의 대표적인 사례 지역으로 아마존강 유역이 있다.
④ ㉡이 심화될 경우 남극의 빙하 두께가 두꺼워진다.
⑤ ㉡으로 인한 장기간의 가뭄은 ㉠의 발생 원인 중 하나이다.

15 다음 글의 ㉠~㉢에 대한 설명으로 옳은 것만을 〈보기〉에서 고른 것은?

> • 네덜란드 청년 '보얀 슬랏'은 ㉠해양 쓰레기 문제의 해결을 위해 2013년 비영리 단체인 오션 클린업(The Ocean Cleanup)을 설립하였다. 그는 해류의 흐름을 이용하여 해양 쓰레기를 한곳으로 모아 수거하는 장치를 개발하였다.
> • ㉡그린피스의 활동가들은 2019년 6월 방콕에 위치한 타이 외교부 앞에 모여 ㉢유해 폐기물의 국가 간 이동을 제한할 것을 촉구하는 시위를 벌였다.

| 보기 |

ㄱ. ㉠은 주로 플라스틱, 비닐 등으로 구성되어 있다.
ㄴ. ㉠은 자외선 투과량을 증가시켜 해양 생태계 파괴를 유발한다.
ㄷ. ㉡은 환경 문제 해결을 위해 정부와 기업을 감시하는 역할을 한다.
ㄹ. ㉢의 해결을 위해 국제 사회는 람사르 협약을 체결하였다.

① ㄱ, ㄴ　　② ㄱ, ㄷ　　③ ㄴ, ㄷ
④ ㄴ, ㄹ　　⑤ ㄷ, ㄹ

16 다음 자료의 (가)에 들어갈 내용으로 가장 적절한 것은?

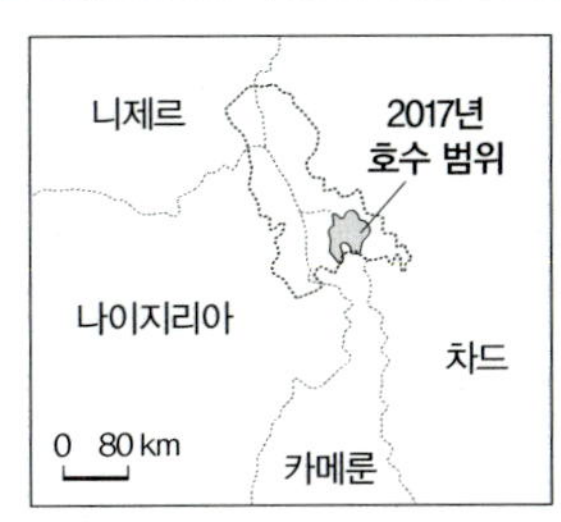

> 　지도는 아프리카에 위치한 차드호의 호수 범위 변화를 나타낸 것이다. 1963~2017년 차드호의 호수 범위가 변화하게 된 주요 원인으로　(가)　을/를 들 수 있다.

① 산성비로 인한 호수 산성화
② 도로 건설을 위한 열대림의 파괴
③ 염화 플루오린화 탄소의 배출량 증가
④ 장기간의 가뭄과 과도한 방목 및 개간
⑤ 오존층 파괴로 인한 자외선 투과량 증가

IV

문화와 다양성

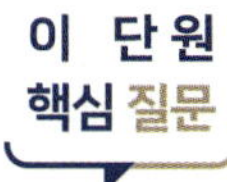

"다양한 문화권의 특징과 삶의 방식은 무엇이며,
문화적 다양성을 존중하는 태도는 왜 필요할까?"

이 단원에서는 자연환경과 인문환경에 영향을 받아 형성된 다양한 문화권의 특징과 삶의 방식을 살펴보고,
문화적 다양성을 존중하기 위한 올바른 문화 이해 태도를 함양한다.

이 단원 핵심 개념

강	대표 주제	대표 개념
01 다양한 문화권과 삶의 방식	주제 1 문화권 형성에 영향을 주는 요인	✓ 문화 ✓ 문화권 ✓ 점이 지대
	주제 2 다양한 문화권의 특징과 삶의 방식	✓ 동양 문화권 ✓ 유럽 문화권 ✓ 건조 문화권 ✓ 아프리카 문화권 ✓ 아메리카 문화권 ✓ 오세아니아 문화권 ✓ 북극 문화권
02 문화 변동과 전통문화	주제 1 문화 변동의 요인과 양상	✓ 문화 변동 ✓ 발명 ✓ 발견 ✓ 직접 전파 ✓ 간접 전파 ✓ 자극 전파 ✓ 문화 접변 ✓ 문화 병존 ✓ 문화 융합 ✓ 문화 동화
	주제 2 전통문화의 의의와 창조적 계승	✓ 전통문화 ✓ 문화 정체성 ✓ 세계화 ✓ 창조적 계승
03 문화 상대주의와 보편 윤리	주제 1 문화 상대주의적 태도의 필요성	✓ 문화의 다양성 ✓ 문화 상대주의 ✓ 자문화 중심주의 ✓ 문화 사대주의
	주제 2 보편 윤리 차원의 문화 성찰	✓ 극단적 문화 상대주의 ✓ 보편 윤리 ✓ 문화 성찰
04 다문화 사회와 문화적 다양성	주제 1 다문화 사회의 현황과 양상	✓ 다문화 사회 ✓ 저출생 ✓ 고령화 ✓ 국가 경쟁력
	주제 2 다문화 사회의 갈등 해결 방안	✓ 세계시민 의식 ✓ 관용의 자세 ✓ 다문화 교육 ✓ 용광로 정책 ✓ 샐러드 볼 정책

01 다양한 문화권과 삶의 방식

주제 1 문화권 형성에 영향을 주는 요인 ★

개념 더하기

✕ 문화
좁은 의미로는 교양, 예술 등을 의미하지만, 넓은 의미로는 인간의 생활양식 전반을 지칭한다.

1 문화와 문화권 [자료1]

(1) **문화** : 인간이 환경과 상호 작용하면서 형성한 의식주, 풍습, 종교 등의 생활양식

(2) **문화권** : 의식주, 종교, 민족, 언어 등의 문화적 요소가 유사하게 나타나는 공간 범위

① 같은 문화권 내에서는 유사한 생활양식과 문화 경관이 나타남

② 문화권의 경계는 주로 산맥, 하천, 사막 등의 지형에 의해 결정됨
→ 문화권마다 서로 인접한 지역의 특성이 함께 나타나는 지리적 범위인 점이 지대가 존재

2 문화권 형성에 영향을 주는 요인

(1) **자연환경** : 기후, 지형 등의 자연환경은 의식주 등의 주민 생활에 영향을 줌

(2) **인문환경** : 종교, 산업, 언어 등의 인문환경은 문화권 형성에 영향을 줌

주제 2 다양한 문화권의 특징과 삶의 방식 [자료2] ★★★

개념 더하기

✕ 혼합 농업
농작물 재배와 가축의 사육이 유기적으로 결합된 농업 형태이다.

✕ 수목 농업
여름철의 고온 건조한 기후에서도 잘 견디는 포도, 올리브, 오렌지, 코르크 등의 나무를 재배하는 농업이다.

✕ 플랜테이션
선진국의 기술 및 자본과 원주민의 노동력이 결합되어 카카오, 커피 등 상업적인 작물을 재배하는 농업이다.

✕ 아메리카의 지역 구분
아메리카를 문화적으로 구분하면 리오그란데강을 경계로 앵글로아메리카 문화권과 라틴 아메리카 문화권으로 나뉜다. 반면 지리적으로 구분하면 파나마 운하 또는 파나마 국경을 경계로 북아메리카와 남아메리카로 나뉜다.

문화권	특징과 삶의 방식
동양 문화권	• 계절풍의 영향으로 벼농사 발달 • 동아시아 문화권 : 유교와 불교 문화, 한자 사용 • 동남아시아 문화권 : 인도양과 태평양이 만나는 해상 교통의 중심지로 다양한 문화 혼재 → 불교, 이슬람교, 크리스트교 • 남부 아시아 문화권 : 잦은 외세 침입으로 다양한 문화 혼재, 불교와 힌두교의 발상지
유럽 문화권	• 크리스트교 신자 비율이 높고, 민주주의와 자본주의의 기원지 • 북서부 유럽 문화권 : 게르만족과 개신교 신자 비율이 높음, 서안 해양성 기후로 혼합 농업과 낙농업 발달, 산업 혁명 발상지로 경제 수준이 높음 → 연중 바다의 영향으로 습윤 • 남부 유럽 문화권 : 라틴족과 가톨릭교 신자 비율이 높음, 지중해성 기후로 수목 농업과 관광 산업 발달 → 여름이 고온 건조, 겨울이 온난 습윤 • 동부 유럽 문화권 : 슬라브족과 정교회 신자 비율이 높음, 1990년대 이전 사회주의 경제 체제 국가로 구소련의 영향을 많이 받음
건조 문화권	• 이슬람교 신자와 아랍어 사용자 비율이 높음 → 이란은 이란어(페르시아어) 사용 • 전통적으로 유목과 오아시스 농업이 발달했으나 석유 개발로 인한 국제 분쟁 증가
아프리카 문화권	• 부족 단위 공동체 생활 → 종족 분포를 무시한 서구 열강의 인위적인 국경선 설정으로 지역 분쟁이 잦음 • 토착 신앙 비율이 높고, 이동식 화전 농업을 함 → 유럽 식민 지배 이후 크리스트교 신자 비율이 높아졌고, 플랜테이션이 발달함
아메리카 문화권	• 원주민 문화 외에 유럽인의 진출, 아프리카계의 강제 이주 등으로 다양한 문화가 공존 • 앵글로아메리카 문화권 : 북서부 유럽의 식민 지배 → 영어 사용자와 개신교 신자 비율이 높음, 세계 경제의 중심지 역할, 농산물 수출 활발 → 브라질은 포르투갈어 사용 • 라틴 아메리카 문화권 : 남부 유럽의 식민 지배 → 에스파냐어 및 포르투갈어 사용자와 가톨릭교 신자 비율이 높음, 혼혈 인종 비율 높음, 고산 지대를 중심으로 고대 문명 형성 → 마야 문명, 잉카 문명 등
오세아니아 문화권	• 영국 식민 지배의 영향으로 영어 사용자와 개신교 신자 비율이 높음 • 자연환경을 활용한 관광 산업 발달 • 농축산물 및 광산물 수출 활발
북극 문화권	• 순록 유목과 어로 활동을 하는 이누이트족, 라프족, 네네츠족 등 소수 민족 거주 • 기온이 낮아 농작물 재배가 어려움 • 대권 항로 및 자원 개발이 기대되면서 중요성 증대

계절에 따라 풍향이 변하는 바람으로, 해양에서 바람이 부는 여름은 우기, 대륙에서 바람이 부는 겨울은 건기가 됨

자료 ❶
종교와 문화 경관

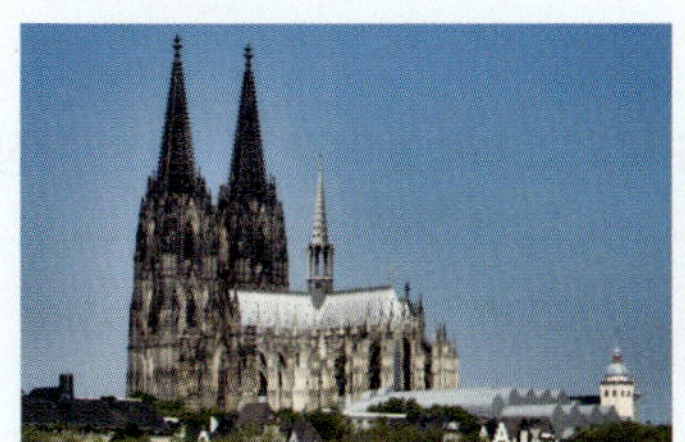
⌃ 크리스트교 경관(독일의 쾰른 성당)

⌃ 이슬람교 경관(튀르키예의 술탄 아흐메트 모스크)

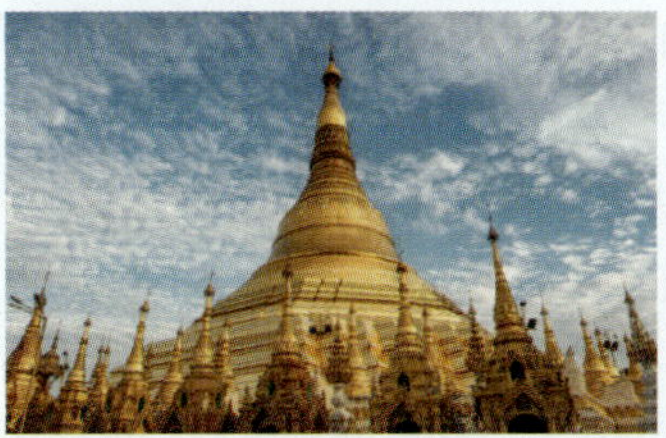
⌃ 불교 경관(미얀마의 쉐다곤 파야)

⌃ 힌두교 경관(인도의 스리 미낙시 사원)

➡ 종교는 문화권을 구분하는 중요한 요소가 된다. 종교는 사람들의 정신세계와 일상생활 등에 다양한 영향을 주고, 종교에 따라 다른 지역과 구분되는 경관이 만들어진다.

크리스트교 문화권 : 종탑과 구원을 상징하는 십자가가 있는 종교 사원을 볼 수 있다. 가톨릭교의 교회는 정교한 장식이 돋보이고, 도시의 중심에 주로 위치하면서 주변 건물보다 규모가 크고 장엄하다. 개신교의 교회는 지역마다 다양한 형태가 나오는데 대체로 단순하고 규모가 작은 편이다.

이슬람교 문화권 : 진리를 상징하는 초승달이 얹힌 돔형 지붕을 가진 모스크를 볼 수 있다. 돔형 지붕은 평화를 의미한다. 모스크 주변에는 예배 시간을 알리는 여러 개의 첨탑이 있다. 모스크 외벽에는 쿠란 구절과 식물을 도안화한 기하학적 무늬인 아라베스크로 장식되어 있고, 우상 숭배를 금지하여 신을 형상화한 조각상은 찾아볼 수 없다.

불교 문화권 : 웅장하고 화려한 사원을 볼 수 있다. 사원에는 부처의 사리가 모셔진 불탑과 불상이 모셔져 있다.

힌두교 문화권 : 여러 신을 섬겨 각양각색의 다양한 신들이 조각된 사원을 볼 수 있다.

자료 ❷
세계의 다양한 문화권

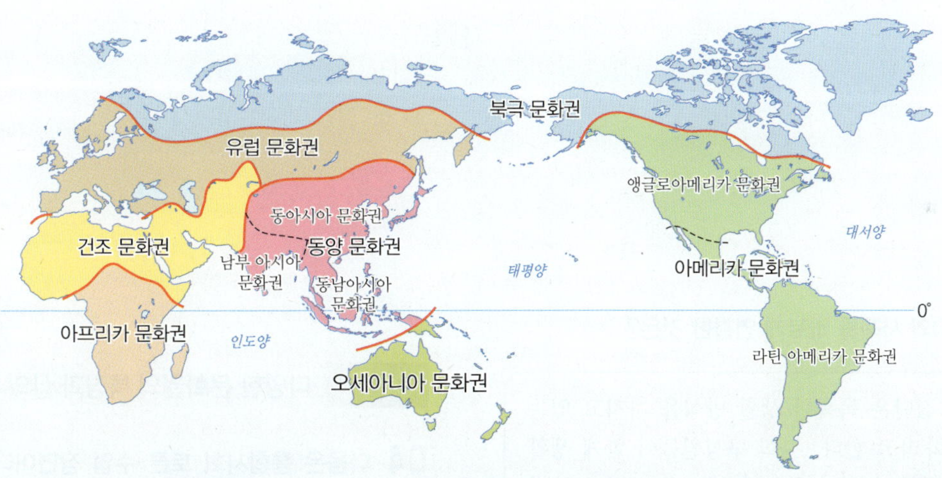

➡ 동양 문화권 : 계절풍의 영향으로 벼농사가 활발한 지역으로 동아시아, 동남아시아, 남부 아시아 문화권으로 세분된다. 동아시아는 중국의 영향으로 유교와 불교문화가 발달하였고, 젓가락과 한자를 사용한다. 동남아시아는 세계적인 벼농사 지역으로, 플랜테이션이 발달하였고, 불교, 이슬람교, 크리스트교 등 다양한 종교가 혼재한다. 남부 아시아는 이슬람교, 힌두교, 불교 등 다양한 종교가 혼재하며 언어도 다양하다.

유럽 문화권 : 근대 산업과 자본주의 사상이 발달한 진원지이며, 크리스트교의 영향을 많이 받았다. 북서부 유럽, 남부 유럽, 동부 유럽 문화권으로 세분된다. 북서부 유럽은 산업 혁명의 발상지이며, 게르만족과 개신교 신자 비율이 높다. 남부 유럽은 고대 유럽 문명의 발원지이며, 라틴족과 가톨릭교 신자 비율이 높다. 동부 유럽은 슬라브족과 정교회 신자 비율이 높다.

건조 문화권 : 이슬람교 신자 비율이 높고, 아랍어를 사용하는 국가가 많다. 전통적으로 오아시스 농업과 유목 생활을 해 왔지만, 석유 자원이 개발되면서 산업에서 석유가 차지하는 비중이 높고 자원으로 인한 분쟁도 잦다.

아프리카 문화권 : 대부분 열대 기후 지역으로 종교와 언어가 복잡하고, 부족 단위 공동체 생활을 하는 곳이 많다. 종족 분포를 무시한 유럽에 의한 인위적인 국경선 설정, 낙후된 산업 등으로 분쟁이 많이 발생한다. 열대 기후 지역을 중심으로 플랜테이션이 발달하였다.

아메리카 문화권 : 유럽 문화의 영향을 많이 받았고 리오그란데강을 기준으로 앵글로아메리카, 라틴 아메리카 문화권으로 세분된다. 앵글로아메리카는 북서부 유럽 문화의 영향을 많이 받아 영어 사용자와 개신교 신자 비율이 높다. 라틴 아메리카는 남부 유럽의 영향을 많이 받아 에스파냐어나 포르투갈어를 주로 사용하고 가톨릭교 신자 비율이 높다.

오세아니아 문화권 : 오스트레일리아와 뉴질랜드는 유럽인의 진출 이후 원주민 문화가 거의 파괴되고 유럽 문화가 대부분을 차지한다. 오스트레일리아와 뉴질랜드는 목축업이 발달했으며, 태평양 제도 지역은 농업과 관광 산업이 발달하였다.

북극 문화권 : 이누이트족, 네네츠족, 라프족 등이 사냥, 어로, 순록 유목 등으로 생활한다. 최근에는 전통 생활양식이 사라지고 있다.

STEP 1 내신 다지기

01 다음 글의 (가)~(다)에 들어갈 용어로 옳은 것은?

> ___(가)___ 은/는 좁은 의미에서는 예술, 문학 등을 말하고, 넓은 의미에서는 의식주, 종교, 언어 등 인간이 자연환경과 상호 작용 하면서 형성한 생활양식을 말한다. 생활양식이 비슷하게 분포하는 공간 범위를 ___(나)___ (이)라고 하고, 산맥, 하천 등 지형에 의해 경계가 설정된다. ___(나)___ 의 경계에서는 두 ___(가)___ 의 특성이 함께 나타나는 공간 범위가 있는데, 이를 ___(다)___ (이)라고 한다.

	(가)	(나)	(다)
①	문화	문화권	점이 지대
②	문화	점이 지대	지역
③	지역	문화권	점이 지대
④	지역	생활권	혼합 지역
⑤	지역	점이 지대	문화권

02 다음 글의 ㉠, ㉡의 사례를 바르게 연결한 것은?

> 한 사회나 집단은 독특한 생활 방식을 가지고 있는데, 이를 '문화'라고 한다. 사회 구성원들이 함께 생활하면서 서로 배우거나 전해지는 것들, 즉 의식주를 비롯하여 언어, 풍습, 학문, 예술, 제도 등 모든 생활 방식이 문화인 것이다. 따라서 동물들이 본능에 따라 행동하는 것이나 자신만이 가지고 있는 습관 같은 것은 문화가 아니다. 문화는 ㉠자연환경뿐만 아니라 ㉡인문환경에 의해 달라지기 때문에 매우 다양하다. 따라서 우리는 다양한 문화를 이해하고 존중해야 한다. 자신들과 다른 문화를 무시한다거나 잘사는 나라의 문화와 비교하여 잘살지 못하는 나라의 문화를 무시해서는 안 된다. 문화는 그 자체로서 고유한 가치를 지니고 있기 때문이다.

	㉠	㉡		㉠	㉡
①	기후	지형	②	산업	기후
③	산업	지형	④	종교	산업
⑤	지형	종교			

03 다음 글의 (가)에 들어갈 내용으로 가장 적절한 것은?

> 주제: ___(가)___
>
> 계절풍의 영향으로 여름이 고온 다습한 동아시아는 일찍부터 벼농사가 이루어졌고, 쌀을 주식으로 한다. 지중해성 기후가 나타나 여름철 일조량이 풍부한 남부 유럽은 올리브, 포도 재배에 유리하여 올리브유를 사용한 요리가 많고, 와인을 즐겨 마신다. 서안 해양성 기후 지역인 서부 유럽은 여름이 서늘해 목초 재배에 유리하여 밀과 함께 가축을 사육하는 혼합 농업이 발달하였고, 빵과 함께 육류, 치즈 등을 즐겨 먹는다.

① 지형에 적응한 농경 문화
② 종교가 식생활에 미친 영향
③ 산업에 따른 생활양식의 차이
④ 기후가 가옥 구조에 미친 영향
⑤ 기후가 음식 문화에 미친 영향

04 다음은 통합사회 토론 수업 장면이다. 제시한 의견이 옳은 학생만을 고른 것은?

① 고은, 소진　　② 고은, 은우　　③ 소진, 은우
④ 소진, 형선　　⑤ 은우, 형선

[05~06] 다음 글을 읽고 물음에 답하시오.

> 유목 생활, ㉠오아시스 농업, 이슬람교는 (가) 문화권의 대표적인 특징이다. 중앙아시아와 서남아시아를 거쳐 ㉡북부 아프리카로 이어지는 세계 최대의 (가) 기후 지역에 형성된 문화권이다. ㉢메소포타미아 문명 및 크리스트교와 ㉣이슬람교 등 세계 종교의 발상지이기도 하다. 1월 평균 기온 0℃ 선을 기준으로 외몽골–튀르키예 문화 지역과 아랍–베르베르 문화 지역으로 구분된다. 외몽골에서 이란을 거쳐 튀르키예에 이르는 외몽골–튀르키예 문화 지역의 경우 몽골족과 티베트족은 ㉤라마교를, 투르크족은 이슬람교를 신봉한다. 유목 및 오아시스 농업을 주로 하였으나, 최근 관개 농업의 발달로 정착 생활이 늘어나고 있다. 아라비아반도와 북부 아프리카에 해당되는 아랍–베르베르 문화 지역은 아랍 민족을 중심으로 이슬람 문화의 중심지를 이루고 있다. 아랍어와 베르베르어를 사용하고, 최근에 석유 개발과 아랍 민족주의 운동으로 분쟁이 많아 '중동의 화약고'라고 불리는 지역이다.

05 (가)에 들어갈 용어로 옳은 것은?

① 건조 ② 북극 ③ 아메리카
④ 아프리카 ⑤ 오세아니아

06 밑줄 친 ㉠~㉤에 대한 설명으로 옳은 것은?

① ㉠으로 생산되는 대표적인 농작물은 쌀이다.
② ㉡에는 열대림이 우거진 밀림이 넓게 분포한다.
③ ㉢은 나일강 유역을 중심으로 발달한 고대 문명이다.
④ ㉣을 믿는 여성들은 외출 시 얼굴을 가리는 의복을 착용한다.
⑤ ㉤은 소를 신성시하여 소고기 섭취를 금기시한다.

07 다음 글의 ㉠~㉤에 대한 설명으로 옳은 것은?

> 인간의 의식주 생활은 ㉠자연환경의 영향을 받는다. ㉡말레이시아와 인도네시아를 비롯한 동남아시아 지역들은 열대 기후가 나타나 토양이 척박하다. 이로 인해 밀림 지역에서는 ㉢이동식 화전 농업이 이루어졌고, 하천 유역에서는 ㉣벼를 재배하였다. 이후 서구 열강의 식민 지배를 거치면서 현재는 ㉤플랜테이션이 산업 구조에 미치는 영향이 크다.

① ㉠에는 언어, 종교 등이 있다.
② ㉡의 전통 가옥은 대부분 폐쇄적이다.
③ ㉢은 기후변화를 극복할 수 있는 농업 방식이다.
④ ㉣은 고온 다습한 기후 지역에서 주로 재배한다.
⑤ ㉤을 통해 주로 얌, 카사바 등을 생산한다.

08 그림의 (가)~(다)에 들어갈 문화권의 특징으로 옳은 것만을 〈보기〉에서 고른 것은? (단, (가)~(다)는 각각 지도의 A~C 중 하나임.)

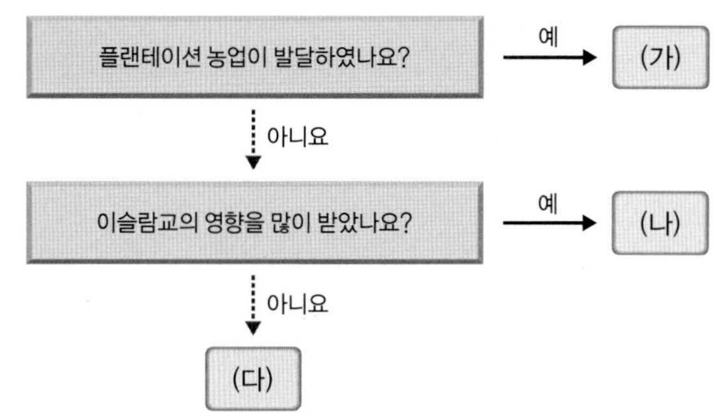

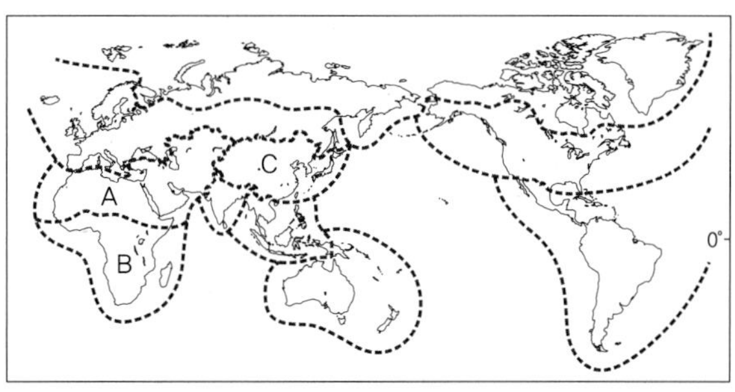

| 보기 |

ㄱ. (가)는 불교문화의 영향을 많이 받았다.
ㄴ. (나)의 전통 농업은 이동식 화전 농업이다.
ㄷ. (다)는 계절풍의 영향으로 벼농사가 발달하였다.
ㄹ. (나)는 (다)보다 전체 주민 중 유목민이 차지하는 비율이 높다.

① ㄱ, ㄴ ② ㄱ, ㄷ ③ ㄴ, ㄷ
④ ㄴ, ㄹ ⑤ ㄷ, ㄹ

09 (가), (나)에 해당하는 문화권을 바르게 연결한 것은?

> • 　(가)　 문화권 : 라프족과 네네츠족은 순록을 유목하고, 이누이트족은 어로와 물개잡이를 하였다. 최근 대권 항로와 자원 개발 등으로 중요성이 점차 증대되고 있는 지역이다.
> • 　(나)　 문화권 : 부족 단위 공동체 생활을 하고, 식민 통치로 인한 국경선과 부족 분포가 일치하지 않아 갈등이 나타난다. 이동식 화전 농업이 행해지고, 식량 부족으로 어려움을 겪는다.

	(가)	(나)
①	남극	건조
②	남극	아프리카
③	북극	건조
④	북극	아프리카
⑤	오세아니아	아프리카

10 다음은 문화권에 대한 수업 장면이다. 교사의 질문에 옳게 답한 학생은?

① 갑　　② 을　　③ 병　　④ 정　　⑤ 무

11 다음 자료에 대한 설명으로 옳은 것만을 〈보기〉에서 고른 것은?

> • ㉠남부 아시아 문화권은 복잡한 종교가 지역 분쟁의 원인이 되기도 한다. 대표적인 지역은 　(가)　를 신봉하는 파키스탄과 　(나)　를 신봉하는 인도 간 충돌이 나타나는 카슈미르이다.
> • ㉡라틴 아메리카 문화권은 남부 유럽에 거주하는 라틴족이 진출하면서 형성된 문화권으로, 에스파냐에 의해 원주민이 건설한 ㉢잉카 문명이 파괴되고 유럽 문화가 이식되었다.

┌ 보기 ┐
> ㄱ. ㉡에서 가장 많이 사용하는 언어는 영어이다.
> ㄴ. ㉢은 주로 고산 지대를 중심으로 발달하였다.
> ㄷ. ㉠은 ㉡보다 혼혈이 차지하는 비율이 높다.
> ㄹ. (가)는 돼지고기, (나)는 소고기 섭취를 금기시한다.

① ㄱ, ㄴ　　　② ㄱ, ㄷ　　　③ ㄴ, ㄷ
④ ㄴ, ㄹ　　　⑤ ㄷ, ㄹ

12 다음 자료의 (가), (나)에 들어갈 종교에 대한 설명으로 옳은 것은?

스웨덴 국기는 파란색 바탕에 노란색 십자가가 그려져 있다. 파란색은 파란 하늘과 푸른 바다를 의미하고, 노란색 십자가는 　(가)　을/를 의미한다.

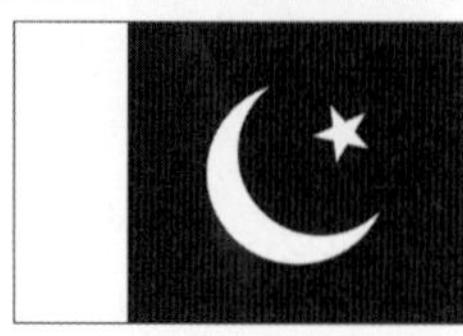

파키스탄 국기는 초록 바탕에 흰색 초승달과 별이 그려져 있다. 초록은 번영을, 흰색은 평화를 의미한다. 초승달과 별은 　(나)　 국가임을 의미한다.

① (가)의 사원은 아라베스크로 장식되어 있다.
② (나)는 깨달음과 해탈을 강조한다.
③ (가)는 (나)보다 중앙아시아에서 신자 수가 많다.
④ (나)는 (가)보다 돼지고기 섭취에 대한 제약이 작다.
⑤ (가)와 (나)는 모두 서남아시아에서 기원하였다.

서술형 문제

[13~14] 지도는 세계의 문화권을 나타낸 것이다. 물음에 답하시오.

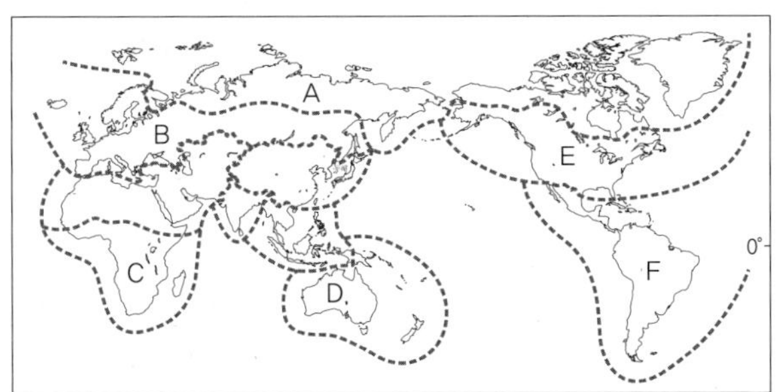

13 (가), (나)에 해당하는 문화권을 위 지도에서 찾아 바르게 연결한 것은?

문화권	특징	공통점
(가)	세계 경제를 이끄는 중심지이다.	대다수 주민이 영어를 사용하고, 밀과 육류 수출량이 많다.
(나)	석탄, 철광석 수출량이 많다.	

	(가)	(나)		(가)	(나)
①	B	C	②	B	D
③	D	C	④	E	D
⑤	F	E			

14 A 문화권에 대한 설명으로 옳은 것만을 〈보기〉에서 고른 것은?

> ─── 보기 ───
> ㄱ. 플랜테이션이 발달하였다.
> ㄴ. 기후가 한랭하여 농작물 재배가 어렵다.
> ㄷ. 나무와 나뭇잎으로 만든 고상 가옥이 널리 분포한다.
> ㄹ. 순록 유목, 어로 활동에 종사하는 소수 민족이 거주한다.

① ㄱ, ㄴ ② ㄱ, ㄷ ③ ㄴ, ㄷ
④ ㄴ, ㄹ ⑤ ㄷ, ㄹ

15 다음 글을 읽고 물음에 답하시오.

> 유럽 문화권은 크리스트교 신자 비율이 높고, 유럽 연합(EU)을 통해 경제적 결속력을 강화하고 있다. 유럽 문화권은 ㉠북서부 유럽 문화 지역, ㉡남부 유럽 문화 지역, ㉢동부 유럽 문화 지역으로 세분된다. 북서 유럽은 혼합 농업과 낙농업, 남부 유럽은 ㉣수목 농업이 발달하였다.

(1) ㉠~㉢에서 주로 믿는 종교를 쓰시오.

(2) ㉣이 발달한 배경을 기후 조건과 관련지어 서술하시오.

16 다음은 두 학생의 대화 내용이다. 물음에 답하시오.

> 성준 : 나는 이번 방학에 ㉠타이와 ㉡말레이시아에 갈 거야. 방콕의 맛집에서 똠얌꿍을 먹고, 코끼리 쇼를 관람할 거야. 그리고 쿠알라룸푸르에 있는 잘란알로 야시장을 방문해 새우구이를 먹고, 코타키나발루에서는 스노클링을 할 거야.
> 원영 : 나는 트래버스 시티에 가서 넓은 오대호를 바라보며 휴식을 즐기고 싶어. 그리고 ㉢캐나다에서는 오로라 관광을 하고, ㉣미국에 가서 자유의 여신상을 볼거야.

(1) ㉠, ㉡의 문화적 공통점과 차이점을 각각 두 가지 서술하시오.

(2) ㉢, ㉣이 속한 문화권의 특징을 세 가지 서술하시오.

STEP 2 1등급 도전하기

01 그림의 ㉠~㉣에 들어갈 내용으로 옳은 것만을 〈보기〉에서 고른 것은?

보기

ㄱ. ㉠ – 산업 혁명 발상지로 상공업 발달
ㄴ. ㉡ – 고산 지대를 중심으로 고대 문명 발달
ㄷ. ㉢ – 여름철 일조량이 풍부해 수목 농업 발달
ㄹ. ㉣ – 고대 문화재를 바탕으로 관광 산업 발달

① ㄱ, ㄴ ② ㄱ, ㄷ ③ ㄴ, ㄷ
④ ㄴ, ㄹ ⑤ ㄷ, ㄹ

02 다음 자료의 (가) 문화권에 해당하는 지역을 지도의 A~E에서 고른 것은?

(가) 문화권

- 종교 : 크리스트교 신자 비율이 높음
- 언어 : 주로 영어가 공용어로 지정되어 있고, 원주민 언어도 사용함
- 인구 : 인구 규모가 작은 국가가 대부분이고, 인구 밀도가 5명/km² 미만임
- 환경 문제 : 해수면 상승으로 국토가 침수될 위기에 처한 국가가 많음

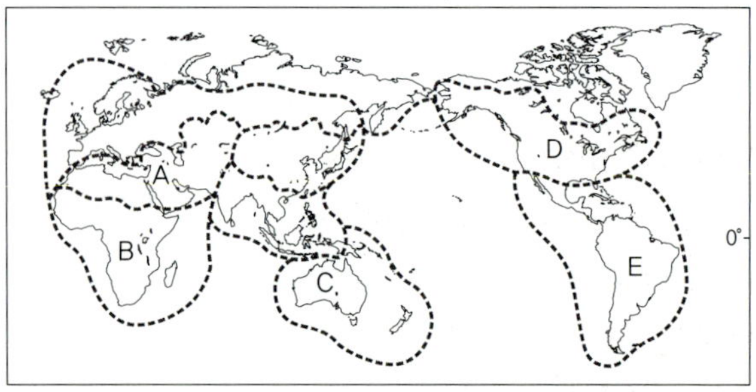

① A ② B ③ C ④ D ⑤ E

03 다음 글의 ㉠~㉥에 대한 설명으로 옳지 않은 것은?

지역이란 다른 곳과 지리적 특성이 구분되면서 유사한 지리적 현상을 지니는 공간 범위를 의미한다. 지역은 지리적 현상을 이해하기 위하여 기후, 지형 등 자연환경이나 문화, 종교와 같은 인문환경 등으로 분류한다. 예를 들면 문화를 기준으로 ㉠ 동양 문화권, ㉡ 건조 문화권, ㉢ 아메리카 문화권 등으로 구분할 수 있고, 기후를 기준으로 ㉣ 열대 기후 지역, ㉤ 건조 기후 지역, ㉥ 냉대 기후 지역 등으로 구분할 수 있다.

① ㉠에서는 벼농사가 발달했다.
② ㉢은 파나마 운하를 기준으로 앵글로아메리카와 라틴아메리카로 구분한다.
③ ㉣에서는 지면에서 띄운 고상 가옥을 볼 수 있다.
④ ㉥은 남반구보다 북반구에 넓게 분포한다.
⑤ ㉡과 ㉤의 지표상 공간 범위는 일치하지 않는다.

04 다음은 통합사회 수업 장면이다. 이에 대한 설명으로 옳지 않은 것은?

교사 : 이번 시간에 배운 [A] 문화권의 주요 특징에 대해 정리해 봅시다.
은지 : 북반구에 위치합니다.
홍석 : 영어 사용자 비율이 높습니다.
진구 : 개신교 신자 비율도 높습니다.
정하 : 상공업이 발달해 경제 수준이 높습니다.
창준 : 유럽계, 아프리카계, 원주민 간의 혼혈이 많습니다.
교사 : [㉠]만 제외하고 모두 옳게 정리했군요. [㉠]은/는 [B] 문화권의 특징을 말했어요.

① ㉠은 '창준'이다.
② A는 영국계가 주로 이주하였다.
③ B는 프랑스어 사용자 비율이 높다.
④ B는 A보다 국가 수가 많다.
⑤ A에는 미국, B에는 멕시코가 속한다.

05 지도는 세계 주요 종교의 기원과 전파를 나타낸 것이다. (가)~(라) 종교에 대한 설명으로 옳은 것만을 〈보기〉에서 고른 것은?

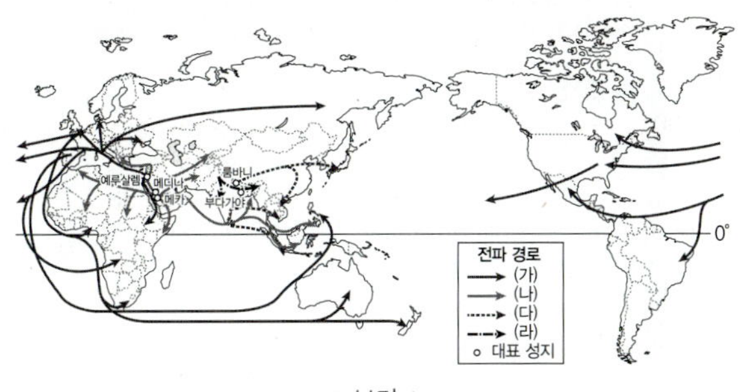

보기
ㄱ. (가)의 사원에는 십자가와 종탑이 있다.
ㄴ. (나)는 소를 신성시하여 소고기 섭취를 금기시한다.
ㄷ. (다)는 자비와 개인의 수양 및 해탈을 중시한다.
ㄹ. (라) 창시자의 탄생일을 기념하는 날은 성탄절이다.

① ㄱ, ㄴ　　② ㄱ, ㄷ　　③ ㄴ, ㄷ
④ ㄴ, ㄹ　　⑤ ㄷ, ㄹ

06 다음 자료는 어떤 문화권의 특징을 워드 클라우드로 표현한 것이다. (가)에 해당하는 문화권을 지도의 A~E에서 고른 것은?

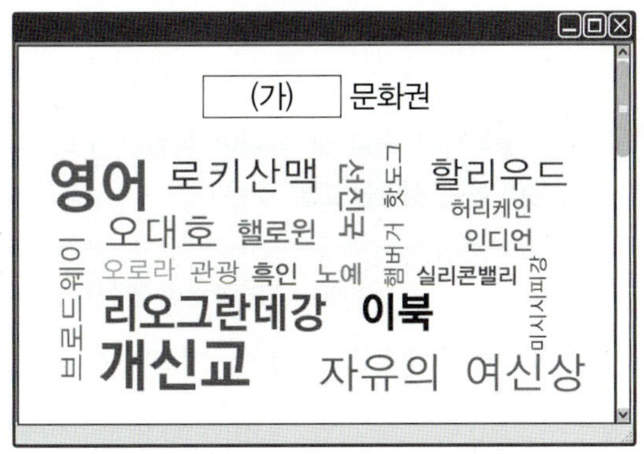

* 워드 클라우드 : 핵심 단어를 시각적으로 돋보이게 하는 기법

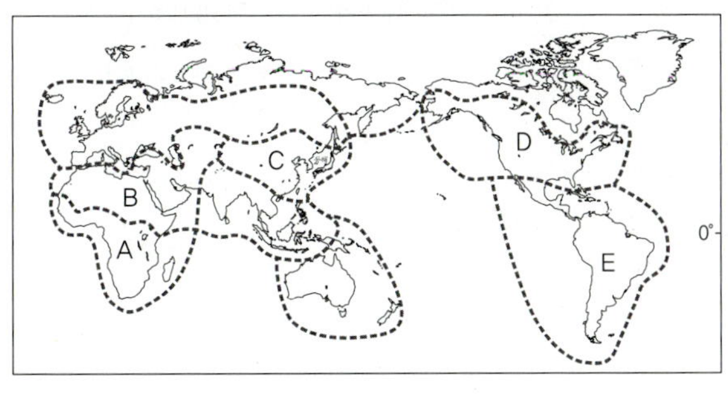

① A　　② B　　③ C　　④ D　　⑤ E

07 다음 자료의 (가) 국가를 지도의 A~E에서 고른 것은?

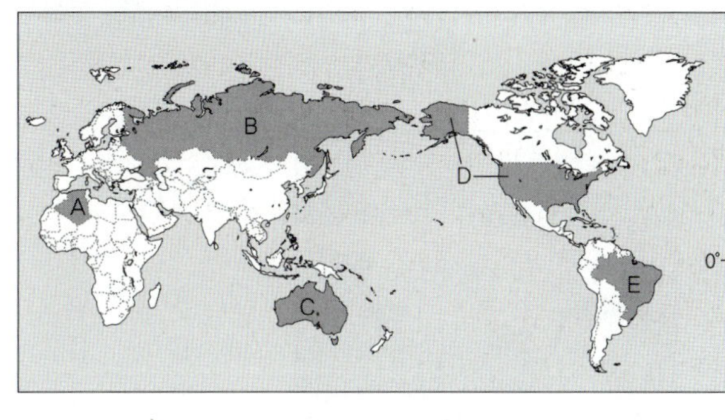

① A　　② B　　③ C　　④ D　　⑤ E

08 지도의 (가)~(다) 국가에 대한 설명으로 옳은 것은?

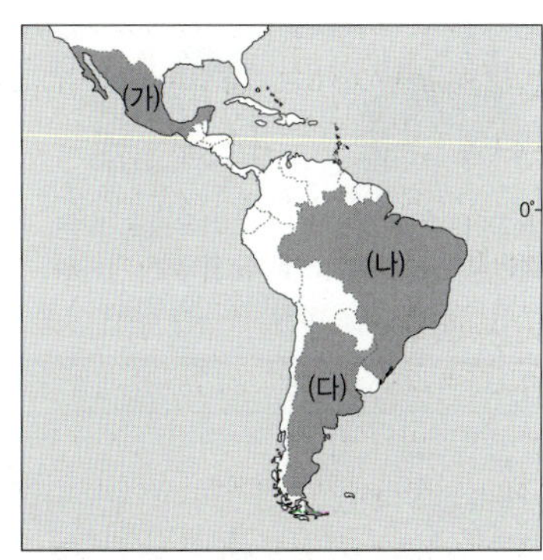

① (가)는 잉카 문명이 발달한 지역이었다.
② (나)에서 가장 많이 사용하는 언어는 포르투갈어이다.
③ (다)는 해안에 위치한 수도를 내륙으로 이전하였다.
④ (가)는 앵글로아메리카 문화권, (나)와 (다)는 라틴 아메리카 문화권에 속한다.
⑤ (가)~(다)는 모두 개신교 신자 비율이 높다.

09 그림의 (가)~(다)에 해당하는 국가를 지도의 A~C에서 고른 것은?

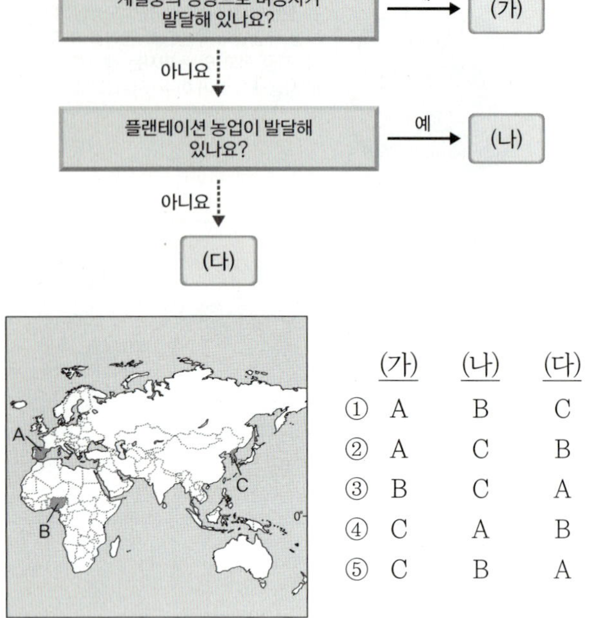

	(가)	(나)	(다)
①	A	B	C
②	A	C	B
③	B	C	A
④	C	A	B
⑤	C	B	A

| 교육청 기출 |

10 자료의 (가) 문화권을 지도의 A~E에서 고른 것은?

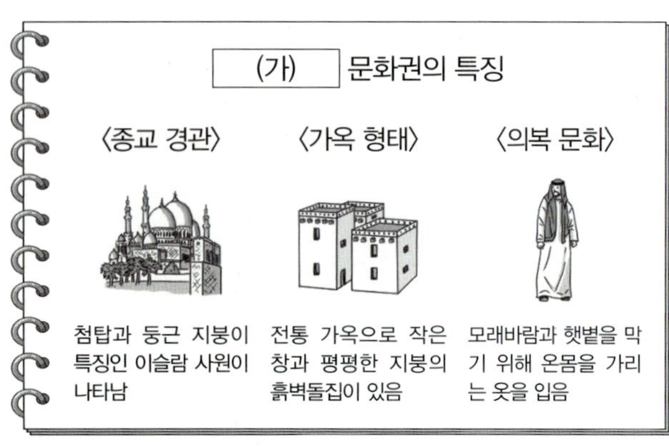

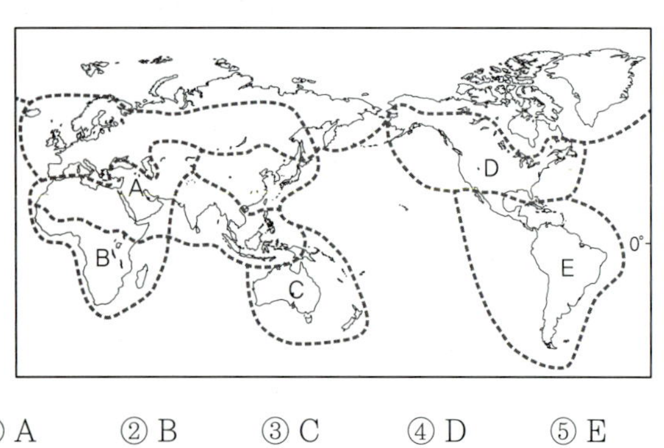

① A ② B ③ C ④ D ⑤ E

11 다음은 여행에 관한 두 학생 간 대화의 일부이다. 밑줄 친 ㉠~㉢에 대한 설명으로 옳은 것만을 〈보기〉에서 고른 것은?

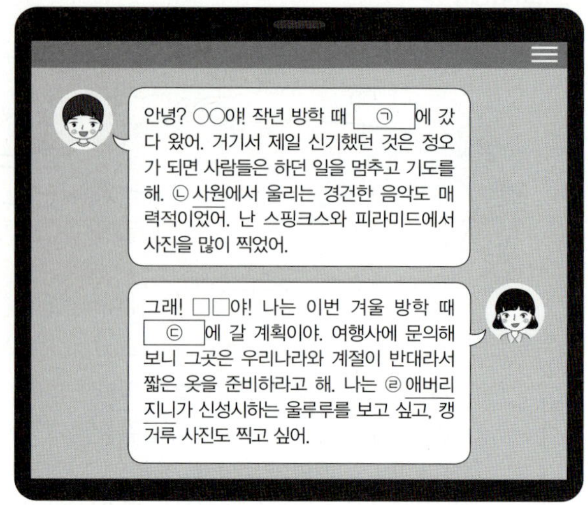

| 보기 |

ㄱ. ㉠은 건조 문화권에 속한 국가이다.
ㄴ. ㉡의 중앙에는 순교자의 동상이 자리 잡고 있다.
ㄷ. ㉢에서 가장 많이 사용하는 언어는 영어이다.
ㄹ. ㉣은 유럽계와 아프리카계의 혼혈이다.

① ㄱ, ㄴ ② ㄱ, ㄷ ③ ㄴ, ㄷ
④ ㄴ, ㄹ ⑤ ㄷ, ㄹ

12 다음은 통합사회 수업 중 학생이 작성한 노트이다. ㉠~㉣ 중 내용이 옳은 것만을 고른 것은?

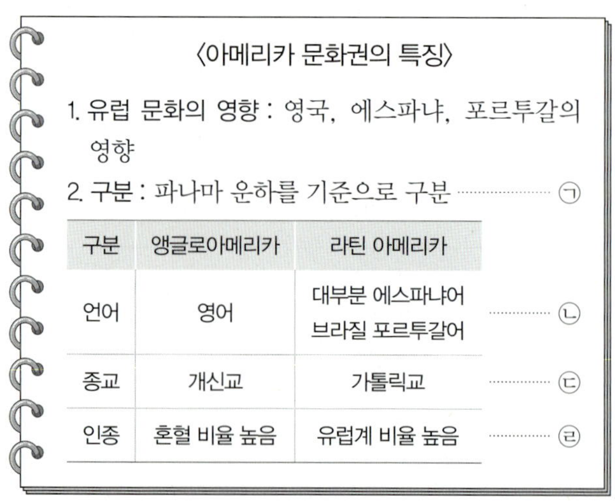

〈아메리카 문화권의 특징〉

1. 유럽 문화의 영향 : 영국, 에스파냐, 포르투갈의 영향
2. 구분 : 파나마 운하를 기준으로 구분 ·········· ㉠

구분	앵글로아메리카	라틴 아메리카	
언어	영어	대부분 에스파냐어 브라질 포르투갈어	㉡
종교	개신교	가톨릭교	㉢
인종	혼혈 비율 높음	유럽계 비율 높음	㉣

① ㉠, ㉡ ② ㉠, ㉢ ③ ㉡, ㉢
④ ㉡, ㉣ ⑤ ㉢, ㉣

13 다음 글의 (가), (나) 종교에 대한 설명으로 옳은 것만을 〈보기〉에서 고른 것은?

> 말레이시아는 다양한 종교 축제일을 공휴일로 지정하고 있다. 여러 신을 숭배하는 ____(가)____ 종교의 축제인 '타이푸삼' 기간에 신자들은 다양한 신들이 조각된 바투 동굴 사원까지 행진하고 제단에 올라 기도한다. ____(나)____ 종교의 축제인 '하리 라야 아이딜피트리' 기간에 신자들은 해가 떠 있는 동안 금식을 하는 라마단 기간이 끝난 것을 기념하여 음식과 선물을 교환한다.

─ 보기 ─
ㄱ. (가)의 대표적인 종교 경관은 첨탑과 둥근 지붕이 있는 모스크이다.
ㄴ. (나)의 신자 수는 건조 문화권이 아메리카 문화권보다 많다.
ㄷ. (가)는 소고기, (나)는 돼지고기 섭취를 금기시한다.
ㄹ. (가)와 (나)의 기원지는 모두 서남아시아이다.

① ㄱ, ㄴ ② ㄱ, ㄷ ③ ㄴ, ㄷ
④ ㄴ, ㄹ ⑤ ㄷ, ㄹ

14 다음은 온라인 학습 장면의 일부이다. 답글의 내용이 옳은 학생만을 고른 것은?

▲ 한국의 인증 마크   ▲ 유럽의 인증 마크

교사 : 돼지고기를 금기시하는 이 종교의 신자들에게 허용된 음식을 할랄(halal) 음식이라고 합니다. 율법에 따라 도살, 처리 가공된 식품에만 할랄 인증 마크를 부여하며, 실제로 사용되는 마크의 사례는 위와 같습니다. 이 종교의 특징을 답글로 남겨 주세요.

답글(4)
└ 갑 : 카스트 제도를 바탕으로 성립되었다.
└ 을 : 살생을 금하며 윤회 사상을 중시합니다.
└ 병 : 여성들은 얼굴을 가리는 의복을 착용합니다.
└ 정 : 신자들은 하루에 다섯 번 성지를 향해 기도합니다.

① 갑, 을 ② 갑, 병 ③ 을, 병
④ 을, 정 ⑤ 병, 정

15 다음 자료의 (가), (나)에 해당하는 국가를 지도의 A~C에서 고른 것은?

(가)	(나)
• 대표 음식 : 새우와 채소, 각종 향신료 등을 넣고 끓인 똠얌꿍 • 대표 축제 : 우기가 시작될 무렵 서로에게 물을 뿌리면서 복을 기원하는 축제	• 대표 음식 : 쌀밥 위에 얇게 저민 생선을 얹은 스시(초밥) • 대표 축제 : 눈이 많이 내리는 삿포로 지역에서 눈과 얼음을 이용한 축제

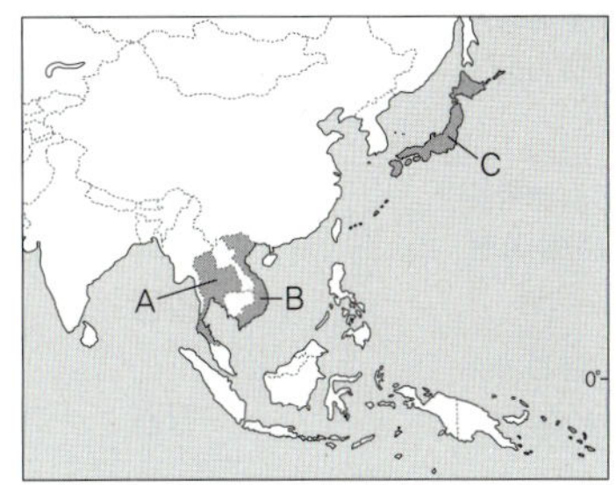

	(가)	(나)
①	A	B
②	A	C
③	B	A
④	B	C
⑤	C	A

16 자료는 방송 프로그램을 소개하는 장면의 일부이다. 밑줄 친 '이 종교'의 대표적인 경관으로 옳은 것은?

〈촬영 장소 : 에스파냐 산티아고 순례길〉
• 1993년 유네스코 세계유산으로 지정된 산티아고 순례길은 프랑스에서 출발하여 에스파냐에 이르는 약 800km의 길이다.
• 순례의 목적지인 콤포스텔라 대성당은 이 종교의 대표적인 성지로, 예수의 열두 제자 중 한 명인 성 야고보의 무덤이 있는 곳이다.

〈기획 의도〉
• 순례길에 위치한 마을에 숙박 시설을 마련하여 저렴한 값의 잠자리와 식사 제공을 통해 여행자들의 다양한 모습을 담아 내고자 한다.

① 십자가와 종탑
② 사리가 봉안된 탑과 불상
③ 첨탑과 둥근 지붕이 있는 모스크
④ 다양한 신들을 표현한 조각상이 있는 사원
⑤ 목욕과 화장(火葬) 등의 종교의식이 행해지는 강가의 가트

02 문화 변동과 전통문화

주제 1 문화 변동의 요인과 양상 ★★★

개념 더하기

✕ 문화 요소

기술	자연물을 인간에게 유용한 형태로 변화시키고 가공하는 능력 또는 수단
예술	인간만의 문화 창조 능력을 바탕으로 아름다움을 표현하는 활동 및 그 결과물
상징	사물의 본래 특징과 무관하게 다른 의미가 부여된 것
언어	인간의 생각이나 느낌을 전달하기 위해 사용되는 상징
가치	인간이 옳고 그름, 좋고 나쁨 등을 판단하는 기준 또는 신념
규범	인간의 행위를 규제하는 행동의 기준 및 규칙

✕ 문화 변동의 요인

내재적 요인	• 발명 : 기존에 없던 깃을 만들어 냄 • 발견 : 이미 존재하고 있었던 것을 찾아냄
외재적 요인	전파 : 교류와 접촉의 과정에서 새로운 문화 요소가 전달됨

✕ 문화 접변의 과정

서로 다른 문화 체계가 접촉하게 되면 새로운 문화 요소가 추가되는 과정, 기존의 문화 요소가 탈락하는 과정, 새로운 문화 요소가 발생하는 과정 등을 거치면서 문화 변동이 나타난다.

✕ 문화 접변의 결과

문화 병존	A + B = A and B
문화 동화	A + B = B
문화 융합	A + B = C

* A는 기존 문화 요소, B는 외래문화 요소, C는 A와 B가 혼합되어 나타나는 새로운 문화 요소이고, +는 문화 접변을 의미함

1 문화 변동의 의미와 요인

(1) 의미 : 새로운 문화 요소의 등장이나 다른 문화 체계와의 접촉을 통해 한 사회의 문화 체계에 변화가 나타나는 현상 → 문화를 구성하는 기본 요소를 말하며, 이러한 문화 요소에는 기술, 언어, 예술, 가치 규범 등이 있음

(2) 문화 변동의 요인

① 내재적 요인

구분	의미	사례
발명	기존에 존재하지 않았던 기술이나 사물 등 새로운 문화 요소를 만들어 내는 행위나 그 결과물	바퀴, 자동차, 스마트폰 등
발견	기존에 존재하고 있었으나 알려지지 않았던 문화 요소를 찾아내는 것	불, 전기, 지하자원 등

② 외재적 요인(문화 전파) : 한 사회가 다른 사회와 교류하거나 접촉하는 과정에서 새로운 문화 요소가 전달되어 정착하는 현상 → 오늘날에는 국가 간 활발한 교류와 대중 매체의 발달 등에 따라 문화 전파가 문화 변동의 가장 큰 요인으로 작용함

직접 전파	다른 사회의 구성원들과 직접적인 교류를 통해 다른 사회의 문화가 전파되는 것
간접 전파	인쇄물, 인터넷 등과 같은 간접적인 매개체를 통해 다른 사회의 문화가 전파되는 것
자극 전파	다른 사회의 문화 요소에서 아이디어를 얻어 새로운 문화 요소를 발명하는 것

2 문화 변동의 양상

(1) 문화 접변

① 의미: 서로 다른 사회가 비교적 장기간에 걸쳐 전면적으로 접촉하면서 문화에 변화가 나타나는 현상

② 강제성 및 자발성에 따른 구분 [자료1]

• 강제적 문화 접변 : 정복 등과 같은 상황에서 물리적 강제력에 기초하여 지배적 입장에 있는 사회의 문화 요소가 피지배 사회에 강제적으로 이식되어 나타나는 문화 변동

• 자발적 문화 접변 : 바람직하거나 필요하다고 느껴 스스로 다른 사회의 문화 요소를 자기 사회의 문화 체계 속으로 받아들임으로써 나타나는 문화 변동

(2) 문화 접변의 결과

① 문화 병존 → 서로 다른 두 문화의 정체성이 유지됨

• 의미 : 기존의 문화 요소와 전파된 문화 요소가 한 사회의 문화 체계 속에서 그 고유한 성격을 잃지 않고 나란히 존재하는 현상

• 사례 : 우리 사회 내부에 천주교와 개신교, 불교 등이 종교 문화로서 함께 존재하고 있는 것

② 문화 융합 → 두 문화 요소와 성격이 다른 새로운 문화가 형성됨

• 의미 : 기존 문화 요소와 전파된 다른 사회의 문화 요소가 상호 작용한 결과, 이전의 문화 요소들과 다른 성격을 지닌 제3의 새로운 문화가 나타나는 현상

• 사례 : 우리나라에 불교가 전래된 후 전통적 민간 신앙인 칠성신을 모시는 칠성각이 절과 결합함으로써 새로운 불교문화가 나타난 것

③ 문화 동화 → 서로 다른 두 문화 중 한쪽의 문화 정체성이 상실됨

• 의미 : 다른 사회의 문화 요소가 전파되었을 때 기존의 문화 요소가 다른 사회의 문화 체계에 흡수되어 정체성을 상실하는 현상 → 상당 기간 동안 비교적 일관되게 유지되는 고유한 실체로서의 자기 혹은 우리에 대한 인식

• 사례 : 아메리카 원주민이 유럽인의 문화와 접촉하면서 고유한 자기 문화를 상실한 것

1 전통문화의 의미와 의의

(1) 전통문화의 의미

① 한 사회가 과거로부터 지금까지 공유하며 전승해 온 생활양식

② 한 사회에서 오랜 기간 유지되면서 그 사회의 고유한 가치로 인정받는 문화

(2) 전통문화의 의의

① 한 사회의 과거와 현재를 연결하고, 한 사회가 갖는 고유한 문화 정체성의 바탕이 됨

② 사회 구성원의 유대감을 강화하고, 사회 유지와 통합에 기여함

③ 세계 문화의 다양성을 증진하며, 문화적 자긍심을 고취시킴

④ 대외적으로 국가 이미지를 개선하고, 문화 산업 육성에 기여함

2 전통문화의 창조적 계승

(1) 의미 : 전통문화의 정체성을 유지하면서 현대의 새로운 문화 요소들과 조화를 이룰 수 있도록 전통문화를 재구성하거나 재창조하면서 계승하는 것 [자료 2]

(2) 전통문화의 창조적 계승을 위해 필요한 태도 : 정보화·세계화 시대에 전통문화가 지닌 고유성과 독창성을 지키면서 다양한 세계 문화와의 교류를 통해 비판적 관점에서 능동적으로 다른 사회의 문화를 수용하는 자세가 필요함

(3) 전통문화의 창조적 계승 방안

① 전통문화를 현대적으로 재해석 : 과거의 것을 단순히 재현하고 유지하는 것이 아니라 현대 사회의 변화와 요구에 맞게 재해석하려는 노력이 필요함

② 외래문화의 비판적 수용 : 전통문화의 고유성을 유지하면서 다른 나라의 문화 요소를 비판적으로 수용하고, 전통문화의 요소와 조화를 이루려는 노력이 필요함

③ 세계 문화와의 조화 추구 : 한 사회의 전통문화가 지닌 고유성과 독창성을 유지하면서 세계 문화와 조화를 이루도록 해야 함

④ 이주민 문화와 전통문화의 공존을 추구함으로써 문화 다양성을 유지하도록 해야 함

⊙ 개념 더하기

✕ 전통문화

의의	한 사회의 고유한 문화적 정체성 형성 및 사회 통합에 기여함
창조적 계승	• 외래문화의 장점을 비판적으로 수용해야 함 • 전통문화를 현대적 감각에 맞게 재해석·재창조해야 함

✕ 문화 정체성
다른 문화와 구별되는 한 문화의 고유한 특성으로 한 문화에 속한 사람들이 공유하는 동질감 또는 그 문화에 대한 자긍심을 말한다.

✕ 문화 산업
문화 예술의 상품화를 통해 부가 가치를 창출해 내는 산업이다.

✕ 세계화
지역 간 상호 의존성이 높아지고 국가의 경계를 넘어 세계가 하나로 통합되어 가는 현상이다.

자료 더하기

자료 ❶
강제적 문화 접변과 자발적 문화 접변

(가) 일본 제국주의는 한국인의 황국 신민화를 위해 1933년 '조선민사령'을 개정하여 우리 민족 고유의 성명제를 폐지하고 일본식 씨명제를 강요하였다. → 강제적 문화 접변

(나) 백인에게 정복되지 않았던 아메리카의 나바호족은 18세기 에스파냐와 다양하게 접촉하면서 의복과 금속 세공술 같은 문화 요소를 받아들여 그들 고유의 문화 속에 독자적인 방식으로 통합하였다. → 자발적 문화 접변

➜ 문화 접변은 강제성 및 자발성에 따라 강제적 문화 접변과 자발적 문화 접변으로 구분한다. 자발적 문화 접변은 외래문화가 그 사회의 문화 체계 속에 잘 정착되어 새로운 문화 요소로 작동하지만, 정복이나 식민 통치와 같은 방식으로 이루어지는 강제적 문화 접변은 자기 문화의 정체성을 지키려는 움직임이 나타나기도 한다.

자료 ❷
세계적인 우리의 문화유산

꒜ 석굴암

꒜ 승정원일기

꒜ 김장 문화

➜ 유네스코(UNESCO)는 전 인류가 함께 보호해야 할 만한 가치가 있는 중요한 유산을 세계 유산, 무형 문화유산, 세계 기록 유산 등으로 지정하여 보호하고 있다. 현재 우리나라는 석굴암과 불국사(세계 유산), 승정원일기(세계 기록 유산), 김장 문화(무형 문화유산) 등을 비롯하여 50개 이상의 유산이 유네스코에 등재되어 있다.

주제 1 문화 변동의 요인과 양상 ★★★

01 밑줄 친 ㉠, ㉡에 해당하는 사례만을 〈보기〉에서 있는 대로 고른 것은?

> 문화 변동의 요인에는 ㉠ 내재적 요인과 ㉡ 외재적 요인이 있다. 내재적 요인은 한 사회 내부에서 새로운 문화 요소가 등장하는 것이며, 외재적 요인은 한 사회 외부로부터 새로운 문화 요소가 제공되는 것이다.

┌─────── 보기 ───────┐
ㄱ. ㉠ - 자동차
ㄴ. ㉠ - 필리핀의 영어 사용
ㄷ. ㉡ - 불, 전기
ㄹ. ㉡ - 유럽에서의 한류 열풍

① ㄱ, ㄷ   ② ㄱ, ㄹ   ③ ㄴ, ㄹ
④ ㄱ, ㄴ, ㄷ   ⑤ ㄴ, ㄷ, ㄹ

02 표는 질문을 통해 문화 변동의 요인을 구분한 것이다. (가)~(다)를 옳게 연결한 것은? (단, (가)~(다)는 각각 발견, 발명, 문화 전파 중 하나임.)

구분	(가)	(나)	(다)
문화 변동의 내재적 요인인가?	예	아니요	예
존재하지 않았던 새로운 문화 요소를 만들어 내었는가?	아니요	아니요	예

	(가)	(나)	(다)
①	발견	발명	문화 전파
②	발견	문화 전파	발명
③	발명	발견	문화 전파
④	발명	문화 전파	발견
⑤	문화 전파	발견	발명

03 그림은 문화 변동의 요인에 대한 수업 장면이다. (가)에 들어갈 내용으로 옳은 것은?

① 발견   ② 발명
③ 문화 병존   ④ 문화 융합
⑤ 문화 전파

04 다음 교사의 질문에 옳지 <u>않은</u> 답변을 한 학생은?

① 갑 : 미국의 식민 지배의 결과 필리핀에서 영어를 사용하는 것을 들 수 있습니다.
② 을 : 실크 로드를 통해 중국에서 유럽으로 종이와 화약이 전해진 것을 들 수 있습니다.
③ 병 : 신라인들이 중국 한자의 음과 뜻을 빌려 우리말을 표현하는 이두 문자를 만든 것을 들 수 있습니다.
④ 정 : 베트남 전쟁 이후 해외로 이주한 베트남 사람들에 의해 쌀국수가 국제적으로 알려진 것을 들 수 있습니다.
⑤ 무 : 기존의 휴대 전화에 인터넷 검색, 이메일 확인 등의 기능을 추가하여 스마트폰을 만든 것을 들 수 있습니다.

05 다음 사례에 공통적으로 나타난 현상에 대한 설명으로 옳은 것은?

> • 신라 시대 사람들은 중국 한자의 음과 뜻을 빌려 이 두 문자를 만들어 사용하였다.
> • 체로키 인디언들은 알파벳의 일부를 차용하여 자신들의 문자인 체로키 문자를 만들어 사용하였다.

① 특정 문화 요소가 매개체를 통해 전파되었다.
② 한 문화가 다른 문화에 일방적으로 동화되었다.
③ 사람 간의 직접적 교류에 의해 문화가 전파되었다.
④ 한 문화 체계 내에서 내부적 요인에 의해 새로운 문화 요소가 탄생하였다.
⑤ 다른 사회의 문화 요소에서 아이디어를 얻어 새로운 문화 요소를 만들어 냈다.

06 (가), (나)에 대한 옳은 설명만을 〈보기〉에서 고른 것은?

> (가) 우리나라에서는 서양 음악회가 열리는 한편, 국악 한마당도 성황리에 개최되고 있다.
> (나) 멕시코 성당에서는 토착민과 백인 간 혼혈 외모에 남미 전통 의상을 입은 과달루페 성모상을 쉽게 볼 수 있다.

┌─ 보기 ┐

ㄱ. (가)는 문화 병존, (나)는 문화 융합의 사례이다.
ㄴ. (가)와 (나)에 나타난 문화 변동의 양상은 모두 문화의 다양성 증진에 기여한다.
ㄷ. (나)와 달리 (가)에 나타난 문화 변동의 양상은 자문화의 문화 요소가 유지된다.
ㄹ. (가)와 달리 (나)에 나타난 문화 변동의 양상은 외재적 요인에 의한 문화 변동이다.

① ㄱ, ㄴ   ② ㄱ, ㄷ   ③ ㄴ, ㄷ
④ ㄴ, ㄹ   ⑤ ㄷ, ㄹ

07 다음 자료에 대한 설명으로 옳은 것은?

> • 갑국 국민은 이제 더 이상 자국의 전통 의복을 입지 않는다. 갑국을 정복한 A국의 문화 이식 정책으로 인해 A국의 의복 문화로 갑국의 의복 문화가 완전히 대체되었기 때문이다.
> • 책을 통해 B국의 문자를 접한 을국의 지식인들은 자국 문화보다 B국 문화가 우수하다고 판단하고, 이를 을국에 확산시켰다. 그 결과 현재 을국에서는 을국 문자와 B국 문자가 함께 사용되고 있다.

① 갑국에서는 문화 병존이 나타났다.
② 을국에서는 문화 융합이 나타났다.
③ 갑국에서는 을국과 달리 문화 동화가 나타났다.
④ 을국에서는 갑국과 달리 전파에 의한 문화 변동이 나타났다.
⑤ 갑국과 을국은 모두 자문화의 정체성을 상실하였다.

08 다음 A, B에 대한 옳은 설명만을 〈보기〉에서 고른 것은? (단, A, B는 각각 문화 병존, 문화 융합 중 하나임.)

> 교사 : 문화 변동의 양상 중 A, B에 해당하는 사례를 발표해 볼까요?
> 갑 : 아프리카 흑인 음악과 유럽식 악기의 결합으로 재즈가 생겨난 것은 A의 사례에 해당합니다.
> 을 : 한국 내 존재하는 중국인 마을은 B의 사례에 해당합니다.
> 교사 : 모두 정확하게 발표하였어요.

┌─ 보기 ┐

ㄱ. A는 자국 문화의 정체성 상실을 초래한다.
ㄴ. 필리핀에서 타갈로그어와 영어가 모두 사용되는 것은 B의 사례이다.
ㄷ. B는 서로 다른 사회의 문화가 한 사회 문화 체계 속에서 나란히 존재하는 현상이다.
ㄹ. A는 발명, B는 문화 전파에 의해 나타난다.

① ㄱ, ㄴ   ② ㄱ, ㄷ   ③ ㄴ, ㄷ
④ ㄴ, ㄹ   ⑤ ㄷ, ㄹ

09 ㉠, ㉡에 들어갈 문화 변동의 요인과 양상을 옳게 연결한 것은?

㉠ 의 사례	갑국의 식민지였던 을국의 사람들은 스스로의 정체성과 문화를 상실하고 갑국의 생활양식을 따르고 있다.
㉡ 의 사례	최근 우리나라에서 서양 음악에 전통 국악의 요소를 도입하여 만든 새로운 음악을 기타와 피아노, 가야금 등으로 연주하는 퓨전 밴드가 인기를 얻고 있다.

	㉠	㉡
①	문화 동화	문화 병존
②	문화 동화	문화 융합
③	간접 전파	문화 병존
④	자극 전파	문화 융합
⑤	자극 전파	문화 동화

10 밑줄 친 ㉠~㉢에 해당하는 문화 변동의 요인과 양상을 옳게 연결한 것은?

> 우리나라는 예로부터 한복이 일상복이었으나 ㉠ 서구와의 교류 과정에서 양복이 전해진 지 얼마 되지 않아 일상생활에서 한복을 입지 않게 되었다. 남미 또한 이와 같은 양상을 찾아볼 수 있다. ㉡ 유럽의 정복 과정에서 유럽식 의복 문화가 남미에 전해짐에 따라 옷의 형태는 유럽의 의복을 따르게 되었다. 옷의 형태는 ㉢ 지리적 · 문화적 특성에 맞게 변형되었으나 옷의 재질은 전통을 따랐다.

	㉠	㉡	㉢
①	문화 동화	간접 전파	발명
②	문화 동화	자극 전파	문화 융합
③	문화 동화	직접 전파	문화 융합
④	문화 병존	직접 전파	문화 융합
⑤	문화 병존	간접 전파	자극 전파

11 (가)에 들어갈 개념으로 옳은 것은?

> 문화는 끊임없이 변화의 과정을 거친다. 그런데 환경과 시대의 변화에도 불구하고 우리의 한복, 김치, 불고기 등과 같이 과거에서 오늘날까지 오랜 시간 동안 이어 온 생활양식이 있는데, 이를 (가) (이)라고 한다.

① 법 ② 규범 ③ 예술
④ 외래문화 ⑤ 전통문화

12 밑줄 친 '이것'에 대한 설명으로 옳은 것은?

> 이것은 어떤 집단이나 공동체에서 과거로부터 지금까지 공유하고 전승해 오며 그 가치를 인정받는 생활양식을 의미한다.

① 외래문화와 항상 마찰을 빚는다.
② 세계 문화의 다양성을 저해한다.
③ 문화 산업 육성에 기여하지 못한다.
④ 최근 소멸의 위험성이 낮아지고 있다.
⑤ 사회 구성원의 문화 정체성을 구성한다.

13 (가)에 들어갈 내용으로 가장 적절한 것은?

> 교사 : 한 사회의 전통문화가 사라지는 것은 대단히 심각한 문제입니다. 그 이유는 무엇일까요?
> 학생 : 전통문화가 사라짐으로 인해 (가)

① 중요한 수익원을 잃기 때문입니다.
② 다른 사회에 지배당하기 때문입니다.
③ 집단 간 갈등이 늘어나기 때문입니다.
④ 한 사회의 정체성도 사라질 수 있기 때문입니다.
⑤ 과거의 악습으로부터 벗어날 수 없기 때문입니다.

14 다음 글에 나타난 현상에 대한 설명으로 옳은 것은?

> 오늘날과 같은 디자인의 한복은 약 120여 년 전에 등장하였다. 한복의 마고자는 19세기 후반 흥선 대원군이 청에 볼모로 잡혀갔다가 귀국할 때 입고 들어온 만주족의 마괘아를 한복에 어울리게 개량하면서 널리 입게 된 것이다. 그리고 한복 저고리 위에 입는 조끼는 1876년 강화도 조약 체결 이후 조선 사회에 서구 문물이 도입될 당시 주머니가 없는 전통 한복의 불편함을 개선하기 위해 서양의 베스트(vest)를 한복에 맞게 차용하면서 입기 시작하였다.

① 우리의 전통문화가 파괴되었다.
② 한복 고유의 정체성이 훼손되었다.
③ 외래문화를 무분별하게 수용하였다.
④ 외래문화를 창조적으로 수용하여 발전시켰다.
⑤ 서로 다른 문화가 만나 갈등이 발생한 사례이다.

15 다음 글에서 강조하고 있는 전통문화의 발전 방안으로 가장 적절한 것은?

> 식혜를 간편하게 먹을 수 있는 음료로 개발하여 큰 성공을 거둔 갑 기업의 사례는 전통문화의 발전을 고민하는 우리에게 시사하는 바가 크다. 식혜 음료의 성공 비결은 전통문화를 원형 그대로 보존하려는 맹목적인 우월감에서 벗어나 민족의 고유한 음식 문화를 변화된 시대에 맞는 형태로 적절하게 변형하였다는 점에 있다.

① 전통문화와 다른 새로운 문화를 창조한다.
② 서구 문화에 대한 전통문화의 우월성을 강조한다.
③ 전통문화의 상업적 요소를 배제하고 예술성을 강화한다.
④ 전통문화를 현 시대에 맞게 창조적으로 계승 및 발전시킨다.
⑤ 외래문화의 요소를 최대한 많이 수용하여 새로운 문화를 창조한다.

서술형 문제

16 그림은 문화 변동의 양상을 구분한 것이다. 물음에 답하시오. (단, A~C는 각각 문화 동화, 문화 병존, 문화 융합 중 하나임.)

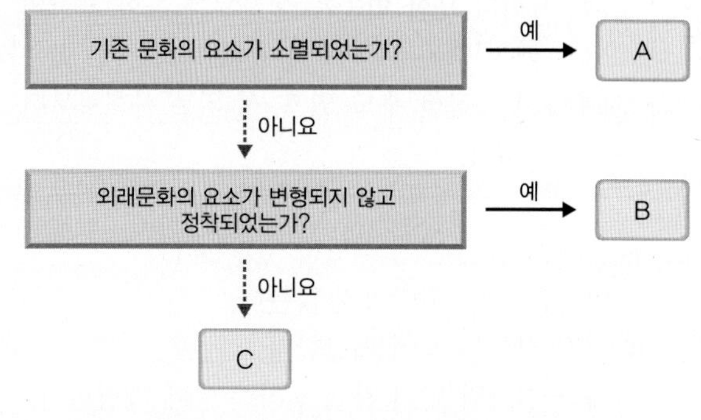

(1) A~C에 해당하는 문화 변동의 양상을 각각 쓰시오.

(2) A~C에 해당하는 사례를 한 가지씩 서술하시오.

17 밑줄 친 내용을 위한 방안을 두 가지 서술하시오.

> 교통과 통신의 발달로 세계화가 급속도로 확산되면서 다른 나라와의 문화적 교류 또한 활발해졌다. 이에 따라 각 사회는 문화의 다양성을 인정하는 것과 동시에 전통문화를 계승하는 것의 의미를 재정립하기 시작하였다. 오늘날 세계화 시대에 전통문화를 계승한다는 것은 단순히 전통문화의 원형을 있는 그대로 보존하는 것이 아니라 창조적으로 계승하여 발전시켜 나가는 것을 의미한다. 따라서 <u>전통문화의 창조적 계승과 발전</u>을 위한 노력이 필요하다.

01 밑줄 친 ㉠~㉢에 대한 설명으로 옳은 것은?

> 한 사회의 문화 변동은 ㉠새로운 문화 요소의 출현으로부터 시작된다. 새로운 문화 요소는 ㉡한 사회의 내부에서 등장할 수도 있고, ㉢외부 사회로부터 제공될 수도 있다.

① 문화 전파는 ㉠에 해당하지 않는다.
② 발견은 ㉡에 해당하지 않는다.
③ 직접 전파는 ㉢에 해당한다.
④ 자극 전파와 달리 간접 전파는 ㉢에 해당한다.
⑤ 오늘날의 문화 변동은 ㉢보다 ㉡에 의해 주로 이루어진다.

02 그림은 질문을 통해 문화 변동의 요인 A~D를 구분한 것이다. 이에 대한 설명으로 옳은 것은? (단, A~D는 각각 발명, 직접 전파, 간접 전파, 자극 전파 중 하나임.)

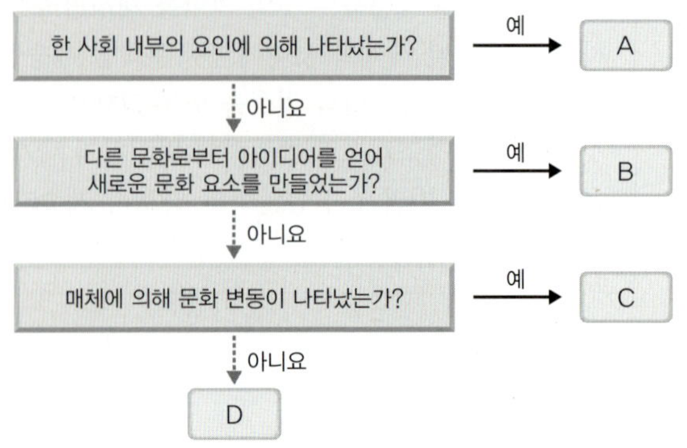

① A의 사례로는 전기를 들 수 있다.
② 오늘날에는 B가 문화 변동의 가장 큰 요인을 차지한다.
③ 사회 관계망 서비스(SNS)에 의한 문화 전파는 C에 해당한다.
④ 신라 시대의 이두 문자는 D의 사례에 해당한다.
⑤ D는 구성원 간 직접적인 접촉 없이 발생한다.

03 다음 자료에 대한 옳은 설명만을 〈보기〉에서 고른 것은?

> 표는 문화 변동의 요인 A~C를 구분한 것이다. 단, A~C는 각각 발명, 간접 전파, 자극 전파 중 하나이다.

구분	A	B	C
문화 변동의 외재적 요인인가?	예	예	아니요
매개체를 통해 문화 변동이 발생하는가?	아니요	예	아니요

〈 보기 〉

ㄱ. A는 외부 문화 요소에서 아이디어를 얻어 발명이 이루어진 것이다.
ㄴ. 실크 로드를 통해 중국의 종이와 화약이 전해진 것은 A의 사례이다.
ㄷ. B는 오늘날 대중 매체의 발달로 인해 영향력이 강화되었다.
ㄹ. 물질적인 것과 달리 비물질적인 것은 C의 대상이 될 수 없다.

① ㄱ, ㄴ 　② ㄱ, ㄷ 　③ ㄴ, ㄷ
④ ㄴ, ㄹ 　⑤ ㄷ, ㄹ

04 (가), (나)에 나타난 문화 변동에 대한 설명으로 옳은 것은?

> (가) 갑국과의 전쟁에서 승리한 을국은 그들의 제도와 생활양식을 갑국에 강제로 이식한 결과 갑국에서는 을국의 문화가 보편화되었다.
> (나) 병국의 드라마와 아이돌 그룹의 노래가 인터넷 등을 통해 퍼지면서 정국에서는 병국의 문화 열풍이 불고 있다.

① 선교사에 의해 종교가 전파되는 것은 (나)에서의 문화 변동 사례에 해당한다.
② 세계화가 진행될수록 (나)보다 (가)에 의한 문화 변동이 주로 나타난다.
③ (가)에서는 간접 전파, (나)에서는 직접 전파가 나타났다.
④ (가)와 (나) 모두 외재적 요인에 의한 문화 변동이 나타났다.
⑤ (가)와 (나) 모두 구성원의 자발성에 기초한 문화 변동이 나타났다.

05 표는 문화 변동의 요인과 양상 A, B의 의미를 나타낸 것이다. A, B에 해당하는 사례로 옳은 것은?

A	외부에서 들어온 문화 요소에서 아이디어를 얻어 새로운 문화 요소를 만들어 내는 현상
B	외부의 문화 요소와 기존의 문화 요소가 만나서 이전의 문화 요소와는 다른 성격을 지닌 제3의 문화 현상을 형성하는 현상

① A – 활의 원리를 이용하여 발명된 현악기
② A – 갈릴레이가 최초로 확인한 태양의 흑점
③ A – 아프리카 음악과 서양 악기가 결합되어 나타난 서양의 재즈
④ B – 서양과의 교역을 통해 일본에 수입된 조총
⑤ B – 인도 불교와 헬레니즘 문화가 만나 형성된 인도의 간다라 미술

06 (가)에 들어갈 개념에 대한 옳은 설명만을 〈보기〉에서 고른 것은?

문화 변동의 양상	(가)
사례	칠성각이란 도교에서 유래한 칠성신을 모시는 전각으로, 칠성신은 우리나라 민간에서 아이들의 수명을 늘려 주며 비를 내려 풍년을 들게 해 주는 신으로 섬겨져 왔다. 이 칠성신은 후에 불교에 흡수되어 사찰의 수호신으로 자리 잡았고 별도의 전각인 칠성각에 모셔지게 되었다.

─ 보기 ─
ㄱ. 서로 다른 문화 요소가 고유성을 유지한 채 나란히 존재하는 경우이다.
ㄴ. 서로 다른 문화 요소가 결합하여 제3의 문화 요소가 형성된 경우이다.
ㄷ. 한의학과 별도로 서양 의학이 도입되어 독립적으로 존재하는 경우를 사례로 들 수 있다.
ㄹ. 멕시코 토착 인디언의 전통과 에스파냐 정복자의 문화가 결합하여 새로운 메스티소 문화가 생긴 것을 사례로 들 수 있다.

① ㄱ, ㄴ　　　② ㄱ, ㄷ　　　③ ㄴ, ㄷ
④ ㄴ, ㄹ　　　⑤ ㄷ, ㄹ

07 밑줄 친 ㉠~㉣에 대한 옳은 설명만을 〈보기〉에서 고른 것은?

A국 사람들은 자신들의 문자를 가지고 있지 않았다. 그러나 ㉠B국 무역 상인들의 무역 활동을 통해 B국의 문자가 A국에 알려지게 되었고, ㉡A국 사람들은 B국 문자의 모양과 발음에서 아이디어를 얻어 자신들의 문자인 □□ 문자를 만들었다. 한편, ㉢C국은 자신들이 독자적으로 만든 문자를 가지고 있었지만, C국 언어학자들을 통해 전파된 B국의 문자를 편리하게 느끼고 이를 사용하는 사람들이 많아지면서 ㉣B국의 문자와 C국의 문자를 공식적으로 모두 사용하게 되었다.

─ 보기 ─
ㄱ. ㉠은 간접 전파의 사례이다.
ㄴ. ㉡은 자극 전파의 사례이다.
ㄷ. ㉢은 발견의 사례이다.
ㄹ. ㉣은 문화 병존의 사례이다.

① ㄱ, ㄴ　　　② ㄱ, ㄷ　　　③ ㄴ, ㄷ
④ ㄴ, ㄹ　　　⑤ ㄷ, ㄹ

08 (가), (나)에 나타난 문화 변동에 대한 설명으로 옳은 것은?

(가) 남아메리카에 위치한 페루는 스페인의 식민지였다. 당시 스페인 점령군은 원주민 문화를 탄압하며 스페인어 사용을 강제하였다. 하지만 케추아어와 같은 원주민 언어는 그 명맥을 유지하여 현재도 스페인어와 함께 페루의 공용어로 사용되고 있다.

(나) 중국의 특별 행정 지구인 마카오는 포르투갈의 식민지였다. 당시 마카오에 머물던 포르투갈 사람들은 자신들의 전통 방식으로 음식을 조리하여 먹었는데, 이러한 과정에서 중국 요리법과 포르투갈 요리법이 결합되어 매케니즈라는 새로운 형태의 음식이 탄생하였다.

① (가)에는 문화 병존이 나타난다.
② (가)에는 발명에 의한 문화 변동이 나타난다.
③ (나)에는 문화 동화가 나타난다.
④ (가)에는 (나)와 달리 직접 전파가 나타난다.
⑤ (나)에는 (가)와 달리 강제적인 문화 접변이 나타난다.

09 그림은 문화 변동의 양상을 나타낸 것이다. 이에 대한 옳은 설명만을 〈보기〉에서 고른 것은? (단, A, B는 각각 문화 병존, 문화 융합 중 하나임.)

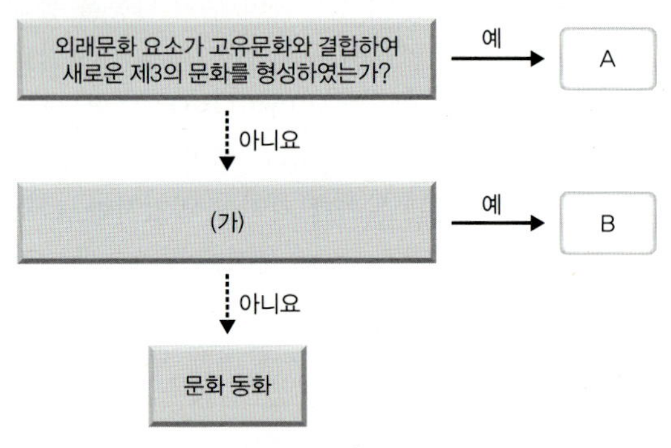

┌─ 보기 ─┐
ㄱ. '우리 사회 내부에 천주교, 개신교, 불교 등이 종교 문화로 함께 존재하는 것'은 B의 사례이다.
ㄴ. A는 B와 달리 고유문화의 정체성이 유지된다.
ㄷ. A와 B는 모두 한 사회의 문화적 다양성을 높이는 데 기여한다.
ㄹ. (가)에는 '서로 다른 사회의 문화가 한 사회 문화 체계 속에서 독립적으로 나란히 존재하는가?'가 들어갈 수 없다.

① ㄱ, ㄴ   ② ㄱ, ㄷ   ③ ㄴ, ㄷ
④ ㄴ, ㄹ   ⑤ ㄷ, ㄹ

10 표는 질문에 따라 문화 변동의 양상 A~C를 구분한 것이다. 이에 대한 설명으로 옳은 것은? (단, A~C를 각각 문화 동화, 문화 병존, 문화 융합 중 하나임.)

구분	A	B	C
제3의 문화 요소가 나타났는가?	㉠	아니요	아니요
기존 문화의 정체성이 남아 있는가?	㉡	아니요	㉢
(가)	아니요	아니요	㉣

① ㉠은 '예'이다.
② ㉡은 ㉢과 달리 '아니요'이다.
③ A는 C와 달리 서로 다른 사회의 문화 요소가 온전히 존재한다.
④ B는 C와 달리 문화 요소의 교류로 인해 기존 문화 양상의 변화가 나타난다.
⑤ (가)에 '서로 다른 사회의 문화가 한 사회의 문화 체계 속에서 나란히 존재하는가?'가 들어가면, ㉣은 '아니요'이다.

11 다음 자료에 대한 옳은 분석만을 〈보기〉에서 고른 것은?

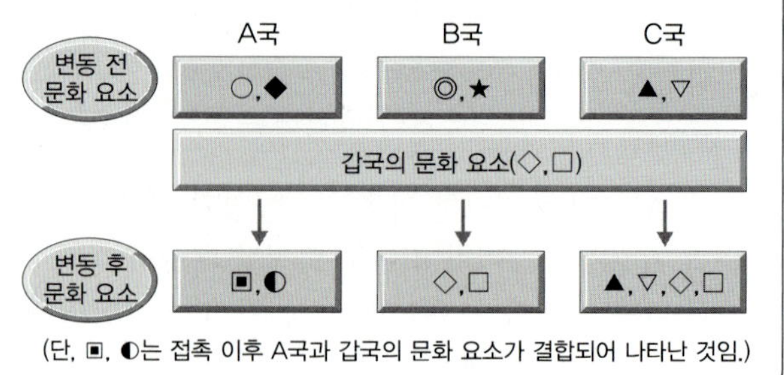

┌─ 보기 ─┐
ㄱ. A국에서는 문화 병존이 나타났다.
ㄴ. B국에서는 자문화의 정체성이 상실되었다.
ㄷ. A국에서는 B국과 달리 새로운 문화 요소가 만들어졌다.
ㄹ. B국에서는 C국과 달리 강제적 문화 접변이 이루어졌다.

① ㄱ, ㄴ   ② ㄱ, ㄷ   ③ ㄴ, ㄷ
④ ㄴ, ㄹ   ⑤ ㄷ, ㄹ

12 다음 대화에 나타난 문화 변동의 양상에 대한 설명으로 옳은 것은?

교사 : 문화 변동의 양상 A~C에 대해 설명해 볼까요? 단, A~C는 각각 문화 동화, 문화 병존, 문화 융합 중 하나입니다.
갑 : A는 한 사회의 문화가 다른 사회의 문화에 흡수되어 정체성을 상실하는 현상을 의미합니다.
을 : (가)
병 : C의 사례로는 유럽의 가톨릭교와 멕시코의 토착 문화가 결합되어 탄생한 과달루페 성모상을 들 수 있습니다.
교사 : 세 학생 모두 잘 이해하고 있네요.

① B의 사례로는 필리핀 사람들이 영어와 타갈로그어를 둘 다 사용하는 것을 들 수 있다.
② A는 C와 달리 한 사회의 문화 다양성 증진에 기여한다.
③ C는 B와 달리 자문화의 정체성이 상실된다.
④ A는 외재적 요인, B와 C는 내재적 요인에 의해 발생한다.
⑤ (가)에는 'B는 제3의 새로운 문화 요소가 만들어지는 문화 변동의 양상입니다.'가 들어갈 수 있다.

13 다음 자료에 대한 옳은 설명만을 〈보기〉에서 있는 대로 고른 것은?

> 표는 문화 변동의 양상 A~C를 진술에 따라 갑과 을이 구분한 것이다. 갑과 을 중 한 사람만 모두 옳게 구분하였다. 단, A~C는 각각 문화 동화, 문화 병존, 문화 융합 중 하나이다.
>
> | 진술 | 갑 | 을 |
> | --- | --- | --- |
> | 두 사회가 자문화의 정체성을 상실하지 않는다. | A, B | A |
> | 기존 문화와는 다른 제3의 새로운 문화 요소가 형성된다. | A | C |
> | (가) | B | B |

┌ 보기 ┐
ㄱ. A의 예로는 우리나라에서 개발된 불고기 버거를 들 수 있다.
ㄴ. B의 결과 한 사회의 문화 요소가 사라진다.
ㄷ. C의 예로는 옌볜 조선족 자치주에서 중국어와 한국어가 함께 사용되는 것을 들 수 있다.
ㄹ. (가)에는 '두 사회의 문화가 각각 독립성을 유지한다.'가 들어갈 수 있다.

① ㄱ, ㄷ 　② ㄱ, ㄹ 　③ ㄴ, ㄹ
④ ㄱ, ㄴ, ㄷ 　⑤ ㄴ, ㄷ, ㄹ

14 (가), (나)에 들어갈 내용을 옳게 연결한 것은?

> ____(가)____ 은/는 한 사회에서 과거에 형성되어 세대 간 전승을 통해 오늘날까지 사람들의 생활에 영향을 미치고 있는 고유한 문화를 의미한다. 현대 사회에서는 정보화와 ____(나)____ (으)로 인해 문화 변동의 범위가 넓어지고 변동 속도 또한 빨라지고 있어 ____(가)____ 이/가 사라질 위험성도 높아지고 있다.

	(가)	(나)		(가)	(나)
①	전통문화	근대화	②	전통문화	세계화
③	전통문화	지역화	④	대중문화	근대화
⑤	대중문화	지역화			

15 교사의 질문에 대해 옳게 답한 학생만을 〈보기〉에서 있는 대로 고른 것은?

┌ 보기 ┐
갑 : 자문화의 주체성을 약화시킵니다.
을 : 사회 유지와 통합에 이바지합니다.
병 : 세계 문화의 다양성을 증진시킵니다.
정 : 문화의 고유성을 유지하는 데 기여합니다.

① 갑, 을 　② 갑, 정 　③ 병, 정
④ 갑, 을, 병 　⑤ 을, 병, 정

16 (가)에 들어갈 내용으로 가장 적절한 것은?

> 법고창신(法古創新)은 옛것을 본받아 새로운 것을 창조해야 한다는 것을 의미한다. 조선 시대 실학자 박지원은 '옛것에만 매달리면 때 묻을 염려가 있고 새로운 것의 창조에만 매달리면 근거가 없어 위험하다.'라고 주장하였다. 옛것을 본받는 일과 새로운 것을 창조하는 일은 동전의 앞뒤와 같이 맞물리면서 균형을 이루어야 실패하지 않는다. 따라서 전통문화의 바람직한 계승을 위해서는 ____(가)____

① 전통문화와 다른 외래문화의 요소는 배제해야 한다.
② 외래문화의 요소는 최대한 많이 수용하여 전통문화와 결합해야 한다.
③ 전통문화가 지닌 가치는 시대의 흐름에 상관없이 원형 그대로 보존해야 한다.
④ 전통문화의 정체성을 유지하면서 다른 문화를 비판적으로 수용하는 자세가 필요하다.
⑤ 전통문화에 대해 지속적인 관심을 갖고 우리 문화만의 고유성과 독창성을 유지해야 한다.

03 문화 상대주의와 보편 윤리

1 문화의 다양성과 문화 상대주의
↳ 문화적 차이를 바라보는 바람직한 태도

(1) 문화의 다양성
① 의미 : 한 사회의 환경이나 역사적 조건, 시대의 흐름에 따라 의식주와 언어, 도덕과 종교에 대한 관념, 주변과의 상호 작용 방법 등 문화 전반이 다양하게 나타나는 현상
② 원인 : 각 사회의 구성원은 서로 다른 자연환경에 적응하고, 그 사회에서 공유하는 인문환경의 영향을 받아 생활하기 때문
③ 영향 : 다양한 문화를 경험하면 삶이 풍부해질 수 있음

(2) 문화 상대주의 → 문화는 평가의 대상이 아니라 이해의 대상임
① 의미 : 각 사회의 문화가 만들어진 배경이나 그 사회 구성원이 공유하는 의미를 바탕으로 문화를 이해하는 태도
→ 어떤 현상이 발생한 시간적·공간적 배경으로, 특정 행위나 현상이 발생하게 된 이유, 목적 등을 이해하는 데 중요한 역할을 함
② 특징 : 문화를 평가의 대상이 아닌 이해의 대상으로 인식 → 각 문화가 해당 사회의 맥락 속에서 고유한 의미와 가치를 가진다는 점을 인정함
③ 필요성 : 어떤 사회의 문화를 바라볼 때 그 사회의 구성원 입장에서 해당 사회의 맥락을 고려하여 문화를 바라보면 올바른 문화 이해가 가능함
④ 순기능
 • 특정 사회의 문화가 갖는 고유한 의미와 가치를 인정하고 존중하는 것은 문화의 다양성을 보존하는 데 기여함
 • 타문화를 바르게 이해함으로써 현대의 다문화 사회를 이해하는 데 적합함
⑤ 역기능 : 극단적 문화 상대주의로 치우칠 경우 인류의 보편적 가치를 훼손할 우려가 있음

2 문화 절대주의
→ 자문화 중심주의와 문화 사대주의 모두 문화를 평가하는 절대적인 기준이 존재한다고 보고, 그 기준으로 각 사회의 문화를 평가하려는 문화 절대주의적 태도에 해당함
(1) 의미 : 문화를 평가하는 절대적 기준이 있다고 보고, 그 기준에 비추어 문화의 선악이나 우열을 가릴 수 있다고 여기는 태도 → 자문화 중심주의와 문화 사대주의

(2) 유형
① 자문화 중심주의 [자료 1]

의미	자기 문화만을 우수하다고 여기고, 이를 기준으로 다른 문화를 열등하다고 평가 절하하는 태도
순기능	• 자기 문화의 정체성과 주체성을 유지시키는 데 유리함 • 자기 문화에 대한 자부심을 강화시켜 사회 통합에 기여할 수 있음 • 고유한 전통문화 계승 및 보전에 유리함
역기능	• 국수주의를 초래하여 자기 문화의 발전 가능성을 저해할 수 있음 • 문화 제국주의를 정당화하는 근거가 되어 다른 문화와 갈등을 유발할 수 있음 • 타문화에 대한 이해와 수용을 어렵게 함

② 문화 사대주의
↳ 자문화 중심주의는 자기 문화의 우월성을 강조하여 강제로 자문화를 이식하려고 할 수 있으므로 제국주의를 합리화하는 수단으로 자문화 중심주의가 악용될 수 있음

의미	다른 문화를 맹목적으로 숭상하고, 자기 문화를 열등하다고 평가 절하하는 태도
순기능	• 외부의 선진 문물을 수용하는 데 개방적임 • 자기 문화의 낙후성을 개선하는 데 기여할 수 있음
역기능	• 자기 문화에 대한 정체성과 주체성을 상실할 우려가 있음 • 고유문화가 소멸되거나 외래문화에 종속될 수 있음 • 다른 문화에 대한 비판적 수용을 어렵게 할 수 있음

개념 더하기

✕ 문화 이해 태도

문화 상대주의	각 문화가 해당 사회의 맥락에서 갖는 고유한 의미를 존중하려는 태도
자문화 중심주의	자기 문화의 우수성을 내세워 타문화를 낮게 평가하는 태도
문화 사대주의	타문화의 우수성을 내세워 자기 문화를 낮게 평가하는 태도

✕ 문화적 정체성
한 문화에 속해 있는 사람들이 공유하는 동질감 또는 자신의 문화에 대해 갖고 있는 자긍심을 의미하며, 이는 개인의 자아 정체성 형성과 사회 통합에 기여한다.

✕ 국수주의
자기 나라의 문화만을 가장 뛰어난 것으로 믿고 다른 나라의 문화를 배척하는 극단적인 태도를 말한다.

✕ 문화 제국주의
선진국의 문화가 후진국에 일방적으로 유입되어 이들 나라의 전통문화를 파괴하고 해체시키는 것을 의미한다.

✕ 천하도

천하도는 조선 중기 이후 제작된 상상의 세계 지도로, 중국 중심의 세계관을 표현한 원형의 세계 지도이다.

1 문화 상대주의의 한계와 극단적 문화 상대주의

(1) **문화 상대주의의 한계** : 문화 상대성을 지나치게 강조할 경우 극단적 문화 상대주의로 흐를 수 있음 [자료2]

(2) **극단적 문화 상대주의**

① 의미 : 문화 상대주의를 지나치게 강조하여 인간의 존엄성, 자유 등과 같은 인류의 보편적 가치를 훼손하는 문화까지 고유한 의미와 가치가 있다고 인정하는 태도

② 문제점 : 인류의 보편적 가치를 훼손하고, 인류 공통의 문화 발전을 저해할 수 있음

③ 사례 : 한 여성이 그가 속한 가족이나 마을 공동체의 명예를 더럽혔다는 이유로 공동체 구성원이 해당 여성을 직접 살해하는 '명예 살인' 관습을 하나의 문화로 인정하는 태도

④ 해결 방안 : 보편 윤리를 통해 자기 문화와 타문화를 성찰함으로써 극단적 문화 상대주의의 문제를 방지해야 함
> 명예 살인을 통해 여성을 살인한 사람들은 붙잡히더라도 가벼운 처벌만 받는 경우가 많기 때문에 아직도 이러한 악습이 사라지지 않고 있음

2 보편 윤리를 통한 문화 성찰
> 문화의 상대성만을 강조할 때의 문제점 : 보편 윤리를 위반하는 문화도 모두 인정해야 한다. 이 경우 자문화와 타문화를 비판적으로 성찰할 수 없음

(1) **보편 윤리의 의미** : 시대와 장소를 초월하여 모든 사람이 존중하고 따라야 할 보편적인 윤리 원칙

(2) **보편 윤리의 필요성**
> 윤리가 상대적이어서 옳고 그름에 관한 보편적인 기준이 존재하지 않는다고 보는 관점

① 문화 상대주의적 태도가 윤리 상대주의로 흐르는 것을 경계할 수 있음

② 인류의 보편적 가치를 훼손하는 풍습이나 관습까지 문화로 인정하는 극단적 문화 상대주의의 태도를 방지할 수 있음

③ 자기 문화를 비롯하여 여러 다른 문화에 존재하는 윤리적 문제점을 발견하고 개선할 수 있는 계기를 제공 → 문화의 질적 발전 실현이 가능함

(3) **보편 윤리 관점에서의 바람직한 문화 이해의 태도**

① 문화 상대주의를 바탕으로 각 문화의 고유한 의미와 가치를 인정하면서 보편 윤리 관점에서 자문화와 타문화를 비판적으로 성찰해야 함

② 보편 윤리 관점에서 문화를 성찰하면 인류 공동의 문화를 꾀할 수 있음

개념 더하기

✕ 극단적 문화 상대주의

의미	인류의 보편적 가치를 훼손하는 행위까지 문화로 인정하는 태도
해결 방안	보편 윤리의 관점에서 자문화와 타문화를 비판적으로 성찰해야 함

✕ 상대주의의 모순
상대주의는 절대적인 진리가 존재할 수 없다고 주장한다. 그러나 이는 '절대적인 진리는 존재하지 않는다.'라는 주장이 절대적인 진리라고 주장하는 모순이다. 따라서 문화를 이해할 때에는 문화 상대주의의 필요성을 폭넓게 인정하면서도 문화 상대주의를 절대적으로 적용하려는 태도는 지양해야 한다.

✕ 보편적 가치
인간의 존엄성, 자유, 평등, 생명 등과 같이 시대와 장소를 초월하여 누구에게나 존중되어야 할 가치를 의미한다.

✕ 명예 살인
요르단, 이집트, 예멘 등 이슬람 문화권에서 순결이나 정조를 잃은 여성 또는 간통한 여성들을 상대로 자행되어 온 관습이다. 간통이나 정조 상실 등을 이유로 삼아 집안의 명예를 더럽혔다는 명목으로 남편 등 가족 가운데 누군가가 해당 여성을 살해하는 풍습이다.

자료 더하기

자료 ❶
'중화사상'에 나타난 문화 이해 태도

중화사상은 중국(한족)이 자국의 문화와 국토를 자랑스러워하며 타민족을 배척하는 사상으로, 과거 중국인들이 가졌던 자문화 중심주의적 태도를 보여 준다. 중국이 세계의 중심인 우수한 나라라는 뜻을 담아 스스로 '중화'라고 칭하였고, 그 밖의 나라는 오랑캐로 여기어 천시하였다. 이를 중화의 '화', '오랑캐 '이'를 따서 화이사상(華夷思想)이라고도 한다. 이 사상은 춘추 전국 시대부터 진(秦), 한(漢) 시대에 걸쳐 형성되었으나, 만주족(滿洲族)이 중국을 통치한 청나라가 건국되고 서양 문물을 수용하게 되면서 서서히 약화되었다.

➡ 우리 역사에서 조선 시대는 중국에 대한 사대(事大)로 비판받는 면이 있다. 조선 시대의 학자 중 상당수는 중국을 상국(上國)으로 여겨 섬기고, 조선을 하국(下國)으로 여겼다. 이는 중국에 대한 조선의 문화 사대주의적 성향을 나타낸다. 이러한 성향은 조선 시대뿐만 아니라 해방 후 미국을 비롯한 서양 문화에 대한 사대주의적 성향으로 이어지기도 하였다.

자료 ❷
문화 상대주의의 한계

남태평양의 작은 섬나라 바누아투의 원주민들은 일정한 나이가 되면 발목에 포도 넝쿨이나 나무줄기, 칡뿌리 등을 감고 30m 높이의 대나무 탑에서 뛰어내리는 성인식을 치른다. 이때 바닥에는 아무런 안전 장치를 두지 않아 성인식을 치르는 과정에서 목숨을 잃거나 크게 다치는 경우가 많다.

➡ 식인 풍습이나 명예 살인은 일부 사회의 전통적인 관습이지만, 인류 사회의 보편적 가치 또는 규범에 어긋나는 것이기 때문에 문화 상대주의를 근거로 무조건 정당화할 수는 없다. 이와 같은 잔혹한 관습이 왜 해당 사회에서 만들어졌는지를 이해하는 도구로써만 문화 상대주의를 활용해야 한다.

★★★

주제 1 | 문화 상대주의적 태도의 필요성

01 다음 글에 부각된 문화 이해 태도에 대한 설명으로 옳은 것은?

> 『서태평양의 항해사』는 말리노프스키가 뉴기니아의 트로브리안섬의 사람들을 연구하고 쓴 것이다. 트로브리안에서 연구를 하던 중 제1차 세계 대전이 발발하여 말리노프스키는 그곳에서 3년을 살았다. 따라서 언어를 습득할 수 있었기 때문에 현지 조사를 할 수 있었다. 말리노프스키 이후부터 "인류학자는 현지어를 배우고 현지에서 1년 이상 지내라."는 말이 생겨났다. 그는 이 세상의 문화라고 하는 모든 것은 어떤 기능을 하기 때문에 존재한다고 주장하였다. 또한 그 기능을 올바르게 이해해야 한다고 하였다. '올바로 이해한다.'는 것은 우리의 시각과 잣대로는 이해되지 않는 행동일지라도 그렇게 행동하는 이들의 입장에서 이해해야 한다는 것을 의미한다.

① 문화를 평가의 대상으로 인식한다.
② 문화적 다양성을 보존하는 데 기여한다.
③ 자기 문화에 대한 자부심을 강화시키고자 한다.
④ 인류가 추구하는 보편적 가치의 실현을 저해한다.
⑤ 타문화의 우수성을 바탕으로 국수주의를 초래하기도 한다.

02 다음 글의 필자가 비판하고 있는 문화 이해 태도에 대한 옳은 설명만을 〈보기〉에서 고른 것은?

> 우리나라 사람 중에는 숟가락과 젓가락을 같이 사용하는 우리의 식사 문화만이 정상적인 것이라 생각하여 손으로 음식을 집어먹거나 젓가락만을 사용하는 문화를 이상하게 바라보는 사람이 많은데, 이는 바람직하지 않은 문화 이해의 태도에 해당한다.

┌─── 보기 ───┐
ㄱ. 다른 사회의 문화를 무비판적으로 수용하곤 한다.
ㄴ. 문화 간에는 우열이 있다는 인식을 바탕으로 한다.
ㄷ. 문화는 그 사회가 속한 환경의 산물임을 간과한다.
ㄹ. 인류 보편의 가치 기준이 존재한다는 사실을 무시한다.
└─────────┘

① ㄱ, ㄴ   ② ㄱ, ㄷ   ③ ㄴ, ㄷ
④ ㄴ, ㄹ   ⑤ ㄷ, ㄹ

03 밑줄 친 '이것'에 대한 설명으로 옳은 것은?

> 문화를 이해하는 태도 중 이것은 타문화를 열등하다고 여기는 인식으로 인해 다른 민족이나 인종, 문화에 대한 차별을 불러올 수 있고 타문화와 갈등을 빚을 수 있다.

① 다문화 사회의 확산에 적합한 태도이다.
② 문화의 다양성을 보존하는 데 기여한다.
③ 자문화의 정체성을 상실할 우려가 크다.
④ 문화 간 우열이 존재하지 않는다고 본다.
⑤ 외부의 문화 요소 도입에 장애 요인이 된다.

04 밑줄 친 '이것'에 대한 설명으로 옳은 것은?

> 문화를 이해하는 태도 중 이것은 합리적 이유 없이 다른 사회의 문화가 우월하다고 믿고 자기 사회의 문화를 평가 절하하는 태도이다.

① 자문화 중심주의이다.
② 국수주의로 이어질 가능성이 있다.
③ 자기 사회의 문화를 개선하는 데 기여할 수 있다.
④ 자기 문화의 정체성을 높이는 데 기여할 수 있다.
⑤ 제국주의 침략을 정당화하는 데 이용되기도 한다.

05 밑줄 친 ㉠, ㉡에 대한 옳은 설명만을 〈보기〉에서 고른 것은?

> 문화는 자연환경이나 인문 환경의 차이 때문에 서로 다른 모습으로 나타난다. 이러한 문화적 차이를 이해하는 태도는 ㉠ 우열 관계로 인식하는 태도와 ㉡ 문화적 차이를 그대로 인정하는 태도로 구분할 수 있다.

┌─── 보기 ───┐
ㄱ. ㉠에는 자문화 중심주의가 포함된다.
ㄴ. ㉡에는 문화 사대주의가 포함된다.
ㄷ. ㉠과 달리 ㉡은 문화를 이해의 대상으로 본다.
ㄹ. ㉡과 달리 ㉠은 문화적 다양성 보존에 유리하다.
└─────────┘

① ㄱ, ㄴ   ② ㄱ, ㄷ   ③ ㄴ, ㄷ
④ ㄴ, ㄹ   ⑤ ㄷ, ㄹ

06 갑, 을이 가진 문화 이해 태도에 대한 설명으로 옳은 것은?

> 갑 : 손으로 음식을 먹는 A 민족의 풍습을 보면 이질감이 느껴져. 하지만 그들의 종교적 신념에 따른 풍습이니까 외부 사회가 간섭해서는 안 돼.
> 을 : 역시 우리 민족의 식생활 풍습이 최고야. 편리하면서도 위생적이거든. 손으로 음식을 먹는 것은 불편할 뿐만 아니라 비위생적인 풍습이야.

① 갑의 태도는 자문화 중심주의이다.
② 갑의 태도는 문화적 다양성 보존에 기여한다.
③ 을의 태도는 자문화의 정체성을 약화시킨다.
④ 을의 태도는 외부 문화의 수용에 적극적이다.
⑤ 갑과 을의 태도는 모두 문화를 우열 평가의 대상으로 본다.

07 다음 글의 (가), (나)에 해당하는 개념에 대한 설명으로 옳은 것은?

> 갑은 자신에게 익숙한 현상은 정상으로, 익숙하지 않은 현상은 비정상으로 간주하는 사고방식을 갖고 있다. 반면 을은 모든 현상은 그것이 존재하는 상황에서 그 현상의 주체에 의해 의미가 규정될 수밖에 없다고 보는 사고방식을 갖고 있다. 이러한 갑과 을의 사고방식은 이들의 문화 이해 태도에 큰 영향을 끼쳐 갑은 ___(가)___, 을은 ___(나)___ 의 태도를 갖고 문화를 인식하고 있다.

① (가)는 자기 사회의 통합을 저해하는 부작용이 있다.
② (가)는 자문화의 정체성을 훼손하는 행동으로 이어질 우려가 있다.
③ (나)는 문화를 우열 평가가 아닌 이해의 대상으로 인식한다.
④ (가)는 자문화 중심주의, (나)는 문화 사대주의이다.
⑤ (가)와 달리 (나)는 문화의 차이를 발전 수준의 차이로 인식한다.

08 다음 대화에서 갑, 을이 지닌 문화 이해 태도로 옳은 것은?

> 갑 : 문화는 그 내용과 양식이 사회에 따라 다르며, 사람들은 자기 문화에 익숙해져 있다. 따라서 사람들이 자기에게 익숙한 것을 기준으로 다른 민족이나 사회의 문화를 평가하는 것은 당연하다.
> 을 : 문화의 내용은 누구나 공유하는 보편적인 것이 아니라 각각의 인간 집단이 처해 있는 특수한 환경과 상황에서 오랜 기간에 축적된 결과물일 뿐이라는 점을 인식해야 한다. 다만, 그러한 문화의 내용은 보편 윤리의 범위를 벗어나서는 안 된다.

	갑	을
①	문화 사대주의	자문화 중심주의
②	문화 상대주의	문화 사대주의
③	문화 상대주의	자문화 중심주의
④	자문화 중심주의	문화 상대주의
⑤	극단적 문화 상대주의	자문화 중심주의

09 (가)~(다)에 해당하는 문화 이해 태도로 옳은 것은? (단, (가)~(다)는 각각 자문화 중심주의, 문화 사대주의, 문화 상대주의 중 하나임.)

> 자기 문화와 다른 문화를 대할 때 ___(가)___ 은/는 해당 문화의 관점에서 그 의미와 가치를 파악하려고 노력한다. 이와 달리 ___(나)___ 은/는 자기 문화의 관점을 내세워 다른 문화가 지닌 가치를 낮게 평가한다. 한편 ___(다)___ 은/는 다른 문화를 우월하게 보고 자기 문화의 가치를 평가 절하한다.

	(가)	(나)	(다)
①	문화 사대주의	문화 상대주의	자문화 중심주의
②	문화 사대주의	자문화 중심주의	문화 상대주의
③	문화 상대주의	자문화 중심주의	문화 사대주의
④	자문화 중심주의	문화 사대주의	문화 상대주의
⑤	자문화 중심주의	문화 상대주의	문화 사대주의

10 (가)~(다)에 해당하는 문화 이해 태도로 옳은 것은? (단, (가)~(다)는 각각 자문화 중심주의, 문화 사대주의, 문화 상대주의 중 하나임.)

구분	(가)	(나)	(다)
자기 문화의 정체성을 상실할 가능성이 높은가?	예	아니요	아니요
자기 문화가 우월하다는 믿음을 바탕으로 다른 문화를 평가하는가?	아니요	예	아니요

	(가)	(나)	(다)
①	문화 사대주의	문화 상대주의	자문화 중심주의
②	문화 사대주의	자문화 중심주의	문화 상대주의
③	문화 상대주의	자문화 중심주의	문화 사대주의
④	자문화 중심주의	문화 사대주의	문화 상대주의
⑤	자문화 중심주의	문화 상대주의	문화 사대주의

11 문화 이해 태도 A~C에 대한 옳은 설명만을 〈보기〉에서 고른 것은? (단, A~C는 각각 자문화 중심주의, 문화 사대주의, 문화 상대주의 중 하나임.)

- '문화 간에 우열이 있다고 보는가?'라는 질문을 통해 A와 B를 구분할 수 없다.
- '자문화의 정체성 상실을 초래할 수 있는가?'라는 질문을 통해 B와 C를 구분할 수 없다.

┌ 보기 ┐

ㄱ. A는 문화적 고립을 자초할 수 있다.
ㄴ. B의 지나친 강조는 보편 윤리의 침해를 초래할 수 있다.
ㄷ. 다양한 문화권의 형성을 이해하기 위해서는 C의 태도가 요구된다.
ㄹ. '타문화의 수용을 저해하는가?'라는 질문을 통해 A와 B를 구분할 수 있다.

① ㄱ, ㄴ ② ㄱ, ㄷ ③ ㄴ, ㄷ
④ ㄴ, ㄹ ⑤ ㄷ, ㄹ

---

12 (가), (나)에 들어갈 내용으로 옳은 것은?

> ___(가)___ 은/는 모든 문화의 가치를 맹목적으로 인정하므로 인류 문화의 발전에 기여하기 어렵다. 따라서 ___(나)___ 을/를 통해 자문화와 타문화를 성찰함으로써 ___(가)___ 의 문제를 방지할 필요가 있다. ___(나)___ 은/는 시대와 사회를 초월하여 모든 사람이 존중하고 따라야 할 행위의 원칙이다.

	(가)	(나)
①	문화 사대주의	보편 윤리
②	문화 사대주의	자유와 평등
③	문화 상대주의	인간의 존엄성
④	극단적 문화 상대주의	보편 윤리
⑤	극단적 문화 상대주의	자유와 평등

13 (가)에 대한 설명으로 옳지 <u>않은</u> 것은?

> ___(가)___ 은/는 시대와 사회를 초월하여 모든 사람이 존중하고 따라야 할 행위의 원칙을 의미한다.

① 자유와 평등을 사례로 들 수 있다.
② 인간의 존엄성을 사례로 들 수 있다.
③ 극단적 문화 상대주의의 태도를 방지하는 기준이 된다.
④ 각 사회의 문화가 지닌 고유한 가치를 보존하는 데 기여할 수 있다.
⑤ 윤리적 문제를 개선할 수 있는 계기를 제공하지만, 문화의 질적 발전을 어렵게 한다.

14 밑줄 친 '보편 윤리'에 해당하지 <u>않는</u> 것은?

> 보편 윤리 관점에서의 성찰 없이 어떤 문화든 무조건 인정하고 존중해야 한다는 관점을 지니면 사회 구성원의 인간다운 삶을 침해하는 문화에 대해 윤리적으로 비판하고 개선하라는 요구를 하기 어렵다.

① 인권 ② 생명 ③ 자유
④ 평등 ⑤ 권력

15 밑줄 친 '국제 사회의 비난'의 근거로 가장 적절한 것은?

> 가족의 동의 없이 결혼을 해 가족의 명예를 실추시켰다는 이유로 한 신혼부부가 신부 측 가족의 손에 살해당한 사건이 파키스탄에서 발생하였다. 파키스탄에서는 이슬람 율법을 적용해 정조를 지키지 않은 여성들을 살해하는 일이 벌어지고 있다. 이처럼 이슬람교 집안의 명예를 더럽혔다는 이유로 이른바 '명예 살인'이 자행되는 것에 대해 <u>국제 사회의 비난</u>이 일고 있다.

① 모든 문화에는 지켜야 할 보편적인 가치가 존재한다.
② 한 사회의 문화는 무조건적으로 이해의 대상이 되어야 한다.
③ 후진 사회는 선진 사회의 문화를 수용함으로써 발전할 수 있다.
④ 자기 문화의 입장에서 다른 문화를 이해하는 것을 배격해야 한다.
⑤ 서로 다른 문화를 비교 평가할 수 있는 객관적인 기준은 존재하지 않는다.

16 다음 글을 통해 도출할 수 있는 결론으로 가장 적절한 것은?

> '네가 대접받고 싶은 그대로 남에게 대접하라.'는 종교 격언처럼 서로 다른 문화를 가진 사회의 구성원들은 상대방의 문화가 가진 가치를 존중하려는 태도를 가질 필요가 있다. 그러나 무조건적인 존중은 바람직하지 않다. 어느 사회의 구성원이든 간에 인간으로서 공통적으로 누려야 하는 기본적인 권리를 침해하는 문화 요소까지 정당화하려는 시도는 옳지 않기 때문이다. 따라서 상대방의 문화가 가진 가치를 일단 존중하되, 무조건적인 인정이 아니라 긍정적인 것은 긍정적인 것으로 부정적인 것은 부정적인 것으로 판단할 줄 아는 의식을 갖추어야 한다.

① 전통문화의 가치를 소중하게 여겨야 한다.
② 각 사회 간에 문화적 이질성을 해소해야 한다.
③ 다른 사회의 문화를 적극적인 태도로 수용해야 한다.
④ 후진국의 문화 발전을 위해 노력하는 태도를 가져야 한다.
⑤ 보편 윤리에 위배되지 않는 문화의 가치를 존중해야 한다.

서술형 문제

17 다음 자료를 보고 물음에 답하시오.

> 문화 이해 태도에는 A, B, C가 있다. A~C는 각각 자문화 중심주의, 문화 사대주의, 문화 상대주의 중 하나이다. 이 중 A는 타문화를 받아들임에 있어 B보다 수용적이지만, 자기 문화의 정체성을 보존하는 데에는 B보다 불리하다. 한편, 문화의 다양성 신장을 위해서는 A, B보다 C가 필요하다.

(1) A~C에 해당하는 문화 이해의 태도를 쓰시오.

____

____

(2) A~C의 역기능을 한 가지씩 서술하시오.

____

____

____

____

18 다음 자료를 보고 물음에 답하시오.

> 야노마미족의 여아 살해 관습은 열대 우림이라는 생태계에 적응하는 방식이다. 야노마미족 수준의 기술 체계를 갖는 사회에서 인구의 급격한 증가를 통제하는 수단이 없다면 열대 우림 생태계의 균형은 쉽게 깨지게 된다. 그리고 그것은 동물성 단백질의 결핍 현상을 크게 약화시킬 뿐만 아니라 생태계 자체의 파괴를 가져와 결국 모든 집단의 존속 자체가 위협받게 된다. 따라서 효율적인 인구 조절 수단이 필요한데, 여아 살해 관습이 그 기능을 하고 있다는 점에서 불가피한 선택임을 이해해야 한다.

(1) 윗글에 나타난 문화 이해 태도를 쓰시오.

____

____

(2) 윗글에 나타난 문화 이해 태도를 보편 윤리 차원에서 비판하시오.

____

____

____

| 교육청 기출 |

01 다음 글의 필자가 지닌 문화 이해 태도에 대한 설명으로 옳은 것은?

> 몽골의 마유주는 말의 젖을 가죽으로 만든 자루에 넣어 숙성시켜 만든 것으로 몽골인들이 물처럼 즐겨 마시는 술의 일종이다. 그런데 마유주는 발효되어 시큼한 향과 맛이 나는 데다가 가죽 냄새도 배어 있어 서양의 한 경제 전문지에서 세계 10대 혐오 음식으로 선정할 정도로 부정적인 평가를 받기도 하였다. 하지만 마유주는 물이 귀하고 음식이 상하기 쉬운 환경에서 유목 생활을 하는 몽골인들 나름의 생존 방식으로 바라보아야 한다.

① 문화 간에는 우열이 존재한다고 본다.
② 자문화를 기준으로 타문화를 평가한다.
③ 자문화보다 타문화가 우월하다고 본다.
④ 자문화의 정체성을 상실할 우려가 있다.
⑤ 문화를 해당 사회의 맥락에서 이해하려고 한다.

02 다음 갑, 을이 문화를 이해하는 태도에 대한 옳은 설명만을 〈보기〉에서 고른 것은?

> 갑 : 이번에 음식점 개업했다며? 축하해! 근데 우리나라 전통 음식을 전문으로 한다면서 왜 간판은 영어야?
> 을 : 세계화 시대에는 영어를 사용해야지. 그리고 영어로 쓴 간판이 더 멋져 보이거든.
> 갑 : 한글이 세계에서 가장 우수한 문자라는 사실을 잊었구나. 너같이 여기는 사람들을 위해서라도 한글 간판 사용을 의무화하면 좋겠어.
> 을 : 나 말고도 수많은 사람들이 영어를 일상적으로 사용하고 있어. 이는 한글보다 영어가 훨씬 우수하다는 증거야.

| 보기 |

ㄱ. 갑의 태도는 자문화의 정체성을 약화시킬 가능성이 크다.
ㄴ. 을의 태도는 외부 사회의 문화를 수용하는 데 적극적이다.
ㄷ. 을과 달리 갑의 태도는 문화의 다양성을 보존하는 데 기여한다.
ㄹ. 갑, 을의 태도는 모두 문화 간 우열의 존재를 인정한다.

① ㄱ, ㄴ   ② ㄱ, ㄷ   ③ ㄴ, ㄷ
④ ㄴ, ㄹ   ⑤ ㄷ, ㄹ

03 갑, 을의 문화 이해 태도에 대한 옳은 설명만을 〈보기〉에서 고른 것은?

> 갑 : 이번에 스페인에 다녀왔는데, 그 나라에는 아기를 눕혀 놓고 사람들이 뛰어넘는 '엘콜라초'라는 축제가 있더라.
> 을 : 아기를 뛰어넘는다고? 그 나라 사람들은 아기를 뛰어넘는 것이 불운을 초래하는 것도 모르나 보네. 우리 전통 축제를 보고 배워야겠어.
> 갑 : 이 축제에서 아기를 뛰어넘는 의식은 그들을 악마로부터 보호하고 건강을 기원하는 의미를 갖고 있어. 17세기부터 이어져 온 전통이므로 그들 고유의 문화로 존중해야 해.

| 보기 |

ㄱ. 갑의 태도는 문화를 평가의 대상이 아닌 이해의 대상으로 바라본다.
ㄴ. 을의 태도는 문화 간 우열이 있다고 본다.
ㄷ. 을의 태도는 타문화의 장점을 객관적으로 인식하는 데 기여한다.
ㄹ. 갑과 달리 을의 태도는 자문화의 정체성을 약화시킬 우려가 있다.

① ㄱ, ㄴ   ② ㄱ, ㄷ   ③ ㄴ, ㄷ
④ ㄴ, ㄹ   ⑤ ㄷ, ㄹ

04 그림은 질문에 따라 문화 사대주의와 자문화 중심주의를 구분한 것이다. (가)~(다)에 들어갈 질문을 〈보기〉에서 옳게 연결한 것은?

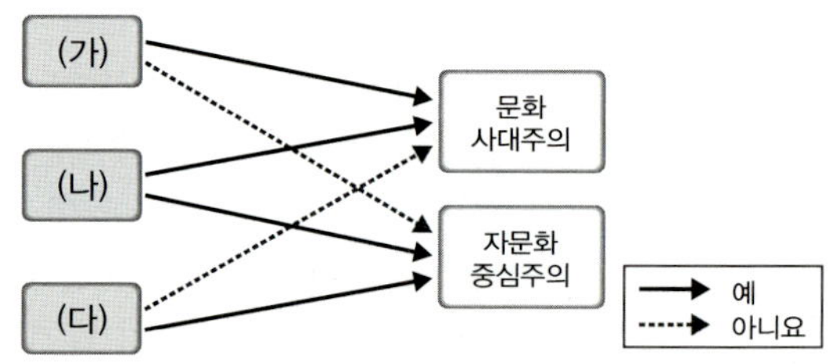

| 보기 |

ㄱ. 외부의 선진 문물을 수용하는 데 개방적인가?
ㄴ. 문화를 평가하는 절대적 기준이 존재한다고 보는가?
ㄷ. 각 문화가 해당 사회의 맥락 속에서 고유한 의미를 가진다고 보는가?
ㄹ. 문화 제국주의를 정당화하는 근거가 되어 문화적 마찰을 발생시킬 수 있는가?

	(가)	(나)	(다)		(가)	(나)	(다)
①	ㄱ	ㄴ	ㄷ	②	ㄱ	ㄴ	ㄹ
③	ㄴ	ㄷ	ㄹ	④	ㄷ	ㄱ	ㄹ
⑤	ㄹ	ㄷ	ㄱ				

05 갑, 을의 문화 이해 태도에 대한 설명으로 옳은 것은?

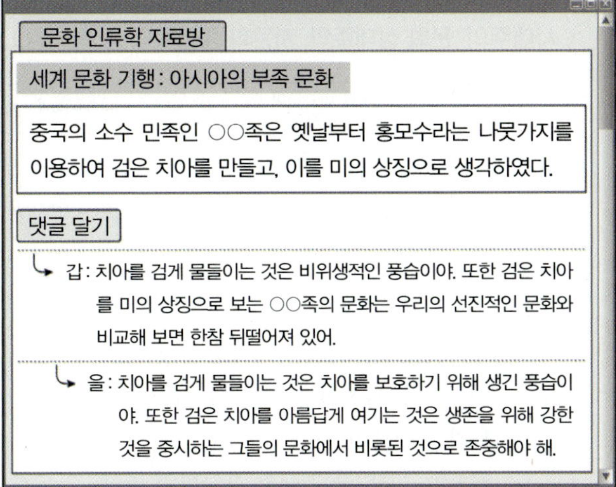

① 갑의 태도는 이질적인 문화 요소의 수용을 원활하게 한다.
② 갑의 태도는 타문화의 우수성을 내세워 자문화를 낮게 평가한다.
③ 을의 태도는 문화의 우열을 평가하는 절대적 기준을 강조한다.
④ 을의 태도는 다양한 문화를 맥락적으로 이해하는 데 도움을 준다.
⑤ 갑, 을의 태도는 모두 모든 문화의 고유한 가치를 존중한다.

06 문화 이해 태도 (가), (나)의 입장에서 질문에 대한 대답으로 옳은 것은?

> 자신의 문화와 다른 문화를 대할 때 　(가)　 은/는 자기 사회의 관점을 내세워 다른 사회의 문화가 가진 가치를 업신여긴다. 이와 달리 　(나)　 은/는 다른 사회의 관점을 내세워 자기 사회의 문화가 가진 가치를 평가 절하한다.

	질문	대답 (가)	대답 (나)
①	절대적 기준에 비추어 문화를 평가하는가?	아니요	아니요
②	외부 사회의 문화를 수용하는 데 부정적인가?	예	아니요
③	자기 문화의 정체성을 약화시키는 문제가 있는가?	예	예
④	문화를 우열 평가의 대상으로 간주하는 경향이 있는가?	아니요	예
⑤	타문화와의 접촉 과정에서 문화적 마찰을 발생시킬 가능성이 큰가?	아니요	예

07 그림은 질문 (가), (나)에 따라 문화 이해 태도를 A~C로 구분한 것이다. 이에 대한 옳은 설명만을 〈보기〉에서 고른 것은? (단, A~C 각각 자문화 중심주의, 문화 사대주의, 문화 상대주의 중 하나임.)

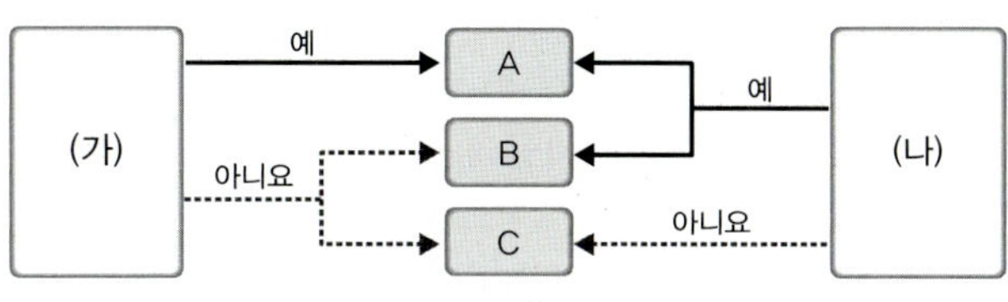

| 보기 |

ㄱ. A가 자문화 중심주의, C가 문화 상대주의라면, (가)에는 '문화를 이해의 대상이 아닌 평가의 대상으로 보는가?'가 들어갈 수 없다.
ㄴ. B가 문화 상대주의, C가 문화 사대주의라면, (나)에는 문화적 다양성을 보존하는 데 기여할 수 있는가?'가 들어갈 수 있다.
ㄷ. (가)가 '국수주의와 문화 제국주의를 초래하는가?'라면, '특정 문화의 우수성을 내세워 문화를 이해하는가?'는 (나)에 들어갈 수 있다.
ㄹ. (가)가 '선진 문물의 수용에 용이한가?'이고, (나)가 '다문화 사회에서 문화 갈등을 초래할 수 있는가?'라면 A는 문화 상대주의이다.

① ㄱ, ㄴ　　　② ㄱ, ㄷ　　　③ ㄴ, ㄷ
④ ㄴ, ㄹ　　　⑤ ㄷ, ㄹ

08 그림은 질문에 따라 문화 이해 태도 A~C를 구분한 것이다. 이에 대한 옳은 설명만을 〈보기〉에서 있는 대로 고른 것은? (단, A~C는 각각 자문화 중심주의, 문화 사대주의, 문화 상대주의 중 하나임.)

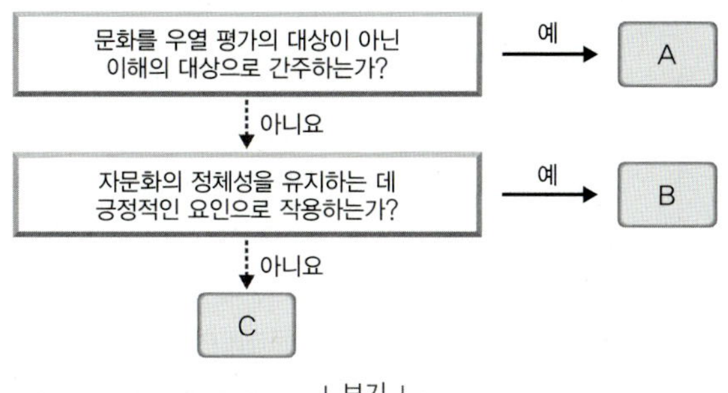

| 보기 |

ㄱ. A는 다른 문화의 수용을 어렵게 한다.
ㄴ. B는 국수주의를 초래할 가능성이 높다.
ㄷ. B에 비해 C는 다른 문화에 대한 거부감이 낮다.
ㄹ. C와 달리 A는 문화의 다양성을 보존하는 데 장애 요인으로 작용한다.

① ㄱ, ㄴ　　　② ㄱ, ㄹ　　　③ ㄴ, ㄷ
④ ㄱ, ㄷ, ㄹ　　　⑤ ㄴ, ㄷ, ㄹ

09 갑~병의 문화 이해 태도에 대한 설명으로 옳은 것은? (단, 갑~병의 태도는 각각 자문화 중심주의, 문화 사대주의, 문화 상대주의 중 하나임.)

> 갑 : 우리나라 가수가 전 세계적으로 유명한 것은 당연한 일이에요. 우리나라의 대중음악은 수준이 매우 낮은 다른 나라들의 대중음악보다 훨씬 뛰어나니까요.
>
> 을 : 저는 그렇게 생각하지 않아요. 노래의 멜로디나 가사 모두 ○○국의 이러한 우수성을 절대 따라갈 수 없어요.
>
> 병 : 각국의 대중음악은 해당 국가의 정서나 문화적 맥락 속에서 이해해야 해요. 따라서 우리나라와 ○○국의 대중음악 중에서 무엇이 더 나은지는 가릴 수 없어요.

① 갑의 태도는 모든 문화의 고유한 가치를 인정한다.
② 을의 태도는 문화의 다양성을 보존하는 데 유리하다.
③ 병의 태도는 자문화보다 타문화를 우월한 것으로 본다.
④ 갑, 을의 태도는 모두 문화 간의 우열을 평가할 수 없다고 본다.
⑤ 갑의 태도는 병의 태도에 비해 문화적 마찰을 일으킬 가능성이 높다.

10 표는 문화 이해 태도 A~C를 구분한 것이다. 이에 대한 옳은 설명만을 〈보기〉에서 있는 대로 고른 것은? (단, A~C는 각각 자문화 중심주의, 문화 사대주의, 문화 상대주의 중 하나임.)

구분	A	B	C
문화를 평가의 대상으로 보는가?	예	아니요	예
(가)	예	아니요	아니요

> 보기
>
> ㄱ. B가 극단적으로 치우치면, 보편 윤리를 침해하는 문화도 수용할 가능성이 있다.
> ㄴ. (가)에 '국수주의로 흐를 우려가 높은가?'가 들어가면 C는 타문화 수용에 배타적이다.
> ㄷ. A가 조선 시대의 중국 사대주의에서 나타나는 태도라면, (가)에는 '자문화가 낙후되었다고 보는가?'가 들어갈 수 있다.
> ㄹ. C가 자국의 문화 정체성 강화에 유리한 태도라면, (가)에는 '자기 문화를 평가 절하하는가?'가 들어갈 수 있다.

① ㄱ, ㄴ
② ㄱ, ㄹ
③ ㄴ, ㄷ
④ ㄱ, ㄷ, ㄹ
⑤ ㄴ, ㄷ, ㄹ

11 그림은 문화 이해 태도 A~C를 구분한 것이다. 이에 대한 옳은 설명만을 〈보기〉에서 고른 것은? (단, A~C는 각각 문화 사대주의, 문화 상대주의, 자문화 중심주의 중 하나임.)

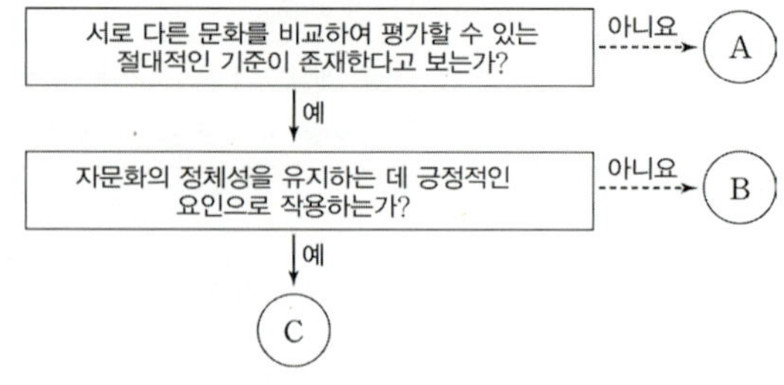

> 보기
>
> ㄱ. A는 다른 사회의 문화를 그 사회의 입장에서 이해하려는 태도이다.
> ㄴ. B는 국수주의를 초래할 가능성이 높다.
> ㄷ. C는 다문화 사회에서 문화 갈등을 초래할 수 있다.
> ㄹ. B와 달리 C는 다른 문화의 수용에 적극적이다.

① ㄱ, ㄴ
② ㄱ, ㄷ
③ ㄴ, ㄷ
④ ㄴ, ㄹ
⑤ ㄷ, ㄹ

12 문화 이해 태도 A~C에 대한 설명으로 옳은 것은? (단, A~C는 각각 문화 사대주의, 문화 상대주의, 자문화 중심주의 중 하나임.)

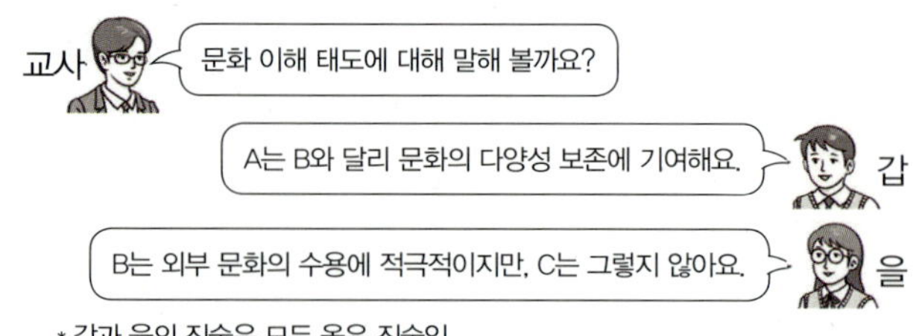

* 갑과 을의 진술은 모두 옳은 진술임.

① A는 문화를 이해가 아닌 평가의 대상으로 인식한다.
② B는 자기 문화의 우월성을 강조한다.
③ C는 문화 제국주의로 변질될 우려가 있다는 비판을 받는다.
④ B는 C와 달리 문화 간 우열이 존재한다고 본다.
⑤ C는 A, B와 달리 고유문화의 소멸을 야기할 수 있다.

13 다음 글에 나타난 문화 이해 태도에 대한 설명으로 옳은 것은?

> 모든 사회에는 그 사회의 구성원들이 속한 자연환경이나 사회적 · 역사적 배경에 적합하도록 발달한 문화가 존재하는 법이다. 따라서 모든 문화는 존재 이유가 있으므로 아무리 상식에 어긋나는 내용이 있다고 하더라도 그것을 함부로 평가하거나 다른 사회의 구성원들에 의해 제재되거나 제거되어서는 안 된다.

① 다른 문화권과 갈등하거나 대립하는 요인이 될 수 있다.
② 문화는 평가의 대상이며, 평가의 기준은 가변적이라고 본다.
③ 인류의 보편 윤리에 위배되는 행위도 고유의 문화로 인정한다.
④ 다른 사회에 대한 특정 문화의 강제적 전파를 합리화하는 근거가 될 수 있다.
⑤ 다른 사회의 문화에 대한 맹목적 추종으로 인해 자문화의 정체성이 상실될 수 있다.

14 (가)에 들어갈 진술로 가장 적절한 것은?

> 서로 다른 문화를 이해하기 위해서는 문화 상대주의 태도가 필요하다. 하지만 문화가 상대적이라고 해서 윤리의 상대성을 인정해야 하는 것은 아니다. 대부분의 사회에서는 인간의 존엄성, 생명 존중, 자유와 평등, 평화와 정의 등의 도덕적 가치를 추구하는 것을 덕으로 여긴다. 그런데 어떤 이들은 '각 문화가 형성된 사회적 · 역사적 배경이 특수하기 때문에 노예제, 인종 차별, 명예 살인과 같은 문화도 존중해야 한다.'고 주장한다. 나는 이와 같은 주장이 [(가)   ]고 생각한다.

① 각 사회의 문화적 차이를 인정해야 함을 간과한다
② 문화를 사회적 맥락 속에서 이해해야 함을 간과한다
③ 보편 윤리의 관점에서 문화를 성찰해야 함을 간과한다
④ 문화 간 우열을 가리려는 태도를 경계해야 함을 간과한다
⑤ 자기 문화를 바탕으로 다른 문화를 평가해야 함을 간과한다

15 (가)에 들어갈 내용으로 가장 적절한 것은?

> 갑 : 뉴스 봤어? 중동의 한 나라에서 명예 살인으로 한 여성이 끔찍하게 희생당했대. 아직도 그런 야만적인 일이 일어난다니 믿을 수가 없어.
> 을 : 모든 문화는 인간이 생존하는 과정에서 필요에 따라 생겨난 거야. 따라서 어떤 문화든 평가의 대상이 되어서는 안 돼. 명예 살인 역시 해당 사회의 한 문화로 이해해야 해.
> 병 : 너의 그런 태도는 [(가)   ]

① 자문화의 정체성을 상실할 우려가 커.
② 문화 제국주의로 변질될 우려가 있어.
③ 다른 문화권과 갈등하거나 대립하는 요인이야.
④ 인류가 지향하는 보편 윤리적 가치를 붕괴시킬 우려가 있어.
⑤ 타문화를 무조건적으로 받아들이는 행동으로 이어질 가능성이 높아.

16 다음 대화에 나타난 갑~정의 문화 이해 태도에 대한 설명으로 옳은 것은?

> 갑 : A국에서는 가족 중 누군가가 죽었을 때 그의 시신을 다른 가족들과 나누어 먹는 풍습이 존재한다고 해. 이는 가족이 세상을 떠나도 그의 영혼과 육체를 떠나보내지 않겠다는 가족애가 담긴 A국 고유의 문화로 볼 수 있어.
> 을 : A국의 풍습은 인류의 보편적 가치를 침해하는 행위로 절대 용납되어서는 안 돼.
> 병 : A국은 우리나라와 달리 야만적인 풍습을 갖고 있구나. 하루빨리 우리나라의 우수한 장례 문화를 전수해야겠어.
> 정 : 우리나라도 별반 다르지는 않다고 봐. A국과 우리나라 모두 B국의 선진 장례 문화를 도입해야 해.

① 갑의 태도는 국가 간 문화의 우열을 평가할 수 있다고 본다.
② 병의 태도는 외부 사회의 문화를 수용하는 데 적극적이다.
③ 정의 태도는 국수주의를 초래할 가능성이 높다.
④ 갑과 달리 을은 보편 윤리의 관점에서 문화를 비판적으로 바라보고 있다.
⑤ 병과 달리 정의 태도는 집단 구성원 간의 결속력을 강화시키는 데 기여한다.

04 다문화 사회와 문화적 다양성

주제 1 다문화 사회의 현황과 양상 ★★

✅ 개념 더하기

✕ 다문화 사회의 양상

긍정적 측면	부정적 측면
• 사회 구성원의 지식과 경험 확장 • 사고의 개방성 향상 • 새로운 문화 창조	• 집단 간 갈등 • 소수 집단에 대한 차별

✕ 저출생과 고령화
저출생은 합계 출산율, 즉 가임 여성(15~49세)이 평생 동안 낳을 것으로 예상되는 자녀 수가 점점 감소하는 현상을 의미하며, 고령화는 전체 인구에서 65세 이상 인구가 차지하는 비율이 점점 증가하는 현상을 의미한다.

---

1 다문화 사회의 의미와 현황

(1) 의미 : 다양한 인종, 종교, 언어 등 서로 다른 문화적 배경을 가진 사람들이 함께 어우러져 살아가는 사회

(2) 등장 배경 : 교통·통신의 발달과 세계화의 확산으로 서로 다른 문화권 간 인적·물적 교류 확대
→ 국가 간 교류가 활발해지면서 상호 의존성이 심화되고 개인의 생활 영역이 국가의 경계를 넘어 확장되는 현상

(3) 현황 [자료 1]
① 우리나라의 경우 국제결혼 및 외국인 노동자의 유입이 증가하면서 다문화 사회로 변화함
② 국제결혼 이민자 증가, 외국인 노동자 증가 등 전 세계적으로 인구 이동이 활발해지면서 많은 나라에서 다문화 사회의 진전이 가속화됨

2 다문화 사회의 양상

(1) 긍정적 측면
① 다양한 문화의 공존으로 인해 문화 다양성 증대 → 문화 창조 능력 향상
② 저출생과 고령화로 인한 노동력 부족 문제 해결 → 경제 성장에 기여
③ 문화 선택의 폭이 넓어짐으로써 문화적으로 풍성한 삶이 가능해짐
④ 다양한 언어를 사용하는 사람들이 증가하여 국가 경쟁력을 향상시킬 수 있음

(2) 부정적 측면 [자료 2]
→ 특정 집단에 대해 한쪽으로 치우친 의견이나 견해를 가지는 태도로, 일반적으로 부정적인 정서나 평가를 동반함
① 서로 다른 문화 간 갈등과 충돌 증가 → 사회 통합 저해
② 이주민에 대한 편견과 차별로 인한 인권 침해 및 외국인 범죄 증가
③ 이주민의 경우 언어, 문화, 가치관 등의 차이로 인한 사회 적응 곤란
④ 일자리 경쟁 심화, 외국인 범죄 증가 등의 갈등 발생 가능

주제 2 다문화 사회의 갈등 해결 방안 ★★

✅ 개념 더하기

✕ 문화적 다양성
한 문화에 속한 사람들이 공유하는 자연환경이나 사회·역사적 배경 등에 따라 각 집단이나 지역의 문화가 여러 가지 모습으로 나타나면서 지니는 각각의 독특한 특성을 의미한다.

✕ 관용
남의 잘못 등을 너그럽게 받아들이거나 용서하는 것을 의미한다.

---

1 다문화 사회의 갈등 해결을 위한 개인적 노력

(1) 문화적 다양성의 존중
① 문화의 다양성을 이해하고 단일 민족의식에서 벗어나 세계시민 의식 함양
② 문화적 다양성을 존중하는 태도가 필요한 이유
• 서로 다른 문화적 배경 속에서 살아온 사람들이 함께 살아가는 다문화 사회에서 나타나는 갈등을 해결하기 위해서는 서로의 문화를 이해하고 존중하는 태도가 필요함
• 한 사회의 과거와 현재를 연결하고, 한 사회가 갖는 고유한 문화 정체성의 바탕이 됨
(2) 관용의 자세 함양 : 다른 문화에 대한 편견이나 차별적 태도를 버리고, 문화적 차이 인정
(3) 문화 상대주의적 태도 함양 : 이주민의 문화를 그 사회의 맥락에서 이해하고, 문화적 다양성 존중

2 다문화 사회의 갈등 해결을 위한 사회적 노력

(1) 다문화 교육 강화 : 편견과 고정 관념을 없애기 위해 사회 구성원 전체를 대상으로 다양한 교육 프로그램을 개발하여 보급
(2) 법과 제도적 지원 확대 : 이주민의 문화와 권리를 보장하는 다양한 정책 및 법률적 기반 마련

---

3 다문화 사회의 이주민 정책 [자료 3]

(1) 용광로 정책

① 의미: 용광로처럼 여러 민족의 다양한 문화를 하나로 녹여 그 사회의 주류 문화에 동화 시키고자 하는 정책 → 동화주의

② 특징

- 기존 문화에 이주민의 문화를 흡수시킴
- 주류 문화와 이주민 간 문화적 동질성을 추구함

(2) 샐러드 볼 정책

① 의미: 국가라는 샐러드 볼 안에서 각 문화의 고유한 맛이 나타날 수 있도록 다양한 인종과 문화가 함께 어울리는 문화를 만들고자 하는 정책 → 다문화주의

② 특징

- 기존 문화와 이주민 문화의 공존을 추구함
- 문화적 이질성을 존중하여 이주민의 문화를 인정하고 보호함

> **✕ 주류 문화**
> 한 사회의 성원 대부분이 공유하는 문화를 말한다.

> **✕ 샐러드 볼 정책의 사례**
> 캐나다의 경우 샐러드 볼 정책의 연장선에서 '모자이크 정책'을 표방하는데, 이는 다양한 조각들이 모여 하나의 모자이크가 되듯이 각각의 인종이나 민족의 문화적 특성이 조화를 이루는 사회를 지향하는 다문화 정책이다.

자료 더하기 

자료 ❶
다문화 사회로 빠르게 변하고 있는 우리나라

︽ 국내 거주 외국 주민 수 및 증가 인원

➔ 2023년 11월 행정 안전부가 발표한 「2022년 지방 자치 단체 외국인 주민 현황」 조사 결과에 따르면 국내 거주 외국인 주민 수는 10년 동안 80여만 명이 증가하면서 226만 명을 넘어섰다. 이는 우리나라 전체 인구의 4.4%에 해당하는 규모로 충남, 대구 일부 광역 자치 단체 인구보다 많거나 유사한 수준이다. 국제결혼 또는 이주 노동자 등의 유입으로 우리나라는 다문화 사회로 빠르게 변화하고 있으며, 그에 따라 사회 전반에 걸친 변화가 나타나고 있다.

→ 사회의 동질성 약화, 문화적 특성이 서로 다른 집단 증가 등

자료 ❷
우리나라 국민의 다문화 사회에 대한 인식

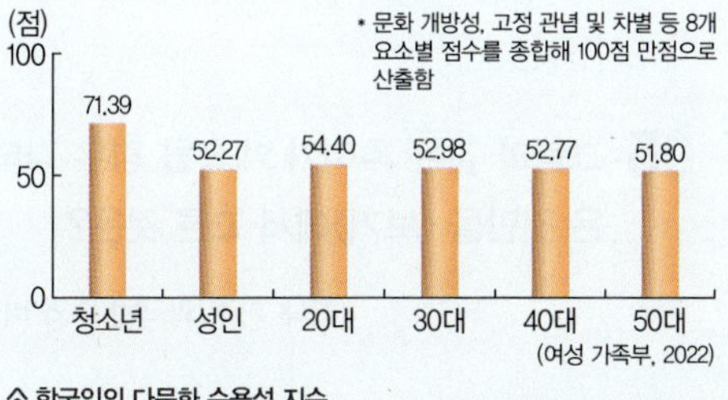

︽ 한국인의 다문화 수용성 지수

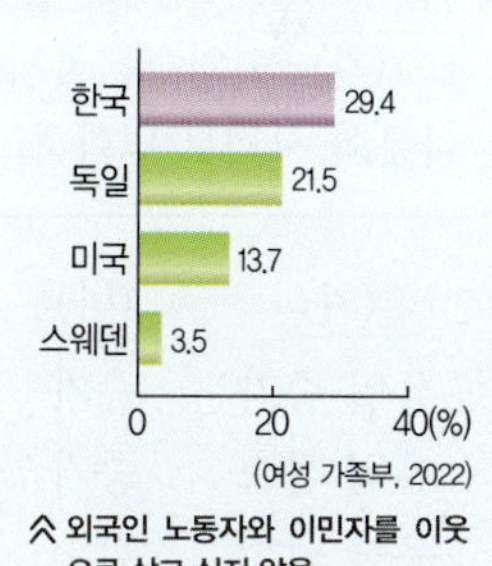

︽ 일자리 부족 시 자국민 우선 고용에 찬성함

︽ 외국인 노동자와 이민자를 이웃으로 삼고 싶지 않음

➔ 위 자료에 따르면 우리나라 국민의 다문화와 이주민에 대한 인식은 개선되고 있지만, 여전히 선진국과 격차가 큰 것으로 나타났다. 이를 해결하기 위해 다문화 이해 교육을 꾸준히 확대하고 전 계층에서 다문화 가족과 교류를 활성화할 수 있도록 제도적 노력이 필요하다.

자료 ❸
다문화 정책의 두 유형

❶ 이민의 역사가 오래된 유럽과 미국은 사회 통합에 관한 많은 고민을 하면서 이론을 발전시키고 있다. 가장 대표적인 것이 미국의 용광로 이론이다. 이는 19세기 말 미국에 이민자가 급증하면서 백인 주류 문화를 바탕으로 생겨난 것으로 철광석과 같은 이민자들이 거대한 용광로인 미국 사회에 용해되어 새로운 인종으로 바뀐다는 개념이다.

❷ 캐나다는 각 민족의 문화 정체성을 인정하면서 사회를 발전시키는 이민 정책을 채택하였다. 캐나다의 이민 정책은 소수 집단의 문화가 주류 사회의 문화를 배경으로 점점이 박혀 있는 모자이크 개념으로 다문화주의를 표방한다. 이러한 다문화주의를 더욱 발전시킨 것이 샐러드 볼 이론이다. 이 이론은 샐러드처럼 다양한 사회 구성원들이 상호 공존하며 각각의 색깔과 향기를 지니고 조화로운 통합을 이루는 것을 추구한다.

➔ ❶은 용광로 이론에 기반을 둔 정책으로 '외국인이 우리나라 문화에 적응하여야 한다.'는 입장인 반면, ❷는 샐러드 볼 이론에 기반을 둔 정책으로 '다양한 문화가 서로 공존해야 한다.'는 입장이다. 따라서 각 사회에 특성을 고려한 다문화 정책이 필요하다.

★★

주제 1 다문화 사회의 현황과 양상

01 밑줄 친 '이 사회'로의 변화 요인으로 옳은 것만을 〈보기〉에서 고른 것은?

> 이 사회는 한 국가나 사회 안에 서로 다른 문화를 가진 인종이나 민족 등이 함께 어우러져 살고 있는 사회를 말한다.

┤ 보기 ├
ㄱ. 국제결혼의 증가
ㄴ. 국가 간 갈등 증가
ㄷ. 해외 구직 활동의 증가
ㄹ. 국가 간 인구 이동의 감소

① ㄱ, ㄴ ② ㄱ, ㄷ ③ ㄴ, ㄷ
④ ㄴ, ㄹ ⑤ ㄷ, ㄹ

02 (가), (나)에 들어갈 내용으로 옳은 것은?

> 다문화 사회로의 변화는 교통·통신의 발달과 세계화의 영향으로 국가 간의 인구 이동이 활발해지면서 더욱 심화되고 있다. 우리나라는 외국인 노동자의 (가) 와/과 국제결혼 가정이 (나) 하면서 다문화 사회로 변화하고 있다.

	(가)	(나)		(가)	(나)
①	유입 증가	증가	②	유입 증가	감소
③	유입 감소	증가	④	유출 증가	증가
⑤	유출 감소	감소			

03 다문화 사회로의 변화 요인으로 옳은 것만을 〈보기〉에서 고른 것은?

┤ 보기 ├
ㄱ. 외국인 노동자의 유입 증가
ㄴ. 외래문화에 대한 배타성 확대
ㄷ. 세계화에 따른 국가 간 협력 증대
ㄹ. 자원을 둘러싼 국가 간 분쟁 확대

① ㄱ, ㄴ ② ㄱ, ㄷ ③ ㄴ, ㄷ
④ ㄴ, ㄹ ⑤ ㄷ, ㄹ

04 다음 자료에 대한 옳은 설명만을 〈보기〉에서 고른 것은?

> 최근 몇 년간 우리나라는 빠른 속도로 ㉠다문화 사회로의 변화를 겪고 있다. ㉡다문화 사회로의 변화는 우리 사회의 (가) 을/를 증대하여 우리 문화를 더욱 풍요롭게 하고, 국가 경쟁력을 향상시킬 수 있다.

┤ 보기 ├
ㄱ. ㉠은 외국인 거주자의 비율이 50% 이상이다.
ㄴ. 세계화는 ㉡의 요인이 된다.
ㄷ. 외국인 유학생의 증가는 ㉡의 요인이 될 수 없다.
ㄹ. (가)에는 '문화적 다양성'이 들어갈 수 있다.

① ㄱ, ㄴ ② ㄱ, ㄷ ③ ㄴ, ㄷ
④ ㄴ, ㄹ ⑤ ㄷ, ㄹ

05 그림과 같은 추이가 계속될 경우 나타날 수 있는 변화로 옳은 것만을 〈보기〉에서 고른 것은?

〈국내 거주 외국인 수와 비율 추이〉

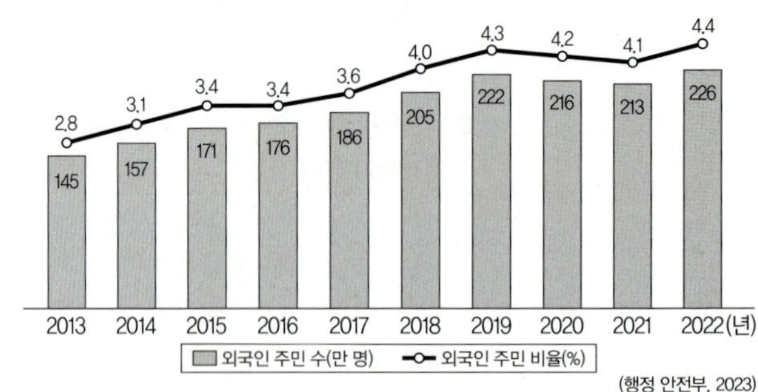

(행정 안전부, 2023)

┤ 보기 ├
ㄱ. 농촌 인구 감소
ㄴ. 문화적 다양성 증대
ㄷ. 외국인 범죄의 증가
ㄹ. 다문화 가정의 수 감소

① ㄱ, ㄴ ② ㄱ, ㄷ ③ ㄴ, ㄷ
④ ㄴ, ㄹ ⑤ ㄷ, ㄹ

06 교사의 질문에 대한 학생의 대답으로 옳지 <u>않은</u> 것은?

① 노동력 부족 문제가 해소될 수 있습니다.
② 다양하고 풍요로운 문화적 경험이 가능합니다.
③ 다른 문화에 대한 편견이나 고정 관념이 강화될 수 있습니다.
④ 사회 구성원들의 지식이 확장되고 사고의 개방성이 높아집니다.
⑤ 국제결혼 이민자들의 유입으로 농어촌 지역에 활력을 제공할 수 있습니다.

07 밑줄 친 ㉠, ㉡에 해당하는 내용으로 옳은 것은?

> 우리나라는 국제결혼 이주민과 외국인 근로자, 유학생 등이 증가하면서 다문화 사회로 진입하게 되었다. 이러한 다문화 사회로 진입하면서 우리 사회에는 ㉠긍정적 변화뿐만 아니라 ㉡부정적 변화도 나타나기 시작하였다.

	㉠	㉡
①	국가 경쟁력 향상	이주민 대상 범죄 감소
②	문화적 다양성 증대	이주민에 대한 혐오 증가
③	문화적 동질성 증대	외국인과의 일자리 경쟁 심화
④	문화적 풍요로움 증대	국내 인구 감소
⑤	이주민에 대한 편견 약화	새로운 문화 창조

08 교사의 질문에 대해 옳지 <u>않은</u> 답변을 한 학생은?

① 갑: 다른 문화에 대한 부정적 선입견을 줄일 수 있습니다.
② 을: 사회 구성원들의 지식이 확장되고 사고의 개방성이 높아집니다.
③ 병: 다른 문화를 경험하여 자기 문화가 갖는 단점을 보완할 수 있습니다.
④ 정: 새로운 문화의 유입으로 문화적 정체성의 혼란이 일어날 수 있습니다.
⑤ 무: 서로 다른 문화 간의 상호 작용이 나타나는 과정에서 문화가 융합될 수 있습니다.

★★

09 다음 자료에 대한 옳은 설명만을 〈보기〉에서 고른 것은?

> ㉠다문화 사회에서 발생할 수 있는 갈등을 해결하려면 ㉡우리의 문화적 정체성을 유지하면서도 외국 출신 이주민의 다양한 문화에 대해 　(가)　 을/를 갖지 않고, 우리 문화와 동등하게 존중하는 　(나)　 의 태도를 가져야 한다.

─── 보기 ───

ㄱ. ㉠의 사례로는 내국인과 외국인 간 분쟁을 들 수 있다.
ㄴ. ㉡을 위해서는 문화 사대주의적 사고가 필수적이다.
ㄷ. (가)에는 '편견' 또는 '선입견'이 들어갈 수 있다.
ㄹ. (나)에는 '차별'이 들어갈 수 있다.

① ㄱ, ㄴ   ② ㄱ, ㄷ   ③ ㄴ, ㄷ
④ ㄴ, ㄹ   ⑤ ㄷ, ㄹ

10 다음은 다문화 사회의 바람직한 문화 이해 태도와 관련된 자료이다. 이에 대한 시사점으로 가장 적절한 것은?

> 서구권 국가 출신 백인 갑과 아프리카 국가 출신 흑인 을은 한국 사회에서 서로 다른 경험을 하였다. 우선 갑이 거리에서 길을 물었을 때 모든 한국인들은 그에게 친절하게 대해 주었으며, 심지어 목적지까지 동행하기도 하였다. 반면 을의 경우 길을 물었을 때 한국인들은 설명을 잘해 주지 않았고, 심지어 불쾌감을 표현하기도 하였다.

① 자기 문화의 정체성을 보존해야 한다.
② 극단적 문화 상대주의를 경계해야 한다.
③ 문화적 소수자를 우선적으로 배려해야 한다.
④ 특정 문화에 대한 편견과 차별을 극복해야 한다.
⑤ 이주민이 우리 문화에 동화될 수 있도록 해야 한다.

11 밑줄 친 ㉠, ㉡에 해당하는 옳은 내용만을 〈보기〉에서 고른 것은?

> 다문화 사회에서 나타나는 갈등을 해결하기 위해서는 ㉠개인적 차원의 노력뿐만 아니라 ㉡사회적 차원의 노력이 절실하다.

― 보기 ―
ㄱ. ㉠ – 자문화에 대한 맹목적인 자부심
ㄴ. ㉠ – 타문화에 대한 깊이 있는 이해 노력
ㄷ. ㉡ – 관용의 자세와 문화 상대주의적 태도 함양
ㄹ. ㉡ – 다문화 교육 강화 및 관련 제도의 마련 및 보완

① ㄱ, ㄴ   ② ㄱ, ㄷ   ③ ㄴ, ㄷ
④ ㄴ, ㄹ   ⑤ ㄷ, ㄹ

12 다음 글에 나타난 다문화 정책에 대한 옳은 설명만을 〈보기〉에서 고른 것은?

> 다문화 사회에서 문화의 차이는 사회 유지에 걸림돌이 되어 갈등을 일으킬 수 있다. 따라서 사회의 원활한 발전을 위해서는 공통된 문화가 형성되어야 한다. 그리고 주류 문화가 중심이 되어 이주민의 다양한 문화의 통합이 필요하다.

― 보기 ―
ㄱ. 문화적 차이를 인정한다.
ㄴ. 문화 동화주의를 바탕으로 한다.
ㄷ. 이주민의 문화를 보호하는 정책의 기반이 된다.
ㄹ. 주류 문화와 이주민 간 문화적 동질성을 추구한다.

① ㄱ, ㄴ   ② ㄱ, ㄷ   ③ ㄴ, ㄷ
④ ㄴ, ㄹ   ⑤ ㄷ, ㄹ

13 밑줄 친 ㉠, ㉡에 대한 옳은 설명만을 〈보기〉에서 고른 것은?

> ㉠동화주의에서는 다양한 문화적 특성을 가진 이주민들을 기존의 주류 사회 문화에 동화시키거나 융합시키고자 한다. 그런데 이는 소수 집단 구성원에게 주류 집단의 정체성을 강요한다는 비판을 받을 수 있다. 한편, ㉡다문화주의는 사회 내에서 다양성을 유지하고, 집단 간 차이를 존중하며, 모든 구성원이 독특한 정체성을 유지하면서 사회 활동에 참여할 수 있는 권리를 존중한다.

― 보기 ―
ㄱ. ㉠에서는 소수 집단 문화의 가치가 경시될 우려가 있다.
ㄴ. ㉡은 문화 병존에 대해 부정적으로 받아들인다.
ㄷ. '다름'에 대한 관용의 정신은 ㉡ 정책의 의도가 실현되는 데 기여할 수 있다.
ㄹ. 문화 상대주의적 태도가 잘 구현되려면 ㉡보다 ㉠이 필요하다.

① ㄱ, ㄴ   ② ㄱ, ㄷ   ③ ㄴ, ㄷ
④ ㄴ, ㄹ   ⑤ ㄷ, ㄹ

14 (가)의 입장에서 (나)에 대한 비판으로 가장 적절한 것은?

> (가) "로마에 가면 로마법을 따르라."는 말처럼 이주민
> 들은 이주한 나라의 고유문화에 따라 살아야 한다.
> (나) 이주민들이 그들의 고유한 언어, 문화 등을 지키
> 며 살아갈 수 있도록 해야 한다. 그들의 문화를 이
> 주한 나라의 고유문화와 동등하게 인정해 주어야
> 한다.

① 다양한 문화의 공존 가능성을 무시하고 있다.
② 사회의 동질성 유지를 지나치게 중시하고 있다.
③ 다른 문화권의 사람들에게 특정 문화를 강요하고 있다.
④ 소수 집단에 대한 일방적인 동화 정책으로 악용될 수
  있다.
⑤ 사회 구성원의 문화 정체성이 혼란스러워질 수 있음
  을 간과하고 있다.

15 다음 자료에 대한 옳은 설명만을 〈보기〉에서 고른 것은?

> 다문화 사회의 이주민 정책으로는 '용광로 정책'과
> '샐러드 볼 정책'이 대표적이다. ____(가)____ 은/는 여러
> 민족의 다양한 문화를 그 사회의 주류 문화에 동화시
> 키고자 하는 정책이며, ____(나)____ 은/는 다양한 인종
> 과 문화가 함께 어울리는 문화를 만들고자 하는 정책
> 이다.

> ┌── 보기 ──
> ㄱ. (가)는 '샐러드 볼 정책'이다.
> ㄴ. (나)는 '용광로 정책'이다.
> ㄷ. (가)에 비해 (나)에서 문화적 다양성이 증대될 가능
>   성이 높다.
> ㄹ. (나)에 비해 (가)에서 문화 동화의 가능성이 높다.

① ㄱ, ㄴ   ② ㄱ, ㄷ   ③ ㄴ, ㄷ
④ ㄴ, ㄹ   ⑤ ㄷ, ㄹ

서술형 문제

16 다음 자료를 보고 물음에 답하시오.

> 교통·통신의 발달과 세계화의 영향으로 인구 이동
> 이 국제적으로 활발해지면서 서로 다른 문화권에 속한
> 사람들 간의 접촉이 빈번해지고 있다. 그 결과 인종,
> 종교, 언어 등 서로 다른 문화적 배경을 가진 사람들이
> 함께 살아가는 사회로 변화하게 되었는데, 이를 다문
> 화 사회라고 한다. 이러한 다문화 사회로의 변화는 우
> 리 사회에 ㉠ 긍정적 영향뿐만 아니라 ㉡ 부정적 영향
> 도 가져올 수 있다는 점에서 국가 차원의 관련 정책이
> 시급하다.

(1) 밑줄 친 ㉠에 해당하는 내용을 두 가지 서술하시오.

____

____

____

(2) 밑줄 친 ㉡에 해당하는 내용을 두 가지 서술하시오.

____

____

____

17 갑, 을의 입장을 각각 한 문장으로 요약하여 서술하시오.

> 갑: 다문화 사회에서 언어와 같은 문화의 차이는 소통
>   의 부재에 따른 갈등을 초래할 수 있으므로 원활한
>   소통을 위한 공통의 문화를 형성해야 해. 공통의
>   문화를 형성하기 위해서는 현실적으로 주류 문화
>   가 중심이 될 수밖에 없어. 따라서 다문화로 인한
>   갈등을 방지하기 위해서는 무엇보다 이주민에 대
>   한 한국 문화 교육이 필요해.
> 을: 다문화 사회는 다양한 민족과 고유한 문화를 동등
>   하게 포용함으로써 다양성의 균형과 조화를 통해
>   사회 통합을 추구해야 해. 문화 다양성을 인정하지
>   않는다면 그 사회는 민족 갈등으로 경쟁력을 잃게
>   될 것이고, 주류 집단에 소외되거나 억압받는 집단
>   이 생겨 진정한 사회 통합을 기대할 수 없게 돼.

____

____

01 (가)에 들어갈 수 있는 내용으로 옳은 것만을 〈보기〉에서 고른 것은?

─ 보기 ─

ㄱ. 국내 외국인 취업자 수 증가 그래프
ㄴ. 국내 외국인 근로자의 생산성 증가 그래프
ㄷ. 외국인에 의한 국내 범죄 건수 증가 그래프
ㄹ. 다문화 가정 자녀들의 학업 중도 포기율 증가 그래프

① ㄱ, ㄴ ② ㄱ, ㄷ ③ ㄴ, ㄷ
④ ㄴ, ㄹ ⑤ ㄷ, ㄹ

02 그림은 우리나라의 국내 거주 외국인 주민 수와 전체 인구에서 외국인 주민이 차지하는 비율 변화를 나타낸 것이다. 이에 대한 옳은 분석 및 추론만을 〈보기〉에서 있는 대로 고른 것은?

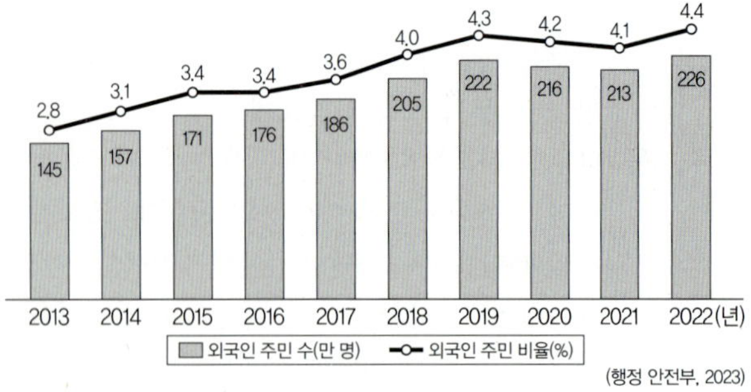

─ 보기 ─

ㄱ. 다문화 사회로의 변화가 촉진될 것이다.
ㄴ. 우리나라 전체 인구는 매년 증가하고 있다.
ㄷ. 집단 간 문화적 갈등 가능성이 낮아질 것이다.
ㄹ. 우리나라 전체 인구는 2016년이 2015년보다 많다.

① ㄱ, ㄷ ② ㄱ, ㄹ ③ ㄴ, ㄷ
④ ㄱ, ㄴ, ㄹ ⑤ ㄴ, ㄷ, ㄹ

03 (가)에 들어갈 대답으로 가장 적절한 것은?

교사: 약 70개 국가에서 온 외국인이 거주하고 있는 경기도 안산의 '국경 없는 마을'에는 한글 간판보다 외국어로 된 간판이 더 많습니다. 이곳에서는 세계 각국의 전통 의상 및 전통문화를 직접 체험해 볼 수 있으며, 다양한 음식을 맛볼 수 있어 해외로 나가지 않아도 각국의 문화를 즐길 수 있습니다. 이 사례를 통해 파악할 수 있는 다문화 사회의 영향은 무엇일까요?
학생: 다문화 사회로 변화함에 따라 (가)

① 외국인 범죄가 증가합니다.
② 문화의 다양성이 증진됩니다.
③ 국내 인력난 부족 문제가 해결됩니다.
④ 특정 문화에 대한 편견이 심화됩니다.
⑤ 사회 구성원의 문화 선택 기회가 감소합니다.

04 그림에 나타난 갑, 을의 입장에 대한 옳은 설명 및 추론만을 〈보기〉에서 고른 것은?

─ 보기 ─

ㄱ. 갑은 다양한 문화적 공동체의 공존을 중시하고 있다.
ㄴ. 갑은 문화 병존보다 문화 융합을 지향하는 다문화 정책을 지지할 것이다.
ㄷ. 을은 문화 병존보다 문화 동화를 지향하는 다문화 정책을 지지할 것이다.
ㄹ. 을과 달리 갑은 전통문화의 계승과 보존에 대해 부정적인 입장이다.

① ㄱ, ㄴ ② ㄱ, ㄷ ③ ㄴ, ㄷ
④ ㄴ, ㄹ ⑤ ㄷ, ㄹ

05 다음 사례에서 공통적으로 나타나는 문제점을 극복하기 위한 방안으로 옳은 것만을 〈보기〉에서 고른 것은?

> • 한국인 근로자들은 이슬람교도인 외국인 근로자가 직장 회식에서 삼겹살을 먹지 않아 한국 직장 문화에 적응하지 않는 것으로 오해하며 언짢아하였다.
> • ○○국가에서 유학 온 외국인 대학생이 학교 식당에서 자국의 풍습에 따라 손으로 음식을 먹는 모습을 보고 한국 학생들이 불쾌해 하며 자리를 피하였다.

┤ 보기 ├
ㄱ. 단일 민족의식을 강화해야 한다.
ㄴ. 다른 문화에 대한 관용의 자세를 지녀야 한다.
ㄷ. 서로의 문화를 이해할 수 있는 기회를 마련해야 한다.
ㄹ. 문화의 차이를 '다름'이 아닌 '틀림'으로 인식하는 태도를 지녀야 한다.

① ㄱ, ㄴ   ② ㄱ, ㄷ   ③ ㄴ, ㄷ
④ ㄴ, ㄹ   ⑤ ㄷ, ㄹ

06 밑줄 친 부분에 해당하는 사례로 옳은 것만을 〈보기〉에서 고른 것은?

> 다문화 사회에서는 서로 다른 문화를 가진 구성원들이 함께 살아가면서 여러 가지 문제가 발생하기도 한다. 이를 해결하기 위해서는 사회 구성원들의 의식적 차원의 노력만으로는 한계가 있으며, <u>제도적 차원의 해결 방안</u>이 병행되어야 한다.

┤ 보기 ├
ㄱ. 다문화 가족의 채용을 촉진하는 법률 제정
ㄴ. 외국인 근로자의 인권을 존중하는 태도 정착
ㄷ. 국제결혼 이민자를 위한 출산 지원 센터 설치
ㄹ. 다양한 문화적 차이를 인정하는 관용의 자세 함양

① ㄱ, ㄴ   ② ㄱ, ㄷ   ③ ㄴ, ㄷ
④ ㄴ, ㄹ   ⑤ ㄷ, ㄹ

07 다음 글의 입장만을 〈보기〉에서 고른 것은?

> 해외로 이주한 한인들은 타국에서 차별과 편견으로 인해 힘겨운 시간을 보냈다. 우리는 이러한 한인들의 삶을 돌이켜 보아 우리 사회의 이주민들을 차별해서는 안 된다. 그리고 이주민들의 문화를 존중하고 그들의 입장을 이해하여 그들과 조화롭게 살기 위해 노력해야 한다.

┤ 보기 ├
ㄱ. 이주민이 겪는 차별을 불가피한 것으로 보아야 한다.
ㄴ. 이주민의 고통에 대해 역지사지의 자세를 가져야 한다.
ㄷ. 이주민의 문화를 우리 문화에 흡수하여 동화시켜야 한다.
ㄹ. 이주민을 배려하고 우리 사회의 구성원으로 포용해야 한다.

① ㄱ, ㄴ   ② ㄱ, ㄷ   ③ ㄴ, ㄷ
④ ㄴ, ㄹ   ⑤ ㄷ, ㄹ

08 그림에 나타난 갑, 을의 입장으로 옳은 것은?

① 갑: 다양한 문화의 고유한 정체성을 인정해야 한다.
② 갑: 문화 간의 우열을 구분하여 위계질서를 세워야 한다.
③ 을: 기존 문화를 버리고 이주민 문화로 대체해야 한다.
④ 을: 문화의 단일성이 아닌 문화의 다양성을 추구해야 한다.
⑤ 갑, 을: 이주민 문화를 기존 문화로 흡수하고 통합해야 한다.

09 다음 대화에 나타난 갑, 을의 관점에 대한 설명으로 옳지 <u>않은</u> 것은?

> 갑: 뉴스를 보니 우리나라에 체류하는 외국인이 200만 명을 넘어섰대. 이들을 우리 문화에 동화시키는 정책이 시급해.
> 을: 그보다는 그들의 다양한 문화적 고유성을 존중해 주는 정책이 강화되어야 한다고 봐.

① 갑은 문화적 다양성 유지를 중시하고 있다.
② 갑의 태도는 문화 사대주의보다 자문화 중심주의에 가깝다.
③ 을은 문화 다원주의를 지향하고 있다.
④ 샐러드 볼 정책은 갑보다 을의 관점에 가깝다.
⑤ 갑과 달리 을은 다른 문화를 그 사회가 처한 맥락에서 이해하고자 한다.

교육청 기출

10 갑, 을의 입장으로 옳은 내용만을 〈보기〉에서 고른 것은?

> 갑: 이주민들은 거주국의 문화를 받아들여야 한다. 이주민들의 문화가 거주국의 문화에 동화되면 사회의 단결력을 증진할 수 있기 때문이다.
> 을: 이주민들의 문화와 거주국의 문화 각각의 정체성을 동등하게 존중해야 한다. 여러 문화가 존중되고 조화를 이루면 문화적 역동성을 증진할 수 있기 때문이다.

┤ 보기 ├
ㄱ. 갑: 이주민의 문화를 인정하고 보호한다.
ㄴ. 갑: 거주국 문화에 이주민 문화를 편입시켜야 한다.
ㄷ. 을: 다양한 문화가 공존하면 문화적 역동성이 증진된다.
ㄹ. 갑과 을: 여러 문화의 정체성은 동등하게 존중되어야 한다.

① ㄱ, ㄴ   ② ㄱ, ㄷ   ③ ㄴ, ㄷ
④ ㄴ, ㄹ   ⑤ ㄷ, ㄹ

11 다음 대화에 대한 옳은 설명만을 〈보기〉에서 고른 것은?

> 사회자: 이주민의 증가로 다문화 사회가 되고 있습니다. 다문화 정책의 방향을 어떻게 세워야 할까요?
> 갑: 이주민들이 우리 문화를 익혀 우리 사회에 완전히 동화될 수 있는 정책을 강력히 추진해야 합니다.
> 을: 동화를 강조하기보다는 문화적 차이를 인정하고 우리 사회가 그들의 문화를 포용할 수 있는 정책을 시행해야 합니다.

┤ 보기 ├
ㄱ. 갑의 입장은 정책 추진 과정에서 문화 갈등이 나타날 가능성이 작다.
ㄴ. 을의 입장은 타문화에 대해 관용적인 태도를 가진다.
ㄷ. 을의 입장은 갑의 입장에 비해 소수 인종 차별 문제의 발생 가능성이 낮다.
ㄹ. 갑과 을의 입장은 모두 개성을 존중하면서 전체와의 조화를 추구한다.

① ㄱ, ㄴ   ② ㄱ, ㄷ   ③ ㄴ, ㄷ
④ ㄴ, ㄹ   ⑤ ㄷ, ㄹ

12 밑줄 친 ㉠, ㉡에 대한 옳은 설명 및 추론만을 〈보기〉에서 고른 것은?

> ㉠용광로 정책은 여러 민족의 고유한 문화를 용광로에 녹여 하나의 동질 문화를 형성하려는 목적을 가지고 있다. 즉, 이 정책은 문화적 배경이 서로 다른 다양한 인종과 민족이 용광로를 거쳐 그 사회의 주류에 동화되기를 기대한다. ㉡우리나라의 초기 다문화 정책은 이러한 용광로 정책과 같은 맥락에서 실시되는 경우가 많았다.

┤ 보기 ├
ㄱ. ㉠은 문화 동화보다 문화 병존을 지향한다.
ㄴ. ㉡의 사례로는 '결혼 이민자를 위한 김장 담그기 교육'을 들 수 있다.
ㄷ. ㉡은 일방적으로 특정 문화에 동화시킨다는 비판을 받을 수 있다.
ㄹ. ㉡은 문화적 동질성보다 문화적 다양성을 높이는 것을 목적으로 할 것이다.

① ㄱ, ㄴ   ② ㄱ, ㄷ   ③ ㄴ, ㄷ
④ ㄴ, ㄹ   ⑤ ㄷ, ㄹ

13 다음 자료에 대한 옳은 설명만을 〈보기〉에서 고른 것은?

> - 갑국의 이주민 정책은 타문화에 대한 존중을 바탕으로 한다. 이주민들의 전통문화 유지를 장려하며 이를 통해 서로 다른 문화가 어우러져 함께 공존하는 사회를 추구하고 있다.
> - 을국의 이주민 정책은 이주민들이 자신의 전통문화를 버리고 을국의 문화에 완전히 동화되는 것을 지향한다. 이를 위해 이주민들에게 을국의 언어, 전통, 역사 등을 교육하고 있다.

─── 보기 ───

> ㄱ. 갑국 정책은 문화 간 차이를 인정하는 관용의 자세를 중시한다.
> ㄴ. 을국 정책은 이주민의 문화 정체성을 훼손할 우려가 있다.
> ㄷ. 갑국 정책은 을국과 달리 사회 통합을 목적으로 한다.
> ㄹ. 갑국과 을국 정책은 모두 문화 다양성 보존에 기여한다.

① ㄱ, ㄴ   ② ㄱ, ㄷ   ③ ㄴ, ㄷ
④ ㄴ, ㄹ   ⑤ ㄷ, ㄹ

14 다음 자료의 A와 B를 아래 표와 같이 분류할 때 (가)~(다)에 들어갈 수 있는 질문으로 옳은 것은?

> A, B는 다문화 사회의 이주민 정책을 나타낸 것이다. 단, A, B는 각각 샐러드 볼 정책과 용광로 정책 중 하나이다.
> - A: 다양한 문화를 융합하여 하나의 정체성을 갖는 사회를 만들어야 한다.
> - B: 서로 다른 문화가 각각의 정체성을 유지하면서 조화를 이루는 사회를 만들어야 한다.

질문	답변	
	예	아니요
(가)	A	B
(나)	B	A
(다)	A, B	

① (가) – 문화 상대주의에 기초한 정책인가?
② (가) – 문화 동화가 나타날 가능성이 높은가?
③ (나) – 문화적 동질성을 높일 가능성이 높은가?
④ (다) – 문화 간 우열을 인정하는 태도를 갖는가?
⑤ (다) – 이주 노동자에 대한 한국어 교육을 사례로 들 수 있는가?

15 (가), (나)에 대한 설명으로 옳은 것은?

> 갑국은 유입되는 이주민을 수용·통합하는 방식으로 (가) 와/과 (나) 방안을 고려하고 있다. (가) 은/는 이주민이 그들만의 문화를 지켜 가는 것을 인정하고 장려하며, 정책 목표를 이주민 집단의 주류 사회로의 동화가 아닌 공존에 둔다. (나) 은/는 이주민이 출신국의 언어·문화·사회적 특성을 완전히 포기하여 주류 사회의 성원들과 차이가 없게 되는 것을 이상으로 삼는다.

① (가)는 (나)보다 자문화 중심주의 입장을 강조하고 있다.
② (나)는 (가)보다 문화의 다양성을 장려한다.
③ (나)는 (가)보다 이주민의 문화 정체성을 훼손할 우려가 크다.
④ 이주민 문화에 대한 체험 프로그램 정책 시행은 (가)보다 (나)에 입각한 것이다.
⑤ 이주민 문화가 갑국 문화에 흡수되어 사라질 가능성은 (나)보다 (가)가 크다.

16 (가)의 갑, 을의 관점을 (나) 그림으로 표현할 때, A~C에 해당하는 옳은 진술만을 〈보기〉에서 고른 것은?

(가)	갑 : 다양한 문화를 융합하여 하나의 정체성을 갖는 국가를 만들어야 한다. 을 : 다양한 문화를 최대한 보장함으로써 서로 다른 문화가 각각의 정체성을 유지할 수 있어야 한다.
(나)	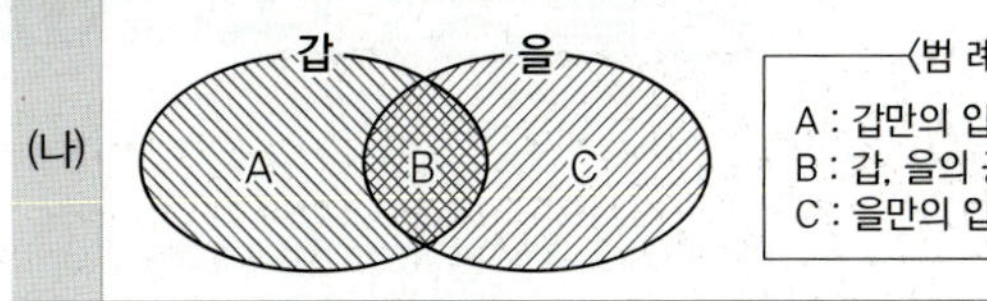

─── 보기 ───

> ㄱ. A – 자국의 문화적 동질성을 높이기 위해 이주민의 유입을 제한하는 정책이 필요하다.
> ㄴ. B – 문화적 차이에 따른 갈등을 방지하고 사회 통합을 실현하기 위한 다문화 정책이 필요하다.
> ㄷ. C – 한 사회 안에 다양한 문화적 공동체가 공존할 수 있도록 지원하는 정책이 필요하다.
> ㄹ. C – 이주민 집단의 전통문화보다 그들이 살고 있는 사회의 전통문화를 우선하는 정책이 필요하다.

① ㄱ, ㄴ   ② ㄱ, ㄷ   ③ ㄴ, ㄷ
④ ㄴ, ㄹ   ⑤ ㄷ, ㄹ

V

생활공간과 사회

"생활공간과 생활양식은 어떻게 변화해 왔으며, 우리의 삶에 어떠한 영향을 미칠까?"

이 단원에서는 우리의 삶에 영향을 미치는 생활공간과 생활양식의 변화 양상을 학습하고,
공동체의 구성원으로서 지역사회의 변화를 위한 방안을 찾아본다.

이 단원 핵심 개념

강	대표 주제	대표 개념
01 산업화와 도시화	**주제 1** 산업화와 도시화에 따른 변화	✓ 산업화 ✓ 도시화 ✓ 교외화 ✓ 도시성 ✓ 직업 분화 ✓ 개인주의 가치관
	주제 2 산업화와 도시화에 따른 문제점과 해결 방안	✓ 주택 문제 ✓ 노동 문제 ✓ 환경 문제 ✓ 인간 소외 현상 ✓ 도시 재개발 ✓ 마을 공동체
02 교통·통신 및 과학기술의 발달 ~ **03** 우리 지역의 공간 변화	**주제 1** 교통·통신의 발달에 따른 변화	✓ 대도시권 ✓ 생태환경 ✓ 지역 격차 ✓ 빨대 효과
	주제 2 과학기술의 발달에 따른 변화	✓ 정보화 ✓ 지리 정보 시스템 ✓ 전자 상거래 ✓ 4차 산업 혁명 ✓ 정보 소외 계층 ✓ 사이버 불링
	주제 3 우리 지역의 공간 변화	✓ 지역성 ✓ 공간 변화 ✓ 지역 조사

01 산업화와 도시화

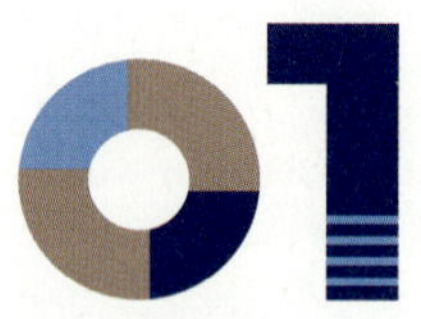

주제 1 산업화와 도시화에 따른 변화 ★★★

📌 개념 더하기

✕ 우리나라의 도시화
우리나라는 2022년 기준 도시화율이 90%를 넘어 인구의 대부분이 도시에 거주하고 있음을 알 수 있다.

1 산업화와 도시화의 정의

산업화	농업 중심의 사회가 공업과 서비스업의 2, 3차 산업 중심 사회로 변화해 가는 현상
도시화	전체 인구 중 도시에 거주하는 인구의 비율이 높아지고 도시적 생활양식이 확대되는 현상 → 대체로 산업화와 함께 진행됨 └→ 산업화로 인해 촌락의 인구가 일자리를 찾아 경제 활동의 기회가 많은 도시로 이동하기 때문(이촌 향도)
우리나라의 산업화와 도시화	1960년대부터 경제 개발 계획이 추진되어 수도권과 남동 임해 지역을 중심으로 공업이 발달함 → 산업화와 도시화가 빠르게 진행됨 자료 1

2 산업화와 도시화에 따른 생활의 변화

(1) 생활공간의 변화

└→ 건물을 높이 올리면 제한된 토지 면적을 효율적으로 이용할 수 있게 됨

거주 공간의 변화	• 고층 건물, 아파트와 같은 건물의 증가 → 토지 이용의 집약도 상승 • 도시 내부가 중심 업무 지역, 상업 지역, 주거 지역, 공업 지역 등으로 분화 • 대도시의 기능 중 일부가 신도시와 주변 지역으로 분산됨 → 대도시와 주변 촌락이 하나의 생활권을 이룸 → 대도시권을 형성함
생태환경의 변화	• 지표 포장 면적의 확대 → 녹지 면적의 감소, 생물 종 다양성의 감소, 홍수의 위험 증가 • 도시 내 하천의 인위적 개발 예 하천 직선화 • 오염 물질의 과도한 배출로 인한 생태환경 악화

└→ 포장 면적이 확대되면 빗물이 토양에 흡수되지 못하고 곧바로 하천으로 유입되어 하천의 유량이 급격히 증가하면서 범람하기 때문

(2) 생활양식의 변화

✕ 도시성
도시에 거주하는 사람들이 갖는 특징적 사고 및 행동 양식으로, 효율성과 합리성을 추구하며 이해타산에 기초한 2차적 인간관계를 주로 맺는 특성이다.

도시성의 확산	• 자율성과 다양성이 존중됨 → 사회적 유대감이 약화됨 • 도시와 촌락의 교류 증가로 촌락 지역에 도시성이 확산됨 → 도시적 생활양식이 보편적 생활양식이 됨
직업의 분화	산업화로 직업의 세분화와 전문화가 이루어짐 → 서비스업 직종이 증가하고, 도시민의 직업이 다양화됨
개인주의 가치관 확산	• 공동체보다 개인의 자유와 권리를 중시하는 '나홀로족'이 증가함 • 개인 간의 경쟁이 치열해짐

주제 2 산업화와 도시화에 따른 문제점과 해결 방안 ★★★

📌 개념 더하기

✕ 인간 소외 현상
인간의 풍요로운 생활을 위해 만든 물질이 거꾸로 인간을 지배하는 현상으로, 도시적 생활양식이 보편화되면서 나타난 도시 문제 중 하나이다.

1 산업화와 도시화에 따른 문제점 자료 2

└→ 인구와 기능이 도시로 과도하게 집중하면서 발생하게 된 부작용임

도시 문제	• 주택 문제: 주택 부족, 집값 상승, 불량 주택 지역 형성 • 교통 문제: 교통 체증, 주차 공간 부족, 교통사고 증가 등 • 환경 문제: 수질 및 토양 오염(산업 폐수나 생활 쓰레기 등이 원인), 대기 오염(공장 매연, 자동차 배기가스 등이 원인), 열대야 및 열섬 현상 증가(녹지 부족, 인공 열 방출량 증가 등이 원인)
노동 문제	• 산업화로 사회가 요구하는 능력과 직업이 변화함 • 생산 과정의 자동화와 기계화로 노동 수요가 감소함 → 실업 문제 발생
인간 소외 현상	도시적 생활양식이 보편화되면서 익명성이 확산되고 공동체의 결속력이 약화됨 → 인간 소외 현상 발생

└→ 주민의 삶의 질이 낮고 주거 환경이 열악한 슬럼

사회적 차원	• 주택 문제의 해결 : 신도시 건설, 도시 재개발 사업 추진 등 → 예 옥상 정원 설치, 도시 습지 조성 등 • 교통 문제의 해결 : 승용차 요일제, 대중교통수단 확충, 공영 주차장 확대 등 • 환경 문제의 해결 : 환경 관련 법적 규제 강화, 생태환경 복원을 위한 노력 등 • 노동 문제 및 인간 소외 현상의 해결 : 고용 보험, 최저 임금제, 마을 공동체 운영 등
개인적 차원	• 환경친화적인 삶 실천 : 대중교통 이용, 자원 절약, 쓰레기 분리수거 실천 등 • 인간의 존엄성 중시 및 타인 존중 • 지나친 개인주의적 태도 지양 : 더불어 살아간다는 연대 의식 강화

✕ **도시 재개발 사업**

환경이 열악한 지역의 건물을 철거·수리·개조 등의 과정을 거쳐 도시 환경을 개선하는 사업이다. 도시 재개발 사업은 대상 지역에 따라 도심 재개발, 산업 지역 재개발, 주거지 재개발 사업으로 구분된다. 도심 재개발은 도심의 규모 확대로 주택이나 낡은 시설 등이 입지한 지역을 상업 및 업무 지역으로 변화시키는 사업이다. 산업 지역 재개발은 도시 내의 노후 산업 단지나 노후 재래 시장 등의 시설을 개선하는 사업이다. 주거지 재개발은 노후 주거 지역의 환경 개선과 생활 기반 시설을 확충하는 사업이다.

자료 ❶

우리나라의 산업화와 도시화

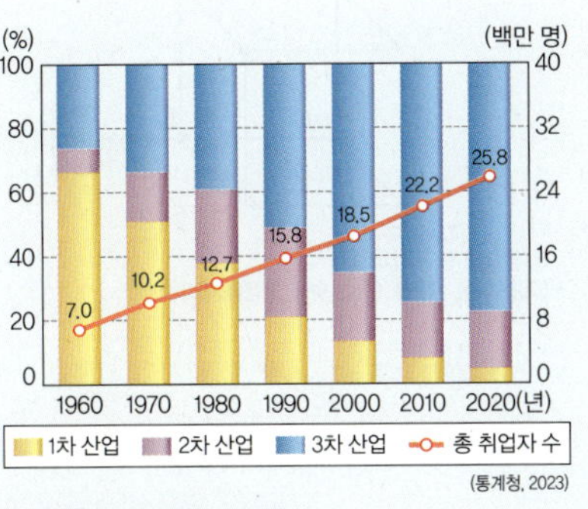

⌃ 우리나라의 산업 구조 변화

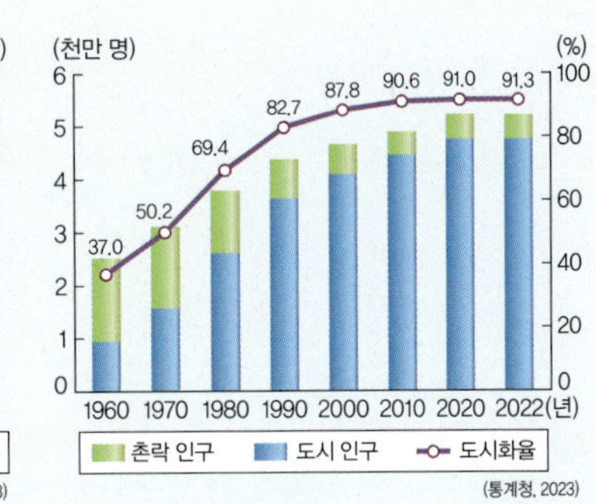

⌃ 우리나라의 인구와 도시화율 변화

➜ 우리나라는 1960년대에 본격적인 공업 발달과 함께 산업화가 진행되었으며, 현재까지 인구가 꾸준히 증가하면서 총 취업자 수도 크게 증가하였다. 우리나라의 산업 구조 변화를 나타낸 그래프를 보면 산업화 초기인 1960년에는 1차 산업 취업자 수 비율이 가장 높았고 2차 산업과 3차 산업의 취업자 수 비율은 낮았으나 산업화가 진행되면서 2020년 기준 1차 산업 취업자 수 비율이 가장 낮고 3차 산업 취업자 수 비율이 가장 높게 나타난다는 것을 알 수 있다.

산업화로 인한 산업 구조의 변화는 도시화의 진행과 관련이 깊다. 우리나라의 인구와 도시화율 변화를 나타낸 그래프를 보면 1960~2022년 도시 인구는 크게 증가한 반면, 촌락 인구는 감소하여 총인구에서 도시 인구가 차지하는 비율인 도시화율이 크게 높아졌음을 알 수 있다. 1960년 이후 산업화가 진행되면서 촌락의 인구가 일자리를 찾아 경제활동의 기회가 많은 도시로 이동하는 이촌 향도 현상이 나타나면서 도시화율이 빠르게 상승한 것이다. 이처럼 산업화와 도시화는 함께 진행되는 경우가 많다.

자료 ❷

산업화와 도시화로 인한 환경 문제

⌃ 1950년대의 런던 스모그

➜ 산업 혁명 이후에도 런던의 석탄 소비량은 여전히 많은 상황이었다. 바람이 거의 불지 않았던 1952년 12월 런던에서 안개와 결합한 매연이 상공에 두꺼운 스모그층을 형성하였고 이로 인해 교통 혼잡이 발생했으며, 런던 시내 전역으로 유해 물질이 퍼지면서 12월 5일부터 9일까지 호흡기 질환과 질식으로 무려 1만 2천여 명의 사망자가 발생하였다. '런던 스모그'로 불리는 대기 오염 사건은 산업화와 도시화로 인한 환경 문제에 대해 경각심을 갖게 하는 사건으로 알려졌으며, 이후 영국은 청정 대기법 제정과 가정에서 석탄을 대체하는 연료를 사용할 경우 지원금을 주는 등 도시 환경 문제 해결을 위해 적극적인 정책을 시행하였다.

자료 ❸

산업화와 도시화로 인한 환경 문제 해결을 위한 대책(하천 복원 사업)

⌃ 도심 하천인 청계천의 복원

➜ 서울의 도심을 흐르는 하천인 청계천은 1960년대 복개 공사를 실시하였다. 하천변에 어지럽게 형성되어 있던 판잣집을 정리해 도시 미관을 개선하였으며, 산업화와 도시화로 급증하는 인구와 자동차를 수용하기 위해 하천 위를 아스팔트로 덮어 도로로 만들었다. 복개된 청계천과 그 주변 지역은 도로와 주차장, 상가 부지 등으로 활용되었다. 그러나 2000년대 들어 정부는 노후 시설의 안전 문제, 열섬 현상을 비롯한 각종 도시 내 환경 문제를 해결하기 위해 도로를 걷어 내고 원래의 청계천 모습으로 복원하는 사업을 실시하였다. 청계천 복원 이후 자동차 통행량이 감소하면서 대기 오염 물질 농도가 낮아졌으며, 하천 주변에 녹지 공간이 조성되고 바람길이 열리면서 열섬 현상이 완화되는 등 도시 내 환경 문제가 개선되는 효과가 나타났다.

★★★

주제 1 산업화와 도시화에 따른 변화

01 (가), (나)에 들어갈 내용으로 옳은 것은?

> • _(가)_ 는 농업 중심의 사회가 공업과 서비스업
> 의 2, 3차 산업 중심 사회로 변화해 가는 현상을 말
> 한다.
> • _(나)_ 는 전체 인구 중 도시에 거주하는 인구의
> 비율이 높아지고 도시적 생활양식이 확대되는 현상
> 을 말한다.

	(가)	(나)
①	문명화	이촌 향도
②	산업화	도시화
③	산업화	역도시화
④	세계화	도시화
⑤	세계화	이촌 향도

02 우리나라의 산업화와 도시화에 대한 설명으로 옳은 것은?

① 산업화는 2000년대부터 시작되었다.
② 2022년 기준 도시 인구보다 촌락 인구가 많다.
③ 1960년보다 2022년에 도시 수와 도시 인구가 적다.
④ 강원권과 호남권을 중심으로 공업 발달이 시작되었다.
⑤ 2022년 기준 1차 산업 종사자 수보다 3차 산업 종사
자 수가 많다.

03 산업화와 도시화로 인한 생활의 변화에 대한 설명으로 옳지
않은 것은?

① 대도시권이 형성되었다.
② 지표의 포장 면적이 감소하였다.
③ 고층 건물, 아파트 등이 증가하였다.
④ 도시 내부가 다양한 기능 지역으로 분화하였다.
⑤ 도시성이 확산되어 사회적 유대감이 약화되었다.

04 사진은 우리나라 어느 지역의 경관 변화를 나타낸 것이다.
1970년대와 비교한 현재의 상대적 특징을 그림의 A~E에서
고른 것은?

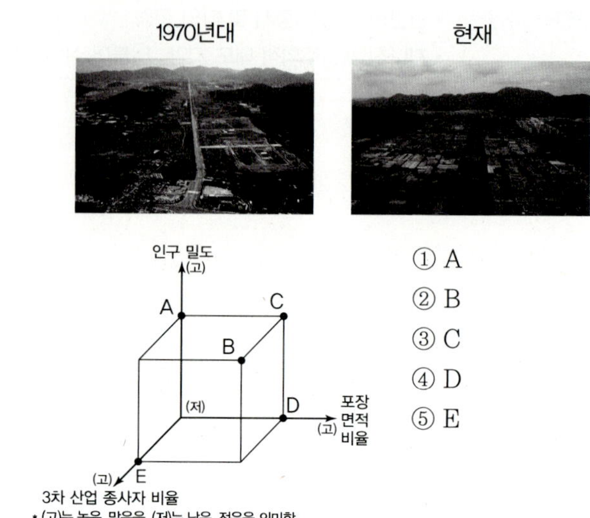

① A
② B
③ C
④ D
⑤ E

05 다음 글의 (가) 도시와 밑줄 친 ㉠~㉢에 대한 설명으로 옳은
것만을 〈보기〉에서 고른 것은?

> ㉠ 산업 혁명의 발상지로 알려진 _(가)_ 은/는
> 18세기 초 인구 약 50만 명에 불과했으나 19세기 초에
> 는 인구 100만 명이 넘는 대도시로 성장하였다. ㉡ 농
> 촌에 살던 사람들은 일자리를 찾아 국제 무역의 중심
> 지로 성장한 _(가)_ (으)로 이주하였고, 이로 인해
> 도시 인구는 빠르게 증가하였다. 지속적인 인구 증가
> 와 교통의 발달은 도심과 ㉢ 교외 지역 팽창의 주요 원
> 인이 되었다.

─── 보기 ───

ㄱ. (가)는 아프리카에 위치한다.
ㄴ. ㉠의 영향으로 1차 산업 종사자 비율은 증가하고 2차
산업 종사자 비율이 감소하였다.
ㄷ. ㉡은 이촌 향도의 사례에 해당한다.
ㄹ. ㉢의 결과 대도시권이 형성되었다.

① ㄱ, ㄴ ② ㄱ, ㄷ ③ ㄴ, ㄷ
④ ㄴ, ㄹ ⑤ ㄷ, ㄹ

[06~07] 그래프는 우리나라의 산업 구조 변화를 나타낸 것이다. 이를 보고 물음에 답하시오.

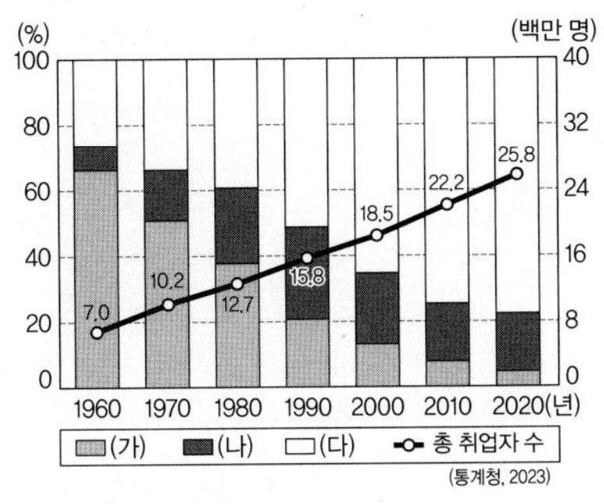

06 (가)~(다) 산업으로 옳은 것은?

	(가)	(나)	(다)
①	1차 산업	2차 산업	3차 산업
②	1차 산업	3차 산업	2차 산업
③	2차 산업	1차 산업	3차 산업
④	3차 산업	1차 산업	2차 산업
⑤	3차 산업	2차 산업	1차 산업

07 (가)~(다)에 대한 설명으로 옳은 것만을 〈보기〉에서 고른 것은?

───── 보기 ─────

ㄱ. (가)의 주요 생산 요소로는 토지, 노동력이 있다.
ㄴ. 도시는 촌락보다 (다)의 취업자 수 비율이 높다.
ㄷ. 산업화로 인해 (가)의 취업자 수 비율은 증가한 반면, (나)의 취업자 수 비율은 감소하였다.
ㄹ. 농림어업은 (가), 서비스업은 (나), 제조업은 (다)에 해당한다.

① ㄱ, ㄴ   ② ㄱ, ㄷ   ③ ㄴ, ㄷ
④ ㄴ, ㄹ   ⑤ ㄷ, ㄹ

08 다음 글의 (가)에 들어갈 내용으로 옳은 것은?

  (가) 은/는 도시에 거주하는 사람들이 갖는 특징적 사고 및 행동 양식으로, 효율성과 합리성을 추구하며 이해타산에 기초한 2차적 인간관계를 주로 맺는 특성을 말한다.

① 도시성   ② 도시화   ③ 산업화
④ 익명성   ⑤ 인간 소외 현상

09 그래프는 우리나라의 (가), (나) 변화를 나타낸 것이다. 이에 대한 설명으로 옳은 것은? (단, (가), (나)는 각각 도시 인구, 촌락 인구 중 하나임.)

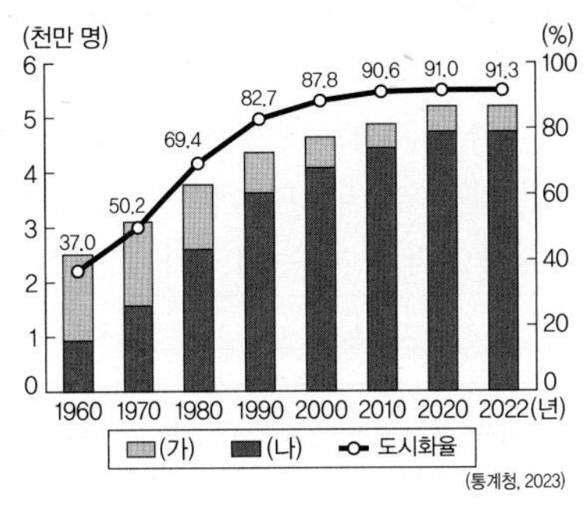

① 도시화율은 2022년보다 1970년이 높다.
② 1960년 촌락 인구보다 도시 인구가 많다.
③ 도시 인구 증가율은 1970~1980년보다 2010~2020년이 높다.
④ (가)는 (나)보다 지역 주민들 간의 공동체 의식이 강하다.
⑤ (나)는 (가)보다 총면적 중 경지 면적의 비율이 높다.

10 그래프는 우리나라의 도시화율 변화를 나타낸 것이다. 1960년과 비교한 2022년의 상대적 특징으로 옳은 것만을 〈보기〉에서 고른 것은?

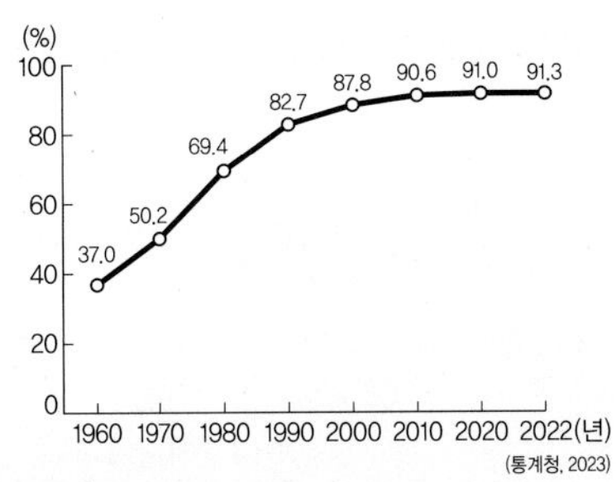

───── 보기 ─────

ㄱ. 경지 면적이 넓다.
ㄴ. 전국의 도시 수가 많다.
ㄷ. 수도권 인구 집중도가 높다.
ㄹ. 3차 산업 취업자 수 비율이 낮다.

① ㄱ, ㄴ   ② ㄱ, ㄷ   ③ ㄴ, ㄷ
④ ㄴ, ㄹ   ⑤ ㄷ, ㄹ

11 다음 글의 (가)에 들어갈 내용으로 옳은 것만을 〈보기〉에서 있는 대로 고른 것은?

> 산업화와 도시화로 인구가 밀집한 도시의 경우 도심은 주변(외곽) 지역보다 기온이 높게 나타난다. 이를 열섬 현상이라고 하는데, 열섬 현상의 원인으로는 __________(가)__________ 등이 제시되고 있다.

보기

ㄱ. 고층 건물의 증가
ㄴ. 녹지 면적의 증가
ㄷ. 지표 포장 면적의 증가
ㄹ. 자동차, 공장으로부터의 인공 열 방출량 증가

① ㄱ, ㄴ 　　② ㄱ, ㄷ 　　③ ㄴ, ㄹ
④ ㄱ, ㄷ, ㄹ 　　⑤ ㄴ, ㄷ, ㄹ

12 사진은 서울을 흐르는 청계천 주변 지역의 변화를 나타낸 것이다. 이러한 변화로 인해 나타난 현상에 대한 설명으로 옳은 것은?

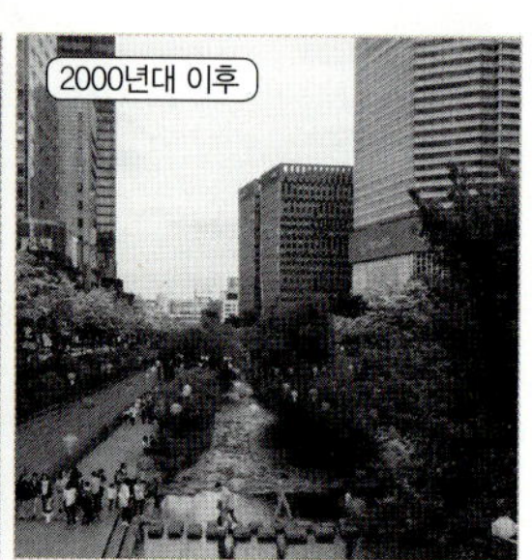

① 자동차 통행량이 증가하였다.
② 도심 열섬 현상이 완화되었다.
③ 대기 오염 물질의 농도가 상승하였다.
④ 지표의 포장 면적 비율이 증가하였다.
⑤ 하천 주변의 판잣집 수가 증가하였다.

13 지도는 (가), (나) 시기 고양의 용도별 토지 이용 변화를 나타낸 것이다. 이에 대한 설명으로 옳은 것은? (단, (가), (나) 시기는 각각 1981년, 2016년 중 하나임.)

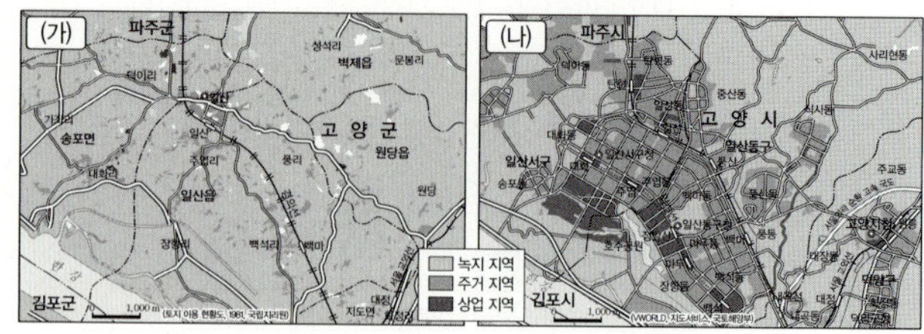

① (가) 시기는 (나) 시기보다 인구 밀도가 높다.
② (가) 시기는 (나) 시기보다 서울로 통근하는 인구가 적다.
③ (나) 시기는 (가) 시기보다 녹지 지역의 면적이 넓다.
④ (나) 시기는 (가) 시기보다 1차 산업 취업자 수 비율이 높다.
⑤ (가) 시기는 2016년, (나) 시기는 1981년이다.

14 다음 글의 ㉠~㉤ 중 옳지 않은 것은?

> 산업화와 도시화에 따라 좁은 지역에 많은 사람이 모여 살면서 삶의 방식이 다양해졌다. 도시에 거주하는 주민들은 대체로 ㉠효율성과 합리성을 추구하며, 사회적 관계도 이해타산에 기초한 ㉡2차적 인간관계의 형태로 맺는 경우가 많다. 이러한 특성은 최근 ㉢촌락 지역까지 확산되어 보편적 생활양식으로 자리 잡고 있다. 또한 산업화와 도시화로 ㉣공동체보다 개인의 자유와 권리를 중시하는 경향이 커졌으며 이에 따라 인간 소외 현상이 발생하여 ㉤개인 간의 경쟁이 완화되었다.

① ㉠ 　　② ㉡ 　　③ ㉢ 　　④ ㉣ 　　⑤ ㉤

15 밑줄 친 '파벨라'에 거주하는 주민들이 겪고 있는 문제를 해결하기 위한 방안으로 옳은 것만을 〈보기〉에서 고른 것은?

> 브라질의 대도시에는 파벨라라고 불리는 불량 주택 지구가 있다. 주로 저소득층이 거주하고 있는 파벨라는 물과 하수 시설, 화장실이 부족하여 주민들이 생활에 큰 어려움을 겪고 있다. 또한 건축 재료의 내구성이 약하기 때문에 홍수, 산사태 등이 발생하면 집들이 힘없이 무너지거나 떠내려가는 등 자연재해에도 취약해 대규모 인명 피해가 발생할 가능성이 높다.

---- 보기 ----
> ㄱ. 낙후 시설과 생활 기반 시설을 개선한다.
> ㄴ. 대규모 산업 단지 조성을 통해 일자리를 마련한다.
> ㄷ. 주택 개선 사업을 실시하여 주택 내구성을 높인다.
> ㄹ. 다른 지역과 생활공간을 분리하는 장벽을 설치한다.

① ㄱ, ㄴ　　② ㄱ, ㄷ　　③ ㄴ, ㄷ
④ ㄴ, ㄹ　　⑤ ㄷ, ㄹ

16 밑줄 친 ㉠, ㉡에 해당하는 사례를 〈보기〉에서 고른 것은?

> 산업화와 함께 도시화가 급격히 진행되면서 주택 문제, 교통 문제, 환경 문제와 같은 다양한 도시 문제가 발생하고 있으며 도시적 생활양식이 보편화되면서 인간 소외 현상이 심화되고 있다. 또한 산업화로 사회가 요구하는 능력과 직업이 변화하면서 노동 문제가 발생하고 있다. 이러한 문제들의 해결을 위해서는 ㉠ 사회적 차원과 ㉡ 개인적 차원의 노력이 요구된다.

---- 보기 ----
> ㄱ. 개인주의적 태도를 지양하고 연대 의식을 갖는다.
> ㄴ. 신도시를 건설하고 도시 재개발 사업을 추진한다.
> ㄷ. 대중교통을 이용하고 쓰레기 분리수거에 동참한다.
> ㄹ. 환경 관련 법적 규제를 강화하고 생태 하천 복원 사업을 실시한다.

	㉠	㉡
①	ㄱ, ㄴ	ㄷ, ㄹ
②	ㄱ, ㄷ	ㄴ, ㄹ
③	ㄴ, ㄷ	ㄱ, ㄹ
④	ㄴ, ㄹ	ㄱ, ㄷ
⑤	ㄷ, ㄹ	ㄱ, ㄴ

서술형 문제

17 그림은 생활양식의 변화를 나타낸 것이다. 이를 보고 물음에 답하시오.

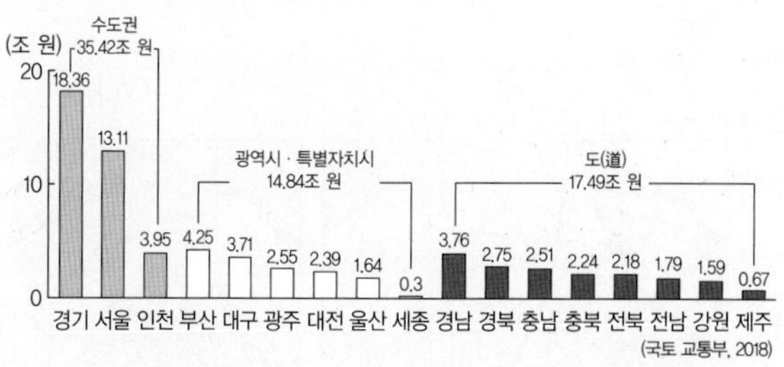

(1) 위와 같은 생활양식 변화의 원인이 된 현상 두 가지를 쓰시오.

(2) (1)의 현상으로 인해 어떠한 변화가 나타났는지 아래 용어를 사용하여 서술하시오.

> 도시화율, 1차 산업 취업자 수 비율, 직업의 종류

18 그래프는 시·도별 교통 혼잡 비용을 나타낸 것이다. 이를 보고 물음에 답하시오.

(1) 수도권과 도(道) 지역의 교통 혼잡 비용 차이에 대해 서술하고, 이와 같은 차이가 발생하는 원인에 대해 서술하시오.

(2) (1)에서 답한 교통 혼잡 비용 차이를 줄이기 위한 대책을 두 가지만 서술하시오.

01 (가) 지역과 비교한 (나) 지역의 상대적 특징만을 〈보기〉에서 고른 것은?

보기
ㄱ. 인구 밀도가 낮다.
ㄴ. 직업의 다양성이 높다.
ㄷ. 토지 이용의 집약도가 높다.
ㄹ. 1차 산업 취업자 수 비율이 높다.

① ㄱ, ㄴ 　　② ㄱ, ㄷ 　　③ ㄴ, ㄷ
④ ㄴ, ㄹ 　　⑤ ㄷ, ㄹ

02 지도는 어느 지역의 토지 이용 변화를 나타낸 것이다. (가) 시기와 비교한 (나) 시기의 상대적 특성만을 〈보기〉에서 고른 것은?

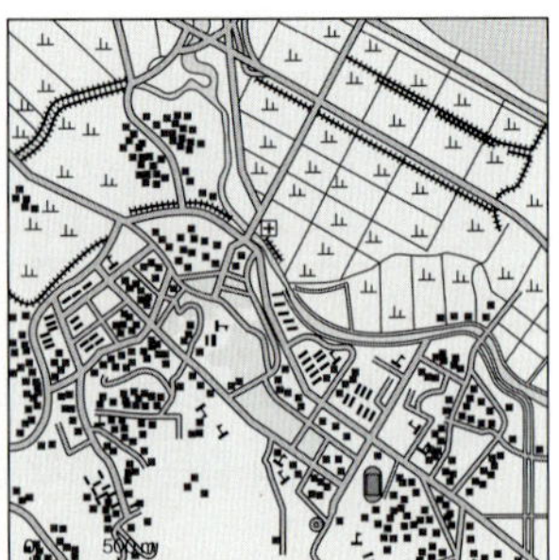

보기
ㄱ. 총인구가 많다.
ㄴ. 경지 면적이 넓다.
ㄷ. 도로의 총길이가 길다.
ㄹ. 건물의 평균 층수가 적다.

① ㄱ, ㄴ 　　② ㄱ, ㄷ 　　③ ㄴ, ㄷ
④ ㄴ, ㄹ 　　⑤ ㄷ, ㄹ

03 다음은 학생들의 형성 평가 답안을 정리한 것이다. 각 진술에 대해 모두 옳게 응답한 학생은?

※ 산업화·도시화로 인해 나타나는 변화에 대한 진술이 맞으면 'O', 틀리면 '×'를 표시하시오.

진술 \ 학생	갑	을	병	정	무
직업의 종류가 많아진다.	O	O	×	O	O
고층 건물의 수가 많아진다.	O	O	O	O	×
총면적 중 녹지 면적의 비율이 높아진다.	×	O	×	×	O
전체 취업자 중 3차 산업 취업자의 비율이 높아진다.	O	O	O	×	O

① 갑 　　② 을 　　③ 병 　　④ 정 　　⑤ 무

04 그래프는 우리나라의 산업별 취업자 수 비율 변화를 나타낸 것이다. (가) 시기에 대한 (나) 시기의 상대적 특성을 그림의 A~E에서 고른 것은? (단, (가), (나) 시기는 각각 1960년, 2020년 중 하나임.)

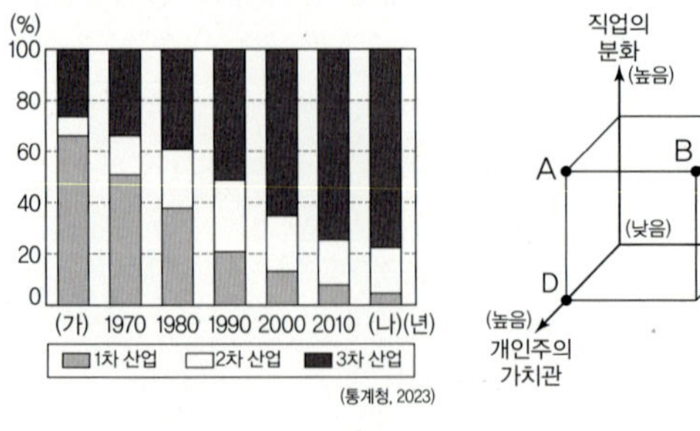

① A 　　② B 　　③ C 　　④ D 　　⑤ E

05 그래프는 우리나라 ○○시의 (가), (나) 시기 용도별 토지 면적 변화를 나타낸 것이다. 이에 대한 설명으로 옳은 것은? (단, (가), (나) 시기는 각각 1995년, 2019년 중 하나임.)

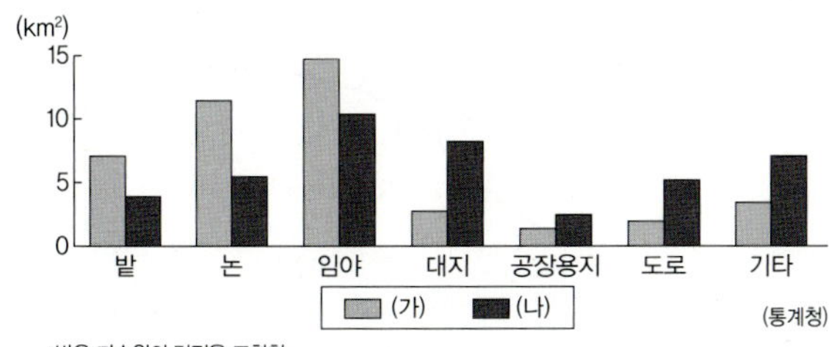

① (가) 시기는 2019년, (나) 시기는 1995년이다.
② ○○시는 (가) 시기보다 (나) 시기에 자동차 통행량이 많다.
③ ○○시는 (가) 시기보다 (나) 시기에 1차 산업 취업자 수 비율이 높다.
④ ○○시는 (나) 시기보다 (가) 시기에 인구 밀도가 높다.
⑤ ○○시는 1995년 논 면적보다 대지 면적이 넓다.

06 그래프의 (가) 시기에 비해 (나) 시기에 수치가 높게 나타나는 항목만을 〈보기〉에서 고른 것은? (단, (가), (나) 시기는 각각 우리나라의 1975년, 2019년 중 하나임.)

〈도시 및 촌락 인구〉

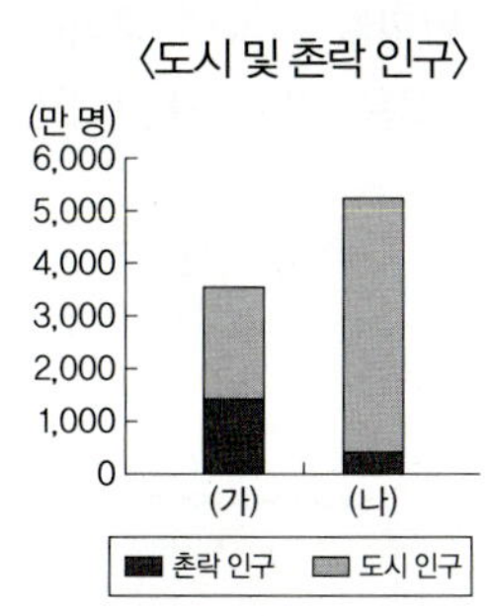

〈도시 지역의 용도별 토지 이용〉

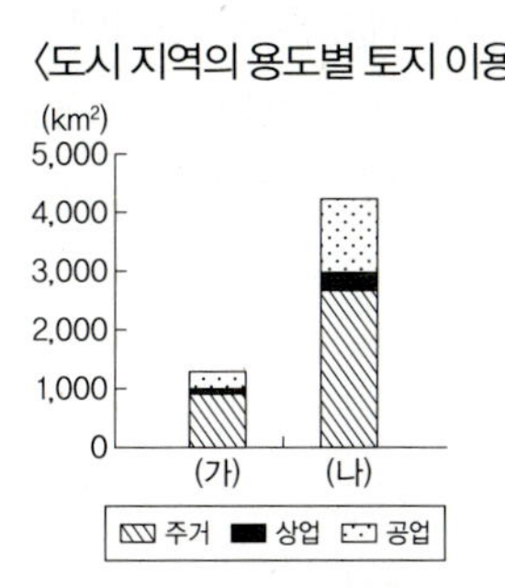

┌─── 보기 ───┐
ㄱ. 경지 면적
ㄴ. 인구 밀도
ㄷ. 직업의 종류
ㄹ. 총인구 중 촌락 인구 비율

① ㄱ, ㄴ   ② ㄱ, ㄷ   ③ ㄴ, ㄷ
④ ㄴ, ㄹ   ⑤ ㄷ, ㄹ

07 다음 글은 두 시기에 작성된 일기의 내용 중 일부이다. (가), (나) 시기에 대한 설명으로 옳은 것은?

> (가) 2024년 ○월 ○일
>   금요일의 퇴근길 지하철은 유난히 붐벼 피곤했다. 옆집에 누군가가 이사를 오는 것 같았다. 그러나 누가 살았는지, 또 누가 새로 이사를 오는지 나는 알 수가 없었다.
>
> (나) 1950년 ○월 ○일
>   오늘은 모내기를 하였다. 아버지는 모판을 나르고, 어머니와 나는 모를 심었다. 옆집 아저씨와 뒷집 삼촌 네까지 아침 일찍 품앗이하러 우리 논으로 오셨다.

① (가) 시기에는 도시 인구보다 촌락 인구가 많다.
② (나) 시기에는 1차 산업 취업자 수보다 3차 산업 취업자 수가 많다.
③ (가) 시기는 (나) 시기보다 1인 가구의 비율이 낮다.
④ (나) 시기는 (가) 시기보다 인간 소외 현상이 심각하다.
⑤ (나) 시기는 (가) 시기보다 총면적에서 대지 면적이 차지하는 비율이 낮다.

08 밑줄 친 ㉠~㉤에 대한 설명으로 옳지 않은 것은?

> 제목 : ㉠ 산업화와 도시화에 따른 생활공간의 변화
> 1. 거주 공간의 변화
>   (1) ㉡ 고층 건물과 아파트의 증가
>   (2) 다양한 기능으로 도시 내부 공간 분화
>   (3) ㉢ 대도시권의 등장
> 2. 생태환경의 변화
>   (1) 대기 · 수질 · 토양 오염 심화
>   (2) ㉣ 토양의 빗물 흡수 능력 저하
>   (3) ㉤ 도심의 열섬 현상 발생

① ㉠ – 우리나라는 1960년대부터 시작되었다.
② ㉡ – 토지 이용 집약도의 상승을 유발한다.
③ ㉢ – 주요 원인으로 대도시 인구 증가와 교통 발달을 들 수 있다.
④ ㉣ – 녹지 면적 감소, 포장 면적의 비율 증가 등이 원인이며 도시 하천의 범람 가능성을 높인다.
⑤ ㉤ – 해결 방안으로 도시 하천의 복개 공사 시행을 들 수 있다.

09 밑줄 친 ○○ 지역의 변화로 옳은 것을 그래프의 A~E에서 고른 것은?

> ○○ 지역은 과거 성남 남단녹지라고 불리우던 곳으로, 수도권 지역을 수요로 하는 오이밭, 참외밭이 많았던 전형적인 농촌 지역이었다. 1990년대 수도권 1기 신도시 건설 대상지로 ○○ 지역이 선정되면서 개발이 본격화되었으며, 현재는 대규모 아파트 단지를 비롯하여 대형 마트, 아웃렛 등 각종 상업 시설들이 입지해 있다.

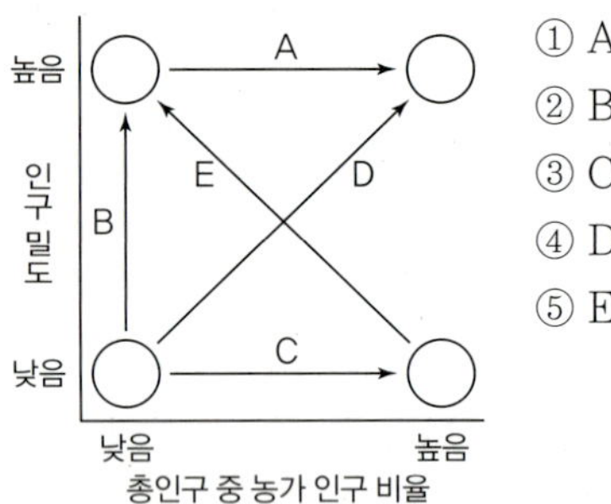

① A
② B
③ C
④ D
⑤ E

10 다음 자료는 A, B 시기의 상대적 특징을 비교한 것이다. (가), (나)에 들어갈 지표로 옳은 것은? (단, A, B 시기는 각각 1960년, 2022년 중 하나임.)

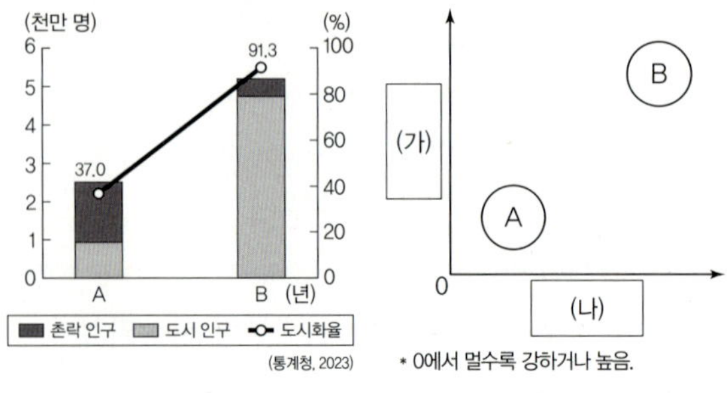

	(가)	(나)
①	공동체 의식	직업의 분화 정도
②	공동체 의식	서비스 산업의 비율
③	직업의 분화 정도	1차 산업의 비율
④	토지 이용의 집약도	1차 산업의 비율
⑤	서비스 산업의 비율	토지 이용의 집약도

11 그래프는 우리나라의 (가)와 도시화율 변화를 나타낸 것이다. 이에 대한 설명으로 옳은 것만을 〈보기〉에서 고른 것은? (단, (가)는 도시 인구, 촌락 인구 중 하나임.)

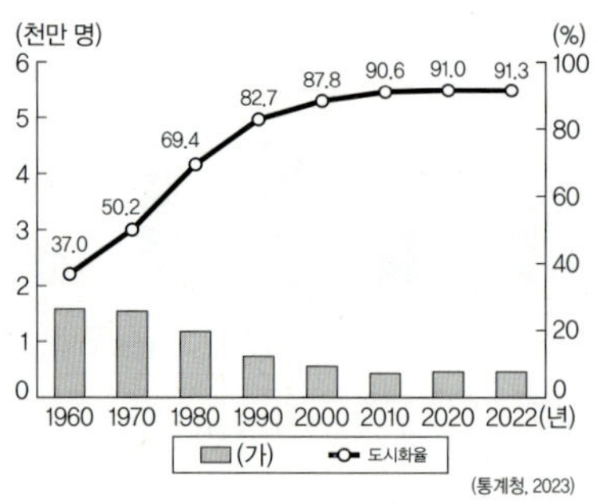

> **보기**
> ㄱ. 도시화율은 총인구에서 (가)가 차지하는 비율이다.
> ㄴ. 촌락 인구는 2022년보다 1960년에 많다.
> ㄷ. 1980년 도시 인구보다 촌락 인구가 많다.
> ㄹ. 1차 산업 취업자 수 비율은 1960년 > 2000년 > 2022년 순으로 높다.

① ㄱ, ㄴ　　② ㄱ, ㄷ　　③ ㄴ, ㄷ
④ ㄴ, ㄹ　　⑤ ㄷ, ㄹ

12 그래프는 두 국가의 도시화율 변화를 나타낸 것이다. (가), (나) 국가에 대한 설명으로 옳은 것은? (단, (가), (나)는 각각 독일, 탄자니아 중 하나임.)

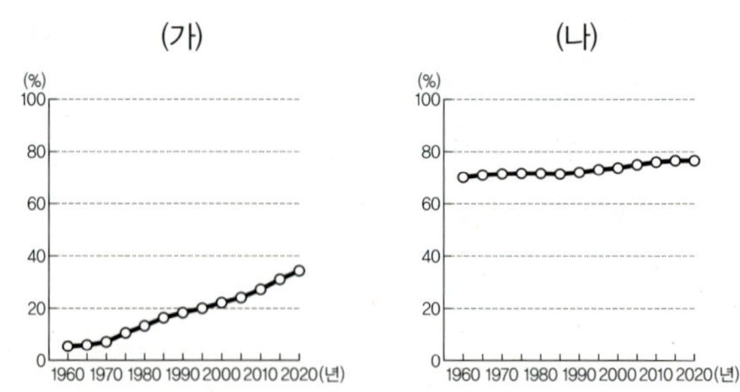

① (가)는 2020년 촌락 인구보다 도시 인구가 많다.
② (나)는 아프리카에 위치한 개발도상국이다.
③ (가)는 (나)보다 산업화가 시작된 시기가 이르다.
④ (나)는 (가)보다 1인당 국내 총생산이 적다.
⑤ (나)는 (가)보다 1차 산업 종사자 수 비율이 낮다.

13 다음은 통합사회 수업 중 학생이 작성한 노트이다. (가)~(마)에 들어갈 내용으로 적절하지 <u>않은</u> 것은?

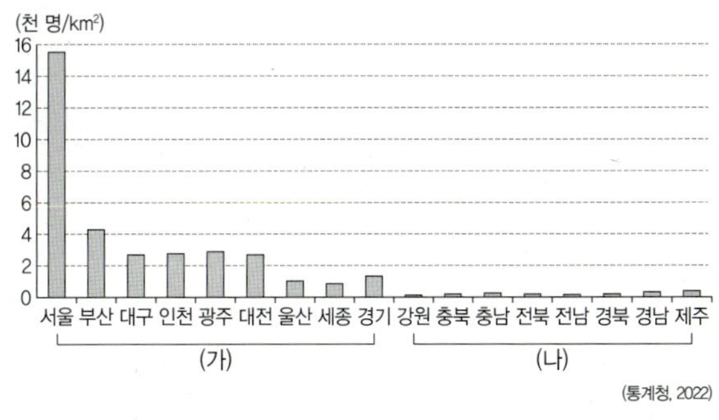

문제점	해결 방안	
	개인적 차원	사회적 차원
수질 오염	샴푸, 세제 등의 사용 자제	(나)
교통 체증	(다)	(라)
사회적 유대감 약화	이웃을 배려하는 태도 함양	(마)

① (가) – 인구와 산업의 집중으로 인한 과밀화
② (나) – 환경 관련 법적 규제 강화, 생태 하천 복원
③ (다) – 개인 자가용 이용의 생활화
④ (라) – 공용 주차장 확대 및 혼잡 통행료 부과
⑤ (마) – 마을 공동체 운영에 대한 지원 강화

14 그래프는 우리나라의 시·도별 인구 밀도를 나타낸 것이다. (가), (나) 지역군에 대한 설명으로 옳은 것만을 〈보기〉에서 고른 것은?

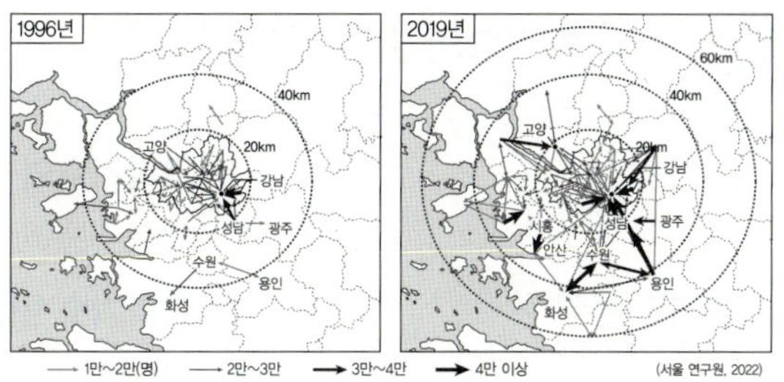

┌ 보기 ┐
ㄱ. (가)에 속한 지역은 모두 특별·광역시에 해당한다.
ㄴ. (가)는 (나)보다 총인구 중 군(郡) 지역 인구의 비율이 낮다.
ㄷ. (나)는 (가)보다 경지 면적이 좁다.
ㄹ. (나)는 (가)보다 출퇴근 시간대 교통 혼잡도가 낮다.

① ㄱ, ㄴ   ② ㄱ, ㄷ   ③ ㄴ, ㄷ
④ ㄴ, ㄹ   ⑤ ㄷ, ㄹ

15 다음 자료의 (가) 현상을 완화하기 위한 대책으로 옳은 것만을 〈보기〉에서 있는 대로 고른 것은?

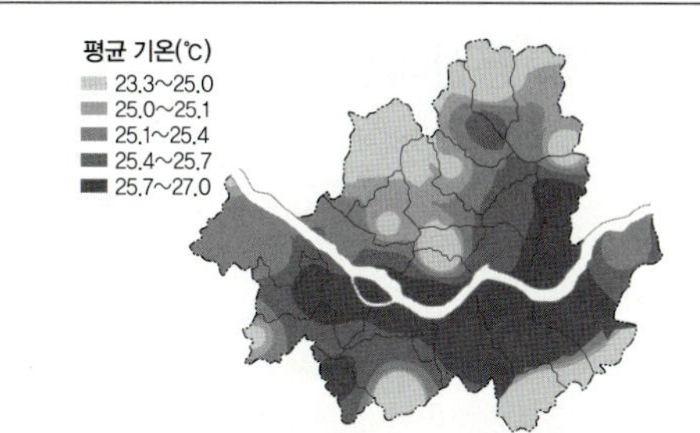

지도는 서울의 여름 평균 기온 분포를 나타낸 것이다. 지도를 보면 서울의 도심, 부도심이 위치한 지역이 주변(외곽) 지역보다 여름 평균 기온이 높게 나타나는 것을 알 수 있는데, 이를 [(가)](이)라고 한다.

┌ 보기 ┐
ㄱ. 도시 내에 바람길을 조성한다.
ㄴ. 도시 하천의 복개 공사를 실시한다.
ㄷ. 도심과 부도심에 녹지 공간의 확보를 의무화한다.
ㄹ. 도시 내에 아스팔트, 콘크리트의 포장 면적을 확대한다.

① ㄱ, ㄴ   ② ㄱ, ㄷ   ③ ㄴ, ㄹ
④ ㄱ, ㄷ, ㄹ   ⑤ ㄴ, ㄷ, ㄹ

16 다음은 통합사회 수업 장면이다. 교사의 질문에 옳지 <u>않게</u> 답한 학생은?

갑 : 서울에 거주하는 인구는 증가하였을 것입니다.
을 : 서울을 중심으로 한 광역 교통망이 더욱 많이 확충되었을 것입니다.
병 : 서울에 직장을 둔 직장인의 평균 통근 거리가 증가하였을 것입니다.
정 : 수도권의 인구 밀도가 상승하고 도시적 생활양식이 더욱 확대되었을 것입니다.
무 : 출근 시간대에 서울로 진입하려는 차량이 증가하여 교통 문제가 심화되었을 것입니다.

① 갑   ② 을   ③ 병   ④ 정   ⑤ 무

02~03 교통·통신 및 과학기술의 발달~ 우리 지역의 공간 변화

주제 1 교통·통신의 발달에 따른 변화 ★★★

1 교통·통신의 발달에 따른 변화 [자료 1]

일상 범위 확대 [자료 2]	통근권, 통학권 등 개인이 생활하는 공간 범위가 확대됨 → 대도시권이 형성됨
경제활동 범위 확대	• 대량 화물의 신속한 수송이 가능해짐, 국제 금융 거래가 활성화됨 → 기업의 경제활동 범위가 전 세계로 확대됨 → 다국적 기업이 등장함 • 전자 상거래, 온라인 금융 거래 등의 경제활동 보편화
여가 공간 확대	항공기, 철도 등을 이용한 장거리 이동이 가능해짐 → 여행의 기회가 증가함 → 관광객이 증가하면서 관광 산업이 발달함
생태환경 변화	발달한 교통·통신 수단을 이용해 생태환경에 도움 예 헬리콥터를 이용한 산불 진화, 위성 위치 확인 시스템(GPS)을 이용한 멸종 위기 동물 보호 등

2 교통·통신의 발달에 따른 문제점과 해결 방안

> 과거 강경과 부여는 금강 수운으로 지역 경제의 중심지 역할을 하였으나 도로, 철도 등의 육상 교통이 발달하면서 지역의 중심지가 천안, 대전 등으로 이전하여 지역 경제가 침체됨

지역 격차 발생	문제점	• 교통 발달로 접근성이 향상된 지역과 교통 조건이 불리해진 지역 및 교통 발달의 혜택에서 소외된 지역 간 경제적 격차 발생 예 육상 교통의 발달로 쇠퇴한 금강 수운의 중심지(강경과 부여), 고속 철도(KTX) 개통으로 인한 일반 기차역과 공항 주변 상권 침체 • 대도시와의 접근성 향상 → 빨대 효과로 인한 지역 격차 심화
	해결 방안	새로운 교통 기반 시설 구축, 지방 도시 육성 사업 추진 및 관광 자원 개발을 통한 지역 경제 활성화 등
생태환경 파괴 및 전염병의 확산	문제점	교통로 건설에 따른 동물 서식지 파괴, 항공기나 선박을 통한 외래 생물종 전파 및 생태계 교란, 유조선 충돌로 인한 해양 오염, 특정 지역 전염병의 전 세계 확산 등
	해결 방안	생태 통로 건설, 선박 평형수 처리 장치 설치 의무화, 환경 오염 물질 규제 정책 및 야생 동식물 보호법 제정을 통한 생태환경 보존, 전염병 관련 정보의 공유 및 공동 연구 지속 등

주제 2 과학기술의 발달에 따른 변화 ★★★

1 과학기술의 발달에 따른 정보화
: 한 사회에서 지식과 정보가 가장 중요한 자원이 되어 산업을 비롯하여 산업 전반에 큰 변화가 나타나고 있음 → 정보 사회의 출현

2 과학기술 발달에 따른 변화

생활공간의 변화		• 생활공간이 가상 공간까지 확장됨 예 재택근무 등 • 지리 정보 시스템(GIS)과 같은 공간 정보 기술을 활용하게 됨 예 최단 경로 파악, 최적 입지 분석 등
생활양식의 변화	정치·행정	• 누리 소통망(SNS)의 보편화 → 직접 민주주의의 이상 실현 • 인터넷으로 민원 서류 신청 및 발급
	경제	• 다양한 형태의 근무 환경 조성: 화상 회의, 원격 근무 활성화 • 인터넷 뱅킹, 전자 상거래의 활성화 → 택배 산업의 발달
	사회·문화	• 원격 진료 및 원격 교육 가능, 가상 공간에서 다양한 인간관계 형성 • 4차 산업 혁명을 통해 사물 인터넷(IoT), 클라우드 등의 발달 • 빅 데이터, 인공지능(AI)의 등장 → 지능정보화 사회로 변화 　→ 지식 정보와 관련된 직업의 증가, 관련 산업의 성장

개념 더하기

✕ 빨대 효과
빨대로 컵의 음료를 빨아들이듯 대도시가 주변 중소 도시의 인구나 경제력을 흡수하여 지역 발전에 불균형이 발생하는 현상이다.

✕ 선박 평형수
선박의 무게 중심을 유지하기 위해 선박 내에 채워 넣거나 빼내는 바닷물로, 이 물을 통해 외래종이 유입되면 기존 생태계가 교란될 수 있다. 평형수를 통해 유입된 생물종의 대표적 사례로는 남해안에 서식하는 지중해 담치가 있다.

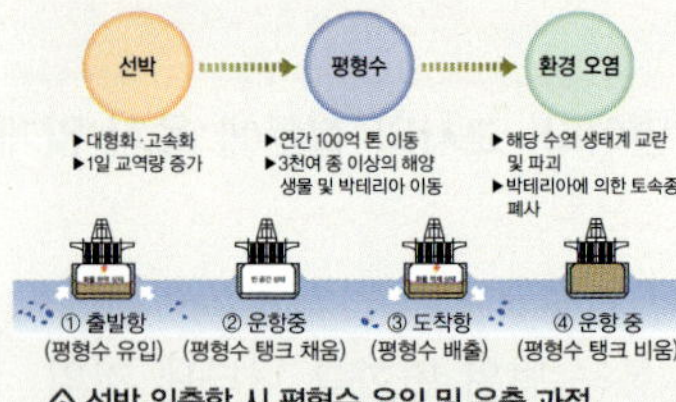

△ 선박 입출항 시 평형수 유입 및 유출 과정

개념 더하기

✕ 지리 정보 시스템(GIS)
Geographic Information System의 약자로 지리 정보를 수치화하여 컴퓨터에 입력, 저장하고, 사용자의 요구에 따라 분석, 가공, 처리하여 필요한 결과물을 얻는 지리 정보 기술이다.

✕ 사물 인터넷(IoT)
사물에 센서를 부착해 실시간으로 데이터를 인터넷으로 주고받는 기술이나 환경이다.

✕ 빅 데이터
디지털 환경에서 생성되는 데이터로, 수치 데이터뿐 아니라 문자와 영상 데이터를 포함하는 대규모 데이터이다.

3 과학기술 발달에 따른 문제점과 해결 방안

정보 격차	지역 간, 계층 간 정보 격차 발생 → 정보 소외 계층을 위한 정보 기기 제공, 정보화 활용 교육 등을 통해 해결 자료 3
인터넷 중독	인터넷 및 스마트폰 중독 예방 교육 및 상담 치료 프로그램 확충
사생활 침해	정보화 기기에 노출된 개인 정보로 사생활 침해 발생 → 개인 정보 관리 강화 제도 마련 예 정보 통신 보호법, 개인 정보 보호법 등
사이버 범죄	사이버 불링(cyber bulling) 등 가상 공간의 익명성을 이용한 범죄 증가 → 정보 시스템 보안 관련 기구 및 전문 인력 강화, 관련 법률 보완 등이 필요함

✖ 사이버 불링(cyber bulling)
사이버상에서 집단으로 따돌리거나 괴롭히는 행위로, 전자 매체를 통한 욕설과 협박, 괴롭힘, 폭언이나 음란물을 보내는 행위, 거짓 정보 유포 등이 해당된다.

자료 더하기 

자료 ❶ 교통 · 통신의 발달에 따른 생활공간의 확대

⌃ 시대별 통신 수단의 변화

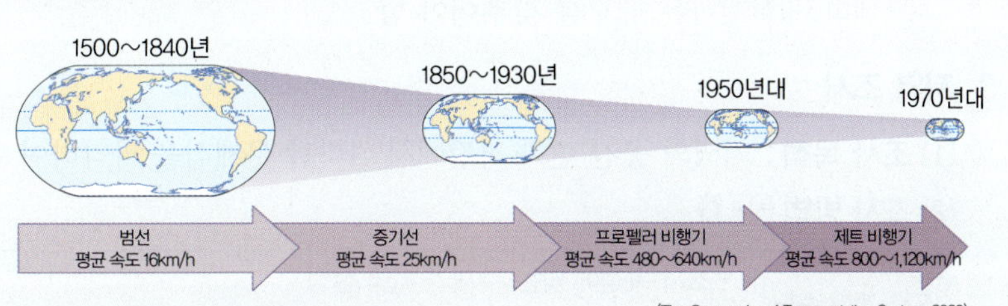

⌃ 교통 · 통신의 발달에 따른 지구의 상대적 크기 변화

➡ 과거에는 타 지역으로 이동하거나 물자를 보내기 위해서는 사람이 직접 걸어가거나 우마차와 같은 교통수단을 이용해야 했다. 산업 혁명 이후 증기 기관의 발명으로 기차가 등장하고, 20세기 내연 기관의 발명으로 자동차, 항공기 등의 교통수단이 발달하면서 사람들은 더 먼 거리를 더 빠르게 이동할 수 있게 되었다. 또한 오늘날에는 인터넷, 휴대 전화 등의 통신 수단을 이용하여 많은 양의 정보를 실시간으로 주고받을 수 있게 되었다.

이와 같은 교통 · 통신의 발달은 시간적 · 공간적 제약을 크게 줄여주었고, 이는 생활공간의 확대로 이어졌다. 인류가 더 넓은 공간을 인식하게 되면서 생활권이 확대되었고 인류가 느끼게 되는 지구의 상대적 크기는 더욱 작아지게 되었다.

자료 ❷ 교통 · 통신의 발달에 따른 수도권 통근 네트워크의 변화

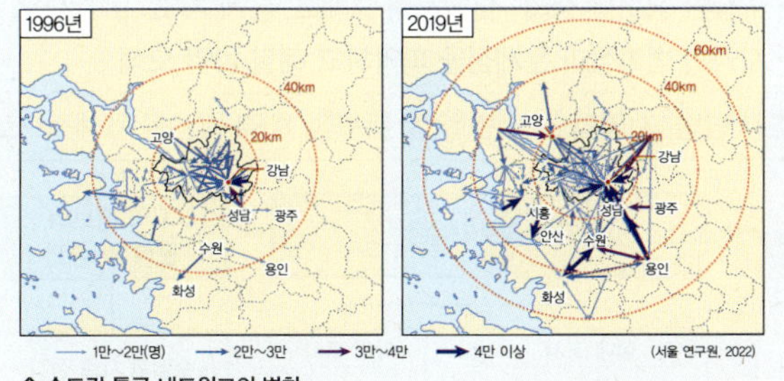

⌃ 수도권 통근 네트워크의 변화

➡ 교통 · 통신의 발달로 이동에 필요한 시간과 비용이 감소하였으며, 이는 접근성의 향상으로 나타났다. 접근성이 향상되면서 통근 및 통학, 쇼핑 등의 일상생활이 이루어지는 공간적 범위가 크게 확대되었고, 주거지가 도시의 주변(외곽) 지역으로 확대되면서 대도시의 교외화 현상이 심화되었다. 특히 지하철, 고속 국도 등 광역 교통망이 발달한 서울과 같은 대도시는 도시의 기능과 영향력이 주변 도시까지 확대되었으며 수도권이라 불리는 거대한 대도시권을 형성하게 되었다.

지도는 1996년과 2019년의 수도권 통근 네트워크를 비교한 것이다. 1996년에 비해 2019년에 수도권 내 도시들 간의 통근 인구가 크게 증가하고 통근 범위도 넓어져 수도권 통근 네트워크가 더욱 확장되었음을 알 수 있다.

자료 ❸ 정보 격차

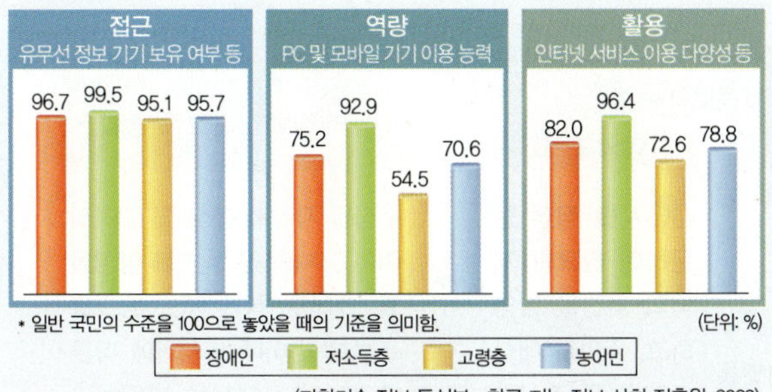

⌃ 일반 국민과 정보 취약 계층의 항목별 정보화 지수

➡ 정보 격차는 정보의 소유와 접근 정도에 따라 계층 간 격차가 나타나는 현상을 말한다. 소외 계층의 사람들은 대체로 정보 통신 서비스에 접근하거나 이용할 수 있는 기회가 부족한 경우가 많다. 이는 지식과 정보가 주요 자원인 정보 사회에서 정보의 불평등을 초래하여 계층 간 사회적 · 경제적 격차 심화로 이어지게 된다. 최근 정부가 다양한 정보 격차 해소 정책을 실시하여 일반 국민과 비교하였을 때 소외 계층의 정보화 수준이 어느 정도 상승하였지만, 정보 접근 용이성에 비해 활용 수준이 낮은 편이다. 따라서 컴퓨터 보급, 인프라 구축과 함께 컴퓨터와 인터넷 사용 능력을 키워주는 정보화 교육도 확대되어야 한다.

개념 더하기

1 지역과 지역성

(1) **지역** : 지리적 특성이 다른 지역과 구분되는 지표상의 공간 범위

(2) **지역성** : 특정 지역의 자연환경과 인문환경의 상호 작용으로 형성되는 그 지역만의 특별한 성격으로, 고정된 것이 아니라 여러 요인에 따라 끊임없이 변화함
→ 산업과 교통·통신의 발달에 따라 어떤 지역은 성장하지만, 어떤 지역은 쇠퇴하기도 함

2 지역의 공간 변화

(1) **공간 변화의 요인** : 산업화와 도시화, 교통·통신의 발달, 정보화 등

(2) **공간 변화의 양상**

① 우리의 생활환경에 긍정적 영향을 주기도 하지만, 부정적 영향을 주면서 문제를 유발하기도 함

② 토지 이용, 산업 구조, 인구, 생태환경 등의 공간 변화가 지역 주민들의 직업, 인간관계 및 가치관 변화에 영향을 줌 **예** 산업 구조 변화에 따른 지역 주민의 직업 변화

(3) **공간 변화에 따른 문제점과 해결 방안**

① 문제점 : 공간 변화 과정에서 다양한 지역 문제가 발생함 **예** 산업화와 도시화로 인한 환경 문제, 특정 산업 시설 입지 과정에서 지역 주민 간 갈등 등

② 해결 방안 : 지역 문제에 관심을 가지고 지역 구성원들과 함께 지속가능한 발전 방안을 모색하고 실천하는 태도를 갖추어야 함

3 지역 조사

(1) **조사 목적** : 지역의 공간 변화 과정에서 나타난 문제점을 파악하여 합리적 해결 방안 마련

(2) **조사 방법** 자료 4

조사 계획 수립	• 조사 목적에 맞는 주제와 지역 선정 • 조사 항목과 구체적 조사 방법 선정
지역 정보 수집	• 실내 조사 : 자료 수집(문헌, 지도, 항공 사진, 통계 자료 등의 수집), 야외 조사 준비(설문 조사지 제작, 야외 조사의 경로와 일정 등을 계획) • 야외 조사 : 현장에서 면담, 설문 조사, 관찰, 실측, 촬영 등을 진행
지역 정보의 분석 및 종합	• 수집한 정보를 정리·분석하여 그래프, 통계 지도, 표 등으로 표현 • 지역의 변화상과 문제점을 파악하고 해결 방안 모색
보고서 작성	조사 방법, 지역의 공간 변화 및 문제점, 해결 방안을 체계적으로 기술

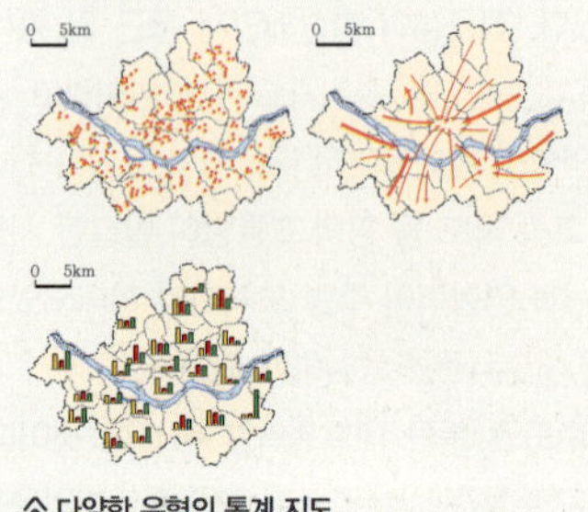

✕ 통계 지도
각종 통계 수치를 알아보기 쉽도록 점, 선, 도형 등으로 나타낸 지도이다.

⌃ 다양한 유형의 통계 지도

다음은 지역 조사의 단계를 나타낸 것이다.

⌃ 지역 조사의 단계

자료 더하기

자료 4
지역 조사 단계별 조사 내용 사례

조사 계획의 수립	지역 정보의 수집		지역 정보의 분석 및 종합	보고서 작성
	실내 조사	야외 조사		
도시 성장에 따른 ○○시의 변화 양상과 문제점 파악	시립 도서관을 방문하여 ○○시의 과거 모습을 담은 지도, 문헌 등을 수집한다. 인터넷을 검색하여 항공 사진을 찾아본다.	○○시를 직접 방문하여 필요한 지역의 사진을 촬영하고, 주민을 대상으로 설문 조사를 실시한다.	수집된 자료를 분석 및 정리하여 ○○시의 공간 변화 양상을 표, 그래프, 통계 지도 등으로 표현한다. 이때 도시화에 따른 ○○시의 문제점을 파악하고 해결 방안을 모색한다.	지역 조사에 사용한 방법, ○○시의 공간 변화와 이에 따른 문제점 및 해결 방안을 체계적으로 기술하여 보고서를 작성한다.

STEP 1 내신 다지기

01 다음 글의 밑줄 친 ㉠으로 나타난 변화에 대한 설명으로 옳지 <u>않은</u> 것은?

> 산업 혁명 이전에는 사람들이 도보, 우마차, 범선 등으로 이동하였다. 산업 혁명 이후에 기차가 등장하고, ㉠ 다양한 교통수단이 발달하였다.

① 대도시권이 형성되었다.
② 통근권의 범위가 확대되었다.
③ 대량 화물의 신속한 수송이 가능해졌다.
④ 관광객이 증가하여 관광 산업이 발달하였다.
⑤ 교통로 건설로 인해 동물 서식지가 확대되었다.

02 교통·통신의 발달에 따른 변화에 대한 설명으로 옳지 <u>않은</u> 것은?

① 국제 금융 거래가 활성화되었다.
② 개인의 일상생활 범위가 확대되었다.
③ 다국적 기업의 수와 활동이 증가하였다.
④ 국가 간 교류에서 국경이 갖는 의미가 강화되었다.
⑤ 위성 위치 확인 시스템을 이용한 멸종 위기 동물 관리가 가능해졌다.

03 ㉠, ㉡의 해결 방안을 〈보기〉에서 고른 것은?

> 교통과 통신의 발달로 접근성이 향상된 지역과 교통 조건이 불리해진 지역 간의 ㉠ 지역 격차가 심화되고 있다. 또한 교통과 통신의 발달로 인해 ㉡ 생태환경이 파괴되고 전염병이 확산되는 등의 문제점도 발생하고 있다.

보기
ㄱ. 지방 도시 육성 사업을 추진한다.
ㄴ. 새로운 교통 기반 시설을 구축한다.
ㄷ. 야생 동식물 보호법을 제정 및 시행한다.
ㄹ. 선박 평형수 처리 장치 설치를 의무화한다.

	㉠	㉡
①	ㄱ, ㄴ	ㄷ, ㄹ
②	ㄱ, ㄷ	ㄴ, ㄹ
③	ㄴ, ㄷ	ㄱ, ㄹ
④	ㄴ, ㄹ	ㄱ, ㄷ
⑤	ㄷ, ㄹ	ㄱ, ㄴ

04 다음 자료는 시대별 지구의 상대적 크기 변화를 나타낸 것이다. (가) 시기와 비교한 (나) 시기의 상대적 특징을 그림의 A~E에서 고른 것은?

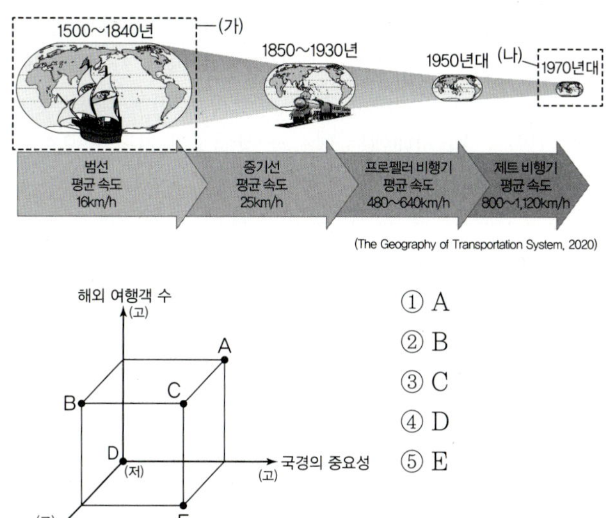

• (고)는 강함, 많음을 (저)는 약함, 적음을 의미함.

① A
② B
③ C
④ D
⑤ E

05 다음은 통합사회 수업 장면이다. 교사의 질문에 옳게 답한 학생만을 있는 대로 고른 것은?

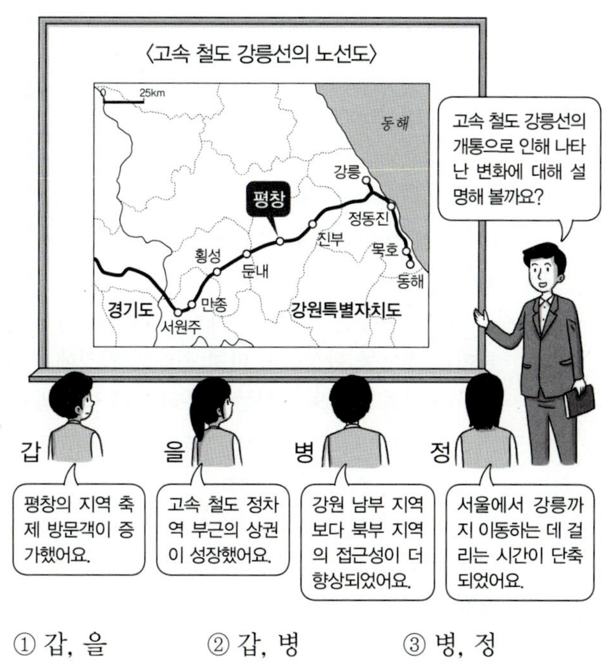

① 갑, 을
② 갑, 병
③ 병, 정
④ 갑, 을, 정
⑤ 을, 병, 정

[06~07] 다음 글을 읽고 물음에 답하시오.

> (가) 은/는 지능정보화 사회를 의미한다. (가) 의 주창자인 클라우스 슈바프는 "지금까지 우리가 살아왔고 일하고 있던 삶의 방식을 근본적으로 바꿀 기술 혁명이며, 이는 이전에 인류가 경험했던 것과는 전혀 다를 것이다. (가) 의 시대에는 혁신과 창의성이 가장 중요한 요소이다."라고 말했다.

06 (가)에 들어갈 내용으로 옳은 것은?

① 기계화
② 산업화
③ 디지털 혁명
④ 4차 산업 혁명
⑤ 대량 생산 혁명

07 (가)로 인한 변화에 대한 설명으로 옳은 것만을 〈보기〉에서 고른 것은?

> **보기**
> ㄱ. 사물 인터넷을 통해 초연결화가 이루어진다.
> ㄴ. 예술 분야에서 인공지능(AI)의 활용도가 높아진다.
> ㄷ. 지식 정보와 관련된 직업의 수와 관련 산업이 감소한다.
> ㄹ. 사생활 침해 가능성으로 인해 빅 데이터의 활용도가 낮아진다.

① ㄱ, ㄴ   ② ㄱ, ㄷ   ③ ㄴ, ㄷ
④ ㄴ, ㄹ   ⑤ ㄷ, ㄹ

08 다음 글의 (가), (나)에 들어갈 내용으로 옳은 것은?

> • (가) 은/는 사물에 센서를 부착해 실시간으로 데이터를 인터넷으로 주고받는 기술이나 환경을 말한다.
> • (나) 은/는 실제로 존재하는 환경에 가상의 사물이나 정보를 합성하여 마치 원래의 환경에 존재하는 사물처럼 보이도록 하는 컴퓨터 그래픽 기법이다.

	(가)	(나)
①	빅 데이터	증강 현실
②	빅 데이터	사물 인터넷
③	증강 현실	빅 데이터
④	사물 인터넷	빅 데이터
⑤	사물 인터넷	증강 현실

09 다음 글의 ㉠~㉣에 대한 설명으로 옳은 것만을 〈보기〉에서 고른 것은?

> ㉠사이버 범죄 중 발생 비율이 가장 높은 유형은 사이버 사기이다. 사이버 사기의 대표적인 수법은 ㉡중고 거래 애플리케이션 등에서 이루어지는 직거래 사기이다. 두 번째로 발생 비율이 높은 ㉢사이버 명예 훼손, 모욕 범죄는 가짜 뉴스, 악성 댓글 등이 무분별하게 퍼지면서 피해 사건이 계속 늘어나고 있다. 세 번째로 발생 비율이 높은 사이버 금융 범죄는 최근 ㉣인공지능(AI) 기술을 이용해 얼굴과 음성을 피해자의 지인인 것처럼 흉내 내 상대방을 속이고 돈을 가로챌 정도로 그 수법이 치밀해지고 있다.
> – 경찰청, 『사이버 범죄 트랜드(2023)』

> **보기**
> ㄱ. ㉠은 정보 사회의 출현과 함께 발생 건수가 감소하였다.
> ㄴ. ㉡을 통해 전자 상거래가 활성화되었다.
> ㄷ. ㉢의 사례로 사이버 불링(cyber bulling)을 들 수 있다.
> ㄹ. ㉣은 인간의 정신적 창작물을 구현하는 데 이용이 불가하다.

① ㄱ, ㄴ   ② ㄱ, ㄷ   ③ ㄴ, ㄷ
④ ㄴ, ㄹ   ⑤ ㄷ, ㄹ

10 다음 자료를 통해 파악할 수 있는 문제점의 해결 방안으로 옳은 것만을 〈보기〉에서 고른 것은?

〈일반 국민과 정보 소외 계층의 항목별 정보화 지수〉

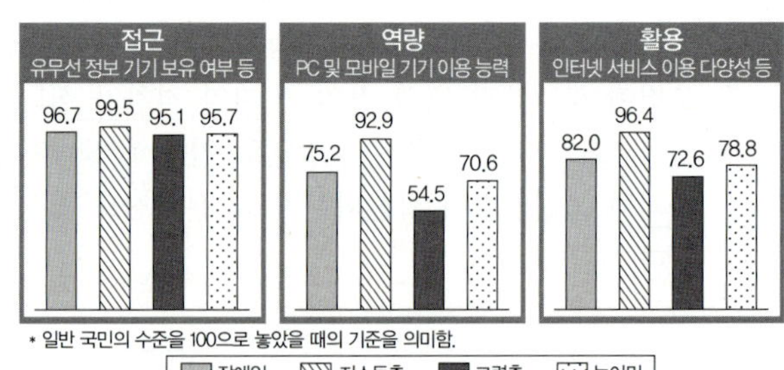

(과학기술 정보 통신부 · 한국 지능 정보 사회 진흥원, 2023)

> **보기**
> ㄱ. 정보 소외 계층을 위한 정보 기기를 제공한다.
> ㄴ. 정보 소외 계층의 개인 정보 관리를 강화한다.
> ㄷ. 정보 소외 계층을 대상으로 정보화 활용 교육을 강화한다.
> ㄹ. 정보 소외 계층을 대상으로 인터넷 중독 예방 교육을 실시한다.

① ㄱ, ㄴ   ② ㄱ, ㄷ   ③ ㄴ, ㄷ
④ ㄴ, ㄹ   ⑤ ㄷ, ㄹ

주제 **3** 우리 지역의 공간 변화

★★

주제 **3** 우리 지역의 공간 변화

11 (가)~(라)를 지역 조사 순서대로 옳게 나열한 것은?

(가) 지역 조사에 사용한 방법, 조사 내용 등을 체계적으로 기술하여 보고서를 작성한다.
(나) 조사 주제를 '도시 성장에 따른 ○○시의 변화 양상과 문제점 파악'으로 설정하였다.
(다) 수집된 자료를 분석 및 정리하여 ○○시의 공간 변화 양상을 표, 그래프, 통계 지도 등으로 표현한다.
(라) 도서관을 방문하여 ○○시의 과거 모습을 담은 지도, 문헌 등을 수집하고, ○○시를 방문하여 주민을 대상으로 설문 조사를 실시한다.

① (가) → (나) → (다) → (라)
② (가) → (나) → (라) → (다)
③ (나) → (다) → (라) → (가)
④ (나) → (라) → (다) → (가)
⑤ (다) → (나) → (라) → (가)

12 다음 자료는 지역 조사의 단계를 나타낸 것이다. (가), (나)에 해당하는 내용을 〈보기〉에서 고른 것은?

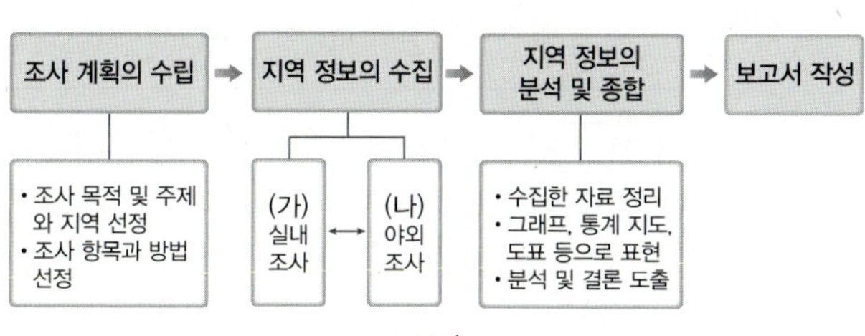

─┤ 보기 ├─
ㄱ. 통계청 누리집에서 통계를 검색한다.
ㄴ. 대상 지역의 경관을 사진으로 촬영한다.
ㄷ. 주민에게 나누어 줄 설문 조사지를 제작한다.
ㄹ. 지역 주민을 대상으로 설문 조사를 실시한다.

	(가)	(나)
①	ㄱ, ㄴ	ㄷ, ㄹ
②	ㄱ, ㄷ	ㄴ, ㄹ
③	ㄴ, ㄷ	ㄱ, ㄹ
④	ㄴ, ㄹ	ㄱ, ㄷ
⑤	ㄷ, ㄹ	ㄱ, ㄴ

서술형 문제

13 그래프는 인터넷 쇼핑 시장 규모 변화를 나타낸 것이다. 이를 보고 물음에 답하시오.

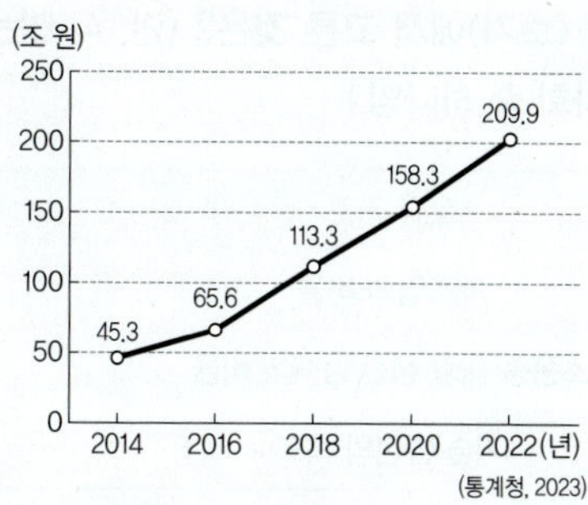

(1) 인터넷 쇼핑 시장 규모의 변화 경향에 대해 서술하고, 이러한 변화의 배경을 한 가지만 서술하시오.

____

____

(2) 이와 같은 인터넷 쇼핑 시장 규모 변화로 인해 동반 성장한 산업에는 무엇이 있는지 한 가지만 서술하시오.

____

____

14 다음 글을 읽고 물음에 답하시오.

4차 산업 혁명으로 높은 부가 가치를 생산하는 지능 정보 기술 관련 일자리는 대체하기 어려운 반면 방법이 고정되어 있는 일부 일자리는 인공지능(AI)과 로봇으로 대체하기 쉬워지면서 노동시장이 ⎡ (가) ⎤ 되고 있다. 이와 같은 문제를 해결하기 위해서는 ⎡ (나) ⎤ 등의 대책이 필요하다.

(1) (가)에 들어갈 용어를 쓰시오.

____

(2) (나)에 들어갈 내용을 두 가지만 서술하시오.

____

____

01 표는 A, B 사회를 비교한 것이다. 이에 대한 설명으로 옳은 것만을 〈보기〉에서 고른 것은? (단, A, B는 각각 산업 사회, 정보 사회 중 하나임.)

분류 기준	비교 결과
제조업의 비율	A > B
소품종 대량 생산 방식의 비율	A > B
기술 발전의 속도	A < B

보기
ㄱ. A는 지식과 정보가 가장 중요한 자원이다.
ㄴ. B는 A보다 근로자의 재택근무 전환이 쉽다.
ㄷ. 4차 산업 혁명은 B에서 A로의 전환을 의미한다.
ㄹ. A는 산업 사회, B는 정보 사회이다.

① ㄱ, ㄴ ② ㄱ, ㄷ ③ ㄴ, ㄷ
④ ㄴ, ㄹ ⑤ ㄷ, ㄹ

02 그래프에 대한 설명으로 옳은 것만을 〈보기〉에서 고른 것은? (단, (가), (나)는 각각 인터넷 뉴스, 종이 신문 중 하나임.)

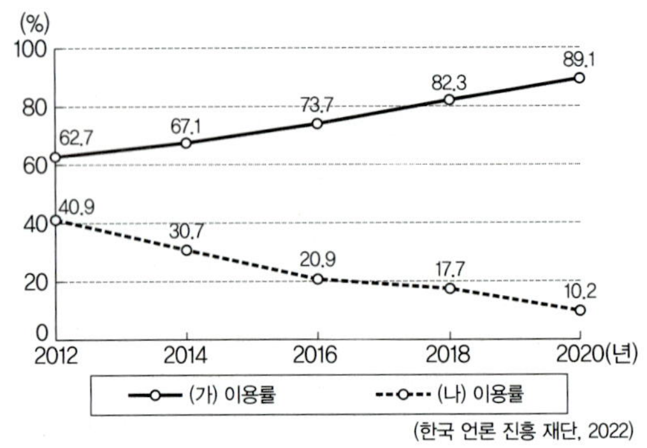

보기
ㄱ. (나)는 쌍방향 통신 매체를 이용하여 뉴스를 전달한다.
ㄴ. (가)는 (나)보다 뉴스의 전달과 수정 및 보완이 용이하다.
ㄷ. 정보화 사회로의 전환은 (나)보다 (가)의 이용률 증가에 영향을 많이 주었다.
ㄹ. (가)는 종이 신문, (나)는 인터넷 뉴스이다.

① ㄱ, ㄴ ② ㄱ, ㄷ ③ ㄴ, ㄷ
④ ㄴ, ㄹ ⑤ ㄷ, ㄹ

03 다음 글의 (가)에 들어갈 내용으로 옳은 것만을 〈보기〉에서 고른 것은?

사이버 렉카는 사이버(Cyber)와 렉카(Wrecker; 견인차)의 합성어로, 교통사고 현장에 달려가는 견인차처럼 사회적 이슈가 발생했을 때 재빨리 영상을 만들어 온라인 공간에 게시하고 조회 수를 올려 수입을 얻는 사람을 뜻한다. 사이버 렉카는 온라인 공간에서 [(가)] 경우가 많아 최근 비판을 받고 있다.

보기
ㄱ. 정보를 독점하는
ㄴ. 허위 정보를 유포하는
ㄷ. 세대 간 정보 격차를 심화시키는
ㄹ. 개인 정보 유출로 인한 사생활 침해 문제를 유발하는

① ㄱ, ㄴ ② ㄱ, ㄷ ③ ㄴ, ㄷ
④ ㄴ, ㄹ ⑤ ㄷ, ㄹ

04 다음 글의 (가)와 관련된 옳은 진술에만 모두 'V'를 표시한 학생은?

[(가)]은/는 21세기 초반부터 진행된 산업 혁명으로 인공지능(AI) 기반의 지능화 및 초연결화를 특징으로 하며, 지능정보화 사회로의 전환을 의미하는 기술 혁명이다.

진술 \ 학생	갑	을	병	정	무
지식 정보와 관련된 직업이 증가한다.	V	V		V	
사물 인터넷, 빅 데이터 등의 기술을 활용한다.	V			V	V
기계화를 통해 노동의 효율성을 크게 향상시켰다.		V	V		V
주로 소품종 대량 생산 방식을 통해 제품 생산이 이루어진다.			V	V	V

① 갑 ② 을 ③ 병 ④ 정 ⑤ 무

05 (가)에 들어갈 학생의 답변으로 가장 적절한 것은?

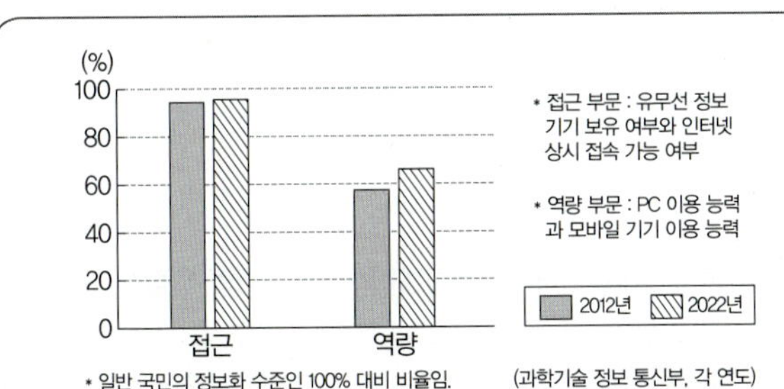

① 서울의 대학 병원 기능이 약화되었습니다.
② 여가를 즐길 공간의 범위가 축소되었습니다.
③ 서울에서 강릉을 찾는 관광객이 감소하였습니다.
④ 서울–강릉 간 고속 버스 이용객이 급증하였습니다.
⑤ 고속 철도 정차역 주변의 상권이 활성화되었습니다.

06 다음 자료의 (가), (나)에 들어갈 내용을 〈보기〉에서 고른 것은?

- 접근 부문 : 유무선 정보 기기 보유 여부와 인터넷 상시 접속 가능 여부
- 역량 부문 : PC 이용 능력과 모바일 기기 이용 능력
- 일반 국민의 정보화 수준인 100% 대비 비율임.

(과학기술 정보 통신부, 각 연도)

그래프는 저소득층, 장애인, 농어민, 고령층과 같은 정보 소외 계층의 디지털 정보화 수준을 나타낸 것이다. 이를 보면 정보 소외 계층의 디지털 정보화 접근 수준은 정부의 [(가)]을/를 통해 많이 개선되었으나 역량 수준은 여전히 낮다. 따라서 정부는 이의 해결을 위해 [(나)]을/를 해야 한다.

┌─ 보기 ─┐
ㄱ. 디지털 기기 및 서비스 보급 정책
ㄴ. 정보 소외 계층에 대한 정보화 교육 강화
ㄷ. 인터넷 및 스마트폰 중독 예방 교육 강화
ㄹ. 장애인과 고령층에 대한 직업 교육 및 일자리 제공

	(가)	(나)			(가)	(나)
①	ㄱ	ㄴ		②	ㄱ	ㄷ
③	ㄴ	ㄷ		④	ㄴ	ㄹ
⑤	ㄷ	ㄹ				

07 다음은 학생들의 형성 평가 답안을 정리한 것이다. 각 진술에 대해 모두 옳게 응답한 학생은?

※ 교통·통신의 발달로 인해 나타나는 변화에 대한 진술이 맞으면 'O', 틀리면 'X'를 표시하시오.

진술 \ 학생	갑	을	병	정	무
재택근무보다 대면 근무의 중요성이 커진다.	O	X	X	X	X
다른 나라와의 경제·문화 교류가 활발해진다.	O	O	O	O	X
전자 상거래, 온라인 금융 거래가 활성화된다.	O	O	X	X	X
지리 정보 시스템을 이용한 서비스 제공이 많아진다.	O	O	O	X	X

① 갑　　② 을　　③ 병　　④ 정　　⑤ 무

08 다음 자료의 ㉠ 개통 전과 비교한 ㉠ 개통 후의 상대적 특징을 그림의 A~E에서 고른 것은?

부산·울산·경북 메가시티의 교통 대동맥인 ㉠ 동남권 4개 광역전철이 2021년 12월 28일 정식 개통되었다. 이는 비(非)수도권 최초이자, 1974년 수도권 광역전철 개통 이래 47년 만의 광역전철이다.

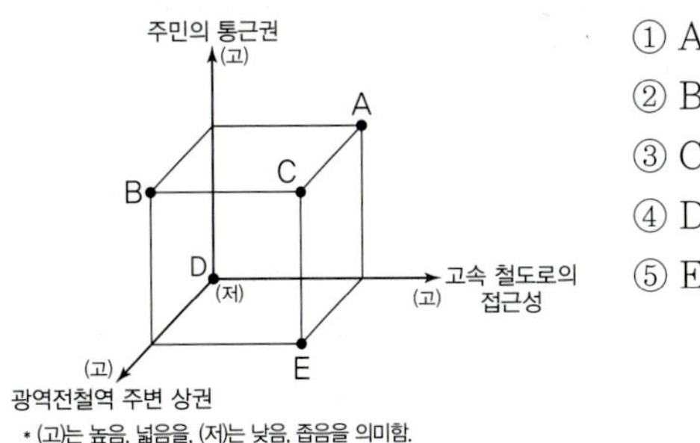

- (고)는 높음, 넓음을, (저)는 낮음, 좁음을 의미함.

① A
② B
③ C
④ D
⑤ E

09 (가), (나)에 제시된 문제점의 해결 방안을 〈보기〉에서 고른 것은?

> (가) 인터넷상에서 '신상털기'가 무분별하게 이루어지면서 사건 당사자의 안전을 위협하거나 심리적 고통을 야기하는 2차 가해가 만연해지고 있다.
>
> (나) 인터넷, 스마트 기기를 이용한 비대면 금융 거래가 보편화되면서 오프라인 점포 수가 줄어들어 온라인 금융 거래에 익숙하지 않은 노년층의 불편이 가중되고 있다.

┌─ 보기 ─┐

ㄱ. 노년층을 위한 여가 공간의 확충
ㄴ. 사이버 불링(cyber bulling) 관련 법률 보완
ㄷ. 정보 소외 계층에 대한 정보화 활용 교육 실시
ㄹ. 인터넷 뱅킹 및 전자 상거래 활성화 정책 강화

	(가)	(나)		(가)	(나)
①	ㄱ	ㄴ	②	ㄱ	ㄷ
③	ㄴ	ㄷ	④	ㄴ	ㄹ
⑤	ㄷ	ㄹ			

10 다음은 교사가 수업 시간에 제시한 자료이다. (가)에 들어갈 내용으로 가장 적절한 것은?

> 수업 주제: ______(가)______
>
> • 질병 관리청에서 제공한 방대한 환자 정보를 환자의 위치 정보와 통합하여 웹·앱 응용 프로그램을 통해 표시하여 코로나19에 국민들이 능동적으로 대처할 수 있는 시스템을 구축하였다.
> • 국토 교통부에서는 지하철, 버스, 택시, 화물차 등 각종 교통수단 및 도로의 방대한 정보를 활용하여 분석한 결과를 네트워크 정보 기반 서비스로 제공하고 있다.

① 공간 정보 빅 데이터의 활용
② 정보 윤리 교육의 확대 방안
③ 전자 상거래 발달로 인한 변화
④ 정보 격차와 정보 불평등 문제
⑤ 인터넷을 통한 전자 민주주의 실현

11 다음 글의 (가), (나)에 들어갈 내용으로 옳은 것은?

> 과거 부여는 강경과 함께 ______(가)______이 발달하여 지역 경제의 중심지 역할을 하였다. 그러나 ______(나)______의 발달로 인해 지역의 중심 기능이 대전·천안 등 새로운 중심지로 이전되었고 부여의 지역 경제는 침체되었다.

	(가)	(나)
①	금강의 수운 교통	도로, 철도 등의 육상 교통
②	금강의 수운 교통	항공 교통
③	도로, 철도 등의 육상 교통	금강의 수운 교통
④	도로, 철도 등의 육상 교통	항공 교통
⑤	항공 교통	도로, 철도 등의 육상 교통

12 다음 글의 (가)에 들어갈 내용으로 가장 적절한 것은?

> 주제: 교통 발달에 따른 ______(가)______을/를 줄이기 위한 노력
>
> 사례 1: 정부는 도로 중간에 야생 동물들이 이동할 수 있게 하는 구조물인 생태 통로를 조성하기 위한 예산을 작년에 비해 크게 증액하였다.
> 사례 2: 환경부는 야생 동물의 움직임을 탐지하는 센서와 인공지능(AI) 기술이 적용된 폐쇄 회로 텔레비전(CCTV)을 결합해 운전자에게 전광판으로 야생 동물의 출현을 알려 주는 야생 동물 교통사고 점검 시스템을 적극 도입 및 운용하기로 결정하였다.

① 정보 격차
② 공간 불평등
③ 생태 서식지 단절
④ 외래 생물종 전파
⑤ 동물 전염병의 확산

13 다음 자료에 대한 분석으로 옳은 것은?

〈정보 소외 계층 정보 격차 지수〉

(단위 : %)

연도 지수 / 계층	2008년			2023년		
	장애인	저소득층	고령층	장애인	저소득층	고령층
접근	7.4	12.1	7.5	98.0	99.6	95.3
역량	34.0	30.9	65.5	75.6	93.0	55.3
활용	31.2	29.0	55.1	82.5	97.4	73.8

• 정보 소외 계층 정보 격차 지수는 일반 국민의 PC · 모바일 기기 정보화 수준을 100으로 가정했을 때, 정보 소외 계층의 정보화 수준을 나타냄.
•• 접근 지수는 PC · 모바일 기기 보유 정도, 역량 지수는 PC · 모바일 기기 이용 능력 정도, 활용 지수는 인터넷 양적 · 질적 활용 정도를 나타냄.

① 2008년 활용 지수는 정보 소외 계층 중 저소득층이 가장 높다.
② 2008년 정보 기기 보유 정도는 정보 소외 계층 중 고령층이 가장 높다.
③ 2023년 PC · 모바일 기기 이용 능력 정도는 정보 소외 계층 중 장애인이 가장 높다.
④ 2008년 대비 2023년 모든 정보 소외 계층의 역량 지수가 향상되었다.
⑤ 2008년 대비 2023년 활용 지수가 가장 크게 향상된 정보 소외 계층은 저소득층이다.

14 '수도권 2기 신도시 건설에 따른 ○○시의 변화'를 주제로 지역 조사를 하고자 한다. (가), (나) 단계에 해당하는 활동으로 옳은 것만을 〈보기〉에서 고른 것은?

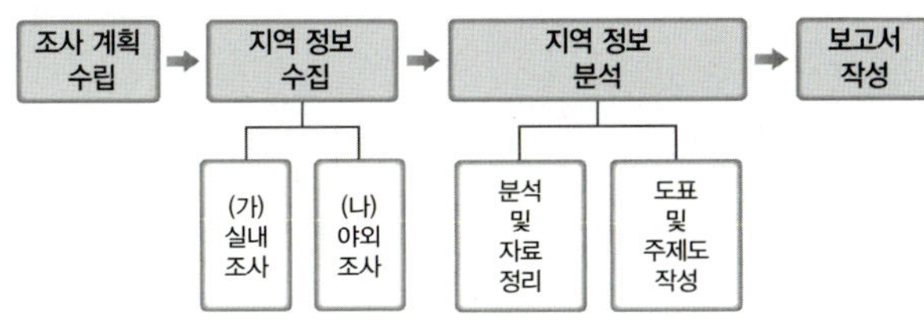

─ 보기 ─

ㄱ. (가) : 도서관에 가서 수도권 2기 신도시 건설 전후의 인구 통계 자료를 찾아본다.
ㄴ. (가) : ○○시에 건설된 수도권 2기 신도시 아파트 주민을 찾아가 설문 조사를 한다.
ㄷ. (나) : ○○시의 위성 사진을 통해 확인한 아파트 단지를 찾아가 사진을 촬영한다.
ㄹ. (나) : 국토 정보 플랫폼에서 ○○시의 수도권 2기 건설 전후 위성 사진을 검색해 본다.

① ㄱ, ㄴ   ② ㄱ, ㄷ   ③ ㄴ, ㄷ
④ ㄴ, ㄹ   ⑤ ㄷ, ㄹ

15 지역 조사 과정 중 (가) 단계에 해당하는 활동으로 가장 적절한 것은?

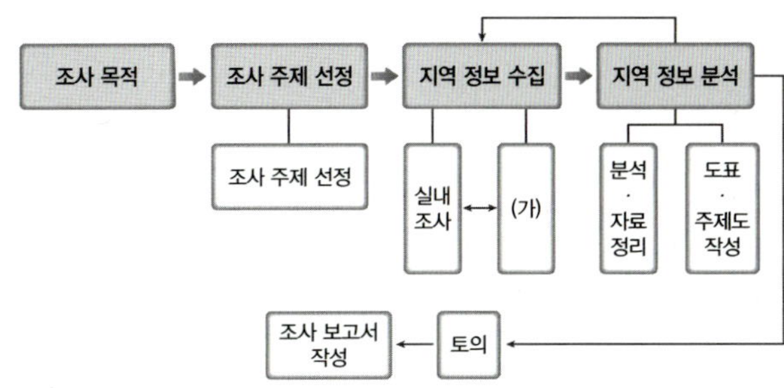

① ○○ 지역의 전통 시장에 대한 답사 일정을 수립한다.
② ○○ 지역의 전통 시장 상권 변화를 조사 주제로 선정한다.
③ ○○ 지역의 전통 시장 분포 자료를 통계 지도로 표현한다.
④ ○○ 지역을 방문하여 전통 시장 모습을 사진으로 촬영한다.
⑤ 통계청 누리집에서 ○○ 지역의 전통 시장 매출액에 대한 통계를 찾아본다.

16 다음 자료는 지역 조사 과정을 나타낸 것이다. (가)~(다)에 들어갈 적절한 활동만을 〈보기〉에서 고른 것은?

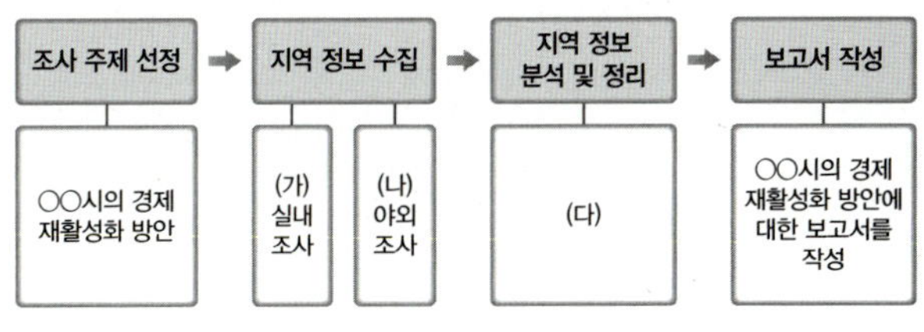

─ 보기 ─

ㄱ. ○○시의 위치, 상점 수, 산업 구조 변화 등을 인터넷을 활용하여 조사한다.
ㄴ. ○○시의 상점 분포, 산업 구조 현황을 분석하여 도표나 그래프 등으로 표현한다.
ㄷ. ○○시를 방문하여 주민들을 대상으로 과거와 최근의 지역 경제 상황 등을 설문 조사한다.

	(가)	(나)	(다)		(가)	(나)	(다)
①	ㄱ	ㄴ	ㄷ	②	ㄱ	ㄷ	ㄴ
③	ㄴ	ㄷ	ㄱ	④	ㄷ	ㄱ	ㄴ
⑤	ㄷ	ㄴ	ㄱ				

MEMO

이투스북

통합사회1

시험 대비 워크북

이투스북

시험 대비 워크북

주제 1 인간, 사회, 환경을 바라보는 다양한 관점 ★★★

1 [　　　][1) 관점

의미	• 역사적 배경과 [　　　][2)에 초점을 두고 인간, 사회, 환경을 바라보는 관점 • 과거에 발생한 사건이나 삶의 자취에 초점을 두고 당시의 시대적 상황과 역사적 사실을 현재와 연결 지어 의미를 부여하는 것
특징	• 과거의 특정 사건이나 상황이 현재의 사회현상에 어떤 영향을 미쳤는지 알 수 있음 • 현재의 사건이나 상황이 미래에 어떤 영향을 미칠 것인가를 예상할 수 있음

2 [　　　][3) 관점

의미	• 장소와 [　　　][4) 및 공간적 상호 작용에 초점을 두고 인간, 사회, 환경을 바라보는 관점 • 어떤 사회현상과 관련이 있는 위치나 장소, 분포 유형, 이동과 네트워크 등 다양한 공간 정보를 고려하는 것
특징	• 사회현상에 영향을 미치는 자연환경과 인문환경 요소를 고려함으로써 지역 간 공통점과 차이점을 파악할 수 있음 • 지역 간 상호 작용의 변화와 그에 따른 인간의 삶과 세계, 지구 전체에 미친 영향도 알 수 있음

3 [　　　][5) 관점

의미	• 사회 구조 및 제도의 영향력에 초점을 두고 인간, 사회, 환경을 바라보는 관점 • 사회 구조: 개인 간의 상호 작용이 지속되면서 나타난 사회적 관계들의 정형화된 틀 또는 조직적인 총체 • [　　　][6): 사회 구성원의 욕구를 충족하고 공동체의 문제를 해결하기 위해 만들어진 관습화되고 공식화된 방법과 절차
특징	• 사회 구조가 사회 구성원에 미치는 영향을 파악하여 구성원의 행동뿐만 아니라 그에 따른 사회 변화의 양상과 문제점도 예측할 수 있음 • 공동체의 문제를 해결하기 위해 사회 제도를 먼저 개선함으로써 구성원의 행동을 유도할 수 있음

4 [　　　][7) 관점

의미	도덕적 가치와 도덕규범을 고려하여 인간, 사회, 환경을 바라보는 관점
특징	• 자신이 추구하는 가치나 그에 따른 삶의 방향성을 찾을 수 있음 • 더 나은 사회를 위한 규범과 가치를 설정하고, 이를 실천하는 방안을 모색하게 됨

주제 2 통합적 관점 ★★★

1 인간, 사회, 환경에 대한 탐구

필요성	• 인간은 사회를 이루고 주변 환경과 상호 작용하며 살아감 • 삶에 영향을 주는 사회 공동체나 주변 환경에서 발생하는 문제의 원인을 찾고 해결 방안을 모색하며 미래를 만들어 가기 위해서 인간과 세상에 대한 깊이 있는 탐구가 필요함
의미	• 인간, 사회, 환경과 관련한 여러 사회현상에 대한 정보나 지식을 논증하는 과정 • 사회현상이 나타난 원인을 파악하고 그 결과를 예측하면서 문제를 해결해 가는 종합적인 과정
유의점	• 사회현상의 원인이 단순하지 않고 복합적인 경우가 많기 때문에 다양한 측면에서 그 원인을 검토해야 함 • 어떤 사회현상은 여러 '사실'과 '[　　　][8)'가 혼재되어 발생하므로 문제 해결 과정에서 사실 판단뿐만 아니라 가치 판단도 필요함 • 문제 해결 과정에서 새로운 문제가 발생하기도 하므로 새롭게 나타날 수 있는 문제점까지 고려해야 함

2 [　　　][9) 관점

의미	하나의 사회현상에 대해 시간적 관점, 공간적 관점, 사회적 관점, 윤리적 관점을 총체적으로 적용하여 바라보는 것
필요성	• 인간, 사회, 환경이 상호 작용하면서 연계되어 나타나는 사회현상을 폭넓게 이해하기 위해서는 통합적 관점으로 사회현상을 바라보는 것이 중요함 • 사회현상을 통합적 관점으로 접근하면 발생 원인을 다각도로 분석할 수 있음 • 문제가 발생했을 경우 실제적이고 다양한 측면의 해결 방안을 모색할 수 있음
요구되는 태도	• 다른 사람의 의견을 존중하고 다양한 의견을 포용하는 태도가 필요함 • 의견을 제시할 때는 관련 자료를 명확히 밝히고 해당 자료가 신뢰할 만한 것인지 확인하는 태도가 필요함

3 다양한 관점에서 바라보는 기후변화 문제

[　　　][10) 관점	산업 혁명 이후의 산업화 과정과 그에 따른 시기별 이산화 탄소 농도의 변화를 관찰해 볼 필요가 있다.
[　　　][11) 관점	국가별 또는 선진국과 개발도상국별로 이산화 탄소 배출량의 차이를 분석해 볼 필요가 있다.
[　　　][12) 관점	국제 사회나 개별 국가의 제도적인 해결 방안을 검토할 필요가 있다.
윤리적 관점	인간과 자연의 바람직한 관계를 고민해보고, 어떤 가치를 지향해야 하는지 논의할 필요가 있다.

정답　1 시간적　2 시대적 맥락　3 공간적　4 지역　5 사회적　6 사회 제도　7 윤리적　8 가치　9 통합적　10 시간적　11 공간적　12 사회적

시험 대비하기

01 다음 글에 나타나 있는 사회현상을 바라보는 관점으로 가장 적절한 것은?

> 저출생, 고령화와 인구 감소 현상에 맞물려 전체 청소년 인구가 꾸준히 감소하면서 2060년에는 청소년 인구가 지금의 반토막 수준이 될 것이라는 전망이 나왔다. 이러한 흐름과는 반대로 다문화 학생은 꾸준히 증가해 최근 10년 새 3배 넘게 불어났다. 다문화 학생은 2013년 5만 5천 780명에서 2023년 18만 1천 178명으로, 10년 만에 3배 넘게 늘었으며, 이는 전체 학생 521만 8천명의 3.5% 수준이다.

① 공간적 관점
② 사회적 관점
③ 시간적 관점
④ 윤리적 관점
⑤ 통합적 관점

02 다음은 어느 학생이 작성한 필기 노트이다. ㉠～㉤ 중 옳지 <u>않은</u> 것은?

〈'공간적 관점'에 대한 이해〉

1. 공간적 관점의 의미: '어디에서?'와 '왜 그곳인가?'라는 의문을 가지고 지표에 나타나는 인간 활동을 설명하는 것 ┄┄┄┄┄┄┄┄┄┄┄┄┄┄ ㉠
2. 공간적 관점과 공간 정보: 공간적 관점은 장소와 지역, 네트워크 등의 다양한 공간 정보에 대한 이해를 필요로 함 ┄┄┄┄┄┄┄┄┄┄┄┄┄┄ ㉡
   (1) 장소: 경험과 감정에 따라 주관적인 의미가 부여된 공간 → 장소에 대한 의미는 시간이나 사건에 따라 변하기도 함 ┄┄┄┄┄┄┄┄ ㉢
   (2) 지역: 다른 지역과 구분되는 고유한 특성을 가진 공간 → 지역의 특성은 인간이 자연환경 및 인문환경과 상호 작용하는 과정에서 나타남 ┄ ㉣
   (3) 네트워크: 인구, 물자, 정보 등이 지역의 경계를 넘어 이동하지 않고 고유의 지역에서 서로 영향을 주고받음이 없이 고립되어 존재할 때 형성되는 것 ┄┄┄┄┄┄┄┄┄┄┄┄┄┄ ㉤

① ㉠   ② ㉡   ③ ㉢   ④ ㉣   ⑤ ㉤

03 다음 질문들을 중요하게 고려하는 관점으로 가장 적절한 것은?

> • 일상생활에서 법과 제도가 우리에게 어떻게 영향을 주는가?
> • 사회문제를 해결하기 위해서는 정책과 법률에 어떤 변화가 필요한가?
> • 사회 구조와 제도 안에서 사람들이 어떻게 사회적 관계를 맺고 상호 작용하는가?

① 공간적 관점   ② 사회적 관점
③ 시간적 관점   ④ 윤리적 관점
⑤ 통합적 관점

04 다음 신문 칼럼의 입장에서 지지할 주장으로 가장 적절한 것은?

> ○○신문 　　　　　　　　　　○○○○년 ○○월 ○○일
>
> **칼 럼**
>
> 국가대표 축구 경기에 있어 한국과 일본은 전통적인 라이벌 관계이다. 한국과 일본의 축구 경기가 있는 날이면 양국의 대다수 국민들이 뜨거운 관심을 갖고 지켜본다. 특히 한국인들은 일본과의 경기에서만큼은 '반드시 이겨야 한다!'는 생각이 강하다. 한국인들의 이러한 인식은 과거 한국과 일본 간의 역사적 사실과 무관하지 않다. 섬나라인 일본은 대륙과의 연결을 위해 주변국인 한국을 지속적으로 침략해 왔다. 조선 시대에 일본이 일으킨 정유재란과 임진왜란을 성공적으로 막아낸 이순신 장군은 한국인들이 역사상 가장 존경하는 인물 중 하나이다. 이후에도 일본은 한국에 대한 침략 야욕을 멈추지 않아서 결국 35년간 한국을 식민 지배하기에 이르렀다. 그러나 식민지가 된 이후에도 한국인들은 일본에 저항하여 독립 운동을 멈추지 않았고 그 결과 1945년에 한국은 일본으로부터 해방되었다. 한일 간의 이러한 과거사는 한국인들에게 '일본에게는 절대 질 수 없다.'는 생각을 공유하게끔 한 것이다.

① 한국과 일본의 축구 문화를 공간적 관점에서 바라보아야 한다.
② 한국과 일본의 축구에 대한 사회 제도 및 정책의 차이를 살펴야 한다.
③ 한국이 일본보다 축구를 잘하는 이유를 통합적 관점으로 설명할 수 있다.
④ 한국과 일본 간의 축구 경기는 시간적 관점에서 바라보는 것이 도움이 된다.
⑤ 한국인들과 일본인들의 축구에 대한 인식 차이는 윤리적 관점에서 접근해야 한다.

05 인간, 사회, 환경을 바라보는 갑, 을의 관점에 대한 설명으로 적절한 것만을 〈보기〉에서 고른 것은?

> 갑 : 발생하는 사회현상의 변화 자취를 통해 시대적 배경과 맥락을 살펴보아야 한다.
> 을 : 장소와 지역이라는 공간 속에서 서로 영향을 주고받으며 얽혀 있는 인간, 사회, 환경의 관계를 파악해야 한다.

─┤ 보기 ├─

ㄱ. 갑은 특정 현상과 관련된 과거의 자료들을 수집하여 현재와의 관계를 탐구하고자 한다.
ㄴ. 을은 사회 구성원들에게 영향을 미치는 사회 구조나 제도를 살펴보고 개선하고자 한다.
ㄷ. 을은 자연환경과 인문환경이 인간의 삶에 미치는 영향을 연구하고 분석하고자 한다.
ㄹ. 갑과 을은 모두 도덕적 가치 판단과 규범적 방향성에 초점을 두고 사회현상을 바라보고자 한다.

① ㄱ, ㄴ ② ㄱ, ㄷ ③ ㄴ, ㄷ
④ ㄴ, ㄹ ⑤ ㄷ, ㄹ

06 ㉠의 특징으로 적절한 것만을 〈보기〉에서 고른 것은?

> 현대 사회는 기술이 급속도로 발전하고, 예전보다 학문 분야가 세분되었으며 구성원 간 상호 작용과 이해관계도 복잡해지고 있다. 따라서 현대 사회에서 발생하는 사회현상에 효과적으로 대처하려면 다양한 관점을 통합적으로 활용하는 ┌ ㉠ ┐ 이 필요하다.

─┤ 보기 ├─

ㄱ. 사회현상을 하나의 관점만으로 전문성 있게 접근한다.
ㄴ. 시간적 · 공간적 · 사회적 · 윤리적 관점을 모두 함께 고려한다.
ㄷ. 사회현상을 개별 학문의 경계를 넘어 종합적으로 이해한다.
ㄹ. 시대적 흐름과 배경에만 치중하여 사회문제의 해결 방안을 모색한다.

① ㄱ, ㄴ ② ㄱ, ㄷ ③ ㄴ, ㄷ
④ ㄴ, ㄹ ⑤ ㄷ, ㄹ

07 밑줄친 ㉠~㉣의 관점에 해당하는 탐구 주제로 적절한 것만을 〈보기〉에서 고른 것은?

> 어떤 물건의 일부만 만져 보면 그 물건의 특성을 종합적으로 파악하기 어려운 것처럼, 개별 관점으로만 볼 때는 우리가 커피를 마시는 데 관여하는 다양한 측면을 종합적으로 파악하기 어렵다. 우리가 커피를 마시는 현상도 ㉠ 시간적 관점, ㉡ 공간적 관점, ㉢ 사회적 관점, ㉣ 윤리적 관점을 모두 고려한 통합적 관점에서 살펴볼 필요가 있다.

─┤ 보기 ├─

ㄱ. ㉠ : 커피의 주요 생산국과 소비국의 지리적 특성
ㄴ. ㉡ : 오늘날 커피가 인기 있는 음료가 된 역사적 배경
ㄷ. ㉢ : 커피 선호도에 영향을 미치는 사회 구조와 제도
ㄹ. ㉣ : 커피 선택에서 소비자가 고려해야 할 공정 무역의 도덕적 가치

① ㄱ, ㄴ ② ㄱ, ㄷ ③ ㄴ, ㄷ
④ ㄴ, ㄹ ⑤ ㄷ, ㄹ

08 (가)의 관점에서 (나)에 나타난 문제점을 해결하기 위한 방안으로 가장 적절한 것은?

(가)	도덕적 가치와 규범을 고려하여 인간, 사회, 환경을 바라보아야 한다.
(나)	2023년 학교폭력으로 전국에서 검거된 인원이 1만 5000명을 넘겨 최근 5년간 최다를 기록했다. 금품갈취, 재물손괴 등의 범죄가 눈에 띄게 늘었고 가해자의 초등학생 비율이 두자릿수로 높아지며 연령대가 낮아지는 현상이 나타났다. 정부는 2023년 말에 발표한 학교폭력 대책에 따라 2024년에 전담조사관제를 신설하고 학교전담경찰관 정원을 1,127명으로 10% 늘렸다.

① 학교폭력 전담 조사관 제도가 잘 운영되도록 한다.
② 학교폭력 사안에 대한 법적 처벌 규정을 강화한다.
③ 학교폭력이 잦은 지역의 공간적 특수성을 점검한다.
④ 학교폭력의 증감 추이와 피해 사례를 매해마다 조사한다.
⑤ 학교폭력이 개인의 인권을 침해하는 비도덕적 행위임을 인식하게 한다.

09 ㉠에 들어갈 내용으로 가장 적절한 것은?

> 우리가 사는 현대 사회의 불확실하고 복잡한 사회현상에 대처하려면 인간, 사회, 환경에 대한 시간적 관점, 공간적 관점, 사회적 관점, 윤리적 관점을 통합적으로 활용하는 것이 중요하다. 그래야만 ㉠

① 장소와 지역, 공간적 상호 작용을 이해할 수 있기 때문이다.
② 사회현상의 시대적 배경과 맥락을 파악할 수 있기 때문이다.
③ 더 바람직한 삶을 위해 추구해야 할 가치를 알 수 있기 때문이다.
④ 복잡한 사회현상을 종합적으로 분석하고 이해할 수 있기 때문이다.
⑤ 사회 구조와 제도 안에서 사람들이 맺는 사회적 관계를 알 수 있기 때문이다.

11 갑, 을이 강조하고 있는 관점을 옳게 연결한 것은?

> 갑 : 개인이나 집단의 행위에 영향을 끼치는 각종 정치적, 경제적, 문화적 제도들과 민주주의 사회에서 시민의 권리와 의무 등을 이해하는 데 주된 관심을 가져야 해.
>
> 을 : 오늘날 인류가 가지고 있는 정신적, 물질적 토대는 오랫동안 축적된 역사의 결과물이야. 따라서 현재 나타나고 있는 사회현상을 과거와 비교하여 살펴보는 관점이 필요해.

	갑	을
①	공간적 관점	통합적 관점
②	사회적 관점	시간적 관점
③	시간적 관점	윤리적 관점
④	윤리적 관점	공간적 관점
⑤	통합적 관점	사회적 관점

10 다음 사례와 관련하여 A~D의 관점에서 탐구할 수 있는 적절한 활동만을 〈보기〉에서 고른 것은?

> 최근 ○○ 지역에서 공공시설인 화장장 건립을 둘러싸고 갈등이 심해지고 있다. 장례 문화의 변화로 인해 화장장 건립의 필요성이 증가했지만, 건립 예정지 주민들은 유해 물질로 인한 피해를 입는다며 반발하고 있다.

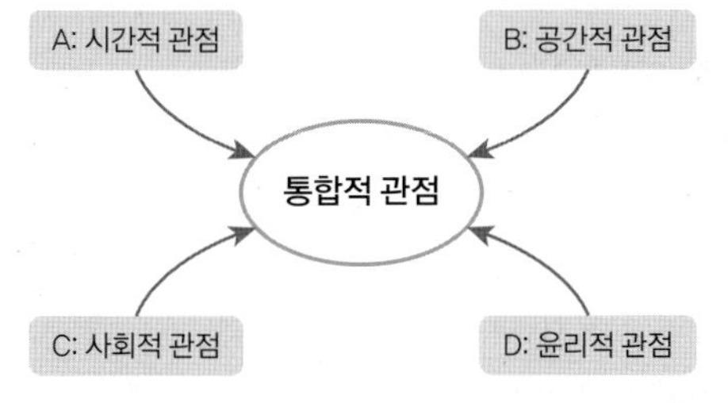

── 보기 ──
ㄱ. A : 화장장 건립의 입지 조건 조사하기
ㄴ. B : 연도별 화장 비율의 변화 조사하기
ㄷ. C : 화장장 건립 예정지 주민을 위한 보상 제도 알아보기
ㄹ. D : 갈등 해결을 위한 바람직한 시민 태도 알아보기

12 다음 사례와 관련하여 A~D의 관점에서 제기할 수 있는 적절한 질문만을 〈보기〉에서 고른 것은?

> 최근 반려동물과 생활하는 인구가 급격히 증가한 반면, 학대당하거나 버려지는 반려동물이 계속 늘어나 심각한 사회 문제가 되고 있다.

── 보기 ──
ㄱ. A – 반려동물을 대하는 바른 태도는 무엇인가?
ㄴ. B – 반려동물이 주로 유기되는 지역은 어디인가?
ㄷ. C – 반려동물의 유기를 예방할 수 있는 제도적 장치에는 무엇이 있는가?
ㄹ. D – 반려동물의 유기는 어느 시점부터 증가하였으며 어떤 추세로 이어지고 있는가?

① ㄱ, ㄴ   ② ㄱ, ㄷ   ③ ㄴ, ㄷ
④ ㄴ, ㄹ   ⑤ ㄷ, ㄹ

주제 1 행복의 기준 ★★

1 시대 상황에 따른 행복의 기준

선사 시대	생존을 위하여 식량을 확보하고 자연 재해나 사나운 짐승 등을 피해 외부의 위협으로부터 안전하게 사는 것
고대 그리스 시대	[ ][1]의 기능을 잘 발휘하여 철학적 성찰을 통해 지혜와 덕을 얻는 것 → 소크라테스, 플라톤, [ ][2]
헬레니즘 시대	사회적 혼란에 따른 [ ][3]과 불안에서 벗어나 마음의 평안을 얻는 것 → [ ][4], 스토아학파
중세 시대	신앙을 통해 신의 은총을 얻고 구원을 받아 내세에서 영원하고 완전한 존재인 신과 하나가 되는 것
산업화·민주화 시대	물질적인 풍요를 추구하고, 인간의 기본적 권리를 보장받는 것
오늘날	과거에 비해 개인이 느끼는 [ ][5]이 중시되면서 행복의 기준이 훨씬 복잡하고 다양해짐

2 지역 여건에 따른 행복의 기준

환경적 여건	• [ ][6]: 기후, 지형 등과 관련됨 → 주어진 환경에 반속하거나 결핍된 요소를 충속하는 것이 행복임 • 인문환경: 종교, 문화, 산업 등과 관련됨 → 지배적인 종교나 문화, 산업 등에 따라 행복의 기준이 다름
정치적 여건	• 민족, 종교, 정치적 갈등을 겪는 지역: 평화와 정치적 안정을 중시함 • 민주주의가 실현되지 않은 지역: 정치적 자유를 중시함
경제적 여건	• 경제적으로 빈곤한 지역: 기본적인 의식주 충족을 중시함 • 경제적으로 안정된 지역: 소득 불평등 해소, 여가와 문화 생활 향유 등 삶의 질을 중시함

주제 2 행복의 의미 ★★★

1 동양에서의 행복

[ ][7]	• 하늘로부터 부여받은 도덕적 본성을 보존하고 함양하는 것 • 다른 사람과 더불어 살아가면서 인(仁)을 실현하는 것
[ ][8]	• 맑고 깨끗한 불성(佛性)을 바탕으로 만물이 상호 의존 관계에 있음을 깨닫는 것 • 고통받는 중생을 구제하기 위한 자비를 실천하여 해탈의 경지에 이르는 것
도가	타고난 자연적 본성에 따라 인위적인 것이 더해지지 않은 자연 그대로의 모습으로 소박하게 살아가는 것

2 서양에서의 행복

아리스토텔레스	• 행복은 인간 삶의 궁극적인 [ ][9]이며, 최고의 선임 • 행복해지기 위해서는 인간이 가진 이성의 기능을 탁월하게 발휘하여 덕을 실현해야 함 • "이 세상에 존재하는 모든 것들은 목적을 가지고 있다. 인간의 모든 행위에도 목적이 있는데, 인간 행위의 궁극적인 목적은 [ ][10]이다. 행복은 모든 것 중에서 가장 바람직하고, 여러 선(善) 중에서 최고의 선이다. 따라서 행복은 궁극적이고 자족적이며, 모든 행동의 목적이라고 할 수 있다."
에피쿠로스	• 육체에 고통이 없고 마음에 [ ][11]이 없는 평온한 상태가 행복임 • 행복해지기 위해서는 자연적이고 필수적인 욕구만을 최소한으로 충족하며 절제된 삶을 살아야 함 • "참된 쾌락은 육체의 고통과 마음의 불안이 모두 소멸된 상태, 즉 평정심이다. 이를 위해서는 자연적이고 필수적인 욕구만을 최소한으로 충족하는 소박한 삶, 이성으로써 욕구를 분별하고 [ ][12]하는 검소한 삶을 살아야 한다."
스토아학파	이성적 사고로 금욕적 생활을 통해 정념에 지배받지 않고 초연하게 자연의 질서에 따라 사는 것이 행복임
칸트	인간으로서 마땅히 지켜야 할 도덕 법칙을 실천하는 사람이 행복을 누릴 자격이 있다고 봄
벤담	쾌락의 충족이 곧 행복임 → '최대 다수에게 최대 행복'을 가져다주는 행위가 옳고 바람직한 행위라고 봄

3 삶의 목적과 진정한 행복

삶의 궁극 목적으로서의 행복	• 행복의 기준은 사람마다 각기 다를 수 있음 • 성공, 재물, 명예 등은 그 자체가 목적이 아니라 행복을 위한 [ ][13]에 해당함 • 행복은 사람들이 공통적이며 궁극적으로 추구하는 삶의 목적임
진정한 행복	일시적이고 감각적인 만족이나 즐거움이 아니라, 지속적이고 정신적이며 본질적인 것임
진정한 행복을 위한 노력	• 물질적 가치와 정신적 가치의 조화: 물질적 욕망을 인정하고 절제하면서 정신적 가치를 함께 조화롭게 추구해야 함 • 의미 있는 목표의 설정과 추구: 삶에서 의미 있는 목표를 설정하고 이를 달성하고자 노력하면서 자아실현에 힘써야 함 • 개인적 측면과 사회적 측면의 고려: 개인이 느끼는 주관적 만족감과 사회 구성원으로서 누리는 사회적 여건을 함께 고려하고 중시해야 함 • 자신의 삶에 만족하고 성찰하는 태도: 자신이 처해 있는 삶의 조건을 남과 비교하지 않고 인정하면서, 자기 삶에 대해 성찰하는 자세가 필요함

정답 1 이성 2 아리스토텔레스 3 고통 4 에피쿠로스 5 주관적 만족감 6 자연환경 7 유교 8 불교 9 목적 10 행복 11 불안 12 절제 13 수단

01 다음은 통합사회 수업 시간의 모습이다. 선생님의 질문에 옳게 대답하지 <u>못한</u> 학생은?

> 선생님 : 행복의 기준에 대해 발표해 볼까요?
> 갑 : 시대의 지배적인 가치나 사상, 사회 변화 등은 행복의 기준에 영향을 줍니다.
> 을 : 행복의 기준은 시대적 상황과 달리 지역적 여건에 따라서 달라지지 않습니다.
> 병 : 고대 그리스 시대에는 이성을 발휘하여 덕을 얻는 것이 행복이라고 보았습니다.
> 정 : 헬레니즘 시대에는 고통과 불안에서 벗어나 마음의 평안을 얻는 것을 행복으로 여겼습니다.
> 무 : 오늘날에는 주관적 만족감이 중시되면서 과거에 비해 행복의 기준이 다양해졌습니다.

① 갑 ② 을 ③ 병 ④ 정 ⑤ 무

02 다음 신문 칼럼에서 지지할 입장으로 가장 적절한 것은?

> ○○신문 ──────────── ○○○○년 ○○월 ○○일
>
> ### 칼 럼
>
> 미국의 한 대학에서 서로 다른 삶의 목표를 가진 A, B 두 집단의 행복 정도를 비교하는 연구를 하였다. A 집단은 '돈이 많은 사람이 되는 것', '인기가 많은 사람이 되는 것'을 목표로 하였고, B 집단은 '다른 사람을 도와주는 것', '더 좋은 인간관계를 맺는 것' 등을 삶의 목표로 하였다. 몇 년 후 두 집단을 찾아가 조사한 결과, A 집단의 구성원들은 일정 정도 목표를 이루었다고 자부하면서도 자신은 아직 부족하다고 여기며 만족함을 느끼지 못하고 있었고, B 집단의 구성원들은 자신이 설정한 목표에 미치지 못했음을 부끄러워하면서도 자신의 삶의 방식과 인간관계에 만족해하며 행복감을 느끼고 있었다. 이를 통해 연구팀은 목표를 달성했는가의 여부보다 어떤 목표를 추구했는지가 행복을 결정짓는 데 더 큰 영향을 끼친다고 결론을 내렸다.

① 물질적 욕망을 인간의 삶과 행복을 위한 최고의 목표로 추구해야 한다.
② 행복은 목표 달성을 통한 성취감만을 의미하므로 목표를 이루는 데 매진해야 한다.
③ 사회 구성원으로서 타인에게 인정받는 것을 개인의 내면적 만족감보다 중시해야 한다.
④ 외재적인 것의 획득보다 내재적인 것을 성장, 발전시키려는 목표가 사람을 더 행복하게 한다.
⑤ 타인과의 인간관계는 다툼과 불만 등을 일으켜 고통과 불행의 원인이 되므로 최소화해야 한다.

03 ㉠, ㉡에 각각 들어갈 용어를 옳게 연결한 것은?

> 가치는 우리가 소중하게 생각하여 추구하려는 것으로, 크게는 (㉠)와 (㉡)로 구분할 수 있다. 기본적인 의식주에 대한 욕구 충족, 경제력, 사회적 지위 등의 물질적 조건은 주로 (㉠)에 속하며, 이를 통해 우리는 감각적 즐거움을 느낄 수 있다. 그러나 인간이 행복해지기 위해서는 (㉠)보다는 선(善), 사랑, 지혜, 아름다움 등 그 자체가 목적이 되는 (㉡)를 추구해야 한다.

	㉠	㉡
①	도구적 가치	본질적 가치
②	도구적 가치	수단적 가치
③	본질적 가치	도구적 가치
④	본질적 가치	정신적 가치
⑤	정신적 가치	물질적 가치

04 (가), (나)를 통해 알 수 있는 행복의 기준에 대한 설명으로 가장 적절한 것은?

> (가) 건조 기후 지역에서는 생존에 필요한 물을 확보하는 것만으로도 행복을 느끼는 경우가 많다.
> (나) 6 · 25 전쟁 직후에는 삼시세끼를 배불리 먹는 것에 행복을 느끼는 경우가 많았다. 하지만 현재에는 단순히 배불리 식사를 하는 것보다 소중한 사람들과 함께 맛있는 음식을 먹을 때 행복을 느끼는 경우가 많다.

① (가)를 통해 자연환경은 행복의 기준에 영향을 줄 수 없음을 알 수 있다.
② (가)를 통해 민주주의가 실현되지 않고서는 행복한 삶을 살 수 없음을 알 수 있다.
③ (나)를 통해 시대적 상황에 따라 행복의 기준은 달라질 수 있음을 알 수 있다.
④ (나)를 통해 물질적 풍요는 행복한 삶에 아무런 영향을 끼치지 못함을 알 수 있다.
⑤ (가)와 (나)를 통해 의식주에 대한 기본적인 욕구 충족이 곧 행복의 완성임을 알 수 있다.

05 (가)를 주장한 고대 동양 사상의 입장에서 (나)의 갑, 을에게 제시할 조언으로 적절한 것만을 〈보기〉에서 고른 것은?

(가)	사람은 고기를 먹고 사슴은 풀을 먹으니 누가 참된 맛을 아는 것인가? 사람은 미인을 좋아하고 동물은 미인을 피하니 누가 참된 미(美)를 아는 것인가? 도(道)의 관점에서 만물을 평등하게 바라보아야 한다.
(나)	갑 : 다른 친구들은 눈도 크고 코도 오똑한데, 나는 내 생김새가 마음에 안 들어. 을 : 다른 친구는 키도 크고 힘도 센데, 나는 너무 왜소한 거 같아서 불행해.

┌─ 보기 ┐

ㄱ. 사람들이 선호하는 기준에 자신을 맞추도록 하세요.
ㄴ. 아름다움과 추함의 구별은 상대적임을 깨달으세요.
ㄷ. 행복해지려면 남들이 부러워하도록 외적인 모습을 가꾸는 데 힘쓰세요.
ㄹ. 외모에 우열이 존재한다는 편견을 버리고 있는 그대로의 자신을 인정하세요.

① ㄱ, ㄴ   ② ㄱ, ㄷ   ③ ㄴ, ㄷ
④ ㄴ, ㄹ   ⑤ ㄷ, ㄹ

| 교육청 기출 |

06 다음 글의 관점에서 〈사례〉의 A에게 제시할 조언으로 가장 적절한 것은?

행복은 인간의 궁극적 목적이자 최고선이다. 이를 위해 인간의 고유한 기능을 훌륭하게 수행하는 것이 필요하다. 인간의 세 가지 기능은 영양 섭취와 같이 생존에 필요한 생명의 기능, 감각과 운동의 기능, 정신의 이성적 활동 기능이다. 이 중에서 정신의 이성적 활동 기능은 인간만이 가지고 있다. 인간이 이 기능을 탁월하게 수행할 때 참된 행복이 이루어진다.

┌─ 사례 ┐

온라인 게임에 중독된 A는 컴퓨터 모니터 속 상대를 공격할 때 쾌락을 느낀다. A는 이런 순간적인 즐거움을 주는 게임이 최고의 행복이라고 생각한다.

① 모든 욕망을 제거하고 세속적인 삶에서 벗어나야 합니다.
② 감각적인 쾌락보다는 이성에 따르는 삶을 추구해야 합니다.
③ 육체적인 고통이 없는 상태만이 행복임을 자각해야 합니다.
④ 게임으로 얻는 순간적인 만족이 최고선임을 깨달아야 합니다.
⑤ 게임보다 운동을 통한 체력 증진이 궁극적 목적이어야 합니다.

07 (가)를 주장한 고대 서양 사상가의 입장에서 볼 때, (나)의 ㉠에 들어갈 진술로 적절하지 <u>않은</u> 것은?

(가)	쾌락은 모든 행위의 목적이다. 참된 쾌락이란 육체에 고통이 없고 마음에 동요가 없는 상태이다. 자연적 욕망이기는 하지만 그것이 충족되지 않아도 고통스럽지 않은 것은 필수적이지 않다.
(나)	㉠ 그래야 행복한 삶을 실현할 수 있다.

① 쾌락이 가치를 평가하는 최고선임을 알아야 한다.
② 마음에 불안이 없는 평정심의 상태를 유지해야 한다.
③ 육체에 불만족이 없도록 자연적 욕망을 최대한 충족해야 한다.
④ 이성으로 욕망을 분별하여 조절하고 헛된 생각을 버려야 한다.
⑤ 필수적이지 않은 욕구의 충족은 더 큰 고통을 불러올 수 있음을 알아야 한다.

08 갑, 을 사상가들의 입장으로 옳은 것만을 〈보기〉에서 고른 것은?

갑 : 행복한 삶의 시작이자 끝은 바로 쾌락이며, 쾌락이야말로 모든 가치를 평가하는 최고선이다. 그런데 내가 말하는 쾌락은 방탕한 자들의 쾌락이나 육체적인 쾌락이 아니라 몸의 고통과 마음의 불안으로부터의 자유이다. 행복하게 살기 위해서는 욕구의 적극적인 충족에 따른 쾌락보다는 고통을 제거함으로써 주어지는 쾌락을 추구해야 한다.

을 : 행복은 인간의 영혼 중에서 이성과 관련된 능력을 탁월하게 발휘하는 것을 의미한다. 이성을 통해 도덕적 행위가 무엇인지를 파악하고 이를 반복적으로 실천한다면 좋은 품성을 기를 수 있으며, 인간 행위의 최종 목적인 행복을 실현할 수 있다.

┌─ 보기 ┐

ㄱ. 갑 : 평온한 삶을 위해 절제하며 검소하게 살아야 한다.
ㄴ. 을 : 인간이 추구해야 할 궁극적인 목적은 존재하지 않는다.
ㄷ. 을 : 도덕적 행위를 습관화하는 것은 행복의 실현에 기여한다.
ㄹ. 갑과 을 : 인간의 고유한 기능을 발휘하는 것은 행복한 삶과 무관하다.

① ㄱ, ㄴ   ② ㄱ, ㄷ   ③ ㄴ, ㄷ
④ ㄴ, ㄹ   ⑤ ㄷ, ㄹ

09 다음을 주장한 근대 서양 사상가의 입장에서 〈문제 상황〉 속 A에게 제시할 조언으로 가장 적절한 것은?

> 도덕의 원리와 행복의 원리를 구분하는 것이 이들 둘 사이의 대립을 의미하는 것은 아니다. 순수한 실천 이성은 우리가 행복에 대한 모든 요구를 포기하는 것을 바라지 않는다. 그것이 바라는 것은 의무가 문제가 될 때 자연적 경향성이나 행복을 전혀 고려하지 말아야 한다는 것뿐이다.
>
> 〈문제 상황〉
> 축구 시합을 한 후 피곤한 상태인 학생 A에게 지나가는 할머니가 무거운 짐을 들어 달라고 부탁하였다. A는 할머니를 도와 드릴지, 핑계를 대고 집에 가서 쉴지 고민하고 있다.

① 행복은 도덕의 목적이므로 자신의 행복을 우선시해야 해요.
② 주변 사람들로부터 칭찬을 받을 수 있는 행위를 해야 해요.
③ 자신의 행복을 증진시키는 행위만이 도덕적임을 알아야 해요.
④ 쉬고 싶은 욕구의 충족이 곧 의무이자 행복임을 알아야 해요.
⑤ 자연적 경향성을 극복하고 의무 의식에 따른 행위를 해야 해요.

10 다음을 주장한 근대 서양 사상가의 입장으로 옳은 것은?

> 돼지가 누리는 것과 같은 쾌락만으로는 인간의 행복 개념을 충족하지 못한다. 인간은 동물의 본능보다 고등한 능력이 있어서 그런 능력까지 만족시키는 것을 행복으로 여기기 때문이다. 어떤 종류의 쾌락이 다른 종류의 쾌락보다 바람직하고 가치 있다는 사실을 인정하는 것은 도덕의 기초인 최대 행복의 원리, 즉 공리주의 원리와 양립이 가능하다.

① 최대 행복을 추구하면서 쾌락의 질을 구분하려고 해서는 안 된다.
② 행복은 행위가 산출하는 쾌락이 아니라 행위의 동기에 의해 결정된다.
③ 인간과 동물이 지니고 있는 능력에 차이가 없으므로 차별 없이 대우해야 한다.
④ 인간은 육체적이고 저급한 쾌락보다 정신적이고 고상한 쾌락을 추구해야 한다.
⑤ 쾌락에는 질적인 차이가 없으므로 인간과 동물이 느낄 수 있는 쾌락은 동일하다.

11 밑줄 친 ㉠~㉢에 대한 설명으로 적절하지 <u>않은</u> 것은?

> 자연 철학자들이 '세상은 무엇으로 이루어져 있는가?'를 탐구할 때 그보다 중요한 질문은 '인간은 어떻게 하면 행복하게 살 수 있을까?'라고 여기면서 서양의 윤리 사상이 시작되었다고 할 수 있다. ㉠ 고대 그리스 시대에는 인간의 고유한 기능을 발휘하여 지혜와 덕을 얻으면 행복을 누릴 수 있다고 보았다. 그 뒤 마케도니아의 왕이었던 알렉산드로스 대왕이 정복 전쟁을 통해 유럽, 아시아, 아프리카에 이르는 대제국을 건설한 이후 고대 그리스인들의 삶의 토대였던 도시 국가(polis)가 해체되고 동서양의 문화가 뒤섞이면서 사회적으로 혼란이 나타나게 되었다. 알렉산드로스 대왕이 죽고 나서 전쟁과 정치적 격변이 끊임없이 이어진 극심한 혼란기였던 헬레니즘 시대에는 ㉡ 에피쿠로스학파와 ㉢ 스토아학파 사상이 등장하였다.

① ㉠에서는 이성보다는 신앙을 통한 신과의 합일을 추구하였다.
② ㉠의 대표적인 사상가로는 소크라테스, 아리스토텔레스가 있다.
③ ㉡은 욕구의 충족 대신 불필요한 욕구의 제거를 통한 쾌락을 추구하였다.
④ ㉢은 이성에 따른 금욕적 생활방식으로 참된 행복에 이를 수 있다고 보았다.
⑤ ㉡과 ㉢은 개인적인 마음의 평온을 통해 행복을 찾고자 하였다.

12 ㉠에 들어갈 내용으로 적절하지 <u>않은</u> 것은?

> 행복은 대부분의 사람들이 궁극적으로 추구하는 삶의 목적이라고 할 수 있다. 그런데 행복의 기준은 개인에 따라 다를 수 있으며, 시대 상황이나 지역 여건도 행복의 기준에 영향을 끼친다. 진정으로 행복한 삶을 영위하기 위해서는 성공, 재물, 명예 등은 그 자체가 목적이 아니라 행복을 위한 수단에 해당함을 바르게 알고,   ㉠

① 물질적 가치와 정신적 가치를 조화롭게 추구해야 한다.
② 삶에서 의미 있는 목표를 설정하고 자아실현을 위해 노력해야 한다.
③ 자신을 남과 비교하기보다 스스로를 인정하고 존중할 수 있어야 한다.
④ 사회적 성공을 거두기만 하면 행복은 저절로 실현됨을 이해해야 한다.
⑤ 개인의 주관적 만족감과 함께 사회 구성원으로서의 역할을 중시해야 한다.

02 행복한 삶을 실현하기 위한 조건

주제 1 질 높은 정주 환경과 경제적 안정 ★★★

1 질 높은 정주 환경

□□□[1] 의 의미	• 사람이 일정한 곳에 자리를 잡고 살아갈 수 있는 주변 여건이나 상황 등을 의미함 • □□□□[2]에서부터 문화, 여가, 자연환경 등 일상생활의 전 영역을 광범위하게 일컬음
질 높은 정주 환경의 필요성	• 생명을 유지하고 행복한 삶을 위해 안락한 보금자리를 제공해 주어야 함 • 정주 환경은 단순히 물리적 환경 이상의 의미를 지님 → 인간의 지각, 정서, 태도에 영향을 미쳐 특정 장소에 정서적 유대감을 느끼게 함 • 정주 환경은 인간의 행복과 긴밀한 관련을 맺음 → 거주하는 사람들의 기억과 역사를 담고 있는 □□□[3]의 역할을 함
질 높은 정주 환경 조성을 위한 구체적 노력	• 주거 환경의 안락함 증진: 국민들의 쾌적한 주거 생활을 보장하기 위한 정부의 주택 개발 정책 추진 • 교육과 의료 시설 확충: 국민들에게 교육과 의료 혜택을 제공하기 위해 학교나 병원 등의 설립 및 확충 • 삶의 질 개선을 위한 시설 확충: 인간다운 생활을 위한 문화, 예술, 체육, 복지 시설의 확충 및 편리한 삶을 위한 교통과 통신 시설 확충 • □□□□[4]의 조성: 인간과 자연이 조화와 공존을 이룰 수 있도록 도심 내 녹지 공간을 확대

2 경제적 안정

□□□□[5] 의 의미	• 기본적인 삶의 조건을 충족하고, 삶의 질을 유지하기 위해 일정 수준 이상의 □□[6]이 뒷받침되는 것 • 경제적 안정은 국민에게 쾌적한 환경이나 질 높은 의료 및 교육 혜택을 제공하여 경제적 불안감을 해소함
경제적 안정의 필요성	• 경제 성장만 추구하여 상대적 박탈감 등의 경제적 불안이 심화되면 삶의 만족도가 낮아지므로, 삶의 질을 유지할 수 있는 경제적 안정이 필요함 • 경제적으로 안정되면 기본적인 생계를 유지하고 자신의 필요를 충족할 수 있으며, 이를 통해 □□□□[7]의 기회를 가질 수 있음
경제적 안정을 위한 구체적 노력	• 고용 안정: 국가는 지속적인 경제 성장을 추구하면서도 일자리를 늘리기 위해 노력해야 하며, 최저 임금을 보장하고 실업 대책을 마련해야 함 • □□[8] 확충: 질병, 사고, 실직 등 갑작스러운 상황으로 인한 어려움에 대비할 수 있는 복지 제도를 마련해야 함 → 국민의 행복한 삶을 실현하려면, 경제적 안정과 더불어 다양한 사회 복지 제도를 마련해야 할 필요성이 있음 • 경제적 불평등 해소: 소외 계층이 상대적 박탈감 및 빈곤과 질병 등으로 고통받지 않도록 빈부 격차나 지역 격차의 심화를 해소해야 함

주제 2 민주주의 발전과 도덕적 실천 ★★★

1 민주주의 발전

□□□[9] 의 의미	• '민중(demos)'과 '지배(kratos)'가 합쳐진 용어 → 국민이 스스로 권력을 행사하는 정치 제도 또는 사상 • 자유, 평등, 인간 존엄성을 중시함
민주주의의 필요성	• 독재 국가나 권위주의적 정치 체제는 국민의 기본적 인권을 침해할 수 있음 • 민주 국가에서는 국민 각자가 자신이 원하는 삶의 방식을 자유롭게 추구할 수 있으므로 삶에 대한 만족감과 행복감을 느낄 가능성이 높음
민주주의의 특징	• 민주적 제도: 의회 제도(국민의 대표자로 구성된 의회가 국가의 법률을 제정하고 예산을 심의하며 중요한 정책을 결정하는 최고 의사 결정 기관임을 내세우는 제도), 복수 정당 제도(일당 독재로 국가가 운영되지 않고 국민들의 다양한 의사가 자유롭게 표출될 수 있도록 두 개 이상의 정당을 두는 제도), □□□□[10] 제도(국가의 권력이 한 개인이나 집단에 집중되지 못하도록 입법, 사법, 행정을 분립하는 제도) • 민주적 문화: 시민들은 자신의 권리와 의무, 정치 공동체에 대해 이해하고, 자발적이고 적극적으로 정치에 참여하는 정치 문화가 형성됨
정치 참여 방법	• □□□[11] 행사: 국민이 주권자로서 선거나 국민 투표를 통해 자신의 의사를 표현 → 가장 기본적인 정치 참여 • 직접적 참여: 공직 선거에 자신이 직접 후보자로 입후보하여 공직자로 선출되어 활동, 집회나 시위 등과 같은 직접적 의사 표현 방법을 통한 참여 • 집단을 통한 참여: 정당, 이익 집단, 시민 단체 등에 가입하여 활동

2 도덕적 실천

□□□ □□[12] 의 의미와 필요성	• 의미: 자신의 삶을 반성하고 도덕적 삶을 목표로 삼아 실천으로 옮기는 것 → 자신만의 이익을 위해 타인과 공동체에 해를 끼치는 비도덕적 행위를 하고 있지는 않은지 되돌아보는 도덕적 성찰을 전제로 함 • 필요성: 도덕적 사고와 실천을 통해 자신과 타인, 공동체의 행복을 함께 추구하여 실현할 수 있음
도덕적 실천을 위한 구체적 노력	• 도덕적 □□[13]: '반성하고 살펴보는 것' → 윤리적 관점에서 자신의 생각과 행동을 반성하고 도덕적 삶을 고민하는 것을 의미함 • □□□□[14]의 마음: 상대방의 입장이나 처지에서 생각해보는 마음가짐 함양 → 타인과 공동체에 대한 배려와 이해를 높일 수 있음 • 사회적 약자 배려: 사회적 약자의 고통에 공감하고, 이를 시정하기 위한 기부나 사회봉사에 참여하는 노력이 필요함

정답 **1** 정주 환경 **2** 주거 환경 **3** 저장고 **4** 생태환경 **5** 경제적 안정 **6** 소득 **7** 자아실현 **8** 복지 **9** 민주주의 **10** 권력 분립 **11** 투표권 **12** 도덕적 실천 **13** 성찰 **14** 역지사지

시험 대비하기

01 다음은 통합사회 수업 시간 중 일부이다. ㉠에 들어갈 내용으로 가장 적절한 것은?

> 선생님 : 오늘 수업 시간에 배운 [㉠]에 대해 발표해 볼까요?
> 갑 : 질 높은 정주 환경의 조성을 위해 노력해야 합니다.
> 을 : 삶의 질을 유지하기 위한 경제적 안정에 힘써야 합니다.
> 병 : 시민 참여를 활성화하여 민주주의를 실현해야 합니다.
> 정 : 도덕적 성찰을 통해 도덕적 행위를 실천하는 삶을 살아야 합니다.
> 선생님 : 네 학생이 모두 옳게 발표하였습니다.

① 통합적 관점이 필요한 이유
② 기후변화가 생활에 미치는 영향
③ 행복한 삶을 실현하기 위한 조건
④ 소득 수준과 삶에 대한 만족도의 관계
⑤ 시민의 정치 참여를 활성화하기 위한 방안

02 다음 가상 편지에서 강조하는 내용으로 가장 적절한 것은?

> ○○님에게
> 도덕적 수양이 잘 되어 있는 선비는 일정한 소득[항산(恒産)]이 없이도 일정한 도덕심[항심(恒心)]을 가질 수 있지만, 대다수의 일반 백성들은 일정한 소득이 없으면 일정한 도덕심을 가질 수 없습니다. 그리고 백성에게 일정한 도덕심이 없으면 방종해져서 못할 일이 없게 되며, 백성이 죄를 저지른 후에 잡아서 벌을 주는 것은 그물을 쳐놓고 백성이 잡히기를 기다리는 것과 같습니다. 그러므로 현명한 군주는 반드시 백성들의 생계를 안정적으로 보장한 후에 백성들을 선한 길로 이끌어가야 합니다.

① 인간은 자연과 조화를 이루면서 공존하는 삶을 살아야 한다.
② 구성원의 도덕적 삶을 위해서는 경제적 안정이 필요하다.
③ 국가는 사회 질서의 안정적 유지를 위해 법을 엄격히 집행해야 한다.
④ 백성은 일정한 도덕심을 유지해야 생계를 안정적으로 보장받을 수 있다.
⑤ 모든 인간은 경제적으로 풍요로워야만 일정한 도덕심을 유지할 수 있다.

03 다음 글의 입장에서 지지할 주장으로 적절한 것만을 〈보기〉에서 고른 것은?

> 국민의 참정권이 확대되어 정책 결정에 직접 참여할 기회가 늘어날수록 국민의 행복 지수는 높아진다. 반대로 국민이 정책 결정에 직접 참여하거나 의견을 표현할 기회가 제한될수록 국민의 행복 지수는 낮아진다.

> ┤ 보기 ├
> ㄱ. 민주주의의 수준이 높을수록 행복 지수는 상승한다.
> ㄴ. 국가의 소득이 늘어나는 만큼 국민들의 행복감은 커진다.
> ㄷ. 정치 참여는 국민의 행복을 결정짓는 핵심적 역할을 한다.
> ㄹ. 정치 참여는 민주주의의 발전과 행복에 영향을 미치지 않는다.

① ㄱ, ㄴ 　② ㄱ, ㄷ 　③ ㄴ, ㄷ
④ ㄴ, ㄹ 　⑤ ㄷ, ㄹ

04 ㉠에 들어갈 내용으로 가장 적절한 것은?

> 제2차 세계 대전 당시 유대인 대학살의 실무 책임자로서, 수만 명의 유대인을 학살하도록 지시한 나치의 중간 간부였던 아이히만은 전쟁이 끝나자 해외로 도피하여 이름을 바꾸고 15년 동안 숨어 살다가 결국 체포되어 재판을 받게 되었다. 재판 과정에서 아이히만은 "나는 어떠한 악마적 의도를 가지고 살인을 행한 것이 아니라, 자신에게 부여된 상부의 지시를 충실히 따랐을 뿐이며, 자신의 임무를 태만히 하였다면 오히려 양심의 가책을 느꼈을 성실한 관료일 뿐"이라고 항변하였다. 이 재판의 검사는 "당신의 그러한 태도가 초래한 무섭고 끔찍한 결과를 아느냐?"고 추궁하면서 아이히만의 죄가 '말하지도, 생각하지도, 행동하지도 않은 것'이라고 지적하며 사형을 구형하였다. 결국 아이히만은 1962년 처형되었다. 이러한 역사적 사실에서 우리는 [㉠]는 교훈을 얻을 수 있다.

① 자신에게 부여된 어떤 임무도 차질없이 완수해야 한다
② 자신이 속한 국가의 규범들은 의심 없이 수용해야 한다
③ 자신의 삶의 목적을 이익과 효율성을 기준으로 설정해야 한다
④ 무비판적으로 행위하지 말고 옳고 그름을 성찰해 보아야 한다
⑤ 공직에 임할 때는 개인의 양심을 배제하고 지시만을 따라야 한다

05 ㉠에 들어갈 내용으로 적절하지 <u>않은</u> 것은?

① 교통 및 통신 시설이 확충되어야 합니다.
② 공원 및 녹지 면적의 비중이 확대되어야 합니다.
③ 교육과 의료 혜택을 제공하는 시설이 인접해야 합니다.
④ 대규모 공업 단지와 유해물 처리 시설이 입지해야 합니다.
⑤ 문화, 예술, 체육, 복지 시설이 다양하게 갖추어져야 합니다.

06 그림의 강연자가 지지할 주장으로 가장 적절한 것은?

① 물질적 풍요와 행복한 삶은 항상 비례 관계에 있다.
② 소득이 적을수록 자유롭고 행복한 삶을 살 수 있다.
③ 행복은 타인보다 내가 더 많이 소유할 때만 가능하다.
④ 경제적 요인만으로 행복한 삶이 실현되는 것은 아니다.
⑤ 기본적인 욕구만 충족되면 누구나 행복을 누리게 된다.

07 (가)~(라)에 대한 설명으로 적절하지 <u>않은</u> 것은?

> (가) 경제적 안정
> (나) 도덕적 실천
> (다) 민주주의 발전
> (라) 질 높은 정주 환경

① (가)는 기본적인 인간 생활을 영위하기 위해 필요하다.
② (나)는 선하게 살고자 하는 의지가 있어야 가능하다.
③ (다)는 시민 참여를 제한할수록 실현 가능성이 커진다.
④ (라)는 쾌적하고 편리하게 살기 좋은 삶의 환경을 조성하는 것이다.
⑤ (가)~(라)는 모두 행복한 삶을 실현하기 위해 필요한 조건들에 해당한다.

08 다음은 서술형 평가 문제와 학생 답안이다. 학생 답안의 ㉠~㉤ 중 옳지 <u>않은</u> 것은?

서술형 평가

◎ 문제: 다음 글을 토대로, 행복한 삶을 실현하기 위해 필요한 조건에 대해 서술하시오.

> 행복한 삶을 실현하기 위한 조건으로서 질 높은 정주 환경의 조성, 경제적 안정, 민주주의 발전, 도덕적 실천의 필요성을 이해해야 한다.

◎ 학생 답안

㉠ <u>행복의 기준은 사람마다 다를 수 있지만, 행복한 삶을 위해서는 기본적인 조건들이 갖추어져야 한다.</u> 먼저 질 높은 정주 환경과 관련하여 이중환은 "택리지"에서 ㉡ <u>지리(地理), 생리(生利), 인심(人心), 산수(山水) 네 가지 중 하나라도 모자라면 살기 좋은 땅이 아니라</u>고 하였다. 그리고 ㉢ <u>기본적인 인간 생활을 영위하기 위해서는 일정 수준 이상의 소득이 필요하다.</u> 정치적 측면에서도 살펴보면, ㉣ <u>민주 사회에서보다 권위주의 사회에서 더 많은 참정권을 보장받을 수 있다.</u> 마지막으로 행복한 삶을 살기 위해서는 도덕적 실천도 중요한데, ㉤ <u>도덕적 실천은 자신의 행동을 되돌아보는 도덕적 성찰을 전제로 한다.</u>

① ㉠   ② ㉡   ③ ㉢   ④ ㉣   ⑤ ㉤

09 (가), (나)에서 공통적으로 강조하는 행복한 삶의 조건으로 가장 적절한 것은?

> (가) 실학자 이중환은 풍수적으로 좋은 땅, 경제 활동이 유리한 여건, 풍류를 즐길 만한 자연 경관, 좋은 인심과 풍속을 모두 갖추어야 사람이 살기 좋은 곳이라고 하였다.
>
> (나) 최근 사람들은 거주지를 선택할 때 깨끗한 공기, 충분한 녹지 환경, 교육 환경, 의료 시설, 대중 교통의 편리성 등을 중요하게 고려한다.

① 풍요로운 삶을 위해 사회적 지위가 높아야 한다.
② 행복한 삶을 위해 질 높은 정주 환경을 조성해야 한다.
③ 삶의 질을 유지할 수 있도록 경제 규모를 확대해야 한다.
④ 행복한 삶에 대해 성찰하고 도덕적 행위를 실천해야 한다.
⑤ 시민이 자발적으로 참여하는 민주주의 사회를 건설해야 한다.

10 다음 신문 칼럼에 나타나 있는 행복한 삶을 위한 조건으로 적절하지 <u>않은</u> 것은?

> ○○신문 　　　　　　　　　　　　○○○○년 ○○월 ○○일
>
> ### 칼 럼
>
> 　세계에서 행복 지수가 가장 높은 국가들 중 하나인 A국은 자연 에너지 강국으로서 에너지 자급률이 100%에 가까우며, 미세먼지 걱정 없는 삶을 살고 있다. A국의 정부는 다양한 복지 정책을 추진하여 병원비가 평생 무료이며 교육비도 대학까지 무료이고, 직장을 잃으면 실업 수당을 받는다. 국민들은 정부를 신뢰하며, 다양한 시민들의 목소리를 대변하기 위한 다당제가 정착되어 있다. 시민들은 국가 정책 결정 과정에 적극적으로 의견을 제시하고, 이는 국가 정책에 최대한 반영되며, 사회적 네트워크를 통한 연대와 협동을 강조하여 국민들이 소외감과 외로움을 느끼지 않도록 하고 있다.

① 쾌적한 삶을 위한 깨끗한 자연환경
② 삶의 기본 조건들이 보장되는 복지 제도
③ 시민들의 적극적인 참여를 통한 민주주의 실현
④ 타인과 공동체에 관심을 갖고 소통하려는 삶의 태도
⑤ 질병 · 실업 등의 문제에는 개입하지 않는 정부 정책

11 다음 대화에서 '스승'의 입장으로 적절한 것만을 〈보기〉에서 고른 것은?

> 제자: 스승님, 어떻게 해야 행복에 이를 수 있습니까?
>
> 스승: 자신의 무지를 자각하고 덕이 무엇인지 알아야 유덕하게 되며 행복에 이를 수 있다네. 따라서 성찰을 통해 영혼을 돌봐야 하네.

─┤ 보기 ├─

ㄱ. 덕이 무엇인지 모르더라도 행복에 이를 수 있다.
ㄴ. 자신에 대한 성찰을 통해 영혼을 수련해야 한다.
ㄷ. 행복에 이르려면 자신이 무지함을 자각해야 한다.
ㄹ. 정신적 가치가 아닌 세속적 가치를 추구해야 한다.

① ㄱ, ㄴ　　　② ㄱ, ㄷ　　　③ ㄴ, ㄷ
④ ㄴ, ㄹ　　　⑤ ㄷ, ㄹ

12 표의 ㉠~㉢에 들어갈 내용으로 적절한 것만을 〈보기〉에서 있는 대로 고른 것은?

〈행복한 삶을 실현하기 위한 조건〉

구분	의미	실현 방법
경제적 안정	행복한 삶을 위해서는 기본적인 생계를 유지할 수 있어야 함	㉠
도덕적 실천	옳고 그름을 분별하고 옳음을 실천해야 진정한 행복감을 느낄 수 있음	㉡
민주주의 발전	시민 참여로 민주주의가 발전할 때 시민 각자가 원하는 삶의 방식을 자유롭게 추구하며 행복감을 느낄 수 있음	㉢
질 높은 정주 환경	깨끗한 자연환경, 다양한 복지 시설 등 쾌적하고 편리한 삶을 살 수 있는 환경이 조성되어야 행복을 추구할 수 있음	㉣

─┤ 보기 ├─

ㄱ. ㉠ – 고용 안정과 복지 확충, 경제적 불평등 해소
ㄴ. ㉡ – 성찰하는 태도 및 역지사지의 마음 함양
ㄷ. ㉢ – 권위주의적 문화의 확산, 시민의 정치적 무관심 확대
ㄹ. ㉣ – 학교와 병원의 설립 및 확충, 도심 내 녹지 공간 확대

① ㄱ, ㄴ　　　② ㄴ, ㄷ　　　③ ㄷ, ㄹ
④ ㄱ, ㄴ, ㄹ　　　⑤ ㄱ, ㄷ, ㄹ

주제 1 자연환경이 인간 생활에 미치는 영향 ★★★

1 기후가 인간 생활에 미치는 영향

[ ]1) 기후	• 일 년 내내 기온이 높음, 개방적 구조의 고상 가옥 발달, 급경사의 지붕 • 이동식 경작, 기름에 볶거나 튀긴 음식, 다양한 향신료 발달 ⓓ 나시고렝
[ ]2) 기후	• 강수량이 매우 적음, 지붕이 평평하고 창문이 작은 흙벽돌집(사막), 이동식 가옥(초원) • 대추야자를 이용한 음식(사막), 가축의 고기와 젖으로 만든 음식(초원)
[ ]3) 기후	• 사계절이 뚜렷하고 기온이 온화하여 인간 생활에 유리 • 농경에 유리하여 다양한 농산물 생산, 다양한 조리법과 요리 발달
[ ]4) 기후	• 겨울이 길고 추워 인간 생활에 불리 • 창문이 작고 폐쇄적인 구조의 통나무집 발달
[ ]5) 기후	• 일 년 내내 기온이 낮음, 동물의 가죽이나 털로 만든 옷 • 육류 위주의 음식, 날고기·날생선 섭취, 순록 유목, 이글루

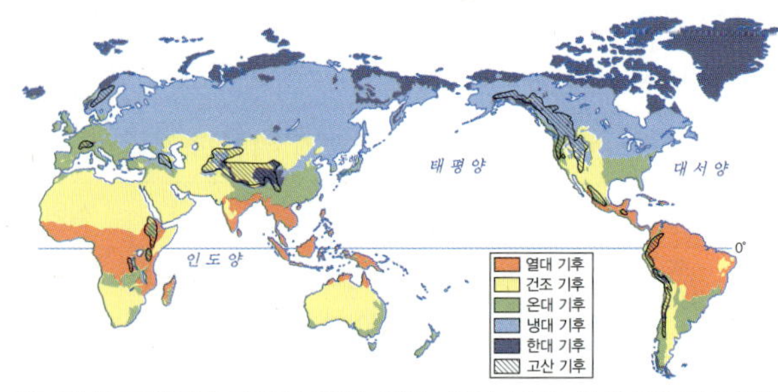

📖 자료로 살펴보기

● 세계의 기후 지역

적도에서 고위도로 가면서 열대, 건조, 온대, 냉대, 한대 기후가 나타나는 경향이 있으며, 해발 고도가 높은 지역은 주변의 저지대보다 평균 기온이 낮아 고산 기후가 나타난다.

2 지형이 인간 생활에 미치는 영향

[ ]6) 지역	• 해발 고도가 높고 사면의 경사가 급해 인간 거주에 불리, 적도 부근 고산 지대는 고산 도시 발달 • 밭농사, 목축업, 임업 및 광업, 관광 산업 발달
[ ]7) 지역	• 해발 고도가 낮고 지표면이 평평하여 인간 생활에 적합, 대도시 발달 • 벼농사, 밀농사 발달
[ ]8) 지역	• 육지와 바다가 맞닿아 있어 교류에 유리, 항구 도시 발달 • 산업 단지 조성, 다양한 해안 지형을 이용한 관광 산업 발달

독특한 지형이 발달한 지역	• [ ]9) 지형 : 지열 발전 활발, 지형과 온천을 이용한 관광 산업 발달 ⓓ 지열 발전소, 간헐천 • [ ]10) 지형 : 지형 경관을 활용한 관광 산업 발달

주제 2 안전하고 쾌적한 환경 ★★

1 자연환경의 변화가 인간의 삶에 미친 영향

(1) [ ]11) : 기후변화로 인해 세계 곳곳에서 가뭄, 홍수 등의 이상 기후가 발생하고 해수면 상승으로 국토가 수몰될 위기에 처한 국가가 발생함

(2) 자연재해

① 지형적 요인에 의한 자연재해

지진	• 특징 : 땅이 갈라지고 흔들리며, 해저에서 지진 발생 시 지진해일(쓰나미)이 발생하기도 함 • 피해 : 건축물과 도로 등이 붕괴, 지진 해일(쓰나미)로 해안 지역이 빠르게 침수
화산	• 특징 : 용암과 화산 가스, 화산재 등 분출 • 피해 : 화재, 항공 교통 마비 등

② 기후적 요인에 의한 자연재해

[ ]12)	• 특징 : 강풍과 호우를 동반한 열대 저기압 • 피해 : 풍수해
[ ]13)	• 특징 : 짧은 시간에 많은 비가 내려 홍수 발생 • 피해 : 침수 피해
[ ]14)	• 특징 : 오랫동안 비가 내리지 않음 • 피해 : 농작물 피해, 식수 부족
[ ]15)	• 특징 : 짧은 시간에 많은 눈이 내림 • 피해 : 교통 장애, 비닐하우스 및 축사 붕괴
[ ]16)	• 특징 : 기온이 높게 상승함 • 피해 : 일사병 발생

2 안전하고 쾌적하게 살아갈 권리

국가	• 국민의 생명과 재산 보호를 위한 법률 제정 • 재해 예방 및 복구와 지원에 대한 정책 수립 및 시행 • 신속한 예보 및 경보 체계 구축, 지속가능한 개발
시민	• 재해 대비 안전 교육에 적극적으로 참여 • 재해 발생 시 행동 요령에 따라 안전하게 대피 • 안전에 대한 자신의 권리를 적극적으로 행사

정답 1 열대 2 건조 3 온대 4 냉대 5 한대 6 산지 7 평야 8 해안 9 화산 10 카르스트 11 지구 온난화 12 태풍 13 호우 14 가뭄 15 폭설 16 폭염

시험 대비하기

[01~02] 지도를 보고 물음에 답하시오.

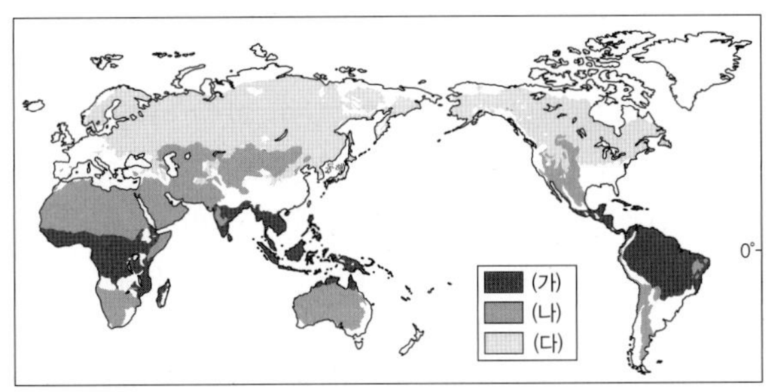

01 (가)~(다) 기후로 옳은 것은?

	(가)	(나)	(다)
①	건조	냉대	열대
②	건조	열대	냉대
③	냉대	열대	건조
④	열대	건조	냉대
⑤	열대	냉대	건조

02 (가)~(다) 기후에 대한 설명으로 옳은 것만을 〈보기〉에서 고른 것은?

보기
ㄱ. (가)에는 '타이가'라 불리는 침엽수림이 있다.
ㄴ. (나)는 연 강수량보다 연 증발량이 많다.
ㄷ. (다)에는 개방적 구조의 고상 가옥이 발달한다.
ㄹ. (다)는 (가)보다 연평균 기온이 낮다.

① ㄱ, ㄴ ② ㄱ, ㄷ ③ ㄴ, ㄷ
④ ㄴ, ㄹ ⑤ ㄷ, ㄹ

03 다음 자료는 다큐멘터리 대본의 일부이다. 밑줄 친 '이 지역'의 전통적인 주민 생활에 대한 설명으로 옳은 것은?

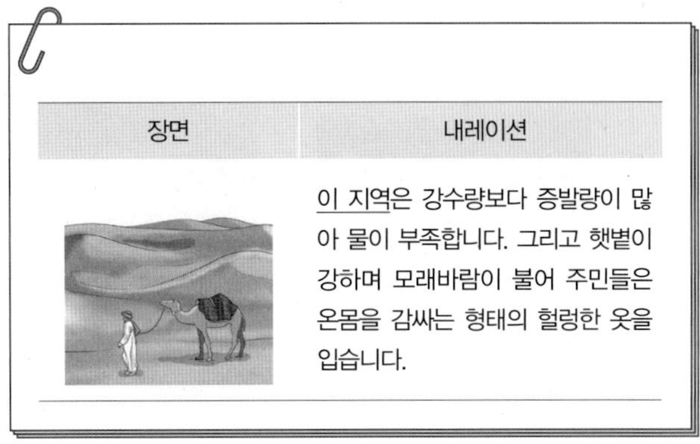

장면	내레이션
	이 지역은 강수량보다 증발량이 많아 물이 부족합니다. 그리고 햇볕이 강하며 모래바람이 불어 주민들은 온몸을 감싸는 형태의 헐렁한 옷을 입습니다.

① 오아시스 주변에서 대추야자를 재배한다.
② 농업이 거의 불가능하여 순록을 유목한다.
③ 여름이 고온 다습하여 벼농사가 활발하다.
④ 풍부한 침엽수를 이용하여 통나무집을 짓는다.
⑤ 지면의 열과 습기를 피하기 위해 고상 가옥을 짓는다.

04 (가)~(다) 지역에 대한 설명으로 옳은 것은?

〈다큐멘터리 제작 계획서〉

제목	기후, 삶의 모습을 다양하게 조각하다!		
제작 의도	다양한 기후 지역에서 전통을 지키며 살아가는 사람들의 모습을 통해 인간과 자연이 어떻게 관계를 맺고 있는지 보여 주고자 함		
지역	(가)	(나)	(다)
예상 촬영 장면	유목하여 기른 순록의 가죽으로 이동식 천막을 만들어 생활하는 모습	지열과 습기를 차단하고 해충을 막기 위해 고상 가옥에서 생활하는 모습	대추야자를 재배하며 지붕이 평평한 흙집에서 생활하는 모습

① (가)는 (나)보다 고위도에 위치한다.
② (다)는 (나)보다 연 강수량이 많다.
③ (가)와 (다)는 모두 침엽수림이 넓게 분포한다.
④ (가)~(다)는 모두 벼농사가 발달한다.
⑤ (가)는 건조 기후, (나)는 열대 기후, (다)는 한대 기후에 속한다.

05 다음은 여행 상품 안내 포스터의 일부이다. 밑줄 친 ㉠, ㉡의 주된 형성 작용으로 옳은 것은?

중국 남부에 위치한 구이린은 웅장한 ㉠탑 카르스트가 병풍처럼 둘러싸고 있는 아름다운 관광지로 유명하다.

노르웨이의 송네 ㉡피오르는 U자곡의 가파른 절벽이 장관을 이루는 관광지로 유명하다.

	㉠	㉡
①	빙하의 침식 작용	하천의 퇴적 작용
②	빙하의 퇴적 작용	석회암의 용식 작용
③	하천의 침식 작용	빙하의 퇴적 작용
④	석회암의 용식 작용	빙하의 침식 작용
⑤	석회암의 용식 작용	하천의 퇴적 작용

06 다음 자료의 (가) 지역을 지도의 A~E에서 고른 것은?

[(가)]은/는 상록 활엽수림이 다층의 숲을 이루고 있고, 8월 평균 기온이 25.8℃, 1월 평균 기온이 21.7℃로 연중 기온이 높다. 이러한 환경 조건으로 인해 영화 '쥬라기 공원' 중 밀림을 배경으로 하는 장면의 촬영이 이곳에서 이루어질 수 있었다.

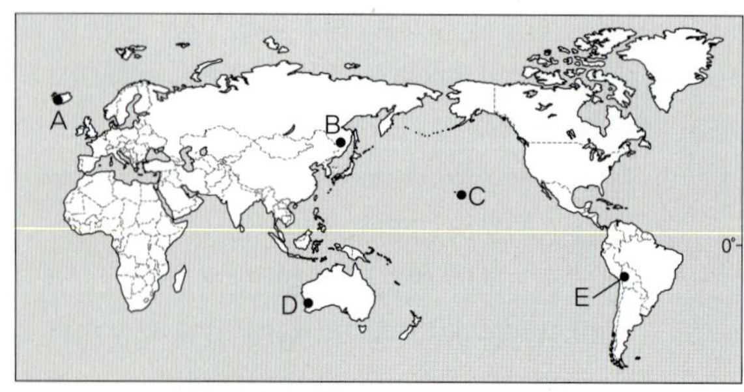

① A   ② B   ③ C
④ D   ⑤ E

07 다음 글의 (가) 지역에 대한 설명으로 옳은 것은?

지중해 연안에 위치한 그리스의 [(가)]은/는 이온 음료 광고의 배경이 되었던 지역으로 유명하며, 하얗게 회칠이 되어 있는 가옥들이 파란 바다와 어울려 이국적인 풍경을 자아낸다. 이곳의 여름은 매우 덥지만 건조한 날씨 덕에 뜨거운 햇볕만 피하면 금세 시원해지며, 겨울에는 여름보다 비가 많이 내린다.

① 한류의 영향을 받아 사막이 형성되어 있다.
② 양, 염소 등을 유목의 형태로 많이 사육한다.
③ 날생선이나 날고기 위주의 식습관이 나타난다.
④ 오렌지, 올리브 등을 재배하는 수목 농업이 발달했다.
⑤ 스콜을 피하기 위해 건물의 처마가 길게 설치되어 있다.

08 다음 자료의 (가) 지역에 대한 설명으로 옳은 것은?

[(가)]은/는 사계절이 뚜렷하지만 겨울이 길고 추운 편이며, '타이가'라 불리는 삼림 지대가 넓게 나타난다. 곡물 농업이 이루어지지만 벼농사는 어렵고 주로 보리, 밀 등을 재배한다.

▲ 타이가의 모습

① 지표면이 연중 눈과 얼음으로 덮여 있다.
② 전통 음식으로 볶음밥인 '나시고렝'이 있다.
③ 침엽수를 활용한 통나무집을 쉽게 볼 수 있다.
④ 지하 관개 수로를 이용한 곡물 재배가 활발하다.
⑤ 얇은 천으로 온몸을 감싸는 의복이 발달해 있다.

09 다음 글의 (가)에 들어갈 내용으로 옳은 것은?

세계 유산에 등재되어 있는 할롱 베이는 베트남 북동쪽에 위치한 만(灣)이다. 이곳은 [(가)] 형성된 봉우리가 많은 지역에 바닷물이 들어오면서 천여 개의 섬이 형성되어 장관을 이루고 있다.

① 하천의 퇴적 작용으로
② 바람에 날린 모래가 퇴적되어
③ 빙하에 운반된 물질이 퇴적되어
④ 점성이 큰 용암이 분출한 후 굳어
⑤ 석회암이 빗물 등에 의해 용식 작용을 받아

10 다음 자료는 국가별 관광 일정을 정리한 것이다. (가)~(다)에 해당하는 국가를 지도의 A~C에서 고른 것은?

국가	관광 일정
(가)	고산 도시 내 대중교통 수단인 케이블카 탑승, 고산병 대처법 교육
(나)	간헐천 관광, 백야 현상 체험, 지열 발전소 인근 노천 온천에서 목욕
(다)	유목민과 함께 말타기 체험, 양과 염소 고기로 만든 전통 요리 '허르헉' 맛보기

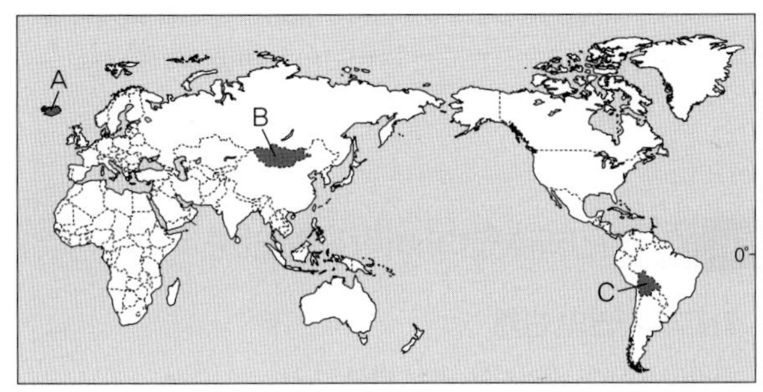

	(가)	(나)	(다)		(가)	(나)	(다)
①	A	B	C	②	A	C	B
③	B	A	C	④	C	A	B
⑤	C	B	A				

11 다음 글의 ㉠~㉣에 대한 설명으로 옳은 것만을 〈보기〉에서 고른 것은? (단, ㉠, ㉢, ㉣은 각각 가뭄, 지진, 폭염 중 하나임.)

- '불의 고리'라고 불리는 조산대에 위치한 타이완은 2024년 5월에 발생한 강한 ㉠ 으로 인해 16명 이상이 사망하고 천 명 이상의 부상자가 발생하였다. 타이완 정부는 한순간에 삶의 터전을 잃은 주민들의 ㉡ 안전권을 확보하기 위해 구호 활동과 재건을 적극 지원하였다.
- 2024년 6월 인도 뉴델리의 낮 기온이 52.3℃를 기록하는 등 ㉢ 으로 지구촌 곳곳이 몸살을 앓았다. 또한 지구 반대편 에콰도르에서는 극심한 ㉣ 으로 인해 수력 발전을 하지 못해 전력난을 겪고 있으면서 국가 비상사태를 선언하였다.

┌─── 보기 ───┐
ㄱ. ㉠은 판의 경계부에서 발생 빈도가 높다.
ㄴ. ㉡은 안전하고 쾌적한 환경에서 살아갈 권리이다.
ㄷ. ㉢은 열대 저기압이 통과할 때 주로 발생한다.
ㄹ. ㉣은 시가지와 농경지 등의 침수 피해를 유발한다.
└────────┘

① ㄱ, ㄴ　　② ㄱ, ㄷ　　③ ㄴ, ㄷ
④ ㄴ, ㄹ　　⑤ ㄷ, ㄹ

12 다음은 어떤 자연재해를 대비한 개인 안전 점검표의 일부이다. 이 자연재해에 대한 설명으로 가장 적절한 것은?

점검 항목	예	아니요
○○ 피해를 예방하기 위해 크고 무거운 물건을 선반에 올려 두지 않고, 선반은 벽에 단단히 고정시켜 두십니까?	☐	☐
○○이 발생하면 문틀이 틀어져 문이 안 열리게 되는 경우가 있으므로, 문을 열어서 출구를 확보해 두어야 한다는 사실에 대해서 알고 있습니까?	☐	☐
번화가(빌딩가)에서는 떨어지는 물체(유리 파편, 간판 등)가 가장 위험하므로 우선 갖고 있는 소지품으로 머리를 보호하면서 건물과 떨어진 넓은 장소로 대피하거나, 대형 건물 안으로 대피하는 방법에 대해서 알고 있습니까?	☐	☐

(국민 재난 안전 포털)

① 열대 해상에서 발생하며 강풍과 폭우를 동반한다.
② 신속한 제설 작업으로 교통 혼란을 줄일 수 있다.
③ 무더위로 인한 일사병과 열사병을 유발할 수 있다.
④ 오랫동안 비가 오지 않아 각종 용수가 부족해진다.
⑤ 내진 설계 기준을 강화함으로써 피해를 줄일 수 있다.

13 자료는 (가), (나)의 이동 경로를 나타낸 것이다. 이에 대한 옳은 설명만을 〈보기〉에서 고른 것은? (단, (가), (나)는 각각 태풍, 황사 중 하나임.)

(가)의 이동 경로　　(나)의 이동 경로

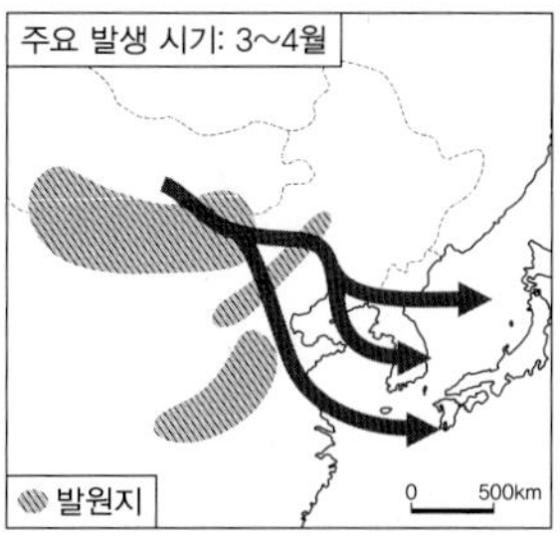

┌─── 보기 ───┐
ㄱ. (가)는 지형적 요인에 의해 발생한다.
ㄴ. (가)는 주로 강풍과 폭우를 동반한다.
ㄷ. (나)는 열대 해상에서 발생하여 고위도로 이동한다.
ㄹ. (나)로 인해 호흡기 질환과 같은 신체적 피해가 발생한다.
└────────┘

① ㄱ, ㄴ　　② ㄱ, ㄷ　　③ ㄴ, ㄷ
④ ㄴ, ㄹ　　⑤ ㄷ, ㄹ

02　인간과 자연의 관계

주제 1　자연을 바라보는 다양한 관점　★★★

1 인간 중심주의

(1) 의미와 특징

의미	◯◯◯[1)]을 다른 자연적 존재들보다 우월하고 가장 가치 있는 존재로 여기고, 인간과 자연의 관계에서 인간의 이익과 행복을 최우선적으로 고려하는 관점
특징	• ◯◯◯[2)]적 세계관: 인간은 자연에 포함된 한 부분이 아니라, 자연으로부터 분리된 독립적 존재라고 봄 → 인간과 자연을 둘로 나누어 별개의 존재로 파악함 • ◯◯◯[3)]적 자연관: 자연은 그 자체로 가치를 지닌 존재가 아니라, 인간의 이익과 행복을 위한 수단이라고 봄 → 자연은 인간의 이익을 위해 자유롭게 사용할 수 있는 도구에 불과하다고 봄

(2) 대표 사상가

아리스토텔레스	"식물은 동물의 생존을 위해서 존재하며, 동물은 인간의 생존을 위해서 존재한다." → 식물과 동물은 궁극적으로 인간을 위해서 존재한다고 봄
◯◯◯[4)]	"자연을 사냥해서 노예로 만들어 인간의 이익에 봉사하도록 해야 한다." → 과학의 목적은 자연을 인간의 의도에 맞게 변형시켜 인간의 활동 영역을 넓히는 것이며, 자연을 지배하고 착취하는 것이 정당하다고 봄
◯◯◯[5)]	"인간은 정신을 소유한 존엄한 존재이지만, 자연은 의식이 없는 불질에 불과하다." → 이성을 지닌 인간과 물질적 대상인 자연을 이분법적으로 분리하여 인간은 자연의 주인이자 소유자가 될 수 있다고 봄
칸트	"이성을 지닌 인격적 존재를 목적 그 자체로 대우해야 하며, 자연은 수단적 가치만을 지니고 있다." → 인간은 오직 인간 자신에 대한 의무만을 지니며, 자연에 대한 의무는 지니지 않는다고 봄

(3) 의의와 한계

의의	자연에 대한 탐구와 개발을 통해 과학 기술의 발전과 경제 성장을 이루어 인간의 삶을 풍요롭게 하는 데 기여하였음
한계	자연에 대한 무분별한 착취와 개발로 인해 환경 오염, 생태계 파괴 등의 환경 위기를 초래하였음

2 ◯◯[6)] 중심주의

(1) 의미와 특징

의미	자연 그 자체를 존중받을 가치가 있는 존재로 여기고, 전체 자연을 도덕적 고려 대상으로 보는 관점
특징	• 전일론적 관점: 인간+동물+식물+무생물까지 포함한 생태계 전체를 하나의 도덕적 고려 대상으로 봄 • 자연이 지닌 ◯◯◯◯[7)] 강조: 자연 그 자체가 본래적 가치를 지니고 있다고 보고 이를 존중할 것을 강조함

(2) 대표 사상가

레오폴드	• "어떤 것이 ◯◯[8)]의 온전성, 안정성, 아름다움의 보존에 이바지한다면 그것은 옳고, 그렇지 않다면 그르다." • ◯◯[9)] 윤리: 대지 전체를 자연의 모든 존재가 서로 그물망처럼 얽혀있는 하나의 생명 공동체로 봄

(3) 의의와 한계

의의	인간과 자연이 서로 영향을 주고받는 관계로 조화와 균형을 강조함으로써 오늘날 환경 문제를 해결하는 데 기여함
한계	개별 생명체의 이익보다 생태계 전체의 이익이 우선한다고 보아 '◯◯◯◯◯[10)]'이라는 비판을 받기도 함

주제 2　인간과 자연의 바람직한 관계　★★

1 인간과 자연의 관계

(1) 인간이 자연을 바라보는 관점 변화

산업화 이전	인간은 오랜 시간 동안 자연에 의존하고 자연을 두려워하면서 자연에 순응하는 삶을 살아왔음
산업화 이후	◯◯◯◯◯[11)]적 사고를 토대로 자연을 인간의 이익을 위한 이용과 지배의 대상으로 인식함
오늘날	지구 온난화 등의 환경 문제가 심각하게 대두되면서 환경 보호와 경제 성장을 함께 추구하는 '◯◯◯◯◯◯[12)]'과 더불어 친환경적인 삶을 강조함

(2) 인간과 자연의 유기적 관계
① 인간은 생태계를 구성하는 자연의 일부로서 다른 생명체들과 떼어 낼 수 없는 밀접한 관계를 맺으며 살아가는 존재임
② 인간과 자연은 서로 대립하거나 어느 한쪽이 일방적으로 우위를 가지는 관계가 아니라, 서로 공존해야 하는 관계임

2 인간과 자연의 공존을 위한 노력

(1) 인간과 자연이 조화를 이루는 지속가능한 개발
① 인간과 자연이 공생을 추구하는 생태 도시와 슬로시티 지정
② 동식물의 서식지를 보호하기 위한 생태 통로 구축
③ 갯벌 복원 사업, 하천 생태계 복원 사업 등의 추진

(2) 동양의 자연관 계승

유교	◯◯◯◯[13)]: 인간과 자연이 하나 되는 합일과 조화를 추구함
불교	연기(緣起): 인간을 포함한 자연 만물은 독립적으로 존재할 수 없으며, 모두 무수한 ◯◯◯◯[14)] 관계를 맺고 있음을 깨닫고 모든 생명에게 자비를 베풀 것을 강조함
도가	◯◯◯◯[15)]: 자연에 인위적인 조작을 가하지 않고 자연의 섭리에 순응하면서 소박하게 살아갈 것을 강조함

정답　1 인간　2 이분법　3 도구　4 베이컨　5 데카르트　6 생태　7 내재적 가치　8 생명 공동체　9 대지　10 환경 파시즘　11 인간 중심주의　12 지속가능한 발전
13 천인합일(天人合一)　14 상호 의존　15 무위자연(無爲自然)

 **시험 대비하기**

01 다음 글에 나타난 자연관의 입장으로 가장 적절한 것은?

> 인간은 자연의 주인이자 소유자가 될 수 있다. 왜냐하면 인간은 정신을 소유한 존엄한 존재이지만, 자연은 의식이 없는 물질에 불과할 뿐이며 자연 그 자체는 가치를 지니지 않기 때문이다.

① 인간은 자연보다 우월한 존재가 아니다.
② 인간의 이익과 무관하게 자연은 가치를 지닌다.
③ 인간의 풍요로운 이익보다 자연의 보전이 중요하다.
④ 인간과 자연을 이분법적으로 구분해서 보아야 한다.
⑤ 인간은 생태계 전체를 하나의 유기체로 보아야 한다.

02 (가)의 입장에서 (나) 그림 속 주장을 지지할 근거로 가장 적절한 것은?

(가)	자연은 인간의 욕구를 충족하기 위한 도구에 불과하며, 그 자체로는 가치를 지니지 않는다. 인간에게 도움과 혜택을 주는 경우에만 자연은 비로소 가치를 지닐 수 있게 된다.
(나)	

① 자연은 인간과 동등한 도덕적 지위를 지니고 있다.
② 자연은 목적으로 대우받아야 하는 도덕적 존재이다.
③ 자연을 보호하는 것이 인간의 장기적 이익에 기여한다.
④ 자연은 인간보다 우월한 존재로 존엄한 가치를 지닌다.
⑤ 자연은 인간의 이익과 관계없이 고유한 가치를 지닌다.

03 다음 글의 관점에 부합하는 진술에만 모두 'V'를 표시한 학생은?

> 자연을 인간의 이익을 위한 대상으로만 평가해서는 안 되며, 생태계 내의 모든 존재는 그 자체로 존중받아야 한다. 인간과 자연은 공존하는 관계에 있으므로 생태계를 도덕적으로 대우해야 한다.

진술 \ 학생	갑	을	병	정	무
생태계 전체는 하나의 유기체이다.	V	V		V	
인간과 자연은 동등하지 않으며 위계 관계에 있다.	V			V	V
인간은 자연과 조화를 이루며 더불어 살아가는 존재이다.		V	V		V
자연은 있는 그대로가 아닌 인간을 위한 도구적 가치만을 지닌다.			V	V	V

① 갑   ② 을   ③ 병   ④ 정   ⑤ 무

04 다음 글의 입장에 부합하는 진술만을 〈보기〉에서 고른 것은?

> 인간의 바람직한 대지 이용을 오직 경제적 문제로만 생각해서는 안 되며 심미적 관점, 윤리적 관점에서도 접근해야 한다. 인간은 자연의 지배자가 아니며 인간과 자연은 상호 의존적인 존재로서, 인간에게는 동물, 식물, 토양, 물까지 포함한 생명 공동체 자체를 존중해야 할 의무가 있다. 어떤 것이 생명 공동체의 온전성, 안정성, 아름다움의 보전에 이바지한다면 그것은 옳고, 그렇지 않다면 그르다.

> **〈 보기 〉**
>
> ㄱ. 인간은 자연으로부터 분리되어 있는 존재이다.
> ㄴ. 인간은 생명 공동체의 안정과 균형에 기여해야 한다.
> ㄷ. 인간 이외의 모든 존재는 인간의 행복과 복지를 위한 도구에 불과하다.
> ㄹ. 인간은 생명 공동체의 평범한 구성원이며 자연은 그 자체로 가치를 지닌다.

① ㄱ, ㄴ   ② ㄱ, ㄷ   ③ ㄴ, ㄷ
④ ㄴ, ㄹ   ⑤ ㄷ, ㄹ

05 갑의 입장에서 〈문제 상황〉 속 A에게 제시할 조언으로 가장 적절한 것은?

> 갑: 자연은 인간의 삶을 윤택하게 하는 도구가 아니다. 인간과 자연은 끊임없이 영향을 주고받기 때문에 조화와 균형을 이루어야 한다. 인간의 중요한 의무는 생태계의 안정을 유지하고 자연 그 자체의 가치를 존중하는 것이다.
>
> 〈문제 상황〉
> 등산을 하던 A씨는 다람쥐들이 몰려 있는 곳에서 밤이 한가득 열려 있는 밤나무 숲을 발견했다. 밤을 가져다가 팔면 큰 돈을 벌 수 있겠다는 생각에 A씨는 밤나무들을 모두 베어버릴지를 고민하고 있다.

① 밤나무를 베었을 때 발생할 경제적 효용만을 고려하세요.
② 자연 생태계의 본래적 가치보다 도구적 가치를 중시하세요.
③ 자연의 가치는 유용성을 기준으로 판단해야 함을 명심하세요.
④ 밤나무를 베는 행위가 자연 생태계에 미칠 부작용을 고려하세요.
⑤ 인간에게는 자연 생태계를 보전할 도덕적 의무가 없음을 명심하세요.

06 갑, 을의 입장으로 가장 적절한 것은?

> 갑: 자연은 그 자체로 가치가 있으므로 영구 보전되어야 한다. 인간에게 자연을 개발할 권리는 없다.
> 을: 자연을 보존한다는 이유로 개발을 멈추어서는 안 된다. 인간의 이익을 위해 필요하다면 자연을 개발해야 한다.

① 갑: 자연 보호의 필요성은 오직 인간의 이익에 기여하기 때문이다.
② 갑: 인간의 지성으로 자연을 효율적으로 지배하고 관리해야 한다.
③ 을: 인간과 자연이 지닌 가치를 동등하게 인정하고 존중해야 한다.
④ 을: 인간의 편리함과 행복을 위해 자연을 수단으로 활용해야 한다.
⑤ 갑과 을: 인간의 이익을 자연의 보전보다 우선시 여겨야 한다.

07 (가)의 갑, 을 사상가들의 입장을 (나) 그림으로 탐구하고자 할 때, A~C에 들어갈 적절한 질문만을 〈보기〉에서 고른 것은?

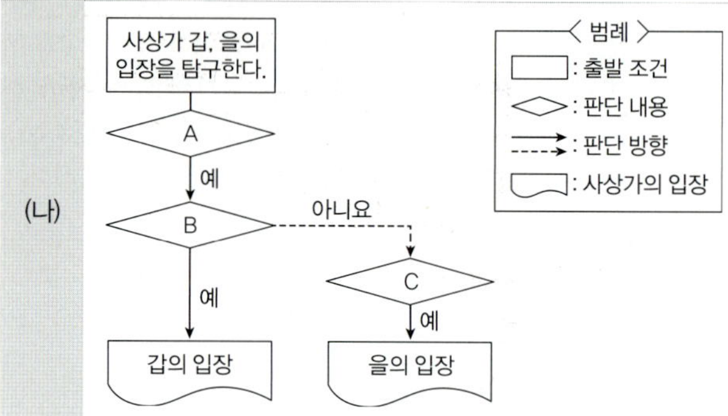

> (가)
> 갑: 인간은 대지 공동체의 정복자에서 생태학적 공동체의 구성원으로 변화되어야 한다. 생태학적으로 해석하면 인간의 역사는 인간과 대지 사이의 생물학적 상호 작용의 결과이다.
> 을: 인간은 자연을 분해하고 해체해야 한다. 자연은 인간이 이용할 양식을 얻을 수 있도록 만들어져 있기 때문에 참된 귀납을 통해 사물의 본성을 탐구하면 인간의 힘은 확대될 것이다.

> 보기
> ㄱ. A: 인간은 자연의 다른 존재보다 우월한 도덕적 지위를 지니는가?
> ㄴ. B: 생태계는 인간에게 주는 유용성과 무관하게 도덕적으로 존중받아야 할 대상인가?
> ㄷ. C: 도덕적 존중의 대상을 인간 이외의 생명체로 확대해야 하는가?
> ㄹ. C: 자연 과학적 지식을 쌓아 자연에 대한 인간의 지배력을 강화해야 하는가?

① ㄱ, ㄴ　　② ㄱ, ㄷ　　③ ㄴ, ㄷ
④ ㄴ, ㄹ　　⑤ ㄷ, ㄹ

08 다음 사상의 입장에서 긍정의 대답을 할 질문으로 가장 적절한 것은?

> 온갖 모든 중생이 나의 아버지요 어머니거늘, 만물을 잡아서 먹거나 해치는 것은 곧 나의 부모를 죽이거나 해치는 것이며, 또한 나의 옛 몸을 먹는 것이다. 모든 땅과 물은 다 나의 옛 몸이고, 모든 온기와 존재는 다 나의 본래 몸이다.

① 자연 만물은 서로 독립적인 관계에 있는가?
② 자연 만물은 상호 의존적으로 연결되어 있는가?
③ 자연은 인간의 생존을 위한 수단일 뿐인 존재인가?
④ 자연은 인간이 소유해야 할 물질적 대상에 불과한가?
⑤ 자연과 인간을 구분하는 이분법적 세계관을 정립해야 하는가?

09 ㉠의 입장에서 ㉡에 대해 제시할 수 있는 비판으로 가장 적절한 것은?

○○신문 　　　　　　　○○○○년 ○○월 ○○일

칼 럼

㉠ ○○산을 관통하여 고속철도를 건설하는 공사에 반대하는 사람들이 ○○산의 계곡에 사는 도롱뇽을 원고로 하는 공사 착공 금지 가처분 신청서를 법원에 제출했다. 이들은 "터널이 ○○산에 뚫려 고속철도가 건설되면 더 이상 도롱뇽이 이곳에 살 수 없다."고 주장했다. 그러나 ㉡ 고속철도 건설 공사에 찬성하는 사람들도 존재한다. 이들은 "고속철도가 건설되면 현세대의 이익뿐만 아니라 미래 세대의 이익에도 크게 기여할 수 있다."고 주장하고 있다.

① 인간의 장기적 이익을 고려해야 함을 간과한다.
② 경제 성장을 환경 보전보다 더 우선하는 가치로 보아야 함을 간과한다.
③ 자연을 도덕적 존재로 보는 것은 인간 중심적 편견에 불과함을 간과한다.
④ 자연을 도구화하여 인간의 이익을 증진하는 것은 그 자체로 정당함을 간과한다.
⑤ 인간의 이익만을 중시하여 야생 동물의 삶의 터전을 파괴해서는 안 됨을 간과한다.

10 다음 동양 사상에서 지지할 입장으로 적절한 것만을 〈보기〉에서 있는 대로 고른 것은?

- 사람은 땅을 본받고, 땅은 하늘을 본받고, 하늘은 도(道)를 본받고, 도는 자연(自然)을 본받는다.
- 무위(無爲)로 사람을 다스리고, 하늘을 섬김에 있어 중요한 것은 검소함이다. 검소해야 일찍 도를 따를 수 있고, 일찍 도를 따라야 덕을 거듭 쌓을 수 있다.

┤ 보기 ├

ㄱ. 자연의 순리에 따라 소박하게 살아야 한다.
ㄴ. 자연을 본받으려 하지 말고 도를 따라야 한다.
ㄷ. 자연스런 본성을 거스르지 않는 삶을 살아야 한다.
ㄹ. 자연에 인위적으로 개입하여 문명의 혜택을 누려야 한다.

① ㄱ, ㄴ　　　② ㄱ, ㄷ　　　③ ㄴ, ㄹ
④ ㄱ, ㄷ, ㄹ　　　⑤ ㄴ, ㄷ, ㄹ

11 갑, 을의 입장으로 적절하지 <u>않은</u> 것은?

사회자: ○○산에 케이블카를 설치하면 관광객의 증가와 함께 자연 파괴가 예상됩니다. 이에 대한 의견을 말씀해 주세요.

갑: ○○산에 케이블카를 설치하면 관광객이 늘어나서 경제적 이익은 얻을 수 있을 것입니다. 그러나 자연은 그 자체로 가치를 지니기 때문에 인간은 자연을 함부로 개발하거나 파괴할 권리가 없습니다. 그리고 장기적인 관점에서 보면 멸종 위기 야생 생물의 서식지가 훼손될 것이 분명합니다.

을: ○○산 케이블카 설치로 인해 자연환경 훼손의 우려가 있다는 것은 인정합니다. 하지만 장기적으로 보면 관광객의 증가로 고용 창출 및 지역 경제 활성화에 큰 도움이 될 것입니다. 무엇보다 자연은 인간을 위해 사용될 때 존재 가치가 있습니다.

① 갑: 인간에게는 자연을 개발하고 이용할 권리가 없다.
② 갑: 자연의 가치를 인간 중심주의 관점에서 평가해야 한다.
③ 을: 인간의 경제적 이익을 위해 자연환경을 이용할 수 있다.
④ 을: 케이블카를 설치하면 이전보다 관광객이 증가할 것이다.
⑤ 갑과 을: 케이블카 설치로 인해 자연환경이 훼손될 수 있다.

12 (가), (나), (다) 사상이 공통적으로 지지할 견해로 가장 적절한 것은?

(가) 만물은 본래적 가치를 지니며, 하늘과 인간이 하나로 일치하는 천인합일(天人合一)의 경지를 지향해야 한다.
(나) 만물이 인연(因緣)으로 연결되어 있음을 깨닫고 모든 생명을 소중히 여기는 자비를 베풀어야 한다.
(다) 사람의 힘이 더해지지 않은 자연 그대로의 질서를 따르는 무위자연(無爲自然)을 추구해야 한다.

① 인간은 자연과 공존하면서 조화를 이루어야 한다.
② 인간은 과학 기술을 활용하여 자연을 개발해야 한다.
③ 인간은 자연을 신의 창조물로 여기고 잘 관리해야 한다.
④ 인간은 자연적 본성에서 벗어나 도덕성을 추구해야 한다.
⑤ 인간은 자연을 지배함으로써 자신의 이익을 실현해야 한다.

03 환경 문제 해결을 위한 노력

주제 1 지구를 위협하는 환경 문제 ★★★

1 다양한 환경 문제

지구 온난화	• 원인 : [　　　][1) 사용으로 인한 온실가스 배출량 증가 → 온실 효과 심화 • 영향 : 빙하 면적 [　　][2), 해수면 [　　][3)으로 인한 저지대 침수, 기상 이변, 동식물 서식 환경 변화 등
[　　][4)	• 원인 : 발전소, 공장, 자동차 등에서 배출된 대기 오염 물질(황산화물, 질소 산화물 등)이 비와 만나 발생 • 영향 : 건축물 [　　][5), 삼림 파괴, 토양 산성화, 오염 물질 이동으로 인한 주변국과의 갈등 등
해양 쓰레기 섬	• 원인 : 해양으로 유입된 [　　][6)이나 비닐 등의 쓰레기 • 영향 : 해양 생태계 파괴, 선박 사고 유발, 어업 생산성 저하, 국가 간 갈등 유발 등
[　　][7) 파괴	• 원인 : 염화 플루오린화 탄소(CFCs)의 사용량 증가 → 성층권의 [　　][7) 파괴 • 영향 : 자외선 투과량 증가로 인한 피부암・백내장 발병률 증가, 식물 성장 저해 등
[　　][8)	• 원인 : 사막 주변 지역의 장기간 가뭄, 과도한 방목 및 개간, 삼림 벌채 등 • 영향 : 식량 생산량 감소, 황사 현상 심화 등
열대림 파괴	• 원인 : 무분별한 벌목과 농경지 및 목장의 확대, 자원 개발 및 도로 건설 등 • 영향 : 지구 자정 능력 약화, 동식물의 서식지 파괴, 토양 침식 심화 등

📋 **자료로 살펴보기**

● 지구 온난화로 인한 변화 파악하기

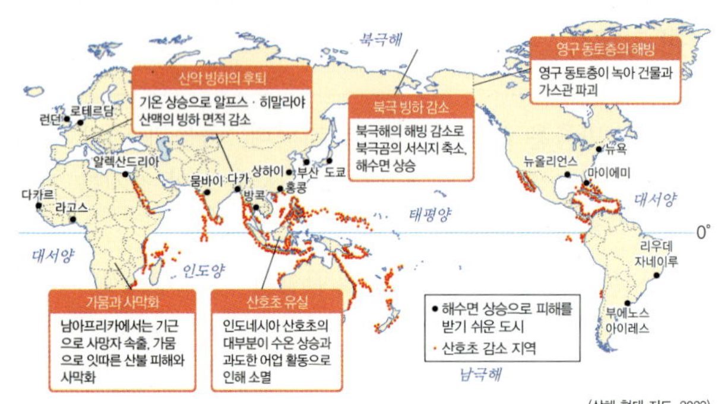

(상해 현대 지도, 2023)

지구 온난화로 평균 기온이 상승하면서 극지방과 산악 지역에서는 빙하 면적이 축소되었으며 고위도 지역에서는 영구 동토층의 면적이 축소되었다. 또한 지구 온난화로 해수 온도가 상승하여 인도네시아와 오스트레일리아 북동부의 산호초가 소멸되고 있으며, 이상 기후로 인해 가뭄이 지속되면서 아프리카의 사헬 지대에서는 사막화 현상이 더욱 심해지고 있다.

주제 2 환경 문제 해결을 위한 다양한 노력 ★★

1 정부의 노력

국제 협약 체결	전 지구적 차원의 환경 문제 해결에 동참하여 국제 협약 체결 및 이행
법과 제도 마련	• 자연 개발 시 환경 영향 평가 시행 • 환경 보호를 위한 제도 운영 ⓔ 온실가스 배출권 거래 제도, 환경 성적 표지 제도([　　][9)발자국) 등
홍보 활동	기업과 개인을 대상으로 환경 정책과 에너지 절약 실천 방안 등을 홍보

📋 **자료로 살펴보기**

● 주요 국제 환경 협약

국제 사회는 습지의 보호와 지속가능한 이용을 위해 람사르 협약(1971년)을 체결하였고, 오존층 파괴 문제의 해결을 위해 몬트리올 의정서(1987년)를 체결하였다. 또한 지구 온난화의 해결을 위해 교토 의정서(1997년)를 체결하였으며, 이후 이를 대신하는 파리 기후변화 협약(파리 협정, 2015년)을 체결하였다. 이외에도 국제적 노력을 통해 사막화를 방지하기 위해 사막화 방지 협약(1994년)을 체결하는 등 국제 사회는 환경 문제에 공동으로 대응하고 협력하기 위해 노력하고 있다.

2 기업의 노력

기반 시설 정비	노후화된 시설 정비, 오염 물질 정화 시설 설치
청정 기술 개발	폐기물 재활용, 기술 혁신을 통한 [　　][10) 제품 생산, 에너지 고효율 제품 생산
신・재생 에너지 사용 확대	제품 생산 공정 전반에 걸쳐 신・재생 에너지 사용 확대

3 시민단체의 노력

정부, 기업 감시	정부의 환경 정책 및 제도와 기업의 활동을 감시, 비판, 신고
시민 참여 유도	시민운동을 통해 환경 문제를 사회적 쟁점화, 환경 보호 캠페인 진행 등

4 생태시민으로서의 노력

자원・에너지 절약	사용하지 않는 전자 제품 콘센트 뽑기, 대중교통 이용하기 등
재활용의 생활화	일회용품 사용 줄이기, 쓰레기 분리수거하기, 이면지 사용하기 등
[　　][11) 소비 실천	제품을 구매하고 사용한 후 버릴 때까지의 전 과정에 걸쳐 친환경적 행동 실천하기

정답 **1** 화석 연료 **2** 축소 **3** 상승 **4** 산성비 **5** 부식 **6** 플라스틱 **7** 오존층 **8** 사막화 **9** 탄소 **10** 친환경 **11** 녹색

시험 대비하기

01 다음 글의 (가), (나)에 들어갈 환경 문제로 옳은 것은?

> - 아마존 분지에서는 [(가)]가 지속적으로 발생하여 삼림 면적이 크게 감소하였는데, 이는 당시 브라질 정부의 경제 성장 정책으로 인한 개발과 관련이 깊다.
> - 안데스산맥에서는 [(나)]로 생태계 전반에 큰 혼란이 일어나고 있다. 안데스산맥의 많은 고산 식물 서식지가 해발 고도가 더 높은 곳으로 이동하고 있는 것이다.

	(가)	(나)
①	열대림 파괴	오존층 파괴
②	열대림 파괴	지구 온난화
③	오존층 파괴	열대림 파괴
④	오존층 파괴	지구 온난화
⑤	지구 온난화	오존층 파괴

02 다음 자료의 (가)에 해당하는 환경 문제가 심화될 경우 우리나라에 나타날 수 있는 변화에 대한 추론으로 가장 적절한 것은?

> [(가)] (으)로 사라질지도 모르는 여행지
>
> 
>
> 이탈리아 항구 도시 베네치아가 [(가)](으)로 인한 해수면 상승으로 홍수 위험에 자주 노출되고 있다. 이 같은 현상이 지속된다면 베네치아는 앞으로 100년 안에 물에 잠겨 사라질지도 모른다.
>
> 
>
> 오스트레일리아 대보초 해안의 산호초가 백화 현상으로 사라지고 있다. 백화 현상이란 산호초가 하얗게 죽어가는 것을 말하는데, [(가)] (으)로 인한 수온 상승이 주된 요인으로 꼽힌다.

① 봄꽃의 개화 시기가 빨라질 것이다.
② 서리가 내리는 날이 증가할 것이다.
③ 냉대림의 분포 면적이 넓어질 것이다.
④ 여름이 짧아지고 겨울이 길어질 것이다.
⑤ 열대성 질병의 발병률이 감소할 것이다.

03 밑줄 친 ㉠~㉣에 대한 옳은 설명만을 〈보기〉에서 고른 것은?

> 기후변화의 주요 원인 중 하나인 ㉠지구 온난화는 자연적 요인과 인위적 요인에 의해 발생한다. 주된 인위적 요인에는 ㉡화석 에너지의 사용량 증가에 따른 온실가스 배출량의 증가가 있다. 이에 따른 기후변화 문제를 해결하기 위해서 국제 사회는 1997년 교토 의정서, 2015년 ㉢파리 기후변화 협약 등을 체결하였다. 국제 사회의 노력에 발맞추기 위해서는 ㉣정부의 정책 마련과 함께 국민들의 지속적인 실천이 필요하다.

> ── 보기 ──
> ㄱ. ㉠의 영향으로 봄꽃의 개화 시기가 늦어질 것이다.
> ㄴ. ㉡의 주요 원인은 산업화와 인구 증가이다.
> ㄷ. ㉢은 선진국에만 온실가스 감축 의무를 부여하였다.
> ㄹ. ㉣의 사례에는 온실가스 배출권 거래 제도가 있다.

① ㄱ, ㄴ ② ㄱ, ㄷ ③ ㄴ, ㄷ
④ ㄴ, ㄹ ⑤ ㄷ, ㄹ

04 (가), (나)에서 공통으로 도출할 수 있는 기업의 역할로 가장 적절한 것은?

> (가) A 기업은 글로벌 탄소 감축 기여도를 높이기 위해 넷제로*와 RE100** 실현 의지를 담은 보고서를 발간했다. A 기업은 해당 보고서를 통해 2030년 넷제로와 RE100을 모든 계열사에서 동시에 달성하겠다는 의지를 밝히고, 온실가스 감축 목표 달성을 위한 중장기 전략도 공개했다.
> (나) B 기업은 해양 폐기물을 자사 제품의 부품 소재로 재활용하고 있다. 더 나아가 모든 신제품에 재활용 소재 적용, 제품 패키지에서 플라스틱 소재 제거, 매립 폐기물 제로화 등의 비전을 실천 중이다.
>
> *넷제로(net-zero) : 6대 온실가스의 순 배출량을 0(zero)으로 만드는 것
> **RE100 : 기업의 소비 전력 100%를 재생 에너지로 충당하겠다는 글로벌 캠페인

① 회계를 투명하게 운영해야 한다.
② 노동자의 근로 조건을 개선해야 한다.
③ 소비자의 경제적 이익을 보호해야 한다.
④ 공정한 경쟁을 통해 이윤을 추구해야 한다.
⑤ 친환경적인 생산을 통해 환경 보호에 기여해야 한다.

05 (가)~(다)에 대한 설명으로 옳은 것은? (단, (가)~(다)는 각각 기업, 시민단체, 정부 중 하나임.)

① (가)는 시민단체이다.
② (나)는 환경 문제 해결을 위한 국제 조약 체결의 주체이다.
③ (다)는 이윤 추구를 목적으로 친환경 상품 생산에 힘쓴다.
④ (나)는 (가)의 의견을 반영하여 환경 관련 법을 제정한다.
⑤ (다)는 (가)의 활동을 감시하고 비판하는 역할을 수행한다.

06 자료를 통해 파악할 수 있는 환경 문제가 심화될 경우 예상되는 변화로 가장 적절한 것은?

〈북극해 빙하 분포 면적의 변화〉

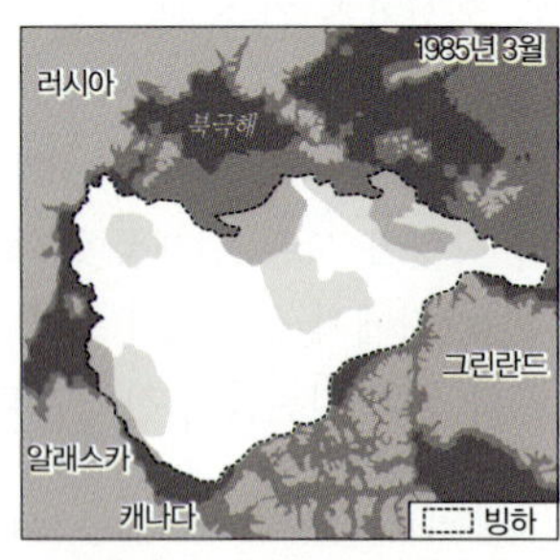
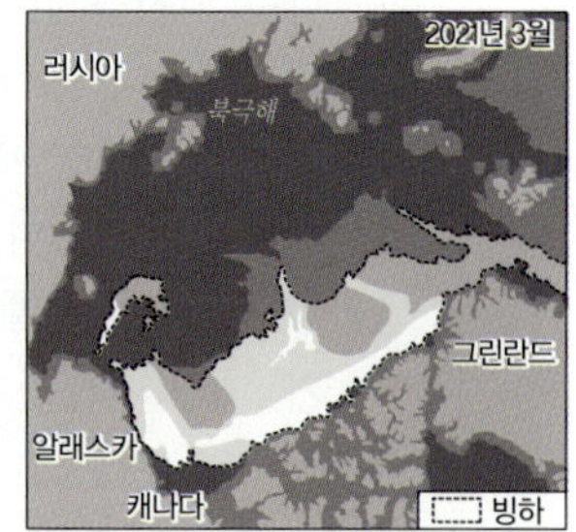

*표시된 빙하는 형성된 지 3년 이상 된 것임.

① 북극해의 해수 염도가 높아질 것이다.
② 동아시아의 겨울철 지속 기간이 길어질 것이다.
③ 한반도의 침엽수림 분포 면적이 확대될 것이다.
④ 남태평양 해안 저지대의 침수 위험이 증가할 것이다.
⑤ 알프스산맥에 분포하는 만년설 범위가 확대될 것이다.

07 지도는 두 환경 문제의 주요 발생 지역을 나타낸 것이다. (가), (나) 환경 문제에 대한 설명으로 옳은 것만을 〈보기〉에서 고른 것은? (단, (가), (나)는 각각 사막화, 열대림 파괴 중 하나임.)

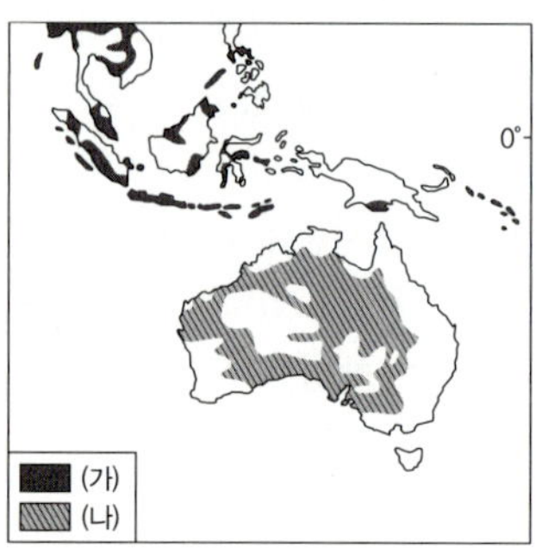

‖ 보기 ‖
ㄱ. (가)를 해결하기 위해 람사르 협약이 체결되었다.
ㄴ. (나)의 주요 발생 원인으로 과도한 방목을 들 수 있다.
ㄷ. (가)의 사례 지역으로 사헬 지대, (나)의 사례 지역으로 아마존강 유역이 있다.
ㄹ. (가), (나)로 인해 토양 침식이 심화된다.

① ㄱ, ㄴ　　　② ㄱ, ㄷ　　　③ ㄴ, ㄷ
④ ㄴ, ㄹ　　　⑤ ㄷ, ㄹ

08 다음 글의 ㉠~㉣에 대한 설명으로 옳은 것만을 〈보기〉에서 고른 것은?

- 해양 오염을 줄이기 위해 국제 사회는 ㉠폐기물의 해양 투기를 방지하는 국제 협약을 체결하였다. 1990년대 후반에 발견된 ㉡태평양의 쓰레기 섬은 현재 규모가 더 커지고 섬의 수도 많아진 것으로 밝혀졌다.
- 지난 30년 동안 몽골에서는 ㉢사막화로 인해 850여 개 호수와 2,000여 개 강이 말랐다. ㉣몽골의 초원이 점점 불모지로 변해 가면서 유목민들은 삶의 터전을 잃게 되었다.

‖ 보기 ‖
ㄱ. ㉠은 몬트리올 의정서이다.
ㄴ. ㉡은 대부분 플라스틱, 비닐로 구성되어 있다.
ㄷ. ㉢의 원인으로 지속적인 가뭄을 들 수 있다.
ㄹ. ㉣에서는 열대 기후가 나타난다.

① ㄱ, ㄴ　　　② ㄱ, ㄷ　　　③ ㄴ, ㄷ
④ ㄴ, ㄹ　　　⑤ ㄷ, ㄹ

09 다음 글의 ㉠~㉤에 대한 설명으로 옳지 <u>않은</u> 것은?

> • 과거 ㉠ 오존층 파괴 물질의 사용으로 인해 ㉡ 상공에 오존 홀(hole)이 커지면서 많은 피해가 발생하였다. 이에 국제 사회는 ___㉢___ 을/를 체결하여 오존층 파괴 물질의 사용 규제를 명시하였다.
> • 지구촌 곳곳에서 ___㉣___ (으)로 인한 이상 기후로 몸살을 앓고 있다. 일본에서는 기존 제방으로 감당할 수 없는 폭우가 내렸고, ㉤ 시베리아에서는 평년보다 10℃나 높은 고온 현상이 지속되었다.

① ㉠에는 염화 플루오린화 탄소가 있다.
② ㉡은 남극보다 적도 부근에서 크게 발생한다.
③ ㉢에는 '몬트리올 의정서'가 들어가야 한다.
④ ㉣의 주요 원인으로 화석 연료의 사용량 증가가 있다.
⑤ ㉣이 심화되면 ㉤에서 냉대림의 면적이 축소된다.

10 지도의 (가) 환경 문제에 대한 설명으로 옳은 것은?

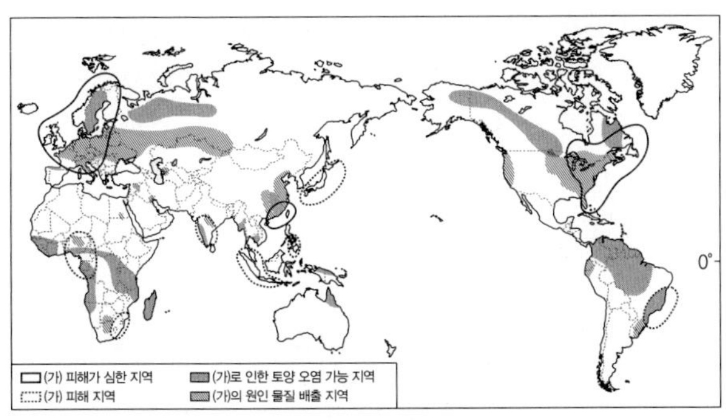

① 원인 물질 배출 지역과 피해 지역이 일치한다.
② 건축물 부식, 호수 산성화 등의 피해를 유발한다.
③ 대표적인 피해 지역으로 보르네오 섬 일대가 있다.
④ 파리 기후변화 협약을 체결하게 된 계기가 되었다.
⑤ 원인 물질로 이산화 탄소, 메테인 등이 대표적이다.

11 다음 글의 (가), (나) 환경 문제와 ㉠, ㉡에 대한 설명으로 옳은 것은?

> • ___(가)___ 은/는 성층권의 ○○ 농도가 감소하는 현상으로 이러한 현상이 심화되면서 남극 상공에 거대한 ○○ 홀(hole)이 발생하기도 하였다. 이 환경 문제를 해결하기 위해 국제 사회는 1987년에 ㉠ 원인 물질의 생산과 사용을 규제하는 협약을 체결하였다.
> • ___(나)___ 은/는 주로 스텝 기후 지역에서 계속되는 가뭄 및 인간 활동 등으로 인해 토양이 황폐화되는 현상을 말한다. ㉡ 국제 사회는 이 환경 문제를 해결하기 위해 1994년에 협약을 체결하였다.

① (가)의 주요 원인 물질은 질소 산화물과 황산화물이다.
② (나)로 인해 대기 중 자외선 투과량이 증가한다.
③ (가)와 (나)는 모두 식물 성장을 방해한다.
④ ㉠은 람사르 협약이다.
⑤ ㉡은 일본의 교토에서 이루어졌다.

12 다음 글의 (가), (나) 환경 문제와 ㉠~㉢에 대한 설명으로 옳은 것은?

> • 2015년 파리에서 195개국이 ___(가)___ 의 해결을 위해 체결한 ㉠ 파리 기후변화 협약은 1997년에 체결된 ㉡ 교토 의정서를 대신하는 협약이다.
> • '녹색 장벽 프로젝트'는 아프리카의 ㉢ 사헬 지대에서 심각하게 발생하고 있는 ___(나)___ 을/를 해결하기 위해 거대한 숲을 조성하려는 계획이다.

① (가)가 심화될 경우 영구 동토층의 분포 범위가 축소된다.
② (나)로 인해 피부암, 백내장의 발병률이 증가한다.
③ ㉠을 통해 온실가스 배출권 거래 제도가 최초로 도입되었다.
④ ㉡은 선진국과 개발도상국 모두에게 온실가스 감축 의무를 부여하고 있다.
⑤ ㉢에는 상록 활엽수로 이루어진 다층의 숲이 울창하게 형성되어 있다.

주제 1 문화권 형성에 영향을 주는 요인 ★

1 문화와 문화권

문화	인간이 환경과 상호 작용하면서 형성한 의식주, 풍습, 종교 등의 [ ]1)
문화권	• 의식주, 종교, 민족, 언어 등의 문화적 요소가 유사하게 나타나는 공간 범위 • 문화권의 경계는 산맥, 하천, 사막 등의 지형에 의해 결정 • 문화권의 경계에서는 두 문화의 특성이 혼재된 [ ]2) 가 나타남

📖 **자료로 살펴보기**

● 앵글로아메리카 문화권과 라틴 아메리카 문화권

아메리카 문화권은 영국에 기반을 둔 앵글로색슨족 문화의 영향을 많이 받은 앵글로아메리카 문화권과 에스파냐인과 포르투갈인 등 라틴 문화가 우세한 라틴 아메리카 문화권으로 구성된다. 아메리카 문화권은 [   ]3)을 기준으로 북쪽의 앵글로아메리카 문화권과 남쪽의 라틴 아메리카 문화권으로 구분된다.

2 문화권 형성에 영향을 주는 요인

자연환경	기후, 지형 등
인문환경	종교, 산업, 언어 등

📖 **자료로 살펴보기**

● 돼지고기 소비량으로 구분한 문화권

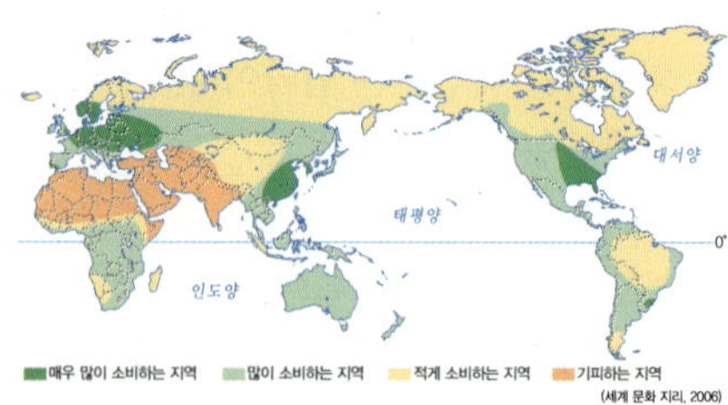

문화권은 기후, 지형 등 자연환경과 종교, 산업, 언어 등 인문환경 등 다양한 기준으로 분류할 수 있다. 돼지고기 선호도에 따라서도 문화권을 구분할 수 있다. 돼지를 사육하기 위해서는 풍부한 물과 그늘이 필요하다. 따라서 건조 기후 지역이나 종교적 이유로 돼지를 불결한 짐승으로 여기는 [   ]4) 문화권에서는 돼지 사육이 거의 이루어지지 않는다. 이외에도 주식 작물, 식사 도구 등 다양한 방법으로 문화권을 구분할 수 있다.

주제 2 다양한 문화권의 특징과 삶의 방식 ★★★

문화권	특징
동양 문화권	• [ ]5) 기후, [ ]6) 농사 발달 • [ ]7) 문화권: 유교와 불교, 한자 • 동남아시아 문화권: 해상 교통 요지 → 다양한 문화와 종교 혼재 • 남부 아시아 문화권: 잦은 외세 침입 → 다양한 문화와 종교 혼재
유럽 문화권	• 크리스트교, 민주주의와 자본주의 기원지 • [ ]8) 문화권: 개신교, 서안 해양성 기후 → 혼합 농업, 낙농업 • [ ]9) 문화권: 가톨릭교, 지중해성 기후 → 수목 농업, 관광 산업 • 동부 유럽 문화권: 정교회
[ ]10) 문화권	• 이슬람교, 아랍어 • 오아시스 농업, 유목
[ ]11) 문화권	• 부족 단위 공동체 생활, 이동식 화전 농업 • 서구 열강 식민 지배 → 종족 분포와 국경선 불일치, 플랜테이션
아메리카 문화권	• 원주민 문화 + 유럽 문화 + 아프리카 문화 • [ ]12) 문화권: 영어, 개신교 • [ ]13) 문회권: 에스파냐어와 포르투갈어, 가톨릭교
[ ]14) 문화권	• 영국 식민 지배 → 영어, 개신교 • 오스트레일리아, 뉴질랜드: 농축산물 수출
[ ]15) 문화권	• 순록 유목, 수렵, 어로 활동 • 대권 항로의 중요성 증대

📖 **자료로 살펴보기**

● 세계의 다양한 문화권

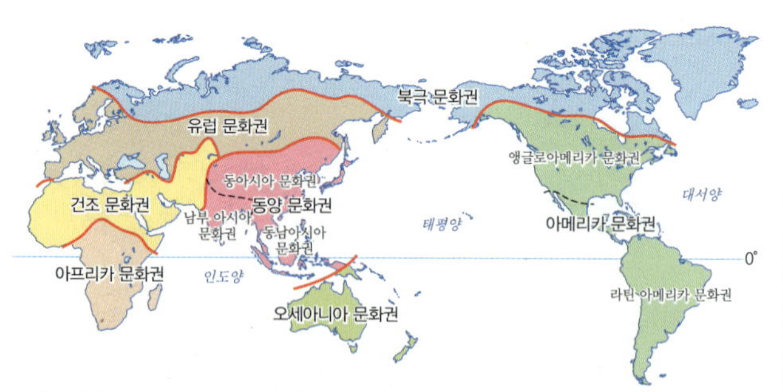

자연환경과 인문환경의 영향을 종합적으로 반영하여 동양 문화권, 유럽 문화권, 건조 문화권, 아프리카 문화권, 아메리카 문화권, 오세아니아 문화권, 북극 문화권의 7개 문화권으로 구분할 수 있다. 이들 문화권은 다양한 특징을 고려하여 문화권을 세분하기도 한다.

정답 1 생활양식 2 점이 지대 3 리오그란데강 4 이슬람교 5 계절풍 6 벼 7 동아시아 8 북서부 유럽 9 남부 유럽 10 건조 11 아프리카 12 앵글로아메리카
13 라틴 아메리카 14 오세아니아 15 북극

시험 대비하기

[01~02] 지도는 세계의 문화권을 나타낸 것이다. 물음에 답하시오.

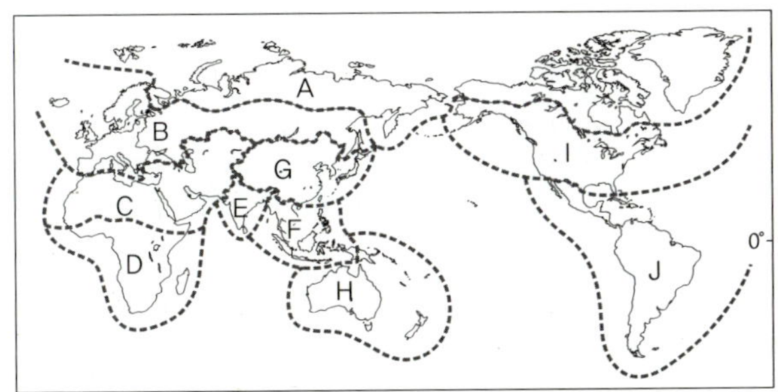

01 A~H 문화권에 대한 설명으로 옳지 <u>않은</u> 것은?

① A에서는 순록 유목이 이루어진다.
② G는 유교 문화가 발달하였다.
③ D는 C보다 이동식 화전 농업이 활발하다.
④ E는 F보다 불교 신자 비율이 높다.
⑤ H는 B보다 영어 사용자 비율이 높다.

02 (가), (나)에 해당하는 문화권을 위 지도에서 찾아 바르게 연결한 것은?

(가)	(나)
다양한 신의 조각상이 새겨져 있는 사원을 쉽게 볼 수 있다. 비슈누와 시바 외에 수많은 신들이 있는데, 신의 권위가 높을수록 사원 중앙에 배치된다.	유럽계의 진출로 마야 문명, 잉카 문명 등 고대 문명이 파괴되었다. 메스티소, 물라토, 삼보 등 혼혈이 많고, 국민의 대부분이 가톨릭교 신자이다.
	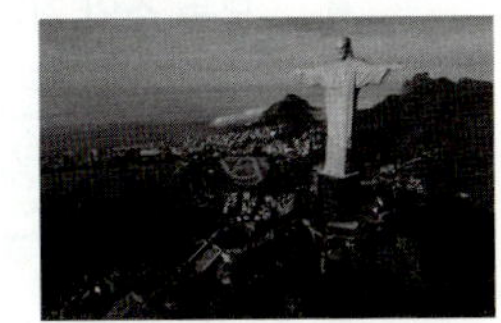

　　(가)　　(나)
①　C　　　I
②　C　　　J
③　E　　　I
④　E　　　J
⑤　F　　　J

03 다음 글의 ㉠~㉤에 대한 설명으로 옳지 <u>않은</u> 것은?

> 자연환경은 의식주 문화에 영향을 준다. ㉠냉대 기후 지역은 보온에 유리한 털옷을 입고, ㉡열대 기후 지역은 통풍에 유리한 옷을 입는다. ㉢벼농사 지역에서는 스시, 떡 등 쌀로 만든 요리가 발달하고, ㉣유목이 행해지는 지역은 고기나 유제품과 관련된 음식이 발달한다. 전통 가옥의 재료는 ㉤사막에서는 흙을, 타이가 지역에서는 통나무를, 목축업을 하는 지역에서는 가축의 털과 가죽을 활용한다.

① ㉠은 ㉡보다 가옥 구조가 개방적이다.
② ㉡은 ㉠보다 플랜테이션 농업이 발달하였다.
③ ㉢은 ㉣보다 연 강수량이 많다.
④ ㉣은 ㉢보다 이동식 가옥이 많이 분포한다.
⑤ ㉤은 ㉡보다 전통 가옥의 지붕 경사가 완만하다.

04 다음 글의 (가)에 들어갈 고대 문명이 발달한 국가를 지도의 A~E에서 고른 것은?

> ______(가)______은/는 15세기 중엽부터 주변 민족을 정복하여 15세기 말에는 남북 4,000km의 대영역을 지배하였다. 수도는 쿠스코였다. 문자, 철, 수레는 없었으나 토기, 청동기, 직물의 기술은 높았고, 특히 석조 건축 기술은 극치를 이루었다. 1532년 에스파냐인의 침입으로 1572년 최후의 왕 우아이나 카팍이 죽으면서 멸망하였다. 대표적인 유적지로는 마추픽추가 있다.

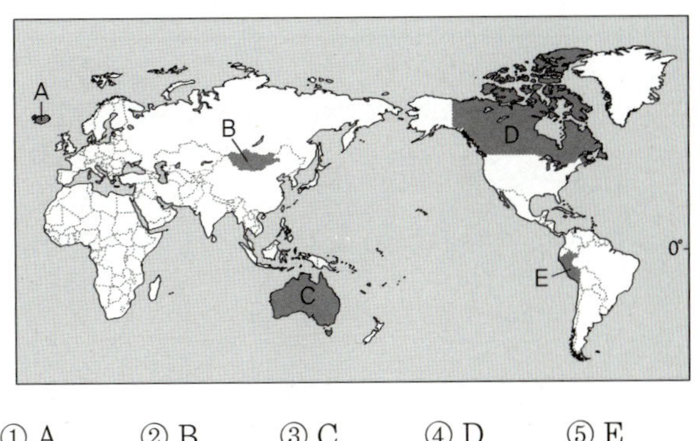

① A　　② B　　③ C　　④ D　　⑤ E

05 지도는 세계 주요 종교 분포를 나타낸 것이다. (가)~(다)에 해당하는 종교로 옳은 것은?

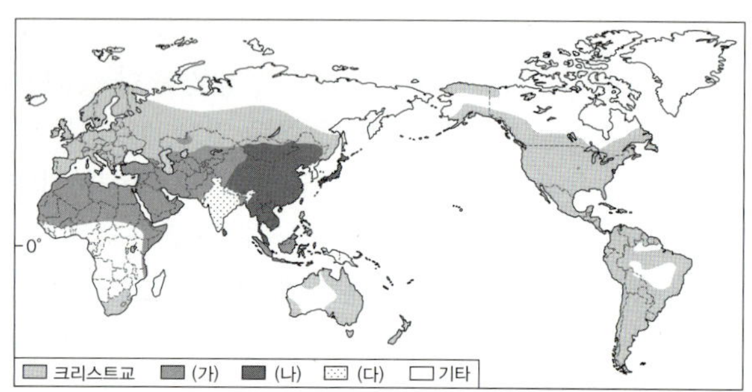

	(가)	(나)	(다)
①	불교	이슬람교	힌두교
②	이슬람교	불교	힌두교
③	이슬람교	힌두교	불교
④	힌두교	불교	이슬람교
⑤	힌두교	이슬람교	불교

06 다음은 어느 문화권을 여행하면서 보낸 전자 우편 중 일부이다. 이에 해당하는 문화권을 지도의 A~E에서 고른 것은?

○○아, 잘 지내고 있니?

나는 오늘 메카에 도착해서 △△△ 사원을 방문했어. 뜨거운 태양을 향해 높이 솟아 있는 사원의 첨탑과 돔 형태의 지붕을 한참 동안 서서 바라보았어. 이곳 주민들의 대부분은 이슬람교를 믿고 종교적 교리에 따라 돼지고기와 술을 금기시하고 있어. 사막의 열기과 건조함을 견디고 열매를 맺는 대추야자 나무의 이국적인 풍경을 너에게 보여주고 싶어.

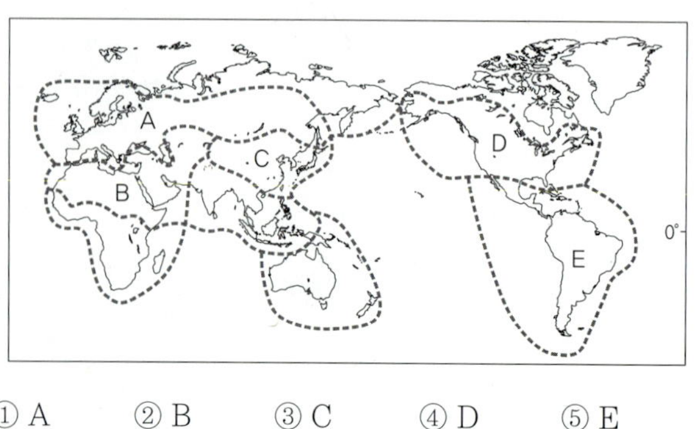

① A ② B ③ C ④ D ⑤ E

07 다음 자료는 누리 소통망(SNS)에 게시된 여행기이다. 두 여행 지역이 모두 속한 문화권을 지도의 A~E에서 고른 것은?

성모상이 원주민처럼 검은 머리에 갈색 피부를 하고 전통 의상을 입고 있었다. 에스파냐가 이 지역을 식민 지배할 때 가톨릭교를 전파하는 과정에서 현지 종교와 융합되어 나타난 모습이라고 한다. 내일은 에스파냐어로 인사해야지!

가톨릭 신자의 비율이 높은 이 도시의 산봉우리에 거대한 예수상이 서 있었다. 곧 카니발이 열리니까 삼바 춤을 구경해 봐야지! 유럽과 아프리카의 문화가 섞여서 만들어진 독특한 문화를 경험할 수 있는 곳이라 새롭다.

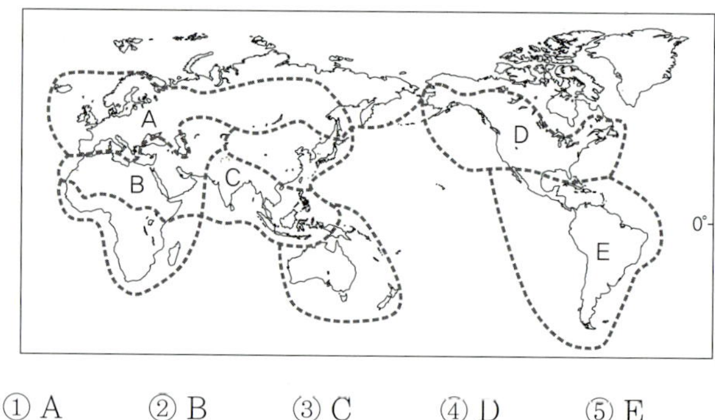

① A ② B ③ C ④ D ⑤ E

08 (가) 종교를 믿는 주민들의 생활 모습으로 가장 적절한 것은?

① 돼지고기를 금기시하여 먹지 않는다.
② 매일 다섯 번씩 메카를 향해 기도를 한다.
③ 갠지스강에서 종교 의식으로 목욕을 한다.
④ 높은 첨탑이 있는 교회나 성당에서 기도를 한다.
⑤ 성인이 되기 전 사찰에서 승려 생활을 해야 한다.

09 다음 자료의 (가) 국가를 지도의 A~E에서 고른 것은?

> (가) 에서는 과거 에스파냐 식민 지배의 영향으로 크리스트교 신자의 비율이 높아 이와 관련된 종교 경관을 많이 볼 수 있다. 그중에서 '지진 바로크 양식'은 지각이 불안정한 자연환경의 영향을 받은 독특한 건축 양식이다. 큰 버팀목과 위로 갈수록 얇고 가벼워지는 벽, 본당과 분리된 낮고 튼튼한 종탑 등은 이 건축 양식의 특징이다.

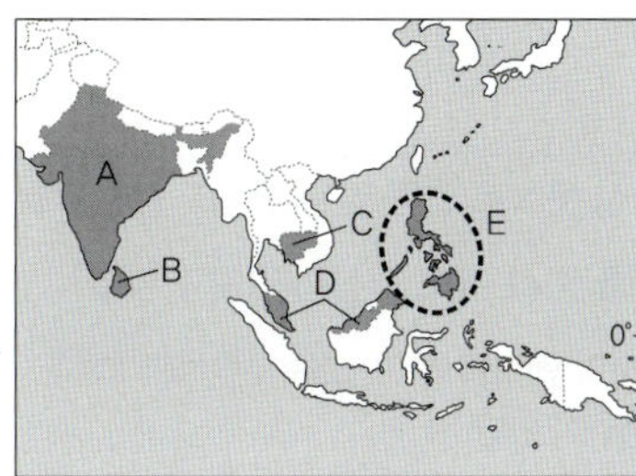

① A
② B
③ C
④ D
⑤ E

10 다음 자료의 (가)~(다) 종교를 지도의 A~C에서 고른 것은?

> 〈인도에서 만날 수 있는 종교 경관〉
>
> • 타지마할은 무굴 제국의 황제가 왕비의 죽음을 추모하기 위해 세운 건축물이다. 돔형 지붕과 첨탑, 아라베스크 장식은 (가) 의 문화적 특징이 반영된 건축 양식이다.
> • 바라나시에 있는 갠지스강은 (나) 의 대표적인 성지이다. 신자들은 이 강에서 목욕을 하며 기도 의식을 행하면 죄를 씻을 수 있다고 믿는다.
> • 부다가야에 있는 마하보디 사원은 (다) 의 창시자가 깨달음을 얻은 장소이다. 윤회 사상을 중시하며 자비와 해탈을 강조한 이 종교는 동남아시아 및 동아시아 일대로 전파되었다.

▲ 타지마할

▲ 갠지스강

▲ 마하보디 사원

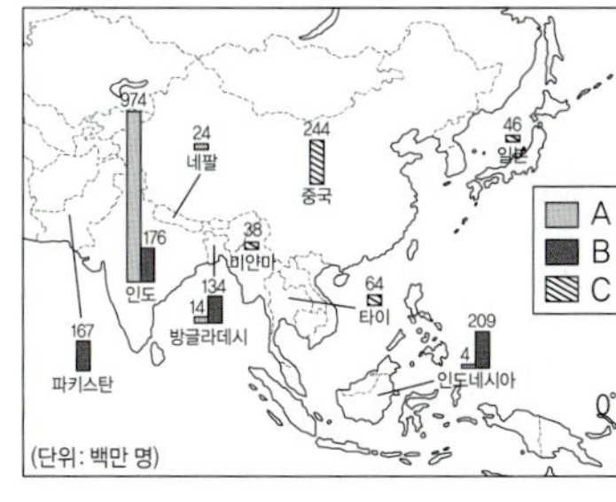

(단위: 백만 명)

	(가)	(나)	(다)
①	A	B	C
②	A	C	B
③	B	A	C
④	B	C	A
⑤	C	B	A

11 다음 자료의 (가), (나) 종교에 대한 설명으로 옳은 것만을 〈보기〉에서 고른 것은?

> 아프가니스탄의 바미안 절벽에는 석가모니의 가르침을 전하고 실천하는 (가) 의 거대한 상징물이 조각되어 있었다. 그러나 2001년 이 국가를 통치하던 극단주의 정권은 국민 대다수가 믿는 (나) 의 교리에 어긋난다며 이 거대한 조각상을 비롯한 전국의 수많은 석굴을 파괴하였다. 이를 계기로 유산의 파괴를 막고 지속적인 보존을 위해 유네스코는 '바미안 계곡의 문화 경관과 고고 유적'을 세계 유산으로 지정하였다.

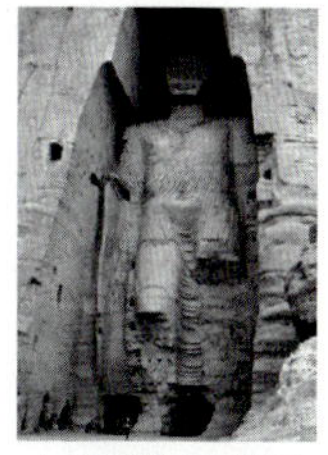

▲ 거대한 조각상의 파괴 전 모습

보기

> ㄱ. (가)는 메카로의 성지 순례를 종교적 의무로 여긴다.
> ㄴ. (나)의 대표적인 종교 경관은 십자가와 종탑이다.
> ㄷ. (가)는 (나)보다 윤회 사상을 중시한다.
> ㄹ. (나)는 (가)보다 건조 문화권에서 비율이 높다.

① ㄱ, ㄴ ② ㄱ, ㄷ ③ ㄴ, ㄷ
④ ㄴ, ㄹ ⑤ ㄷ, ㄹ

12 다음 자료의 (가)~(다)에 해당하는 종교로 옳은 것은?

스리랑카의 국장으로 (가) 의 창시자인 석가모니의 가르침을 국장 윗부분에 수레바퀴 모양으로 표현함. 아래 그릇에는 벼 이삭이 들어 있음	파키스탄의 국장으로 (나) 를 상징하는 녹색의 초승달과 별을 국장의 윗부분에 표현함. 방패 모양은 목화, 차, 보리 등을 표현하고 있음	포르투갈의 국장으로 (다) 를 상징하는 십자형 배열의 방패를 중앙에 표현함. 국장의 테두리는 월계수 나무의 가지임

*국장: 한 나라를 상징하는 공식적인 부호나 휘장을 통틀어 이르는 말

	(가)	(나)	(다)
①	불교	이슬람교	크리스트교
②	불교	크리스트교	힌두교
③	이슬람교	불교	힌두교
④	이슬람교	힌두교	크리스트교
⑤	크리스트교	불교	이슬람교

02 문화 변동과 전통문화

주제 1 문화 변동의 요인과 양상 ★★★

1 문화 변동의 요인

(1) 내재적 요인

[1]	존재하지 않았던 기술이나 사물 등을 만들어 내는 행위나 그 결과물
발견	존재하고 있었으나 알려지지 않았던 문화 요소를 찾아내는 것

(2) 외재적 요인

① [2] : 한 사회가 다른 사회와 교류하거나 접촉하는 과정에서 새로운 문화 요소가 전달되어 정착하는 현상

② 문화 전파의 유형

[3]	의미	다른 사회의 구성원들과 직접적인 교류를 통해 다른 사회의 문화가 전파되는 것
	사례	7세기 초 고구려의 담징이 일본에 종이와 먹의 제조 방법 전파
간접 전파	의미	인쇄물, 인터넷 등과 같은 [4]를 통해 다른 사회의 문화가 전파되는 것
	사례	인터넷을 통한 전 세계적 한류 열풍
[5]	의미	다른 사회의 문화 요소에서 아이디어를 얻어 새로운 문화 요소를 발명하는 것
	사례	아메리카의 체로키족이 알파벳에서 아이디어를 얻어 체로키 문자 고인

2 문화 변동의 양상

(1) [6] : 서로 다른 사회가 비교적 장기간에 걸쳐 접촉하면서 문화 체계에서 변화가 나타나는 현상

(2) 문화 접변의 결과

[7]	의미	서로 다른 사회의 문화 요소가 한 사회의 문화 체제 속에서 나란히 존재하는 현상
	사례	우리 사회 내부에 천주교와 개신교, 불교 등이 종교 문화로서 함께 존재하는 것
[8]	의미	서로 다른 문화 요소들이 결합하여 기존 문화 요소들의 성격을 지니면서도 기존 문화 요소들과 다른 성격을 지닌 제3의 새로운 문화가 나타나는 현상
	사례	우리나라에 불교가 전래된 후 전통적 민간 신앙인 칠성신을 모시는 칠성각이 절과 결합함으로써 새로운 불교문화가 나타난 것
[9]	의미	한 사회의 문화가 다른 사회의 문화 체계 속에 흡수되어 정체성을 상실하는 현상
	사례	아메리카 원주민 부족들이 유럽의 백인 문화와 접촉하면서 자기 문화를 상실한 것

주제 2 전통문화의 의의와 창조적 계승 ★★

1 [10]의 의미와 의의

의미	한 사회에서 오랜 기간 유지되면서 그 사회의 고유한 가치로 인정받는 문화
의의	• 한 사회 구성원들의 [11]을 고취 • 문화의 [12]을 유지 • 세계 문화의 [13] 증진 • 사회 구성원 간 유대 강화를 통해 [14] 기여

> 📖 **자료로 살펴보기**
>
> ● **우리나라의 전통문화**
>
> | 수도작 문화 | 농경 중심 문화로 협동 및 상부상조 정신 발달 |
> |---|---|
> | 유교 문화 | 효와 예를 중시, 유교 사상의 가치관 발달 |
> | 현세 중시 문화 | 현세에서의 행복을 추구, 토속 신앙(애니미즘, 샤머니즘 등)의 발달 |
> | 인간 중심 사상 발달 | '인간 세상을 널리 이롭게 한다.'는 '홍익인간'의 정신이 민본 정치의 전통으로 이어져 내려옴 |

2 전통문화의 창조적 계승

의미	전통문화의 [15]을 유지하면서 현대의 새로운 문화 요소들과 조화를 이룰 수 있도록 전통문화를 재구성하거나 재창조하면서 계승하는 것
창조적 계승 방안	• 전통문화에 대한 지속적 관심 및 고유성과 독창성 파악 • 다른 나라의 문화 요소를 비판적으로 수용하여 전통문화의 요소와 결합 • 한 사회의 전통문화가 지닌 고유성과 독창성을 유지하면서 세계 문화와 교류 • 이주민의 문화와 전통문화의 공존을 추구함으로써 문화 다양성 유지 • 문화가 전통이 갖는 고유한 의미를 재해석

> 📖 **자료로 살펴보기**
>
> ● **전통문화의 창조적 계승 사례**
>
> > 스파게티처럼 세계인에게 익숙한 음식을 만들기 위해 최근 우리나라에서는 대표적 전통 음식인 떡볶이를 세계화하는 정책이 연구되고 있다. 전통적으로 사용하던 떡을 바탕으로 하여 외국인의 입맛에 맞는 카레나 칠리소스 등 외국의 소스와 결합하거나 매운 맛에 익숙하지 않은 외국인을 위해 맵지 않은 떡볶이를 개발하는 등 다양한 방안을 시도하고 있다.
>
> 전통문화의 창조적인 계승과 발전을 위해서는 전통문화를 현대적으로 재평가하고, 전통문화가 현대 사회의 새로운 문화 요소들과 조화를 이룰 수 있도록 재구성하거나 개선할 필요가 있다.

정답 1 발명 2 문화 전파 3 직접 전파 4 매개체 5 자극 전파 6 문화 접변 7 문화 병존 8 문화 융합 9 문화 동화 10 전통문화 11 자긍심 12 고유성 13 다양성
14 사회 통합 15 정체성

시험 대비하기

01 밑줄 친 '이것'에 대한 설명으로 옳은 것은?

> 이것은 한 사회 외부에서 제공되어 문화 요소를 수용한 사회의 문화 체계에 변동을 초래하는 요인을 말한다.

① 발명과 발견이 포함된다.
② 문화 변동의 내재적 요인이다.
③ '지하자원의 발견'을 사례로 들 수 있다.
④ '대중 매체에 의한 문화 요소의 전파'는 사례가 될 수 없다.
⑤ '교역이나 전쟁을 통화 문화 요소의 전파'를 사례로 들 수 있다.

02 다음 자료를 통해 옳게 추론한 내용만을 〈보기〉에서 고른 것은?

> '바인 미'는 프랑스의 식민 지배 당시 전해진 빵인 바게트에 속 재료를 넣어 만든 베트남식 샌드위치이다. 밀가루로 만든 바게트에 햄, 치즈, 토마토 등을 넣어 만드는 프랑스식과 달리 바인 미는 밀가루와 쌀가루를 섞어 만든 바게트에 절인 무나 오이, 고수와 각종 고기를 넣어 만든다.

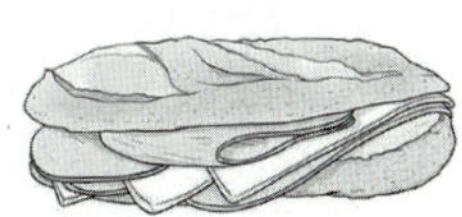
프랑스식 바게트 샌드위치

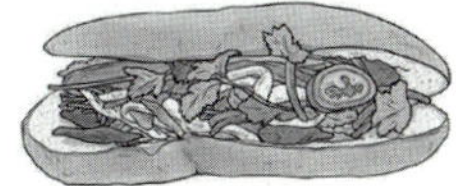
베트남식 바게트 샌드위치

| 보기 |

ㄱ. 서로 다른 문화가 만나면 갈등이 지속된다.
ㄴ. 문화는 한 지역에서 다른 지역으로 전파된다.
ㄷ. 문화는 종교에 따라 지역마다 다르게 나타난다.
ㄹ. 둘 이상의 문화가 만나면 문화 변용이 나타나기도 한다.

① ㄱ, ㄴ   ② ㄱ, ㄷ   ③ ㄴ, ㄷ
④ ㄴ, ㄹ   ⑤ ㄷ, ㄹ

03 다음은 수업 장면의 일부이다. (가)에 들어갈 용어로 가장 적절한 것은?

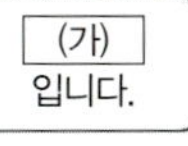

① 문화 융합   ② 문화 갈등
③ 문화 동화   ④ 문화 소멸
⑤ 문화 획일화

04 다음 (가)~(라)에 들어갈 내용으로 옳은 것은?

> 커피의 역사는 갑국 사람들이 숲에서 찾은 커피 열매를 물에 넣고 끓여 먹음으로써 시작되었다. 이러한 커피는 갑국의 무역상으로부터 커피 열매를 구입한 을국이 커피 재배 기술을 개발하면서부터 본격적으로 재배되기 시작하였다. 을국의 무역상은 을국에서 재배한 커피를 병국과 정국에 가서 판매하였고, 그 결과 병국에서는 다른 여러 음료와 함께 커피가 대중적인 음료가 되었다. 한편, 정국에서는 우유를 즐겨 마시던 정국 사람들이 커피와 우유를 결합하여 '카페 라떼'라는 새로운 음료를 개발하였고, 이는 정국 내에서 큰 인기를 얻게 되었다. 표는 위 내용의 갑국~정국에서 나타난 문화 변동을 나타낸 것이다.

갑국	을국	병국	정국
(가)	(나)	(다)	(라)

	(가)	(나)	(다)	(라)
①	발견	발견	문화 동화	문화 병존
②	발견	발명	문화 병존	문화 융합
③	발명	발견	문화 병존	문화 동화
④	발명	발명	문화 동화	발명
⑤	발명	문화 융합	문화 병존	발명

05 다음 자료의 (가)에 들어갈 내용으로 가장 적절한 것은?

북부 아프리카에 위치한 국가인 말리에는 독특한 형태의 모스크가 있다. 모스크의 상징인 돔 지붕과 철탑 대신 평평한 지붕 위에 진흙탑이 올려져 있고, 초승달과 별 장식 대신 풍요와 번창을 의미하는 타조 알 장식이 있다. 이처럼 문화는 다른 지역으로 전파되면서 원래의 모습이 변형되기도 한다. [(가)]도 그러한 사례 중 하나이다.

① 세계 대부분의 국가에서 청바지를 입는 것
② 라틴 아메리카 대부분의 국가에서 에스파냐어를 사용하는 것
③ 프랑스가 공공장소에서 히잡 착용을 금지하는 법을 제정한 것
④ 멕시코의 과달루페에 검은 머리, 갈색 피부의 성모상이 있는 것
⑤ 인도에서 힌디어를 포함한 20여 개 언어를 공용어로 사용하는 것

06 A, B에 들어갈 문화 변동의 양상을 옳게 연결한 것은?

- 인천 강화도 성공회 성당은 동양의 건축 양식과 서양의 건축 양식 및 종교 사상이 결합하였다는 점에서 [A]의 사례로 볼 수 있다.
- 서울 대림동 중국 문화의 거리는 한국 사람들과 중국 사람들이 각자의 생활양식을 유지한 채 어울려 살아간다는 점에서 [B]의 사례로 볼 수 있다.

	A	B
①	문화 동화	문화 융합
②	문화 동화	문화 병존
③	문화 융합	문화 동화
④	문화 융합	문화 병존
⑤	문화 병존	문화 융합

07 그림은 질문을 통해 A~C를 구분한 것이다. A~C에 해당하는 문화 변동의 양상을 옳게 연결한 것은? (단, A~C는 각각 문화 동화, 문화 병존, 문화 융합 중 하나임.)

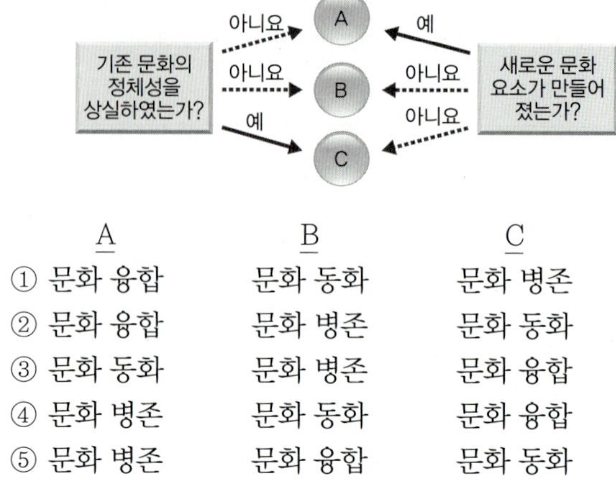

	A	B	C
①	문화 융합	문화 동화	문화 병존
②	문화 융합	문화 병존	문화 동화
③	문화 동화	문화 병존	문화 융합
④	문화 병존	문화 동화	문화 융합
⑤	문화 병존	문화 융합	문화 동화

08 그림은 질문을 통해 문화 변동의 양상 A~C를 구분한 것이다. 이에 대한 설명으로 옳은 것은? (단, A~C는 각각 문화 동화, 문화 병존, 문화 융합 중 하나임.)

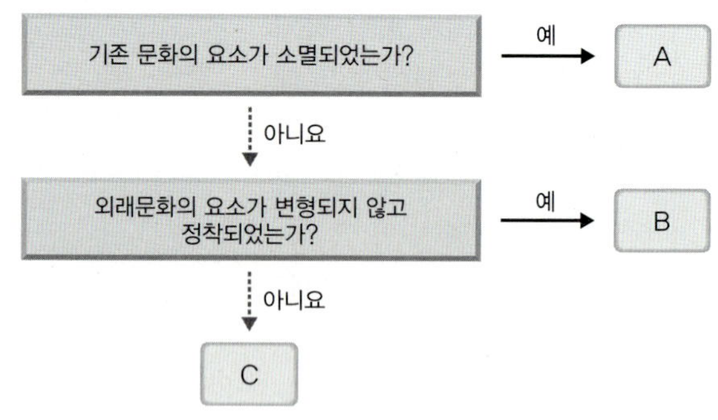

① A는 문화 변동을 통해 새로운 문화 요소가 만들어진 것을 의미한다.
② B의 사례로 '우리나라에서 한의학과 별개로 서양 의학이 통용되고 있는 것'을 들 수 있다.
③ C의 사례로 '필리핀에서 타갈로그어와 영어가 모두 사용되는 것'을 들 수 있다.
④ C는 전파된 문화 요소가 수용 지역의 문화 체계 안에서 그대로 정착하는 것을 의미한다.
⑤ C는 A, B와 달리 외재적 요인에 의해 나타난 문화 변동이다.

09 표는 문화 변동의 양상 A~C를 비교한 것이다. (가)에 들어갈 질문과 ㉠~㉢에 들어갈 대답으로 옳은 것은? (단, A~C는 각각 문화 동화, 문화 병존, 문화 융합 중 하나임.)

구분	A	B	C
제3의 문화 요소가 나타났는가?	아니요	예	아니요
자기 문화의 정체성이 유지되었는가?	예	예	아니요
(가)	㉠	㉡	㉢

	(가)	㉠	㉡	㉢
①	강제적인 문화 변동 과정에서만 발생하는가?	아니요	예	아니요
②	서로 다른 문화 요소가 온전히 존재하는가?	아니요	예	예
③	외래문화의 요소가 변형되지 않고 정착되었는가?	예	아니요	아니요
④	한 사회의 문화 다양성을 높이는 데 기여하는가?	예	예	아니요
⑤	미국에서 아프리카 음악과 유럽 음악의 요소가 결합하여 재즈가 등장한 것을 사례로 들 수 있는가?	아니요	아니요	예

10 다음은 전통문화와 관련된 자료이다. 이에 대한 시사점으로 가장 적절한 것은?

> 언어로 가족이 소통하고 사회로 연결되어 네트워크를 형성하며, 모국어는 국민의 자존심을 대변하고 동시에 민족의 정체성을 상징한다. 오늘날 티베트어가 경제와 법률 등의 분야에서 유용한 언어는 아니지만, 붓다의 경과 논서는 모두 티베트어로 기록되어 있어 대승 불교의 꽃과 다름이 없다. 따라서 우리 티베트인은 모국어를 지켜야 한다. 외국의 학자들은 티베트어의 가치를 알고 심도 있게 연구하고 있다. 우리가 지닌 보물의 가치를 바로 알고 전승할 의무가 있다.
>
> – 달라이라마

① 전통문화의 가치를 계승해야 한다.
② 세계에 우리 문화를 널리 보급해야 한다.
③ 세계화에 맞게 외국어 학습에 힘써야 한다.
④ 다른 나라의 훌륭한 문화를 적극적으로 수용해야 한다.
⑤ 티베트 불교가 전통문화 형성에 가장 큰 역할을 하였다.

11 다음은 교사가 수업 시간에 학생들에게 제시한 자료이다. 자료의 제목으로 가장 적절한 것은?

> 우리나라의 판소리를 독일의 세계적인 오페라 연출가와 함께 재해석한 판소리 오페라 '수궁가'가 화제를 모으고 있다. 토끼와 별주부, 호랑이, 원숭이 등 개성이 강한 캐릭터를 표현한 가면과 무려 5m 높이의 거대한 한복 치마, 치마 밑에서 나오는 배우들, 귀를 홀리게 하는 국악 관현악과 판소리의 절묘한 하모니는 중독성이 강하였다. 별주부의 명에 따라 용왕이 토끼 화상을 그려 보라고 지시하는 대목에서 김홍도, 앤디 워홀, 피카소 등이 등장하여 객석에서는 폭소가 터져 나왔다.

① 한 사회의 문화 정체성을 상실한 사례
② 내부적 요인에 의한 문화 변동의 사례
③ 전통문화를 창조적으로 재해석한 사례
④ 문화 변동의 양상 중 문화 동화의 사례
⑤ 전통문화를 원형 그대로 보존하여 유지한 사례

12 밑줄 친 '노력'에 해당하는 내용으로 옳은 것만을 〈보기〉에서 고른 것은?

> 세계화는 우리 사회의 문화를 풍요롭게 하는 측면도 있지만, 우리의 전통문화 상실을 초래할 수도 있다. 문화의 세계화 추세에 따라 각 국가들은 자국 고유의 문화가 훼손되거나 상실되는 것에 대해 많은 우려를 하면서 자국 문화를 창조적으로 계승하고 발전하려는 노력을 하고 있다. 우리나라 역시 이러한 노력이 필요하다.

〈보기〉
ㄱ. 우수한 외래문화를 비판적으로 수용한다.
ㄴ. 전통문화를 현대 사회에 맞추어 재해석한다.
ㄷ. 우리의 전통문화를 변형하지 않고 원형 그대로 계승한다.
ㄹ. 전통문화와 다른 특징을 갖는 외래문화의 유입을 제한한다.

① ㄱ, ㄴ　　② ㄱ, ㄷ　　③ ㄴ, ㄷ
④ ㄴ, ㄹ　　⑤ ㄷ, ㄹ

03　문화 상대주의와 보편 윤리

1 [　　　　] [1)]

의미	한 사회의 환경이나 역사적 조건, 시대의 흐름에 따라 의식주와 언어, 도덕과 종교에 대한 관념, 주변과의 상호 작용 방법 등 문화 전반이 다양하게 나타나는 현상
원인	사회 구성원들은 살고 있는 지역의 자연환경과 정치, 종교, 관습 등의 인문환경이 반영되어 형성된 가치관과 행동 양식에 따라 생활하기 때문
영향	다양한 문화를 경험하면 삶이 풍부해질 수 있음

2 [　　　　] [2)]

의미	각 사회의 문화가 만들어진 배경이나 그 사회 구성원이 공유하는 의미를 바탕으로 문화를 이해하는 태도
특징	• 문화를 평가의 대상이 아닌 [　　　　] [3)]의 대상으로 인식함 • 각 문화가 해당 사회의 맥락 속에 고유한 의미와 가치를 가진다는 점을 인정함
필요성	• 어떤 사회의 문화를 바라볼 때 그 사회의 구성원 입장에서 해당 사회의 맥락을 고려하여 문화를 바라보면 올바른 문화 이해가 가능함 • 특정 사회의 문화가 갖는 고유한 의미와 가치를 인정하고 존중하는 것은 문화의 다양성을 보존하는 데 기여함

3 [　　　　] [4)]

의미	자기 문화만을 우수하다고 보고, 다른 사회의 문화를 열등하다고 평가 절하하는 태도
순기능	• 자기 문화의 정체성과 주체성을 유지시키는 데 유리함 • 자기 문화에 대한 자부심을 강화시켜 사회 통합에 기여할 수 있음
역기능	• [　　　　] [5)]를 초래하여 국제적 고립을 야기할 수 있음 • [　　　　] [6)]를 정당화하는 근거가 되어 문화적 마찰을 발생시킬 수 있음

4 [　　　　] [7)]

의미	특정 사회의 문화를 우수하다고 보고, 자기의 문화를 열등하다고 평가 절하하는 태도
순기능	• 외부의 선진 문물을 수용하는 데 개방적임 • 자기 문화의 낙후성을 개선하는 데 기여할 수 있음
역기능	• 자기 문화의 정체성과 [　　　　] [8)]을 상실할 수 있음 • 다른 사회의 문화에 대한 비판적 수용을 어렵게 함

1 문화 상대주의의 한계

문화 상대주의	어떤 문화에 대해 그것을 둘러싼 역사적·사회적 맥락 속에서 바라보는 태도
한계	문화 상대성을 지나치게 강조할 경우 극단적 문화 상대주의로 흐를 수 있음

2 [　　　　] [9)] **문화 상대주의**

의미	문화 상대주의를 지나치게 강조한 나머지 [　　　　] [10)], 자유 등과 같은 인류의 [　　　　] [11)] 가치를 훼손하는 문화까지 해당 사회에서 고유한 의미와 가치가 있다고 인정하는 태도
문제점	인류의 보편적 가치를 훼손할 수 있고, 인류 공통의 문화 발전을 저해할 수 있음
해결 방안	보편 윤리를 통해 자기 문화와 타문화를 성찰함으로써 극단적 문화 상대주의의 문제를 방지해야 함

3 [　　　　] [12)]

의미	시대와 장소를 초월하여 모든 사람이 존중하고 따라야 할 보편적인 윤리 원칙
필요성	• 인류의 보편적 가치를 훼손하는 관습까지 문화로 인정하는 극단적 문화 상대주의의 태도를 방지할 수 있음 • 자기 문화를 비롯하여 여러 다른 문화에 존재하는 윤리적 문제점을 발견하고 개선할 수 있는 계기를 제공함
바람직한 문화 이해 태도	각 문화가 해당 사회의 맥락에서 고유한 의미와 가치를 지닌다는 점을 인정하면서 보편 윤리 관점에서 해당 문화를 비판적으로 성찰해야 함

📖 **자료로 살펴보기**

● **문화적인 측면에서의 보편 윤리**

> 　서로 다른 시대와 문화의 도덕 현상들 간에는 우리가 생각하는 것보다 훨씬 많은 공통점이 존재한다. 대부분의 사회에서는 부모와 자녀 간에 양육과 부양의 의무가 있다. … (중략) … 이와 같이 우리는 특정한 행동 방식에 대해서 우리 자신이 즉각적으로 절대적 가치 판단을 내리는 경험을 한다. 이러한 경험은 도덕의 보편적 성격과 절대적 성격을 설명해 주고, 동시에 올바른 삶의 척도를 찾으려는 이론적 시도를 정당화한다.
> 　　　　　　　－ 박찬구, 『개념과 주제로 본 우리들의 윤리학』

대부분의 문화권에는 해당 문화권에 살고 있는 인간과 그들의 공동체에 적용할 수 있는 객관적이고 일반적인 도덕 원리들이 있는데, 이를 보편 윤리라고 한다. 보편 윤리는 개별 문화권이 갖는 문화의 특수성과는 상관없이 대부분의 사회에서 보편적으로 인정된다.

정답 **1** 문화의 다양성　**2** 문화 상대주의　**3** 이해　**4** 자문화 중심주의　**5** 국수주의　**6** 문화 제국주의　**7** 문화 사대주의　**8** 주체성　**9** 극단적　**10** 인간의 존엄성　**11** 보편적 **12** 보편 윤리

01 밑줄 친 '이것'에 해당하는 문화 이해 태도에 대한 설명으로 옳은 것은?

> 주류 사회의 문화와 다양한 민족이나 인종들의 문화들이 공존하고 서로 순응하는 '문화적 다원주의'는 이것을 바탕으로 한다. 또한 이것은 서로 다른 종교·정치·경제적 신념과 행동을 관대하게 포용하면서 더 높은 차원에서 문화의 통합을 이룩하려는 태도에서도 찾아볼 수 있다.

① 보편 윤리의 측면을 경시한다.
② 문화 제국주의로 변질될 수 있다.
③ 서로 다른 문화 간 갈등을 유발할 수 있다.
④ 각 문화의 사회적 상황과 의미를 중시한다.
⑤ 외부 사회의 선진 문물을 수용하는 데 소극적이다.

∥ 교육청 기출 ∥

02 다음 글의 필자가 지닌 문화 이해의 태도에 대한 설명으로 가장 적절한 것은?

> 베트남에서 볼 수 있는 독특한 모습 중 하나가 강가의 무덤이다. 여름철 장마와 홍수로 인한 훼손 우려로 강가에 무덤을 만들면 안 된다고 생각하는 우리에게 이러한 모습은 매우 낯설다. 하지만 1년 중 여름이 긴 베트남에서는 시원하고 경치가 좋은 강가가 오히려 좋은 무덤 자리로 인식된다. 그러므로 강가의 무덤은 고인이 편안한 휴식을 취하길 바라는 베트남 사람들의 입장에서 이해되어야 한다.

① 문화적 다양성을 저해할 수 있다.
② 문화의 우열을 평가할 수 있다고 본다.
③ 자문화에 대한 주체성을 상실할 수 있다.
④ 타문화에 대한 맥락적인 이해의 중요성을 강조한다.
⑤ 타문화와의 접촉 과정에서 문화 간 갈등을 초래한다.

03 다음 사례에서 공통적으로 나타난 문화 이해 태도에 대한 설명으로 옳은 것은?

> • 과거 중국인들은 세계의 중심이 중국이며, 중국 외의 국가는 모두 오랑캐의 나라에 불과하다고 보았다.
> • 히틀러는 위대한 독일 민족이 나머지 민족을 지배하는 것은 당연하며, 우월한 아리아인의 유전 인자를 보존하기 위해 순수한 독일 민족의 혈통만이 유지되어야 한다고 보았다.

① 문화의 우열은 판단할 수 없다고 본다.
② 다른 문화를 편견 없이 이해할 수 있다.
③ 자기 문화의 주체성을 상실할 가능성이 높다.
④ 외래문화를 무비판적으로 추종할 우려가 크다.
⑤ 문화 간 갈등이나 국제적 고립을 가져올 수 있다.

04 밑줄 친 '을국 사람들'이 갖는 문화 이해 태도에 대한 설명으로 옳은 것은?

> 20세기 초까지만 하더라도 갑국의 초원에 사는 유목민들은 일생에 목욕을 세 번만 하는 문화가 있었다. 이에 대해 목욕을 자주 하는 을국 사람들은 갑국 유목민들의 문화가 매우 불결하고 미개하다고 생각하였다.

① 국수주의에 빠질 가능성이 낮다.
② 다문화 사회에서 요구되는 문화 이해 태도이다.
③ 집단 구성원 간의 결속력을 강화시키는 데 기여한다.
④ 다른 사회의 문화를 동경하거나 숭상할 가능성이 높다.
⑤ 각 사회가 처한 환경을 고려하여 문화를 이해하고자 한다.

05 다음 글의 필자가 갖는 문화 이해 태도에 대한 설명으로 옳지 <u>않은</u> 것은?

> 우리 조선은 조종 때부터 내려오면서 지성스럽게 대국(大國)을 섬기어 한결같이 중화(中華)의 제도를 따랐는데, 이제 글을 같이하고 법도를 같이하는 때를 당하여 언문을 창작하신 것은 보고 듣기에 놀라움이 있습니다.

① 문화 간 우열의 차이를 인정한다.
② 문화적 주체성을 상실할 우려가 있다.
③ 집단 내의 일체감과 자부심을 고양시킨다.
④ 다른 사회의 문화에 대한 비판적 수용을 어렵게 한다.
⑤ 선진 문물의 수용으로 자기 문화를 발전시키는 데 기여할 수 있다.

06 A, B에 대한 설명으로 옳은 것은?

> 어떤 사람들은 자신의 문화를 우월한 것으로 생각하고 다른 문화를 열등한 것으로 평가하는 [A] 태도나 다른 문화를 더 우월한 것으로 보고 그것을 무조건 숭상하면서 자신의 문화를 폄하하는 [B]의 태도를 가지기도 한다.

① A는 문화 상대주의, B는 문화 사대주의이다.
② B와 달리 A는 문화의 상대성을 부인한다.
③ A와 달리 B는 문화를 평가의 대상으로 바라본다.
④ A는 B에 비해 타문화와의 갈등을 초래할 가능성이 낮다.
⑤ B는 A에 비해 자문화의 정체성을 상실할 가능성이 높다.

07 갑, 을이 문화를 이해하는 태도에 대한 옳은 설명만을 〈보기〉에서 고른 것은?

> 갑: 아프리카의 어떤 부족은 높은 나무 위에 올라가 바닥으로 떨어지는 성인식을 치르는데, 그 과정에서 죽는 사람도 있대. 이런 위험한 성인식은 미개 사회에서나 행해지는 관습이야. 우리나라처럼 빨리 근대화가 이루어져야 그런 악습이 사라질 수 있어.
> 을: 그 부족의 성인식은 그들이 처한 자연환경 및 인문환경의 맥락과 관련이 깊어. 단순히 의식만 보고 미개하다고 보는 것은 옳지 않아.

보기
ㄱ. 갑의 태도는 문화의 우열을 평가하는 기준이 있다고 본다.
ㄴ. 을의 태도는 자문화의 문화적 정체성을 약화시킬 가능성이 높다.
ㄷ. 갑과 달리 을의 태도는 보편 윤리를 무시하는 문화를 용인할 우려가 있다.
ㄹ. 을과 달리 갑의 태도는 문화의 다양성을 보존하는 데 기여한다.

① ㄱ, ㄴ ② ㄱ, ㄷ ③ ㄴ, ㄷ
④ ㄴ, ㄹ ⑤ ㄷ, ㄹ

08 그림의 A~C에 해당하는 문화 이해 태도로 옳은 것은? (단, A~C는 각각 자문화 중심주의, 문화 사대주의, 문화 상대주의 중 하나임.)

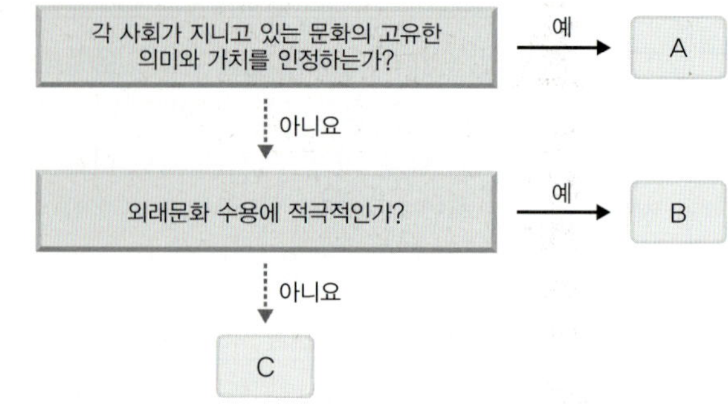

	A	B	C
①	문화 사대주의	문화 상대주의	자문화 중심주의
②	문화 사대주의	자문화 중심주의	문화 상대주의
③	문화 상대주의	문화 사대주의	자문화 중심주의
④	문화 상대주의	자문화 중심주의	문화 사대주의
⑤	자문화 중심주의	문화 상대주의	문화 사대주의

교육청 기출

09 갑~병이 지닌 문화 이해 태도에 대한 진술로 옳은 것은?

> 갑: 티베트의 전통 인사법은 모자를 벗고 혀를 내미는 거래. 메롱 하고 놀리는 게 인사라니 너무 미개한 풍습이라고 생각해. 우리처럼 머리 숙여 인사하는 풍습이 제일 품위 있지.
> 을: 티베트의 전통 인사법은 자신이 뿔이 없고 혀가 있으니 괴물이 아니라는 것을 보이기 위한 것으로 상대방을 해치지 않는다는 의미를 담고 있어. 문화는 다 나름의 가치를 지니는 거지.
> 병: 우리나라 인사법보다 프랑스식 볼 뽀뽀인 비즈(bise)가 더 근사해. 예술의 나라인 프랑스 인사니까 최고라 할 수 있잖아.

① 갑의 태도는 자기 문화의 정체성을 상실할 우려가 크다.
② 을의 태도는 문화가 형성되는 맥락적 이해를 중시한다.
③ 갑과 달리 병의 태도는 국수주의로 흐를 가능성이 크다.
④ 병과 달리 을의 태도는 다른 문화와 갈등을 초래할 우려가 크다.
⑤ 을, 병의 태도는 모두 문화를 평가하는 절대적 기준이 있다고 본다.

10 표는 질문에 따라 문화 이해 태도 A∼C를 구분한 것이다. (가)에 들어갈 질문과 이에 대한 대답 ㉠∼㉢으로 옳은 것은? (단, A∼C는 각각 자문화 중심주의, 문화 사대주의, 문화 상대주의 중 하나임.)

구분	A	B	C
문화 간에 우열이 존재한다고 보는가?	아니요	예	예
집단 내의 일체감과 자부심을 강화시키는가?	아니요	예	아니요
(가)	㉠	㉡	㉢

	(가)	㉠	㉡	㉢
①	타문화의 수용에 우호적인가?	예	예	아니요
②	문화의 다양성 보존에 기여하는가?	아니요	예	예
③	자기 문화의 정체성을 약화시킬 수 있는가?	아니요	예	아니요
④	환경과 맥락을 고려한 문화 이해를 강조하는가?	예	아니요	예
⑤	자기 문화의 관점에서 다른 사회의 문화를 평가하는가?	아니요	예	아니요

11 (가)에 들어갈 내용으로 가장 적절한 것은?

□□신문　　　　　　　　○○○○년 ○○월 ○○일

칼럼

　　문화 상대주의는 다양한 문화의 고유한 가치를 존중한다는 면에서 바람직한 문화 이해 태도이다. 그러나 다른 문화를 이해할 때에는 인간의 존엄성과 같이 시대와 장소를 초월하여 언제나 존중되어야 할 보편 윤리의 가치를 함께 고려할 필요가 있다. 예를 들어 어떤 사회에서 가문의 명예를 실추시켰다는 이유로 가족들이 여성을 함부로 살해하는 명예 살인의 전통이 존재할 때 지나치게 문화 상대주의의 관점만을 강조한 나머지 보편 윤리를 통한 성찰을 외면한다면 　(가)

① 다양한 문화를 비판 없이 수용하기 어렵기 때문이다.
② 어떤 문화든 무조건 인정하고 포용하기 어렵기 때문이다.
③ 여러 문화의 자율성이 지나치게 제한될 수 있기 때문이다.
④ 다양한 문화의 고유성과 상대성을 인정하기 어렵기 때문이다.
⑤ 인권 침해 문화에 대해서도 개선을 요구하기 어렵기 때문이다.

12 (가)에 들어갈 내용으로 가장 적절한 것은?

① 문화 사대주의적 사고에 빠져 있어.
② 자문화 중심주의적 사고에 빠져 있어.
③ 문화는 평가의 대상이 될 수 없다는 것을 잊고 있어.
④ 보편 윤리 관점에서 문화를 성찰해야 할 필요가 있어.
⑤ 자문화의 정체성을 보존하는 것이 중요함을 놓치고 있어.

13 다음 대화에 나타난 갑∼병의 문화 이해 태도에 대한 설명으로 옳은 것은?

갑: ○○국에서는 가족 중 누군가가 죽었을 때 그를 다른 가족들과 나누어 먹는 풍습이 존재해. 이는 가족이 세상을 떠나도 그의 영혼과 육체를 떠나보내지 않겠다는 가족애가 담긴 ○○국 고유의 문화야.
을: 아직도 그런 미개한 풍습을 갖고 있다니, 하루빨리 우리나라의 문화를 전수해야겠어.
병: ○○국의 풍습은 인류의 보편적 가치를 침해하는 행위로 용납되어서는 안 돼.

① 갑은 문화적 특수성을 무시하고 있다.
② 갑은 국가 간 문화의 우열을 평가할 수 있다고 본다.
③ 을의 태도는 자문화의 정체성을 약화시킬 수 있다.
④ 병은 문화 상대주의 태도를 갖고 있지 않다.
⑤ 갑과 달리 병은 보편 윤리의 관점에서 문화를 비판적으로 바라보고 있다.

04 다문화 사회와 문화적 다양성

주제 1 다문화 사회의 현황과 양상 ★★

1 ☐[1)]의 의미와 양상

의미	한 국가나 사회 안에 서로 다른 문화를 가진 인종이나 민족 등이 함께 살고 있는 사회
등장 배경	• 교통과 통신의 발달, ☐[2)]의 확산으로 서로 다른 문화권 간 인적·물적 교류 확대 • 우리나라의 경우 ☐[3)] 및 ☐[4)]의 유입이 증가하면서 다문화 사회로 변화함
양상	국제결혼 이민자 증가, 외국인 노동자 증가 등 국내 거주 외국인의 증가로 다문화 사회의 진전이 가속화됨

2 다문화 사회의 영향

긍정적 측면	• 다양한 문화의 공존으로 인해 ☐[5)] 증대 → 문화 창조 능력 향상 • 저출생과 고령화로 인한 노동력 부족 문제 해결 → 경제 성장에 기여 • 문화 선택의 폭 확대 → 문화적으로 풍성한 삶이 가능해짐
부정적 측면	• 서로 다른 문화 간 갈등 증가 → ☐[6)]의 어려움 • 외국인 이주민에 대한 편견과 차별로 인한 인권 침해 및 외국인 범죄 증가 • 외국인 이주민의 경우 언어, 문화, 가치관 등의 차이로 인해 사회 적응 곤란 • 일자리 경쟁 심화, 외국인 범죄 증가 등 갈등 발생 가능

주제 2 다문화 사회의 갈등 해결 방안 ★★

1 다문화 사회의 갈등 해결 노력

개인적 노력	• 관용과 ☐[7)] 함양 • ☐[8)] 자세 함양
사회적 노력	• 법적 장치 및 각종 프로그램 마련 • 학교와 시민 사회에서 다문화 교육 강화

2 다문화 사회의 이주민 정책

☐[9)] 정책	• 용광로처럼 여러 민족의 다양한 문화를 하나로 녹여 그 사회의 주류 문화에 동화시키고자 하는 정책 • 기존 문화에 이주민의 문화를 흡수시킴 • 주류 문화와 이주민 간 문화적 동질성 추구
☐[10)] 정책	• 국가라는 샐러드 볼 안에서 각 문화의 고유한 맛이 나타날 수 있도록 다양한 인종과 문화가 함께 어울리는 문화를 만들고자 하는 정책 • 기존 문화와 이주민 문화의 공존을 추구함 • 문화적 이질성과 이주민의 문화를 인정함

자료로 살펴보기

● **한국 사회의 통합을 위한 바람직한 다문화 정책**

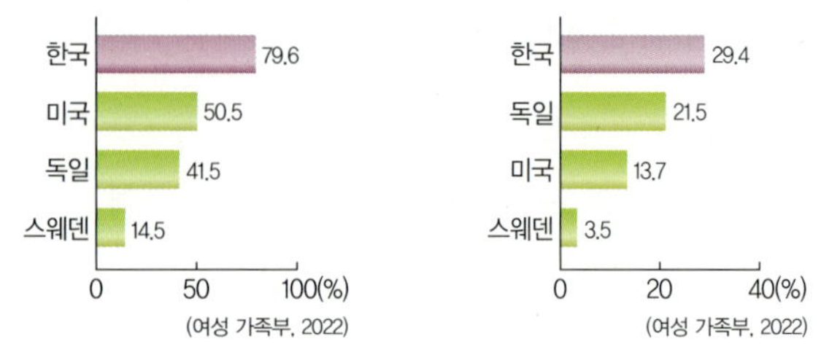

⌃ 일자리 부족 시 자국민 우선 고용에 찬성함

⌃ 외국인 노동자와 이민자를 이웃으로 삼고 싶지 않음

위 자료에서 우리나라의 다문화 수용성 지수는 아직 낮은 수준이고, 우리나라가 아직 다문화 사회 초기 단계임을 알 수 있다. 앞으로 우리 사회에는 외국인 이주민이 더 많이 유입될 것이며, 이는 다문화 사회로의 변화를 촉진할 것이다. 그로 인해 다문화 사회에서 사회 통합의 필요성은 더욱 높아지게 된다. 여러 조건에 의해 각 집단이나 지역의 문화가 서로 다른 모습으로 나타나는 현상인 문화 다양성을 존중함으로써 문화적 차이에 따른 오해와 차별을 넘어 문화 간 공존을 모색하고 다문화 사회에서 발생할 수 있는 갈등을 줄일 수 있다.

● **그림으로 보는 다문화 사회의 이주민 정책**

용광로 정책은 용광로에 여러 가지 재료를 넣고 새로운 물질을 만들어 내듯이 한 사회라는 용광로에 다양한 문화 요소를 넣어 하나의 문화를 만들어 낼 수 있다는 이론에 기반한다. 반면 샐러드 볼 정책은 재료 각각의 맛을 잃지 않으면서도 재료들 간 조화를 이루는 샐러드처럼 다문화 사회에서도 여러 문화 요소들이 특징을 잃지 않은 채 어우러져 살아갈 수 있다는 이론을 바탕으로 한다.

● **오스트레일리아와 캐나다의 다문화 정책 변화**

> • 1970년대까지 오스트레일리아는 백인 이민자와 원주민 사이에서 태어난 혼혈아를 원주민 마을로부터 격리시켜 백인 가정에서 양육하게 하였으며, 캐나다 역시 원주민 자녀를 교회 학교에 강제로 수용하였다.
> • 2008년 오스트레일리아와 캐나다 정부는 과거의 이민자 정책에 대해 공식적으로 원주민들에게 사과하였다. 또한 다양한 집단의 언어와 문화를 인정함으로써 문화적 다양성과 사회 통합을 추구하고 있다.

문화적 차이에 따른 갈등을 방지하고 사회 통합을 실현하기 위한 다문화 정책은 하나의 정체성을 중시하는 용광로 정책과 문화 다양성을 중시하는 샐러드 볼 정책으로 구분할 수 있다. 최근에는 문화의 다양성을 보장하고 사회 통합을 강조하는 샐러드 볼 정책이 부각되고 있다.

정답 1 다문화 사회 2 세계화 3 국제결혼 4 외국인 노동자 5 문화 다양성 6 사회 통합 7 세계시민 의식 8 문화 상대주의 9 용광로 10 샐러드 볼

시험 대비하기

01 (가)에 들어갈 제목으로 가장 적절한 것은?

제목 : ______(가)______

세계화에 따라 인적 자원의 교류가 활발해지면서 이주 노동자의 유입이 더욱 늘어나고 있다. 또한 농어촌 지역을 중심으로 국제결혼이 증가하고 있어 결혼 이주민 역시 늘어나고 있는 추세이다. 최근에는 중국의 조선족이 한국에 와서 한국 국적을 취득하거나 북한 이탈 주민이 한국 사회에 정착하는 경우도 크게 늘고 있다.

… (후략) …

① 세계화의 부작용
② 문화 융합의 사례
③ 다문화 사회로의 변화
④ 문화 변동에 따른 문제점
⑤ 문화 변동의 원인 및 양상

02 다음 자료에 대한 옳은 설명만을 〈보기〉에서 고른 것은?

______(가)______ 은/는 다양한 문화를 가진 사람들이 함께 어우러져 살아가는 사회를 의미한다. ____(가)____(으)로의 변화는 사회 구성원들에게 다양한 문화 선택의 기회를 제공하는 등 ㉠긍정적 측면이 있다. 하지만 ____(가)____(으)로의 변화로 인해 나타날 수 있는 ㉡부정적 측면 역시 간과할 수는 없다.

┌─ 보기 ─┐

ㄱ. (가)는 '다문화 사회'이다.
ㄴ. 국제결혼의 감소는 (가)로의 변화 요인이다.
ㄷ. ㉠의 사례로는 '노동력 부족 문제의 해결'을 들 수 있다.
ㄹ. ㉡의 사례로는 '저출생 · 고령화의 심화'를 들 수 있다.

① ㄱ, ㄴ 　② ㄱ, ㄷ 　③ ㄴ, ㄷ
④ ㄴ, ㄹ 　⑤ ㄷ, ㄹ

03 그림은 다문화 수용성과 관련된 지표를 국가별로 비교한 것이다. 이에 대한 분석으로 옳은 것은?

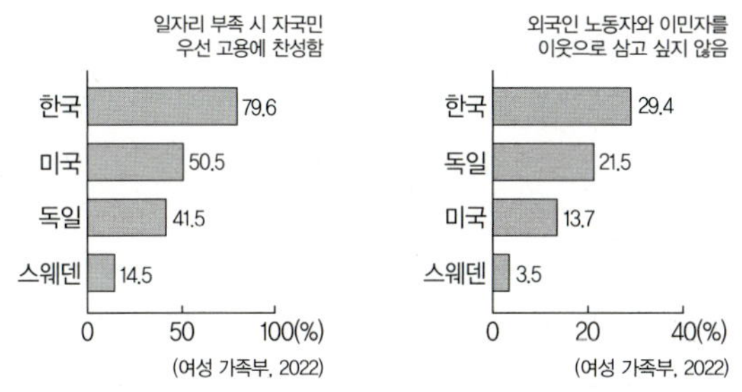

① 다문화 이해 교육의 필요성은 한국보다 미국이 높다.
② 전체 국민에서 외국인이 차지하는 비율은 스웨덴이 가장 낮다.
③ 일자리 부족 시 자국민 우선 고용에 찬성하는 사람은 한국보다 미국이 많다.
④ 다른 국가에 비해 우리나라는 외국인 노동자나 이민자에 대한 배타성이 강하다.
⑤ 일자리 부족 시 자국민 우선 고용에 찬성하는 사람은 스웨덴이 독일의 50% 미만이다.

04 (가)에 들어갈 내용으로 가장 적절한 것은?

갑: 우리나라에서 살고자 하는 외국인들은 응당 우리나라의 문화에 따라 살아야 해. 그들의 고유한 문화를 우리나라에서 누리려는 생각은 버려야 해.

을: 내 생각은 좀 달라. 우리나라에 정착한 외국인들이 그들의 고유한 문화를 지키며 살아갈 수 있도록 도와주어야 해. 그들의 문화 또한 우리나라의 문화만큼이나 중요한 것들이야.

갑: 네 의견도 일부 일리가 있지만 내 입장에서 네 의견에 비판을 하자면, 너는 지금 ____(가)____

① 다양한 문화의 공존 가능성을 무시하고 있어.
② 외국인에게 우리나라의 문화를 강요하고 있어.
③ 지나치게 문화적 동질성 유지를 중시하고 있어.
④ 외국인들이 향유하는 그들의 고유한 문화를 차별하고 있어.
⑤ 구성원들의 문화적 정체성이 혼란스러워질 수 있음을 간과하고 있어.

갑: 국내 체류 외국인이 220만 명을 넘어선 다문화 시대
　를 살아가는 우리에게 필요한 자세는 무엇인가요?
을: 다문화에 의한 문화적 다양성이 우리에게 안겨 주
　는 배려와 공존을 위한 지혜, 그리고 이해와 관용
　의 가치를 함께 추구해야 합니다.

① 다문화에 대한 편견과 배타적 태도를 버려야 한다.
② 다문화를 다른 문화에 대한 성찰의 기회로 삼아야 한다.
③ 다문화를 자율과 창의성을 높이는 기회로 활용해야
　한다.
④ 다문화의 공존을 위해 제약 없는 관용의 자세를 보여
　야 한다.
⑤ 다문화를 인간 존중과 자유의 가치를 실천하는 기회
　로 삼아야 한다.

06 다음 대화에서 갑의 입장에 부합하는 사례로 옳은 것만을
〈보기〉에서 고른 것은?

교사: 외국인 근로자가 급증하고 있습니다. 이들과 더불
　　어 살아가기 위한 방법에 대해 이야기해 볼까요?
갑: 외국인 근로자도 권리를 보호받아야 한다는 국민
　들의 인식이 필요해요.
을: 그것보다는 제도적 차원의 대책이 우선되어야
　해요.

┤ 보기 ├
ㄱ. 외국인 근로자에 대한 관용의 자세 함양
ㄴ. 외국인 근로자의 인권을 존중하는 태도 확립
ㄷ. 외국인 근로자의 사회 보장 확대를 위한 관련 법
　제정
ㄹ. 외국인 근로자 대상 지방 자치 단체 산하 상담 기
　구 설치

① ㄱ, ㄴ　　　② ㄱ, ㄷ　　　③ ㄴ, ㄷ
④ ㄴ, ㄹ　　　⑤ ㄷ, ㄹ

07 다음 자료에 대한 옳은 설명만을 〈보기〉에서 고른 것은?

국내 거주 외국인이 폭발적으로 증가하여 우리나라
도 이제 　(가)　에 본격 진입하였다. 　(가)　에
대응하기 위한 우리나라의 다문화 정책은 1990년대 중
반 이후 본격적으로 시작되었다. 우리나라의 다문화
정책은 초기에는 ㉠ 결혼 이민자나 이주 노동자에 대한
한국어 교육, 우리 민족의 전통문화 전수 등에 집중되
었으나 최근에는 문화 다양성 보호를 위한 법을 제정
하고, ㉡ 다양한 집단의 문화가 우리 사회 내에서 공존
할 수 있도록 보장하는 것에 초점을 맞추고 있다.

┤ 보기 ├
ㄱ. 교통과 통신의 발달은 (가)로의 변화를 위축시킨다.
ㄴ. ㉠은 용광로 정책의 사례가 될 수 있다.
ㄷ. ㉡은 문화 병존보다 문화 동화의 가능성을 높인다.
ㄹ. ㉠에 비해 ㉡이 샐러드 볼 정책에 가깝다.

① ㄱ, ㄴ　　　② ㄱ, ㄷ　　　③ ㄴ, ㄷ
④ ㄴ, ㄹ　　　⑤ ㄷ, ㄹ

08 교사의 질문에 대해 옳게 답변한 학생은?

다문화주의는 문화 간의 적극적인 존중과 소통을 중시합니다.
이주민에게만 우리 문화에 적응할 것을 강요할 경우 그들의 고
유문화가 사라지고 기본권이 위협을 받을 수 있으므로 우리도
이주민의 문화를 이해하고 보호하는 노력을 해야 합니다. 이를
고려한 다문화 정책에는 어떤 것이 있는지 발표해 볼까요?

① 갑: 이주민에 대한 취업 알선 정책이 있습니다.
② 을: 내국인에 대한 다문화 교육 프로그램이 있습니다.
③ 병: 이주민에 대한 무료 한국 문화 교육 프로그램이
　있습니다.
④ 정: 이주민의 한국 생활 적응을 돕는 상담 센터의 운
　영이 있습니다.
⑤ 무: 이주민에게 내국인과 동등한 사회적 권리를 부여
　하는 정책이 있습니다.

09 다문화 정책과 관련된 (가), (나)의 관점에 대한 설명으로 옳은 것은?

> (가) 이주민들에게 자신들의 민족적 정체성을 버리고 우리 문화만을 배우라고 강요할 수는 없다. 샐러드 볼처럼 여러 문화가 평화롭게 공존해야 문화적 갈등을 해결할 수 있다.
> (나) 서로 다른 여러 금속을 용광로에 넣으면 모두 녹아서 하나가 된다. 이처럼 다양한 이주민들의 문화를 우리 문화라는 용광로 속에 완전히 녹여야 문화적 갈등을 해결할 수 있다.

① (가)는 (나)에 비해 문화적 동질성을 강조한다.
② (나)는 (가)에 비해 문화 병존을 중시한다.
③ (가)와 달리 (나)는 이주민을 통합의 주체로 인식한다.
④ (나)보다 (가)가 문화적 다양성 확보에 유리하다.
⑤ (가), (나)는 모두 자문화 중심주의적 태도를 기본으로 한다.

10 다음 갑, 을이 제시할 의견으로 가장 적절한 것은?

> 갑: 한 사회의 문화는 그 나라의 문화가 중심이 되어 다른 문화를 수용함으로써 발전할 수 있어.
> 을: 한 사회의 문화는 다양한 문화들이 고유성을 유지하면서 조화를 이루어야 해.

① 갑: 사회의 배타성을 높일 수 있는 정책을 마련해야 해.
② 갑: 이주민의 문화가 사회의 주류 문화가 될 수 있게 해야 해.
③ 을: 문화적 동질성을 높여야 사회 통합이 가능해.
④ 을: 다양한 문화의 정체성을 대등하게 인정해 주어야 해.
⑤ 을: 이주민의 고유한 문화적 특성이 유지될수록 사회 통합의 가능성은 낮아져.

11 다음 대화에 대한 설명 및 추론으로 옳은 것은?

> 갑: 국내 유입 외국인이 늘어남에 따라 우리 문화의 순수성이 훼손될 가능성이 높아지고 있어. 따라서 외국인의 국내 유입을 엄격히 제한해야 해.
> 을: 그것은 오히려 외교적 마찰을 초래할 수 있어. 그보다는 국내에 유입된 외국인들이 우리 문화를 받아들이도록 할 필요가 있어.
> 병: 다문화 사회의 갈등을 방지하려면 내국인과 이주민의 문화가 서로 공존할 수 있도록 지원책을 마련해야 해.

① 을의 주장은 샐러드 볼 정책보다 용광로 정책에 가깝다.
② 병은 문화 사대주의적 태도를 갖고 있다.
③ 병은 문화 다양성 증대보다 공통의 정체성 확립을 중시한다.
④ 갑과 달리 을은 자문화 중심주의 태도를 갖고 있다.
⑤ 외국인을 대상으로 한 한국어 교육은 을보다 병이 더 찬성할 것이다.

12 다문화 정책 A, B에 대한 옳은 설명만을 〈보기〉에서 고른 것은? (단, A, B는 각각 용광로 정책, 샐러드 볼 정책 중 하나임.)

> • A 정책의 목적 : 소수의 비주류 문화를 주류 문화로 편입하고자 함
> • B 정책의 목적 : 한 사회 안에서 다양한 문화를 평등하게 인정하고자 함

━━━ 보기 ━━━

> ㄱ. A - 각 문화의 고유성과 다양성을 존중받기 어렵다는 문제가 있다.
> ㄴ. A - 한 사회의 주류 문화를 이주민들의 문화로 대체하는 것을 목적으로 한다.
> ㄷ. B - 다양한 문화가 대등한 자격으로 조화와 공존을 이룰 수 있다는 장점이 있다.
> ㄹ. A, B - 사회적 연대감이나 결속력만 지나치게 강조한다는 문제가 있다.

① ㄱ, ㄴ   ② ㄱ, ㄷ   ③ ㄴ, ㄷ
④ ㄴ, ㄹ   ⑤ ㄷ, ㄹ

주제 1 산업화와 도시화에 따른 변화 ★★★

1 산업화와 도시화

(1) 산업화와 도시화의 정의

[1]	1차 산업(농림어업) 중심의 사회가 공업과 서비스업의 2, 3차 산업 중심 사회로 변화해 가는 현상
[2]	• 전체 인구 중 도시에 거주하는 인구의 비율이 높아지고 도시적 생활양식이 확대되는 현상 • 대체로 산업화와 도시화는 함께 진행됨

(2) 우리나라의 산업화와 도시화

① 1960년대부터 경제 개발 계획이 추진되어 [3]과 남동 임해 지역을 중심으로 공업이 발달함

② 산업화와 함께 [4] 현상이 발생하면서 도시화도 빠르게 진행됨

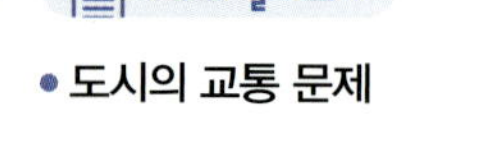

자료로 살펴보기

● 우리나라의 도시화

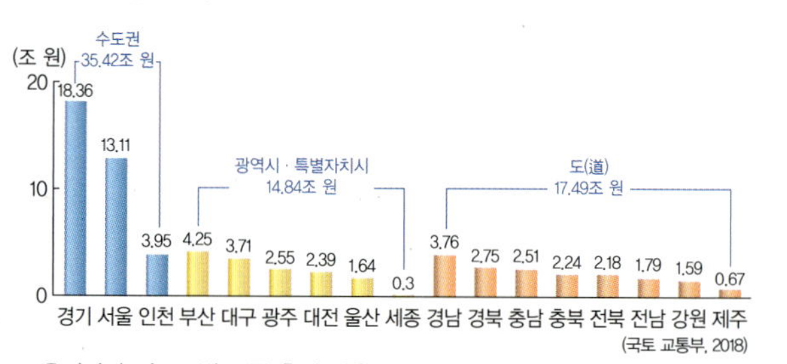

▲ 우리나라의 인구와 도시화율 변화

우리나라의 도시 및 촌락 인구와 도시화율 변화를 나타낸 그래프를 보면 1960~2022년 도시 인구는 크게 증가한 반면 촌락 인구는 감소하여 총인구에서 도시 인구가 차지하는 비율인 도시화율이 크게 높아졌음을 알 수 있다.

2 산업화와 도시화에 따른 생활의 변화

(1) 생활공간의 변화

거주 공간 변화	고층 건물, 아파트 증가로 토지 이용의 [5] 상승, 도시 내부 구조의 분화, 대도시의 기능 분산으로 인한 [6]의 형성
생태환경 변화	지표 포장 면적의 확대로 인한 녹지 면적의 감소, 생물 종 다양성의 감소, 홍수의 위험 증가, 도시 내 하천의 인위적 개발, 오염 물질 배출로 인한 생태환경 악화

(2) 생활양식의 변화

[7]의 확산	사회적 유대감 약화
직업의 분화	산업화로 직업의 세분화와 전문화
[8] 가치관 확산	공동체보다 개인의 자유와 권리를 중시, 개인 간 경쟁 심화

주제 2 산업화와 도시화에 따른 문제점과 해결 방안 ★★★

1 산업화와 도시화에 따른 문제점

(1) 도시 문제

주택 문제	주택 부족, 집값 상승, [9] 지역 형성
교통 문제	교통 체증, 주차 공간 부족, 교통사고 증가 등
환경 문제	수질 및 토양 오염(산업 폐수나 생활 쓰레기 등이 원인), 대기 오염(공장 매연, 자동차 배기가스 등이 원인), 열대야 및 [10] 현상 증가(녹지 부족, 인공 열 방출량 증가 등이 원인)

자료로 살펴보기

● 도시의 교통 문제

▲ 우리나라 시·도별 교통 혼잡 비용

교통 혼잡 비용은 차량 정체로 발생하는 기름값과 시간 손실 등을 비용으로 계산한 것으로 도시화가 많이 진행된 수도권에서 교통 혼잡 비용이 크게 발생하고 있다.

(2) **노동 문제**: 산업화로 사회가 요구하는 능력과 직업이 변화하고, 생산 과정의 자동화와 기계화로 노동 수요가 감소함 → 실업 문제 발생

(3) [11] **현상**: 도시적 생활양식이 보편화되면서 익명성이 확산되고 공동체의 결속력이 약화된 것이 원인임

2 산업화와 도시화에 따른 문제점의 해결 방안

(1) 사회적 차원의 해결 방안

주택 문제의 해결	신도시 건설, 도시 재개발 사업 추진 등
교통 문제의 해결	승용차 요일제, 대중교통수단 확충, 공영 주차장 확대 등
환경 문제의 해결	환경 관련 법적 규제 강화, 생태환경 복원을 위한 노력 등
노동 문제 및 인간 소외 현상의 해결	고용 보험, 최저 임금제, 마을 공동체 운영 등

(2) 개인적 차원의 해결 방안

① 환경친화적인 삶 실천: 대중교통 이용, 자원 절약 등

② 인간의 존엄성 중시 및 타인 존중

③ 개인주의적 태도 지양: 연대 의식 강화

정답 1 산업화 2 도시화 3 수도권 4 이촌 향도 5 집약도 6 대도시권 7 도시성 8 개인주의 9 불량 주택 10 열섬 11 인간 소외

시험 대비하기

01 밑줄 친 ㉠~㉤에 대한 설명으로 옳지 <u>않은</u> 것은?

〈2024 ○○시 도시 문제 해결을 위한 포럼〉

1. 일시/장소 : 2024. △△. □□. 13시/○○시민회관
2. 프로그램

1회의장

순	토의 주제
1	㉠ 개발제한구역(그린벨트) 설정 현황과 보존 방향 모색
2	㉡ 도시 재개발 사업 운영을 위한 과제

2회의장

순	토의 주제
1	㉢ 노후 경유차 감축 조례 제정 방향 논의
2	지역 내 ㉣ 대중교통 이용 현황과 활성화 방안

자유 토론

㉤ 지역 주민들 간의 소통 장려를 위한 시민 활동 모색

① ㉠은 도시의 무질서한 팽창을 막기 위한 방안에 해당한다.
② ㉡은 도시 기반 시설을 확충하기 위한 방안에 해당한다.
③ ㉢은 개인적 차원에서 실행 가능한 방안에 해당한다.
④ ㉣은 교통 체증 문제를 해결하기 위한 방안에 해당한다.
⑤ ㉤은 공동체의 결속력을 강화하기 위한 방안에 해당한다.

02 다음은 두 시기에 ○○ 지역을 촬영한 항공 사진이다. ○○ 지역의 (가) 시기와 비교한 (나) 시기 상대적 특징을 그림의 A~E에서 고른 것은?

(가)

(나)

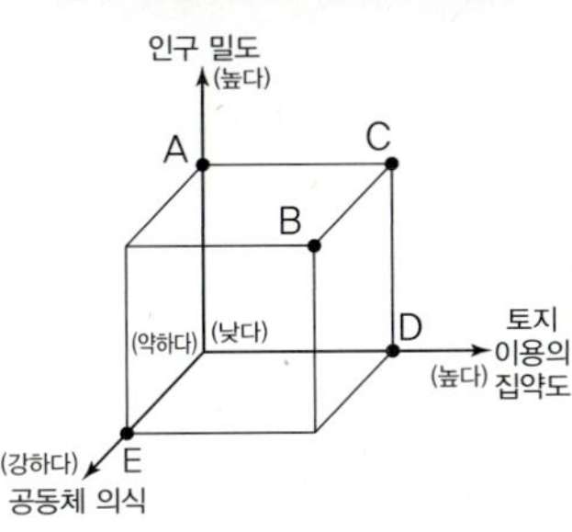

① A
② B
③ C
④ D
⑤ E

03 다음 자료는 통합사회 학습지의 일부이다. 정답 스티커를 옳게 붙인 답안을 고른 것은?

※ 지도는 (가), (나) 시기의 우리나라 도시 분포 및 도시 인구를 나타낸 것이다. 아래 진술을 읽고 진술이 맞으면 '⊙', 틀리면 '⊗' 모양의 정답 스티커를 순서대로 답안에 붙이세요. 단, (가)와 (나)는 각각 1970년과 2020년 중 하나이다.

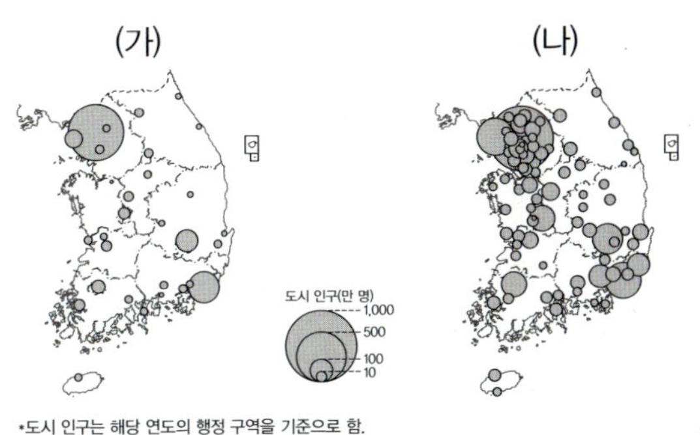

진술	답안
(가)는 (나)보다 도시화율이 높다.	
(나)는 (가)보다 3차 산업 종사자 비율이 높다.	
(나)는 (가)보다 도시 내 토지 이용의 집약도가 높다.	

① 답안	② 답안	③ 답안	④ 답안	⑤ 답안
⊙	⊙	⊗	⊗	⊗
⊙	⊗	⊙	⊙	⊗
⊗	⊙	⊗	⊗	⊙

04 그래프는 우리나라의 산업별 종사자 비율과 도시 인구 비율 변화를 나타낸 것이다. 1960년과 비교한 2020년의 상대적 특성으로 옳은 것은?

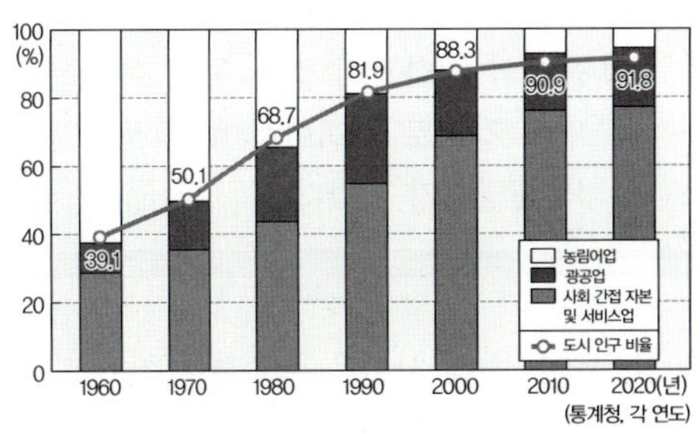

① 직업의 종류가 다양하다.
② 촌락 인구의 비율이 높다.
③ 토지 이용의 집약도가 낮다.
④ 1차 산업 종사자 비중이 높다.
⑤ 개인주의적 가치관이 약화된다.

05 다음 자료는 두 시기의 서울 인구와 면적을 나타낸 것이다. 이에 대한 설명으로 옳은 것만을 〈보기〉에서 고른 것은?

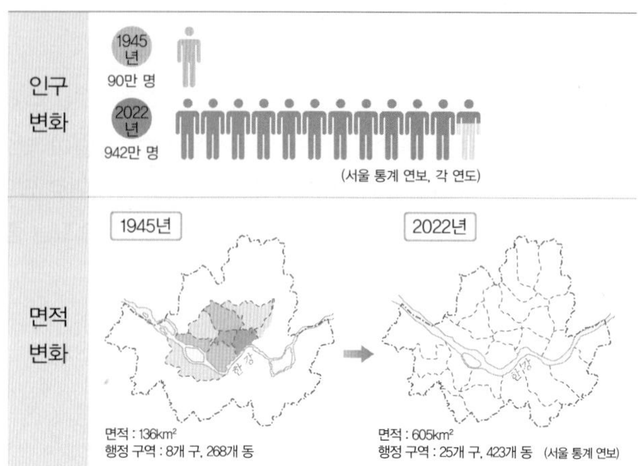

┌─ 보기 ─┐

ㄱ. 인구 증가율은 면적 증가율보다 낮다.

ㄴ. 인구 밀도는 1945년보다 2022년에 높다.

ㄷ. 행정 구역 개수는 2022년보다 1945년에 많다.

ㄹ. 인구는 1945년보다 2022년에 10배 이상 증가하였다.

① ㄱ, ㄴ   ② ㄱ, ㄷ   ③ ㄴ, ㄷ

④ ㄴ, ㄹ   ⑤ ㄷ, ㄹ

06 다음은 통합사회 수업 장면이다. 학생의 발표 내용 중 가장 적절하지 <u>않은</u> 것은?

① 갑 : 하수 처리 시설을 확충했어요.

② 을 : 하천 바닥의 오염 물질을 지속적으로 제거했어요.

③ 병 : 공장 폐수 배출 규제와 관련된 법령을 정비했어요.

④ 정 : 강물을 막았던 보를 제거하여 물의 흐름을 원활하게 했어요.

⑤ 무 : 오염 물질의 영향을 줄이기 위해 하천 복개 사업을 실시했어요.

07 다음은 (가), (나)를 배경으로 한 시와 노래의 일부이다. (가), (나)에 대한 설명으로 옳은 것은? (단, (가), (나)는 각각 도시, 촌락 중 하나임.)

(가)	(나)
아침엔 우유 한 잔 점심엔 fastfood 쫓기는 사람처럼 시곗바늘 보면서 거리를 가득 메운 자동차 경적 소리 …(중략)… 구겨진 셔츠 샐러리맨 기계 부품처럼 큰 빌딩 속에 앉아 점점 빨리 가는 세월들 THIS IS THE CITY LIFE!	넓은 별 동쪽 끝으로 옛이야기 지줄대는 실개천이 회돌아 나가고, 얼룩백이 황소가 해설피 금빛 게으른 울음을 우는 곳. 그곳이 차마 꿈엔들 잊힐 리야. 질화로에 재가 식어지면 비인 밭에 밤바람 소리 말을 달리고, 엷은 졸음에 겨운 늙으신 아버지가 짚베개를 돋아 고이시는 곳, 그곳이 차마 꿈엔들 잊힐 리야.

① (가)는 3차 산업 취업자 수보다 1차 산업 취업자 수가 많다.

② (나)의 사례 지역으로 우리나라의 서울이 있다.

③ (가)는 (나)보다 토지 이용의 집약도가 낮다.

④ (나)는 (가)보다 직업의 다양성이 낮다.

⑤ (나)는 (가)보다 지표 포장 면적의 비율이 높다.

08 그래프는 ○○ 지역의 두 시기 용도별 면적 비율을 나타낸 것이다. (가), (나) 시기에 대한 설명으로 옳은 것만을 〈보기〉에서 있는 대로 고른 것은? (단, (가), (나) 시기는 각각 1986년, 2022년 중 하나임.)

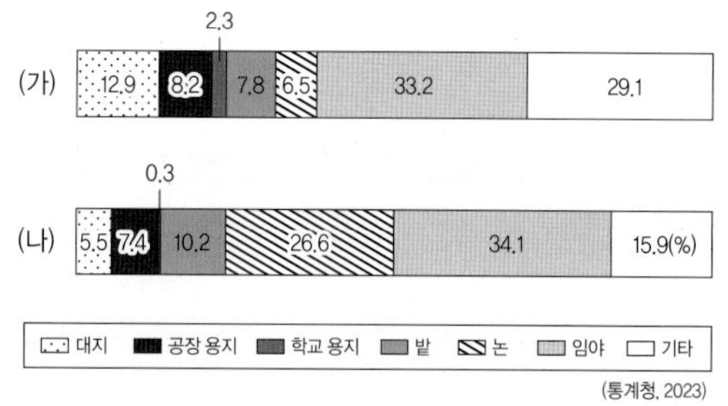

┌─ 보기 ─┐

ㄱ. (가) 시기는 (나) 시기보다 인구 밀도가 높다.

ㄴ. (나) 시기는 (가) 시기보다 토지 이용의 집약도가 높다.

ㄷ. (나) 시기는 (가) 시기보다 1차 산업 취업자 수 비율이 높다.

ㄹ. (가) 시기는 1986년, (나) 시기는 2022년이다.

① ㄱ, ㄴ   ② ㄱ, ㄷ   ③ ㄴ, ㄹ

④ ㄱ, ㄷ, ㄹ   ⑤ ㄴ, ㄷ, ㄹ

09 다음은 통합사회 수업 중 학생이 작성한 노트이다. ㉠~㉤에 대한 설명으로 옳지 <u>않은</u> 것은?

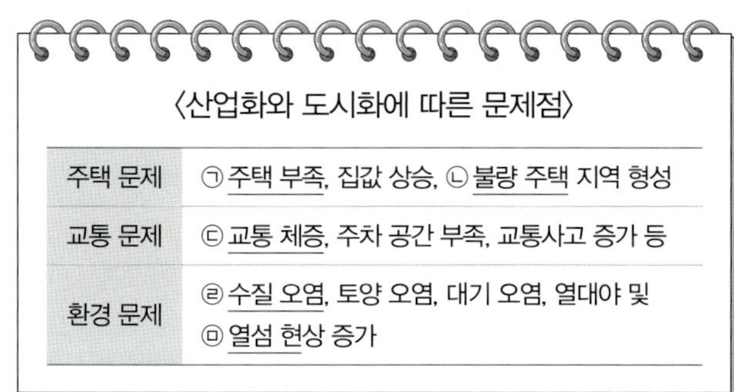

① ㉠의 해결 방안으로 신도시 건설을 들 수 있다.
② ㉡은 슬럼으로 불리며 주거 환경이 열악하다.
③ ㉢은 과도한 인구와 기능 집중으로 인한 교통량 증가가 원인이다.
④ ㉣의 해결을 위해 생태 하천을 복원하고 폐수 방류 관련 법적 규제를 강화해야 한다.
⑤ ㉤은 도시의 도심보다 주변(외곽) 지역에서 평균 기온이 높게 나타나는 현상이다.

10 그래프는 우리나라의 (가), (나) 산업 취업자 수 비율 변화를 나타낸 것이다. 이에 대한 설명으로 옳은 것은? (단, (가), (나)는 광공업, 농림어업, 사회 간접 자본 및 기타 서비스업 중 하나임.)

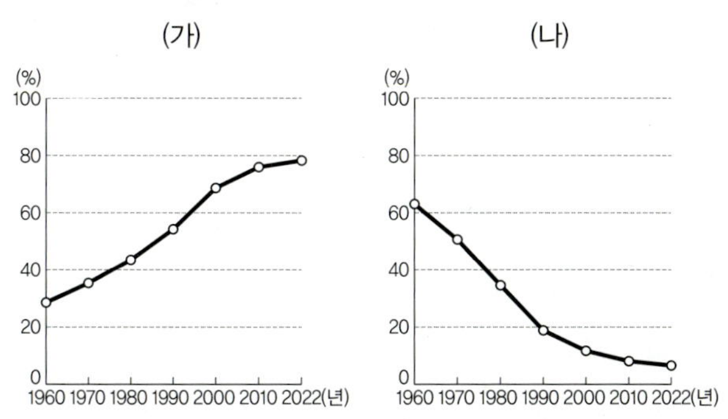

① 도시는 촌락보다 (가)의 취업자 수 비율이 높다.
② 경기는 전남보다 지역 내 (나)의 취업자 수 비율이 높다.
④ (가)는 2차 산업, (나)는 1차 산업에 속한다.
⑤ 산업화와 도시화가 진행되면서 (가)의 취업자 수 비율은 낮아지고, (나)의 취업자 수 비율은 높아진다.
③ (가)는 (나)보다 생산 요소로서 토지의 중요성이 높다.

11 다음은 학생이 작성한 형성 평가지이다. 옳은 답변만을 고른 것은?

① ㉠, ㉡   ② ㉠, ㉢   ③ ㉡, ㉢
④ ㉡, ㉣   ⑤ ㉢, ㉣

12 다음 설문 조사 결과를 통해 파악할 수 있는 도시 문제의 해결 방안으로 가장 적절한 것은?

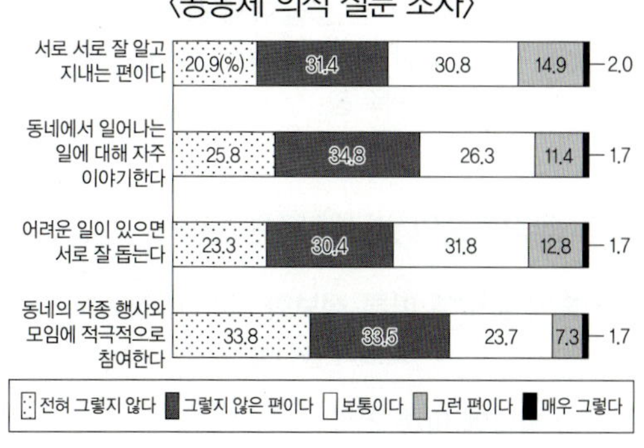

① 승용차 요일제를 실시한다.
② 쓰레기 분리수거를 강화한다.
③ 환경 관련 법적 규제를 강화한다.
④ 최저 임금을 올리고 고용을 보장한다.
⑤ 마을 공동체 운영 사업을 확대 지원한다.

02~03　교통·통신 및 과학기술의 발달 ~ 우리 지역의 공간 변화

주제 1　교통·통신의 발달에 따른 변화　★★★

1 교통·통신 발달에 따른 변화

일상 범위 확대	통근권, 통학권 등 개인이 생활하는 공간 범위가 확대됨 → ◻︎◻︎◻︎[1]이 형성됨
경제 활동 범위 확대	• 대량 화물의 신속한 수송이 가능해짐, 국제 금융 거래가 활성화됨 → 기업의 경제활동 범위가 전 세계로 확대됨 → ◻︎◻︎◻︎[2] 기업이 등장함 • 전자 상거래, 온라인 금융 거래 등의 경제활동 보편화
여가 공간 확대	항공기, 철도 등을 이용한 장거리 이동이 가능해짐 → 여행의 기회가 증가함 → 관광 산업이 발달함
생태환경 변화	발달한 교통·통신 수단을 이용해 생태환경에 도움 ⑩ 헬리콥터를 이용한 산불 진화, 위성 위치 확인 시스템(GPS)을 이용한 멸종 위기 동물 보호 등

2 교통·통신 발달에 따른 문제점과 해결 방안

(1) 지역 격차 발생

문제점	• 교통 발달로 접근성이 향상된 지역과 교통 조건이 불리해진 지역 및 교통 발달의 혜택에서 소외된 지역 간 경제적 격차 발생 ⑩ 육상 교통의 발달로 쇠퇴한 금강 수운의 중심지(강경과 부여), 고속 철도(KTX) 개통으로 인한 일반 기차역과 공항 주변 상권 침체 • 대도시와의 접근성 향상 → ◻︎◻︎◻︎[3] 효과로 인한 지역 격차 심화
해결 방안	새로운 교통 기반 시설 구축, 지방 도시 육성 사업 추진 및 관광 자원 개발을 통한 지역 경제 활성화 등

(2) 생태환경 파괴 및 전염병의 확산

문제점	교통로 건설에 따른 동물 서식지 파괴, 항공기나 선박을 통한 외래 생물종 전파 및 생태계 교란, 유조선 충돌로 인한 해양 오염, 특정 지역 ◻︎◻︎◻︎[4]의 전 세계 확산 등
해결 방안	◻︎◻︎◻︎[5] 통로 건설, 선박 평형수 처리 장치 설치 의무화, 환경 오염 물질 규제 정책 및 야생 동식물 보호법 제정을 통한 생태환경 보존, 전염병 관련 정보의 공유 및 공동 연구 지속 등

주제 2　과학기술의 발달에 따른 변화　★★★

1 과학기술의 발달에 따른 정보화: 지식과 정보가 가장 중요한 자원이 되는 ◻︎◻︎◻︎[6] 사회가 출현함

2 과학기술 발달에 따른 변화

(1) 생활공간의 변화
① 생활공간이 가상 공간까지 확장됨
② ◻︎◻︎◻︎[7](GIS)과 같은 공간 정보 기술을 활용하게 됨

(2) 생활양식의 변화

정치·행정	• 누리 소통망(SNS)의 보편화 → 직접 민주주의의 이상 실현 • 인터넷으로 민원 서류 신청 및 발급
경제	• 다양한 형태의 근무 환경 조성: 원격 근무 활성화 • 인터넷 뱅킹, 전자 상거래의 활성화 → ◻︎◻︎◻︎[8] 산업의 발달
사회·문화	• 원격 진료 및 원격 교육 가능, 가상 공간에서 다양한 인간관계 형성 • ◻︎◻︎◻︎[9] 혁명을 통해 사물 인터넷(IoT), 클라우드 등의 발달 • 빅 데이터, ◻︎◻︎◻︎[10](AI)의 등장 → 지능정보화 사회로 변화 → 지식 정보와 관련된 직업 및 산업 발달

3 과학기술 발달에 따른 문제점과 해결 방안

◻︎◻︎◻︎[11]	지역 간, 계층 간 정보 격차 발생 → 정보 소외 계층을 위한 정보 기기 제공, 정보화 활용 교육 등을 통해 해결
인터넷 중독	인터넷 및 스마트폰 중독 예방 교육 및 상담 치료 프로그램 확충
사생활 침해	정보화 기기에 노출된 개인 정보로 사생활 침해 발생 → 개인 정보 관리 강화 제도 마련 ⑩ 개인 정보 보호법
사이버 범죄	◻︎◻︎◻︎[12](cyber bulling) 등 가상 공간의 익명성을 이용한 범죄 증가 → 정보 시스템 보안 관련 기구 및 전문 인력 강화, 관련 법률 보완 등이 필요함

📖 **자료로 살펴보기**

● **4차 산업 혁명**

4차 산업 혁명은 첨단 정보 통신 기술이 경제와 사회 전반에 융합되어 혁신적인 변화가 나타나는 차세대 산업 혁명이다. 사물 인터넷, 인공지능, 빅 데이터 등의 기술로 대표되는 4차 산업 혁명 시대에는 혁신과 창의성이 가장 중요한 요소로 제시된다.

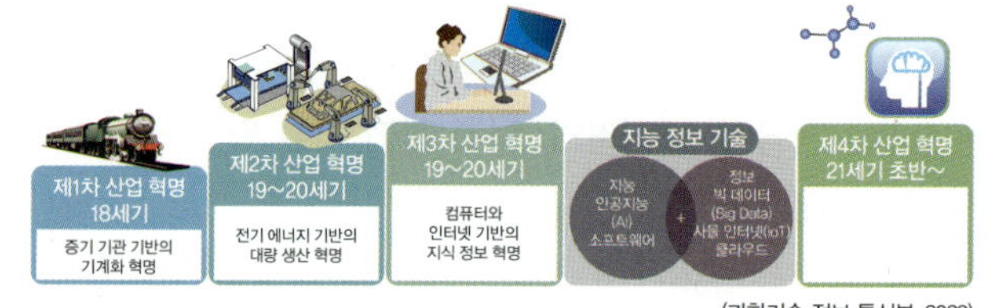

(과학기술 정보 통신부, 2023)

주제 3　우리 지역의 공간 변화　★★

1 지역: 지리적 특성이 다른 지역과 구분되는 지표상의 공간 범위

2 지역 조사

목적	지역의 공간 변화 과정에서 나타난 문제점을 파악하여 합리적 해결 방안을 마련
순서	조사 계획 수립 → 지역 정보 수집(◻︎◻︎◻︎[13] 조사, 야외 조사) → 지역 정보의 분석 및 종합 → 보고서 작성

정답　1 대도시권　2 다국적　3 빨대　4 전염병　5 생태　6 정보　7 지리 정보 시스템　8 택배　9 4차 산업　10 인공지능　11 정보 격차　12 사이버 불링　13 실내

시험 대비하기

┃교육청 기출┃

01 다음 자료는 학생이 생성형 인공지능과 대화한 내용의 일부이다. 밑줄 친 ㉠~㉣에 대한 옳은 설명만을 〈보기〉에서 있는 대로 고른 것은?

> 🗣 교통의 발달과 정보화에 따른 우리 생활의 변화를 알려 줘.
>
> 🤖 교통의 발달과 정보화에 따른 우리 생활의 변화를 알려 드릴게요.
>
> 1. ㉠교통의 발달로 지역 간 접근성이 향상되고, 교류가 활발해져 지역 경제가 활성화되었어요. 하지만 도로, 철도 등의 건설로 인해 산림이 훼손되고 녹지 면적이 감소하여 ㉡생태환경의 변화가 나타났어요.
> 2. 정보화로 많은 정보를 쉽고 빠르게 주고받을 수 있게 되면서 우리 생활이 편리해졌어요. ㉢전자 상거래가 활성화되었고, 원격 근무나 화상 회의가 가능해졌어요. 하지만 ㉣정보화로 인한 다양한 문제가 발생했어요.

┃ 보기 ┃

ㄱ. ㉠으로 인해 개인의 일상생활 범위가 확대되었다.
ㄴ. ㉡의 사례로 '교통로 건설에 따른 야생 동물의 이동 통로 단절'을 들 수 있다.
ㄷ. ㉢으로 인해 소비 활동의 공간적 제약이 강화되었다.
ㄹ. ㉣로 지역 간, 계층 간 정보 격차 발생을 들 수 있다.

① ㄱ, ㄴ ② ㄱ, ㄷ ③ ㄷ, ㄹ
④ ㄱ, ㄴ, ㄹ ⑤ ㄴ, ㄷ, ㄹ

┃교육청 기출┃

02 다음은 교사가 수업 시간에 제시한 자료이다. (가)에 들어갈 내용으로 가장 적절한 것은?

> 수업 주제 : ____(가)____ 를 해결하기 위한 사례
>
> • ○○시는 정보화 취약 계층을 대상으로 정보 통신 기기 활용 교육을 실시할 예정이다. 교육과정은 컴퓨터 및 스마트폰 사용 기초, 인터넷 이용 방법 등으로 이루어져 있다.
> • 정부는 전국 공공장소의 근거리 무선망을 확대 구축하고, 노후 장비를 교체하겠다고 밝혔다. 이에 따라 국민들은 지하철역, 버스 정류장, 공원, 전통 시장 등의 장소에서 무료로 근거리 무선망을 이용할 수 있게 될 전망이다.

① 정보 격차 문제 ② 사생활 침해 문제
③ 저작권 침해 문제 ④ 인터넷 중독 문제
⑤ 허위 정보 유포 문제

┃교육청 기출┃

03 다음 신문 기사의 (가)에 들어갈 내용으로 가장 적절한 것은?

> □□신문 ○○○○년 ○○월 ○○일
>
> 정부, 교통 발달에 따른 ____(가)____ 을/를 줄이기 위한 생태 통로 설치 예산 증액
>
> 정부는 2024년 생태 통로 관련 예산을 금년에 비해 증액 편성하였다. 생태 통로란 도로 중간에 야생 동물들이 이동할 수 있게 만든 구조물을 말한다. 관련 예산의 증가로 생태 통로 건설이 늘어날 것으로 보인다.

① 도시 팽창
② 공간 불평등
③ 생태 서식지 단절
④ 외래 생물종 전파
⑤ 생활 양식의 획일화

┃교육청 기출┃

04 다음은 지역 조사 과정을 나타낸 것이다. A~E 단계에 해당하는 활동으로 가장 적절한 것은?

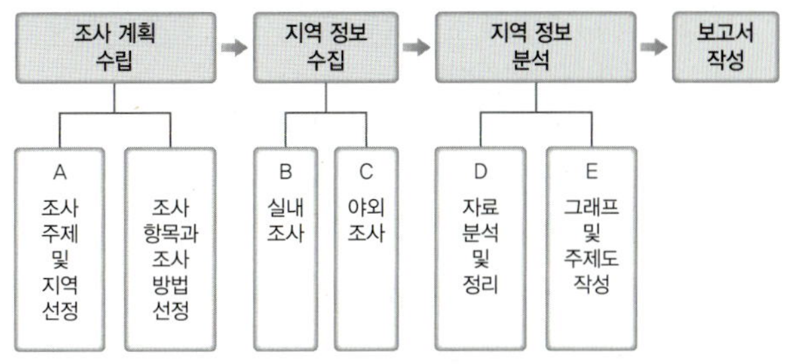

① A : 수집한 정보를 항목별로 구분해 중요한 지리 정보를 선별한다.
② B : 인터넷을 활용하여 ○○시의 인구 통계 자료를 조사한다.
③ C : ○○시의 출생자 수 변화를 통계 지도와 표로 표현한다.
④ D : ○○시청 인구정책과를 방문하여 담당자와 면담한다.
⑤ E : '○○시의 인구 변화'를 주제로 결정한다.

05 다음은 '과학기술의 발달에 따른 변화'에 대한 학생의 토론 장면이다. 제시한 의견이 옳은 학생만을 있는 대로 고른 것은?

① 갑, 을 　② 갑, 병 　③ 을, 정
④ 갑, 병, 정 　⑤ 을, 병, 정

06 다음은 통합사회 수업 중 학생이 작성한 노트이다. ㉠~㉤에 대한 설명으로 적절하지 <u>않은</u> 것은?

〈교통·통신의 발달에 따른 생활공간의 변화〉

1. 일상 범위와 경제 활동 범위의 확대
    (1) ㉠ 통근권, 통학권의 범위가 확대됨
    (2) ㉡ 기업의 경제활동 범위가 전 세계로 확대됨
2. 여가 공간의 확대
    (1) 　㉢　 등을 이용한 장거리 이동이 가능해짐
    (2) ㉣ 여행의 기회가 증가함
3. 생태환경의 변화
    (1) ㉤ 위성 위치 확인 시스템을 이용한 멸종 위기 동물 보호
    (2) 헬리콥터를 이용한 산불 진화

① ㉠ – 대도시권 형성의 배경이 되었다.
② ㉡ – 다국적 기업의 수가 증가하게 된 원인이다.
③ ㉢ – '우마차, 수운 교통'이 들어가야 한다.
④ ㉣ – 관광객 증가로 인한 관광 산업 발달에 영향을 주었다.
⑤ ㉤ – 항공기, 선박, 자동차 등의 내비게이션 장치에도 사용된다.

07 (가), (나)에 제시된 문제점의 해결 방안을 〈보기〉에서 고른 것은?

> (가) 선박에 의해 외래 동식물의 유입이 많아져 생태계가 교란되고 있다.
> (나) 고속 국도 건설로 야생 동물들의 서식지가 파괴되고, 이동로가 단절되어 자동차에 치여 죽는 동물의 수가 많아졌다.

――― 보기 ―――
ㄱ. 선박 평형수 처리 장치를 의무화한다.
ㄴ. 도로 건설 시 생태 통로도 함께 건설한다.
ㄷ. 고속 철도 중심으로 교통 체계를 재정비한다.
ㄹ. 동물 전염병 관련 정보를 공유하고 공동 연구를 지속한다.

	(가)	(나)			(가)	(나)
①	ㄱ	ㄴ		②	ㄱ	ㄷ
③	ㄴ	ㄷ		④	ㄴ	ㄹ
⑤	ㄷ	ㄹ				

08 다음 자료에 제시된 문제점의 해결 방안을 〈보기〉에서 고른 것은?

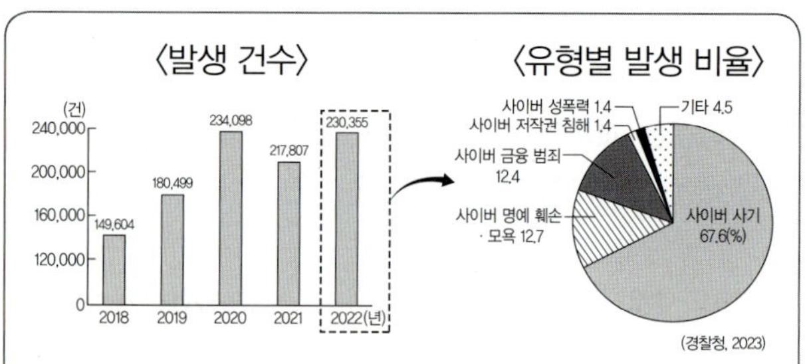

최근 정보화에 따라 사이버 사기, 사이버 명예 훼손·모욕, 사이버 금융 범죄 사이버 저작권 침해 등의 범죄가 증가하고 있다.

――― 보기 ―――
ㄱ. 정보 소외 계층에 정보 기기를 제공한다.
ㄴ. 개인 정보 관리 강화를 위한 제도를 마련한다.
ㄷ. 정보 시스템 보안 관련 전문 인력을 육성한다.
ㄹ. 사이버 불링(cyber bulling) 활성화를 위한 법을 제정한다.

① ㄱ, ㄴ 　② ㄱ, ㄷ 　③ ㄴ, ㄷ
④ ㄴ, ㄹ 　⑤ ㄷ, ㄹ

09 다음은 통합사회 수업 장면이다. 교사의 질문에 옳게 답한 학생만을 고른 것은?

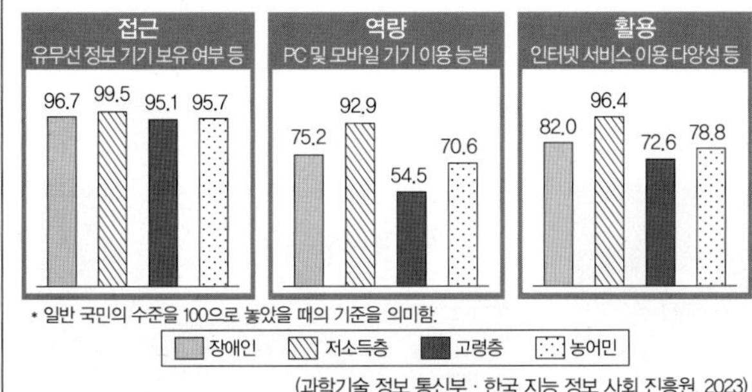

갑 : 익명성을 보장하여 정보 접근성을 높여요.
을 : 정보 소외 계층을 대상으로 정보화 교육을 강화해요.
병 : 사이버 범죄에 대한 처벌 수위를 높이는 법안을 제정해요.
정 : 전통 시장, 보건소, 장애인 이용 시설 등에 무선 인터넷 구역을 구축해요.

① 갑, 을
② 갑, 병
③ 을, 병
④ 을, 정
⑤ 병, 정

10 다음 자료를 토대로 용인시의 변화를 분석한 내용으로 옳지 않은 것은?

구분	1968년 용인군	2020년 용인시
○○역 일대의 토지 이용 변화		
면적	605km²	591km²
인구	98,700명	1,090,907명
가구	16,568가구	386,929가구
산업 구조	1차 산업 62.1 / 3차 산업 37.0(%) / 2차 산업 0.9	1차 산업 0.1 / 3차 산업 84.8(%) / 2차 산업 15.1

① 교통량이 증가하였다.
② 인구 밀도가 높아졌다.
③ 주민의 직업 구성이 단순해졌다.
④ 1차 산업 종사자 수 비율이 낮아졌다.
⑤ 총면적 중 경지 면적의 비율이 낮아졌다.

11 다음 대화가 이루어지는 지역 조사의 단계로 옳은 것은?

① 실내 조사
② 야외 조사
③ 보고서 작성
④ 조사 주제 및 지역 선정
⑤ 지리 정보 분석 및 결론 도출

12 다음 자료는 지역 조사 과정을 나타낸 것이다. (가)~(다)에 해당하는 활동으로 옳은 것만을 〈보기〉에서 고른 것은?

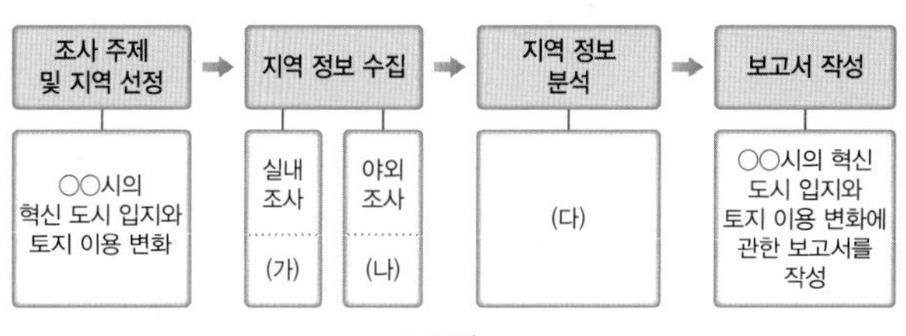

〈보기〉

ㄱ. ○○시의 혁신 도시를 답사하고 경관을 사진 촬영한다.
ㄴ. ○○시의 혁신 도시 입지 이후 토지 이용 변화에 관한 통계를 통계청 누리집에서 검색한다.
ㄷ. 수집된 자료를 토대로 ○○시의 혁신 도시 입지 전후 토지 이용 변화를 지도로 제작한다.

	(가)	(나)	(다)		(가)	(나)	(다)
①	ㄱ	ㄴ	ㄷ	②	ㄱ	ㄷ	ㄴ
③	ㄴ	ㄱ	ㄷ	④	ㄴ	ㄷ	ㄱ
⑤	ㄷ	ㄱ	ㄴ				

통합적 관점으로 정리하기

탐구 주제 자연환경은 인간의 삶과 생활에 어떠한 영향을 미치며, 인간과 자연의 바람직한 관계는 무엇일까?

▲ 지구 온난화

▲ 열대림 파괴 문제 포스터

▲ 시민 단체의 환경 보호 캠페인

시간적 관점

인간과 자연의 관계는 어떻게 변화해 왔을까?

과거에 인간은 자연을 숭배하며 주어진 환경에 순응하여 생활하였지만, 과학기술이 발전하면서 자연환경의 제약을 극복하거나 자연을 이용하며 생활할 수 있게 되었다. 이 과정에서 자연을 인간을 위한 도구이자 개발의 대상으로만 여겨 다양한 환경 문제가 발생하였다.

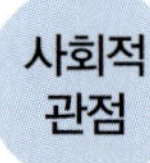

공간적 관점

전 지구적 환경 문제에는 무엇이 있을까?

가장 광범위한 환경 문제는 지구 온난화이다. 이 밖에 열대림 파괴, 산성비, 오존층 파괴, 미세 먼지로 인한 대기 오염, 사막화 등 국경을 초월하는 환경 문제는 매우 다양하다. 이러한 환경 문제는 개별 국가의 노력만으로는 해결이 어려워 인류 전체가 함께 노력하여 해결해야 한다.

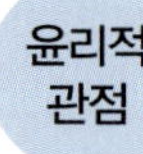

사회적 관점

정부와 국제 사회, 기업, 시민 단체는 환경 문제 해결을 위해 어떠한 노력을 하고 있을까?

정부는 환경 관련 법과 제도를 마련하고, 국제 환경 협약을 체결하여 이행한다. 기업은 오염 물질 배출을 최소화하고 친환경 제품을 생산한다. 시민 단체는 정부의 환경 정책과 기업의 생산 활동을 감시하고, 환경 보호 캠페인을 진행한다.

윤리적 관점

환경 문제를 지혜롭게 해결하려면 인간과 자연은 어떤 관계여야 할까?

인간과 자연은 어느 한쪽이 우월적 지위를 갖는 관계가 아니라 공존해야 하는 관계이다. 오늘날 발생하는 전 지구적 규모의 환경 문제는 단순히 인간에게만 초점을 맞추어서는 해결이 어렵다. 따라서 '생태도시'와 같이 인간과 자연의 공존의식을 바탕으로 환경 문제를 지혜롭게 해결해야 한다.

통합적 관점으로 정리하기

인간은 자연을 숭배하던 과거에서 벗어나 인간 중심주의를 지나치게 강조한 나머지, 오늘날 지구 온난화, 열대림 파괴, 대기 오염 등 다양한 환경 문제에 직면하게 되었다. 특히 오늘날의 환경 문제는 국경을 초월하여 전 지구적으로 광범위한 영향을 미치는 경우가 많다. 인간은 자연을 이용하는 주체이지만, 동시에 자연의 구성원이기도 하다. 따라서 자연과의 공존의식을 바탕으로 정부와 국제 사회, 기업, 시민 단체가 함께 노력하여 환경 문제를 지혜롭게 해결해야 한다. 개인 또한 에너지와 자원을 절약하고, 재활용을 생활화하며, 일상생활에서 녹색 소비를 실천함으로써 환경 문제의 해결에 동참해야 한다.

다양한 문화권의 특징과 삶의 방식은 무엇이며, 문화적 다양성을 존중하는 태도는 왜 필요할까?

▲ 건조 문화권

▲ 동양 문화권

▲ 다문화 사회에의 대응

공간적 관점

지역마다 문화가 다른 이유는 무엇일까?

문화권이란 문화적 특성이 비교적 넓은 지표 공간에 걸쳐 유사하게 나타나는 범위로, 문화권은 기후, 지형과 같은 자연환경과 종교, 산업과 같은 인문환경의 영향을 받아 형성된다. 예를 들어 우리나라는 계절풍의 영향을 많이 받는 동양 문화권에 속해 있어 벼농사가 활발하다.

시간적 관점

문화 변동의 양상은 어떻게 나타날까?

문화는 고정되어 있는 것이 아니라 시간이 지나면서 끊임없이 변화한다. 한 사회의 문화가 새로운 문화 요소의 등장이나 다른 문화와의 접촉을 통해 문화 체계 전반에서 변화하는 현상을 문화 변동이라 한다. 기존 문화에 외래문화의 요소가 대체되기도 하고 외래문화 요소와 결합하여 새로운 문화 요소가 등장하기도 하며, 한 사회에 두 문화 요소가 같이 존재하기도 한다.

사회적 관점

다문화 사회의 이주민 정책에는 어떠한 것들이 있을까?

다문화 사회의 이주민 정책 이론에는 용광로 이론과 샐러드 볼 이론이 있다. 용광로 이론은 여러 개의 다른 문화를 하나로 녹여 그 사회의 주류 문화로 동화시키자는 정책을 의미한다. 최근에는 사회 구성원들의 다양한 문화를 인정하여 상호 공존하고 함께 어울리는 문화를 만들고자 하는 정책인 샐러드 볼 이론이 대두되고 있다.

윤리적 관점

보편 윤리의 차원에서 극단적 문화 상대주의를 경계할 수 있을까?

모든 문화를 상대주의적으로 인정하고자 하는 태도는 이상적 형태가 아니다. 조혼 풍습, 명예 살인, 여성 할례 의식 등은 인간의 존엄성을 해치는 문화로, 인도주의 원칙에 따라 문화를 평가할 때 바람직하지 않은 문화로 볼 수 있다.

통합적 관점으로 정리하기

문화는 일상생활을 구성하는 구체적인 관습과 같은 수많은 요소들이 모여서 이루어진 것이다. 시간적 관점으로 보았을 때 문화는 고정되지 않고 시대에 따라 다양하게 변화해 왔다. 새롭게 등장하는 문화 요소나 다른 문화와의 접촉을 통해 문화 체계 전반이 변하기도 하는데, 이를 문화 변동이라고 한다. 현대 사회는 많은 문화들이 상호 작용하는 시대로, 각 사회 내의 문화적 차이는 갈등을 가져올 수 있다. 문화 갈등을 방지하기 위해 다양한 다문화 정책을 시행하고 있으며, 다문화 정책의 이론적 배경에는 용광로 이론과 샐러드 볼 이론이 있다. 한편 세계화 시대에 문화 상대주의가 바람직한 문화 이해 태도이지만, 인간의 존엄성에 대한 존중과 행복, 평화로운 공존, 분배의 정의, 지속가능한 성장과 환경의 보전, 빈곤의 구제 등과 같은 보편적 윤리라는 범주를 무시할 수는 없다.

MEMO

수학의 바이블

수학의
바이블

2022개정 교육과정이 ON:온 다!

**전국 선생님 1,700명
검토단 검수 완료**

"검토하는 내내 감탄했어요!"

**모든 유형+유사+기출변형
내신 끝내기 유형서**

"같이 병행하면 진짜 좋아요!"

기본 개념은 물론,
궁금할만한
개념까지
놓치지 않았다

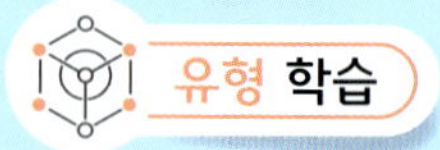

기본부터 유사,
기출 변형까지
내신에 필요한 유형을
빠짐없이 담았다

개념과 문제 풀이 방법 익히기

익힌 개념 별 모든 유형 풀어보기

정답 및 해설

本
개념이 근본이 된다
내 삶의 기본이 된다

정답 및 해설

01~02 인간, 사회, 환경을 바라보는 다양한 관점 ~ 통합적 관점

STEP 1 내신 다지기
본문 ◦ 010~013쪽

01 ③	02 ①	03 ②	04 ④	05 ③	06 ②
07 ③	08 ②	09 ④	10 ②	11 ④	12 ⑤
13 ③	14 ④	15 ②	16 ⑤	17~18 해설 참조	

01 시간적 관점의 특징　　　　정답 ③

제시문에는 시간적 관점의 필요성이 나타나 있다. ③ 시간적 관점은 과거부터 현재의 모습이 있기까지의 변화 과정을 따라가며 역사적 배경과 시대적 맥락을 토대로 사회현상을 살펴보는 관점이다.

! 오답 피하기

①, ⑤ 공간적 관점, ② 사회적 관점, ④ 윤리적 관점에서 강조하는 내용에 해당한다.

02 공간적 관점　　　　정답 ①

제시문의 밑줄 친 '이것'은 공간적 관점이다. ① 공간적 관점은 위치와 장소, 지역, 공간적 상호 작용에 중점을 두고 인간, 사회, 환경을 바라보는 관점이다.

03 사회적 관점　　　　정답 ②

㉠에 들어갈 내용은 '사회적 관점'이다. ② 사회적 관점은 제도적, 정책적, 사회 구조적 영향력을 고려하여 사회현상을 바라보는 관점이다.

! 오답 피하기

① 공간적 관점은 인간 생활과 사회현상을 공간적 맥락에서 살펴보는 것이다. ③ 시간적 관점은 과거부터 현재의 모습이 있기까지의 변화 과정을 살펴보는 것이다. ④ 윤리적 관점은 규범적 방향성과 도덕적 가치 등을 고려하는 것이다. ⑤ 통합적 관점은 시간적 관점, 공간적 관점, 사회적 관점, 윤리적 관점 모두를 종합적으로 고려하는 것이다.

04 윤리적 관점의 특징　　　　정답 ④

밑줄 친 'A 관점'은 윤리적 관점이다. ④ 윤리적 관점은 인간의 행위가 도덕적 차원에서 인정받기 위한 기준을 탐색하고 바람직한 삶의 모습을 살펴보는 것을 의미한다.

! 오답 피하기

① 시간적 관점, ②, ③ 공간적 관점의 특징에 해당한다. ⑤ 윤리적 관점은 사실문제에 치중하기보다는 가치문제를 중요하게 고려한다.

05 사회적 관점과 공간적 관점　　　　정답 ③

화장장 건설에 따른 사회 문제를 해결하기 위해 법과 제도의 마련이 필요하다고 보는 갑은 사회적 관점과 관련 있다. 농어촌 지역과 달리 도심 지역에서 특히 교통 혼잡이 심한 원인을 찾으려는 을은 공간적 관점과 관련 있다.

06 시간적 관점　　　　정답 ②

㉠에 들어갈 관점은 '시간적 관점'이다. ② 시간적 관점은 우리 삶의 모습을 '과거'라는 거울에 비추어 보는 것으로, 시대적 배경과 맥락에 초점을 두고 사회현상을 바라보는 것이다.

! 오답 피하기

①, ③ 사회적 관점, ④ 윤리적 관점, ⑤ 공간적 관점에 대한 설명이다.

07 사회적 관점과 윤리적 관점　　　　정답 ③

ㄴ. 갑은 제도적, 정책적, 사회 구조적 영향력을 고려하는 사회적 관점에서 사회현상을 바라보고 있다. ㄷ. 을은 규범적 방향성과 가치 등을 고려하는 윤리적 관점에서 사회현상을 바라보고 있다.

! 오답 피하기

ㄱ. 시대적 배경과 맥락을 중시하는 것은 시간적 관점이다. ㄹ. 갑은 사회적 관점, 을은 윤리적 관점이다.

08 시간적 관점과 공간적 관점　　　　정답 ②

(가)는 시간적 배경과 맥락에 초점을 두는 시간적 관점이고, (나)는 공간적 상호 작용에 초점을 두는 공간적 관점이다. ② 공간적 관점은 어떤 사회현상과 관련 있는 위치나 장소, 분포 유형, 이동과 네트워크 등 공간 정보를 고려하며, 공간적 상호 작용을 중시한다.

! 오답 피하기

① 공간적 관점, ③ 시간적 관점에 대한 설명이다. ④, ⑤ (가)는 시간적 관점, (나)는 공간적 관점이다.

09 인간, 사회, 환경을 바라보는 관점　　　　정답 ④

ㄱ. 도시 지역과 농촌 지역을 비교하여 공간적 맥락을 파악하고자 하는 것은 공간적 관점이다. ㄴ. 과거부터 현재까지의 시기별 변화 양상을 살펴보고자 하는 것은 시간적 관점이다. ㄹ. 도덕적 기준이나 가치의 관점에서 사회현상에 대해 접근하는 것은 윤리적 관점이다.

! 오답 피하기

ㄷ. 사회 제도와 정책에 초점을 두는 것은 사회적 관점이다.

10 사회현상을 바라보는 다양한 관점　　　　정답 ②

ㄱ. 공간적 관점은 사회현상과 관련한 위치 · 장소 · 영역 등의 공간적 맥락을 살펴보는 것이다. ㄹ. 윤리적 관점은 행위의 도덕적 기준을 탐색하고 바람직한 삶의 모습을 살펴보는 것이다.

! 오답 피하기

ㄴ. 시간의 흐름을 고려하며 시대적 배경이나 맥락을 살펴보는 시간적 관점에 해당한다. ㄷ. 사회 구조 및 사회 제도의 측면에서 사회현상을 분석해 보는 사회적 관점에 해당한다.

11 인간, 사회, 환경을 바라보는 다양한 관점　　　　정답 ④

㉠ 과거부터 현재까지의 시간적 흐름과 시대적 맥락에 초점을 두는 것은 시간적 관점이다. ㉡ 장소와 위치 등 공간 정보를 중요하게 고려하는 것은 공간적 관점이다. ㉢ 윤리적 책임 의식 등을 강조하는 것은 윤리적 관점이다. ㉣ 법률과 정책 등 사회 제도의 개선을 강조하는 것은 사회적 관점이다.

12 통합적 관점
정답 ⑤

제시문의 밑줄 친 '이것'은 통합적 관점이다. ⑤ 통합적 관점은 인간, 사회, 환경에 대해 시간적 관점, 공간적 관점, 사회적 관점, 윤리적 관점을 모두 종합하여 살펴보는 것이다.

13 통합적 관점의 필요성
정답 ③

㉠에는 통합적 관점의 필요성에 대한 내용이 들어가야 한다. ③ 복잡한 사회현상을 제대로 이해하고 근본적인 해결책을 찾기 위해서는 시간적, 공간적, 사회적, 윤리적 관점 등을 모두 활용하여 통합적 관점에서 바라보아야 한다.

❗ 오답 피하기

① 시간적 관점과 공간적 관점, 사회적 관점과 윤리적 관점 모두 대립적 관계에 있지 않으며, 조화와 통합을 이룰 수 있다. ② 사회현상을 한 가지 관점으로만 이해하면 문제의 원인을 정확히 파악하지 못하거나 문제의 해결책을 제대로 도출하지 못할 가능성이 높다. ④ 과거와 현재의 관계를 시간적 맥락으로 살피고자 하는 것은 시간적 관점인데, 시간적 관점은 과거의 문헌 자료에만 의지하지 않는다. ⑤ 통합적 관점은 가치문제를 다루는 윤리적 관점을 포함하므로 가치문제를 배제하지 않는다.

14 통합적 관점의 고려 요인
정답 ④

④ 통합적 관점은 시간적, 공간적, 사회적, 윤리적 관점을 함께 고려하는 것으로, 공익이 아닌 사적 이익만을 극대화하고자 하는 것은 통합적 관점의 고려 요인이 아니다.

❗ 오답 피하기

① 윤리적 관점, ② 시간적 관점, ③ 사회적 관점, ⑤ 공간적 관점에서 강조하는 내용으로, 모두 통합적 관점의 고려 요인에 해당한다.

15 통합적 관점
정답 ②

제시문은 사회현상을 시간적, 공간적, 사회적, 윤리적 관점을 활용하여 통합적으로 살펴보아야 한다는 통합적 관점에 해당한다. ㄱ, ㄷ. 통합적 관점에서는 사회현상과 관련된 다양한 영역의 내용을 개별 학문의 경계를 넘어 종합적으로 이해하고 시간적, 공간적, 사회적, 윤리적 관점의 다양한 측면에서 분석할 것을 강조한다. 이렇게 함으로써 어떤 사회현상과 관련한 여러 해결책 중에서 가장 적절한 방안을 찾을 수 있다.

❗ 오답 피하기

ㄴ, ㄹ. 제시문은 복잡한 사회현상을 제대로 이해하려면 다양한 관점에서 종합적인 연구를 해야 한다는 입장이다.

16 인간, 사회, 환경 탐구에서의 통합적 관점
정답 ⑤

⑤ ㉤은 사회 제도의 마련과 개선을 강조하는 사회적 관점에 해당한다. 사회적 관점은 사회현상의 해결책을 단순히 물질적이고 경제적인 보상에만 국한하여 제시하지 않는다.

❗ 오답 피하기

① ㉠은 통합적 관점의 필요성에 대한 내용이다. ② ㉡은 시간적 관점, ③ ㉢은 공간적 관점, ④ ㉣은 윤리적 관점에 해당한다.

17 인간, 사회, 환경을 바라보는 다양한 관점

(1) (가) 공간적 관점, (나) 윤리적 관점
(2) **모범 답안** ㉠ 역사적 배경과 시대적 맥락, ㉡ 사회 구조 및 제도의 영향력

채점 기준	구분
(가)와 (나)에 해당하는 관점을 정확히 쓰고, ㉠과 ㉡에 들어갈 내용을 각각 옳게 서술한 경우	상
(가)와 (나), ㉠과 ㉡에 해당하는 내용 중 2~3개를 적절하게 쓴 경우	중
(가)와 (나), ㉠과 ㉡에 해당하는 내용 중 어느 하나만을 적절하게 쓴 경우	하

18 통합적 관점의 필요성

(1) 통합적 관점
(2) **모범 답안** 사회현상을 제대로 탐구하고 이해할 수 있다. 사회문제의 원인을 정확히 파악하고 바람직한 해결책을 모색할 수 있다 등

채점 기준	구분
통합적 관점을 정확히 쓰고, 통합적 관점의 필요성을 적절하게 서술한 경우	상
통합적 관점을 정확히 썼으나, 통합적 관점의 필요성을 적절하게 서술하지 못한 경우	중
단순히 통합적 관점이라고만 쓴 경우	하

STEP 2 1등급 도전하기
본문 ○ 014~017쪽

01 ④	02 ②	03 ④	04 ⑤	05 ④	06 ②
07 ②	08 ①	09 ①	10 ⑤	11 ③	12 ③
13 ②	14 ②	15 ②	16 ①		

01 시간적 관점
정답 ④

(가) 모둠은 공간적 관점, (나) 모둠은 사회적 관점, (다) 모둠은 윤리적 관점, (라) 모둠은 시간적 관점에 해당한다. ④ 시간적 관점은 사회현상을 시간의 흐름 속에서 파악하고자 한다.

❗ 오답 피하기

① 윤리적 관점, ② 시간적 관점, ③ 공간적 관점에 대한 설명이다. ⑤ 통합적 관점은 시간적, 공간적, 사회적, 윤리적 관점을 모두 함께 고려하는 것이다.

02 공간적 관점
정답 ②

제시된 자료에는 아동 노동의 문제 사례가 나타나 있다. ② 해당 사회현상에 영향을 미치는 자연환경과 인문환경 요소를 고려할 것을 강조하는 것은 공간적 관점의 특징이다.

❗ 오답 피하기

① 시간적 관점, ③, ⑤ 사회적 관점, ④ 윤리적 관점에서의 탐구 활동으로 적절하다.

03 사회적 관점
정답 ④

④ 사회적 관점은 사회 구조나 사회 제도에 중점을 두고 개인의 행위와 사회현상을 이해한다. 따라서 자율 주행 자동차와 관련된 사회 정책과 제도를 수립하고, 새로운 교통 정책이 개인과 사회에 미칠 영향을 예측하는 것은 사회적 관점에 해당한다.

❗ 오답 피하기

①, ② 윤리적 관점에서 이루어질 수 있는 활동으로 적절하지 않다. 윤리적 관점에서는 문제 상황에 적합한 다양한 도덕 원리를 탐구하고, 옳고

그름의 가치 판단을 내릴 것을 강조한다. ③ 시간적 관점, ⑤ 공간적 관점
에서 이루어질 수 있는 활동에 해당한다.

04 윤리적 관점 정답 ⑤

인간, 사회, 환경을 보는 여러 가지 관점 중 (가)는 윤리적 관점이다. 윤리
적 관점은 다양한 사회현상을 도덕적 가치에 따라 평가하고 사회가 나아
가야 할 규범적 방향을 설정하는 데 도움을 준다. ⑤ 윤리적 관점은 다양
한 사회현상에 대해 도덕적 행위의 기준이나 도덕적 가치의 관점에서 설
명하고 평가한다.

❗ 오답 피하기

① 공간적 관점의 진술이다. 공간적 관점이란 세상에서 일어나는 다양한
현상을 위치와 장소, 분포 양상과 형성 과정, 이동과 네트워크 등의 공간
적 맥락에서 살펴보는 것이다. ② 시간적 관점의 진술이다. 시간적 관점
이란 어떤 현상이나 사건의 현재 모습이 있기까지의 시대적 배경과 맥락
을 살펴보는 것이다. ③, ④ 사회적 관점의 진술이다. 사회적 관점이란 특
정 현상이 나타나게 된 배경을 법률이나 제도 등 사회 구조 및 제도의 측
면에서 분석하는 것이다.

05 통합적 관점의 필요성 정답 ④

ㄴ. 하나의 사회현상에도 여러 분야가 얽혀 있기 때문에 개별적 관점을
넘어 통합적 관점에서 종합적으로 이해하는 것이 필요하다. ㄹ. 현대 사
회는 구성원 사이의 이해관계가 복잡해지고, 추구하는 가치관도 다양해
지고 있기 때문에 같은 사회현상도 각자가 다르게 이해하고 해석할 수 있
다. 따라서 복잡한 현상을 정확히 이해하고 이를 바탕으로 근본적인 해결
책을 찾아내기 위해서 통합적 관점이 필요하다.

❗ 오답 피하기

ㄱ. 사회현상에는 사실과 가치의 문제가 섞여 나타나므로 통합적 관점으
로 살펴보아야 한다. 통합적 관점에서 사실 관계를 정확히 파악한 후 가
치 판단을 내림으로써 사회현상을 깊이 있게 이해할 수 있다. ㄷ. 같은 사
회현상도 시대나 장소에 따라 해석이 다를 수 있다.

06 통합적 관점의 필요성 정답 ②

그림의 강연자는 눈이 안 보이는 사람들이 코끼리를 만지는 이야기를 통
해 통합적 관점의 필요성을 주장하고 있다. ㄱ. 강연자는 다양한 관점을
통합적으로 고려할 때 복잡한 현상을 정확히 이해할 수 있다고 본다. ㄷ.
강연자는 사회현상을 한 영역만의 지식으로 접근하는 것이 아니라 종합
적으로 이해할 때 사회 문제나 현상에 대한 근본적인 해결책을 찾을 수
있다고 본다.

❗ 오답 피하기

ㄴ, ㄹ. 어느 한 분야의 학문이나 지식만을 강조하는 것은 통합적 관점의
필요성을 주장하는 강연자의 입장과는 거리가 멀다.

07 통합적 관점 정답 ②

제시된 자료에는 우리나라의 저출생 문제 사례가 나타나 있다. ㄱ. 시간
적 관점은 사회현상을 시간의 흐름 속에서 파악하는 관점으로, 연도별 출
생아 수 및 출산율 비교는 시간적 관점에서 적절한 탐구 활동이다. ㄷ. 사
회적 관점은 특정한 사회현상을 사회 제도 및 사회 구조와의 관련성 속에
서 이해하는 관점으로, 관련 정책과 제도를 찾아보는 것은 사회적 관점에
서 적절한 탐구 활동이다.

❗ 오답 피하기

ㄴ. 윤리적 관점, ㄹ. 공간적 관점과 관련 있다.

08 다문화 정책 수립을 위한 통합적 관점 정답 ①

다문화 정책의 수립과 관련하여 (가)는 공간적 관점, (나)는 시간적 관점,
(다)는 사회적 관점, (라)는 윤리적 관점에서의 탐구 주제이다. ㄱ. 시간적
관점은 시대적 배경과 맥락에 초점을 두고 사회현상을 살펴보고자 한다.
ㄴ. 사회적 관점은 사회 구조와 정책의 영향력을 강조한다.

❗ 오답 피하기

ㄷ. 윤리적 관점은 자신은 물론 타인의 이익도 고려하여 다양한 문제 상
황을 해결하고자 하지만, 법과 제도의 개선을 추구하지는 않는다. 법과
제도의 개선을 강조하는 것은 사회적 관점에 해당한다. ㄹ. (가)는 공간적
관점, (라)는 윤리적 관점에서 접근하고 있다.

09 기후변화와 통합적 관점 정답 ①

제시문에는 한반도의 급격한 기후변화에 따른 우려가 나타나 있다. ㄱ.
지난 100년간 한반도의 평균 기온은 약 1.7도 올랐는데, 이는 지구 평균
상승폭인 약 0.74도의 2배가 넘는 수치이다. 이러한 시간적 관점을 통해
한반도의 기후변화 속도가 다른 나라들보다 빠름을 알 수 있다. ㄴ. 공간
적 관점에서 한반도의 기후변화로 인해 고산 식물과 냉대림의 분포 지역
이 과거에 비해 축소되었음을 알 수 있다.

❗ 오답 피하기

ㄷ. 기후변화로 인해 미래 세대의 생존권이 침해될 가능성을 고려하는 것
은 윤리적 관점에 해당한다. ㄹ. 기후변화를 초래하는 온실가스 배출을
통제할 수 있는 법률의 제정은 특정 사회현상을 사회 제도 및 사회 구조
와의 관련성 속에서 이해하고자 하는 사회적 관점과 관련 있다.

10 사회현상을 탐구하는 통합적 관점 정답 ⑤

(가)는 윤리적 관점, (나)는 사회적 관점, (다)는 시간적 관점, (라)는 공간
적 관점이다. ⑤ 사회현상을 탐구할 때는 공간적, 사회적, 시간적, 윤리적
관점 등을 모두 고려하여 종합적으로 살펴보는 통합적 관점이 필요하다.

11 다양한 관점에서 고령화 현상 이해 정답 ③

갑은 공간적 관점, 을은 시간적 관점, 병은 사회적 관점, 정은 윤리적 관
점에서 고령화 현상을 바라보고 있다. ③ 병은 고령화 현상에 대해 기초
연금 등의 사회 복지 제도, 국가 재정 부담과 같은 사회 구조적 측면에서
분석하고 있다.

❗ 오답 피하기

① 갑은 고령화 현상의 공간적 특징에 대해 설명하고 있다. ② 을은 고령
화 현상의 진행 과정을 시간적 맥락에서 파악하고 있다. ④ 정은 고령화
현상을 자신이 바람직하다고 여기는 가치 지향적인 입장에서 윤리적으로
평가하고 있다. ⑤ 병은 국가 재정 부담이 늘어나고 있다는 것이지, 개인
이 전적으로 노인 부양을 책임져야 한다고 주장하고 있지 않다.

12 사회 문제를 해결하기 위한 통합적 관점 정답 ③

제시문에는 플라스틱 쓰레기로 인한 동물의 피해가 나타나 있다. ㄴ. 공
간적 관점에서는 플라스틱 쓰레기로 인해 피해가 집중된 지역을 찾아볼
수 있다. ㄷ. 사회적 관점에서는 플라스틱 쓰레기로 인한 피해를 방지하
기 위한 제도를 모색할 수 있다.

❗ 오답 피하기

ㄱ. 플라스틱 쓰레기를 줄이기 위해 갖추어야 할 태도를 살펴보는 것은
윤리적 관점과 관련이 있다. ㄹ. 동물 피해의 증가 시점을 파악하고자 하
는 것은 시간적 관점과 관련 있다.

13 통합적 관점 정답 ②

ㄱ. 연도별 인구 증감률 분석은 시간적 관점과 관련 있다. ㄷ. 정책과 제도에 집중하는 것은 사회적 관점과 관련 있다.

오답 피하기

ㄴ. 바람직한 태도를 살펴보는 것은 윤리적 관점, ㄹ. 특정 시설 등의 입지 현황을 조사하는 것은 공간적 관점과 관련 있다.

14 인간, 사회, 환경을 바라보는 다양한 관점 정답 ②

(가)는 시간적 관점, (나)는 공간적 관점, (다)는 사회적 관점, (라)는 윤리적 관점이다. ㄱ. 감염병 확산의 시대적 배경과 맥락에 초점을 두는 것은 시간적 관점에 해당한다. ㄹ. 사회적 관점은 사회 제도나 정책, 기구 등을 중요하게 고려하며, 윤리적 관점은 바람직한 태도에 대해 탐구한다.

오답 피하기

ㄴ. (나)는 공간적 관점이다. 시대적 배경과 맥락에 초점을 두는 것은 시간적 관점이다. ㄷ. 공간적 특징이 감염병에 미치는 영향을 모색하는 것은 윤리적 관점이 아니라 공간적 관점이다. 공간적 관점은 다양한 사회현상을 위치와 장소, 분포 양상과 형성 과정, 이동과 네트워크 등 공간적 맥락 속에서 살펴보는 것을 의미한다.

15 다양한 관점에서의 탐구 활동 정답 ②

제시된 자료에는 산불 발생으로 인한 피해 사례가 나타나 있다. 갑. 산불 발생으로 인한 손실 비용을 연도별로 조사하여 비교하고 분석하는 것은 시간적 관점에 해당한다. 병. 산불 발생으로 인한 피해의 복구를 지원하는 정책을 조사하는 것은 사회적 관점에 해당한다. 사회적 관점에서 바라본다는 것은 특정한 현상이 나타나게 된 배경을 사회 구조 및 제도의 측면에서 분석하고 대안을 살펴보는 것을 의미한다.

오답 피하기

을. 윤리적 관점, 정. 공간적 관점에서의 탐구 활동으로 적절하다.

16 통합적 관점의 필요성 정답 ①

㉠은 시간적 관점, ㉡은 공간적 관점, ㉢은 사회적 관점, ㉣은 윤리적 관점이다. ㄱ. 과거에 비추어 오늘을 살펴보는 것은 시간적 관점이다. ㄴ. 사람들이 많이 찾는 주요 시설의 입지 조건을 비교하는 것은 공간적 관점이다.

오답 피하기

ㄷ. 윤리적 관점, ㄹ. 사회적 관점에 해당하는 탐구 내용이다.

개념노트 | 인간, 사회, 환경을 보는 여러 관점

시간적 관점	• 시대적 배경과 맥락에 초점을 두고 사회현상을 바라보는 것 • 과거의 시대적 상황과 역사적 사실을 현재와 연결 지어 의미를 부여함
공간적 관점	• 인간 생활과 사회현상을 공간적 맥락에서 설명하려는 것 • 장소와 지역 및 공간적 상호 작용에 초점을 두고 다양한 공간 정보를 고려함
사회적 관점	• 사회현상을 사회 구조 및 사회 제도와의 관련성 속에서 살펴보는 것 • 사회문제를 해결하기 위해 사회 제도 및 법률과 정책의 개선을 강조함
윤리적 관점	• 인간 행위의 도덕적 기준을 탐색하고 바람직한 삶의 모습을 살펴보는 것 • 도덕적 가치와 도덕규범을 고려하여 선하고 옳은 것을 추구하고자 함
통합적 관점	• 사회현상을 개별 학문의 경계를 넘어 종합적으로 이해하는 것 • 시간적 관점+공간적 관점+사회적 관점+윤리적 관점을 모두 고려함

Ⅱ 인간, 사회, 환경과 행복

01 행복의 기준과 의미

STEP 1 내신 다지기 본문 ◦ 022~025쪽

01 ②	02 ③	03 ④	04 ①	05 ③	06 ⑤
07 ②	08 ③	09 ④	10 ⑤	11 ③	12 ③
13 ①	14 ①	15 ④	16 ④	17 ②	

18~19 해설 참조

01 행복의 조건 정답 ②

행복이란 의식주나 경제력, 사회적 지위 등과 같은 물질적 조건과 함께 가족과의 사랑, 친구와의 우정 등과 같은 정신적 만족감이 모두 조화롭게 충족될 때 얻을 수 있는 만족감과 즐거움을 의미한다.

02 지역 여건에 따른 행복의 기준 정답 ③

(가)는 경제적으로 안정된 선진국, (나)는 경제적으로 열악하고 빈곤한 국가들이다. ㄱ. 경제적으로 안정된 국가들은 소득 불평등 해소, 삶의 질 향상 등을 중시하며, 경제적으로 빈곤한 국가들은 기본적인 의식주의 충족을 중시한다. ㄴ. 경제적으로 빈곤한 국가들은 국민의 행복 증진을 위해 경제 성장을 최우선적 과제로 추구한다.

오답 피하기

ㄷ. 행복에 있어 개인의 주관적 만족감을 중시할수록 행복의 기준은 다양하게 나타난다.

03 행복의 기준의 변화 정답 ④

④ 물질적 풍요와 경제적 안정을 가장 중요한 행복의 기준으로 여긴 것은 산업화 시대에 해당한다. 오늘날에는 사회가 다원화되면서 물질적 풍요보다 정신적 만족을 우선적으로 추구하는 사람들이 늘고 있다.

오답 피하기

① 행복이란 일반적으로 '삶에서 충분한 만족감이나 기쁨을 느끼는 상태'를 의미한다. ② 전쟁이 끊이지 않았던 헬레니즘 시대의 에피쿠로스학파와 스토아학파는 개인적인 마음의 평안을 행복의 기준으로 삼았다. ③ 중세 시대의 사람들은 신의 은총과 선택을 받아 내세에서 신과의 합일을 이루는 것이 영원한 참된 행복이라고 믿었다. ⑤ 시대나 지역에 따라, 그리고 각 지역의 경제적·사회적·정치적 여건에 따라 요구되는 행복의 기준도 다양하게 나타난다.

04 자연환경에 따른 행복의 기준 정답 ①

행복의 기준은 시대적 상황이나 지역적 여건 등에 따라 다르게 나타날 수 있다. ① 제시문을 통해 고대 중국인과 고대 그리스인이 처했던 자연환경의 차이가 당시 행복의 기준에 영향을 끼쳤음을 알 수 있다.

오답 피하기

② 제시문에는 보편적인 행복의 기준이 나타나 있지 않다. ③, ⑤ 일방적으로 개인보다 공동체만을 우선시하거나, 공동체보다 개인만을 우선시하는 것은 바람직하지 않다. 참된 행복을 위해서는 개인과 공동체가 조화를 이루어야 한다. ④ 물질적 가치와 정신적 가치를 조화롭게 충족시킬 때 행복을 실현할 수 있다.

05 시대에 따른 행복의 기준   정답 ③

신문 칼럼에는 우리 사회가 단순히 끼니를 때우는 것만으로 행복을 느끼던 시대에서 벗어나 의미 있는 사람들과 인간적 교류를 나누면서 행복을 느끼는 시대로 변화하였음이 나타나 있다. 이를 통해 행복의 기준은 시대적 상황에 따라 다를 수 있음을 알 수 있다.

❗ 오답 피하기

① 물질적 행복이 정신적 행복보다 항상 더 중요하다고 할 수 없다. ② 물질적 가치가 기본적으로 충족되지 않는다면 행복에 이르기 어렵다. ④, ⑤ 신문 칼럼에 따르면 오늘날에는 경제적 풍요보다 정신적 가치의 추구에서 행복을 느끼는 사람들이 늘고 있으므로 소득이 높은 사람이 항상 더 행복하다고 할 수 없다.

06 행복의 기준   정답 ⑤

제시된 갑과 을을 통해 동일한 상황에 처해 있을 때에도 부정적으로 인식하느냐, 아니면 긍정적으로 인식하느냐에 따라 행복감에 차이가 있을 수 있음을 알 수 있다.

❗ 오답 피하기

① 갑과 을은 객관적인 지표가 아니라 주관적인 요소에 의해 행복이 실현될 수 있음을 보여준다. ②, ③ 갑과 을은 동일 상황에서 서로 다른 판단 기준을 가지고 있으며, 이로 인해 각자가 느끼는 행복감에도 차이가 나타나고 있다. ④ 긍정적으로 생각하고 있는 을과 다르게 갑이 생각하고 있다고 해서 갑이 행복하다고 볼 수는 없다.

07 행복의 보편적 기준   정답 ②

제시된 사례에서 국제 연합이 발표하는 '행복지수'와 경제협력개발기구가 발표하는 '보다 나은 삶 지수'는 공통적으로 행복의 기준으로 적용 가능한 보편적 조건들에 기반하고 있다.

❗ 오답 피하기

①, ⑤ 제시된 두 사례에는 선택의 자유, 관대함, 삶의 만족 등 정신적 측면이 행복의 지표에 포함되어 있으며, 이들 정신적 만족도를 수치화하여 나타내고 있다. ③, ④ 제시된 두 사례는 추상적 행복을 객관적 수치로 나타내기 위해 행복의 기준을 여러 사회에 보편적으로 적용하고 있으며, 각국의 행복지수와 보다 나은 삶 지수를 측정하여 비교하는 것은 가능하다.

08 행복의 기준   정답 ③

제시된 사례에서 이○○씨는 높은 소득을 포기하고 자신이 진정으로 하고 싶은 일을 하면서 행복을 느끼고 있다. 이를 통해 행복에 있어 개인의 주관적 만족감이 중요하다는 것을 알 수 있다.

❗ 오답 피하기

①, ② 행복의 기준은 개인이나 시대에 따라 차이가 있을 수 있다. ④ 이○○씨는 소득이 절반으로 줄었지만 행복감을 느끼고 있다. ⑤ 현재 자신이 처한 환경에 만족하며 충실히 임하고 있다면 현재의 환경에서도 얼마든지 행복을 실현할 수 있다.

09 정약용의 행복론   정답 ④

제시문에는 정약용의 행복론이 나타나 있다. ㄱ. 정약용이 제시한 열복은 관직에 나아가 고위 관리가 되어 부자가 되는 것이다. ㄴ. 정약용이 제시한 청복은 세속적 삶에서 벗어나 자연 친화적 삶을 살면서 여유와 휴식을 누리는 것이다. ㄷ. 열복은 세속적 출세, 청복은 마음이 평화로운 삶과 관련 있다.

❗ 오답 피하기

ㄹ. 정약용은 열복과 청복을 통해 세속의 부귀영화와 청빈한 삶 모두 행복의 기준이 될 수 있다고 보았다.

10 행복에 대한 입장 차이 파악   정답 ⑤

⑤ 갑은 행복 실현의 조건으로 의식주와 같이 물질적 욕구의 기본적인 충족은 시대나 지역을 초월하여 보편적인 것임을 강조하고 있다.

❗ 오답 피하기

① 갑은 행복한 삶을 위해 의식주와 같이 기본적인 삶의 환경 보장이 필요하다고 본다. ② 을은 시대 상황이나 지역 여건에 따라 행복의 기준에도 차이가 있다고 본다. ③, ④ 갑은 보편적이고 객관적인 행복의 기준을 강조하므로 행복을 주관적이라고 보는 을에 비해 행복을 수치화하여 비교할 수 있다고 볼 것이다.

11 행복의 의미   정답 ③

ㄴ, ㄷ. 행복이란 생활에서 충분한 만족과 기쁨을 느껴 흐뭇한 상태를 의미하는 것으로, 대다수의 사람들은 행복을 삶의 궁극 목적으로 추구한다.

❗ 오답 피하기

ㄱ. 진정한 행복은 일시적이고 감각적인 만족이나 즐거움이 아니라, 지속적이고 정신적이며 본질적인 것이다. ㄹ. 행복은 물질적 측면과 정신적 가치를 모두 충족할 때 실현될 수 있다.

12 유교와 도가 사상의 행복론   정답 ③

(가)는 유교 사상, (나)는 도가 사상이다. ③ 삶과 죽음을 모두 고통이라고 보고, 만물의 상호 의존성에 대한 자각을 바탕으로 자비의 실천을 강조하는 것은 불교 사상이다.

❗ 오답 피하기

① 유교에서는 부모에게 효도하고 형제끼리 우애 있게 지내는 것이 인(仁)을 실현하는 가장 근본적인 태도라고 본다. ② 유교에서는 하늘을 인간에게 도덕적 본성을 부여하는 절대적 선(善)의 기준으로 본다. ④ 도가에서는 최고의 선은 물과 같다고 보아, 남과 다투지 않는 부쟁과 항상 낮은 곳을 향하는 겸허의 덕을 갖추고 물과 같은 삶을 살 것을 강조한다. ⑤ 유교에서는 선한 도덕적 본성, 도가에서는 소박하고 자연스런 본성을 인간이 타고난다고 보고, 이를 훼손됨이 없이 보존해야 한다고 본다.

13 불교의 행복론   정답 ①

제시문은 불교 사상의 내용이다. ㄱ. 불교에서는 고통받는 중생을 구제하기 위한 자비를 실천하여 해탈의 경지에 이를 것을 강조한다. ㄴ. 불교에서는 만물이 상호 의존 관계에 있다는 연기설을 강조한다.

❗ 오답 피하기

ㄷ. 불교에서는 '나'를 포함한 모든 것에는 고정된 실체가 없다고 본다. ㄹ. 불교에서는 선한 행동을 실천하면 내세에 보다 행복한 삶을 살게 되고, 악한 행동을 하게 되면 내세에 보다 고통스런 삶을 살게 된다고 보아, 말과 생각과 행동으로 악을 행하지 말 것을 강조한다.

14 서양의 행복론   정답 ①

(가) 정념에 방해받지 않고 초연하게 이성적인 자연의 질서에 따라 살아가는 것이 곧 행복이라고 본 서양 사상은 스토아학파이다. (나) 행복은 곧 쾌락이라고 보고 '최대 다수의 최대 행복'을 추구한 서양 사상은 공리주의이다.

❗ 오답 피하기

②, ⑤ 아리스토텔레스는 행복이 삶의 목적이라고 보았지만, 쾌락이 곧 행복이라고는 보지 않았다. ③, ④ 에피쿠로스는 개인적으로 몸에 고통이 없고 마음에 불안이 없는 상태를 행복이라고 보았으며, '최대 다수의 최대 행복'을 추구하지 않았다.

15 사회적 존재로서의 행복   정답 ④

제시된 신문 칼럼은 봉사나 나눔 등과 같은 가치 있는 행위를 한 후 느끼는 자기만족감에 대한 내용이다. ④ 신문 칼럼은 타인을 도우면서 느끼게 되는 만족감이 자신의 행복 실현에 기여함을 강조하고 있다.

✔ 오답 피하기

① 행복은 현실에서 만족함을 통해 도달할 수 있다. ② 신문 칼럼은 타인의 행복을 돕는 활동이 나의 행복에도 기여한다는 내용이다. ③ 신문 칼럼은 물질적 가치가 아닌 정신적 만족감에 의한 행복을 얘기하고 있다. ⑤ 신문 칼럼은 인간이 도덕적, 사회적 존재로서 느낄 수 있는 행복에 대해 얘기하고 있다.

16 아리스토텔레스의 행복론   정답 ④

그림의 강연자는 아리스토텔레스이다. ㄱ. 아리스토텔레스는 행복을 인간 삶의 궁극 목적이라고 보았다. ㄴ. 아리스토텔레스는 행복을 덕과 일치하는 정신(영혼)의 활동이라고 보았다. ㄷ. 아리스토텔레스는 식물은 동물의 생존을 위해서, 동물은 인간의 생존을 위해서 존재한다고 보아, 인간은 자신의 생존과 행복을 위해 동물과 식물을 자원으로 활용할 수 있다고 보았다.

✔ 오답 피하기

ㄹ. 신앙으로 영원하고 완전한 존재인 신과 하나가 되어야만 참된 행복에 이를 수 있다고 본 것은 중세 시대의 그리스도교 사상과 관련 있다.

17 에피쿠로스의 행복론   정답 ②

제시문을 주장한 사상가는 에피쿠로스이다. ㄱ, ㄷ. 에피쿠로스는 몸에 고통이 없고 마음에 불안이 없는 아타락시아 상태를 최고의 행복이라고 보았으며, 이러한 평정심에 이르기 위해서는 이성적 숙고가 필요하다고 보았다.

✔ 오답 피하기

ㄴ. 에피쿠로스는 단기적이고 육체적인 쾌락보다는 지속적이고 정신적인 쾌락을 추구하였다. ㄹ. 에피쿠로스는 당장의 쾌락을 위한 행동이 더 큰 고통을 초래하는 경우가 있음을 지적하면서 무엇이 추구할 만한 쾌락인지를 신중하게 생각해 볼 것을 강조하였다.

18 동양의 행복론

(1) 도가
(2) **모범 답안** ㉠ 인(仁)을 실현하는 것, ㉡ 해탈의 경지에 이르는 것

채점 기준	구분
도가를 정확히 쓰고, ㉠과 ㉡에 들어갈 내용을 모두 옳게 서술한 경우	상
도가를 정확히 쓰고, ㉠과 ㉡에 들어갈 내용 중 어느 하나만을 옳게 서술한 경우	중
단순히 '도가'만을 쓴 경우	하

19 서양의 행복론

(1) 아리스토텔레스, ㉠ 행복
(2) 에피쿠로스, ㉡ 육체에 고통이 없고 마음에 불안이 없는 상태

채점 기준	구분
갑, 을 사상가들의 이름을 정확히 쓰고, ㉠, ㉡에 들어갈 내용을 모두 옳게 서술한 경우	상
갑, 을 사상가들의 이름을 정확히 쓰고, ㉡에 들어갈 내용만을 옳게 서술한 경우	중
갑, 을 사상가 둘 중 한 명의 이름만 쓰고, ㉠에 들어갈 단어만 옳게 쓴 경우	하

01 ①	02 ②	03 ①	04 ②	05 ③	06 ④
07 ①	08 ①	09 ②	10 ④	11 ①	12 ③
13 ①	14 ②	15 ②	16 ③		

01 행복의 기준   정답 ①

제시문을 살펴보면 중세에는 종교적 절대자나 군주의 뜻에 대한 순응, 근대에는 물질적 기반 확보와 인권 보장, 현대에는 개인의 주관적 만족감 등 시대적 상황에 따라 행복의 기준이 다르게 나타나 있다.

✔ 오답 피하기

② 행복의 기준은 시대적 상황뿐만 아니라 지역적 여건에 따라서도 다르게 나타날 수 있다. ③ 오늘날에는 행복의 기준으로 자신이 부여한 삶의 가치와 심리적 만족감 등 주관적인 평가와 만족감이 중시되고 있다. ④ 의식주와 관련된 기본적 욕구가 충족되지 않는다면 행복을 느끼기 어렵다. ⑤ 오늘날 적용 가능한 행복의 기준으로 적절하지 않다.

02 행복한 삶의 기준   정답 ②

신문 칼럼에서는 마실 물이 부족한 지역에서는 깨끗한 물과 풍족한 음식이, 전쟁이 발생한 지역에서는 평화가, 민주주의가 아직 실현되지 않은 국가에서는 정치적 자유가 행복한 삶을 위한 기준이 될 수 있음을 주장하고 있다. 이를 통해 행복의 기준은 지역 여건에 따라 다양하게 나타날 수 있음을 알 수 있다.

✔ 오답 피하기

① 신문 칼럼은 같은 시대에서도 지역 여건의 영향을 받아 행복의 기준에 차이가 있을 수 있음을 나타낸 것으로, 시대적 상황에 따른 행복의 기준과는 거리가 멀다. ③, ④ 신문 칼럼은 개인이 처해 있는 환경에 따라 행복의 기준은 각기 다르게 적용될 수 있다는 내용이다. ⑤ 신문 칼럼에서 행복의 기준 중 하나로 제시한 정치적 자유 등은 정신적 가치에 해당한다.

03 유교 사상에서 행복 실현을 위한 태도   정답 ①

제시문은 대동 사회를 이상적으로 제시한 유교 사상의 입장이다. ① 유교 사상에서는 행복 실현을 위해 개인의 인격 수양뿐만 아니라 어진 마음을 바탕으로 사회적 약자를 보살펴야 함을 강조한다.

✔ 오답 피하기

② 제시문에는 사람들이 자기 부모나 자식만을 친애하지 않는다고 나타나 있다. ③ 도가 사상에서 강조하는 행복 실현을 위한 태도이다. ④ 유교 사상에서는 자신만의 이익을 추구해야 한다고 보지 않는다. ⑤ 유교 사상에서는 도움을 필요로 하는 모든 사람들에게 혜택을 제공해야 한다고 본다.

04 디오게네스의 행복한 삶   정답 ②

제시문에는 디오게네스와 알렉산드로스 대왕의 사례가 나타나 있다. ② 자신의 삶의 환경에 만족하고 있는 디오게네스의 모습을 통해 물질적으로 풍요롭지 않아도 행복한 삶을 살아갈 수 있음을 알 수 있다.

✔ 오답 피하기

①, ③ 디오게네스는 권력이나 명예, 경제적 여유와 같은 세속적이고 물질적인 조건이 갖추어져 있지 않아도 스스로 만족하는 삶을 살고 있다. ④ 디오게네스는 따뜻한 햇볕을 쬐는 것을 행복이라고 여기고 있으므로 외부의 요인과는 전혀 관계없다고 할 수 없다. ⑤ 디오게네스는 스스로 만족하고 있는 것이지, 타인과 자신을 비교하고 있지 않다.

05 도가 사상에서의 행복   정답 ③

제시문 (가)의 관점은 도가 사상의 입장이다. ③ 인위적인 욕망을 줄이고 자연의 흐름에 따르는 무위자연(無爲自然)의 삶을 강조하는 도가 사상의 입장에서는 〈문제 상황〉의 A에게 헛된 욕망을 충족하고자 하는 과도한 욕심을 버리고 자연스런 자신의 모습에 만족해야 한다고 조언할 것이다.

06 소크라테스의 행복   정답 ④

그림의 강연자는 소크라테스이다. ④ 소크라테스는 참된 앎과 덕과 행복이 하나로 합치된다는 지덕복 합일설을 주장하면서, 참된 앎에 이르러야만 행복한 삶을 살 수 있다고 보았다.

! 오답 피하기

①, ⑤ 소크라테스는 참된 앎을 깨닫기 위해서는 먼저 무지를 자각해야 한다고 보았으며, 덕이 무엇인지 알아야 덕을 갖출 수 있고 덕을 갖춘 훌륭한 사람이 되어야 행복하게 살 수 있다고 주장하였다. ②, ③ 소크라테스는 이성적 성찰을 통해 올바른 영혼을 지녀야 훌륭하고 행복한 삶을 살 수 있다고 보았다.

07 고대 그리스 시대의 행복에 대한 기준   정답 ①

제시된 그림의 스승은 고대 그리스 시대의 사상가인 아리스토텔레스이다. ① 아리스토텔레스는 행복을 철학이라는 지적 활동을 통해 얻는 것이라고 보았으며, 인간에게만 있는 고유한 이성의 기능을 발휘하여 지혜와 덕을 얻을 때 행복에 이를 수 있음을 강조하였다.

! 오답 피하기

②, ③ 세속적 가치나 감각적 쾌락을 추구하는 삶은 아리스토텔레스의 입장과 거리가 멀다. ④, ⑤ 아리스토텔레스는 인간은 공동체 속에서만 인간다운 삶을 살 수 있다고 보아, 공동체의 이익과 친밀한 인간관계를 중시하였다.

08 아리스토텔레스의 행복론   정답 ①

제시문을 주장한 사상가는 아리스토텔레스이다. ① 아리스토텔레스는 인간이 추구해야 할 궁극적 목적으로서의 최고선은 행복이라고 보았다.

! 오답 피하기

②, ④ 아리스토텔레스는 인간의 고유한 기능인 이성의 활동으로 행복에 이를 수 있다고 보았다. ③ 아리스토텔레스는 인간이 행복해지기 위해서는 반드시 덕을 갖추어야 한다고 보았다. ⑤ 아리스토텔레스는 부와 명예가 아니라 이성적 관조 활동을 통해 최고의 행복을 누릴 수 있다고 보았다.

09 에피쿠로스의 행복론   정답 ②

제시된 가상 편지를 쓴 고대 서양 사상가는 에피쿠로스이다. ㄱ. 에피쿠로스는 몸의 고통과 마음의 불안이 모두 소멸된 상태인 아타락시아를 가장 이상적인 상태로 추구하였다. ㄷ. 에피쿠로스는 행복한 삶을 위해서는 이성적 사고로 필수적인 욕구와 불필요한 욕구를 분별하고 절제해야 한다고 보았다.

! 오답 피하기

ㄴ. 에피쿠로스는 사려 깊음과 정의로움을 갖추어야만 평정심을 유지할 수 있다고 보았다. ㄹ. 에피쿠로스는 고통의 부재가 곧 쾌락이며, 육체적·감각적 쾌락보다는 정신적 쾌락을 추구해야 한다고 보았다.

10 행복에 대한 에피쿠로스의 입장   정답 ④

제시문을 주장한 사상가는 에피쿠로스이다. ④ 에피쿠로스는 몸과 마음에 고통이 없는 진정한 행복을 위해서는 검소하고 절제하는 삶이 필요하다고 보았다.

! 오답 피하기

①, ② 에피쿠로스는 진정한 행복을 얻기 위해서는 필수적인 욕구와 그렇지 않은 욕구를 분별하여 필수적이지 않은 욕구를 제거하고 필수적인 욕구는 최소한으로 충족해야 한다고 보았다. ③, ⑤ 에피쿠로스는 욕구의 충족이 아니라 고통의 제거를 통해 진정한 행복을 이룰 수 있다고 보았다.

11 행복에 대한 다양한 입장   정답 ②

갑은 아리스토텔레스, 을은 에피쿠로스이다. ② 아리스토텔레스는 행복을 실현하기 위해서는 반드시 덕이 필요하다고 보았다.

! 오답 피하기

① 아리스토텔레스는 행복은 덕에 따르는 정신(영혼)의 활동이라고 보았다. ③ 에피쿠로스는 모든 감각적인 욕망을 제거해야만 행복을 실현할 수 있다고 보지 않았다. ④ 에피쿠로스는 몸에 고통이 없고 마음이 평온한 상태를 행복으로 보았다. ⑤ 아리스토텔레스와 에피쿠로스 모두 쾌락의 최대 충족을 통해 행복이 달성되는 것이라고 보지 않았다.

12 행복과 도덕에 대한 칸트의 입장   정답 ③

제시문을 주장한 사람은 칸트이다. ③ 칸트는 인간이라면 누구나 마땅히 따라야만 하는 도덕적 의무에 따라 행동해야 한다고 보았다.

! 오답 피하기

① 칸트는 자연적 경향성이나 욕구에 따르는 행위가 아니라 오로지 의무 의식에 따라 그 자체로 옳은 것을 실천하는 행위를 도덕적 행위라고 보았다. ②, ④ 칸트는 행위의 결과보다 행위의 동기를 중시하였다. ⑤ 칸트는 의무를 이행해야 할 때에는 자신의 행복을 고려하지 말아야 한다고 보았다.

개념노트 | 서양에서의 행복	
아리스토텔레스	• 행복은 모든 것 중에서 가장 바람직하고, 여러 선(善) 중에서 최고의 선임 • 행복은 인간의 모든 행위와 인간 삶의 궁극적인 목적임 • 행복해지기 위해서는 인간이 가진 이성의 기능을 탁월하게 발휘하여 덕을 실현해야 함
에피쿠로스	• 육체에 고통이 없고 마음에 불안이 없는 평온한 상태. 즉 평정심이 가장 이상적인 행복임 • 욕구의 충족을 통해서가 아니라 불필요한 욕구를 제거함으로써 주어지는 쾌락이 참된 쾌락임 • 행복해지기 위해서는 자연적이고 필수적인 욕구만을 최소한으로 충족하며 절제된 삶을 살아야 함
스토아학파	철저한 이성적 사고로 금욕적 생활을 통해 정념에 지배받지 않고 초연하게 자연의 질서에 따라 사는 것이 행복임
칸트	인간으로서 마땅히 지켜야 할 도덕 법칙을 실천하는 사람이 행복을 누릴 자격이 있다고 봄
벤담	쾌락의 충족이 곧 행복임 → '최대 다수의 최대 행복'을 추구하는 공리의 원리에 따라 더 많은 쾌락을 가져다주는 행위가 옳고 바람직한 행위라고 봄

13 행복의 의미   정답 ①

제시문에는 질적 공리주의자인 밀의 입장이 나타나 있다. ① 제시문은 저급한 존재일수록 감각적 쾌락을 좇아 향유하며 쉽게 만족을 느끼지만, 지성과 상상력 등 고등 능력을 지닌 존재일수록 존엄감을 지키는 보다 높은 수준의 삶의 방식으로 행복을 얻을 수 있다고 강조하고 있다.

②, ③, ⑤ 밀은 육체적 쾌락보다는 정신적 쾌락이 더 우월하다고 보고, 인간은 정신적 행복을 추구할 것을 강조하였다. ④ 밀은 삶의 질적 수준을 높일수록 행복이 실현될 수 있다는 입장이다.

14 진정한 행복의 의미　　　　　정답 ②

신문 칼럼에는 자신도 경제적으로 풍요롭지 않음에도 불구하고 이웃을 위해 전 재산을 기부한 할머니의 사례가 나타나 있다. ㄴ. 신문 칼럼에서 강조하는 행복이란 어려운 처지에 있는 사람들을 도와줄 때 느끼는 만족감이라고 할 수 있다.

ㄱ. 신문 칼럼에서 할머니는 물질적 조건이 비록 풍족하지 못하다 해도 남에게 베푸는 삶을 통해 행복을 느끼고 있다. ㄷ. 신문 칼럼에서 할머니는 어려운 아이들을 위해 기부를 할 수 있어서 행복하다고 말하고 있다. 인간다운 삶을 영위할 수 있고 자신보다 어려운 타인을 도울 수 있도록 최소한의 경제적 요인이 갖추어져 있어야 행복을 느낄 수 있으므로 경제적 요인이 행복한 삶에 아무런 영향을 끼치지 못한다고 할 수 없다.

15 시대와 지역에 따른 행복의 기준　　　　　정답 ②

(가)는 시대의 변화에 따라 행복의 기준이 달라질 수 있다는 내용이고, (나)는 지역의 환경에 따라 행복의 기준이 달라질 수 있다는 내용이다.

① 산업화 시대에는 경제적 가치가 행복의 기준이 될 수 있다. ③ 식수 및 일조량 확보는 행복의 기준 중 자연환경적 요인이다. ④ 자연환경은 행복의 기준에 영향을 줄 수 있다. ⑤ 공간적 관점에서 행복의 기준을 바라보는 것은 (나)에 해당한다.

16 행복의 의미　　　　　정답 ③

③ 제시된 대화에서 스승은 진정한 행복이란 물질적 가치와 정신적 가치 중 어느 한 가지만 추구한다고 실현되는 것이 아니라, 두 가지를 조화롭게 추구할 때 실현될 수 있음을 강조하고 있다.

①, ⑤ 스승은 물질적으로 풍요롭더라도 정신적 만족감이 떨어진다면 진정으로 행복하다고 할 수 없다고 본다. ② 스승은 타인을 배려하며 느끼는 보람과 만족감이 행복 실현을 위해 필요하다고 본다. ④ 스승은 개인의 모든 욕망을 제거해야만 행복을 실현할 수 있다고 주장하고 있지 않다.

개념노트 | 진정한 행복을 위한 노력

물질적 가치와 정신적 가치의 조화	물질적 욕망을 인정하고 절제하면서 정신적 가치를 함께 조화롭게 추구해야 함
의미 있는 목표의 설정과 추구	삶에서 의미 있는 목표를 설정하고 이를 달성하고자 노력하면서 자아실현에 힘써야 함
개인적 측면과 사회적 측면의 고려	개인이 느끼는 주관적 만족감과 사회 구성원으로서 누리는 사회적 여건을 함께 고려하고 중시해야 함
자신의 삶에 만족하고 성찰하는 태도	자신이 처해 있는 삶의 조건을 남과 비교하지 않고 인정하면서 자기 삶에 대해 성찰하는 자세가 필요함

02　행복한 삶을 실현하기 위한 조건

STEP 1 내신 다지기　　　　　본문 ○ 032~035쪽

01 ③	02 ⑤	03 ③	04 ③	05 ③	06 ②
07 ④	08 ②	09 ⑤	10 ⑤	11 ④	12 ⑤
13 ⑤	14 ③	15 ④	16~17 해설 참조		

01 행복한 삶을 실현하기 위한 조건　　　　　정답 ③

③ 행복한 삶을 실현하기 위해서는 자신의 이익만을 최우선시하는 자세보다는 사회적 약자의 고통에 공감하고 공동체의 행복을 함께 추구하려는 자세가 필요하다.

①, ②, ④, ⑤ 질 높은 정주 환경 조성, 삶의 질을 유지하기 위한 경제적 안정, 시민 참여가 활성화되는 민주주의 발전, 도덕적 실천을 하는 태도는 모두 행복한 삶을 실현하기 위한 조건에 해당한다.

02 질 높은 정주 환경의 조건　　　　　정답 ⑤

⑤ 토지 가격이 가장 비싼 곳에 위치한 초호화 아파트는 질 높은 정주 환경 조성을 위해 반드시 필요한 요소로 보기 어렵다.

①, ②, ③, ④ 질 높은 정주 환경을 조성하기 위해서는 안락하고 편안한 주거 공간과 문화, 예술, 체육 활동을 누릴 수 있는 다양한 공간이 필요하며, 교육과 의료 혜택을 누릴 수 있고 편리한 교통과 통신 시설이 마련되어 있어야 한다.

03 정주 환경의 의미와 필요성　　　　　정답 ③

㉠에 들어갈 말은 '정주 환경'이다. ③ 정주 환경은 인간의 행복과 긴밀한 관련을 맺으며 큰 영향을 미치기 때문에 단순한 물리적 환경 이상의 의미를 지닌다.

① 정주 환경은 인간의 지각, 정서, 태도에 영향을 미쳐 특정 장소에 정서적 유대감을 느끼게 한다. ② 정주 환경은 거주하는 사람들의 기억과 역사를 담고 있는 저장고의 역할을 한다. ④ 전통 사회에서는 정주 환경을 정할 때 지리, 생리, 인심, 산수를 중시하였는데, 이중 지리는 풍수지리적인 명당을 의미한다. ⑤ 오늘날에는 질 높은 정주 환경의 조성을 위해 문화, 예술, 체육, 복지 시설 등을 확충하려고 노력한다.

04 택리지에서 강조하는 정주 환경의 조건　　　　　정답 ③

이중환의 택리지에서는 질 높은 정주 환경의 조건으로 지리, 생리, 인심, 산수 네 가지를 제시하면서 이 네 가지 조건이 복합적으로 조화를 이루어야 한다고 보았다. ㄴ. 생리(生利)는 그 땅에서 생겨나는 이익을 의미한다. ㄷ. 인심(人心)은 넉넉하고 좋은 인간의 마음, 즉 이웃 간의 따뜻한 정을 의미한다.

ㄱ. 지리(地理)는 풍수지리적 명당을 의미한다. ㄹ. 산수(山水)는 유려하고 빼어난 경치를 의미한다.

05 행복한 삶을 위한 조건　　　　　정답 ③

제시문은 행복한 삶을 위한 조건으로 질 높은 정주 환경, 경제적 안정, 민

주주의 발전, 도덕적 실천을 제시하고 있다. ㄴ. 도덕적 실천, ㄷ. 질 높은 정주 환경은 행복한 삶을 위해 필요하다.

! 오답 피하기

ㄱ. 물질적 가치를 기반으로 정신적 가치를 함께 추구해야 하므로 소득 수준과 삶의 질은 무관하지 않다. ㄹ. 행복한 삶을 실현하기 위해서는 시민의 정치 참여를 자유롭게 보장해야 한다.

06 행복한 삶과 경제적 안정 정답 ②

제시문은 유교 사상가인 맹자의 주장이다. ② 맹자는 경제적으로 안정되어야만 백성들의 도덕적 삶도 가능하다고 보아, 통치자는 백성의 경제적 안정을 가장 먼저 신경 써야 한다고 보았다.

! 오답 피하기

①, ③, ④, ⑤ 모두 행복한 삶을 실현하기 위한 조건에 해당하지만, 제시문에서 강조하고 있는 내용과는 거리가 멀다.

07 경제적 안정과 행복의 관계 정답 ④

(가)는 국가의 소득 수준이 높아질수록 이에 비례하여 국민의 행복 수준도 높아진다고 보는 입장이며, (나)는 소득이 행복과 관련이 있지만 소득이 일정 수준을 넘어서게 되면 삶에 대한 만족감은 소득 수준에 비례하여 증가하지 않는다고 보는 입장이다.

! 오답 피하기

①, ② (가)는 소득이 낮을 때보다 소득이 높을 때 더 행복하다고 보는 입장으로, 물질적 풍요가 행복에 상당히 큰 영향을 끼친다고 본다. ③, ⑤ (나)는 소득이 높아질수록 삶에 대한 만족감이나 행복 수준이 지속적으로 낮아지거나 높아진다고 보지 않는다.

08 행복한 삶을 실현하기 위한 조건 정답 ②

행복한 삶을 실현하기 위한 조건으로는 크게 질 높은 정주 환경, 경제적 안정, 민주주의 발전, 도덕적 실천을 들 수 있다. 갑. 행복한 삶을 실현하기 위해서는 자신의 행복뿐만 아니라 타인의 행복에도 관심을 갖고 상대방의 입장이나 처지에서 생각해보는 역지사지의 마음가짐을 함양해야 한다. 병. 정부는 국민이 기본적인 삶의 조건을 충족하고 삶의 질을 유지할 수 있도록 일정 수준 이상의 소득을 뒷받침하는 경제적 안정을 이루기 위해 힘써야 한다.

! 오답 피하기

을. 민주 국가에서 국민 각자가 자신의 정치적 의사를 자유롭게 표현하고 추구할 때 삶에 대한 만족감과 행복감을 느낄 가능성이 높다. 정. 정부는 질 높은 정주 환경을 조성하기 위해 단순히 저렴한 주택 공급에만 매진할 것이 아니라, 국민의 쾌적한 주거 생활 보장에 필요한 다양한 시설들을 확충해야 한다.

09 국민 행복 증진을 위한 정책의 필요성 정답 ⑤

⑤ 제시문을 주장한 사람은 개인의 행복한 삶을 불가능하게 하는 기근은 합당한 정부 정책 및 제도에 의해 해결될 수 있으며, 정부 정책 및 제도는 개인의 행복한 삶에 중요한 영향을 미칠 수 있음을 강조하고 있다.

! 오답 피하기

①, ② 제시문에서는 소득이 일정한 수준에 도달하면 더 이상 소득이 증가하더라도 행복이 증진되지는 않는다고 주장하고 있다. ③ 제시문에서는 정부가 국민의 복지에 관심을 두고 기근 방지를 위해 합당한 식량 정책을 갖추어야 한다고 주장하고 있다. ④ 삶의 기본적 욕구가 충족되지 않으면 행복을 실현하기 어렵다.

10 민주주의의 특징 정답 ⑤

㉠에 들어갈 말은 '민주주의'이다. ⑤ 민주주의는 시민이 자발적이고 적극적으로 정치에 참여하는 민주적 정치 문화를 중시한다.

! 오답 피하기

①, ③ 민주주의는 국민의, 국민에 의한, 국민을 위한 정치를 지향하며, 이를 위해 두 개 이상의 정당을 두어 국민의 다양한 의사를 정치 과정에 반영하고자 한다. ②, ④ 민주주의는 의회가 법률을 제정하고, 행정부가 법률을 집행하며, 사법부가 법률을 판단하게 하는 권력 분립 제도로 국가 권력이 국민의 기본권을 함부로 침해하지 못하고 보장하도록 한다.

11 정치 참여를 통한 민주주의의 실현 정답 ④

제시된 신문 칼럼에서는 독재 정권인 A국과 민주주의 국가인 B국의 사례를 비교하면서 이를 통해 행복한 삶을 위한 조건으로 시민들의 정치 참여가 보장되는 민주주의 체제 실현이 필요함을 강조하고 있다.

! 오답 피하기

①, ②, ③, ⑤ 획일적인 분배 제도의 실시, 절대 권력의 확립, 사유 재산 금지 법률 마련, 권위주의 문화의 확산은 모두 행복한 삶을 실현하기 위해 필요한 조건과는 거리가 멀다.

12 정치 참여의 다양한 방법 정답 ⑤

⑤ 자신의 삶을 도덕적으로 성찰하기 위해 명상을 하는 것은 도덕적 실천을 위한 노력에 해당하며, 민주주의의 실현을 위한 시민 참여의 구체적 사례로는 적절하지 않다.

! 오답 피하기

① 선거 등에서 투표권을 행사하는 것은 민주주의 사회에서 시민의 가장 기본적인 정치 참여 방법이다. ② 정당에 가입하여 활동하면서 자신이 직접 후보자로 입후보하는 것, ③ 시민 단체에 가입하여 활동하는 것, ④ 집회에 참석하는 것은 모두 정치 참여의 다양한 방법에 해당한다.

13 시민 참여의 필요성 정답 ⑤

ㄷ. 시민들의 적극적인 정치 참여는 국가 세금의 불필요한 낭비 등을 막아 시민의 권익을 보호하고 공동체의 이익을 증진할 수 있다. ㄹ. 시민들이 자발적으로 정치에 참여하여 스스로의 문제들을 해결하는 데 기여하게 되면 삶에 대한 만족감과 행복 지수가 높아질 수 있다.

! 오답 피하기

ㄱ. 정치적 무관심은 시민의 참여가 저조할 때 확산된다. ㄴ. 시민의 참여는 진정으로 국민의 여론이 반영된 정책의 산출을 원활하게 한다.

14 도덕적 성찰 정답 ③

㉠에 들어갈 말은 '도덕적 성찰'이다. 도덕적 성찰은 자신의 언행에 부족함이나 잘못이 없는지 반성하고 살펴서 바로잡도록 한다.

! 오답 피하기

① 준법 정신은 정해진 법을 지키려는 마음이고, ② 도구적 이성은 목적을 위한 수단으로 이성을 사용하여 인간 및 자연을 지배하기 위해 이성이 도구화되어 버린 상태를 의미하는 것으로, 제시된 을에게 부족하다고 볼 수 없다. ④, ⑤ 도덕적 성찰이 없다면 근면 성실한 태도와 권위에 대한 복종심도 제시된 을의 경우와 같이 악행으로 이어질 수 있다.

15 도덕적 성찰과 도덕적 실천 정답 ④

(가)에는 하루에 세 번 반성하는 일일삼성(一日三省)의 자세가 나타나 있다. ㄴ. (가)는 친구와는 신의, 즉 믿음과 의리를 가지고 사귀어야 하며,

남을 돕는 데 정성을 다할 것을 중시하고 있다. ㄹ. 도덕적 성찰과 실천에 있어서는 상대방의 입장이나 처지에서 생각해보는 역지사지의 마음이 필요하다.

오답 피하기

ㄱ. 이익보다는 옳음을 우선시하며 추구해야 한다. ㄷ. 도덕적 실천을 통해 개인적인 자존감과 행복감을 높일 수 있다.

16 행복한 삶을 실현하기 위한 조건

갑 : 질 높은 정주 환경, 을 : 경제적 안정

채점 기준	구분
질 높은 정주 환경과 경제적 안정을 각각 옳게 쓴 경우	상
질 높은 정주 환경과 경제적 안정 중 어느 하나만을 옳게 쓴 경우	하

17 행복한 삶의 조건

⑴ 경제적 안정, 민주주의 발전
⑵ **모범 답안** 선거에서 투표권을 행사한다, 정당이나 시민 단체에 가입하여 활동한다 등

채점 기준	구분
경제적 안정과 민주주의 발전 두 가지를 정확히 쓰고, 시민 참여에 해당하는 구체적 사례를 적절하게 서술한 경우	상
경제적 안정과 민주주의 발전 중 한 가지만을 정확히 쓰고, 시민 참여에 해당하는 구체적 사례를 적절하게 서술한 경우	중
행복한 삶을 실현하기 위한 조건과 시민 참여에 해당하는 구체적 사례 중 어느 하나만을 적절하게 서술한 경우	하

STEP 2 1등급 도전하기　　　　본문 ○ 036 ~ 039쪽

01 ④	02 ④	03 ①	04 ④	05 ③	06 ⑤
07 ①	08 ⑤	09 ④	10 ④	11 ⑤	12 ⑤
13 ①	14 ①	15 ⑤	16 ③		

01 택리지에서 강조하는 가거지의 요소　　　정답 ④

(가)는 풍속을 가리지 아니하면 근심이 있다는 표현에서 인심(人心)임을, (나)는 땅이 기름진 것과 사람이 모여들어서 물자를 서로 바꿀 수 있다는 표현에서 생리(生利)임을 알 수 있다.

오답 피하기

①, ② 산수는 주변의 산과 물이 아름다운 경관을 이루고 있는지를 고려하는 것이다. ③, ⑤ 지리는 지역이 풍수지리적으로 명당인지를 고려하는 것이다.

02 경제적 안정과 행복한 삶　　　정답 ④

제시문은 유교 사상가인 맹자의 주장으로, 제시문을 통해 국가가 백성들의 경제적 안정을 보장해 주어야 한다는 것을 추론할 수 있다.

오답 피하기

①, ③ 제시문은 민주적 제도를 통한 통치자 선출이나 풍속이 좋은 곳에 삶의 터전을 마련할 것을 강조하고 있지 않다. ②, ⑤ 제시문은 물질적으로 안정된 삶을 살 수 있어야 도덕적이고 행복한 삶도 가능하다고 보아, 백성의 생업 보장에 가장 먼저 힘써야 한다는 입장이다.

03 민주주의와 행복의 관계　　　정답 ①

그림의 강연자는 국민의 정치 참여가 단순히 대표자를 선출하는 데 그쳐야 한다고 보지 않으며, 선출된 대표의 정치 활동을 지속적으로 감시하는 활동 등을 꾸준히 할 필요가 있음을 주장하고 있다.

오답 피하기

②, ③ 민주주의가 성숙할수록 국민이 삶에 대해 만족할 가능성이 높다고 보고, 이를 위해 국민은 정책 입안 과정, 공청회 등에 직접 참여하여 다양한 의견을 표현할 수 있어야 함을 강조하고 있다. ④, ⑤ 강연자는 선거를 통해 선출된 대표가 국민의 의견을 충분히 반영하지 못할 경우, 사회 문제에 효과적으로 대처할 수 없음을 지적하면서, 이러한 대의 민주주의의 한계를 보완하기 위해 국민의 직접 참여가 필요하다고 보고 있다.

04 윤리적 성찰에 대한 소크라테스의 입장　　　정답 ④

제시된 가상 편지를 쓴 고대 서양 사상가는 소크라테스이다. ④ 소크라테스는 성찰을 통해 자신의 영혼을 돌보지 않는 사람은 결코 행복을 실현할 수 없다고 주장하면서 도덕적 성찰을 강조하였다.

오답 피하기

① 성찰이란 윤리적 관점에서 자신의 생각과 행동을 돌아보고 반성하는 것을 의미한다. ②, ⑤ 소크라테스는 행복한 삶은 참된 앎에 이른 유덕한 사람만이 누리는 것이라고 보았다. ③ 소크라테스는 세속적인 부와 명예를 추구하는 것과 영혼을 최상으로 가꾸는 것은 서로 별개라고 보았다.

05 정주 환경의 의미　　　정답 ③

㉠에 들어갈 말은 '정주 환경'이다. ㄴ. 정주 환경은 사람이 일정한 장소에서 살아가기에 필요한 환경이자 우리가 자리 잡고 살아가는 터전을 둘러싼 환경을 의미한다. ㄷ. 정주 환경은 좁게는 주거 환경에서부터 넓게는 문화, 여가, 자연환경 등 일상생활의 전 영역을 광범위하게 일컫는 말이다.

오답 피하기

ㄱ. 정주 환경은 주거 환경과 같은 물리적 환경 그 이상의 의미를 갖는 것으로 사람의 지각, 태도, 감정에 영향을 미쳐 우리에게 특정한 장소에 정서적 유대감을 느끼게 만들기도 한다. ㄹ. 장소 혹은 공간은 그곳에서 살아가는 사람들의 기억과 역사를 담고 있는 저장고로서 인간의 행복과 긴밀한 관련을 맺는다.

06 소득과 행복의 관계　　　정답 ⑤

제시문은 소득의 증가와 행복의 증대가 관련 있음은 인정하지만, 소득이 일정 수준에 도달한 이후에는 소득이 증가해도 행복감은 변하지 않고 정체되어 나타남을 설명하고 있다. 이를 통해 소득이 계속 증가한다고 해서 반드시 더 행복한 것은 아님을 추론할 수 있다.

오답 피하기

①, ② 제시문은 일정 수준 이전까지는 소득의 증가가 행복의 증대를 가져올 수 있음을 인정하고 있다. ③, ④ 제시문은 일정 수준 이상으로 소득을 가지게 되면 소득이 증가해도 행복감은 변하지 않는다고 주장하고 있다.

07 우리나라의 민주적 제도　　　정답 ①

① 민주주의는 국민의 자유와 기본권을 보장하기 위해 국가 기관이 서로 견제와 균형을 이루도록 하는 권력 분립 제도를 시행한다.

오답 피하기

② 국회의원과 대통령 모두 국민이 직접 선출한다. ③ 국회가 의결한 법률안에 대해 대통령은 거부권을 행사할 수 있다. ④ 우리나라는 국민의 다양한 의사를 반영할 수 있도록 두 개 이상의 정당을 두는 복수 정당제를 채택하고 있다. ⑤ 국가의 의사를 결정하는 최고 권력인 주권은 국민에게 있다.

08 행복의 조건 파악 정답 ⑤

칼럼에서는 봉사 활동에 참여한 사람들이 봉사 활동 후 행복감을 느꼈다는 점을 강조한다. 이를 통해 타인을 배려하는 마음의 실천이 행복한 삶을 가능하게 한다는 것을 추론할 수 있다.

❗ 오답 피하기

①, ②, ④ 칼럼은 다른 사람과의 비교나 물질적 풍요, 욕망의 추구를 통해서가 아니라, 타인을 위한 봉사 활동을 통해 행복을 얻을 수 있다는 내용이다. ③ 칼럼은 봉사 활동이라는 도덕적 실천은 남을 행복하게 할 뿐만 아니라 우리 자신도 행복하게 한다고 주장하고 있다.

09 윤리적 성찰과 실천의 중요성 정답 ④

제시문에서는 바람직한 삶에 대한 윤리적 성찰과 실천이 행복한 삶의 핵심임을 밝히고 있다. 즉 행복한 삶을 위해서는 의식주가 어느 정도 충족되어야 하지만, 윤리적 삶에 대한 성찰과 도덕적 실천이 있어야만 진정한 행복이 가능하다고 본다.

❗ 오답 피하기

①, ②, ⑤ 제시문에서는 질 높은 정주 환경이나 경제적 풍요로움, 의식주에 대한 욕구 충족보다 바람직한 삶에 대한 숙고와 인간으로서 마땅히 행해야 할 도리를 강조하고 있다. ③ 공자는 예를 따라야만 진정한 인간다움과 행복한 삶을 실현할 수 있다고 보았으며, 강연자는 공자의 가르침을 되새길 것을 강조하고 있다.

10 행복한 삶을 실현하기 위한 조건 정답 ④

ㄴ. A국 국민의 행복한 삶을 위해서는 시민이 정치 과정에 자유롭게 참여할 수 있는 민주주의의 실현이 필요하다. ㄹ. B국의 청년층과 노년층 모두 경제적 안정을 행복의 중요한 요소로 여기고 있다.

❗ 오답 피하기

ㄱ. A국은 ○○국으로부터 독립하였으므로 국가의 주권은 회복하였으나, 민주주의의 실현을 필요로 하고 있다. ㄷ. B국의 노년층은 안정된 복지 정책과 같은 사회 제도의 필요성을 인식하고 있다.

11 행복한 삶을 위한 조건 정답 ⑤

(가)는 도가 사상, (나)는 에피쿠로스학파의 사상이다. ⑤ (가), (나)는 공통적으로 지나친 욕구를 절제하여 검소하게 생활해야 함을 강조하고 있다. 이를 통해 경제적으로 풍요롭지 않아도 행복한 삶을 살 수 있음을 알 수 있다.

❗ 오답 피하기

①, ②, ③, ④ (가), (나)는 모두 행복한 삶을 위해 사회적 존경을 추구하거나 인간의 모든 욕구를 제거해야 한다고 보지 않으며, 정치 활동에 적극 참여나 자연의 적극적 개발을 주장하고 있지도 않다.

12 행복한 삶과 정부의 역할 정답 ⑤

ㄷ, ㄹ. 가상 편지에 의하면 민주적 선거가 이루어지고 정부에 대한 비판과 언론의 자유가 보장되는 민주주의 국가에서는 굶주림의 고통을 방지하기 위해서 신속하고 체계적으로 대응한다. 이를 통해 민주주의에 기반한 정부의 정책 및 사회 제도가 국민의 행복한 삶에 영향을 미친다는 사실을 알 수 있다.

❗ 오답 피하기

ㄱ, ㄴ. 가상 편지에 의하면 민주주의가 실현된 많은 국가들에서는 자연 재해를 겪고도 기근이 일어나지 않았다. 그러한 나라들에서는 기근을 방지하고 국민들의 인간다운 삶을 보장하고자 정부가 적극적으로 개입하여 노력하기 때문이다.

13 행복 실현의 조건 적용 정답 ①

행복한 삶을 누리기 위해서는 삶의 질을 유지하기 위한 경제적 안정, 시민 참여가 활성화되는 민주주의 실현, 질 높은 정주 환경 조성, 도덕적 실천과 성찰이 필요하다. ① 제시문의 진술은 모두 행복 실현의 조건에 부합하므로 실선 방향으로만 이동한 ①이 정답이 된다.

14 행복한 삶의 조건 이해 정답 ①

ㄱ. 고용 안정, 경제적 불평등 해소를 위한 노력은 경제적 안정에 기여한다. ㄴ. 도덕적 실천을 위해서는 선하고 바람직한 가치를 행동으로 옮기려는 실천 의지가 필요하다.

❗ 오답 피하기

ㄷ. 민주주의를 실현하기 위해서는 권위주의적인 정치 문화에서 탈피하여 시민들이 자유롭고 적극적으로 의사 표현을 할 수 있어야 한다. ㄹ. 질 높은 정주 환경은 자연환경과 인문환경적 요소를 모두 고려해야 한다.

15 질 높은 정주 환경에 대한 토론의 쟁점 파악 정답 ⑤

갑은 질 높은 정주 환경 조성을 위해 자연 개발을 최소화해야 한다고 주장하고 있다. 반면 을은 질 높은 정주 환경을 조성하기 위해 자연을 적극 개발할 것을 주장하고 있다. ⑤ 갑은 부정, 을은 긍정의 대답을 할 질문이므로 토론의 핵심 쟁점으로 적절하다.

❗ 오답 피하기

①, ③ 갑, 을이 모두 긍정의 대답을 할 질문, ②, ④ 갑, 을이 모두 부정의 대답을 할 질문으로 토론의 쟁점이 될 수 없다.

16 행복한 삶과 도덕적 성찰 정답 ③

(가)를 주장한 고대 서양 사상가는 소크라테스이다. ③ 소크라테스는 행복한 삶을 영위하기 위해서는 반성하고 성찰하는 삶의 태도를 중시하였으며, 참된 앎을 통해 진정으로 가치 있는 것을 추구하는 삶을 살 것을 강조하였다.

❗ 오답 피하기

①, ②, ⑤ 소크라테스는 물질적 욕구의 충족보다 도덕적 가치와 정신적 만족감을 중시하였다. ④ 소크라테스가 제시할 조언으로 적절하지 않다.

개념노트 | 행복한 삶을 실현하기 위한 조건	
질 높은 정주 환경	• 정주 환경은 사람이 일정한 곳에 자리 잡고 살아갈 수 있는 주변 여건이나 상황 등을 의미함 • 행복한 삶을 위해서는 쾌적하고 안락한 주거 생활을 보장하는 질 높은 정주 환경이 조성되어야 함
경제적 안정	기본적 삶의 조건을 충족하고 삶의 질을 유지하기 위해서는 일정 수준 이상의 소득이 안정적으로 뒷받침되어야 함
민주주의 발전	시민이 민주적 제도를 통해 자신의 의사를 자유롭게 표출함으로써 삶에 대한 만족도가 높아질 수 있음
도덕적 실천	자신의 삶을 반성하고 도덕적 삶을 목표로 삼아 실천으로 옮길 때 개인적인 자존감과 행복감을 높일 수 있음

01   자연환경과 인간 생활

STEP 1 내신 다지기   본문 ○ 045 ~ 047쪽

01 ②	02 ③	03 ②	04 ⑤	05 ④	06 ②
07 ③	08 ⑤	09 ①	10 ①	11 ⑤	12 ⑤

13~14 해설 참조

---

01 열대 우림 기후 지역   정답 ②

그래프를 보면 낮 시간대에 강수가 집중되는 것을 알 수 있다. 이는 거의 매일 대류성 강수인 스콜이 내리는 열대 우림 기후 지역에서 나타나는 강수 특징이다. ② 열대 기후 지역은 가장 추운 달인 최한월의 평균 기온이 18℃를 넘을 정도로 연중 덥다.

! 오답 피하기

① 건조 기후 지역의 특징이다. ③ 비가 거의 내리지 않는 사막 기후 지역의 전통 가옥 특징이다. ④ 열대 기후 지역은 적도 부근의 저위도 지역에 위치한다. ⑤ 오아시스 농업을 통한 대추야자 재배는 사막 기후 지역에서 주로 이루어진다.

02 열대 기후 지역의 분포   정답 ③

지도에 표시된 지역은 적도와 적도 부근에 해당한다. ③ 적도와 적도 부근의 지역에서는 열대 기후가 나타난다.

03 열대 기후 지역의 주민 생활   정답 ②

지도에 표시된 지역은 열대 기후 지역이다. ② 열대 기후 지역은 연중 기온이 높기 때문에 통풍이 잘되는 개방적 구조의 가옥이 발달해 있다. 또한 지열, 해충 등이 올라오는 것을 막기 위해 일정 높이만큼 지면에서 띄워서 집을 지은 고상 가옥이 발달해 있다.

! 오답 피하기

① 한대 기후 지역의 주민 생활에 대한 설명이다. ③ 냉대 기후 지역의 주민 생활에 대한 설명이다. ④ 한대 기후 지역의 주민 생활에 대한 설명이다. ⑤ 온대 기후 지역 중 지중해성 기후 지역의 주민 생활에 대한 설명이다.

04 사막 기후 지역과 툰드라 기후 지역   정답 ⑤

아라비아 반도에 위치한 (가)는 건조 기후 지역에 속한 사막 기후 지역이고, 알래스카 북부의 북극해 연안에 위치한 (나)는 한대 기후 지역에 속한 툰드라 기후 지역이다. ㄷ. (가)는 (나)보다 위도가 낮기 때문에 연평균 기온이 높다. ㄹ. 툰드라 기후 지역은 연 강수량이 적지만 연 증발량도 적고 연평균 습도는 높은 편이다. 반면 사막 기후 지역은 연 강수량보다 연 증발량이 많아 연평균 습도가 매우 낮다. 따라서 툰드라 기후 지역은 사막 기후 지역보다 연평균 습도가 높다.

! 오답 피하기

ㄱ. 저위도 사막 기후 지역인 (가)는 온도가 높지만 건조하므로 다습하다고 볼 수 없다. ㄴ. 툰드라 기후 지역은 겨울이 길고 매우 춥기 때문에 동물의 가죽이나 털로 만든 두꺼운 옷을 입는다. 얇은 천으로 온몸을 감싸는 옷을 입는 지역은 사막 기후 지역이다.

05 사막 기후 지역의 주민 생활   정답 ④

(가)의 주민들은 얇은 천으로 온몸을 감싸는 헐렁한 옷을 입는다. 또한 (가)에는 지붕이 평평하고 창문이 작으며, 벽이 두꺼운 흙벽돌집이 많다. 따라서 (가)는 사막 기후 지역이라는 것을 알 수 있다. ④ 지도의 A~E 중에서 사막 기후 지역은 아프리카의 사하라 사막 부근에 위치한 D(카이로)이다.

! 오답 피하기

① A는 런던으로, 중위도에 위치한 런던은 온대 기후가 나타난다. ② B는 블라디보스토크로, 고위도 대륙 동안에 위치한 블라디보스토크는 냉대 기후가 나타난다. ③ C는 뉴욕으로, 뉴욕은 온대 기후가 나타난다. ⑤ E는 뉴질랜드의 크라이스트처치로, 중위도에 위치한 크라이스트처치는 온대 기후가 나타난다.

06 지중해성 기후 지역과 열대 계절풍(몬순) 기후 지역   정답 ②

지중해 연안에 위치하며 벽을 하얗게 칠한 가옥을 볼 수 있는 (가)는 여름이 고온 건조한 지중해성 기후 지역이다. 베트남의 메콩강 하구에 위치하며 일 년에 두 번 이상 벼농사가 이루어지는 (나)는 열대 계절풍(몬순) 기후 지역이다. ㄱ. 여름이 고온 건조한 지중해성 기후 지역에서는 올리브와 같은 작물을 수목 농업의 형태로 많이 재배하고 있다. ㄷ. 지중해성 기후 지역은 여름이 건조한 반면, 열대 계절풍(몬순) 기후 지역은 바다로부터 다습한 계절풍이 불어오는 여름에 강수가 집중된다. 따라서 지중해성 기후 지역은 열대 계절풍(몬순) 기후 지역보다 여름 강수량이 적다.

! 오답 피하기

ㄴ. 침엽수림은 냉대 기후 지역에서 넓게 나타난다. ㄹ. 지중해성 기후 지역은 온대 기후 지역에 속한다.

개념노트	지중해성 기후 지역
분포	남 · 북위 30°~40°의 대륙 서안에 주로 나타남 예 지중해 연안, 미국 캘리포니아, 칠레 중부, 오스트레일리아 남서부, 아프리카 남단 등
특징	• 여름 고온 건조 → 올리브, 오렌지 등의 수목 농업 발달 • 겨울 온난 습윤 → 밀, 보리, 귀리 등의 곡물 재배 활발 • 가옥은 벽을 두껍게, 햇빛 반사를 위해 벽면에는 하얀 칠을 하기도 함

07 열대 기후 지역과 한대 기후 지역의 전통 음식   정답 ③

쌀이 많이 생산되고 채소와 향신료를 넣고 기름에 볶아 만든 볶음밥인 나시고렝이 전통 음식인 (가)는 열대 기후가 나타나는 인도네시아이다. 식물 재배가 사실상 불가능하여 주민들은 육류 위주의 식습관이 발달해 있고 비타민 섭취를 위해 날고기나 날생선을 주로 먹는 (나)는 한대 기후 지역이다. ㄴ. 한대 기후 지역의 주민들은 순록 유목 및 수렵 생활을 한다. ㄷ. 한대 기후 지역의 최난월 평균 기온은 10℃ 미만으로 춥다. 따라서 열대 기후 지역은 한대 기후 지역보다 가장 더운 달인 최난월의 평균 기온이 높다.

! 오답 피하기

ㄱ. 여름철에 나타나는 백야 현상은 고위도 지역에서 볼 수 있다. 열대 기후 지역은 위도가 낮아 여름에도 백야 현상이 나타나지 않는다. ㄹ. 한대 기후 지역은 고위도 지역에 위치하고, 열대 기후 지역은 적도 부근의 저위도 지역에 위치한다. 따라서 한대 기후 지역은 열대 기후 지역보다 고위도에 위치한다.

08 고산 지역의 주민 생활   정답 ⑤

(가)는 안데스산맥의 고산 지대에 위치하여 해발 고도가 높고 경사가 급하지만, 연중 봄과 같은 기후(상춘 기후)가 나타나 대도시가 형성되어 있다. ⑤ (가)는 안데스산맥의 고산 도시 중 하나인 E(라파스)이다.

❗ 오답 피하기
① A는 툰드라 기후가 나타나는 우트키아빅(배로)이다. ② B는 지중해성 기후가 나타나는 샌프란시스코이다. ③ C는 온난 습윤 기후가 나타나는 뉴욕이다. ④ D는 한류의 영향으로 비가 거의 내리지 않아 사막 기후가 나타나는 리마이다.

09 카르스트 지형   정답 ①

베트남 할롱 베이에서 볼 수 있는 탑 모양의 석회암 봉우리들은 탑 카르스트에 해당한다. 따라서 (가)에는 베트남 할롱 베이에서 볼 수 있는 탑 카르스트 사진이 들어가야 한다. ① 제시된 사진 중 탑 카르스트 사진은 ①번이다.

❗ 오답 피하기
② 고산 지대의 산지를 나타낸 사진이다. ③ 평야 지대를 나타낸 사진이다. ④ 화산 활동이 활발한 지역에서 볼 수 있는 간헐천을 나타낸 사진이다. ⑤ 해안 지역에서 볼 수 있는 갯벌을 나타낸 사진이다.

10 주요 자연재해   정답 ①

① 2011년 3월 일본 도호쿠 지방의 태평양 연안에서 발생하였으며 초대형 쓰나미를 유발한 (가)는 지진이다. 주로 여름과 가을에 우리나라에 영향을 미치고 강한 바람과 많은 비를 동반하여 풍수해를 유발하는 (나)는 태풍이다.

11 태풍   정답 ⑤

해안 지대 접근 금지, 선박 대피, 농수산물 보호 행위 자제 등의 내용을 통해 (가)는 태풍이라는 것을 알 수 있다. ⑤ 태풍은 열대 해상에서 발생하여 고위도 지방으로 이동하는 열대 저기압을 말한다.

❗ 오답 피하기
① 태풍은 주로 우리나라에 여름철과 가을철에 영향을 준다. ② 태풍은 주로 기후적 요인에 의해 발생한다. ③ 지진에 대한 설명이다. ④ 황사에 대한 설명이다.

12 안전하고 쾌적하게 살아갈 권리 보장 방법   정답 ⑤

제시문은 미국 텍사스주 동북부 지역에 발생한 허리케인급 폭풍으로 인한 피해를 나타내고 있다. (가)에는 허리케인과 같은 자연재해 발생 시 주정부가 취한 적절한 조치가 들어가야 한다. ⑤ 신속한 재난 경보 체계 구축, 피해 지역 복구와 지원을 위한 제도 마련, 피해 발생 지역에 대한 보상과 지원 실시, 시민 대상 재난 발생 시 대피 요령 교육 강화는 모두 허리케인으로 인한 피해 수습과 예방을 위해 주 정부가 취할 수 있는 조치에 해당한다. 국제 사회의 원조 거부 및 정치적인 개입 차단은 주 정부가 취해야 할 조치로는 적절하지 않다.

13 건조 기후 지역과 열대 기후 지역

(1) (가) : 건조(사막) 기후 지역, (나) : 열대 기후 지역
(2) **모범 답안** 열대 기후 지역인 (나)는 건조(사막) 기후 지역인 (가)보다 연강수량이 많고, 수목 밀도가 높으며, 적도까지의 최단 거리가 가깝다.

채점 기준	구분
제시된 세 가지 용어를 모두 사용하여 정확하게 상대적 특징을 서술한 경우	상
제시된 세 가지 용어를 모두 사용하여 상대적 특징을 서술하였으나 일부 틀린 내용이 포함된 경우와 제시된 세 가지 용어 중 두 가지 용어만 사용하여 정확하게 상대적 특징을 서술한 경우	중
제시된 세 가지 용어 중 한 가지 용어만 사용하여 정확하게 상대적 특징을 서술한 경우	하

14 아이슬란드의 화산 지형

(1) 아이슬란드
(2) **모범 답안** 아이슬란드는 판이 분리되는 경계인 대서양 중앙 해령상에 위치하여 지각이 불안정하므로 화산 활동이 활발하다.

채점 기준	구분
판의 경계, 대서양 중앙 해령, 지각 불안정 등의 내용을 모두 포함하여 서술한 경우	상
판의 경계, 대서양 중앙 해령, 지각 불안정 등의 내용 중 두 가지만 포함하여 서술한 경우	중
판의 경계, 대서양 중앙 해령, 지각 불안정 등의 내용 중 한 가지만 포함하여 서술한 경우	하

STEP 2 1등급 도전하기   본문 ○ 048~051쪽

01 ⑤	02 ③	03 ③	04 ④	05 ⑤	06 ①
07 ④	08 ②	09 ③	10 ①	11 ②	12 ⑤
13 ⑤	14 ⑤	15 ②	16 ①		

01 세계의 주요 기후 지역   정답 ⑤

A는 온대 기후 지역, B는 건조 기후 지역 중 사막 기후 지역, C는 건조 기후 지역 중 스텝 기후 지역, D는 냉대 기후 지역, E는 열대 기후 지역이다. ⑤ 열대 기후 지역은 음식이 상하는 것을 막기 위해 기름에 볶거나 튀기는 경우가 많으며 향신료를 많이 사용한다.

❗ 오답 피하기
① 온대 기후 지역 중 지중해성 기후 지역에 대한 설명이다. ② 온대 계절풍(몬순) 기후 지역에 대한 설명이다. ③ 냉대 기후 지역에 대한 설명이다. ④ 열대 기후 지역에 대한 설명이다.

02 세계의 주요 지형과 관광 자원   정답 ③

(가)는 탑 카르스트를 볼 수 있는 베트남의 할롱 베이, (나)는 대규모 산호초를 볼 수 있는 오스트레일리아 북동부의 대보초 해안, (다)는 안데스산맥의 고지대에 위치한 고산 도시인 키토이다. ③ (가) 베트남의 할롱 베이, (나) 오스트레일리아 대보초 해안, (다) 고산 도시인 키토를 연결한 선은 A~E 중에서 C이다.

03 열대 기후 지역과 한대 기후 지역   정답 ③

습기와 해충을 피하기 위한 고상 가옥이 발달한 (가)는 열대 기후 지역이고, 순록의 유목을 위한 이동식 가옥이 발달한 (나)는 한대 기후 지역이다. ㄴ. 한대 기후 지역은 채소를 재배하기 어렵다. 따라서 한대 기후 지역의 주민들은 비타민을 날고기, 날생선을 통해 섭취한다. ㄷ. 열대 기후 지역은 한대 기후 지역보다 연평균 기온이 높다.

ㄱ. 열대 기후 지역은 연 강수량이 연 증발량보다 많다. ㄹ. 한대 기후 지역은 열대 기후 지역보다 춥기 때문에 주민 의복의 평균 두께가 두껍다.

04 사막 기후 지역   정답 ④

모래 언덕, 강렬한 햇볕, 서늘한 밤공기, 사막의 밤, 사막 투어, 낙타 등의 내용을 통해 여행지는 건조 기후 지역에 해당하는 사막 기후 지역임을 알 수 있다. ④ 사막 기후 지역에서는 오아시스 농업을 통해 대추야자 재배가 이루어진다.

① 온대 계절풍(몬순) 기후 지역에 대한 설명이다. ② 열대 기후 지역에 대한 설명이다. ③ 열대 기후 지역에 대한 설명이다. ⑤ 한대 기후 지역에 대한 설명이다.

05 카르스트 지형   정답 ⑤

제시된 지형은 베트남 할롱 베이에서 볼 수 있는 카르스트 지형의 일종인 탑 카르스트이다. ⑤ 탑 카르스트는 빗물, 해수 등에 의해 석회암이 용식되는 과정에서 형성된 지형이다. 따라서 (가)에는 '빗물, 해수 등에 의해 석회암이 용식되는'이 들어가야 한다.

06 주요 자연재해   정답 ①

① 국민 행동 요령에 제시된 해일 특보, 떨어지는 물건, 흔들림이 멈추면 대피 등의 내용을 통해 (가)는 지진이라는 것을 알 수 있다. 국민 행동 요령에 제시된 어업 활동 중단, 피서객 · 저지대 주민 대피, 강풍에 대비, 축대와 담장 점검 등의 내용을 통해 (나)는 강한 바람과 많은 비를 동반하는 태풍이라는 것을 알 수 있다.

07 세계의 주요 기후 지역   정답 ④

순록 유목, 이동식 가옥, 날고기 섭취 등의 장면을 촬영할 수 있는 (가)는 한대 기후 지역이다. 지붕이 평평하고 창문이 좁은 집, 대추야자 등의 장면을 촬영할 수 있는 (나)는 사막 기후 지역이다. 고상 가옥, 향신료를 넣고 기름에 볶아 만든 전통 음식 등의 장면을 촬영할 수 있는 (다)는 열대 기후 지역이다. ④ 사막 기후 지역은 열대 기후 지역보다 연 강수량이 적다.

① 한대 기후 지역은 매우 춥기 때문에 성장기에 고온 다습한 기후 환경을 필요로 하는 벼는 재배가 어렵다. ② 열대 우림 기후 지역에 대한 설명이다. ③ 냉대 기후 지역에 대한 설명이다. ⑤ 지도를 보면 열대 기후 지역은 한대 기후 지역보다 저위도에 위치한다.

08 스텝 기후 지역   정답 ②

(가)의 주민들은 말의 젖을 가죽으로 만든 자루에 넣어 숙성시켜 만든 마유주를 만들어 먹는데, 이는 물이 귀한 환경에서 유목 생활을 하는 지역 주민의 생활 방식이 반영된 것이다. ② 따라서 (가)는 유목이 발달한 스텝 기후 지역에 해당하고, 지도의 A~E 중에서 스텝 기후 지역은 몽골에 위치한 B이다.

① A는 로마이고, 로마는 온대 기후 지역 중 지중해성 기후 지역에 해당한다. ③ C는 뉴욕이고, 뉴욕은 온대 기후 지역 중 온난 습윤 기후 지역에 해당한다. ④ D는 퍼스이고, 퍼스는 남반구의 온대 기후 지역 중 지중해성 기후 지역에 해당한다. ⑤ E는 부에노스아이레스이고, 부에노스아이레스는 남반구의 온대 기후 지역 중 온난 습윤 기후 지역에 해당한다.

09 독특한 지형이 발달한 지역의 관광 산업   정답 ③

③ 베트남 여성들의 전통 의복인 아오자이는 얇은 천이나 명주로 만든 옷으로 통풍이 잘되어 시원하다.

10 기후변화의 발생 원인과 해결을 위한 노력   정답 ①

㉠, ㉡. 기후변화에 대비하여 정부는 관련 법률을 제정하고 정책을 시행해야 하며, 시민단체는 정부 정책에 대한 감시와 비판을 게을리해서는 안 된다.

㉢ 일상생활에서 녹색 소비 실천은 개인의 노력에 해당한다. ㉣ 기후변화에 대비한 법률 제정은 정부의 노력에 해당한다.

11 세계의 주요 기후 지역   정답 ②

지도의 A는 유라시아 대륙 동안의 온대 겨울 건조 기후 지역이고, B는 알래스카의 한대 기후 지역이며, C는 열대 고산 기후 지역이다. (가)는 계절풍의 영향으로 벼농사가 발달하였으므로 유라시아 대륙 동안의 온대 겨울 건조 기후 지역인 A이다. (나)는 연중 봄과 같은 기후가 나타나 인간 거주에 유리하므로 상춘 기후가 나타나는 열대 고산 기후 지역인 C이고, 나머지 (다)는 한대 기후 지역인 B이다.

12 열대 기후 지역   정답 ⑤

개방적 구조의 고상 가옥, 기름에 볶거나 튀기는 음식, 시원한 옷차림 등을 통해 이 지역이 열대 기후 지역이라는 것을 알 수 있다. ⑤ 열대 기후 지역은 토양이 척박하므로 이동식 경작을 통해 카사바와 같은 작물을 재배하고 있다.

① 지중해 연안에서는 여름이 고온 건조한 지중해성 기후가 나타난다. ② 백야 현상은 고위도 지역에서 나타난다. ③ 연 강수량이 250mm 미만인 지역은 사막 기후 지역에 해당한다. ④ 최난월 평균 기온이 0~10℃인 지역은 한대 기후 지역 중 툰드라 기후 지역에 해당한다.

13 안전하고 쾌적하게 살아갈 권리 보장 방법   정답 ⑤

(가)에는 안전하고 쾌적하게 살아갈 시민의 권리를 보장받기 위해 시민 스스로가 노력한 사례가 들어가야 한다. ㄴ, ㄷ, ㄹ. 구청에 산사태 대비 안전 조치 요청, 호우로 가옥이 침수되어 피해 보상 신청, 자연재해 대비 안전 교육 참여 등은 모두 안전하고 쾌적하게 살아갈 시민의 권리를 보장받기 위해 시민 스스로가 노력한 사례에 해당한다.

ㄱ. 스마트 재난 안전 관리 시스템 구축은 개인이 아니라 국가가 해야 할 일에 해당한다.

14 우리나라의 주요 자연재해   정답 ⑤

겨울인 12~2월에 주로 발생하는 (가)는 대설이고, 여름인 7월과 8월에 주로 발생하는 (나)는 호우이다. 여름인 8월 외에 가을인 9월, 10월에도 발생하는 (다)는 태풍이다. ㄷ. 우리나라는 강수가 여름에 집중된다. 따라서 주로 여름에 발생하는 호우는 주로 겨울에 발생하는 대설보다 우리나라의 연 강수량에 미치는 영향이 크다. ㄹ. 태풍은 강한 바람과 많은 비를 동반하여 풍수해를 유발한다. 따라서 태풍은 대설보다 바람에 의한 피해액이 많다.

ㄱ. 우리나라에 장마 전선이 정체하는 시기는 여름의 장마철에 해당한다. 대설은 주로 겨울철에 발생한다. ㄴ. 필리핀 동부 해상에서 발생하여 북상하는 열대 저기압은 태풍이다.

15 온대 기후 지역   정답 ②

지도에 표시된 지역은 리스본과 칭다오이다. 두 지역 모두 온대 기후 지역에 해당하는데, (가)는 (나)보다 기온의 연교차가 크고 여름인 6~8월에 강수가 집중되므로 유라시아 대륙 동안에 위치한 온대 겨울 건조 기후 지역인 칭다오이다. (나)는 (가)보다 기온의 연교차가 작고 여름인 6~8월이 건조하므로 유라시아 대륙 서안의 지중해성 기후 지역인 리스본이다. ② 지중해성 기후 지역인 리스본에서는 올리브, 오렌지 등을 수목 농업의 형태로 재배한다.

① 칭다오는 온대 기후 지역에 해당한다. ③ 온대 겨울 건조 기후 지역인 칭다오는 다습한 여름 계절풍의 영향을 받아 여름에 강수가 집중되는 반면 지중해성 기후 지역인 리스본은 여름이 건조하다. 따라서 칭다오는 리스본보다 여름 강수 집중률이 높다. ④ 그래프를 보면 최난월 평균 기온에서 최한월 평균 기온을 뺀 기온의 연교차는 리스본이 칭다오보다 작다. ⑤ 지도를 보면 칭다오는 유라시아 대륙의 동안에 위치하고, 리스본은 유라시아 대륙의 서안에 위치한다.

16 세계의 주요 기후 지역 분포   정답 ①

유라시아와 북아메리카의 면적 비율이 대부분을 차지하는 (가)는 냉대 기후 지역이다. 아프리카와 유라시아의 면적 비율이 높고 오세아니아의 면적 비율도 다른 기후보다 높게 나타나는 (나)는 건조 기후 지역이다. 남아메리카와 아프리카의 면적 비율이 높은 (다)는 열대 기후 지역이다. ① 냉대 기후 지역에서는 '타이가'라고 불리는 침엽수림 지대가 나타난다.

② 건조 기후 지역은 연 강수량이 500mm 미만으로 건조하다. ③ 냉대 기후 지역에 대한 설명이다. ④ 건조 기후 지역은 연 강수량이 매우 적어 건조하므로 나무가 자랄 수 없는 무수목 기후 지역에 해당한다. 따라서 건조 기후 지역은 열대 기후 지역보다 수목 밀도가 낮다. ⑤ 열대 기후 지역은 대체로 적도 부근에 분포하고, 냉대 기후 지역은 대체로 고위도 지역에 분포한다. 따라서 열대 기후 지역은 냉대 기후 지역보다 대체로 저위도에 분포한다.

---

02   인간과 자연의 관계

STEP 1 내신 다지기   본문 ○ 054~057쪽

01 ③	02 ③	03 ②	04 ④	05 ⑤	06 ②
07 ④	08 ⑤	09 ①	10 ⑤	11 ④	12 ⑤
13 ⑤	14 ③	15 ②	16 ①	17 ①	

18~19 해설 참조

01 인간 중심주의 이해   정답 ③

㉠에 들어갈 단어는 '인간'이다. ③ 인간 중심주의는 자연과 달리 이성을 지닌 인간만이 본래적 가치를 지닌 존재라고 보고, 인간과 자연의 관계에서 인간의 이익과 행복을 최우선시한다.

02 인간 중심주의의 특징   정답 ③

ㄴ, ㄷ. 인간 중심주의는 인간과 자연을 분리하여 바라보는 이분법적 세계관과, 자연을 인간의 이익을 위해 마음대로 사용할 수 있다고 보는 도구적 자연관을 특징으로 한다.

ㄱ. 인간을 포함한 자연 전체를 하나의 도덕적 고려 대상으로 보는 전일주의는 생태 중심주의의 입장의 특징에 해당한다. ㄹ. 인간 중심주의는 자연의 내재적 가치를 인정하지 않는다.

03 베이컨의 인간 중심주의   정답 ②

제시문을 주장한 사상가는 베이컨이다. ② 베이컨은 자연 과학적 지식의 유용성을 강조하면서 인간의 자연에 대한 지배와 착취가 정당하다고 보았다.

①, ③ 인간 중심주의는 오직 인간만이 도덕적 지위와 내재적 가치를 지니고 있다고 본다. ④ 생태 중심주의 입장에 해당한다. ⑤ 인간 중심주의는 인간이 자연을 위해 존재한다고 보지 않는다.

04 생태 중심주의   정답 ④

제시문에 나타나 있는 자연관은 생태 중심주의이다. ④ 생태 중심주의는 인간과 자연의 관계에서 생태계 자연 전체의 균형을 최우선시한다.

05 생태 중심주의 입장에서 도덕적 고려 대상   정답 ⑤

ㄱ, ㄴ, ㄷ. 생태 중심주의에서는 인간+동물과 식물 등의 모든 생명체+흙, 물 등의 무생물까지 포함하여 생태계 자연 전체를 하나의 도덕적 고려 대상으로 보고 도덕적으로 존중할 것을 강조한다.

06 레오폴드의 생태 중심주의   정답 ②

제시문을 주장한 사상가는 레오폴드이다. ㄱ, ㄷ. 레오폴드는 생태 중심주의 입장에서 자연의 모든 존재는 평등하며, 자연은 그 자체로 소중한 내재적 가치를 지니고 있다는 대지 윤리를 제시하였다.

ㄴ, ㄹ. 인간 중심주의 입장에 해당한다.

(가)에는 인간 중심주의의 특징에 해당하는 내용이 들어가야 한다. ④ 인간 중심주의는 인간을 다른 자연적 존재들보다 우월한 존재라고 본다.

08 생태 중심주의 입장 정답 ⑤

제시문에는 생태 중심주의 입장이 나타나 있다. ⑤ 생태 중심주의는 인간, 동물, 식물 등 생명 공동체를 이루는 모든 구성원들은 동등하며 상호 의존 관계에 있다고 본다.

❗ **오답 피하기**

①, ②, ④ 인간 중심주의 입장에 해당한다. ③ 생태 중심주의는 자연이 지닌 가치를 경제적 관점뿐만 아니라 윤리적 관점, 심미적 관점에서도 검토해야 한다고 본다.

09 베이컨의 인간 중심주의 입장 정답 ①

제시문은 인간 중심주의 사상가인 베이컨의 주장이다. ① 베이컨은 자연을 인간의 이익에 봉사해야 하는 물질적 수단으로 파악하였다.

❗ **오답 피하기**

②, ③ 베이컨은 자연을 숭배의 대상이나 존중의 대상으로 보지 않았다. ④ 베이컨은 자연이 본래적 가치를 지닌다고 보지 않았다. ⑤ 베이컨은 인간과 자연이 분리되어 있다고 보는 이분법적 세계관을 주장하였다.

10 생태 중심주의의 문제점 파악 정답 ⑤

㉠에는 생태 중심주의의 문제점에 해당하는 내용이 들어가야 한다. ⑤ 생태 중심주의는 개별 생명체의 이익이나 선보다 생태계 자연 전체의 이익과 선을 더 우선시하기 때문에 생태계 전체의 균형을 위해 개별 생명체의 희생을 정당화하는 전체주의 입장으로 흐를 수 있다는 '환경 파시즘'이라는 비판을 받기도 한다.

❗ **오답 피하기**

① 생태 중심주의는 동물과 식물의 내재적 가치를 부정하지 않는다. ②, ④ 인간의 자연 지배를 정당화하여 심각한 환경 문제를 초래하는 것은 인간 중심주의 입장이다. ③ 생태 중심주의는 자연이 인간의 경제적 이익을 위한 존재가 아님을 강조한다.

11 인간 중심주의 입장 파악 정답 ④

갑은 아리스토텔레스, 을은 아퀴나스, 병은 베이컨으로 세 사람은 모두 인간 중심주의 입장을 지니고 있다. ㄱ. 인간 중심주의에서는 인간과 자연이 상호 의존적 관계라고 보지 않는다. ㄴ. 인간 중심주의는 인간 중심적이고 이분법적인 자연관을 토대로 한다. ㄷ. 인간 중심주의는 자연을 존경하고 두려워해야 할 대상이 아니라, 인간의 이익을 위해 자유롭게 지배하고 이용해야 할 대상으로 본다.

❗ **오답 피하기**

ㄹ. 인간 중심주의 입장에서 긍정의 대답을 할 질문이다.

12 생태 중심주의 입장 파악 정답 ⑤

(가)에는 생태 중심주의 입장이 나타나 있다. ⑤ 생활의 편리를 위해 자연을 적극적으로 개발하자는 것은 인간 중심주의에서 강조하는 내용이다. 생태 중심주의는 인간이 자신만의 이익을 위해 자연에 함부로 개입해서는 안 된다고 본다.

❗ **오답 피하기**

①, ②, ③, ④ 생태 중심주의는 인간을 포함한 모든 생명체의 가치는 평등하다고 보아 인간과 자연의 조화로운 공존을 추구하며, 자연은 그 자체로 본래적 가치를 지니고 있다고 보아 자연 생태계 전체의 안정과 균형을 중시한다.

13 인간과 자연의 관계 변화 정답 ⑤

⑤ 오늘날에는 환경친화적인 삶을 강조하면서, 환경 보호와 경제 성장을 동시에 추구하는 지속 가능한 발전이 바람직하다고 본다.

14 불교의 자연관 정답 ③

제시문은 불교의 자연관이다. ③ 불교에서는 자연의 모든 존재들이 무수한 원인과 조건에 의해 상호 의존 관계를 맺으며 존재하고 있다는 연기설(緣起說)을 주장하면서, 이에 근거하여 살아 있는 모든 생명에게 자비를 베풀 것을 강조한다.

15 동양의 자연관 정답 ②

인간과 자연의 합일과 조화를 강조하는 유교, 자연의 모든 존재가 상호 의존 관계에 있음을 강조하는 불교, 자연에 인위적으로 개입하지 말고 자연의 흐름에 따라 살아갈 것을 강조하는 도가 사상은 모두 인간과 자연이 분리될 수 없는 유기적인 관계에 있다고 본다.

❗ **오답 피하기**

①, ③ 서양의 인간 중심적 자연관에 해당한다. ④ 동양에서는 인간이 자연을 벗어나서는 살아갈 수 없다고 본다. ⑤ 동양에서는 인간이 생존을 위해 자연을 이용할 수 있음을 부정하지 않는다.

16 환경친화적인 노력의 사례 정답 ①

ㄱ, ㄴ. 다양한 생물종들이 살고 있는 갯벌을 함부로 개발하지 않고 보존하거나 야생 동물을 위한 생태 이동 통로를 만드는 것은 모두 인간과 자연의 조화와 공존을 추구하는 환경친화적인 사례에 해당한다.

❗ **오답 피하기**

ㄷ, ㄹ. 인간의 이익만을 고려하여 자연을 이익 창출의 수단으로만 여기는 것은 환경친화적인 노력의 사례와는 거리가 멀다.

17 동양의 자연관 정답 ①

제시문은 유교 사상의 입장이다. ㄱ, ㄴ. 유교에서는 인간이 자연의 일부분이라고 보고, 만물을 어질게 대하는 인(仁)의 실현을 통해 인간과 자연이 조화와 합일을 이룰 것을 지향한다.

❗ **오답 피하기**

ㄷ. 불교 사상, ㄹ. 도가 사상에서 강조하는 자연관이다.

18 인간 중심주의

(1) 인간 중심주의
(2) **모범 답안** 자원 고갈, 환경 파괴 등의 문제를 초래한다 등

채점 기준	구분
인간 중심주의를 정확히 쓰고, 인간 중심주의가 초래하는 문제점에 대해 옳게 서술한 경우	상
인간 중심주의를 썼으나, 인간 중심주의가 초래하는 문제점을 애매하게 서술한 경우	중
단순히 인간 중심주의라고만 쓴 경우	하

19 레오폴드의 생태 중심주의

(1) 레오폴드, 생태 중심주의
(2) **모범 답안** 생명 공동체의 평범한 구성원일 뿐이다

채점 기준	구분
레오폴드와 생태 중심주의를 정확히 쓰고, 인간은 생명 공동체의 평범한 구성원이라고 옳게 서술한 경우	상
레오폴드나 생태 중심주의 중 하나만을 쓰고, 인간은 생명 공동체의 평범한 구성원이라고 서술한 경우	중
단순히 생태 중심주의라고만 쓴 경우	하

STEP 2 1등급 도전하기

본문 ○ 058 ~ 061쪽

01 ②	02 ②	03 ④	04 ①	05 ④	06 ③
07 ⑤	08 ⑤	09 ④	10 ①	11 ④	12 ③
13 ⑤	14 ⑤	15 ②	16 ④		

01 베이컨의 인간 중심주의 입장 정답 ②

그림의 강연자는 베이컨이다. ② 베이컨은 인간 중심주의적 입장에서 자연을 수단으로 이용할 수 있다고 보았으며, 자연 과학적 지식을 통해 자연을 지배하고 인간의 삶을 개선해야 한다고 주장하였다.

! 오답 피하기

① 베이컨은 자연을 인간의 이익을 위한 수단으로 보았다. ③ 베이컨은 관찰과 실험을 통해 자연을 파악해야 한다고 보았다. ④ 베이컨은 인간이 자연을 지배해야 한다고 보았다. ⑤ 베이컨은 자연이 내재적 가치를 지니고 있다고 보지 않았다.

02 데카르트의 인간 중심주의 입장 정답 ②

제시문을 주장한 사상가는 데카르트이다. ㄱ. 데카르트는 이성을 인간의 본질적 특징으로 보았다. ㄷ. 데카르트는 인간과 달리 동물에게는 이성적 사유 능력과 정교한 언어 구사 능력이 없다고 보았다.

! 오답 피하기

ㄴ. 데카르트는 인간이 다른 생명체보다 우월하다고 보았다. ㄹ. 데카르트는 동물은 이성적인 사유 능력이 없고 본능에 따라 움직이는 기계와 같다고 보았다.

03 생태 중심주의 입장 정답 ④

제시된 신문 칼럼에는 인간이 경제적 이익을 얻기 위해 자연을 무분별하게 이용하는 것에 대해 반대하는 생태 중심주의의 입장이 담겨 있다. ㄴ. 생태 중심주의는 인간을 포함한 모든 생명체와 무생물 등 생태계 전체가 상호 의존 관계에 있다고 본다. ㄹ. 신문 칼럼에서는 인간의 이익을 위한 자연 파괴와 착취가 인간의 생존을 위협하는 결과를 초래하였다고 비판하고 있다.

! 오답 피하기

ㄱ. 생태 중심주의는 자연은 인간의 이익과 무관하게 그 자체로 가치를 지니고 있다고 본다. ㄷ. 생태 중심주의는 인간을 자연의 지배자가 아니라, 자연의 평범한 한 구성원에 불과하다고 본다.

04 레오폴드의 생태 중심주의 입장 정답 ①

제시문을 주장한 사상가는 생태 중심주의 입장을 지닌 레오폴드이다. ㄱ. 생태 중심주의는 자연의 가치는 인간에게 얼마나 이익이 되는가로 평가해서는 안 되며, 생태계의 모든 것이 존재의 이유가 있으므로 자연 그 자체의 가치를 존중해야 한다고 본다. ㄴ. 생태 중심주의는 자연을 하나의 유기체로 파악하여 모든 생명체가 자연의 일부이며, 인간도 자연으로부터 독립된 존재가 아니라 자연을 구성하는 일부라고 본다.

! 오답 피하기

ㄷ, ㄹ. 인간과 자연을 이분법적으로 구분하며, 자연의 수단적 가치만을 인정하는 것은 인간 중심주의 입장이다.

05 생태 중심주의 입장 정답 ④

제시문에는 인간과 자연의 관계에 대한 생태 중심주의 입장이 나타나 있다. ④ 생태 중심주의는 인간을 포함한 자연의 전체 구성원들이 서로 끊임없이 영향을 주고받으며 조화와 균형을 이루고 있다고 본다.

! 오답 피하기

① 생태 중심주의는 인간과 자연이 각각 독립적으로 존재할 수 없다고 본다. ②, ③ 인간 중심주의 입장에 해당한다. ⑤ 생태 중심주의는 인간의 경제적 이익과 무관하게 자연은 그 자체로 내재적 가치를 지니고 있다고 본다.

06 인간 중심주의와 생태 중심주의 정답 ③

갑은 인간 중심주의, 을은 생태 중심주의 관점을 지니고 있다. ㄴ. 인간 중심주의에서는 자연의 도구적 가치를 중시하여 자연을 인간의 생존과 복지를 위한 수단으로 여긴다. ㄷ. 생태 중심주의는 인간의 자연에 대한 개입이 생태계에 미칠 부정적 영향을 고려할 것을 중시한다.

! 오답 피하기

ㄱ. 인간 중심주의는 자연의 본래적 가치를 인정하지 않으며, 자연은 인간을 위한 도구적 가치만을 지니고 있다고 본다. ㄹ. 인간 중심주의 입장에만 해당한다. 생태 중심주의에서는 인간은 자연으로부터 독립된 존재가 아니며, 자연 안의 모든 존재는 평등하다고 본다.

07 인간 중심주의와 생태 중심주의 정답 ⑤

갑은 인간 중심주의 사상가인 데카르트, 을은 생태 중심주의 사상가인 레오폴드이다. ㄴ. 데카르트가 긍정의 대답을 할 질문이다. 데카르트는 이성을 지닌 인간과 달리 이성이 없는 동물은 단순히 본능에 따라 움직이는 신체 기능을 갖춘 장치일 뿐이라고 보아 '동물 기계론'을 주장하였다. ㄷ, ㄹ. 레오폴드가 긍정의 대답을 할 질문이다. 레오폴드는 인간, 동물, 식물, 흙과 물 등의 무생물까지 포함하여 생태계 전체의 모든 구성원은 자연 상태로 존속할 권리를 가질 수 있으며, 모두 생명 공동체, 즉 전체 생태계의 평범한 구성원에 불과한 존재라고 보았다.

! 오답 피하기

ㄱ. 데카르트가 부정의 대답을 할 질문이다. 데카르트는 인간과 동물은 모두 신이 창조한 존재라고 보았다.

08 인간 중심주의와 생태 중심주의 정답 ⑤

갑은 인간 중심주의 사상가인 베이컨, 을은 생태 중심주의 사상가인 레오폴드이다. ⑤ 생태 중심주의 입장에만 해당한다. 인간 중심주의는 오직 이성을 지닌 인간만이 도덕적 고려의 대상이 될 수 있다고 본다.

①, ② 인간 중심주의에서는 인간과 자연을 이분법적으로 구분하여 인간을 자연의 지배자라고 본다. ③, ④ 생태 중심주의에서는 인간과 동물, 식물 등의 생명체뿐만 아니라 흙, 물 등의 무생물은 모두 생태계를 이루는 평등한 구성원이라고 보며, 생태계 자연 전체를 하나의 살아있는 유기체로 파악한다.

09 생태 중심주의 입장에서 인간 중심주의 비판   정답 ④

갑은 인간 중심주의 입장, 을은 생태 중심주의 입장을 지니고 있다. ④ 인간 중심주의는 자연의 내재적 가치를 인정하지 않으며, 자연은 수단적 가치만을 지니고 있음을 강조한다. 반면 생태 중심주의는 자연의 본래적 가치를 중시하고 자연을 보전할 도덕적 의무를 강조한다.

①, ③ 인간 중심주의는 인간이 자연보다 우위에 있다고 보며, 인간의 행복을 위해 자연을 이용할 수 있다고 본다. ②, ⑤ 생태 중심주의는 인간과 자연이 상호 의존 관계를 맺고 있다고 보며, 인간의 이익보다 자연 전체의 균형을 우선시한다.

10 데카르트와 레오폴드의 자연관 비교   정답 ①

갑은 인간 중심주의 사상가인 데카르트, 을은 생태 중심주의 사상가인 레오폴드이다. ㄱ. 데카르트만의 입장에 해당한다. 데카르트는 동물은 기계일 뿐이라고 보아, 오직 인간만을 도덕적 존중의 대상으로 삼았다. 반면 레오폴드는 인간과 동물은 물론 생태계를 이루는 모든 구성원들을 포함한 생태계 전체를 하나의 도덕적 존중의 대상으로 보았다. ㄷ. 인간을 도덕적 존중의 대상으로 보는 것은 데카르트와 레오폴드의 공통 입장이다.

ㄴ. 데카르트가 아닌 레오폴드만의 입장에 해당한다. ㄹ. 레오폴드가 아닌 데카르트만의 입장에 해당한다.

11 도가와 유교 사상의 자연관   정답 ④

(가)의 갑은 도가 사상가이며, 을은 유교 사상가이다. ④ 유교 사상에서는 자연의 존재들을 어질게[仁] 대해야 한다고 보며, 인간과 자연의 조화와 합일을 추구한다.

① 도가 사상은 문명의 발달을 추구하지 않으며, 인간이 자연에 개입해야 한다고도 보지 않는다. ② 도가 사상에서는 인간을 자연의 일부분으로 파악한다. ③ 유교 사상에서는 자연을 기계로 보지 않는다. ⑤ 도가와 유교 등 동양 사상에서는 자연을 인간을 위한 도구로 보지 않는다.

12 자연에 대한 도가 사상의 입장   정답 ③

가상 대화의 스승은 도가 사상가인 노자이다. ③ 노자는 억지로 도모함이 없는 자연의 흐름에 따라 인위적 규범에 구애받지 않는 삶을 살 것을 강조하였다.

①, ⑤ 도가 사상은 선과 악, 옳고 그름, 아름다움과 추함 등을 구분하고 분별하고자 하는 일체의 분별적인 지혜에서 벗어나 만물의 고유성과 상대성을 있는 그대로 인정하고 존중할 것을 강조하였다. ② 도가 사상은 자연의 위계를 정하지 말고 만물을 도의 관점에서 동등하게 볼 것을 강조하였다. ④ 도가 사상은 자연을 인간을 위한 단순한 도구라고 파악하지 않았다.

13 인간과 자연의 바람직한 관계   정답 ⑤

⑤ 편지를 쓴 인디언 추장은 자연을 사고팔 수 있는 대상으로 바라보는 것을 비판하면서, 인간은 대지의 일부로 자연과 유기적 관계임을 강조하고 있다.

① 인디언 추장은 인간이 자연을 지배할 권리를 지니고 있다고 보고 있지 않다. ②, ③, ④ 인간 중심주의 입장에서 강조하는 내용으로, 인디언 추장의 자연관과는 거리가 멀다.

14 불교 사상의 자연관   정답 ⑤

제시문은 불교 사상의 입장이다. ⑤ 불교 사상에 따르면 자연은 만물이 연기(緣起)의 법칙에 따라 상호 의존적 관계를 맺고 있는 연결망이다.

① 불교에서는 고정 불변하는 실체란 없다고 본다. ② 불교에서는 인간이 다른 생명체보다 우월한 존재라고 보지 않는다. ③ 불교에서는 자연 만물이 무수한 인과 관계에 의해 상호 의존적으로 존재하고 있다고 본다. ④ 불교에서는 자연을 소유의 대상으로 보지 않는다.

15 레오폴드와 베이컨의 자연관 비교   정답 ②

갑은 생태 중심주의 사상가인 레오폴드, 을은 인간 중심주의 사상가인 베이컨이다. ㄱ. 레오폴드와 베이컨 모두 긍정의 대답을 할 질문이다. 레오폴드와 베이컨은 모두 인간이 자연을 자원으로 활용할 수 있음을 부정하지 않았다. 다만 베이컨은 자연을 지배와 착취의 대상으로 본 반면, 레오폴드는 자연 자체를 도덕적으로 존중해야 한다고 본다는 데 차이가 있는 것이다. ㄷ. 레오폴드는 긍정, 베이컨은 부정의 대답을 할 질문이다. 레오폴드는 인간, 동물, 식물, 무생물까지 포함한 전체 생태계 그 자체를 하나의 도덕적 존중의 대상으로 고려해야 한다고 보았다. 반면 베이컨은 생태계 자체를 존중의 대상으로 보지 않았다.

ㄴ. 레오폴드는 부정, 베이컨은 긍정의 대답을 할 질문이다. 레오폴드는 인간이 자연을 지배해야 한다고 보지 않았다. 반면 베이컨은 "아는 것이 힘이다."라고 주장하면서 인간이 과학을 활용하여 자연을 지배하는 것을 정당하다고 보았다. ㄹ. 베이컨이 부정의 대답을 할 질문이다. 베이컨은 인간은 모든 동물보다 본질적으로 우월한 존재라고 보았다.

16 동양의 자연관   정답 ④

제시문에는 동양의 전통적인 자연관이 나타나 있다. ④ 유교, 불교, 도가 등 동양의 전통적인 자연관에서는 공통적으로 인간이 자연의 흐름을 거스르지 않고 자연의 순리에 따라 살아가야 하는 존재임을 강조한다.

①, ②, ③ 인간 중심주의 관점에서 자연을 이용과 지배의 대상으로 보는 것은 근대 서양의 자연관과 관련 있다. 동양의 자연관에서는 인간과 자연의 조화를 중시한다. ⑤ 동양의 자연관은 인간은 자연의 일부로서 자연과 유기적 관계를 이룰 때 진정 자유로운 삶을 살 수 있다고 본다.

STEP 1 내신 다지기

본문 ○ 064~067쪽

01 ④	02 ④	03 ③	04 ②	05 ⑤	06 ④
07 ⑤	08 ④	09 ②	10 ⑤	11 ③	12 ②
13 ②	14 ④	15 ①	16 ④	17~18 해설 참조	

01 환경 문제 　　　　　　　　　정답 ④

㉠ 인구 증가와 함께 자원 소비량이 급격히 증가하면서 자연환경이 훼손되었다. ㉡ 지구의 자정 능력이 약화되면서 다양한 환경 문제가 발생하고 있다. ㉢ 환경 문제는 복원하는 데 많은 시간과 비용이 소요된다.

! 오답 피하기
㉣ 환경 문제의 원인 물질 배출 지역과 피해 지역이 일치하지 않는 경우가 많아 인접 국가 간의 협력이 필요하다.

02 지구 온난화 　　　　　　　　　정답 ④

④ 화석 연료 사용으로 인한 온실가스 배출량 증가는 온실 효과를 심화시켜 지구 온난화를 유발한다. 따라서 (가)는 지구 온난화이다.

03 지구 온난화로 인한 변화 　　　　　정답 ③

(나)에는 지구 온난화로 인한 변화가 들어가야 한다. ③ 지구 온난화로 인해 북극해 일대의 평균 기온이 상승하여 빙하 녹은 물(담수)이 더 많이 북극해로 유입되면 북극해의 해수 염도는 하락하게 된다.

! 오답 피하기
① 지구 온난화로 극지방의 평균 기온이 상승하게 되면 극지방의 빙하 면적이 축소된다. ② 지구 온난화로 라인강이 흐르는 지역의 겨울 평균 기온이 상승하게 되면 라인강의 결빙 일수도 감소하게 된다. ④ 지구 온난화로 우리나라의 평균 기온이 상승하게 되면 추운 지방에서 잘 자라는 침엽수림의 면적이 축소된다. ⑤ 지구 온난화로 해수면이 상승하게 되면 남태평양 섬나라의 해안 저지대가 침수된다.

개념노트	지구 온난화의 원인과 영향
원인	화석 연료 사용으로 인한 온실가스 배출량 증가 → 온실 효과 심화
영향	빙하 면적 축소, 해수면 상승으로 인한 저지대 침수, 기상 이변, 동식물 서식 환경 변화 등

04 열대림 파괴 　　　　　　　　　정답 ②

② 무분별한 벌목과 개간으로 밀림이 파괴되어 타잔이 더 이상 밀림에서 살아갈 수 없게 되었으므로 (가)에는 열대림 파괴가 들어가는 것이 가장 적절하다.

05 사막화와 열대림 파괴 　　　　　　정답 ⑤

사하라 사막 주변 사헬 지대에서 주로 발생하는 (가)는 사막화이다. 열대 기후 지역에서 주로 발생하는 (나)는 열대림 파괴이다. ㄷ. 열대림 파괴는 열대 기후 지역에서 주로 발생하고, 사막화는 스텝 기후 지역에서 주로 발생한다. 따라서 열대림 파괴 발생 지역은 사막화 발생 지역보다 연 강수량이 많다. ㄹ. 사막화와 열대림 파괴의 공통적인 발생 원인으로 삼림 파괴를 들 수 있다.

! 오답 피하기
ㄱ. 건축물 부식, 호수 산성화는 산성비로 인한 피해에 해당한다. ㄴ. 염화 플루오린화 탄소는 오존층 파괴의 원인 물질에 해당한다.

06 해양 쓰레기 문제 　　　　　　　정답 ④

해류의 흐름이 약한 곳에 집적되어 있는 (가)는 해양 쓰레기이다. ㄴ. 해양 쓰레기는 주로 플라스틱, 비닐로 이루어져 있다. ㄹ. 썩지 않는 해양 쓰레기는 해양 생태계를 파괴하고 선박 사고를 유발한다.

! 오답 피하기
ㄱ. 성층권의 오존층을 파괴시키는 물질은 염화 플루오린화 탄소가 대표적이다. ㄷ. 화석 연료 사용량 증가는 지구 온난화의 주요 원인이다.

07 오존층 파괴의 원인 물질 　　　　　정답 ⑤

⑤ 오존층 파괴의 원인 물질이고 주로 냉장고 등의 냉매제로 사용되었던 (가)는 염화 플루오린화 탄소(CFCs)이다.

! 오답 피하기
①, ③ 메테인과 이산화 탄소는 온실가스로 지구 온난화의 원인 물질 중 하나이다. ②, ④ 황산화물과 질소 산화물은 산성비의 원인 물질 중 하나이다.

08 오존층 파괴로 인한 피해 　　　　　정답 ④

(나)에는 오존층 파괴로 인한 피해가 들어가야 한다. ㄴ, ㄹ 오존층 파괴로 자외선 투과량이 증가함에 따라 식물 성장 저해, 피부암과 백내장 발병률 증가 등의 피해가 발생하고 있다.

! 오답 피하기
ㄱ. 토양 산성화는 산성비로 인한 피해에 해당한다. ㄷ. 황사 현상 심화는 사막화로 인한 피해에 해당한다.

09 산성비의 피해 지역 분포 　　　　　정답 ②

② 인구와 산업이 밀집되어 있는 북서 유럽, 동아시아 일대, 미국의 북동부에서 주로 발생하고 있는 (가)는 산성비이다.

10 산성비 　　　　　　　　　　　정답 ⑤

⑤ 산성비는 발전소, 공장, 자동차 등에서 배출된 황산화물, 질소 산화물이 비와 만나 발생한다.

! 오답 피하기
① 극지방 상공에서 피해가 심각한 환경 문제는 오존층 파괴이다. ② 사헬 지대에서는 사막화가 심각하다. ③ 빙하 면적 축소, 해수면 상승의 주된 원인이 된 환경 문제는 지구 온난화이다. ④ 주로 적도 주변의 열대 기후 지역에서 발생하는 환경 문제는 열대림 파괴이다.

11 지구 온난화로 인한 변화 　　　　　정답 ③

③ 지구 온난화로 고위도 지역의 평균 기온이 상승하면 지온도 상승하게 되므로 영구 동토층의 면적이 축소된다.

12 주요 환경 문제 　　　　　　　　정답 ②

질소 산화물, 황산화물 배출로 인해 발생하는 (가)는 산성비이다. 이산화 탄소 배출로 인해 발생하는 (다)는 지구 온난화이고, 지구 온난화로 인한 기후변화와 과도한 방목, 삼림 파괴, 초지 황폐화, 토양 염류화 등으로 인해 발생하는 (나)는 사막화이다. ② 사막화의 대표적인 피해 지역 중 하나로 아프리카 사하라 사막 주변의 사헬 지대 외에 중앙아시아 일대의 아랄해 일대를 들 수 있다.

! **오답 피하기**

① 산성비는 원인 물질인 황산화물, 질소 산화물 발생 지역과 피해 지역이 달라 국가 간 갈등을 유발하기도 한다. ③ 지구 온난화가 심화되어 북극의 해빙이 감소하게 되면 북극 주변을 지나는 북극 항로의 연간 항해 일수가 증가하게 된다. ④ 산성비 피해 지역은 사막화 피해 지역인 스텝 기후 지역보다 연 강수량이 많다. ⑤ 파리 기후변화 협약은 지구 온난화, 람사르 협약은 습지 보호를 위해 국제 사회가 체결한 협약이다.

13 주요 국제 환경 협약　　　　　　정답 ②

(가)에는 오존층 보호를 위해 체결된 몬트리올 의정서, (나)에는 지구 온난화 해결을 위해 체결된 파리 기후변화 협약, (다)에는 습지 보호를 위해 체결된 람사르 협약과 관련된 내용이 들어가야 한다. ② 전 지구적 차원의 신기후 체제 출범(ㄱ)은 지구 온난화 해결을 위해 체결된 파리 기후변화 협약(나)의 내용이다. 오존층 파괴 물질의 생산 및 사용 감축(ㄴ)은 오존층 보호를 위해 체결된 몬트리올 의정서(가)의 내용이다. 물새 서식지로서 국제적으로 중요한 습지 보호(ㄷ)는 습지 보호를 위해 체결된 람사르 협약(다)의 내용이다. 따라서 정리하면 (가) 몬트리올 의정서에는 ㄴ, (나) 파리 기후변화 협약에는 ㄱ, (다) 람사르 협약에는 ㄷ이 들어가야 한다.

14 환경 문제 해결을 위한 생태시민으로서의 노력　　정답 ④

환경 문제를 인식하고 환경을 보호하기 위해 참여와 실천을 하며 지속가능한 발전에 대한 책임과 의식을 가진 시민인 (가)는 생태시민이다. 정. 생태시민으로서 냉난방 시에는 창문을 닫아 불필요한 에너지 소비를 줄여야 한다.

15 환경 문제 해결을 위한 시민단체의 노력　　정답 ①

ㄱ. 그린피스는 환경 보호를 목적으로 활동하는 국제 시민단체에 해당한다. ㄴ. 미세 플라스틱이 바다로 유입될 경우 해양 오염을 유발하게 된다.

! **오답 피하기**

ㄷ. 미세 플라스틱에 대한 규제 법안 제정은 정부 주도로 이루어지게 된다. ㄹ. 청정 기술 개발은 환경 문제 해결을 위한 시민의 노력이 아니라 기업의 노력으로 이루어지게 된다.

16 환경 문제 해결을 위한 정부의 노력　　정답 ④

일상생활에서 사용하는 연료, 전기, 용품 등을 모두 포함하여 개인 또는 단체가 직접 간접적으로 발생시키는 온실 기체의 총량인 (가)는 탄소 발자국이다. 정부가 기업의 온실가스 배출 허용량을 정하고, 기업은 그 범위 내에서 온실가스를 감축하되 남거나 부족한 배출권의 기업 간 거래를 허용하는 제도인 (나)는 온실가스 배출권 거래 제도이다. 각종 개발 사업이 시행되기 전에 환경에 미치게 될 영향을 예측하고 평가하여 환경에 미칠 부정적 영향을 줄이는 방안을 마련하는 제도인 (다)는 환경 영향 평가 제도이다. ㄴ. 환경 성적 표지 제도는 제품에 탄소 발자국을 표기하도록 규정하고 있다. ㄹ. (나)는 온실가스 배출권 거래 제도, (다)는 환경 영향 평가 제도이다.

! **오답 피하기**

ㄱ. 생산 시 화석 연료를 많이 소비할수록 탄소 발자국의 크기는 커진다. ㄷ. 온실가스 배출권 거래 제도는 주로 정부가 주도하여 마련된 제도이다.

17 지구 온난화

(1) 온실 효과

(2) 지구 온난화

(3) **모범 답안** 지구 온난화가 심화되어 북극해의 평균 해수 염도가 낮아지고 시베리아 지방의 영구 동토층 면적이 축소되었으며, 남태평양 섬나라의 해안 저지대 침수 면적이 확대되었다.

채점 기준	구분
제시된 세 가지 용어를 모두 사용하여 환경 문제로 인한 변화를 정확하게 서술한 경우	상
제시된 세 가지 용어를 모두 사용하여 환경 문제로 인한 변화를 서술하였으나 일부 틀린 내용이 포함된 경우와 제시된 세 가지 용어 중 두 가지 용어만 사용하여 정확하게 서술한 경우	중
제시된 세 가지 용어 중 한 가지 용어만 사용하여 환경 문제로 인한 변화를 정확하게 서술한 경우	하

18 환경 문제 해결을 위한 노력

(1) **모범 답안** 주변 농지로의 농업용수 공급에 차질이 발생한다. 습지 환경이 훼손되어 멸종 위기 조류의 개체 수가 감소한다. 해안의 양식장까지 오염되어 바지락 양식이 어려워진다.

채점 기준	구분
○○군에 나타날 것으로 예상되는 환경 문제 세 가지를 모두 정확하게 서술한 경우	상
○○군에 나타날 것으로 예상되는 환경 문제 세 가지를 모두 서술하였으나 일부 틀린 내용이 포함된 경우와 환경 문제 두 가지만 정확하게 서술한 경우	중
○○군에 나타날 것으로 예상되는 환경 문제 중 한 가지만 정확하게 서술한 경우	하

(2) **모범 답안** 정부 : 폐수 유출을 규제하는 법과 제도를 마련한다. 기업 : 정화 시설을 설치하여 폐수 배출량을 최소화해야 한다. 시민단체 : 정부와 기업이 폐수 처리와 관련된 활동을 제대로 시행하고 있는지 감시해야 한다.

채점 기준	구분
환경 문제의 해결 방안을 정부, 기업, 시민단체의 입장에서 모두 정확하게 서술한 경우	상
환경 문제의 해결 방안을 정부, 기업, 시민단체의 입장에서 모두 서술하였으나 일부 틀린 내용이 포함된 경우와 두 주체의 입장에서만 정확하게 서술한 경우	중
환경 문제의 해결 방안을 정부, 기업, 시민단체 중 한 주체의 입장에서만 정확하게 서술한 경우	하

01 ③	02 ④	03 ①	04 ⑤	05 ④	06 ⑤
07 ③	08 ④	09 ⑤	10 ①	11 ③	12 ②
13 ③	14 ⑤	15 ②	16 ④		

01 지구 온난화로 인한 변화　　　　　　정답 ③

남극에 눈이 아니라 비가 내리고 있으며 펭귄 가족이 위기에 처해 있어 살려 달라고 하고 있는 포스터는 지구 온난화의 심각성을 알리고 있다. ③ 지구 온난화가 심화되어 북극해로 빙하가 녹은 물이 더 많이 유입되면 북극해의 해수 염도가 낮아진다.

① 지구 온난화로 고산 지대의 평균 기온이 상승하면 만년설이 감소하게 된다. ② 지구 온난화로 평균 기온이 상승하면 냉대림의 분포 면적은 축소된다. ④ 지구 온난화로 평균 기온이 상승하면 말라리아와 같은 열대성 질병의 발병률이 증가한다. ⑤ 지구 온난화로 해수면이 상승하면 남태평양 섬의 해안 저지대 침수 면적이 증가하게 된다.

02 환경 문제 해결을 위한 기업의 노력 정답 ④

(가)에는 환경 문제 해결을 위해 기업이 해야 하는 노력이 들어가야 한다. ㄴ, ㄹ. 기업은 환경 문제 해결을 위해 오염 물질 정화 시설을 설치하고 기술 혁신을 통해 친환경 제품을 생산해야 한다.

ㄱ. 환경 정책 기본법의 수립은 환경 문제 해결을 위한 정부의 노력에 해당한다. ㄷ. 정부 정책에 대한 감시와 비판은 환경 문제 해결을 위한 시민단체의 노력에 해당한다.

03 해양 쓰레기 문제 정답 ①

향유고래 사체 속에서 플라스틱 컵, 비닐봉지 등 6kg에 달하는 (가)가 나왔으므로 (가)는 해양 쓰레기이다. ㄱ, ㄴ. 해양 쓰레기는 해류가 약한 곳에 모여 쓰레기 섬을 만들고 선박 사고, 어업 생산성 저하의 원인이 된다.

ㄷ. 해양 쓰레기는 배출 지역과 피해 지역이 일치하지 않는 경우가 많다. ㄹ. 삼림 벌채, 과도한 방목은 사막화의 주요 원인에 해당한다.

04 주요 환경 관련 제도 정답 ⑤

⑤ 정부는 기업에 온실가스 배출 허용량을 정해 주고, 기업에서는 그 범위 내에서 온실가스를 감축하되, 남거나 부족한 배출권은 다른 기업과 거래할 수 있는 제도인 (가)는 온실가스 배출권 거래 제도이다. 도시 개발 사업이나 산업 단지 조성, 에너지 개발 산업 등을 시행할 때 환경에 미치는 영향을 예측하여 법률에 따라 평가하는 제도인 (나)는 환경 영향 평가 제도이다.

개념노트 | 환경 문제 해결을 위한 제도

환경 영향 평가 제도	각종 개발 사업이 시행되기 전에 환경에 미치게 될 영향을 예측하고 평가하여 환경에 미칠 부정적 영향을 줄이는 방안을 마련하는 제도
환경 성적 표지 제도	제품의 생산부터 폐기까지 전 과정에 대한 탄소 발자국, 오존층에 미치는 영향, 산성비 유발 가능성 등의 환경 영향을 계량적으로 표시하여 제품에 부착하는 제도
에너지 소비 효율 등급 표시 제도	소비자는 효율이 높은 에너지 절약형 제품을 구입하고, 생산자는 생산 단계에서부터 원천적으로 에너지 절약형 제품을 생산, 판매하도록 하는 신고 제도
빈 용기 보증금 제도	빈 용기 재사용률을 높여 자원 소비를 줄이기 위해 보증금을 돌려주는 제도

05 지구 온난화 정답 ④

북극곰의 서식 환경 악화, 고지대의 열대성 질병 확산, 안데스산맥의 빙하 감소 등을 유발한 환경 문제인 (가)는 지구 온난화이다. ㄱ. 지구 온난화는 온실 효과가 강화되면서 발생한다. ㄴ. 지구 온난화의 해결을 위해 국제 사회는 파리 기후변화 협약을 체결하였다. ㄹ. 지구 온난화에 대한 대책으로 화석 연료 소비량 감축 및 신·재생 에너지 개발 확대를 들 수 있다.

ㄷ. 지구 온난화가 심화될 경우 우리나라에서 냉량성 과일에 해당하는 사과 재배 적합지가 북상하게 된다.

06 파리 기후변화 협약 정답 ⑤

⑤ 최근인 2021년에 나온 기사이고, 이산화 탄소 포집·저장 기술을 통해 (가)에서 규정한 온실가스 감축 의무를 이행하겠다고 정부가 밝혔으므로 (가)에는 최근에 체결된 지구 온난화 관련 국제 환경 협약이 들어가야 한다. 따라서 (가)는 파리 기후변화 협약이다.

07 주요 환경 문제 정답 ③

인구와 산업이 밀집된 북서부 유럽, 동아시아, 미국 북동부 지역에서 주로 발생하는 (가)는 산성비이다. 적도 부근의 열대 기후 지역에서 주로 발생하는 (나)는 열대림 파괴이다. 아프리카 사하라 사막 주변의 사헬 지대, 중앙아시아의 스텝 기후 지역, 오스트레일리아의 내륙 지역 등에서 주로 발생하는 (다)는 사막화이다.

08 주요 환경 문제 정답 ④

(가)는 산성비, (나)는 열대림 파괴, (다)는 사막화이다. ④ 산성비 발생 지역은 사막화 발생 지역인 스텝 기후 지역보다 연 강수량이 많다.

① 염화 플루오린화 탄소는 오존층 파괴의 원인 물질이다. ② 사헬 지대는 사막화의 대표적인 피해 지역이다. ③ 농경지를 오히려 확대하면 토양 황폐화가 가속화되면서 사막화는 더욱 심각해지게 된다. ⑤ 람사르 협약은 물새 서식지로서 국제적으로 중요한 습지 보호를 위해 국제 사회가 체결한 협약이다.

09 오존층 파괴와 지구 온난화 정답 ⑤

ㄷ. 원인 물질이 염화 플루오린화 탄소인 (가)는 오존층 파괴이다. (나)로 인해 해빙(海氷)이 감소하여 북극곰의 서식 환경이 악화되었으므로 (나)는 지구 온난화이다. ㄹ. 국제 사회는 오존층 파괴의 해결을 위해 몬트리올 의정서를 체결하였고, 지구 온난화의 해결을 위해 파리 협정을 체결하였다.

ㄱ. 적도 부근 상공보다 극지방 상공에서 오존홀(구멍)이 크게 발생하고 있다. 따라서 오존층 파괴는 적도 부근 상공보다 극지방 상공에서 피해가 심각하다. ㄴ. 지구 온난화로 인해 시베리아의 평균 기온이 상승하게 되면 영구 동토층의 면적이 축소된다.

10 환경 문제 해결을 위한 노력 정답 ①

㉠ 환경 문제의 해결을 위해 정부는 국제 협약을 체결하고 성실하게 이행해야 한다. ㉡ 환경 문제의 해결을 위해 시민단체는 정부와 기업에 대한 감시와 비판을 해야 한다.

㉢ 자연환경보전법을 제정하는 일은 환경 문제 해결을 위해 정부가 해야 할 노력에 해당한다. ㉣ 청정 기술 개발과 기반 시설 정비는 환경 문제 해결을 위해 기업이 해야 할 노력에 해당한다.

11 주요 국제 환경 협약 정답 ③

③ 1997년에 체결되었고 온실가스 배출권 거래제를 도입한 (가)는 교토 의정서이다. 2015년에 체결되었고 선진국과 개발도상국 모두에게 온실가스 감축 의무를 부여한 (나)는 파리 기후변화 협약이다.

12 주요 환경 문제와 국제 환경 협약   정답 ②

오존층 파괴 유발 물질(ⓒ)의 생산과 사용을 규제하여 오존층을 보호하기 위해 체결된 환경 협약인 ㉠은 몬트리올 의정서이다. 파리 협정(ⓔ)은 ⓒ을 해결하기 위해 국제 사회가 체결한 환경 협약이므로 ⓒ은 지구 온난화이다. ㄱ. ㉠에는 '몬트리올 의정서'가 들어가야 한다. ㄷ. 지구 온난화가 심화되어 북극해 일대의 평균 기온이 상승하게 되면 북극해가 얼어 있는 기간이 단축되므로 북극해를 지나가는 북극 항로의 연간 항해일수가 증가하게 된다.

> **! 오답 피하기**
> ㄴ. 오존층 파괴 유발 물질인 ⓒ에는 염화 플루오린화 탄소가 해당한다. 질소 산화물과 황산화물은 산성비 유발 물질에 해당한다. ㄹ. 온실가스 배출권 거래 제도는 1997년에 체결된 교토 의정서를 통해 도입된 제도이다.

13 지역별 환경 문제   정답 ③

③ 아프리카의 사헬 지대(가)에서 심각한 환경 문제는 사막화이고, 아마존강 유역(나)에서 심각한 환경 문제는 열대림 파괴이다. 오스트레일리아 북동부의 대보초 해안(다)에서는 지구 온난화로 인한 수온 상승으로 산호초에 백화 현상이 나타나고 있다. 따라서 (가)에는 ㄴ, (나)에는 ㄱ, (다)에는 ㄷ이 들어가야 한다.

14 주요 환경 문제와 국제 환경 협약   정답 ⑤

건조, 반건조 지역에서 발생하는 토지 황폐화 현상인 ㉠은 사막화이고, 1994년에 사막화를 막기 위해 체결된 환경 협약인 (가)는 사막화 방지 협약이다. 2015년에 파리에서 체결되었으며 산업화 전 수준 대비 지구 평균 기온 상승을 2℃보다 현저히 낮은 수준으로 유지하자는 내용이 담긴 (나)는 파리 기후변화 협약이고, ⓒ은 지구 온난화이다. ⑤ 지구 온난화로 인해 장기간 가뭄이 지속되면 사막화가 발생할 수 있다.

> **! 오답 피하기**
> ① (가)는 사막화 방지 협약, (나)는 파리 기후변화 협약이다. ② 사막화 방지 협약과 파리 기후변화 협약 모두 국제 사회에서 국가 주도로 체결되는 국제 환경 협약에 해당한다. ③ 아마존강 유역은 열대 기후가 나타나며 열대림 파괴의 대표적인 사례 지역으로 제시된다. ④ 지구 온난화가 심화되어 남극의 평균 기온이 상승하면 남극 빙하 두께가 얇아진다.

15 환경 문제 해결을 위한 시민 단체의 노력   정답 ②

ㄱ. 해양 쓰레기는 주로 플라스틱, 비닐 등으로 구성되어 있다. ㄷ. 그린피스는 환경 문제 해결을 위해 결성된 시민 단체 중 하나로 환경 문제 해결을 위해 정부와 기업을 감시하는 역할을 한다.

> **! 오답 피하기**
> ㄴ. 자외선 투과량 증가는 오존층 파괴와 관련 있는 현상이다. ㄹ. 람사르 협약은 물새 서식지로서 국제적으로 중요한 습지를 보호하기 위해 체결된 환경 협약이다.

16 사막화   정답 ④

제시된 자료를 통해 아프리카의 사헬 지대에 위치한 차드호의 범위가 1963년에 비해 2017년에 크게 축소한 것을 알 수 있으며, (가)에는 이러한 차드호 면적 축소의 주요 원인이 들어가야 한다. ④ 장기간의 가뭄과 과도한 방목 및 개간으로 인해 농업용수 사용량이 급증하면서 사막화가 심화되어 아프리카 사헬 지대에 위치한 차드호의 면적은 크게 감소하였다.

Ⅳ 문화와 다양성

01   다양한 문화권과 삶의 방식

STEP 1 내신 다지기   본문 ○ 076 ~ 079쪽

01 ①	02 ⑤	03 ⑤	04 ③	05 ①	06 ④
07 ④	08 ⑤	09 ④	10 ③	11 ④	12 ⑤
13 ④	14 ④	15~16 해설 참조			

01 문화와 문화권   정답 ①

인간이 자연환경과 상호 작용하면서 형성한 생활양식인 (가)는 문화이다. 생활양식이 비슷하게 분포하는 공간 범위인 (나)는 문화권이다. 지역의 경계에서 두 지역의 특성이 함께 나타나는 공간 범위인 (다)는 점이 지대이다.

개념노트 | 세계의 다양한 문화권

문화권	특징
동양 문화권	• 계절풍의 영향으로 벼농사가 발달 • 동아시아, 동남아시아, 남부 아시아 문화권으로 세분
유럽 문화권	• 크리스트교의 영향을 많이 받았고, 민주주의와 자본주의가 발달 • 북서부 유럽, 남부 유럽, 동부 유럽 문화권으로 세분
건조 문화권	• 이슬람교 신자 비율이 높고, 유목 생활을 함 • 석유 자원이 풍부
아프리카 문화권	• 부족 중심의 생활, 이동식 화전 농업 • 플랜테이션 발달
아메리카 문화권	영어를 사용하면서 개신교 신자 비율이 높은 앵글로아메리카, 에스파냐어와 포르투갈어를 사용하면서 가톨릭교 신자 비율이 높은 라틴 아메리카 문화권으로 구분
오세아니아 문화권	• 농업과 목축업 발달 • 영국의 영향으로 영어 사용, 개신교 신자 비율이 높음
북극 문화권	순록 유목과 어로 활동

02 문화권 형성에 영향을 주는 요인   정답 ⑤

자연환경은 인간 생활을 둘러싸고 있는 자연계의 모든 요소가 이루고 있는 환경으로 지형, 기후 등을 말한다. 인문환경은 자연을 토대로 만들어 낸 각종 시설과 제도, 언어, 종교, 민족, 산업 등을 말한다.

03 기후와 음식 문화   정답 ⑤

제시된 자료는 대륙 동안의 계절풍 기후 지역과 대륙 서안의 지중해성 기후 지역, 서안 해양성 기후 지역에서 재배되는 농작물과 이를 활용한 음식을 설명하고 있다. 따라서 (가)에 들어갈 가장 적절한 내용은 기후가 음식 문화에 미친 영향이다.

04 문화와 문화권의 형성   정답 ③

소진. 다른 지역과의 교류를 통해 타문화가 유입되면 문화 변동이 나타나기도 한다. 은우. 문화는 인간 집단이 환경에 적응하면서 형성한 생활양식이다.

고은. 이슬람 문화권에 속한 모든 국가가 아랍어를 사용하는 것은 아니다. 중앙아시아 국가 대부분과 이란은 자국 고유 언어를 사용한다. 형선. 문화권의 경계는 하천, 산맥 등의 지형인 경우가 많다.

05 건조 문화권   정답 ①

① 강수량이 적은 중앙아시아에서 서남아시아, 북부 아프리카 일대까지의 문화권은 건조 문화권이다. 건조 문화권에서는 유목 생활을 하고, 이슬람교를 믿는 주민들이 많다.

② 북극 문화권에서는 순록 유목, 어로 활동 등이 행해진다. ③ 아메리카 문화권은 유럽의 영향으로 크리스트교 신자 비율이 높다. ④ 아프리카 문화권은 부족 단위 공동 생활을 하면서 이동식 화전 농업을 주로 한다. ⑤ 오세아니아 문화권은 영국의 영향으로 영어를 사용하고, 농목업이 발달하였다.

06 건조 문화권   정답 ④

④ 이슬람교를 믿는 여성들은 교리에 의해 외출 시 얼굴을 가리는 히잡, 차도르 등을 착용한다.

① 쌀은 계절풍의 영향을 받는 고온 다습한 환경에서 주로 재배된다. 오아시스 농업으로 생산되는 대표적인 작물은 대추야자이다. ② 북부 아프리카에는 사하라 사막이 분포하므로 밀림이 분포할 수 없다. ③ 메소포타미아 문명은 유프라테스–티그리스강 유역을 중심으로 발달한 문명이다. ⑤ 라마교는 불교의 한 종파이다. 소를 신성시하여 소고기 섭취를 금기시하는 종교는 힌두교이다.

07 열대 기후 지역의 문화   정답 ④

④ 벼는 계절풍의 영향으로 여름이 고온 다습한 환경에서 재배되는 대표적인 농작물이다.

① 대표적인 자연환경으로는 기후, 지형 등이 있다. 언어, 종교 등은 인문환경이다. ② 더운 지역의 전통 가옥은 개방적인 구조를 가진다. 인도네시아와 말레이시아는 대부분 열대 기후 지역에 해당한다. 폐쇄적인 가옥 구조는 추운 지방에서 나타난다. ③ 화전 농업은 나무를 태워 그 재를 거름으로 활용하는 농업으로 식생 파괴를 동반한다. 열대림 파괴는 기후변화를 야기하는 대표적인 요인 중 하나이다. ⑤ 플랜테이션은 선진국의 기술과 자본, 원주민의 노동력 등이 결합된 대규모 상업적 농업으로 커피, 카카오, 차 등 기호 작물을 주로 재배한다. 얌, 카사바 등은 열대 기후 지역 원주민의 식량 작물로 주로 이동식 화전 농업으로 재배된다.

08 아프리카 문화권과 건조 문화권   정답 ⑤

지도의 A는 건조 문화권, B는 아프리카 문화권, C는 동아시아 문화권이다. 플랜테이션은 열대 기후가 나타나는 아프리카 문화권에서 발달하였으므로 (가)에는 아프리카 문화권인 B가 들어간다. 이슬람교의 영향을 많이 받은 지역은 건조 문화권이므로 (나)에는 A가 들어가며, (다)에는 C가 들어간다. ㄷ. 동아시아 문화권은 계절풍의 영향으로 벼농사가 발달하였다. ㄹ. 건조 문화권은 농경이 어려워 유목민이 차지하는 비율이 높다.

ㄱ. 불교문화가 발달한 지역은 동아시아 문화권이다. 아프리카 문화권은 토속 신앙과 크리스트교 신자 비율이 높다. ㄴ. 이동식 화전 농업은 열대 기후가 나타나는 아프리카 문화권의 전통 농업 방식이다. 건조 문화권에서는 오아시스 농업, 관개 농업, 유목 등이 행해진다.

09 북극 문화권과 아프리카 문화권   정답 ④

소수 민족이 순록 유목, 어로 등을 하면서 살아가는 (가)는 북극 문화권이다. 북극 일대는 항공기의 대권 항로로 이용되며, 석유 등의 자원이 풍부하다. 부족 단위로 화전 농업을 하면서 살아가는 (나)는 아프리카 문화권이다. 아프리카는 서구 열강이 인위적으로 설정한 국경선이 지역 갈등의 원인이 되고 있다.

①, ②, ③, ⑤ 기온이 낮은 남극은 인간이 거의 거주하지 않으므로 문화가 형성되어 있지 않다. 건조 문화권에서는 유목 생활을 하고, 이슬람교 신자 비율이 높다. 오세아니아 문화권은 농업과 목축업이 발달하였고, 관광 산업으로 이용되는 뛰어난 자연환경이 있다.

10 유럽 문화권   정답 ③

유럽은 북서부 유럽, 남부 유럽, 동부 유럽으로 구분된다. 따라서 A는 유럽이다. 병. 유럽의 대부분 국가는 유럽 연합(EU)에 가입되어 있고, 유럽 연합(EU)에 속한 많은 국가가 유로화를 사용한다.

갑. 오아시스 농업은 건조 지역에서 행해지는 농업이다. 유럽에는 건조 기후가 거의 나타나지 않는다. 을. 석유 수출국 기구(OPEC)는 석유를 생산 및 수출하는 국가들이 결성한 단체이다. 사우디아라비아, 이란, 이라크, 아랍 에미리트, 나이지리아 등이 가입되어 있고, 유럽에는 회원국이 없다. 정. 유교와 불교의 영향을 많이 받은 지역은 동아시아이다. 무. 기업적 방목은 주로 아메리카를 비롯한 신대륙에서 행해진다.

11 남부 아시아 문화권과 라틴 아메리카 문화권   정답 ④

파키스탄은 이슬람교, 인도는 힌두교 신자의 비율이 높다. 카슈미르는 종교가 다른 두 국가 간 영토 분쟁이 나타나는 지역이다. 따라서 (가)에는 이슬람교, (나)에는 힌두교가 들어간다. ㄴ. 라틴 아메리카의 고대 문명은 주로 상춘 기후가 나타나는 고산 지대를 중심으로 형성되었다. 멕시코고원을 중심으로 한 아즈텍 문명, 유카탄반도 일대의 마야 문명, 안데스 산지의 잉카 문명 등이 있다. ㄹ. 이슬람교에서는 돼지를 불결한 짐승으로 간주하여 돼지고기 섭취를 금하고 있다. 힌두교에서는 소를 신성시하여 소고기 섭취를 금하고 있다.

ㄱ. 라틴 아메리카 문화권은 남부 유럽에 거주하던 라틴족의 영향을 많이 받았다. 따라서 라틴 아메리카는 주로 에스파냐어와 포르투갈어를 사용한다. ㄷ. 라틴 아메리카는 유럽계와 원주민 간의 혼혈인 메스티소, 유럽계와 아프리카계의 혼혈인 물라토, 원주민과 아프리카계의 혼혈인 삼보 등 주민 구성에서 혼혈이 차지하는 비율이 아주 높다.

12 주요 종교의 분포   정답 ⑤

스웨덴을 비롯한 대부분의 유럽 국가는 크리스트교 신자 비율이 높다. 크리스트교의 대표적인 종교 경관으로는 십자가, 종탑 등이 있다. 남부 아시아의 파키스탄과 방글라데시 등은 이슬람교 신자 비율이 높다. 이슬람교의 대표적인 상징물로는 초승달, 별 등이 있다. ⑤ 크리스트교는 서남아시아의 예루살렘에서, 이슬람교는 서남아시아의 메카에서 기원하였다.

① 아라베스크로 장식된 사원은 이슬람교의 모스크이다. ② 깨달음과 해탈을 강조하는 종교는 불교이다. ③ 중앙아시아는 건조 문화권에 속한 지역으로 이슬람교 신자가 많다. ④ 돼지고기 섭취를 금기시하는 종교는 이슬람교이다.

13 오세아니아 문화권과 앵글로아메리카 문화권 정답 ④

지도의 A는 북극 문화권, B는 유럽 문화권, C는 아프리카 문화권, D는 오세아니아 문화권, E는 앵글로아메리카 문화권, F는 라틴 아메리카 문화권이다. 대다수 주민이 영어를 사용하고, 농축산물 수출이 활발한 문화권은 오세아니아 문화권과 앵글로아메리카 문화권이다. 이 중 세계 경제의 중심이 되는 지역은 앵글로아메리카 문화권, 석탄과 철광석 수출량이 많은 지역은 오세아니아 문화권이다.

❗ 오답 피하기

영국, 아일랜드 등을 제외한 대부분의 유럽 국가는 영어를 사용하지 않는다.

14 북극 문화권 정답 ④

ㄴ. 북극 문화권은 기온이 낮아 농작물 재배가 어렵다. ㄹ. 이로 인해 순록 유목, 사냥, 어로 활동에 종사하는 주민의 비율이 높다.

❗ 오답 피하기

ㄱ. 플랜테이션은 주로 열대 기후에서 행해지는 상업적 농업이다. ㄷ. 나무와 나뭇잎 등으로 만든 고상 가옥이 분포하는 지역은 열대 기후 지역이다. 기온이 낮은 북극은 나무가 자라기 어려운 환경이므로 나무를 가옥의 재료로 활용할 수 없다.

15 유럽 문화권

(1) ㉠은 개신교, ㉡은 가톨릭교, ㉢은 정교회 신자 비율이 높다.
(2) **모범 답안** 지중해성 기후가 나타나 여름이 건조하고 일조량이 풍부해 과수 재배에 유리하다.

채점 기준	구분
지중해성 기후와 여름철 일조량을 모두 서술한 경우	상
지중해성 기후, 여름철 일조량 중 하나만 서술한 경우	중
수목 농업 발달 배경이 아닌 과수 재배를 서술한 경우	하

16 동남아시아 문화권

(1) **모범 답안** 타이와 말레이시아 모두 동남아시아 문화권에 속해 있고, 계절풍의 영향으로 벼농사가 발달해 쌀을 주식으로 한다. 타이는 서구 열강의 식민 지배를 받지 않았고, 말레이시아는 영국, 네덜란드 등의 식민 지배를 받았다. 또한, 타이는 불교 신자 비율이 높지만, 말레이시아는 이슬람교 신자 비율이 높다.

채점 기준	구분
공통점과 차이점을 각각 두 가지 이상 서술한 경우	상
공통점과 차이점을 서술하였으나 두 가지 미만으로 제시한 경우	중
공통점과 차이점 중 하나만 서술한 경우	하

(2) **모범 답안** 미국과 캐나다는 앵글로아메리카 문화권에 속해 있다. 앵글로아메리카 문화권은 영국의 영향으로 영어 사용자 비율이 높고, 개신교 신자 비율이 높다. 또한, 세계적인 농산물 수출국이면서 경제 수준이 높은 선진국이다.

채점 기준	구분
앵글로아메리카 문화권, 영어, 개신교, 농산물 수출, 선진국 중 세 가지 이상 서술한 경우	상
앵글로아메리카 문화권, 영어, 개신교, 농산물 수출, 선진국 중 두 가지만 서술한 경우	중
앵글로아메리카 문화권, 영어, 개신교, 농산물 수출, 선진국 중 한 가지만 서술한 경우	하

---

01 ⑤	02 ③	03 ②	04 ③	05 ②	06 ④
07 ③	08 ②	09 ⑤	10 ①	11 ②	12 ③
13 ③	14 ⑤	15 ②	16 ①		

01 남부 유럽 문화권 정답 ⑤

ㄷ. 남부 유럽은 대부분 지중해성 기후가 나타나 여름철 일조량이 풍부하다. 일조량이 풍부한 지역은 오렌지, 포도 등의 과수를 재배하는 수목 농업이 발달할 수 있다. ㄹ. 남부 유럽 문화권에 속한 이탈리아와 그리스 등은 고대 문화재가 풍부하여 관광 산업이 발달하였다.

❗ 오답 피하기

ㄱ. 산업 혁명 발상지는 북서부 유럽 문화권에 속한 영국이다. ㄴ. 고산 지대를 중심으로 마야 문명, 잉카 문명 등의 고대 문명이 발달했던 지역은 라틴 아메리카 문화권이다.

02 오세아니아 문화권 정답 ③

영국 식민 지배의 영향으로 영어를 사용하고, 크리스트교 신자 비율이 높은 문화권은 오세아니아 문화권과 앵글로아메리카 문화권이다. 이 중 원주민 언어를 공용어로 채택한 국가가 있고, 해수면 상승으로 인한 국토 상실의 위기에 처한 국가가 많은 문화권은 오세아니아 문화권이다.

03 세계의 다양한 문화권 정답 ②

② 아메리카를 문화적으로 구분할 때의 기준은 리오그란데강이다. 리오그란데강을 기준으로 앵글로아메리카와 라틴 아메리카로 구분한다. 파나마 운하는 아메리카를 지리적으로 구분할 때의 기준으로, 북아메리카와 남아메리카로 구분한다.

❗ 오답 피하기

① 계절풍의 영향을 받는 동양 문화권에서는 전통적으로 벼농사가 발달하였다. ③ 열대 기후 지역에서는 지면의 열기와 습기가 가옥 내부로 유입되는 것을 방지하기 위해 고상 가옥을 짓는다. ④ 냉대 기후는 주로 위도 40°~70° 지역에 분포한다. 남반구는 위도 40°~70°에 포함된 육지가 협소하여 냉대 기후가 거의 나타나지 않는다. 냉대 기후는 북반구의 시베리아, 캐나다 등지에 넓게 분포한다. ⑤ 건조 문화권은 아시아와 아프리카의 건조 기후 지역을 중심으로 분포한다. 건조 기후는 건조 문화권에 속하지 않는 오세아니아, 아메리카 등지에서도 나타난다.

04 아메리카 문화권 정답 ③

영어 사용자와 개신교 신자 비율이 높은 선진국이 포함된 문화권은 앵글로아메리카 문화권이다. 앵글로아메리카는 북반구에 위치한다. 인종(민족) 구성에서 혼혈이 차지하는 비율이 가장 높은 문화권은 라틴 아메리카 문화권이다. 따라서 A는 앵글로아메리카 문화권, B는 라틴 아메리카 문화권이다. ③ 라틴 아메리카는 주로 포르투갈어와 에스파냐어를 사용한다.

❗ 오답 피하기

① 혼혈의 비율이 높은 지역은 라틴 아메리카 문화권이다. ② 앵글로아메리카는 주로 영국계가 정착하여 영어 사용자 비율이 높고, 개신교 신자 비율이 높다. ④ 라틴 아메리카는 앵글로아메리카보다 소속된 국가 수가 많다. 앵글로아메리카에는 미국, 캐나다 2개국이 속해 있다. ⑤ 리오그란데강을 기준으로 북부는 앵글로아메리카, 남부는 라틴 아메리카로 구분된다. 리오그란데강은 미국과 멕시코의 국경으로, 미국은 리오그란데강 북쪽, 멕시코는 리오그란데강 남쪽에 위치한다.

05 종교와 문화   정답 ②

예루살렘에서 기원하여 전 세계로 전파된 (가)는 크리스트교이다. 메디나와 메카에서 기원하여 주로 구대륙으로 전파된 (나)는 이슬람교이다. 룸비니와 부다가야에서 기원하여 동아시아와 동남아시아를 중심으로 전파된 (다)는 불교이다. 남부 아시아를 중심으로 신자 비율이 높은 (라)는 힌두교이다. ㄱ. 크리스트교의 사원에는 십자가, 종탑 등이 있다. ㄷ. 불교는 개인의 수양과 해탈을 강조하고 윤회 사상을 신봉하는 종교이다.

❗ 오답 피하기

ㄴ. 이슬람교에서는 술과 돼지고기 섭취를 금기시하고 있다. 소를 신성하게 여겨 소고기 섭취를 금기시하는 종교는 힌두교이다. ㄹ. 성탄절은 크리스트교 창시자인 예수의 탄생일을 기리는 날이다.

06 앵글로아메리카 문화권   정답 ④

④ 리오그란데강 이북, 영어, 로키산맥, 개신교, 오대호 등은 앵글로아메리카 문화권의 특징이다. 미국 뉴욕에는 자유의 여신상이 있고, 브로드웨이가 있다. 미국 로스앤젤레스에는 영화 산업이 발달한 할리우드가 있고, 샌프란시스코 인근에는 첨단 산업이 발달한 실리콘밸리가 있다. 캐나다 북부 지방에서는 겨울철 오로라를 관찰할 수 있다. 핼러윈 축제는 미국의 대표적인 축제이다.

07 오세아니아 문화권   정답 ③

지도의 A는 알제리, B는 러시아, C는 오스트레일리아, D는 미국, E는 브라질이다. ③ 애버리지니는 오스트레일리아의 원주민이다. 오스트레일리아는 영국 식민 지배의 영향으로 영어가 공용어로 지정되어 있고, 크리스트교 신자 비율이 높다. 오스트레일리아는 오랜 기간 대륙과 분리되어 있어 캥거루, 코알라 등 독특한 생태계가 형성되었다.

08 라틴 아메리카 문화권   정답 ②

지도의 (가)는 멕시코, (나)는 브라질, (다)는 아르헨티나이다. ② 브라질은 포르투갈 식민 지배의 영향으로 포르투갈어를 가장 많이 사용한다.

❗ 오답 피하기

① 멕시코에는 멕시코고원을 중심으로 발달한 아즈텍 문명, 남동부의 유카탄반도를 중심으로 발달한 마야 문명 등이 있다. 잉카 문명은 안데스산지의 페루를 중심으로 발달한 고대 문명이다. ③ 아르헨티나의 수도는 부에노스아이레스로 해안에 위치한다. 해안의 수도를 내륙으로 이전한 국가는 브라질이다. 브라질은 해안에 위치한 리우데자네이루에서 내륙 개발을 위해 브라질리아로 수도를 이전하였다. ④ 멕시코, 브라질, 아르헨티나 모두 라틴 아메리카 문화권에 속한다. ⑤ 라틴 아메리카 문화권은 가톨릭교를 신봉하는 라틴족의 식민 지배 영향으로 가톨릭교 신자 비율이 높다.

09 세계의 다양한 문화권   정답 ⑤

지도의 A는 포르투갈, B는 나이지리아, C는 대한민국이다. ⑤ 계절풍의 영향으로 벼농사가 발달한 국가는 대한민국이다. 플랜테이션은 열대 기후가 나타나는 나이지리아에 발달해 있다. 나이지리아를 비롯한 아프리카 기니만 일대의 코트디부아르, 가나 등에는 플랜테이션으로 카카오 생산이 많다.

10 건조 문화권   정답 ①

지도의 A는 건조 문화권, B는 아프리카 문화권, C는 오세아니아 문화권, D는 앵글로아메리카 문화권, E는 라틴 아메리카 문화권이다. ① 흙벽돌집, 모래바람과 햇볕을 막기 위해 온몸을 가리는 옷은 사막 지역의 모습이

다. 사막이 분포하고 이슬람 사원이 나타나는 문화권은 건조 문화권이다.

11 건조 문화권과 오세아니아 문화권   정답 ②

스핑크스와 피라미드를 관광할 수 있는 ㉠은 이집트이다. 이집트는 건조 문화권으로 이슬람교 신자 비율이 높다. 애버리지니가 거주하고 캥거루를 볼 수 있는 ㉡은 오스트레일리아이다. ㄱ. 북부 아프리카에 위치한 이집트는 건조 문화권에 속한다. ㄷ. 오스트레일리아는 영국 식민 지배의 영향으로 영어를 가장 많이 사용한다.

❗ 오답 피하기

ㄴ. 이슬람교는 우상 숭배를 금지하여 성상을 건립하지 않는다. ㄹ. 애버리지니는 오스트레일리아의 원주민이다.

12 아메리카 문화권   정답 ③

㉡, ㉢ 영국의 영향을 주로 받은 앵글로아메리카는 주로 영어를 사용하고 개신교 신자 비율이 높다. 남부 유럽의 영향을 주로 받은 라틴 아메리카는 에스파냐어와 포르투갈어를 주로 사용하고 가톨릭교 신자 비율이 높다.

❗ 오답 피하기

㉠ 앵글로아메리카와 라틴 아메리카는 리오그란데강을 기준으로 구분한다. 아메리카를 지리적으로 구분할 때는 파나마 운하를 기준으로 북아메리카와 남아메리카로 나눈다. ㉣ 앵글로아메리카는 여러 인종이 혼재하지만, 인종(민족) 구성에서 가장 높은 비율을 차지하는 것은 유럽계이다. 라틴 아메리카는 인종(민족) 구성에서 가장 높은 비율을 차지하는 것은 혼혈이다.

13 말레이시아의 종교와 문화   정답 ③

여러 신을 숭배하는 (가)는 힌두교, 라마단 기간을 준수하는 (나)는 이슬람교이다. ㄴ. 건조 문화권은 이슬람교 신자 비율이 높고, 아메리카 문화권은 크리스트교 신자 비율이 높다. ㄷ. 힌두교는 소고기, 이슬람교는 돼지고기 섭취를 금기시한다.

❗ 오답 피하기

ㄱ. 돔형 지붕에 높은 첨탑을 가지고 있는 사원은 이슬람교 사원인 모스크이다. ㄹ. 힌두교는 남부 아시아에서, 이슬람교는 서남아시아에서 기원하였다.

14 이슬람교 문화권   정답 ⑤

돼지고기 섭취를 금기시하고 할랄로 음식 조리 규정을 정해 둔 종교는 이슬람교이다. 병. 이슬람교 여성 신도들은 얼굴을 가리는 의복인 히잡, 차도르 등을 착용한다. 정. 이슬람교 신자들은 하루에 다섯 번씩 성지를 향해 기도한다.

❗ 오답 피하기

갑. 카스트 제도는 인도에서 고대부터 전해져 오던 계급 제도로, 힌두교 신자들이 중시한다. 을. 살생을 금하고 윤회 사상을 중시하는 종교는 불교이다.

15 동아시아와 동남아시아의 음식 문화   정답 ②

지도의 A는 타이, B는 베트남, C는 일본이다. ② 똠얌꿍은 타이의 전통 음식이다. 타이는 물 축제인 송끄란 축제를 개최한다. 스시는 일본의 대표적인 음식이다. 일본의 삿포로에서는 눈 축제를 개최한다.

❗ 오답 피하기

베트남의 대표적인 음식으로는 퍼(쌀국수), 반미 등이 있다.

① '대성당', '예수', '열두 제자' 등을 통해 제시된 종교는 크리스트교임을 알 수 있다. 크리스트교의 대표적인 종교 경관은 십자가와 종탑이다.

❗ 오답 피하기

② 사리가 봉안된 탑과 불상은 불교의 대표적인 경관이다. ③ 첨탑과 둥근 지붕이 있는 모스크는 이슬람교의 종교 경관이다. ④ 다양한 신들이 조각된 사원은 힌두교 사원이다. ⑤ 갠지스강에서 목욕하고 시신을 화장하는 것은 힌두교의 종교 의식이다.

02 문화 변동과 전통문화

STEP 1 내신 다지기   본문 ○ 086 ~ 089쪽

01 ②	02 ②	03 ⑤	04 ⑤	05 ⑤	06 ①
07 ③	08 ③	09 ②	10 ③	11 ⑤	12 ⑤
13 ④	14 ④	15 ④	16~17 해설 참조		

01 문화 변동의 요인   정답 ②

문화 변동의 내재적 요인에는 발견과 발명, 외재적 요인에는 문화 전파가 있다. ㄱ. 자동차는 발명으로, 이는 문화 변동의 내재적 요인에 해당한다. ㄹ. 유럽에서의 한류 열풍은 문화 전파의 사례로, 이는 문화 변동의 외재적 요인에 해당한다.

❗ 오답 피하기

ㄴ. 필리핀의 영어 사용은 문화 전파의 사례로, 이는 문화 변동의 외재적 요인에 해당한다. ㄷ. 불과 전기는 발견의 사례로, 이는 문화 변동의 내재적 요인에 해당한다.

02 문화 변동의 요인   정답 ②

② 발견과 발명은 문화 변동의 내재적 요인이고, 문화 전파는 문화 변동의 외재적 요인이다. 존재하지 않았던 새로운 문화 요소를 만들어 내는 것은 발명이다. 따라서 (가)는 발견, (나)는 문화 전파, (다)는 발명이다.

03 문화 전파   정답 ⑤

⑤ 제시된 사례는 원나라에 끌려간 공녀에 의해 고려의 문화가 원나라로 전해졌음을 보여 준다. 이는 인적 교류에 의한 문화 전파에 해당한다.

❗ 오답 피하기

①, ② 발견과 발명은 문화 변동의 내재적 요인에 해당한다. ③, ④ 제시된 사례와 관련이 없다.

04 문화 전파   정답 ⑤

문화 전파는 한 사회가 다른 사회와 교류하고 접촉하는 과정에서 새로운 문화 요소가 전달되는 현상을 말한다. ⑤ 기존의 휴대 전화에 인터넷 검색, 이메일 확인 등의 기능을 추가하여 스마트폰을 만든 것은 발명의 사례에 해당한다.

❗ 오답 피하기

①, ②, ③, ④ 문화 전파의 사례에 해당한다.

05 자극 전파   정답 ⑤

제시된 사례에는 공통적으로 자극 전파가 나타나 있다. ⑤ 자극 전파는 서로 다른 문화 체계 간에 문화 요소와 관련된 추상적인 개념이나 아이디어가 전파되어 새로운 문화 요소의 등장을 자극하는 현상을 말한다.

❗ 오답 피하기

① 특정 문화 요소가 매개체를 통해 전파되는 것은 간접 전파이다. ② 한 문화가 다른 문화에 동화되는 것은 문화 동화이다. ③ 사람 간의 직접적 교류에 의해 문화가 전파되는 것은 직접 전파이다. ④ 한 문화 체계 내에서 내부적 요인에 의해 새로운 문화 요소가 탄생하는 것은 발명이다.

개념노트 │ 문화 전파의 유형
직접 전파 문화 요소를 제공하는 사회와 그것을 받아들이는 사회 구성원들 간의 직접적인 접촉 과정에서 문화 요소가 전달되어 정착되는 현상
간접 전파 문화 요소를 제공하는 사회와 그것을 받아들이는 사회 구성원들 간의 직접적인 접촉이 아닌 매개체를 통해 간접적으로 문화 요소가 전달되어 정착되는 현상
자극 전파 서로 다른 문화 체계 간에 문화 요소와 관련된 추상적인 개념이나 아이디어가 전파되어 새로운 문화 요소의 등장을 자극하는 현상

06 문화 변동의 양상   정답 ①

ㄱ. (가)에는 문화 병존, (나)에는 문화 융합이 나타나 있다. ㄴ. 문화 병존과 문화 융합은 모두 문화의 다양성 증진에 기여한다.

❗ 오답 피하기

ㄷ. (가)와 (나)에 나타난 문화 변동의 양상은 모두 자문화의 문화 요소가 유지된다. ㄹ. (가)와 (나)에 나타난 문화 변동의 양상은 모두 외재적 요인에 의한 문화 변동이다.

07 문화 변동의 양상   정답 ③

③ 갑국에서는 A국의 의복 문화로 대체되었으므로 문화 동화가 나타났으며, 을국에서는 B국의 문자와 을국의 문자가 함께 쓰이고 있으므로 문화 병존이 나타났다.

❗ 오답 피하기

① 갑국에서는 문화 동화가 나타났다. ② 을국에서는 문화 병존이 나타났다. ④ 갑국과 을국 모두에서 전파에 의한 문화 변동이 나타났다. ⑤ 갑국은 을국과 달리 자문화의 정체성을 상실하였다.

08 문화 변동의 양상   정답 ③

A는 문화 융합, B는 문화 병존이다. ㄴ. 필리핀에서 타갈로그어와 영어가 모두 사용되는 것은 문화 병존의 사례에 해당한다. ㄷ. 문화 병존은 서로 다른 사회의 문화가 한 사회의 문화 체계 속에서 나란히 존재하는 현상을 말한다.

❗ 오답 피하기

ㄱ. 문화 융합은 자국 문화의 요소가 남아 있으므로 자문화의 정체성 상실을 초래한다고 볼 수 없다. ㄹ. 문화 융합과 문화 병존은 모두 전파가 요인이 되어 나타나는 문화 변동의 양상이다.

09 문화 변동의 양상   정답 ②

② ㉠은 갑국의 식민 지배 영향으로 자문화의 문화적 정체성을 상실한 문화 동화의 사례에 해당한다. ㉡은 서양 음악과 우리나라의 전통 국악이 만나 퓨전 밴드가 탄생한 문화 융합의 사례에 해당한다.

10 문화 변동의 요인과 양상　　　　　　　　정답 ③

③ ㉠에는 서구 문화의 영향에 따른 문화 동화가 나타나 있고, ㉡에는 정복에 의한 직접 전파가 나타나 있으며, ㉢에는 기존의 문화 요소의 특징과 함께 제3의 새로운 문화 요소가 나타난 문화 융합이 나타나 있다.

11 전통문화의 의미　　　　　　　　정답 ⑤

⑤ 한 사회에서 과거에 형성되어 세대 간 전승을 통해 오늘날까지 사람들의 생활에 영향을 미치고 있는 고유한 문화, 즉 과거에서 오늘날까지 오랜 시간 동안 이어 온 생활양식을 전통문화라고 한다.

12 전통문화의 의의　　　　　　　　정답 ⑤

밑줄 친 '이것'은 전통문화이다. ⑤ 전통문화는 한 사회 구성원의 고유한 문화 정체성을 구성한다.

! 오답 피하기

① 전통문화가 외래문화와 항상 마찰을 빚는 것은 아니다. ② 전통문화는 세계 문화의 다양성을 높이는 데 기여한다. ③ 전통문화는 문화 산업 육성에 기여한다. ④ 최근 전통문화의 소멸 위험성이 높아지고 있다.

13 전통문화의 의의　　　　　　　　정답 ④

전통문화가 사라진다는 것은 단지 전통문화가 새로운 문화로 대체된다는 것만을 의미하지는 않는다. 그것은 한 사회의 세대 간 단절뿐만 아니라 정체성 약화를 의미한다는 점에서 문제가 심각하다.

! 오답 피하기

①, ②, ③, ⑤ 교사의 질문과는 관련성이 먼 진술이다.

14 외래문화의 창조적 수용　　　　　　　　정답 ④

④ 제시문에는 문화적 교류를 통해 도입된 외래문화를 한복에 창조적으로 변형하여 발전시킨 내용이 나타나 있다.

! 오답 피하기

①, ② 우리의 한복은 고유의 전통문화로, 그 정체성이 유지되고 있다. ③ 만주족의 마괘아를 한복에 어울리게 개량하였다. ⑤ 문화 갈등의 사례는 나타나 있지 않다.

15 전통문화의 발전 방안　　　　　　　　정답 ④

④ 제시문의 '민족의 고유한 음식 문화를 변화된 시대에 맞는 형태로 적절하게 변형하였다는 점'을 통해 전통문화의 발전을 위해서는 전통문화를 현 시대의 흐름에 맞게 창조적으로 계승 및 발전해야 함을 알 수 있다.

! 오답 피하기

①, ②, ③, ⑤ 제시문에서 강조하고 있는 전통문화의 발전 방안으로 적절하지 않다.

16 문화 변동의 양상

⑴ A는 문화 동화, B는 문화 병존, C는 문화 융합이다.

⑵ 모범 답안 A의 사례로는 많은 중남미 국가에서 고유의 토속 신앙이 사라지고 서양의 종교가 그 자리를 차지한 것을 들 수 있다. B의 사례로는 중국 내 조선족들이 중국의 문화 요소와 함께 우리의 고유한 풍습을 그대로 간직하며 생활하는 것을 들 수 있다. C의 사례로는 우리나라에 전래된 불교와 칠성신을 모시는 우리의 전통적 민간 신앙이 결합하여 칠성각이라는 새로운 불교문화가 나타난 것을 들 수 있다.

채점 기준	구분
A~C에 해당하는 문화 변동의 양상과 그 사례를 모두 정확하게 서술한 경우	상
A~C에 해당하는 문화 변동의 양상과 그 사례 중 두 가지의 경우만 정확하게 서술한 경우	중
A~C에 해당하는 문화 변동의 양상과 그 사례 중 한 가지의 경우만 정확하게 서술한 경우	하

17 전통문화의 창조적 계승과 발전

모범 답안 전통문화의 창조적 계승과 발전을 위해서는 첫째, 외래문화를 비판적으로 수용함으로써 전통문화와 조화를 이루려는 노력이 필요하다. 둘째, 현실적 여건에 따라 전통문화를 재해석하여 우리 문화의 우수성, 고유성, 독창성은 유지하되 현대적 감각으로 재해석하여 새롭고 창조적인 문화를 만들어야 한다.

채점 기준	구분
외래문화의 비판적 수용과 우리 문화의 우수성, 고유성, 독창성은 유지한 채 전통문화를 재해석해야 한다는 내용을 모두 서술한 경우	상
외래문화의 비판적 수용과 우리 문화의 우수성, 고유성, 독창성은 유지한 채 전통문화를 재해석해야 한다는 내용 중 대부분을 서술한 경우	중
외래문화의 비판적 수용과 우리 문화의 우수성, 고유성, 독창성은 유지한 채 전통문화를 재해석해야 한다는 내용 중 일부만 서술한 경우	하

STEP 2　1등급 도전하기　　　　본문 ○ 090~093쪽

01 ③	02 ③	03 ②	04 ④	05 ⑤	06 ④
07 ④	08 ①	09 ②	10 ①	11 ③	12 ①
13 ②	14 ②	15 ⑤	16 ④		

01 문화 변동의 요인　　　　　　　　정답 ③

㉡은 문화 변동의 내재적 요인이고, ㉢은 문화 변동의 외재적 요인이다. ③ 문화 변동의 외재적 요인은 문화 전파로, 문화 전파에는 직접 전파, 간접 전파, 자극 전파가 있다.

! 오답 피하기

① 한 사회에 새로운 문화 요소가 전파됨으로써 문화 변동이 나타날 수 있다. ② 한 사회의 내부에서 새로운 문화 요소가 등장하는 것은 문화 변동의 내재적 요인으로, 발견과 발명이 이에 해당한다. ④ 외부 사회로부터 새로운 문화 요소가 제공되는 것은 문화 변동의 외재적 요인으로, 문화 전파가 이에 해당한다. 자극 전파와 간접 전파는 모두 문화 전파에 포함된다. ⑤ 오늘날의 문화 변동은 내재적 요인보다 외재적 요인에 의해 주로 이루어진다.

02 문화 변동의 요인　　　　　　　　정답 ③

A는 발명, B는 자극 전파, C는 간접 전파, D는 직접 전파이다. ③ 간접 전파의 사례로는 사회 관계망 서비스(SNS)와 같은 매체에 의한 문화 전파를 들 수 있다.

! 오답 피하기

① 전기는 발견의 사례에 해당한다. ② 오늘날에는 간접 전파가 문화 변동

의 가장 큰 요인을 차지한다. ④ 신라 시대의 이두 문자는 자극 전파의 사례에 해당한다. ⑤ 직접 전파는 구성원 간 직접적인 접촉에 의해 발생한다.

03 문화 변동의 요인   정답 ②

A는 자극 전파, B는 간접 전파, C는 발명이다. ㄱ. 자극 전파는 외부 문화 요소에서 아이디어를 얻어 발명이 이루어진 것이다. ㄷ. 간접 전파는 오늘날 대중 매체의 발달로 인해 문화 변동의 주된 요인이 되면서 그 영향력이 강화되었다.

❗ 오답 피하기

ㄴ. 실크 로드를 통해 중국의 종이와 화약이 전해진 것은 직접 전파의 사례에 해당한다. ㄹ. 물질적인 것과 비물질적인 것은 모두 발명의 대상이 된다.

04 문화 변동의 요인   정답 ④

(가)에는 강제적 요인에 의한 직접 전파가, (나)에는 자발성에 기초한 간접 전파가 나타났다. ④ (가)와 (나) 모두 서로 다른 문화 간의 접촉, 즉 외재적 요인에 의한 문화 변동이 나타났다.

❗ 오답 피하기

① 선교사에 의해 종교가 전파되는 것은 직접 전파의 사례에 해당한다. ② 세계화가 진행될수록 교통과 통신의 발달에 따른 간접 전파가 주로 나타난다. ③ (가)에는 직접 전파, (나)에는 간접 전파가 나타났다. ⑤ (가)에는 강제적 요인에 의한 문화 변동이 나타났고, (나)에는 자발성에 기초한 문화 변동이 나타났다.

개념노트	자발적 문화 접변과 강제적 문화 접변
자발적 문화 접변	스스로의 필요에 따라 외부 사회의 문화 요소를 자연스럽게 받아들이는 문화 변동
강제적 문화 접변	정복과 같은 강제에 의해 수용자의 의사에 반하여 외부 사회의 문화 요소가 이식되는 문화 변동

05 문화 변동의 요인과 양상   정답 ⑤

A는 자극 전파, B는 문화 융합이다. ⑤ 인도 불교와 헬레니즘 문화가 만나 새롭게 탄생한 인도의 간다라 미술은 문화 융합의 사례이다.

❗ 오답 피하기

① 활의 원리를 이용하여 발명된 현악기는 발명의 사례이다. ② 갈릴레이가 최초로 확인한 태양의 흑점은 발견의 사례이다. ③ 아프리카 음악과 서양 악기가 결합되어 나타난 서양의 재즈는 문화 융합의 사례이다. ④ 서양과의 교역을 통해 일본에 수입된 조총은 직접 전파의 사례이다.

06 문화 변동의 양상   정답 ④

(가)에 들어갈 개념은 문화 융합이다. ㄴ. 문화 융합은 서로 다른 문화 요소가 결합하여 제3의 문화 요소가 형성되는 것을 말한다. ㄹ. 문화 융합의 사례로는 멕시코 전통문화와 에스파냐 문화가 결합하여 탄생한 메스티소 문화를 들 수 있다.

❗ 오답 피하기

ㄱ. 서로 다른 문화 요소가 고유성을 유지한 채 나란히 존재하는 것은 문화 병존이다. ㄷ. 한의학과 별도로 서양 의학이 도입되어 독립적으로 존재하는 경우는 문화 병존의 사례이다.

07 문화 변동의 요인과 양상   정답 ④

ㄴ. A국 사람들은 B국 문자에서 아이디어를 얻어 자신들만의 문자를 만들었으므로 이는 자극 전파의 사례에 해당한다. ㄹ. B국의 문자와 C국의 문자를 모두 사용하고 있으므로 이는 문화 병존의 사례에 해당한다.

❗ 오답 피하기

ㄱ. 무역 상인들의 무역 활동을 통해 A국에 B국 문자가 알려지게 되었으므로 이는 직접 전파의 사례에 해당한다. ㄷ. C국에서는 자신들이 독자적으로 문자를 만들었으므로 이는 발명의 사례에 해당한다.

개념노트	자극 전파의 사례 – 체로키 문자와 이두 문자
	체로키 문자는 문자가 없던 아메리카의 인디언 부족인 체로키족이 백인에게서 전파된 알파벳에 자극을 받아 만든 문자이다. 1820년 무렵 아칸소주에서 세쿼야라는 체로키족 사람이 체로키 말을 적기 위해 영어 알파벳을 본뜬 음절 문자를 새로 생각해 내어 만든 표기법이다. 이두 문자는 신라의 설총이 중국에서 전파된 한자의 음과 훈을 빌려 당시의 언어로 적도록 만든 표기법이다. 체로키 문자와 이두 문자는 모두 타 문화 요소로부터 아이디어를 얻어 새로운 것이 발명되는 현상으로 문화 전파 중 자극 전파의 사례이다.

08 문화 변동의 양상   정답 ①

(가)에는 직접 전파로 인한 문화 병존이 나타나 있고, (나)에는 직접 전파로 인한 문화 융합이 나타나 있다. ① (가) 페루에서 원주민 언어와 스페인어가 함께 공용어로 사용되고 있다는 내용을 통해 문화 병존이 나타났음을 알 수 있다.

❗ 오답 피하기

② (가)에는 스페인 점령군의 식민 지배를 통한 문화 전파가 나타났으므로 이는 직접 전파에 해당한다. ③ (나)에는 중국 요리법과 포르투갈 요리법이 결합되어 새로운 형태의 음식이 탄생하였으므로 이는 문화 융합에 해당한다. ④ (가)와 (나) 모두 직접 전파가 나타났다. ⑤ (가)에는 (나)와 달리 강제적인 문화 접변이 나타났다.

09 문화 변동의 양상   정답 ②

A는 문화 융합, B는 문화 병존이다. ㄱ. 우리나라에서 천주교, 개신교, 불교 등이 종교 문화로 함께 존재하는 것은 문화 병존의 사례에 해당한다. ㄷ. 문화 융합과 문화 병존은 모두 한 사회 내에 새로운 문화가 존재할 수 있으므로 문화적 다양성을 높이는 데 기여한다.

❗ 오답 피하기

ㄴ. 문화 병존은 고유문화의 정체성이 유지된다. ㄹ. 서로 다른 사회의 문화가 한 사회 문화 체계 속에서 독립적으로 나란히 존재하는 것은 문화 병존이다. 따라서 해당 질문은 (가)에 들어갈 수 있다.

10 문화 변동의 양상   정답 ①

A는 문화 융합, B는 문화 동화, C는 문화 병존이다. ① 문화 융합은 제3의 문화 요소가 나타난다. 따라서 ㉠은 '예'이다.

❗ 오답 피하기

② 문화 병존과 문화 융합은 모두 기존 문화의 정체성이 유지된다. 따라서 ㉡과 ㉢은 모두 '예'이다. ③ 서로 다른 사회의 문화 요소가 온전히 존재하는 것은 문화 병존이다. ④ 문화 동화와 문화 병존은 모두 문화 요소의 교류로 인해 기존 문화 양상의 변화가 나타난다. ⑤ (가)에 '서로 다른 사회의 문화가 한 사회의 문화 체계 속에서 나란히 존재하는가?'가 들어가면, ㉢은 '예'이다.

11 문화 변동의 양상　　　　　　　　　　정답 ③

A국에서는 문화 융합, B국에서는 문화 동화, C국에서는 문화 병존이 나타났다. ㄴ. B국에서는 문화 동화가 나타났으므로 자문화의 정체성이 상실되었다. ㄷ. 자문화의 문화 요소가 상실된 B국과 달리 A국에서는 문화 융합이 나타났으므로 새로운 문화 요소가 만들어졌다.

❗오답 피하기

ㄱ. A국에서는 문화 융합이 나타났다. ㄹ. B국과 C국에서 강제적 문화 접변이 나타났는지는 알 수 없다.

12 문화 변동의 양상　　　　　　　　　　정답 ①

A는 문화 동화, B는 문화 병존, C는 문화 융합이다. ① 필리핀 사람들이 영어와 타갈로그어를 모두 사용하는 것은 외래문화와 전통문화가 고유한 정체성을 유지하면서 한 사회의 생활양식으로 나란히 존재하는 문화 병존의 사례에 해당한다.

❗오답 피하기

② 문화 융합은 문화 동화와 달리 한 사회의 문화 다양성 증진에 기여한다. ③ 문화 병존과 문화 융합은 모두 자문화의 정체성이 상실되지 않는다. ④ 문화 동화, 문화 융합, 문화 병존은 모두 전파인 외재적 요인에 의해 발생하는 문화 변동의 양상이다. ⑤ 제3의 새로운 문화 요소가 만들어지는 문화 변동의 양상은 문화 융합이다. 따라서 해당 진술은 (가)에 들어갈 수 없다.

13 문화 변동의 양상　　　　　　　　　　정답 ②

갑과 을 중 옳게 구분한 사람은 갑이다. 따라서 A는 문화 융합, B는 문화 병존, C는 문화 동화이다. ㄱ. 우리나라에서 개발된 불고기 버거는 문화 융합의 사례에 해당한다. ㄹ. 두 사회의 문화가 각각 독립성을 유지하는 문화 변동의 양상은 문화 병존이다. 따라서 해당 진술은 (가)에 들어갈 수 있다.

❗오답 피하기

ㄴ. 한 사회의 문화 요소가 사라지는 문화 변동의 양상은 문화 동화이다. ㄷ. 옌볜 조선족 자치주에서 중국어와 한국어가 함께 사용되는 것은 문화 병존의 사례에 해당한다.

14 전통문화의 의미와 변화　　　　　　　　정답 ②

② 한 사회에서 과거에 형성되어 세대 간 전승을 통해 오늘날까지 사람들의 생활에 영향을 미치고 있는 고유한 문화는 전통문화를 의미한다. 오늘날 현대 사회에서는 정보화와 세계화로 인해 문화 변동의 범위가 넓어지고 변동 속도 또한 빨라지고 있어 전통문화가 사라질 위험성도 높아지고 있다.

15 전통문화의 의의　　　　　　　　　　　정답 ⑤

전통문화는 한 사회에서 과거에 형성되어 세대 간 전승을 통해 오늘날까지 사람들의 생활에 영향을 미치고 있는 고유한 문화를 의미한다. 을, 병, 정. 전통문화는 사회 유지와 통합에 기여하고, 세계 문화의 다양성을 높이며, 문화의 고유성을 유지하는 데 기여한다.

❗오답 피하기

갑. 전통문화로 인해 자문화의 주체성은 강화될 수 있다.

16 전통문화의 창조적 계승　　　　　　　정답 ④

④ 제시문의 '옛것을 본받는 일과 새로운 것을 창조하는 일은 동전의 앞뒤

와 같이 맞물리면서 균형을 이루어야 실패하지 않는다.'를 통해 전통문화의 정체성을 유지하면서 외래문화 중 필요한 부분을 비판적으로 수용하는 자세가 필요함을 파악할 수 있다.

❗오답 피하기

①, ②, ③, ⑤ 제시문과 관련 없는 내용이다.

<table>
<tr><td colspan="2">**03**　문화 상대주의와 보편 윤리</td></tr>
</table>

STEP 1　내신 다지기　　　　　　　본문 ○ 096 ~ 099쪽

01 ②	02 ③	03 ⑤	04 ③	05 ②	06 ②
07 ③	08 ④	09 ③	10 ②	11 ⑤	12 ④
13 ⑤	14 ⑤	15 ①	16 ⑤	17~18 해설 참조	

01 문화 상대주의　　　　　　　　　　　정답 ②

제시문에서 강조하는 문화 이해 태도는 문화 상대주의이다. ② 문화 상대주의는 문화가 각 사회의 환경과 맥락에 따른 산물임을 강조하므로 문화적 다양성을 보존하는 데 기여한다.

❗오답 피하기

① 문화 상대주의는 문화를 평가의 대상이 아닌 이해의 대상으로 인식한다. ③ 자기 문화에 대한 자부심을 강화시키고자 하는 태도는 자문화 중심주의이다. ④ 인류가 추구하는 보편적 가치의 실현을 저해하는 태도는 극단적 문화 상대주의이다. ⑤ 문화 사대주의는 타문화의 우수성을 바탕으로 하며, 자문화 중심주의는 국수주의를 초래하기도 한다.

02 자문화 중심주의　　　　　　　　　　정답 ③

제시문의 필자는 우리 식사 문화만을 정상적인 것으로 여기는 태도, 즉 자문화 중심주의를 비판하고 있다. ㄴ. 자문화 중심주의는 문화 간 우열이 존재한다는 인식을 바탕으로 한다. ㄷ. 자문화 중심주의는 문화가 그 사회의 환경에 따른 산물임을 간과한다는 비판을 받는다.

❗오답 피하기

ㄱ. 다른 사회의 문화를 무비판적으로 수용하는 태도는 문화 사대주의이다. ㄹ. 인류 보편의 가치 기준이 존재한다는 사실을 무시하는 태도는 극단적 문화 상대주의이다.

03 자문화 중심주의　　　　　　　　　　정답 ⑤

밑줄 친 '이것'은 자문화 중심주의이다. ⑤ 자문화 중심주의는 자기 문화만을 우수하다고 보고, 다른 사회의 문화를 열등하다고 평가 절하하는 태도로 인해 외부의 문화 요소 도입에 장애 요인이 된다.

❗오답 피하기

① 다문화 사회의 확산에 적합한 태도는 문화 상대주의이다. ② 문화의 다양성을 보존하는 데 기여하는 태도는 문화 상대주의이다. ③ 자문화의 정체성을 상실할 우려가 큰 태도는 문화 사대주의이다. ④ 문화 간 우열이 존재하지 않는다고 보는 태도는 문화 상대주의이다.

04 문화 사대주의　　　　　　　　　　　정답 ③

밑줄 친 '이것'은 문화 사대주의이다. ③ 문화 사대주의는 외부의 선진 문

물을 수용함으로써 자기 문화의 낙후성을 개선하는 데 기여할 수 있다.

오답 피하기
① 밑줄 친 '이것'은 문화 사대주의이다. ② 국수주의로 이어질 가능성이 있는 태도는 자문화 중심주의이다. ④ 자기 문화의 정체성을 높이는 데 기여할 수 있는 태도는 자문화 중심주의이다. ⑤ 제국주의 침략을 정당화하는 데 이용될 수 있는 태도는 자문화 중심주의이다.

05 문화 이해 태도 　　　　　　　　　　정답 ②

㉠은 자문화 중심주의와 문화 사대주의, ㉡은 문화 상대주의이다. ㄱ. 문화적 차이를 우열 관계로 인식하는 태도는 자문화 중심주의와 문화 사대주의이다. 따라서 ㉠에는 자문화 중심주의가 포함된다. ㄷ. 문화적 차이를 그대로 인정하는 태도는 문화를 이해의 대상으로 보는 것을 의미한다.

오답 피하기
ㄴ. ㉡에는 문화 상대주의가 포함된다. ㄹ. ㉠과 달리 ㉡은 문화적 다양성 보존에 유리하다.

06 문화 이해 태도 　　　　　　　　　　정답 ②

갑의 태도는 문화 상대주의, 을의 태도는 자문화 중심주의이다. ② 문화 상대주의는 문화의 다양성 보존에 기여한다.

오답 피하기
① 갑의 태도는 문화 상대주의이다. ③ 을의 태도는 자문화의 정체성 강화에 기여한다. ④ 을의 태도는 외부 문화의 수용에 소극적이다. ⑤ 갑과 달리 을의 태도는 문화를 우열 평가의 대상으로 본다.

07 문화 이해 태도 　　　　　　　　　　정답 ③

(가)는 자문화 중심주의, (나)는 문화 상대주의이다. ③ 문화 상대주의는 문화를 우열 평가가 아닌 이해의 대상으로 인식한다.

오답 피하기
① 자문화 중심주의는 자기 사회의 통합을 높이는 데 기여할 수 있다. ② 자문화 중심주의는 자문화의 정체성을 높이는 데 기여한다. ④ (가)는 자문화 중심주의, (나)는 문화 상대주의이다. ⑤ 문화 상대주의와 달리 자문화 중심주의는 문화의 차이를 발전 수준의 차이로 인식한다.

08 문화 이해 태도 　　　　　　　　　　정답 ④

④ 갑은 자기 문화를 기준으로 다른 사회의 문화를 평가하는 것을 당연하다고 보고 있으므로 자문화 중심주의 태도를 가지고 있다. 반면 을은 문화의 내용을 보편 윤리 관점에서 바라보고 있으며, 해당 사회의 맥락을 고려하여 이해하려고 하므로 문화 상대주의 태도를 가지고 있다.

09 문화 이해 태도 　　　　　　　　　　정답 ③

③ 자기 문화와 다른 문화를 대할 때 해당 문화의 관점에서 그 의미와 가치를 파악하려고 노력하는 태도는 문화 상대주의이다. 자기 문화의 관점을 내세워 다른 문화가 지닌 가치를 낮게 평가하는 태도는 자문화 중심주의이다. 다른 문화를 우월하게 보고 자기 문화의 가치를 평가 절하하는 태도는 문화 사대주의이다. 따라서 (가)는 문화 상대주의, (나)는 자문화 중심주의, (다)는 문화 사대주의이다.

10 문화 이해 태도 　　　　　　　　　　정답 ②

② 자기 문화의 정체성을 상실할 가능성이 높은 태도는 문화 사대주의이고, 자기 문화가 우월하다는 믿음을 바탕으로 다른 문화를 평가하는 태도는 자문화 중심주의이다. 따라서 (가)는 문화 사대주의, (나)는 자문화 중심주의, (다)는 문화 상대주의이다.

11 문화 이해 태도 　　　　　　　　　　정답 ⑤

문화 간에 우열이 있다고 보는 태도는 문화 사대주의와 자문화 중심주의이고, 자문화의 정체성 상실을 초래할 수 있는 태도는 문화 사대주의이다. 따라서 A는 문화 사대주의, B는 자문화 중심주의, C는 문화 상대주의이다. ㄷ. 다양한 문화권의 형성을 이해하기 위해서는 문화 상대주의가 요구된다. ㄹ. 타문화의 수용을 저해하는 태도는 자문화 중심주의이다. 따라서 해당 질문을 통해 문화 사대주의와 자문화 중심주의를 구분할 수 있다.

오답 피하기
ㄱ. 문화적 고립을 자초할 수 있는 태도는 자문화 중심주의이다. ㄴ. 문화 상대주의의 지나친 강조는 보편 윤리의 침해를 초래하는 극단적 문화 상대주의로 나타날 수 있다.

12 극단적 문화 상대주의와 보편 윤리 　　　　정답 ④

④ 극단적 문화 상대주의는 모든 문화의 가치를 맹목적으로 인정하므로 인류 문화의 발전에 기여하기 어렵다. 따라서 극단적 문화 상대주의로 인한 폐해를 방지하기 위해서는 보편 윤리를 통해 자문화와 타문화를 성찰해야 한다.

13 보편 윤리의 의미 　　　　　　　　　　정답 ⑤

(가)는 보편 윤리이다. ⑤ 보편 윤리는 한 사회의 문화가 갖는 윤리적 문제를 개선할 수 있는 기회를 제공할 뿐만 아니라 문화의 질적 발전을 가져오는 데 기여한다.

오답 피하기
①, ②, ③, ④ 보편 윤리에 대한 설명이다.

> **개념노트 | 보편 윤리**
> - 의미 : 시대와 장소를 초월하여 모든 사람이 존중하고 따라야 할 보편적인 윤리 법칙
> - 필요성 : 인류의 보편적 가치를 훼손하는 풍습이나 관습까지 문화로 인정하는 극단적 문화 상대주의의 태도를 방지할 수 있음. 자기 문화를 비롯하여 여러 다른 문화에 존재하는 윤리적 문제점을 발견하고 개선할 수 있는 계기를 제공함 → 문화의 질적 발전이 가능함

14 보편 윤리 　　　　　　　　　　정답 ⑤

보편 윤리는 시대와 사회를 초월하여 모든 사람이 존중하고 따라야 할 인권, 생명, 자유, 평등 등과 같은 행위의 원칙을 의미한다.

15 보편 윤리 　　　　　　　　　　정답 ①

① 제시문에서 국제 사회는 명예 살인에 대해 비난하고 있다. 이는 명예 살인이 인간의 존엄성과 생명 등 인류의 보편적 가치를 훼손한다는 점에서 문화적 풍습으로 인정할 수 없다는 인식을 바탕으로 한다.

오답 피하기
② 문화를 무조건적으로 이해의 대상으로 보는 것은 극단적 문화 상대주의에 빠질 위험이 있다. ③ 문화 절대주의에 대한 설명이다.

16 보편 윤리 　　　　　　　　　　정답 ⑤

⑤ 제시문은 다른 문화에 대한 무조건적인 존중이 바람직하지 않으며, 인간이라면 공통적으로 누려야 하는 기본적인 권리를 침해하는 문화 요소는 정당화해서는 안 된다고 보고 있다. 이를 통해 보편 윤리에 위배되지 않는 문화의 가치를 존중해야 함을 알 수 있다.

17 문화 이해 태도

(1) A는 문화 사대주의, B는 자문화 중심주의, C는 문화 상대주의이다.
(2) 모범 답안 문화 사대주의는 자기 문화의 정체성이나 주체성을 상실할 우려가 있다. 자문화 중심주의는 국수주의를 초래하거나 제국주의적 문화 이식 시도로 문화적 마찰을 발생시킬 수 있다. 문화 상대주의는 극단적 문화 상대주의로 치우칠 경우 보편 윤리의 실현을 저해할 수 있다.

채점 기준	구분
문화 사대주의, 자문화 중심주의, 문화 상대주의의 역기능을 모두 정확하게 서술한 경우	상
문화 사대주의, 자문화 중심주의, 문화 상대주의의 역기능 중 두 가지만 정확하게 서술한 경우	중
문화 사대주의, 자문화 중심주의, 문화 상대주의의 역기능 중 한 가지만 정확하게 서술한 경우	하

18 극단적 문화 상대주의

(1) 극단적 문화 상대주의이다.
(2) 모범 답안 극단적 문화 상대주의 관점을 가질 경우 사회 구성원의 인간다운 삶을 침해하는 문화, 즉 보편 윤리를 훼손하는 문화에 대해 윤리적으로 비판하고 개선하라는 요구를 하기가 어렵다. 따라서 보편 윤리 차원에서의 성찰 없이 어떤 문화든 무조건 해당 사회의 상황을 고려하여 인정하고 존중해야 한다는 극단적 문화 상대주의적 태도는 인류의 보편적 가치를 훼손할 수 있다는 점에서 바람직하지 않다.

채점 기준	구분
극단적 문화 상대주의의 위험성을 보편 윤리 차원에서 정확하게 서술한 경우	상
극단적 문화 상대주의의 위험성을 보편 윤리 차원이 아닌 다른 차원에서 서술한 경우	중
극단적 문화 상대주의의 위험성을 자세하게 서술하지 않은 경우	하

STEP 2 1등급 도전하기

본문 ○ 100 ~ 103쪽

01 ⑤	02 ④	03 ①	04 ②	05 ④	06 ②
07 ②	08 ③	09 ⑤	10 ④	11 ②	12 ③
13 ③	14 ③	15 ④	16 ④		

01 문화 이해 태도　　　　정답 ⑤

제시문의 필자는 몽골의 마유주를 유목 생활을 하는 몽골인들 나름의 생존 방식으로 바라볼 것을 주장하고 있다. 이는 문화 상대주의에 해당한다. ⑤ 문화 상대주의는 각 사회의 문화를 그 사회의 특수한 환경과 역사적 상황 및 사회적 맥락 속에서 이해하고자 하는 태도이다.

⚠ 오답 피하기
① 문화 상대주의는 문화 간에 우열이 존재하지 않는다고 본다. ② 자문화 중심주의에 대한 설명이다. ③, ④ 문화 사대주의에 대한 설명이다.

02 문화 이해 태도　　　　정답 ④

갑의 태도는 자문화 중심주의, 을의 태도는 문화 사대주의이다. ㄴ. 문화 사대주의는 외부 사회의 문화를 수용하는 데 적극적이다. ㄹ. 자문화 중심주의와 문화 사대주의는 모두 문화 간 우열이 존재한다고 본다.

⚠ 오답 피하기
ㄱ. 자문화의 정체성을 약화시킬 가능성이 큰 태도는 문화 사대주의이다. ㄷ. 문화의 다양성을 보존하는 데 기여하는 태도는 문화 상대주의이다.

03 문화 이해 태도　　　　정답 ①

갑의 태도는 문화 상대주의, 을의 태도는 자문화 중심주의이다. ㄱ. 문화 상대주의는 문화를 우열 평가의 대상이 아닌 이해의 대상으로 본다. ㄴ. 자문화 중심주의는 문화 간 우열이 있으며, 자기 문화를 우수한 문화로 여기는 반면 다른 문화를 열등한 것으로 여긴다.

⚠ 오답 피하기
ㄷ. 타문화의 장점을 객관적으로 인식하는 데 기여하는 태도는 문화 상대주의이다. ㄹ. 자문화의 정체성을 약화시킬 우려가 있는 태도는 문화 사대주의이다.

04 문화 이해 태도　　　　정답 ②

ㄱ. 외부의 선진 문물을 수용하는 데 개방적인 태도는 문화 사대주의이다. 따라서 해당 질문은 (가)에 들어갈 수 있다. ㄴ. 문화 사대주의와 자문화 중심주의는 모두 문화를 평가하는 절대적 기준이 존재한다고 본다. 따라서 해당 질문은 (나)에 들어갈 수 있다. ㄹ. 문화 제국주의를 정당화하는 근거가 되어 문화적 마찰을 발생시킬 수 있는 태도는 자문화 중심주의이다. 따라서 해당 질문은 (다)에 들어갈 수 있다.

⚠ 오답 피하기
ㄷ. 각 문화가 해당 사회의 맥락 속에서 고유한 의미를 가진다고 보는 태도는 문화 상대주의이다.

05 문화 이해 태도　　　　정답 ④

갑의 태도는 자문화 중심주의에 해당하고, 을의 태도는 문화 상대주의에 해당한다. ④ 문화 상대주의는 다양한 문화를 편견 없이 이해할 수 있게 도와준다.

⚠ 오답 피하기
① 자문화 중심주의는 이질적인 문화 요소의 수용을 어렵게 할 수 있다. ② 타문화의 우수성을 내세워 자문화를 낮게 평가하는 태도는 문화 사대주의이다. ③ 자문화 중심주의는 문화 상대주의와 달리 문화의 우열을 평가하는 절대적 기준을 강조한다. ⑤ 자문화 중심주의는 자문화의 가치만을 중시한다.

06 문화 상대주의　　　　정답 ②

(가)는 자문화 중심주의, (나)는 문화 사대주의이다. ② 자문화 중심주의는 문화 사대주의와 달리 외부 사회의 문화를 수용하는 데 부정적이다.

⚠ 오답 피하기
① 자문화 중심주의와 문화 사대주의는 모두 절대적 기준에 비추어 문화를 평가한다. ③ 자기 문화의 정체성을 약화시키는 문제가 있는 태도는 문화 사대주의이다. ④ 자문화 중심주의와 문화 사대주의는 모두 문화를 우열 평가의 대상으로 간주한다. ⑤ 타문화와의 접촉 과정에서 문화적 마찰을 발생시킬 가능성이 큰 태도는 자문화 중심주의이다.

07 문화 이해 태도　　　　정답 ②

ㄱ. 문화를 이해가 아닌 평가의 대상으로 보는 태도는 자문화 중심주의와

문화 사대주의이다. 따라서 A가 자문화 중심주의, C가 문화 상대주의라면, 해당 질문은 (가)에 들어갈 수 없다. ㄷ. 국수주의와 문화 제국주의를 초래하는 태도는 자문화 중심주의이다. 해당 질문이 (가)에 들어가면, A는 자문화 중심주의이다. 특정 문화의 우수성을 내세워 문화를 이해하는 태도는 자문화 중심주의와 문화 사대주의이다. 따라서 해당 질문은 (나)에 들어갈 수 있다.

ㄴ. 문화적 다양성을 보존하는 데 기여할 수 있는 태도는 문화 상대주의이다. 따라서 B가 문화 상대주의, C가 문화 사대주의라면, 해당 질문은 (나)에 들어갈 수 없다. ㄹ. 선진 문물의 수용이 용이한 태도는 문화 사대주의이고, 다문화 사회에서 문화 갈등을 초래할 수 있는 태도는 자문화 중심주의와 문화 사대주의이다. 따라서 해당 질문이 각각 (가)와 (나)에 들어가면, A는 문화 사대주의이다.

08 문화 이해 태도   정답 ③

문화를 우열 평가의 대상이 아닌 이해의 대상으로 간주하는 태도는 문화 상대주의이고, 자문화의 정체성을 유지하는 데 긍정적인 요인으로 작용하는 태도는 자문화 중심주의이다. 따라서 A는 문화 상대주의, B는 자문화 중심주의, C는 문화 사대주의이다. ㄴ. 자문화 중심주의는 국수주의를 초래할 수 있다. ㄷ. 문화 사대주의는 특정 사회의 문화를 자기 문화보다 우수하다고 여기므로 자문화 중심주의에 비해 다른 문화에 대한 거부감이 낮다.

ㄱ. 다른 문화의 수용을 어렵게 하는 태도는 자문화 중심주의이다. ㄹ. 문화 상대주의와 달리 자문화 중심주의와 문화 사대주의는 문화의 다양성을 보존하는 데 장애 요인으로 작용한다.

09 문화 이해 태도   정답 ⑤

갑의 태도는 자문화 중심주의, 을의 태도는 문화 사대주의, 병의 태도는 문화 상대주의이다. ⑤ 자문화 중심주의는 다른 사회의 문화를 열등하다고 여기므로 타문화를 존중하는 문화 상대주의에 비해 문화적 마찰을 일으킬 가능성이 높다.

①, ② 문화 상대주의에 대한 설명이다. ③ 문화 사대주의에 대한 설명이다. ④ 자문화 중심주의와 문화 사대주의는 모두 문화 간 우열을 평가할 수 있다고 본다.

10 문화 이해 태도   정답 ④

문화를 평가의 대상으로 보는 태도는 자문화 중심주의와 문화 사대주의이다. 따라서 B는 문화 상대주의이고, A와 C는 각각 자문화 중심주의와 문화 사대주의 중 하나이다. ㄱ. 문화 상대주의가 극단적으로 치우치면 보편 윤리를 침해하는 문화도 수용하는 극단적 문화 상대주의로 왜곡될 가능성이 있다. ㄷ. A가 조선 시대의 중국 사대주의에서 나타나는 태도, 즉 문화 사대주의라면, C는 자문화 중심주의이다. 자문화가 낙후되었다고 보는 태도는 문화 사대주의이다. 따라서 해당 질문은 (가)에 들어갈 수 있다. ㄹ. C가 자국의 문화 정체성 강화에 유리한 태도, 즉 자문화 중심주의라면, A는 문화 사대주의이다. 자기 문화를 평가 절하하는 태도는 문화 사대주의이다. 따라서 해당 질문은 (가)에 들어갈 수 있다.

ㄴ. 국수주의로 흐를 우려가 있는 태도는 자문화 중심주의이다. 해당 질문이 (가)에 들어가면, A는 자문화 중심주의, C는 문화 사대주의이다. 타문화 수용에 배타적인 태도는 자문화 중심주의이다.

11 문화 이해 태도   정답 ②

서로 다른 문화를 비교하여 평가할 수 있는 절대적인 기준이 존재하지 않는다고 보는 태도는 문화 상대주의이며, 자문화의 정체성을 유지하는 데 긍정적인 요인으로 작용하는 태도는 자문화 중심주의이다. 따라서 A는 문화 상대주의, B는 문화 사대주의, C는 자문화 중심주의이다. ㄱ. 문화 상대주의는 각각의 문화가 고유성과 가치를 가지므로 우열을 판단할 수 없다고 보고, 각 사회의 문화를 그 사회의 특수한 환경과 역사적 상황 및 사회적 맥락 속에서 이해하고자 하는 태도이다. ㄷ. 자기 사회의 문화는 우월하고 다른 사회의 문화는 열등하다고 여기는 자문화 중심주의는 다문화 사회에서 특정 문화만을 고수하여 문화 갈등을 초래할 수 있다.

ㄴ. 국수주의를 초래할 가능성이 높은 태도는 자문화 중심주의이다. ㄹ. 다른 사회의 문화를 수용하는 데 있어 적극적인 태도는 문화 사대주의이다.

12 문화 이해 태도   정답 ③

문화의 다양성 보존에 기여하는 태도는 문화 상대주의이고, 외부 문화의 수용에 적극적인 태도는 문화 사대주의이다. 따라서 A는 문화 상대주의, B는 문화 사대주의, C는 자문화 중심주의이다. ③ 자문화 중심주의는 문화 제국주의로 변질될 우려가 있다는 비판을 받는다.

① 문화 상대주의는 문화를 평가가 아닌 이해의 대상으로 인식한다. ② 자기 문화의 우월성을 강조하는 태도는 자문화 중심주의이다. ④ 문화 사대주의와 자문화 중심주의는 모두 문화 간 우열이 존재한다고 본다. ⑤ 문화 사대주의는 고유문화의 소멸을 야기할 수 있다.

> **개념노트 | 자문화 중심주의**
> 자문화 중심주의는 자문화만이 우월한 문화라고 여기는 태도이므로 다른 사회의 문화를 낮게 평가하는 한편, 자문화의 우월성을 강조하여 강제로 자문화를 이식하려고 할 수 있다. 자문화 중심주의는 제국주의를 합리화하는 수단으로 이용될 수 있다.

13 문화 이해 태도   정답 ③

제시문의 '모든 문화는 저마다의 존재 이유가 있으므로 아무리 상식에 어긋나는 내용이 있다고 하더라도 그것을 함부로 평가하거나 다른 사회의 구성원들에 의해 제재되거나 제거되어서는 안 된다.'는 내용을 통해 극단적 문화 상대주의를 파악할 수 있다. ③ 극단적 문화 상대주의는 인류의 보편 윤리에 위배되는 식인, 명예 살인 등의 행위도 고유의 문화로 인정한다.

① 다른 문화권과 갈등하거나 대립하는 요인이 될 수 있는 태도는 자문화 중심주의이다. ② 극단적 문화 상대주의는 문화를 이해의 대상으로 본다. ④ 다른 사회에 대한 특정 문화의 강제적 전파를 합리화하는 근거가 될 수 있는 태도는 자문화 중심주의이다. ⑤ 다른 사회의 문화에 대한 맹목적 추종으로 인해 자문화의 정체성이 상실될 수 있는 태도는 문화 사대주의이다.

14 극단적 문화 상대주의   정답 ③

필자는 극단적 문화 상대주의를 경계하고 있다. ③ 필자는 보편 윤리의 관점에서 문화를 비판적으로 성찰해야 한다고 보는 반면, '어떤 이들'은 인간의 존엄성을 훼손하는 문화까지도 인정해야 한다고 주장한다. 이를 통해 필자는 어떤 이들이 보편 윤리의 관점에서 문화를 성찰해야 한다는 것을 간과한다고 비판할 것이다.

① 각 사회의 문화적 차이를 인정하는 태도는 문화 상대주의이다. ② 문화를 사회적 맥락 속에서 이해해야 한다고 보는 태도는 문화 상대주의이다. ④ 문화 간 우열을 가리려는 태도는 문화 절대주의로, 자문화 중심주의와 문화 사대주의가 이에 해당한다. ⑤ 자기 문화를 바탕으로 다른 문화를 평가하는 태도는 자문화 중심주의이다.

> **개념노트 | 극단적 문화 상대주의**
> • 의미: 인류의 보편적 가치를 벗어나는 행위에 대해서도 문화 상대주의를 적용하여 용납하는 태도 → 보편 윤리 관점에서 인류의 보편적 가치를 훼손하는 행위에 대해서는 문화로 인정해서는 안 됨
> • 사례: 명예 살인, 전족, 식인 풍습 등

15 보편 윤리 정답 ④

을은 인간의 생명을 해치는 명예 살인이라는 행위 역시 해당 사회의 한 문화로 이해해야 한다고 주장하고 있다. 이에 대해 병은 보편 윤리 관점에서 비판을 할 수 있다. ④ 보편 윤리 관점에서 극단적 문화 상대주의는 인류가 지향하는 보편 윤리적 가치를 붕괴시킬 우려가 있다고 본다.

❗ **오답 피하기**
①, ②, ③, ⑤ 보편 윤리 관점을 지향하는 병의 입장과 관련이 없는 진술이다.

16 문화 이해 태도 정답 ④

갑의 태도는 극단적 문화 상대주의이고, 을은 보편 윤리의 관점에서 갑의 태도를 비판하고 있으며, 병의 태도는 자문화 중심주의, 정의 태도는 문화 사대주의이다. ④ 갑은 인류의 보편적 가치를 위배하는 행위마저 인정해야 한다고 보는 극단적 문화 상대주의 태도를 보이고 있는 반면, 을은 보편 윤리의 관점에서 문화를 비판적으로 바라보고 있다.

❗ **오답 피하기**
① 극단적 문화 상대주의는 문화 간 우열을 평가할 수 없다고 본다. ② 문화 사대주의에 대한 설명이다. ③, ⑤ 자문화 중심주의에 대한 설명이다.

04 다문화 사회와 문화적 다양성

STEP 1 내신 다지기 본문 ∘ 106 ~ 109쪽

01 ②	02 ①	03 ②	04 ④	05 ③	06 ③
07 ②	08 ④	09 ②	10 ④	11 ④	12 ④
13 ②	14 ④	15 ⑤	16~17 해설 참조		

01 다문화 사회 정답 ②

밑줄 친 '이 사회'는 다문화 사회이다. ㄱ. 국제결혼이 증가하면 이민자의 유입이 증가하여 다문화 사회로의 변화를 촉진한다. ㄷ. 해외 구직 활동이 증가하면 해당 국가로의 인구 유입이 증가하므로 이는 다문화 사회로의 변화 요인에 해당한다.

❗ **오답 피하기**
ㄴ. 국가 간 갈등이 증가하면 국가 간 교류가 감소할 가능성이 높다. 이는 다문화 사회로의 변화 요인으로 보기 어렵다. ㄹ. 국가 간 인구 이동 감소는 다문화 사회로의 변화 요인으로 보기 어렵다.

02 다문화 사회로의 변화 요인 정답 ①

① 국가 간 인구 이동이 활발해지는 현상은 다문화 사회로의 변화를 촉진한다. 우리나라의 경우 외국인 노동자의 유입 증가와 국제결혼 가정이 증가함에 따라 다문화 사회로 변화하고 있다.

03 다문화 사회로의 변화 요인 정답 ②

한 사회 안에 다양한 문화적 배경을 지닌 인종, 민족 등이 공존하는 사회를 다문화 사회라고 한다. ㄱ, ㄷ. 다문화 사회로의 변화 요인에는 외국인 노동자의 유입 증가, 결혼 이주민의 유입 증가, 세계화에 따른 국가 간 협력 증대, 교통과 통신의 발달 등이 있다.

❗ **오답 피하기**
ㄴ. 외래문화에 대한 배타성이 확대되면 다문화 사회로의 변화는 어렵다. ㄹ. 자원을 둘러싼 국가 간 분쟁 확대는 다문화 사회의 변화 요인으로 적절하지 않다.

04 다문화 사회 정답 ④

ㄴ. 세계화로 인한 국가 간 교류 증대는 다문화 사회로의 변화 요인이다. ㄹ. 다문화 사회로의 변화는 문화 다양성을 증대시킨다. 따라서 해당 내용은 (가)에 들어갈 수 있다.

❗ **오답 피하기**
ㄱ. 다문화 사회는 한 사회 내에 다양한 문화가 공존하는 사회를 의미한다. 외국인 거주자의 비율에 관한 기준은 없다. ㄷ. 외국인 유학생이 증가하면 다문화 사회로의 변화가 촉진될 수 있다.

05 다문화 사회 정답 ③

ㄴ. 국내 거주 외국인이 증가하면 우리나라 안에 다양한 문화가 존재하게 되어 문화적 다양성이 증대될 수 있다. ㄷ. 국내 거주 외국인이 증가하면 외국인을 대상으로 하거나 외국인에 의한 범죄, 즉 외국인 범죄가 증가할 수 있다.

❗ **오답 피하기**
ㄱ. 제시된 자료를 통해 국내 농촌 인구의 감소는 파악할 수 없다. ㄹ. 국내 거주 외국인의 증가는 다문화 가정의 증가 요인이다.

> **개념노트 | 다문화 사회의 영향**
> ① 긍정적 영향
> • 다양한 문화의 공존으로 인해 문화 다양성 증대 → 문화 창조 능력 향상
> • 저출생과 고령화로 인한 노동력 부족 문제 해결 → 경제 성장에 기여
> • 문화 선택의 폭이 넓어짐으로써 문화적으로 풍성한 삶이 가능해짐
> • 다양한 언어를 사용하는 사람들이 증가하여 국가 경쟁력을 향상시킬 수 있음
> ② 부정적 영향
> • 서로 다른 문화 간 갈등과 충돌 증가 → 사회 통합의 어려움
> • 외국인 이주민에 대한 편견과 차별로 인한 인권 침해 및 외국인 범죄 증가
> • 외국인 이주민의 경우 언어, 문화, 가치관 등의 차이로 인해 사회 적응 곤란

06 다문화 사회 정답 ③

다문화 사회로 진입함에 따라 나타날 수 있는 긍정적 측면으로는 노동력 부족 해소, 다양한 문화적 경험의 기회 제공, 사회 구성원들의 지식 확장

및 개방성 증대, 농어촌 지역의 활력 증대 등이 있다. ③ 다른 문화에 대한 편견이나 고정 관념의 강화는 다문화 사회로의 변화에 따른 부정적 영향에 해당한다.

07 다문화 사회   정답 ②

② 우리나라가 다문화 사회로 변화함에 따라 기대할 수 있는 긍정적 변화에는 국가 경쟁력 향상, 문화적 다양성 증대, 문화적 풍요로움 증대, 이주민에 대한 편견 약화 등이 있으며, 부정적 변화에는 이주민 대상 범죄 증가, 외국인과 내국인 간의 일자리 경쟁 심화, 이주민에 대한 혐오 증가 등이 있다.

08 다문화 사회   정답 ④

④ 다문화 사회에서 새롭게 유입되는 문화와 기존의 문화 간의 차이로 인해 문화적 정체성의 혼란이 발생하기도 한다. 이는 다문화 사회로 인한 문제점에 해당한다.

❗ 오답 피하기
① 다문화 사회에서는 다양한 문화가 나타나므로 다른 문화에 대한 부정적 선입견을 줄일 수 있다. ② 다문화 사회가 되면 다른 문화에 대한 이해로 지식이 확장되고 사고의 개방성이 높아질 수 있다. ③ 다른 문화를 통해 자기 문화의 부족한 점을 보완할 수 있다. ⑤ 다문화 사회에서는 문화가 융합될 수 있다.

09 다문화 사회   정답 ②

ㄱ. 내국인과 외국인 간 분쟁은 다문화 사회에서 발생할 수 있는 갈등의 사례에 해당한다. ㄷ. 다문화 사회에서 발생할 수 있는 갈등을 해결하기 위해서는 이주민의 문화를 편견이나 선입견 없이 바라보아야 한다. 따라서 해당 내용은 (가)에 들어갈 수 있다.

❗ 오답 피하기
ㄴ. 문화 사대주의적 사고는 자문화의 정체성을 약화시킬 가능성이 높다. 따라서 ⓒ을 위해 문화 사대주의적 사고가 필수적이라고 보기 어렵다. ㄹ. (나)에는 '차별'이 아니라 '관용'이 들어갈 수 있다.

10 다문화 사회의 바람직한 문화 이해 태도   정답 ④

제시문에서 백인인 갑과 흑인인 을은 같은 사회에 살고 있음에도 서로 다른 대우를 받고 있다. 이는 특정 문화권에 대한 차별과 편견이 우리 사회 안에 존재하고 있음을 반영한다. ④ 다문화 사회에서 다양한 집단이 서로 공존하기 위해서는 타문화에 대한 편견과 차별을 극복해야 한다.

11 다문화 사회에의 대응   정답 ④

ㄴ. 타문화에 대한 깊이 있는 이해의 노력은 개인적 차원에서 다문화 사회의 갈등을 해결하기 위한 방안에 해당한다. ㄹ. 다문화 교육을 강화하고 관련 제도를 마련 및 보완하는 것은 사회적 차원에서 다문화 사회의 갈등을 해결하기 위한 방안에 해당한다.

❗ 오답 피하기
ㄱ. 자문화에 대한 맹목적인 자부심은 다문화 사회의 갈등을 해결하기 위한 방안으로 적절하지 않다. ㄷ. 관용의 자세와 문화 상대주의적 태도의 함양은 다문화 사회의 갈등을 해결하기 위한 개인적 차원의 해결 방안에 해당한다.

개념노트 | 다문화 사회에의 대응

- 문화 상대주의에 입각한 타문화의 이해
- 외래문화의 주체적 수용과 전통문화의 창조적 계승 및 발전
- 이주민 문화에 대한 편견이나 차별적인 태도를 버리고, 이주민의 문화적 고유성 이해
- 다문화 사회를 위한 정책을 마련하고, 다문화 이해 교육 강화

12 다문화 사회의 이주민 정책   정답 ④

제시문에 나타난 다문화 정책은 용광로 정책이다. 용광로 정책은 여러 문화를 용광로에 녹여 동질적인 문화적 정체성을 갖는 문화를 만들려는 정책이다. ㄴ. 용광로 정책은 문화 동화주의와 일맥상통한다. ㄹ. 용광로 정책은 주류 문화와 이주민 간 문화적 동질성을 추구한다.

❗ 오답 피하기
ㄱ. 용광로 정책은 문화적 차이를 인정하지 않고 하나의 문화로 녹여 내야 한다는 입장이다. ㄷ. 용광로 정책은 이주민 문화를 보호하는 것이 아니라 적극적으로 문화의 통합을 이루려는 정책의 기반이 된다.

13 다문화 사회의 이주민 정책   정답 ②

ㄱ. 동화주의는 주류 집단의 정체성을 강요하므로 소수 집단 문화의 가치가 경시될 우려가 있다. ㄷ. 다문화주의는 집단 간 차이를 존중하고 다양성을 유지하고자 하므로 관용의 정신이 필요하다.

❗ 오답 피하기
ㄴ. 다문화주의는 서로 다른 집단의 문화적 정체성을 모두 인정하고자 하므로 문화 병존에 대해 긍정적으로 받아들일 것이다. ㄹ. 문화 상대주의적 태도가 잘 구현되려면 동화주의보다 다문화주의가 필요하다.

14 다문화 사회의 이주민 정책   정답 ⑤

(가)는 용광로 정책, (나)는 샐러드 볼 정책에 관한 내용이다. ⑤ 샐러드 볼 정책은 한 사회 안에서 다양한 문화가 공존하는 것을 지향하지만, 그 경우 해당 사회의 구성원은 일관된 문화 정체성을 갖지 못해 혼란스러울 수 있다는 비판을 받는다.

❗ 오답 피하기
①, ②, ③, ④ 용광로 정책에 대한 비판에 해당한다.

개념노트 | 용광로 정책과 샐러드 볼 정책

- 용광로 정책 : 이주민이 출신국의 언어, 문화, 사회적 특성을 포기하고 주류 사회의 일원이 되도록 편입하는 데 초점 → 사회의 문화적 동질성을 중시
- 샐러드 볼 정책 : 다른 맛을 가진 채소와 과일들이 조화를 이루어 샐러드를 만들듯이 다양한 구성원들이 상호 공존하면서 각각의 색깔을 지니면서도 조화를 이루는 데 초점 → 사회의 문화적 다양성을 중시

15 다문화 사회의 이주민 정책   정답 ⑤

(가)는 용광로 정책, (나)는 샐러드 볼 정책이다. ㄷ. 용광로 정책에 비해 샐러드 볼 정책에서 문화적 다양성이 증대될 가능성이 높다. ㄹ. 샐러드 볼 정책에 비해 용광로 정책에서 문화 동화의 가능성이 높다.

❗ 오답 피하기
ㄱ. (가)는 용광로 정책이다. ㄴ. (나)는 샐러드 볼 정책이다.

16 다문화 사회

(1) **모범 답안** 다양한 문화가 공존함으로써 문화 다양성이 높아진다., 저출생 · 고령화로 인한 노동력 부족 문제를 해결해 줌으로써 경제 성장에 기여할 수 있다., 다양한 언어를 사용하는 사람들이 증가하여 국가 경쟁력을 향상시킬 수 있다.

(2) **모범 답안** 문화 간 갈등과 충돌이 발생하여 사회 통합이 어려워질 수 있다., 외국인 노동자에 대한 부당한 대우와 인권 침해 문제가 발생할 수 있다., 이주민에 대한 편견과 차별 대우로 인해 외국인 범죄가 발생할 수 있다., 이주민이 언어, 관습, 가치관 등의 차이로 인해 사회 적응에 어려움을 겪을 수 있다.

채점 기준	구분
다문화 사회의 긍정적 영향과 부정적 영향을 각각 두 가지씩 정확하게 서술한 경우	상
다문화 사회의 긍정적 영향과 부정적 영향을 각각 한 가지씩 정확하게 서술한 경우	중
다문화 사회의 긍정적 영향과 부정적 영향 중 한 가지만 대체로 정확하게 서술한 경우	하

17 다문화 사회의 이주민 정책

모범 답안 갑 : 기존 문화에 이주민의 문화를 흡수시킨다., 주류 문화와 이주민 간 문화적 동질성을 추구한다.
을 : 기존 문화와 이주민 문화의 공존을 추구한다., 문화적 이질성을 존중하여 이주민의 문화를 인정하고 보호한다.

채점 기준	구분
갑은 용광로 이론임을 파악하여 '이주민 문화 흡수', '동질성 추구' 등의 용어를 활용하여 요약한 경우, 을은 샐러드 볼 이론임을 파악하여 '공존', '인정' 등의 용어를 활용하여 요약한 경우	상
갑과 을의 이론적 관점을 파악하였으나 요약이 미흡한 경우	중
갑과 을의 이론적 관점을 파악하지 못한 경우	하

STEP 2 1등급 도전하기

본문 ○ 110 ~ 113쪽

01 ⑤	02 ②	03 ②	04 ②	05 ③	06 ②
07 ④	08 ①	09 ①	10 ③	11 ③	12 ③
13 ①	14 ②	15 ③	16 ③		

01 다문화 사회 정답 ⑤

남학생은 다문화 사회로의 변화가 많은 문제점을 가져올 수 있음을 우려하고 있다. 따라서 (가)에는 다문화 사회로의 변화에 따른 부정적 영향에 관한 자료가 들어가야 한다. ㄷ, ㄹ. 외국인에 의한 국내 범죄 건수 증가 그래프와 다문화 가정 자녀들의 학업 중도 포기율 증가 그래프는 모두 다문화 사회로의 변화에 따라 발생할 수 있는 문제점이다.

❗ 오답 피하기
ㄱ, ㄴ. 국내 외국인 취업자 수 증가 그래프와 국내 외국인 근로자의 생산성 증가 그래프는 다문화 사회로의 변화에 따른 문제점이라고 보기 어렵다.

02 다문화 사회 정답 ②

ㄱ. 국내 유입 외국인이 증가할 경우 다문화 사회로의 변화가 촉진된다. ㄹ. 2015년과 2016년의 경우 외국인 주민 비율은 각각 3.4%로 같지만, 외국인 주민 수는 2016년이 2015년보다 많다. 따라서 우리나라 전체 인구는 2016년이 2015년보다 많다.

❗ 오답 피하기
ㄴ. 외국인 주민 수와 외국인 주민 비율로 보아 우리나라 전체 인구는 2021년과 2022년에 감소하였다. ㄷ. 국내 유입 외국인이 증가함에 따라 집단 간 문화적 갈등의 가능성은 증가한다.

03 다문화 사회 정답 ②

교사가 제시한 사례는 우리나라 안에 다양한 문화가 공존하고 있는 모습을 보여 준다. 따라서 (가)에는 다문화 사회의 긍정적인 영향이 들어가야 한다. ② 다문화 사회로 변화함에 따라 문화의 다양성이 증진될 수 있다.

❗ 오답 피하기
①, ③, ④, ⑤ (가)에 들어갈 학생의 대답으로 적절하지 않다.

> **개념노트 | 다문화 사회의 영향**
> • 긍정적 영향: 문화의 다양성을 바탕으로 문화 창조 능력이 향상될 수 있음, 문화 선택의 폭이 넓어짐으로써 문화적으로 풍성한 삶이 가능해질 수 있음
> • 부정적 영향: 다른 문화에 대한 이해 부족으로 인한 갈등 증가, 이주민에 대한 편견과 차별로 인한 인권 침해

04 문화적 다양성 증진 방안 정답 ②

갑은 문화적 다양성을 증대시키기 위한 방안으로 이주민들이 자신들의 문화적 정체성을 가질 수 있도록 지원해야 한다고 주장하고 있다. 반면 을은 이주민들이 소속된 사회의 전통문화를 수용할 수 있도록 지원해야 한다고 주장하고 있다. ㄱ. 갑은 이주민들이 본래 향유하였던 고유의 문화를 중시하므로 다양한 문화적 공동체의 공존을 중시하고 있다. ㄷ. 을은 이주민들이 그들 고유의 문화를 버리고 해당 사회의 전통문화를 수용해야 함을 주장하고 있다. 따라서 을은 문화 병존보다 문화 동화를 지향하는 다문화 정책을 지지할 가능성이 높다.

❗ 오답 피하기
ㄴ. 갑은 문화 병존을 지향하는 다문화 정책을 지지할 가능성이 높다. ㄹ. 갑과 을은 모두 전통문화의 계승과 보존에 대해 부정적인 입장이라고 보기 어렵다.

05 다문화 사회 정답 ③

ㄴ, ㄷ. 다문화 사회에서는 문화적 다양성을 존중하는 태도가 필요하다. 문화적 다양성을 존중하기 위해서는 문화 상대주의 측면에서 다른 문화를 이해하고 소통해야 한다.

❗ 오답 피하기
ㄱ. 다문화 사회에서는 단일 민족의식을 지양해야 한다. ㄹ. 다문화 사회에서는 문화의 차이를 '다름'으로 인식하는 태도를 지녀야 한다.

06 다문화 사회 정답 ②

문화적 다양성을 존중하기 위한 노력으로는 제도적 차원의 노력과 의식적 차원의 노력이 있다. ㄱ, ㄷ. 제도적 차원의 노력에 해당한다.

ㄴ, ㄹ. 의식적 차원의 노력에 해당한다.

07 다문화 사회　　　　　　　　　　정답 ④

ㄴ, ㄹ. 제시문은 이주민의 문화를 존중하고 이주민의 입장을 이해함으로써 조화롭게 살기 위해 노력해야 함을 주장하고 있다.

ㄱ. 제시문은 이주민을 차별해서는 안 된다고 주장하고 있다. ㄷ. 제시문은 이주민의 문화를 존중해야 한다고 주장하고 있다.

08 다문화 사회　　　　　　　　　　정답 ①

① 갑은 기존 문화와 이주민 문화가 각각 각자의 특성을 유지할 때 조화로운 사회를 실현할 수 있다고 보고 있는 반면, 을은 기존 문화와 이주민 문화가 함께 섞여 새로운 하나의 문화가 되어야 사회 통합을 실현할 수 있다고 보고 있다.

③, ④ 을은 기존 문화와 이주민 문화가 통합되어 새로운 하나의 문화가 되어야 한다고 주장하고 있다. ⑤ 갑과 을은 모두 이주민 문화를 기존 문화로 흡수하고 통합해야 한다고 보고 있지 않다.

09 다문화 사회의 이주민 정책　　　　　정답 ①

갑은 이주민을 우리 사회에 동화시키는 정책이 필요하다고 보고 있고, 을은 이주민 고유의 문화를 존중해 주는 정책이 필요하다고 보고 있다. ① 문화적 다양성 유지를 중시하고 있는 사람은 을이다.

② 갑은 이주민을 우리 문화에 동화시켜야 한다고 보고 있으므로 문화 사대주의보다 자문화 중심주의에 가깝다. ③ 을은 이주민의 문화적 고유성을 존중해야 한다고 주장하고 있으므로 문화 다원주의를 지향하고 있다. ④ 갑의 주장은 용광로 정책에, 을의 주장은 샐러드 볼 정책에 가깝다. ⑤ 을은 갑과 달리 문화적 다양성을 중시하므로 다른 문화를 그 사회가 처한 맥락에서 이해하고자 한다.

10 다문화 사회의 이주민 정책　　　　　정답 ③

갑은 이주민들이 거주국의 문화를 받아들여야 함을 주장하고 있고, 을은 이주민들의 문화와 거주국의 문화 각각의 정체성을 동등하게 존중해야 함을 주장하고 있다. 따라서 갑의 입장은 동화주의, 을의 입장은 다문화주의에 해당한다. ㄴ. 동화주의는 이주민 문화를 거주국 문화에 편입시켜야 한다고 본다. ㄷ. 다문화주의는 다양한 문화의 공존은 문화적 역동성을 증진시킨다고 본다.

ㄱ. 이주민의 문화를 인정하고 보호하는 입장은 다문화주의이다. ㄹ. 여러 문화의 정체성이 동등하게 존중되어야 한다고 보는 입장은 다문화주의이다.

11 다문화 사회의 이주민 정책　　　　　정답 ③

갑은 다문화 정책으로 이주민들이 우리 사회에 완전히 동화될 수 있는 정책을 추진할 것을 주장하고 있고, 을은 문화적 차이를 인정하여 우리 사회가 이주민들의 문화를 포용할 수 있는 정책을 추진할 것을 주장하고 있다. ㄴ, ㄷ. 타문화에 대한 관용적인 태도를 가지며, 소수 인종 차별 문제의 발생 가능성이 낮은 입장은 을의 입장이다.

ㄱ. 정책 추진 과정에서 문화 갈등이 나타날 가능성이 작은 것은 을의 입장이다. ㄹ. 갑은 각 문화의 개성을 존중하지 않는다.

12 다문화 사회의 이주민 정책　　　　　정답 ③

ㄴ. 결혼 이민자를 위한 김장 담그기 교육은 이민자들이 한국 문화에 적응하고 동화되는 데 기여한다. 따라서 이는 용광로 정책과 같은 맥락에서 실시된 우리나라의 초기 다문화 정책의 사례에 해당한다. ㄷ. 용광로 정책과 같은 맥락에서 실시된 우리나라의 초기 다문화 정책은 이주민들의 문화적 특성을 고려하지 않고 일방적으로 한국 문화를 이주민들에게 강요한다는 비판을 받을 수 있다.

ㄱ. 용광로 정책은 문화 병존보다 문화 동화를 지향한다. ㄹ. 용광로 정책과 같은 맥락에서 실시된 우리나라의 초기 다문화 정책은 문화적 다양성보다 문화적 동질성을 높이는 것을 목적으로 한다.

13 다문화 사회의 이주민 정책　　　　　정답 ①

갑국의 정책은 샐러드 볼 정책에 해당하고, 을국의 정책은 용광로 정책에 해당한다. ㄱ. 샐러드 볼 정책은 기존 문화와 이주민의 문화 공존을 중시한다. ㄴ. 용광로 정책은 기존 문화에 대한 이주민 집단의 동화를 강조하므로 이주민의 문화 정체성을 훼손할 우려가 있다.

ㄷ. 을국의 정책은 사회 통합을 목적으로 한다. ㄹ. 갑국의 정책은 을국의 정책과 달리 문화 다양성 보존에 기여한다.

14 다문화 사회의 이주민 정책　　　　　정답 ②

A는 용광로 정책, B는 샐러드 볼 정책이다. ② 용광로 정책은 하나의 문화 정체성을 중시하므로 이주민들을 자문화에 동화시킬 가능성이 높다. 따라서 해당 질문은 (가)에 들어갈 수 있다.

① 샐러드 볼 정책은 다양한 문화의 공존을 중시하므로 문화 상대주의에 기초한다. 따라서 해당 질문은 (가)에 들어갈 수 없다. ③ 용광로 정책은 자문화에 이주민들을 동화시키는 것을 목표로하므로 문화적 동질성을 높일 가능성이 높다. 따라서 해당 질문은 (나)에 들어갈 수 없다. ④ 용광로 정책은 샐러드 볼 정책과 달리 문화 간 우열을 인정한다. 따라서 해당 질문은 (다)에 들어갈 수 없다. ⑤ 이주 노동자에 대한 한국어 교육은 용광로 정책의 사례이다. 따라서 해당 질문은 (다)에 들어갈 수 없다.

15 다문화 사회의 이주민 정책　　　　　정답 ③

(가)는 샐러드 볼 정책, (나)는 용광로 정책이다. 샐러드 볼 정책은 본연의 재료가 유지되면서 조화를 이루는 샐러드처럼 다양한 문화가 조화를 이루면서 각각의 정체성을 유지하는 사회를 만들려는 정책이고, 용광로 정책은 용광로에 들어간 여러 가지 광석이 한 덩어리가 되듯 다양한 문화를 동질적인 문화로 만들려는 정책이다. ③ 용광로 정책은 이주민의 문화 정체성을 훼손할 우려가 크다.

① 자문화 중심주의 입장을 강조하는 정책은 용광로 정책이다. ② 문화의 다양성을 장려하는 정책은 샐러드 볼 정책이다. ④ 이주민 문화에 대한 체험 프로그램 정책 시행은 샐러드 볼 정책과 관련이 있다. ⑤ 용광로 정책에서 이주민 문화가 갑국 문화에 흡수되어 사라질 가능성이 크다.

16 다문화 사회의 이주민 정책 　　　　정답 ③

갑은 용광로 정책, 을은 샐러드 볼 정책의 관점에서 다문화 정책을 주장하고 있다. ㄴ. 용광로 정책과 샐러드 볼 정책은 모두 다문화 사회의 사회 통합을 실현하기 위한 정책이다. ㄷ. 샐러드 볼 정책은 다양한 문화가 한 사회에서 공존하는 것을 지향한다. 따라서 한 사회 안에 다양한 문화적 공동체가 공존할 수 있도록 지원하는 정책이 필요하다는 주장은 C에 해당한다.

❗ 오답 피하기

ㄱ. 용광로 정책은 이주민의 유입 제한을 주장하는 것이 아니라 이주민의 주류 문화에의 동화를 주장한다. ㄹ. 샐러드 볼 정책은 다양한 문화의 공존을 지향하는 것으로, 특정 전통문화를 우선하는 것을 지향하지 않는다.

V 생활공간과 사회

01 산업화와 도시화

STEP 1 내신 다지기 　　　　본문 ○ 118~121쪽

01 ②	02 ⑤	03 ②	04 ②	05 ⑤	06 ①
07 ①	08 ①	09 ④	10 ③	11 ④	12 ②
13 ②	14 ⑤	15 ②	16 ④	17~18 해설 참조	

01 산업화와 도시화 　　　　정답 ②

② 농업 중심의 사회가 공업과 서비스업의 2, 3차 산업 중심 사회로 변화해 가는 현상은 산업화이다. 전체 인구 중 도시에 거주하는 인구의 비율이 높아지고 도시적 생활양식이 확대되는 현상은 도시화이다.

02 우리나라의 산업화와 도시화 　　　　정답 ⑤

⑤ 산업화로 인해 산업 구조가 고도화되면서 1차 산업 종사자 수 비율은 감소한 반면, 3차 산업 종사자 수 비율은 증가하였다. 그 결과 2022년 기준 1차 산업 종사자 수보다 3차 산업 종사자 수가 많다.

❗ 오답 피하기

① 산업화는 1960년대에 시작되었다. ② 2022년 기준 우리나라의 도시화율은 90%를 넘으므로 도시 인구보다 촌락 인구가 적다. ③ 1960년보다 2022년에 도시화율이 높으며 도시 수와 도시 인구도 많다. ④ 수도권과 남동 임해 지역을 중심으로 공업 발달이 시작되었다.

03 산업화와 도시화로 인한 생활의 변화 　　　　정답 ②

② 산업화와 도시화로 인해 아스팔트, 콘크리트 등으로 포장된 면적이 증가하였다.

개념노트 | 산업화와 도시화로 인한 생활공간의 변화	
거주 공간의 변화	• 고층 건물, 아파트와 같은 건물의 증가 → 토지 이용의 집약도 상승 • 도시 내부가 중심 업무 지역, 상업 지역, 주거 지역, 공업 지역 등으로 분화 • 대도시의 기능 중 일부가 신도시와 주변 지역으로 분산됨 → 대도시와 주변 촌락이 하나의 생활권을 이룸 → 대도시권을 형성함
생태환경의 변화	• 지표 포장 면적의 확대 → 녹지 면적의 감소, 생물종 다양성의 감소, 홍수의 위험 증가 • 도시 내 하천의 인위적 개발 ⓔ 하천 직선화 • 오염 물질의 과도한 배출로 인한 생태환경 악화

04 산업화와 도시화로 인한 변화 　　　　정답 ②

1970년대에 비해 현재는 산업 단지와 고층 건물이 밀집해 있어 산업화와 도시화가 진행되었음을 알 수 있다. 따라서 이 지역은 1970년대에 비해 현재 아스팔트, 콘크리트 등으로 포장된 면적의 비율이 높고 인구 밀도가 높으며 3차 산업 종사자 비율이 높으므로 1차 산업 종사자 비율은 낮다.

05 런던의 도시 발달 과정 　　　　정답 ⑤

산업 혁명의 발상지로 알려진 인구 100만 명 이상의 대도시 (가)는 영국의 런던이다. ㄷ. 농촌 인구가 일자리를 찾아 런던으로 이주한 현상은 이촌 향도의 사례에 해당한다. ㄹ. 인구 증가와 교통 발달로 교외 지역이 팽창한 결과 대도시권이 형성되었다.

> ⚠ **오답 피하기**
ㄱ. 영국의 수도인 런던은 유럽에 위치한다. ㄴ. 산업 혁명의 영향으로 공업이 발달하면서 1차 산업 종사자 비율은 감소하고 2차 산업 종사자 비율이 증가하였다.

06 우리나라의 산업 구조 변화　　　　정답 ①

① 1960~2020년 산업화와 도시화가 진행되면서 1차 산업 취업자 수 비율은 감소한 반면 3차 산업 취업자 수 비율은 증가하였다. 따라서 1960년 취업자 수 비율이 가장 높았던 (가)는 1차 산업이고, 2020년 기준 취업자 수 비율이 가장 높은 (다)는 3차 산업이며, (나)는 2차 산업이다.

07 1차 산업, 2차 산업, 3차 산업　　　　정답 ①

ㄱ. 농림어업이 속한 1차 산업의 주요 생산 요소로는 토지, 노동력이 있다. ㄴ. 도시는 촌락보다 3차 산업의 취업자 수 비율이 높다.

> ⚠ **오답 피하기**
ㄷ. 산업화로 인해 1차 산업의 취업자 수 비율은 감소한 반면, 2차 산업이 취업자 수 비율은 증가하였다. ㄹ. 농림어업은 1차 산업, 서비스업은 3차 산업, 제조업은 2차 산업에 해당한다.

08 도시성　　　　정답 ①

① 도시에 거주하는 사람들이 갖는 특징적 사고 및 행동 양식으로, 효율성과 합리성을 추구하며 이해타산에 기초한 2차적 인간관계를 주로 맺는 특성인 (가)는 도시성이다.

09 우리나라의 도시화　　　　정답 ④

1960~2022년 동안 (가)는 감소한 반면, (나)는 증가했으므로 (가)는 촌락 인구, (나)는 도시 인구이다. ④ 촌락은 도시보다 지역 주민들 간의 공동체 의식이 강하다.

> ⚠ **오답 피하기**
① 도시화율은 2022년보다 1970년이 낮다. ② 1960년 촌락 인구보다 도시 인구가 적다. ③ 도시 인구 증가율은 1970~1980년보다 2010~2020년이 낮다. ⑤ 도시는 촌락보다 총면적 중 경지 면적의 비율이 낮다.

10 우리나라의 도시화　　　　정답 ③

1960년에 비해 2022년 도시화율이 높은 것으로 보아 이 기간에 산업화와 도시화가 진행되었음을 알 수 있다. ㄴ. 1960년에 비해 2022년 도시화율이 높으므로 전국의 도시 수가 많다. ㄷ. 우리나라는 수도권과 남동 임해 공업 지역을 중심으로 산업화가 진행되면서 도시 인구도 빠르게 증가하였으며, 수도권 인구 집중도가 심화되었다.

> ⚠ **오답 피하기**
ㄱ, ㄹ. 1960년에 비해 2022년 도시화가 많이 진행되었으므로 경지 면적이 좁고 3차 산업 취업자 수 비율이 높다.

11 산업화와 도시화로 인한 환경 문제　　　　정답 ④

(가)에는 열섬 현상의 원인이 들어가야 한다. ㄱ. 고층 건물이 증가하여 바람길이 차단되면 열섬 현상이 심화된다. ㄷ. 아스팔트, 콘크리트 등으로 포장된 면적은 낮 동안 많은 열을 흡수하지만 매우 천천히 열을 방출하므로 열섬 현상을 심화시킨다. ㄹ. 자동차, 공장으로부터의 인공 열 방출량이 증가하면 열섬 현상이 심화된다.

> ⚠ **오답 피하기**
ㄴ. 녹지 면적이 증가하면 지표 포장 면적의 비율이 감소하므로 열섬 현상이 완화된다.

12 하천 복원 사업으로 인한 변화　　　　정답 ②

② 산업화 시기에 복개되었던 청계천을 2000년대 이후 자연 하천으로 복원하는 사업을 실시하였고, 이로 인해 하천 주변에 녹지 공간이 조성되고 바람길이 열리면서 열섬 현상이 완화되는 효과가 나타났다.

> ⚠ **오답 피하기**
①, ③ 도로를 걷어 내고 자연 하천을 복원하였으므로 자동차 통행량이 감소하였으며, 자동차 통행량이 감소하면서 대기 오염 물질의 농도도 낮아졌다. ④ 도로를 걷어 내고 자연 하천을 복원하였으므로 지표의 포장 면적 비율이 감소하였다. ⑤ 하천 주변의 판잣집은 산업화 시기에 청계천 복개 공사를 시행하면서 모두 철거되었다. 따라서 하천 복원을 통해 하천 주변의 판잣집 수가 다시 증가했다고 보기는 어렵다.

13 도시화로 인한 변화　　　　정답 ②

(가) 시기는 (나) 시기보다 녹지 지역 면적이 넓고 주거 지역 면적이 좁다. 따라서 (가) 시기는 1981년이고, (나) 시기는 도시화가 진행된 2016년이다. ② 1990년대부터 시작된 서울의 교외화 현상으로 인해 서울에서 유출된 인구가 인접한 고양으로 많이 이주하였으며, 서울로 통근하는 인구가 많아졌다. 따라서 1981년은 2016년보다 서울로 통근하는 인구가 적다.

> ⚠ **오답 피하기**
① 1981년은 2016년보다 인구 밀도가 낮다. ③ 지도를 보면 2016년은 1981년보다 녹지 지역의 면적이 좁다. ④ 2016년은 1981년보다 1차 산업 취업자 수 비율이 낮다. ⑤ (가) 시기는 1981년, (나) 시기는 2016년이다.

14 산업화와 도시화로 인한 변화　　　　정답 ⑤

⑤ 산업화와 도시화로 인해 공동체보다 개인의 자유와 권리를 중시하는 경향이 커지면서 개인 간의 경쟁이 심화되고 있다.

15 도시 주택 문제의 해결을 위한 노력　　　　정답 ②

ㄱ, ㄷ. 불량 주택 지구인 파벨라의 주택 노후화와 기반 시설 부족 문제를 해결하기 위해서는 낙후 시설과 생활 기반 시설을 개선하고, 주택 개선 사업을 실시하여 주택 내구성을 높여야 한다.

> ⚠ **오답 피하기**
ㄴ. 대규모 산업 단지 조성을 통한 일자리 마련은 제시된 파벨라의 문제 해결 방안으로 보기 어렵다. ㄹ. 다른 지역과 생활공간을 분리하는 장벽을 설치한다고 해서 파벨라의 주택 노후화와 기반 시설 부족 문제가 해결되지는 않는다.

16 산업화와 도시화로 인한 문제 해결을 위한 노력　　　　정답 ④

④ 산업화와 도시화에 따른 문제점을 해결하기 위한 사회적 차원(㉠)의 노력 사례에는 신도시 건설, 도시 재개발 사업 추진, 환경 관련 법적 규제 강화, 생태 하천 복원 사업 실시 등을 들 수 있고, 개인적 차원(㉡)의 노력 사례에는 개인주의적 태도 지양, 연대 의식 함양, 대중교통 이용, 쓰레기 분리수거 동참 등을 들 수 있다.

(1) 산업화, 도시화
(2) **모범 답안** 산업화와 도시화로 인해 도시화율이 높아졌고, 1차 산업 취업자 수 비율은 낮아졌으며, 직업의 종류가 다양해졌다.

채점 기준	구분
제시된 세 가지 용어를 모두 사용하여 정확하게 상대적 특징을 서술한 경우	상
제시된 세 가지 용어를 모두 사용하여 서술하였으나 일부 틀린 내용이 포함된 경우와 제시된 세 가지 용어 중 두 가지 용어만 사용하여 정확하게 서술한 경우	중
제시된 세 가지 용어 중 한 가지 용어만 사용하여 정확하게 서술한 경우	하

18 도시 교통 문제의 해결을 위한 노력

(1) **모범 답안** 경기, 서울, 인천이 속한 수도권은 도(道) 지역보다 교통 혼잡 비용이 많이 든다. 이는 경기, 서울, 인천에 인구와 산업이 밀집해 있고 도시가 많아 교통량이 많기 때문이다.

채점 기준	구분
수도권과 도(道) 지역의 교통 혼잡 비용 차이와 그 원인에 대해 모두 정확하게 서술한 경우	상
수도권과 도(道) 지역의 교통 혼잡 비용 차이와 그 원인에 대해 모두 서술하였으나 일부 틀린 내용이 있는 경우	중
수도권과 도(道) 지역의 교통 혼잡 비용 차이와 그 원인 중 한 가지만 정확하게 서술한 경우	하

(2) **모범 답안** 수도권 내 대중교통 수단을 확충하여 대중교통 이용률을 높여야 한다. 인구와 산업의 수도권 집중 문제를 해결하기 위해 국토 균형 발전을 추진해야 한다.

채점 기준	구분
교통 혼잡 비용 차이를 줄이기 위한 대책 두 가지를 모두 정확하게 서술한 경우	상
교통 혼잡 비용 차이를 줄이기 위한 대책 두 가지를 모두 서술하였으나 일부 틀린 내용이 있는 경우	중
교통 혼잡 비용 차이를 줄이기 위한 대책 중 한 가지만 정확하게 서술한 경우	하

STEP 2 1등급 도전하기

본문 ○ 122 ~ 125쪽

01 ③	02 ②	03 ①	04 ②	05 ②	06 ③
07 ⑤	08 ⑤	09 ⑤	10 ⑤	11 ④	12 ⑤
13 ③	14 ④	15 ②	16 ①		

01 산업화와 도시화로 인한 변화   정답 ③

논밭이 넓게 펼쳐져 있고, 건물의 높이가 낮은 (가)는 촌락이고, 지표의 포장 면적 비율이 높고 고층 건물이 많은 (나)는 도시이다. ㄴ. 도시인 (나)는 촌락인 (가)보다 직업의 다양성이 높다. ㄷ. 도시인 (나)는 촌락인 (가)보다 고층 건물이 많으므로 토지 이용의 집약도가 높다.

! 오답 피하기
ㄱ. 도시인 (나)는 촌락인 (가)보다 인구 밀도가 높다. ㄹ. 도시인 (나)는 촌락인 (가)보다 3차 산업 취업자 수 비율이 높은 반면 1차 산업 취업자 수 비율이 낮다.

개념노트 | 산업화와 도시화

산업화	농업 중심의 사회가 공업과 서비스업의 2, 3차 산업 중심 사회로 변화해 가는 현상
도시화	전체 인구 중 도시에 거주하는 인구의 비율이 높아지고 도시적 생활양식이 확대되는 현상 → 대체로 산업화와 도시화는 함께 진행됨
우리나라의 산업화와 도시화	1960년대부터 경제 개발 계획이 추진되어 수도권과 남동 임해 지역을 중심으로 공업이 발달함 → 산업화와 도시화가 빠르게 진행됨

02 산업화와 도시화로 인한 변화   정답 ②

(가) 시기에 비해 (나) 시기에는 경지 면적이 감소한 반면, 도로의 길이가 길어지고 건물이 많이 들어서 도시화가 진행되었음을 알 수 있다. ㄱ. (나) 시기는 (가) 시기보다 대규모 아파트 단지가 많이 건설되어 총인구가 많다. ㄷ. (나) 시기는 (가) 시기보다 도시화가 많이 진행되면서 도로가 많이 건설되었으므로 도로의 총길이가 길다.

! 오답 피하기
ㄴ. (가) 시기에 논, 밭이 있던 지역이 (나) 시기에는 시가지, 아파트가 입지한 지역으로 바뀌었다. 따라서 (나) 시기는 (가) 시기보다 경지 면적이 좁다. ㄹ. (나) 시기는 (가) 시기보다 아파트와 같은 고층의 건물이 많으므로 건물의 평균 층수도 많다.

03 산업화와 도시화로 인한 변화   정답 ①

① 산업화와 도시화로 직업의 종류가 다양해지고 고층 건물의 수가 많아지면서 토지 이용의 집약도가 높아진다. 또한 산업화와 도시화로 아스팔트, 콘크리트 등의 포장 면적 비율이 높아지는 반면 녹지 면적의 비율이 낮아지고 전체 취업자 중 3차 산업 취업자의 비율이 높아진다. 따라서 모든 진술에 옳게 응답한 학생은 '갑'이다.

04 산업화로 인한 변화   정답 ②

(나) 시기는 (가) 시기보다 1차 산업 취업자 수 비율이 낮은 반면, 3차 산업 취업자 수 비율이 높다. 따라서 (가) 시기는 산업화 초기인 1960년이고, (나) 시기는 최근인 2020년이다. ② 2020년인 (나) 시기는 1960년인 (가) 시기보다 직업의 분화가 높고 개인주의 가치관이 높으며 도시화율이 높다. 따라서 (가) 시기에 대한 (나) 시기의 상대적 특성은 그림의 A~E 중에서 B에 해당한다.

05 도시화로 인한 변화   정답 ②

(나) 시기는 (가) 시기보다 밭, 논, 임야 면적의 비율이 낮은 반면, 건물을 지을 수 있는 땅인 대지와 공장용지, 도로 면적의 비율이 높다. 따라서 (가) 시기는 과거인 1995년이고, (나) 시기는 도시화가 많이 진행된 2019년이다. ② ○○시는 1995년인 (가) 시기보다 2019년인 (나) 시기에 자동차 통행량이 많다.

! 오답 피하기
③ ○○시는 1995년인 (가) 시기보다 2019년인 (나) 시기에 1차 산업 취업자 수 비율이 낮다. ④ ○○시는 2019년인 (나) 시기보다 1995년인 (가) 시기에 인구 밀도가 낮다. ⑤ 그래프를 보면 ○○시는 1995년인 (가) 시기에 논 면적보다 대지 면적이 좁다.

06 도시화로 인한 변화   정답 ③

(나) 시기는 (가) 시기보다 총인구 중 도시 인구가 차지하는 비율이 높아

도시화율이 높고, 도시 지역의 총면적도 넓다. 따라서 (가) 시기는 과거인 1975년이고, (나) 시기는 최근인 2019년이다. ㄴ, ㄷ. 최근인 2019년은 과거인 1975년보다 산업화와 도시화가 더 많이 진행되었으므로 인구 밀도가 높고 직업의 종류가 다양하다.

> ! 오답 피하기

ㄱ, ㄹ. 최근인 2019년은 과거인 1975년보다 산업화와 도시화가 더 많이 진행되었으므로 경지 면적이 좁고, 총인구 중 촌락 인구 비율이 낮다.

07 산업화와 도시화로 인한 변화　　　　　정답 ⑤

(가) 시기는 최근인 2024년, (나) 시기는 산업화 이전인 1950년이다. ⑤ 산업화 이전의 1950년은 최근인 2024년보다 총면적에서 경지 면적이 차지하는 비율이 높은 반면 건물을 지을 수 있는 땅인 대지 면적이 차지하는 비율은 낮다.

> ! 오답 피하기

① 최근인 2024년에는 도시화율이 50%를 넘으므로 도시 인구보다 촌락 인구가 적다. ② 1950년은 산업화 이전이므로 1차 산업 취업자 수보다 3차 산업 취업자 수가 적다. ③ 최근인 2024년은 산업화 이전인 1950년보다 핵가족화가 더 많이 이루어졌으므로 1인 가구의 비율이 높다. ④ 산업화 이전인 1950년은 최근인 2024년보다 공동체 의식이 강하였으므로 인간 소외 현상이 심각하지 않다.

08 산업화와 도시화로 인한 문제점과 해결 방안　　　정답 ⑤

⑤ 도시 하천에 복개 공사를 시행하여 하천 위를 아스팔트, 콘크리트 등으로 덮어 버리면 하천이 도시 내 열기를 식혀 주는 역할을 하지 못하게 되므로 도심의 열섬 현상은 더욱 심화된다.

09 도시화로 인한 변화　　　　　　　　　정답 ⑤

전형적인 농촌 지역이었던 ○○ 지역이 수도권 1기 신도시 건설 대상지로 선정되면서 개발이 본격화되었고, 개발 결과 대규모 아파트 단지를 비롯하여 대형 마트, 아웃렛 등 각종 상업 시설이 입지한 도시 지역으로 변하였다. ⑤ ○○ 지역은 수도권 1기 신도시가 건설되면서 인구 밀도가 높아지고 총인구 중 농가 인구 비율이 낮아졌다. 따라서 ○○ 지역의 변화는 그래프의 A~E 중 E에 해당한다.

10 도시화로 인한 변화　　　　　　　　　정답 ⑤

B 시기는 A 시기보다 총인구가 많고 총인구 중 도시 인구가 차지하는 비율인 도시화율도 높다. 따라서 A 시기는 과거인 1960년이고, B 시기는 최근인 2022년이다. ⑤ (가), (나)는 모두 A 시기(1960년)보다 B 시기(2022년)에 강하거나 높게 나타난다. 따라서 (가), (나)에는 직업의 분화 정도, 서비스 산업의 비율, 토지 이용의 집약도가 들어갈 수 있다.

11 우리나라의 도시화　　　　　　　　　정답 ④

(가)는 1960~2022년에 대체로 감소하였다. 따라서 (가)는 도시 인구와 촌락 인구 중 촌락 인구에 해당한다. ㄴ. 그래프를 보면 촌락 인구는 2022년보다 1960년에 많다. ㄹ. 1차 산업 취업자 수 비율은 도시화가 진행될수록 낮아지는 경향이 있다. 따라서 1차 산업 취업자 수 비율은 1960년>2000년>2022년 순으로 높다.

> ! 오답 피하기

ㄱ. (가)는 촌락 인구이다. 도시화율은 총인구에서 도시 인구가 차지하는 비율이다. ㄷ. 그래프를 보면 1980년에 도시화율은 50%를 넘었다. 따라서 1980년 도시 인구보다 촌락 인구가 적다.

12 선진국과 개발도상국의 도시화　　　　정답 ⑤

모든 시기에 (나)는 (가)보다 도시화율이 높고, (가)는 도시화율이 빠르게 증가하고 있다. 따라서 (가)는 아프리카의 개발도상국인 탄자니아이고, (나)는 유럽의 선진국인 독일이다. ⑤ 유럽의 선진국인 독일은 아프리카의 개발도상국인 탄자니아보다 경제 발달 수준이 높고 산업화가 먼저 시작되었으므로 1차 산업 종사자 수 비율이 낮다.

> ! 오답 피하기

① 그래프를 보면 탄자니아는 2020년 도시화율이 50% 미만이므로 촌락 인구보다 도시 인구가 적다. ② (나)는 유럽의 선진국인 독일이다. ③ 개발도상국인 탄자니아는 선진국인 독일보다 산업화가 시작된 시기가 늦다. ④ 선진국인 독일은 개발도상국인 탄자니아보다 경제 발달 수준이 높으므로 1인당 국내 총생산이 많다.

13 도시화에 따른 문제점과 해결 방안　　　정답 ③

③ 도시 문제 중 교통 문제 해결을 위한 개인적 차원의 해결 방안으로는 대중교통 이용의 생활화를 들 수 있으며, 개인 자가용 이용의 생활화는 교통량을 늘려 오히려 도시 내 교통 체증을 심화시키게 된다.

14 도시와 촌락의 비교　　　　　　　　　정답 ④

서울, 부산, 대구를 비롯해서 도(道) 지역 중에서는 경기가 속해 있는 (가)는 인구 밀도가 높은 지역군이고, 경기를 제외한 나머지 도(道) 지역들이 속해 있는 (나)는 인구 밀도가 낮은 지역군이다. ㄴ. (가)는 특별·광역·특별자치시와 도시화율이 높은 경기로 구성되어 있고, (나)는 모두 도(道) 지역에 해당한다. 따라서 (가)는 (나)보다 총인구 중 촌락 지역에 해당하는 군(郡) 지역 인구의 비율이 낮다. ㄹ. (나)는 (가)보다 인구 밀도가 낮으므로 교통량도 적어 출퇴근 시간대 교통 혼잡도가 낮다.

> ! 오답 피하기

ㄱ. (가)에는 특별자치시인 세종과 도(道) 지역인 경기가 속해 있다. 따라서 (가)에 속한 지역이 특별·광역시·특별자치시에 해당한다고 볼 수 없다. ㄷ. 경기를 제외한 나머지 도(道) 지역들이 속해 있는 (나)는 특별·광역시·특별자치시 경기가 속한 (가)보다 경지 면적이 넓다.

15 도시 내 열섬 현상　　　　　　　　　정답 ②

도심과 부도심이 위치한 지역이 주변(외곽) 지역보다 평균 기온이 높게 나타나는 현상인 (가)는 열섬 현상이다. ㄱ, ㄷ. 열섬 현상을 완화하기 위해서는 도시 내에 바람길을 조성하고 도심과 부도심에 녹지 공간 확보를 의무화해야 한다.

> ! 오답 피하기

ㄴ. 도시 하천에 복개 공사를 시행하여 하천 위를 아스팔트, 콘크리트 등으로 덮어 버리면 하천이 도시 내 열기를 식혀 주는 역할을 하지 못하게 되므로 도심의 열섬 현상은 더욱 심화된다. ㄹ. 도시 내 녹지 면적을 줄이고 아스팔트, 콘크리트의 포장 면적을 확대하면 낮 시간 동안에 열을 더 많이 흡수하여 열섬 현상을 심화시킨다.

16 대도시권의 확대　　　　　　　　　　정답 ①

제시된 지도를 통해 수도권의 통근 범위가 확대되고 서울로 통근하는 인구가 많아졌음을 알 수 있다. 이는 서울의 교외화 현상과 서울을 중심으로 한 대도시권 확대가 주요 원인이다. 갑. 서울의 교외화 현상으로 인해 서울에 거주하는 인구가 인천, 경기 등으로 유출되었으므로 서울의 인구는 감소하였다.

STEP 1 내신 다지기

본문 ○ 129 ~ 131쪽

01 ⑤	02 ④	03 ①	04 ②	05 ④	06 ④
07 ①	08 ③	09 ③	10 ②	11 ④	12 ②

13~14 해설 참조

01 교통 발달에 따른 변화　정답 ⑤

㉠은 다양한 교통수단의 발달이다. ⑤ 자동차, 고속 열차, 항공기 등 다양한 교통수단이 발달하면서 접근성이 향상되었지만, 교통로 건설로 인해 동물 서식지가 파괴되는 부작용이 발생하기도 하였다.

02 교통 · 통신의 발달에 따른 변화　정답 ④

④ 교통 · 통신의 발달로 국가 간 접근성이 향상되고 교류가 확대되면서 국경이 갖는 의미가 약화되었다.

03 교통 · 통신의 발달에 따른 문제점과 해결 방안　정답 ①

㉠은 지역 격차 심화이고, ㉡은 생태환경 파괴이다. ① 지역 격차 심화 문제의 해결 방안으로 지방 도시 육성 사업 추진, 새로운 교통 기반 시설 구축 등이 있다. 생태환경 파괴 문제의 해결 방안으로 야생 동식물 보호법 제정 및 시행, 선박 평형수 처리 장치 설치 의무화 등이 있다.

개념노트 | 교통·통신의 발달에 따른 문제점과 해결 방안

지역 격차 발생	새로운 교통 기반 시설 구축, 지방 도시 육성 사업 추진 및 관광 자원 개발을 통한 지역 경제 활성화 등
생태환경 파괴 및 전염병의 확산	생태 통로 건설, 선박 평형수 처리 장치 설치 의무화, 환경 오염 물질 규제 정책 및 야생 동식물 보호법 제정을 통한 생태환경 보존, 전염병 관련 정보의 공유 및 공동 연구 지속 등

04 교통 발달에 따른 변화　정답 ②

주요 교통수단으로 마차, 범선 등이 이용되던 1500~1840년대에 비해 주요 교통수단으로 제트 비행기가 등장한 1970년대는 교통의 발달이 비약적으로 이루어진 시기이다. 따라서 1500~1840년대에 비해 교통이 발달한 1970년에는 해외 관광객 수와 세계 무역액이 많고 국경의 중요성은 약화되었다.

05 고속 철도 개통에 따른 지역 변화　정답 ④

서울과 강릉을 잇는 고속 철도 강릉선이 개통되면서 서울에서 강릉까지 이동하는 데 걸리는 시간이 크게 단축되었고, 고속 철도 강릉선이 지나는 평창은 지역 축제 방문객이 증가하였으며, 고속 철도 정차역 부근의 상권이 성장하였다.

! 오답 피하기

병. 고속 철도 강릉선의 노선도를 보면 고속 철도 강릉선은 강원 남부 지역을 지나고 북부 지역은 지나지 않는다. 따라서 고속 철도 강릉선이 개통되어 강원 북부 지역보다 남부 지역의 접근성이 더 향상되었다는 것을 알 수 있다.

06 4차 산업 혁명　정답 ④

④ (가)는 지능정보화 사회를 의미하며 (가)의 시대에는 혁신과 창의성이 가장 중요한 요소로 작용하게 된다. 따라서 (가)는 4차 산업 혁명이다.

07 4차 산업 혁명으로 인한 변화　정답 ①

(가)는 4차 산업 혁명이다. ㄱ, ㄴ. 4차 산업 혁명으로 인해 사물 인터넷을 통해 초연결화가 이루어지고 예술 분야에서 인공지능(AI)의 활용도가 높아진다.

! 오답 피하기

ㄷ. 4차 산업 혁명으로 지식 정보와 관련된 직업의 수와 관련 산업이 증가한다. ㄹ. 4차 산업 혁명으로 인해 빅 데이터를 정부의 정책이나 기업의 마케팅에 활용하는 경우가 많아진다.

08 사물 인터넷과 증강 현실　정답 ⑤

⑤ 사물에 센서를 부착해 실시간으로 데이터를 인터넷으로 주고받는 기술이나 환경인 (가)는 사물 인터넷이다. 실제로 존재하는 환경에 가상의 사물이나 정보를 합성하여 마치 원래의 환경에 존재하는 사물처럼 보이도록 하는 컴퓨터 그래픽 기법인 (나)는 증강 현실이다.

09 사이버 범죄로 인한 문제점　정답 ③

ㄴ. 중고 거래 애플리케이션을 통해 전자 상거래가 활성화되었다. ㄷ. 사이버 명예 훼손, 모욕 범죄의 사례로 사이버 불링을 들 수 있다. 사이버 불링은 사이버상에서 집단으로 따돌리거나 괴롭히는 행위로, 전자 매체를 통한 욕설과 협박, 괴롭힘, 폭언이나 음란물을 보내는 행위, 거짓 정보 유포 등이 해당된다.

! 오답 피하기

ㄱ. 사이버 범죄는 정보 사회의 출현과 함께 발생 건수가 크게 증가하였다. ㄹ. 인공지능(AI)은 그림 그리기, 작곡하기, 사진 찍기, 영화 촬영 등과 같은 인간의 정신적 창작물을 구현하는 데 활발하게 이용되고 있다.

10 정보 격차의 문제점과 해결 방안　정답 ②

그래프를 보면 일반 국민에 비해 정보 소외 계층에 속하는 장애인, 저소득층, 고령층, 농어민은 정보화 수준이 낮아 계층 간 정보 격차 문제가 발생하고 있음을 알 수 있다. ㄱ, ㄷ. 이러한 정보 격차 문제의 해결을 위해서는 정보 소외 계층을 위한 정보 기기를 제공하고, 정보 소외 계층을 대상으로 정보화 활용 교육을 강화해야 한다.

! 오답 피하기

ㄴ, ㄹ. 정보 소외 계층의 개인 정보 관리 강화와 인터넷 중독 예방 교육 실시는 정보 격차 문제 해결 방안이라고 보기 어렵다.

11 지역 조사의 단계　정답 ④

지역 조사에 사용한 방법, 조사 내용 등을 체계적으로 기술하여 보고서를 작성하는 (가)는 보고서 작성 단계에 해당한다. 조사 주제를 '도시 성장에 따른 ○○시의 변화 양상과 문제점 파악'으로 설정하는 (나)는 조사 계획의 수립 단계에 해당한다. 수집된 자료를 분석 및 정리하여 ○○시의 공간 변화 양상을 표, 그래프, 통계 지도 등으로 표현하는 (다)는 지역 정보의 분석 및 종합 단계에 해당한다. 도서관을 방문하여 ○○시의 과거 모습을 담은 지도, 문헌 등을 수집하고, ○○시를 방문하여 주민을 대상으로 설문 조사를 실시하는 (라)는 지역 정보의 수집 단계에 해당한다. ④ 따라서 (가)~(라) 를 지역 조사 순서대로 나열하면 (나) → (라) → (다) → (가) 순이 된다.

12 실내 조사와 야외 조사 　　　　정답 ②

ㄱ, ㄷ. 통계청 누리집에서 통계를 검색하고 주민에게 나누어 줄 설문 조사지를 제작하는 활동은 실내 조사 단계인 (가)에 해당한다. ㄴ, ㄹ. 대상 지역의 경관을 사진으로 촬영하고 지역 주민을 대상으로 설문 조사를 실시하는 활동은 야외 조사 단계인 (나)에 해당한다.

13 전자 상거래의 성장

(1) **모범 답안** 인터넷 쇼핑 시장 규모가 점차 커지고 있으며, 이러한 변화의 배경으로 정보화로 인한 인터넷, 스마트폰 등 통신 매체의 발달과 전자 상거래의 활성화를 들 수 있다.

채점 기준	구분
인터넷 쇼핑 시장 규모 변화 경향과 변화의 배경을 모두 정확하게 서술한 경우	상
인터넷 쇼핑 시장 규모 변화 경향과 변화의 배경을 모두 서술하였으나 일부 틀린 서술이 포함된 경우	중
인터넷 쇼핑 시장 규모 변화 경향과 변화의 배경 중 한 가지만 정확하게 서술한 경우	하

(2) **모범 답안** 인터넷 쇼핑 시장 규모가 커지면서 물건을 소비자에게 직접 전달하기 위한 택배 산업이 동반 성장하였다.

채점 기준	구분
동반 성장한 산업 한 가지를 정확하게 서술한 경우	상
동반 성장한 산업 한 가지를 서술하였으나 일부 틀린 내용이 포함된 경우	중
동반 성장한 산업으로 보기 어려운 산업을 제시한 경우	하

14 4차 산업 혁명으로 인한 노동시장의 양극화

(1) 양극화
(2) **모범 답안** 4차 산업 혁명 시대에 적합한 양질의 일자리 마련, 기존 인력이 새로운 일자리에서 일을 할 수 있도록 재교육 지원, 고용 보험 정비 등

채점 기준	구분
4차 산업 혁명으로 인한 노동시장 양극화 문제 해결 방안 두 가지를 모두 정확하게 서술한 경우	상
4차 산업 혁명으로 인한 노동시장 양극화 문제 해결 방안 두 가지를 모두 서술하였으나 일부 틀린 서술이 포함된 경우	중
4차 산업 혁명으로 인한 노동시장 양극화 문제 해결 방안 두 가지 중 한 가지만 정확하게 서술한 경우	하

STEP 2 1등급 도전하기 　　　　본문 ◦ 132 ~ 135쪽

01 ④	02 ③	03 ④	04 ①	05 ⑤	06 ①
07 ②	08 ③	09 ③	10 ①	11 ①	12 ③
13 ⑤	14 ②	15 ④	16 ②		

01 산업 사회와 정보 사회 비교 　　　　정답 ④

A는 B보다 제조업의 비율과 소품종 대량 생산 방식의 비율이 높고 기술 발전의 속도가 느리다. 따라서 A는 산업 사회이고, B는 정보 사회이다. ㄴ. 정보 사회는 직접 대면을 중시하는 산업 사회보다 근로자의 재택 근무 전환이 쉽다. ㄹ. A는 산업 사회, B는 정보 사회이다.

! 오답 피하기
ㄱ. 지식과 정보가 가장 중요한 자원인 사회는 정보 사회이다. ㄷ. 4차 혁명은 산업 사회에서 정보 사회로의 전환을 의미한다.

02 정보화 사회 　　　　정답 ③

2012~2020년 이용률이 크게 증가한 (가)는 인터넷 뉴스이고, 이용률이 크게 감소한 (나)는 종이 신문이다. ㄴ. 인터넷 뉴스는 종이 신문보다 뉴스의 전달과 수정 및 보완이 용이하다. ㄷ. 정보 사회로의 전환은 종이 신문보다 인터넷 뉴스의 이용률 증가에 영향을 많이 주었다.

! 오답 피하기
ㄱ. 쌍방향 통신 매체를 이용하여 뉴스를 전달하는 것은 인터넷 뉴스이다. ㄹ. (가)는 인터넷 뉴스, (나)는 종이 신문이다.

03 사이버 범죄의 문제점과 해결 방안 　　　　정답 ④

(가)에는 사이버 렉카로 인한 문제점이 들어가야 한다. ㄴ, ㄹ. 사회적 이슈가 발생했을 때 재빨리 영상을 만들어 온라인 공간에 게시하고 조회 수를 올려 수입을 얻는 사이버 렉카는 온라인 공간에서 허위 정보를 유포하고 개인 정보를 유출하여 사생활 침해를 유발하는 경우가 많아 최근 비판을 받고 있다.

! 오답 피하기
ㄱ. 사이버 렉카는 정보를 독점하기보다는 사회적 이슈를 빨리 선점하여 이를 유포하는 데 중점을 두고 있다. ㄷ. 사이버 렉카와 세대 간 정보 격차 심화와는 관련이 적다.

개념노트 | 과학기술 발달에 따른 문제점과 해결 방안

정보 격차	지역 간, 계층 간 정보 격차 발생 → 정보 소외 계층을 위한 정보 기기 제공, 정보화 활용 교육 등을 통해 해결
인터넷 중독	인터넷 및 스마트폰 중독 예방 교육 및 상담 치료 프로그램 확충
사생활 침해	정보화 기기에 노출된 개인 정보로 사생활 침해 발생 → 개인 정보 관리 강화 제도 마련 ᅠᅠ 정보 통신 보호법, 개인 정보 보호법 등
사이버 범죄	사이버 불링(cyber bulling) 등 가상 공간의 익명성을 이용한 범죄 증가 → 정보 시스템 보안 관련 기구 및 전문 인력 강화, 관련 법률 보완 등이 필요함

04 4차 산업 혁명 　　　　정답 ①

21세기 초반부터 진행된 산업 혁명으로 인공지능 기반의 지능화 및 초연결화를 특징으로 하며, 지능정보화 사회로의 전환을 의미하는 기술 혁명인 (가)는 4차 산업 혁명이다. 4차 산업 혁명으로 인해 지식 정보와 관련된 직업이 증가하였다. 4차 산업 혁명은 사물 인터넷, 빅 데이터 등의 기술을 활용한다.

! 오답 피하기
기계화를 통해 노동의 효율성을 크게 향상시키고, 주로 소품종 대량 생산 방식을 통해 제품 생산이 이루어진다는 내용은 4차 산업 혁명에 대한 설명보다는 산업 사회의 특징에 대한 설명이다.

05 교통 발달에 따른 변화 　　　　정답 ⑤

서울에서 강릉까지 고속 철도가 개통되어 소요 시간이 약 6시간에서 1시간 30분으로 단축되었다. ⑤ 고속 철도의 개통은 고속 철도 정차역 주변의 유동 인구를 늘려 상권을 활성화시켰다.

① 서울로의 접근성이 향상되었으므로 서울의 대학 병원 기능이 더욱 강화되었다. ②, ③ 서울에서 강릉으로, 강릉에서 서울로 오고 가는 데 걸리는 시간이 단축되면서 여가를 즐길 공간의 범위도 확대되었고, 서울에서 강릉을 찾는 관광객도 증가하였다. ④ 서울-강릉 간 고속 철도가 개통되면서 기존 고속 버스 이용객들은 고속 철도를 많이 이용하게 되었다. 따라서 서울-강릉 간 고속 버스 이용객은 감소하였다.

06 정보 격차 문제점과 해결 방안　　　정답 ①

① (가)에는 정보 소외 계층의 디지털 정보화 접근 수준이 향상된 원인이 들어가야 한다. 정부의 디지털 기기 및 서비스 보급 정책은 정보 소외 계층의 디지털 정보화 접근 수준을 향상시켰다. (나)에는 디지털 역량 수준을 높이기 위한 대책이 들어가야 한다. 정보 소외 계층에 대한 정보화 교육을 강화하면 정보 소외 계층의 디지털 역량 수준을 높일 수 있다.

07 교통 · 통신의 발달로 인한 변화　　　정답 ②

교통 · 통신의 발달로 다른 나라와의 경제 · 문화 교류가 활발해지고, 전자 상거래, 온라인 금융 거래가 활성화되며, 지리 정보 시스템을 이용한 서비스 제공이 많아진다.

교통 · 통신의 발달로 인터넷, 전화 등을 통해 업무가 가능해지면서 대면 근무보다 재택근무의 중요성이 커졌다.

08 교통 발달에 따른 변화　　　정답 ③

광역전철 개통 후는 개통 전보다 주민의 통근권이 넓고 광역전철역 주변 유동 인구가 많으므로 광역전철역 주변 상권이 넓다. 지도를 보면 광역전철을 이용하여 고속 철도역에 갈 수 있게 되었으므로 광역전철 개통 후는 개통 전보다 고속 철도로의 접근성이 높다.

09 통신의 발달에 따른 문제점과 해결 방안　　　정답 ③

(가)는 사이버 범죄, (나)는 정보 격차에 해당한다. ③ 사이버 범죄의 해결을 위해서는 사이버 불링(cyber bulling) 관련 법률을 보완해야 하고, 정보 격차의 해결을 위해서는 정보 소외 계층에 대한 정보화 활용 교육을 실시해야 한다.

10 공간 정보 빅 데이터의 활용 사례　　　정답 ①

사례 1은 질병 관리청에서 방대한 환자 정보를 환자의 위치 정보와 통합하여 코로나19에 국민들이 능동적으로 대처할 수 있는 시스템을 구축했다는 내용이다. 사례 2는 국토 교통부에서 각종 교통수단 및 도로의 방대한 정보를 활용하여 분석한 결과를 네트워크 정보 기반 서비스로 제공하고 있다는 내용이다. ① 사례 1과 사례 2는 모두 공간 정보 빅 데이터의 활용과 관련된 내용이다.

11 교통 발달에 따른 지역의 변화　　　정답 ①

① (가)에는 과거 부여, 강경에서 발달했던 교통수단이 들어가야 한다. 따라서 (가)는 금강의 수운 교통이다. (나)에는 대전, 천안 등이 부여, 강경을 제치고 새로운 중심지로 성장할 수 있게 도움을 준 교통수단이 들어가야 한다. 따라서 (나)는 도로, 철도 등의 육상 교통이다.

12 교통 발달에 따른 생태계 파괴 문제의 해결 방안　　　정답 ③

사례 1은 야생 동물들이 이동할 수 있게 생태 통로를 조성했다는 내용이고, 사례 2는 교통사고 점검 시스템을 도입하여 도로 주변에서 야생 동물의 출현을 알려주도록 했다는 내용이다. ③ 생태 통로를 조성한 사례 1과 야생 동물 교통사고 점검 시스템을 도입한 사례 2는 모두 생태 서식지 단절을 줄이기 위한 노력에 해당한다.

13 정보 격차의 문제점　　　정답 ⑤

⑤ 2008년 대비 2023년 활용 지수가 가장 크게 향상된 계층은 2008년 활용 지수가 29.0%로 가장 낮았으나 2023년 활용 지수가 97.4%로 가장 높은 저소득층이다.

① 2008년 활용 지수는 정보 소외 계층 중 저소득층이 가장 낮다. ② 정보 기기 보유 정도는 접근 지수를 통해 판단할 수 있다. 2008년 접근 지수는 정보 소외 계층 중 저소득층이 가장 높다. ③ PC · 모바일 기기 이용 능력 정도는 역량 지수를 통해 판단할 수 있다. 2023년 역량 지수는 정보 소외 계층 중 저소득층이 가장 높다. ④ 2008년 대비 2023년 정보 소외 계층 중 장애인과 저소득층의 역량 지수는 향상되었지만, 고령층의 역량 지수는 하락하였다.

14 실내 조사와 야외 조사　　　정답 ②

ㄱ. 도서관에서 인구 통계 자료는 찾아보는 활동은 실내 조사에 해당한다. ㄷ. ○○시의 아파트 단지를 찾아가 사진을 촬영하는 활동은 야외 조사에 해당한다.

ㄴ. ○○시에 건설된 수도권 2기 신도시 아파트 주민을 찾아가 설문 조사를 하는 행위는 야외 조사에 해당한다. ㄹ. 국토 정보 플랫폼에서 ○○시의 수도권 2기 건설 전후 위성 사진을 검색해보는 행위는 실내 조사에 해당한다.

15 야외 조사　　　정답 ④

(가)에는 야외 조사에 해당하는 활동이 들어가야 한다. ④ ○○ 지역을 방문하여 전통 시장의 모습을 사진으로 촬영하는 활동은 야외 조사에 해당한다.

① ○○ 지역의 전통 시장에 대한 답사 일정을 수립하는 활동은 실내 조사에 해당한다. ② ○○ 지역의 전통 시장 상권 변화를 조사 주제로 선정하는 활동은 조사 주제 선정에 해당한다. ③ ○○ 지역의 전통 시장 분포 자료를 통계 지도로 표현하는 활동은 지리 정보 분석에 해당한다. ⑤ 통계청 누리집에서 ○○ 지역의 전통 시장 매출액에 대한 통계를 찾아보는 활동은 실내 조사에 해당한다.

16 지역 조사의 단계　　　정답 ②

② ○○시의 위치, 상점 수, 산업 구조 변화 등을 인터넷을 활용하여 조사하는 ㄱ은 실내 조사인 (가)에 해당한다. ○○시의 상점 분포, 산업 구조 현황을 분석하여 도표나 그래프 등으로 표현하는 ㄴ은 지역 정보 분석 및 정리인 (다)에 해당한다. ○○시를 방문하여 주민들을 대상으로 과거와 최근의 지역 경제 상황 등을 설문 조사하는 ㄷ은 야외 조사인 (나)에 해당한다. 이를 정리하면 (가)에는 ㄱ, (나)에는 ㄷ, (다)에는 ㄴ이 해당한다.

I 통합적 관점

01~02 인간, 사회, 환경을 바라보는 다양한 관점 ~ 통합적 관점

시험 대비하기
본문 ○ 139~141쪽

| 01 ③ | 02 ⑤ | 03 ② | 04 ④ | 05 ② | 06 ③ |
| 07 ⑤ | 08 ⑤ | 09 ④ | 10 ⑤ | 11 ② | 12 ③ |

01 시간적 관점
정답 ③

제시문은 시간의 변화에 따른 전체 청소년 인구 및 다문화 학생 수의 변화 양상과 앞으로의 전망을 제시하고 있다. 따라서 시간적 맥락에서 사회현상을 살펴보는 시간적 관점에 해당한다.

02 공간적 관점
정답 ⑤

제시된 자료에는 공간적 관점에 대한 의미와 특징이 나타나 있다. 공간적 관점에서 공간 정보는 장소와 영역, 네트워크 등으로 이루어지며, 이는 일정한 것이 아니라 끊임없이 변화하면서 새로운 모습을 만들어간다. ⑩ 네트워크는 인구와 물자, 정보 등이 영역의 경계를 넘어 이동하면서 서로 영향력을 주고받는 것을 말한다.

03 사회적 관점
정답 ②

제시된 질문들은 모두 사회 구조 및 제도의 영향력에 초점을 두고 인간, 사회, 환경을 바라보는 사회적 관점에서 중요하게 고려한다.

04 시간적 관점
정답 ④

제시된 신문 칼럼은 한국과 일본의 축구 경기와 관련한 사회현상을 역사적 배경 등에 초점을 두는 시간적 관점에서 분석하고 있다. 즉, 시간적 관점에서 한국과 일본 간의 축구 경기를 바라보는 것이 도움이 된다는 입장이다.

! 오답 피하기
① 공간적 관점, ② 사회적 관점, ⑤ 윤리적 관점은 제시된 자료에 언급되어 있지 않다. ③ 통합적 관점은 시간적, 공간적, 사회적, 윤리적 관점 모두를 고려하는 것인데, 제시된 칼럼에는 시간적 관점만이 나타나 있다.

05 시간적 관점과 공간적 관점
정답 ②

갑은 시간적 관점, 을은 공간적 관점의 입장이다. ㄱ. 시간적 관점은 특정 현상과 관련된 과거의 자료를 수집하여 과거와 현재의 관계를 탐구한다. ㄷ. 공간적 관점은 특정 공간에서의 자연환경과 인문환경이 인간의 삶에 미치는 영향을 연구하고 분석한다.

! 오답 피하기
ㄴ. 사회 구조나 제도에 초점을 두는 것은 사회적 관점이다. ㄹ. 도덕적 가치 판단과 규범적 방향성에 초점을 두는 것은 윤리적 관점이다.

06 통합적 관점의 필요성
정답 ③

㉠은 '통합적 관점'이다. ㄴ, ㄷ. 통합적 관점은 하나의 사회현상을 시간적·공간적·사회적·윤리적 관점을 모두 고려하여 통합적으로 살펴보는 것으로, 개별 학문의 경계를 넘어 종합적으로 이해하는 것이다.

! 오답 피하기
ㄱ. 통합적 관점은 하나의 관점에만 국한되지 않고 다양한 관점을 통합적으로 활용한다. ㄹ. 통합적 관점은 시대적 흐름과 배경에만 치우치지 않는다.

07 통합적 관점에서의 접근
정답 ⑤

제시문은 커피라는 주제를 통해 사회현상을 탐구할 때 시간적, 공간적, 사회적, 윤리적 관점을 모두 고려하여 통합적으로 살펴보는 통합적 관점이 필요함을 말하고 있다. ㄷ. 사회적 관점은 사회 구조 및 사회 제도의 측면에서 사회현상을 분석하는 것이다. ㄹ. 윤리적 관점은 행위의 도덕적 기준을 탐색하고 바람직한 삶의 모습을 살펴보는 것이다.

! 오답 피하기
ㄱ. 시간적 관점은 시대적 배경이나 맥락을 살펴보는 것이다. ㄴ. 공간적 관점은 위치·장소·영역 등의 공간적 맥락을 살펴보는 것이다.

08 윤리적 관점
정답 ⑤

제시된 (가)는 윤리적 관점이며, (나)에는 학교폭력 문제가 나타나 있다. ⑤ 윤리적 관점에서는 더 행복하고 바람직한 삶을 위해 어떤 가치나 태도를 추구해야 할지에 대해 탐구한다.

! 오답 피하기
①, ② 사회적 관점에서는 학교폭력 문제를 해결하기 위해 사회 구조와 법적인 측면에서 접근한다. ③ 공간적 관점, ④ 시간적 관점에서의 접근이다.

09 통합적 관점의 필요성
정답 ④

제시문은 통합적 관점의 필요성에 대한 내용이다. ④ 통합적 관점이 필요한 이유는 다양한 관점을 통합적으로 고려할 때 복잡한 현상을 정확히 이해할 수 있고, 이를 바탕으로 문제에 대한 근본적인 해결책을 찾아낼 수 있기 때문이다.

! 오답 피하기
① 공간적 관점, ② 시간적 관점, ③ 윤리적 관점, ⑤ 사회적 관점의 필요성에 해당하는 내용이다.

10 통합적 관점
정답 ⑤

제시된 사례는 화장장 건립을 둘러싼 갈등에 관한 것이다. ㄷ. 화장장 건립 예정지 주민을 위한 보상 제도는 사회적 관점, ㄹ. 갈등 해결을 위해 갖추어야 할 바람직한 시민 태도는 윤리적 관점으로 탐구할 수 있다.

! 오답 피하기
ㄱ. 화장장 건립의 입지 조건 조사는 공간적 관점, ㄴ. 연도별 화장 비율의 변화 조사는 시간적 관점의 탐구 활동에 해당한다.

11 사회적 관점과 시간적 관점
정답 ②

갑은 제도적, 정책적, 사회 구조적 영향력을 고려하여 사회현상을 살펴보고자 하는 사회적 관점을 강조하고 있다. 을은 과거부터 현재의 모습이

있기까지의 변화 과정을 따라가며 시대적 배경과 맥락을 토대로 사회현
상을 살펴보는 시간적 관점을 강조하고 있다.

! 오답 피하기

①, ③, ④, ⑤ 공간적 관점은 장소와 지역, 자연환경과 인문환경의 영향
력을 중요하게 고려하는 관점이다. 윤리적 관점은 도덕적 가치와 규범을
고려하는 관점이다. 통합적 관점은 시간적, 공간적, 사회적, 윤리적 관점
을 모두 함께 고려하는 관점이다.

12 통합적 관점   정답 ③

ㄴ. 공간적 관점은 인간 생활과 사회현상을 위치와 장소, 분포 패턴과 형
성 과정, 이동과 네트워크 등의 측면에서 살피거나 공간적 맥락에서 설명
하는 것이다. ㄷ. 사회적 관점은 제도적·정책적·사회 구조적 영향력을
고려하여 사회현상을 살펴보는 것이다.

! 오답 피하기

ㄱ. 윤리적 관점, ㄹ. 시간적 관점에서 제기할 수 있는 적절한 질문에 해
당한다.

개념노트 | 인간, 사회, 환경을 보는 여러 관점	
시간적 관점	• 시대적 배경과 맥락에 초점을 두고 사회현상을 바라보는 것 • 과거의 시대적 상황과 역사적 사실을 현재와 연결 지어 의미를 부여함
공간적 관점	• 인간 생활과 사회현상을 공간적 맥락에서 설명하려는 것 • 장소와 지역 및 공간적 상호 작용에 초점을 두고 다양한 공간 정보를 고려함
사회적 관점	• 사회현상을 사회 구조 및 사회 제도와의 관련성 속에서 살펴보는 것 • 사회문제를 해결하기 위해 사회 제도 및 법률과 정책의 개선을 강조함
윤리적 관점	• 인간 행위의 도덕적 기준을 탐색하고 바람직한 삶의 모습을 살펴보는 것 • 도덕적 가치와 도덕규범을 고려하여 선하고 옳은 것을 추구하고자 함
통합적 관점	• 사회현상을 개별 학문의 경계를 넘어 종합적으로 이해하는 것 • 시간적 관점+공간적 관점+사회적 관점+윤리적 관점을 모두 고려함

Ⅱ 인간, 사회, 환경과 행복

01   행복의 기준과 의미

시험 대비하기   본문 ○ 143~145쪽

01 ②	02 ④	03 ①	04 ③	05 ④	06 ②
07 ③	08 ②	09 ⑤	10 ④	11 ①	12 ④

01 행복의 기준   정답 ②

② 행복의 기준은 시대적 상황뿐만 아니라 지역적 여건에 따라서도 달라
질 수 있다.

! 오답 피하기

① 행복의 기준은 시대의 지배적인 가치나 사상, 사회 변화 등에 의해 영
향을 받는다. ③ 고대 그리스의 소크라테스, 플라톤, 아리스토텔레스 등
은 인간의 고유한 기능인 이성을 탁월히 발휘하여 덕을 얻는 것이 곧 행
복이라고 보았다. ④ 전쟁과 그로 인한 사회적 혼란이 끊이지 않았던 헬
레니즘 시대의 에피쿠로스학파와 스토아학파는 고통과 불안에서 벗어나
마음의 평안을 얻는 것을 행복으로 여겼다. ⑤ 오늘날에는 개인이 느끼는
주관적 만족감이 중시되면서 과거에 비해 행복의 기준이 훨씬 복잡하고
다양해졌다.

02 삶의 목표 설정과 행복   정답 ④

재산, 인기, 명예, 지위 등은 외재적인 것들이고, 성숙한 인격 형성, 사회
적 관계 형성, 공동체에 기여 등은 내재적인 삶의 목표에 해당한다. 신문
칼럼은 외재적인 것들을 획득하려는 목표보다 내재적인 것들을 성장시키
려는 목표가 사람을 더 행복하게 할 수 있다고 주장하고 있다.

! 오답 피하기

①, ②, ③, ⑤ 신문 칼럼에서 강조하는 내용과 거리가 멀다. 신문 칼럼은
외재적이고 물질적인 것을 획득하려는 목표를 세우고 이를 달성했는가의
여부보다 다른 사람들과 더불어 살아가려는 목표를 추구하는 것이 행복
에 더 결정적인 영향을 끼친다고 주장하고 있다.

03 가치의 구분   정답 ①

가치는 우리가 소중하게 생각하여 추구하려는 것으로 도구적 가치와 본
질적 가치로 구분할 수 있다. ㉠은 그 자체가 목적이 되기보다는 다른 목
적을 위한 수단이 되는 도구적 가치로, 돈, 사회적 지위 등의 물질적 가치
는 주로 도구적 가치에 해당한다. ㉡은 그 자체가 목적이 되는 본질적 가
치로, 사랑, 지혜, 아름다움 등이 이에 해당한다.

04 시대적 상황에 따른 행복의 기준   정답 ③

③ 경제적으로 풍요롭지 못했던 과거에는 기본적인 의식주의 충족만으로
도 행복을 느끼는 경우가 많았으나, 경제적으로 풍요로운 오늘날에는 그
보다 정신적 만족을 통한 행복을 느끼는 경우가 많다는 (나)의 사례를 통
해 과거와 현재의 달라진 시대적 상황에 따라 행복의 기준도 달라질 수
있음을 알 수 있다.

! 오답 피하기

①, ② 건조 기후 지역에서는 생존에 필요한 충분한 물을 확보하는 것을
행복의 기준으로 여기므로 자연환경이 행복의 기준에 영향을 끼침을 알

수 있다. ④ (나)를 통해 물질적 풍요가 행복에 아무런 영향을 끼치지 못한다기보다는, 물질적 풍요만으로 행복을 느낄 수 있었던 과거와 달리 오늘날에는 행복의 기준이 좀더 복잡해지고 다양해졌음을 알 수 있다. ⑤ (나)는 오늘날에는 단순한 의식주의 기본적 충족만으로는 행복을 느끼기 어려움이 나타나 있다.

05 도가 사상에서의 행복 정답 ④

(가)는 도가 사상의 내용이다. ㄴ. 도가 사상은 옳고 그름, 아름다움과 추함 등의 구별은 관점에 따라 상대적인 것에 불과하다고 본다. ㄹ. 도가 사상은 외모에 우열이 존재한다는 생각은 인간이 지닌 편견일 뿐이라고 보며, 편견에서 벗어나 있는 그대로의 자연스런 모습에 따라 살아갈 것을 강조한다.

! 오답 피하기

ㄱ. 도가 사상은 사람들이 선호하는 기준에 인위적으로 자신을 맞추어야 한다고 보지 않는다. ㄷ. 도가 사상은 외적인 것에 얽매이지 말고 내면의 정신적 자유를 추구해야 행복해질 수 있다고 본다.

06 아리스토텔레스의 행복의 의미 정답 ②

제시문은 아리스토텔레스의 입장이다. ② 아리스토텔레스는 인간이 이성적인 기능을 탁월하게 수행할 때 참된 행복이 이루어진다고 주장하였다. A는 게임으로 얻는 감각적 쾌락이 최고의 행복이라고 생각하기 때문에 아리스토텔레스의 입장에서는 감각적인 쾌락보다는 이성에 따른 삶을 추구해야 한다고 조언할 것이다.

! 오답 피하기

① 아리스토텔레스는 모든 욕망을 제거해야 한다거나 세속적인 삶에서 벗어날 것을 주장하지 않았다. ③, ④, ⑤ 아리스토텔레스는 이성을 온전히 발휘하여 덕에 따르는 정신의 활동이 곧 행복이라고 보았다.

07 에피쿠로스의 행복 정답 ③

(가)를 주장한 사상가는 에피쿠로스이다. ③ 에피쿠로스는 욕망의 최대한 충족이 아니라 자연적이면서도 필수적인 욕구만을 최소한으로 충족하는 소박하고 절제하는 삶을 통한 행복을 추구하였다.

! 오답 피하기

① 에피쿠로스는 쾌락이 모든 행위의 목적이라고 보았다. ② 에피쿠로스는 육체에 고통이 없고 마음에 불안이 없는 평정심의 상태가 가장 이상적이라고 보았다. ④, ⑤ 에피쿠로스는 이성적으로 충족해야 할 욕구와 충족하지 않아도 될 욕구를 분별하고 헛된 생각을 버림으로써 평온한 삶을 살 수 있다고 보았다.

08 에피쿠로스와 아리스토텔레스의 입장 정답 ②

갑은 에피쿠로스, 을은 아리스토텔레스이다. ㄱ. 에피쿠로스는 욕구의 적극적인 충족보다 고통을 제거함으로써 주어지는 쾌락을 추구해야 한다고 보고, 평온한 삶을 위해 절제하며 검소하게 살아야 한다고 주장하였다. ㄷ. 아리스토텔레스는 좋은 품성은 도덕적 행위를 반복적으로 실천함으로써 얻어질 수 있다고 보았으며, 좋은 품성을 갖추고 행복을 실현하기 위해 도덕적 행위를 습관화해야 한다고 보았다.

! 오답 피하기

ㄴ. 아리스토텔레스는 행복이 모든 인간 행위의 궁극적인 목적이라고 보았다. ㄹ. 아리스토텔레스는 인간의 고유한 기능인 이성을 탁월하게 발휘해야만 행복을 실현할 수 있다고 보았다.

09 행복에 대한 칸트의 입장 정답 ⑤

제시문을 주장한 근대 서양 사상가는 칸트이다. ⑤ 칸트는 의무가 문제가 될 때에는 쾌락을 추구하고 고통을 회피하고자 하는 자연적 경향성을 극복하고 오직 도덕 법칙을 지켜야 한다는 의무 의식에 따라 행위를 해야 한다고 보았다.

! 오답 피하기

① 칸트는 도덕의 목적이 행복이라고 보지 않았으며, 의무가 문제가 될 경우에는 자신의 행복을 고려하지 말아야 한다고 보았다. ②, ③, ④ 칸트는 의무 의식에서 비롯된 행위만이 도덕적 가치를 지닌다고 보았다.

10 행복에 대한 밀의 입장 정답 ④

제시문은 질적 공리주의 사상가인 밀의 주장이다. ④ 밀은 쾌락에도 질적인 차이가 있다고 보았으며, 육체적이고 일시적인 저급한 쾌락보다는 정신적이고 지속적이며 고상한 쾌락을 추구할 것을 강조하였다.

! 오답 피하기

① 밀은 쾌락의 질을 분별하는 것이 최대 행복을 추구하는 공리주의의 원리에 부합한다고 보았다. ② 공리주의는 대체로 행복을 좋은 결과로, 불행을 나쁜 결과로 보는 입장이다. ③ 밀은 본능적 욕구의 충족만을 원하는 동물들과 달리 인간은 지성, 감정과 상상력, 도덕 감정 등의 고등한 능력을 지니고 있다고 보았다. ⑤ 밀은 쾌락에는 질적인 차이가 있으며, 질적으로 높은 쾌락은 저급한 쾌락보다 양과 무관하게 더 우월한 가치를 지닌다고 보았다.

11 서양에서의 행복론 정답 ①

① 이성보다는 신앙을 통해 신과의 합일을 추구한 것은 고대 그리스 시대가 아니라 중세 시대이다.

! 오답 피하기

② 고대 그리스 시대의 대표적 사상가로는 소크라테스, 플라톤, 아리스토텔레스 등을 들 수 있다. ③, ④, ⑤ 에피쿠로스학파는 쾌락주의, 스토아학파는 금욕주의 윤리 사상에 해당하며, 에피쿠로스학파와 스토아학파 모두 개인적인 마음의 평온함을 통한 행복을 추구하였다.

12 진정한 행복을 위한 노력 정답 ④

④ 제시문에서는 성공, 재물, 명예 등은 그 자체가 목적이 아니라 행복을 위한 수단일 뿐이라고 보고 있다. 따라서 사회적 성공을 이룬다고 해서 행복이 보장된다고는 볼 수 없다.

| 02 | 행복한 삶을 실현하기 위한 조건 |

시험 대비하기 본문 ∘ 147 ~ 149쪽

01 ③	02 ②	03 ②	04 ④	05 ④	06 ④
07 ③	08 ④	09 ②	10 ⑤	11 ③	12 ④

01 행복한 삶을 위한 조건 정답 ③

㉠에 들어갈 내용은 '행복한 삶을 실현하기 위한 조건'이다. 행복한 삶을 위해서는 질 높은 정주 환경의 조성, 삶의 질을 유지하기 위한 경제적 안정, 시민 참여를 통한 민주주의 발전, 도덕적 실천이 필요하다.

02 경제적 안정의 중요성   정답 ②

② 제시된 가상 편지에는 백성들에게 있어 경제적 안정이 도덕적 삶의 전제 조건임을 강조하는 맹자의 입장이 나타나 있다.

❗ 오답 피하기

① 가상 편지는 인간과 자연의 조화로운 관계를 강조하고 있지 않다. ③ 가상 편지는 죄를 지은 백성을 법으로 처벌하는 것보다 백성이 죄를 짓지 않도록 생계를 보장해 주는 것이 우선되어야 한다는 입장이다. ④ 가상 편지는 일정한 도덕심을 유지해야 생계를 보장받게 된다는 것이 아니라, 백성의 경우 생계가 안정적으로 보장되어야 일정한 도덕심을 유지할 수 있다고 보고 있다. ⑤ 가상 편지는 도덕적 수양이 잘 되어 있는 선비는 경제적으로 안정되지 않아도 도덕심을 유지할 수 있다고 보고 있다.

03 민주주의 발전과 행복   정답 ②

ㄱ. 민주주의는 국가적 의사 결정이 주권자인 국민의 행복에 기여하는 방향으로 이루어져야 한다는 것을 핵심으로 하는 정치사상이다. 따라서 민주주의의 수준이 높을수록 행복 지수는 상승한다. ㄷ. 정치 참여는 민주주의의 근간일 뿐만 아니라 국민의 행복을 결정짓는 핵심적 역할을 한다.

❗ 오답 피하기

ㄴ. 제시문은 경제적 소득과 행복감의 관계에 대해 언급하고 있지 않다. ㄹ. 제시문은 정치 참여가 민주주의의 발전과 행복에 영향을 미친다는 점을 강조하고 있다.

04 도덕적 성찰과 도덕적 실천   정답 ④

제시문에 나타난 역사적 사실은 개인적으로는 선량하고 성실한 사람일지라도 반성적 사유가 결여된 채 행동한다면 끔찍한 범죄에 가담할 수 있음을 보여준다. ④ 옳고 그름을 성찰해 보지 않고 무비판적으로 행위한다면 자신은 물론 타인과 공동체에 큰 고통과 불행을 가져다 줄 수 있다.

❗ 오답 피하기

① 자신에게 부여된 임무가 보편적 도덕에 어긋난다면 정의와 양심에 따라 이를 거부할 수 있어야 한다. ② 자신이 속한 국가가 불의를 행할 수도 있음을 비판적으로 성찰할 수 있어야 한다. ③ 제시문은 개인들의 삶의 목적 설정 기준으로 이익과 효율성을 제시하고 있지 않다. ⑤ 제시문은 공직자가 양심에 따른 성찰 없이 상부의 지시만을 맹목적으로 수행한 사례에 대해 비판하고 있다.

05 질 높은 정주 환경 조성을 위한 노력   정답 ④

정주 환경이란 사람이 자리를 잡고 살아가는 환경을 의미한다. ④ 대규모 공업 단지나 유해물 처리 시설이 입지하게 되면 오히려 대기 오염, 환경 파괴 등의 피해를 입을 수 있으므로 질 높은 정주 환경의 조성을 위해 필요한 것으로 볼 수 없다.

❗ 오답 피하기

①, ②, ③, ⑤ 모두 국민들의 편리하고 쾌적하며 살기 좋은 정주 환경 조성을 위해 필요한 요인에 해당한다.

06 경제적 안정과 행복의 관계   정답 ④

④ 그림의 강연자는 의식주의 안정적 보장을 위한 기본적인 소득은 행복한 삶을 위해 필수적이지만, 경제적 요인만으로는 행복한 삶이 실현되지 않는다고 보고 타인과 함께 나눔에서 오는 정신적 만족을 추구할 것을 강조하고 있다.

❗ 오답 피하기

① 강연자는 물질적 풍요가 일정 수준에 도달하면 행복은 더는 증진되지 않는다고 보고 있다. ② 강연자는 소득과 행복한 삶이 반비례 관계에 있다고 주장하고 있지 않다. ③ 강연자는 물질적 소유를 통한 행복에는 한계가 있다는 입장이다. ⑤ 기본적인 욕구의 충족은 행복의 실현에 필수적인 요소이지만, 기본적인 욕구가 충족된다고 해서 누구나 행복을 누리게 되는 것은 아니다.

07 행복한 삶을 위해 필요한 조건   정답 ③

③ 민주주의가 발전하기 위해서는 시민 참여를 제한하는 것이 아니라 시민 참여가 활성화되도록 해야 한다.

❗ 오답 피하기

① 기본적인 인간 생활을 영위하기 위해서는 일정 수준의 소득을 얻을 수 있는 경제적 안정이 필요하다. ② 도덕적 실천을 하려면 도덕적 행위를 실천으로 옮겨 선하게 살고자 하는 의지가 있어야 한다. ④ 질 높은 정주 환경이란 안심, 쾌적, 편리 등의 단어로 설명할 수 있는 삶의 조건을 말한다. ⑤ (가)~(라)는 모두 행복한 삶을 실현하기 위한 조건에 해당한다.

08 행복한 삶을 실현하기 위한 조건   정답 ④

④ 민주 사회에서 살아가는 사람은 권위주의 사회에서 살아가는 사람들에 비해 더 많은 참정권을 보장받을 뿐만 아니라 실제로도 그 권리를 행사할 수 있다.

09 행복한 삶의 조건   정답 ②

행복한 삶의 조건으로 질 높은 정주 환경, 경제적 안정, 민주주의 발전, 도덕적 실천 등을 들 수 있다. ② (가), (나) 모두 행복한 삶의 조건 중 질 높은 정주 환경을 중시하는 내용이다.

❗ 오답 피하기

① 사회적 지위, ③ 삶의 질을 유지할 수 있는 경제 규모, ④ 도덕적 행위의 실천, ⑤ 민주주의 사회 실현은 모두 제시된 (가), (나)에 직접적으로 언급되어 있지 않다.

10 행복한 삶을 실현하기 위한 조건   정답 ⑤

제시된 신문 칼럼에는 A국의 행복 지수가 높은 이유를 제시하고 있다. ⑤ A국은 질병·실업 등의 위험을 사회가 함께 책임지는 다양한 복지 정책을 실시하고 있다.

❗ 오답 피하기

①, ②, ③, ④는 모두 신문 칼럼에서 A국의 행복 지수가 높은 이유로 제시하고 있는 조건들이다.

11 도덕적 성찰과 행복   정답 ③

제시된 대화의 스승은 소크라테스이다. ㄴ, ㄷ. 소크라테스는 참된 앎과 행복에 이르기 위해 무지를 자각해야 한다고 보았고, 성찰을 통해 영혼을 수련할 것을 강조하였다.

❗ 오답 피하기

ㄱ. 소크라테스는 덕이 무엇인지 알아야만 행복에 이를 수 있다고 보았다. ㄹ. 소크라테스는 부와 명예 등의 세속적 가치보다 정신적 가치를 추구해야 한다고 보았다.

12 행복한 삶의 실현 조건   정답 ④

ㄱ. 경제적 안정을 위한 구체적 노력으로는 고용 안정과 다양한 복지 제도 확충, 경제적 불평등 해소 등이 적절하다. ㄴ. 도덕적 실천은 도덕적 성찰을 전제로 하며, 타인의 입장이나 처지에서 생각해보는 마음가짐이 필요하다. ㄹ. 학교와 병원의 설립 및 확충, 도심 내 녹지 공간의 확대는 질 높은 정주 환경의 조성을 위한 구체적 노력으로 적절하다.

❗ 오답 피하기

ㄷ. 권위주의적 문화나 시민의 정치적 무관심은 민주주의 발전을 저해하는 요인이다.

Ⅲ 자연환경과 인간

01 자연환경과 인간 생활

시험 대비하기

본문 ○ 151~153쪽

01 ④	02 ④	03 ①	04 ①	05 ④	06 ③
07 ④	08 ③	09 ⑤	10 ④	11 ①	12 ⑤
13 ④					

---

01 세계의 기후 구분   정답 ④

(가)~(다)는 각각 건조, 냉대, 열대 기후 중 하나이다. 적도와 그 주변에 분포하는 (가)는 열대 기후이고, 열대 기후보다 약간 위도가 높은 지역에 분포하며 사하라 사막, 고비 사막 등이 위치해 있는 (나)는 건조 기후이다. 고위도 지역에 분포하는 (다)는 냉대 기후이다.

---

02 세계의 주요 기후 지역   정답 ④

ㄴ. 건조 기후는 연 강수량보다 연 증발량이 많아 건조하다. ㄹ. 냉대 기후는 열대 기후보다 고위도에 위치하여 연평균 기온이 낮다.

> **! 오답 피하기**
> ㄱ. '타이가'라 불리는 침엽수림은 냉대 기후 지역에서 나타난다. ㄷ. 개방적 구조의 고상 가옥은 열대 기후 지역에서 발달해 있다.

---

03 사막 기후 지역   정답 ①

강수량보다 증발량이 많아 물이 부족하고 주민들이 온몸을 감싸는 형태의 헐렁한 옷을 입는 이 지역은 건조 기후 지역 중 사막 기후 지역에 해당한다. ① 사막 기후 지역의 오아시스 주변에서는 대추야자를 재배한다.

> **! 오답 피하기**
> ② 한대 기후 지역에 대한 설명이다. ③ 온대 계절풍(몬순) 기후 지역과 열대 계절풍(몬순) 기후 지역에 대한 설명이다. ④ 냉대 기후 지역에 대한 설명이다. ⑤ 열대 기후 지역에 대한 설명이다.

---

04 세계의 주요 기후 지역   정답 ①

(가)는 순록을 유목하고 이동식 천막에서 생활하므로 한대 기후 지역이다. (나)는 개방적 구조의 고상 가옥에서 생활하므로 열대 기후 지역이다. (다)는 대추야자를 재배하고 지붕이 평평한 흙집에서 생활하므로 건조 기후 지역이다. ① 한대 기후 지역은 고위도에 위치하고, 열대 기후 지역은 적도와 주변의 저위도에 위치한다. 따라서 한대 기후 지역은 열대 기후 지역보다 고위도에 위치한다.

> **! 오답 피하기**
> ② 건조 기후 지역은 열대 기후 지역보다 연 강수량이 적다. ③ 연 강수량이 매우 적은 건조 기후 지역과 연 평균 기온이 매우 낮은 한대 기후 지역은 나무가 자랄 수 없다. ④ 한대 기후 지역은 너무 춥고, 건조 기후 지역은 너무 건조하여 벼농사가 어렵다. ⑤ (가)는 한대 기후 지역, (나)는 열대 기후 지역, (다)는 건조 기후 지역이다.

---

05 독특한 지형이 발달한 지역   정답 ④

④ 중국 구이린에서 볼 수 있는 탑 카르스트(㉠)는 석회암이 빗물, 지하수 등에 의해 용식 작용을 받아 형성된 지형이다. 노르웨이 송네 피오르(㉡)에서 볼 수 있는 U자곡은 빙하의 침식 작용으로 형성된 지형이다.

---

06 열대 우림 기후 지역   정답 ③

1월과 8월 평균 기온이 모두 18℃를 넘어 덥고 상록 활엽수림이 다층의 숲을 이루고 있는 (가)는 열대 우림 기후 지역이다. ③ 제시된 지역 중 열대 우림 기후가 나타나는 지역은 C(하와이)이다.

> **! 오답 피하기**
> ① A는 레이캬비크로 위도가 높지만 북대서양 난류의 영향을 받아 온대 기후가 나타난다. ② B는 하바롭스크로 냉대 기후가 나타난다. ④ D는 퍼스로 온대 기후 중 지중해성 기후가 나타난다. ⑤ E는 라파스로 안데스산맥의 고산 지대에 위치하여 열대 고산 기후가 나타난다.

---

07 지중해성 기후 지역   정답 ④

지중해 연안의 그리스에 위치, 하얗게 회칠이 되어 있는 가옥, 건조한 여름 날씨, 상대적으로 비가 많이 오는 겨울 등의 내용을 통해 (가)는 지중해성 기후 지역임을 알 수 있다. ④ 지중해성 기후 지역에서는 건조한 여름 기후를 이용하여 오렌지, 올리브 등을 재배하는 수목 농업이 발달해 있다.

> **! 오답 피하기**
> ① 건조 기후 지역 중 사막 기후 지역에 대한 설명이다. ② 건조 기후 지역 중 스텝 기후 지역에 대한 설명이다. ③ 한대 기후 지역에 대한 설명이다. ⑤ 열대 우림 기후 지역에 대한 설명이다.

---

08 냉대 기후 지역   정답 ③

사계절이 뚜렷하지만 겨울이 길고 추운 편이며 '타이가'라 불리는 삼림 지대가 넓게 나타나는 (가)는 냉대 기후 지역이다. ③ 냉대 기후 지역에서는 침엽수를 활용한 통나무집을 쉽게 볼 수 있다.

> **! 오답 피하기**
> ① 한대 기후 지역 중 극지방 부근의 빙설 기후 지역에 대한 설명이다. ② 나시고렝은 열대 기후가 나타나는 인도네시아의 전통 음식이다. ④ 건조 기후 지역에 대한 설명이다. ⑤ 건조 기후 지역 중 사막 기후 지역에 대한 설명이다.

---

09 탑 카르스트   정답 ⑤

제시된 글은 베트남 할롱 베이에서 볼 수 있는 탑 카르스트와 관련된 내용이다. ⑤ 베트남 할롱 베이에서 볼 수 있는 탑 카르스트는 기반암인 석회암이 빗물 등에 의해 용식 작용을 받아 형성되었다.

---

10 세계의 관광 자원   정답 ④

지도의 A는 아이슬란드, B는 몽골, C는 볼리비아이다. ④ 고산 도시를 가볼 수 있는 (가)는 안데스산맥 일대에 위치한 C(볼리비아)이다. 간헐천 관광, 백야 현상 체험, 노천 온천 목욕 등을 할 수 있는 (나)는 대서양 중앙 해령상에 위치하여 화산 활동이 활발한 A(아이슬란드)이다. 말타기 체험을 하고 양과 염소 고기로 만든 전통 요리를 맛볼 수 있는 (다)는 스텝 기후가 넓게 나타나는 B(몽골)이다.

11 주요 자연재해   정답 ①

'불의 고리'라고 불리는 환태평양 조산대에 위치한 타이완은 ㉠으로 인해 수많은 사상자가 발생하였으므로 ㉠은 지진이다. 인도 뉴델리의 낮 기온이 52.3℃를 기록하면서 발생한 ㉢은 폭염이다. 에콰도르에서 ㉣로 인해 수력 발전을 하지 못해 전력난을 겪게 되었으므로 ㉣은 가뭄이다. ㄱ. 지진은 지각이 불안정한 판의 경계부에서 발생 빈도가 높다. ㄴ. 안전권은 안전하고 쾌적한 환경에서 살아갈 권리를 의미한다.

> ❗ **오답 피하기**

ㄷ. 열대 저기압은 태풍이며, 태풍이 통과할 때는 강한 바람과 많은 비를 동반하여 풍수해가 발생한다. ㄹ. 가뭄은 오랜 기간 비가 내리지 않는 자연재해를 말하므로 가뭄으로 인해 침수 피해가 발생한다고 볼 수 없다.

12 지진   정답 ⑤

발생 시에 선반을 고정하고 문을 열어서 출구를 확보하며, 떨어지는 물체가 많아 소지품으로 머리를 보호해야 하는 자연재해는 지진이다. ⑤ 지진은 내진 설계 기준을 강화함으로써 피해를 줄일 수 있다.

> ❗ **오답 피하기**

① 태풍에 대한 설명이다. ② 대설에 대한 설명이다. ③ 폭염에 대한 설명이다. ④ 가뭄에 대한 설명이다.

13 태풍과 황사   정답 ④

주요 발생 시기가 7~9월이고 남에서 북으로 우리나라를 관통하면서 피해를 주는 (가)는 태풍이다. 주요 발생 시기가 3~4월이고 중국 내륙의 건조 기후 지역에서 발원하여 편서풍을 타고 우리나라로 이동하는 (나)는 황사이다. ㄴ. 태풍은 강한 바람과 많은 비(폭우)를 동반하여 풍수해를 유발한다. ㄹ. 황사로 인해 대기 중 미세 먼지 농도가 상승하면 호흡기 질환과 같은 신체적 피해가 발생한다.

> ❗ **오답 피하기**

ㄱ. 태풍은 기후적 요인에 의해 발생하는 자연재해이다. ㄷ. 태풍에 대한 설명이다.

02   인간과 자연의 관계

시험 대비하기   본문 ◦ 155~157쪽

01 ④	02 ③	03 ②	04 ④	05 ④	06 ④
07 ④	08 ②	09 ⑤	10 ②	11 ②	12 ①

01 인간 중심주의 입장   정답 ④

제시문에 나타나 있는 자연관은 인간 중심주의이다. ④ 인간 중심주의에서는 자연과 인간을 분리하여 구분하는 이분법적 세계관을 강조한다.

> ❗ **오답 피하기**

① 인간 중심주의는 인간이 자연보다 우월한 존재라고 본다. ②, ⑤ 생태

중심주의 입장에 해당한다. ③ 인간 중심주의는 인간과 자연의 관계에서 인간의 이익을 최우선시한다.

02 인간 중심주의 입장에서 자연 보호의 필요성   정답 ③

(가)는 자연 그 자체는 가치를 지니지 않으며, 오직 인간의 이익을 위한 수단적 가치만을 지니고 있다고 보는 인간 중심주의 입장이다. ③ 인간 중심주의 입장에서는 인간의 장기적 이익을 위해 자연을 보호할 필요가 있음을 인정한다.

> ❗ **오답 피하기**

①, ⑤ 생태 중심주의 입장이다. ②, ④ 인간 중심주의에서는 인간을 자연보다 우월한 존재로 보며, 자연은 오직 인간의 이익을 위한 수단에 불과하다고 본다.

03 생태 중심주의 자연관   정답 ②

제시문은 인간 중심주의 자연관과 대조되는 생태 중심주의 자연관에 대한 내용이다. 첫째 진술과 셋째 진술. 생태 중심주의 자연관은 생태계 전체를 하나의 유기체로 보고 인간을 자연의 일부로 여긴다.

> ❗ **오답 피하기**

둘째 진술과 넷째 진술. 인간 중심주의 입장에 해당한다. 인간 중심주의 자연관은 인간과 자연을 이분법적으로 보고, 인간을 자연보다 우월한 존재로 여기며, 자연을 인간을 위한 도구적 대상으로만 본다.

04 레오폴드의 생태 중심주의   정답 ④

제시문은 레오폴드의 생태 중심주의 입장이다. ㄴ, ㄹ. 생태 중심주의는 인간과 자연의 상호 의존성을 강조하여 인간은 생명 공동체의 평범한 구성원으로서 생명 공동체의 안정과 균형에 기여해야 하며, 자연은 인간의 이익과 무관하게 가치를 지닌다고 본다.

> ❗ **오답 피하기**

ㄱ, ㄷ. 인간 중심주의 입장에 해당한다. 생태 중심주의에서는 인간은 자연으로부터 분리된 존재가 아니며, 자연의 어떠한 존재도 인간을 위한 도구로만 간주해서는 안 된다고 본다.

05 생태 중심주의 입장에서 제시할 조언 파악   정답 ④

갑의 입장은 생태 중심주의이다. ④ 자연 그 자체가 지닌 본래적 가치를 중시하고 생태계 전체의 조화와 균형, 안정을 중시하는 생태 중심주의 입장에서는 〈문제 상황〉 속 A씨에게 밤나무를 모두 베어버릴 경우 다람쥐들이 더 이상 생존할 수가 없으며, 이것이 전체 생태계에 끼칠 부작용을 신중히 고려해야 한다고 조언할 수 있다.

06 생태 중심주의와 인간 중심주의   정답 ④

갑은 생태 중심주의 입장, 을은 인간 중심주의 입장을 지니고 있다. ④ 인간 중심주의는 인간의 편리함과 행복이라는 인간의 이익을 위해서는 얼마든지 자연을 수단으로 활용할 수 있다고 본다.

> ❗ **오답 피하기**

① 생태 중심주의는 자연 자체의 내재적 가치를 존중하여 자연을 보호해야 한다고 본다. ② 인간 중심주의 입장에 해당한다. ③ 인간 중심주의에서는 인간이 자연보다 우월한 가치를 지닌다고 본다. ⑤ 생태 중심주의는 인간의 이익보다 자연 전체의 보전과 안정을 중시한다.

07 생태 중심주의와 인간 중심주의   정답 ④

갑은 생태 중심주의 사상가인 레오폴드, 을은 인간 중심주의 사상가인 베

이컨이다. ㄴ. 레오폴드는 긍정, 베이컨은 부정의 대답을 할 질문이다. 레오폴드는 인간의 유용성과 무관하게 생태계는 그 자체로 도덕적 존중의 대상이라고 본다. 반면 베이컨은 자연 생태계를 도덕적 존중의 대상으로 보지 않았다. ㄹ. 베이컨이 긍정의 대답을 할 질문이다. 베이컨은 과학적 지식을 통해 자연을 지배하고 이용해야 한다고 보았다.

> ! 오답 피하기

ㄱ. 레오폴드가 부정의 대답을 할 질문이다. 생태 중심주의는 인간을 자연의 다른 존재와 동등한 구성원이라고 본다. ㄷ. 베이컨이 부정의 대답을 할 질문이다. 인간 중심주의는 오직 인간만이 도덕적 존중의 대상이 될 수 있다고 본다.

08 불교의 자연관   정답 ②

제시문은 불교의 입장이다. '중생'이란 불교에서 살아 있는 모든 생명체를 의미한다. ② 불교에서는 자연 만물이 상호 의존적으로 연결되어 있다는 연기설을 강조한다.

> ! 오답 피하기

① 불교에서는 이 세상의 어떤 것도 독립하여 개별적으로 존재할 수 없다고 본다. ③, ④, ⑤ 서양의 인간 중심주의 입장에 해당한다.

09 인간과 자연의 바람직한 관계   정답 ⑤

○○산을 관통하는 고속철도를 건설하면 ○○산 계곡에 서식 중인 도롱뇽이 더는 살 수 없게 된다고 보아 공사에 반대하는 사람들의 입장에서는 현세대뿐만 아니라 미래 세대에게도 이익이 되므로 고속철도 건설 공사에 찬성하는 사람들에 대해 '인간의 이익만을 위해 야생 동물의 삶의 터전을 파괴해서는 안 된다'고 비판할 수 있다.

> ! 오답 피하기

① ㉡은 현세대뿐만 아니라 미래 세대의 이익도 고려하고 있다. ② ㉠은 경제 성장 등을 이유로 환경을 함부로 파괴하는 것은 옳지 않다는 입장이다. ③, ④ ㉠의 입장에서 ㉡에 대해 제시할 수 있는 비판으로 적절하지 않다.

10 도가의 자연관   정답 ②

제시문은 도가 사상가인 노자의 주장이다. ㄱ. 도가에서는 인위적인 규범에서 벗어나 자연의 순리에 따라 소박한 삶을 살 것을 강조한다. ㄷ. 도가에서는 자연 만물이 저마다 자연스런 본성을 타고났다고 보고, 자연적 본성을 거스르지 않는 삶을 살 것을 강조한다.

> ! 오답 피하기

ㄴ. 도가에서는 자연을 본받고 도를 따르는 삶을 살아야 한다고 본다. ㄹ. 도가에서는 일체의 인위적 개입 없이 무위한 도에 따라 살아야 한다고 본다.

11 케이블카 설치에 대한 찬반 입장   정답 ②

○○산에 케이블카를 설치하는 문제에 대해 갑은 생태 중심주의 관점에서 반대하는 입장, 을은 인간 중심주의 관점에서 찬성하는 입장이다. ② 갑은 인간 중심주의 입장이 아닌 생태 중심주의 입장에서 자연의 가치를 판단해야 한다고 본다.

> ! 오답 피하기

① 갑은 인간에게는 자연을 파괴하거나 지배할 권리가 없다고 본다. ③ 을은 인간이 자연을 이용하여 경제적 이익을 도모하는 것은 정당하다고 본다. ④ 을은 케이블카를 설치하면 관광객이 증가할 것임을 강조하고 있다. ⑤ 갑과 을은 모두 케이블카 설치로 인해 자연환경이 훼손될 가능성이 있음을 인정하고 있다.

12 동양의 자연관의 특징   정답 ①

(가)는 유교, (나)는 불교, (다)는 도가 사상의 입장이다. ① 유교, 불교, 도가 등 전통적인 동양 사상에서는 공통적으로 인간과 자연이 공존하면서 조화를 이루어야 함을 강조한다.

> ! 오답 피하기

②, ⑤ 인간 중심주의 입장에 해당한다. ③ 서양의 그리스도교적 자연관이다. ④ 도가 사상에서는 자연적 본성을 잃지 않도록 잘 지켜야 한다고 보았으며, 도덕성을 추구해야 한다고 보지 않았다.

03   환경 문제 해결을 위한 노력

시험 대비하기   본문 ○ 159~161쪽

01 ②	02 ①	03 ④	04 ⑤	05 ⑤	06 ④
07 ④	08 ③	09 ②	10 ②	11 ③	12 ①

01 열대림 파괴와 지구 온난화   정답 ②

④ 아마존 분지에서 삼림 면적의 감소와 관련 깊은 환경 문제인 (가)는 열대림 파괴이다. (나)로 인해 안데스산맥에서 고산 식물 서식지가 해발 고도가 더 높은 곳으로 이동하였으므로 (나)는 지구 온난화이다.

02 지구 온난화   정답 ①

이탈리아 항구 도시 베네치아가 (가)로 인한 해수면 상승으로 홍수 위험에 노출되었고, 오스트레일리아의 대보초 해안의 산호초가 (가)로 인한 수온 상승으로 백화 현상이 발생하여 사라지고 있다. 따라서 (가)는 지구 온난화이다. ① 지구 온난화가 심화되면 겨울이 짧아지고 봄이 일찍 시작되면서 봄꽃의 개화 시기가 빨라질 것이다.

> ! 오답 피하기

② 지구 온난화로 평균 기온이 상승하면 서리가 내리는 날이 감소할 것이다. ③ 지구 온난화로 평균 기온이 상승하면 냉대림의 분포 면적이 좁아질 것이다. ④ 지구 온난화로 평균 기온이 상승하면 여름이 길어지고 겨울이 짧아질 것이다. ⑤ 지구 온난화로 평균 기온이 상승하면 말라리아, 뎅기열과 같은 열대성 질병의 발병률이 증가할 것이다.

03 지구 온난화   정답 ④

ㄴ. 산업화와 인구 증가로 인해 화석 에너지의 사용량이 크게 증가하였다. ㄹ. 지구 온난화로 인한 기후변화에 대응하기 위한 정부 정책의 사례로 온실가스 배출권 거래 제도를 들 수 있다.

> ! 오답 피하기

ㄱ. 지구 온난화의 영향으로 겨울이 짧아지고 봄이 일찍 시작되면서 봄꽃의 개화 시기가 빨라질 것이다. ㄷ. 파리 기후변화 협약은 선진국은 물론 개발도상국에도 온실가스 감축 의무를 부여하였다.

04 환경 문제 해결을 위한 기업의 노력   정답 ⑤

(가)에서 A 기업은 온실가스 감축 목표 달성을 위한 중장기 전략을 공개하였으며, (나)에서 B 기업은 해양 폐기물을 자사 제품의 부품 소재로 재활용하고 있다. ⑤ (가), (나)는 친환경적인 생산을 통해 환경 보호에 기여하고 있는 기업의 사례에 해당한다.

05 환경 문제 해결을 위한 노력   정답 ⑤

환경 보호를 위한 제도와 정책을 마련하여 시행하고 있는 (가)는 정부이다. 생산 활동의 주체로서 청정 기술 개발을 위해 노력하고 있는 (나)는 기업이다. 환경 문제를 사회적으로 쟁점화하고, 시민의 참여와 관심을 촉구하고 있는 (다)는 시민단체이다. ⑤ 시민단체는 정부의 활동을 감시하고 비판하는 역할을 수행한다.

❗ 오답 피하기

① (가)는 정부이다. ② 환경 문제 해결을 위한 국제 조약 체결의 주체는 국가를 대표하는 정부이다. ③ 이윤 추구를 목적으로 친환경 상품 생산에 힘쓰는 주체는 기업이다. ④ 환경 관련 법을 제정하는 주체는 정부이다.

06 지구 온난화로 인한 변화   정답 ④

제시된 자료를 보면 1985년 3월에 비해 2021년 3월에 북극해의 빙하 분포 면적이 크게 감소한 것을 알 수 있으며, 이는 지구 온난화로 인한 북극해 일대의 기온 상승이 원인이다. ④ 지구 온난화가 심화될 경우 해수면이 상승하여 남태평양 해안 저지대의 침수 위험이 증가하게 된다.

❗ 오답 피하기

① 지구 온난화로 북극해에 빙하 녹은 물(담수)이 더 많이 유입되면 북극해의 해수 염도가 낮아질 것이다. ② 지구 온난화로 동아시아의 평균 기온이 상승하면 겨울철 지속 기간이 짧아질 것이다. ③ 지구 온난화로 한반도의 평균 기온이 상승하면 냉대림인 침엽수림의 분포 면적이 축소될 것이다. ⑤ 지구 온난화로 알프스산맥 고산 지대의 평균 기온이 상승하면 알프스산맥에 분포하는 만년설의 범위가 축소될 것이다.

07 열대림 파괴와 사막화   정답 ④

적도 부근의 인도네시아 일대에서 주로 발생하는 (가)는 열대림 파괴이고, 오스트레일리아 내륙의 스텝 기후 지역에서 주로 발생하는 (나)는 사막화이다. ㄴ. 사막화의 주요 발생 원인으로 과도한 방목으로 인한 토양 황폐화를 들 수 있다. ㄹ. 열대림 파괴와 사막화 모두 삼림(식생) 파괴로 인한 토양 침식을 유발한다.

❗ 오답 피하기

ㄱ. 람사르 협약은 습지 보호를 위해 체결한 환경 협약이다. ㄷ. 사헬 지대는 사막화의 사례 지역이고, 아마존강 유역은 열대림 파괴의 사례 지역이다.

08 해양 쓰레기 섬과 사막화   정답 ③

ㄴ. 태평양의 쓰레기 섬은 대부분 분해되지 않는 플라스틱, 비닐로 구성되어 있다. ㄷ. 사막화의 원인으로 지속적인 가뭄을 들 수 있다.

❗ 오답 피하기

ㄱ. 몬트리올 의정서는 오존층 파괴의 원인 물질인 염화 플루오린화 탄소(CFCs)의 사용을 규제하기 위해 체결한 환경 협약이다. ㄹ. 몽골의 초원에서는 건조 기후에 속하는 스텝 기후가 나타난다.

09 오존층 파괴와 지구 온난화   정답 ②

② 오존 홀(hole)은 적도 부근의 상공보다 남극의 상공에서 크게 발생하고 있다.

❗ 오답 피하기

① 오존층 파괴 물질에는 염화 플루오린화 탄소(CFCs)가 대표적이다. ③ 국제 사회는 오존층 파괴 문제의 해결을 위해 원인 물질인 염화 플루오린화 탄소(CFCs)의 사용 규제를 명시한 몬트리올 의정서를 체결하였다. ④ 일본의 폭우, 시베리아의 고온 현상을 유발한 환경 문제인 ㉣은 지구 온난화이다. 지구 온난화의 주요 원인으로 화석 연료의 사용량 증가를 들

수 있다. ⑤ 지구 온난화가 심화되어 시베리아의 평균 기온이 상승하면 냉대림의 면적이 축소된다.

10 산성비   정답 ②

인구와 산업이 밀집되어 있는 북서 유럽, 동아시아 일대, 미국의 북동부에서 주로 발생하고 있는 (가)는 산성비이다. ② 산성비는 건축물 부식, 호수 산성화 등의 피해를 유발한다.

❗ 오답 피하기

① 산성비는 원인 물질인 질소 산화물과 황산화물의 배출 지역과 피해 지역이 일치하지 않아 국가 간 갈등을 유발하기도 한다. ③ 보르네오 섬 일대는 열대림 파괴의 사례 지역으로 제시된다. ④ 파리 기후변화 협약은 지구 온난화의 해결을 위해 국제 사회가 체결한 환경 협약이다. ⑤ 이산화탄소, 메테인은 지구 온난화를 유발하는 원인 물질이다.

11 오존층 파괴와 사막화   정답 ③

성층권의 ○○ 농도가 감소하는 현상으로 남극 상공에 ○○ 홀(hole)을 발생시키기도 하는 (가)는 오존층 파괴이다. 주로 스텝 기후 지역에서 계속되는 가뭄 및 인간 활동 등으로 인해 토양이 황폐화되는 현상인 (나)는 사막화이다. ③ 오존층 파괴로 인해 자외선 투과량이 증가하면 식물 성장을 방해하게 된다. 사막화로 인해 토양이 황폐화되면 식물 성장을 방해하게 된다. 따라서 오존층 파괴와 사막화는 모두 식물 성장을 방해한다.

❗ 오답 피하기

① 질소 산화물과 황산화물은 산성비의 주요 원인 물질이다. ② 오존층 파괴에 대한 설명이다. ④ ㉠은 오존층 파괴 문제의 해결을 위해 체결한 환경 협약에 해당한다. 따라서 ㉠은 몬트리올 의정서이다. ⑤ ㉡은 사막화를 해결하기 위해 체결한 환경 협약에 해당하며, 사막화 방지 협약이다. 사막화 방지 협약은 프랑스의 파리에서 체결되었다.

12 지구 온난화와 사막화   정답 ①

국제 사회는 (가)의 해결을 위해 교토 의정서와 파리 기후변화 협약을 체결하였으므로 (가)는 지구 온난화이다. 녹색 장벽 프로젝트는 아프리카의 사헬 지대에서 심각하게 발생하고 있는 (나)를 해결하기 위해 거대한 숲을 조성하려는 계획이므로 (나)는 사막화이다. ① 지구 온난화가 심화되어 고위도 지역과 고지대의 평균 기온이 상승하게 되면 영구 동토층의 분포 범위가 축소된다.

❗ 오답 피하기

② 피부암, 백내장의 발병률 증가는 오존층 파괴로 인한 피해에 해당한다. ③ 온실가스 배출권 거래 제도는 교토 의정서를 체결하면서 도입된 제도이다. ④ 선진국과 개발도상국 모두에게 온실가스 감축 의무를 부여한 환경 협약은 파리 기후변화 협약이다. ⑤ 아프리카의 사헬 지대는 스텝 기후 지역이므로 강수량이 적어 상록 활엽수로 이루어진 다층의 숲이 울창하게 형성되어 있다고 볼 수 없다.

01 　다양한 문화권과 삶의 방식

시험 대비하기

본문 ○ 163 ~ 165쪽

01 ④	02 ④	03 ①	04 ⑤	05 ②	06 ②
07 ⑤	08 ③	09 ⑤	10 ③	11 ⑤	12 ①

01 　세계의 다양한 문화권　　　　　정답 ④

지도의 A는 북극 문화권, B는 유럽 문화권, C는 건조 문화권, D는 아프리카 문화권, E는 남부 아시아 문화권, F는 동남아시아 문화권, G는 동아시아 문화권, H는 오세아니아 문화권이다. ④ 동남아시아와 남부 아시아는 다양한 종교가 혼재되어 있다. 동남아시아 중 인도차이나반도는 불교, 인도네시아와 말레이시아는 이슬람교, 필리핀은 크리스트교가 우세한다. 남부 아시아에서 인구가 가장 많은 인도는 힌두교, 파키스탄과 방글라데시는 이슬람교, 스리랑카는 불교 신자 비율이 높다. 따라서 불교 신자 비율은 동남아시아가 남부 아시아보다 높다.

! 오답 피하기

① 북극 문화권에서는 라프족, 네네츠족, 이누이트족 등이 거주하면서 순록 유목, 어로 활동 등에 종사한다. ② 동아시아 문화권은 중국의 영향으로 유교와 불교문화가 발달했다. ③ 이동식 화전 농업은 열대 기후가 나타나는 아프리카 문화권의 전통 생활 방식이다. 건조 문화권에서는 유목과 오아시스 농업이 행해진다. ⑤ 오세아니아 문화권에서 가장 많이 사용되는 언어는 영어이다. 유럽 문화권에서는 영국과 아일랜드를 제외한 대부분 국가는 영어를 사용하지 않는다.

02 　종교와 종교 경관　　　　　정답 ④

다양한 신의 조각상이 새겨진 사원은 힌두교의 종교 경관이다. 힌두교를 신봉하는 대표적인 국가는 인도로 남부 아시아 문화권에 속해 있다. 유럽계에 의해 고대 문명이 파괴되었고, 혼혈의 비율이 높은 (나)는 라틴 아메리카 문화권이다.

03 　자연환경과 의식주 문화　　　　　정답 ①

① 냉대 기후 지역은 보온에 유리한 폐쇄적인 가옥 구조, 열대 기후 지역은 통풍에 유리한 개방적인 가옥 구조가 나타난다.

! 오답 피하기

② 플랜테이션은 선진국의 기술과 자본, 원주민의 노동력이 결합된 상업적 농업으로 주로 열대 기후 지역에서 이루어진다. ③ 벼는 많은 농업용수가 필요한 작물로 강수량이 풍부한 계절풍 기후 지역에서 주로 재배한다. 유목은 상대적으로 기후 조건이 불리해 농경이 곤란한 건조 기후 지역에서 주로 이루어진다. ④ 농경은 정착 생활, 유목은 이동 생활을 한다. 따라서 이동식 가옥은 유목 문화가 발달한 지역에서 주로 볼 수 있다. ⑤ 지붕 경사는 강수량에 대체로 비례한다. 강수량이 많은 열대 기후 지역은 급경사의 지붕이 나타나지만, 사막에서는 평평한 지붕이 나타난다.

04 　라틴 아메리카 문화권　　　　　정답 ⑤

지도의 A는 아이슬란드, B는 몽골, C는 오스트레일리아, D는 캐나다, E는 페루이다. ⑤ 제시된 자료에서 '쿠스코', '에스파냐인의 침입', '마추픽추' 등을 통해 고대 문명인 잉카 문명이 발달한 지역임을 알 수 있다. 잉

카 문명은 안데스 산지를 중심으로 발달한 고대 문명으로 대표적인 국가로는 페루가 있다.

05 　종교로 구분한 문화권　　　　　정답 ②

건조 문화권을 중심으로 분포하는 (가)는 이슬람교, 동아시아와 인도차이나반도를 중심으로 분포하는 (나)는 불교, 인도에 분포하는 (다)는 힌두교이다.

06 　건조 문화권　　　　　정답 ②

지도의 A는 유럽 문화권, B는 건조 문화권, C는 동아시아 문화권, D는 앵글로아메리카 문화권, E는 라틴 아메리카 문화권이다. ② 전자 우편에 포함된 '메카', '사원의 첨탑과 돔 형태의 지붕', '이슬람교', '사막', '대추야자' 등을 통해 해당 지역이 건조 문화권임을 알 수 있다.

07 　라틴 아메리카 문화권　　　　　정답 ⑤

지도의 A는 유럽 문화권, B는 건조 문화권, C는 남부 아시아와 동남아시아 문화권, D는 앵글로아메리카 문화권, E는 라틴 아메리카 문화권이다. ⑤ '검은 머리에 갈색 피부 원주민', '에스파냐 식민 지배', '가톨릭교', '삼바' 등을 통해 라틴 아메리카 문화권임을 알 수 있다.

08 　인도의 힌두교 문화　　　　　정답 ③

인도에서 주로 믿는 소를 신성시하는 종교는 힌두교이다. ③ 힌두교는 갠지스강을 신성하게 여겨 갠지스강에서 종교 의식으로 목욕한다.

! 오답 피하기

① 돼지고기를 금기시하여 먹지 않는 종교는 이슬람교이다. ② 매일 다섯 번씩 메카를 향해 기도하는 종교는 이슬람교이다. ④ 높은 첨탑이 있는 교회나 성당은 크리스트교의 종교 경관이다. ⑤ 사찰에서 승려 생활을 해야 하는 국가는 불교 국가인 타이가 대표적이다.

09 　남부 아시아와 동남아시아의 종교　　　　　정답 ⑤

지도의 A는 인도, B는 스리랑카, C는 캄보디아, D는 말레이시아, E는 필리핀이다. ⑤ 에스파냐 식민 지배의 영향으로 크리스트교 신자 비율이 높은 국가는 필리핀이다. 필리핀은 환태평양 조산대에 속해 지진 및 화산 활동 빈도가 높은 편이다.

! 오답 피하기

① 인도는 힌두교 신자 비율이 높다. ② 스리랑카는 불교 신자 비율이 높다. ③ 캄보디아는 불교 신자 비율이 높다. ④ 말레이시아는 이슬람교 신자 비율이 높다.

10 　동양 문화권의 종교 분포　　　　　정답 ③

돔형 지붕과 첨탑, 아라베스크 장식이 특징인 (가)는 이슬람교이다. 바라나시에 있는 갠지스강이 성지인 (나)는 힌두교이다. 윤회 사상을 중시하고 자비와 해탈을 강조하는 (다)는 불교이다. ③ 인도, 네팔 등에 신자가 많은 A는 힌두교인 (나)이다. 파키스탄, 방글라데시, 인도네시아 등에 신자가 많은 B는 이슬람교인 (가)이다. 중국, 타이, 미얀마 등에 신자가 많은 C는 불교인 (다)이다.

11 　이슬람교와 불교문화　　　　　정답 ⑤

석가모니의 가르침을 전하고 실천하는 (가)는 불교, 아프가니스탄 국민 대다수가 믿는 (나)는 이슬람교이다. ㄷ. 불교는 윤회 사상을 중시한다.

ㄹ. 건조 문화권에서는 이슬람교 신자 비율이 높다.

ㄱ. 메카로의 성지 순례를 종교적 의무로 여기는 종교는 이슬람교이다.
ㄴ. 십자가와 종탑은 크리스트교의 종교 경관이다.

12 남부 아시아와 동남아시아의 종교   정답 ①

① 스리랑카에서 신자 비율이 높은 (가)는 불교이다. 석가모니가 창시한 불교에서 수레바퀴는 윤회를 상징한다. 파키스탄에서 신자 비율이 높은 (나)는 이슬람교이다. 이슬람교에서 초승달은 진리를 상징한다. 포르투갈에서 신자 비율이 높은 (다)는 크리스트교이다. 구원을 의미하는 십자가는 대표적인 크리스트교의 상징물이다.

02   문화 변동과 전통문화

시험 대비하기   본문 ○ 167~169쪽

| 01 ⑤ | 02 ④ | 03 ① | 04 ② | 05 ④ | 06 ④ |
| 07 ② | 08 ② | 09 ④ | 10 ① | 11 ③ | 12 ① |

01 문화 변동의 요인   정답 ⑤

밑줄 친 '이것'은 문화 변동의 외재적 요인이다. ⑤ 교역이나 전쟁을 통한 문화 요소의 전파는 직접 전파이므로 이는 문화 변동의 외재적 요인의 사례에 해당한다.

① 발명과 발견은 문화 변동의 내재적 요인에 해당한다. ② 밑줄 친 '이것'은 문화 변동의 외재적 요인이다. ③ '지하자원의 발견'은 문화 변동의 내재적 요인 중 발견의 사례에 해당한다. ④ '대중 매체에 의한 문화 요소의 전파'는 간접 전파의 사례에 해당한다.

02 문화 전파   정답 ④

ㄴ, ㄹ. '바인 미'는 프랑스의 식민 지배를 받았던 베트남에 프랑스의 문화가 전파되면서 새로운 문화가 만들어진 사례에 해당한다. 즉, '바인 미'는 문화 전파를 통한 문화 변동의 사례에 해당한다.

ㄱ. '바인 미'는 서로 다른 문화가 만나 새로운 문화가 만들어진 사례이다.
ㄷ. 제시된 자료를 통해 알 수 없는 내용이다.

03 문화 변동의 양상   정답 ①

밀가루 반죽 위에 서양식 토핑이 올라간 이탈리아의 전통 피자가 우리나라로 유입되면서 쌀가루 반죽 위에 서양식 음식과 우리 전통 음식이 혼합된 한국식 피자로 변형되었다. 따라서 이는 문화 융합의 사례로 볼 수 있다. ① 문화 융합은 기존의 문화에 새로 전파된 문화가 상호 작용하면서 새로운 제3의 문화가 창출되는 현상을 의미한다.

② 문화 갈등은 서로 다른 문화 간의 충돌을 의미한다. ③ 문화 동화는 한 지역의 문화가 다른 지역의 문화로 흡수되거나 대체되는 현상을 말한다. ④ 문화 소멸은 특정 문화가 쇠퇴하면서 사라지는 현상을 의미한다. ⑤ 문화 획일화는 여러 지역에서 비슷한 문화가 나타나는 현상을 의미한다.

04 문화 변동의 요인과 양상   정답 ②

② 갑국에서는 기존에 존재하던 커피가 사람들에 의해 알려졌으므로 이는 발견에 해당한다. 을국에서는 커피 재배 기술이 개발되었으므로 이는 발명에 해당한다. 병국에서는 다른 여러 음료와 함께 커피가 공존하고 있으므로 이는 문화 병존에 해당한다. 정국에서는 우유와 커피가 결합하여 제3의 새로운 문화 요소인 '카페 라떼'가 만들어졌으므로 이는 문화 융합에 해당한다.

05 문화 전파   정답 ④

제시된 자료는 문화 전파를 통해 문화 변동이 나타난 사례를 보여 준다. 따라서 (가)에는 문화 전파를 통한 문화 변동의 사례가 들어가야 한다. ④ 멕시코의 과달루페에 있는 검은 머리, 갈색 피부의 성모상은 크리스트교가 라틴 아메리카로 전파되는 과정에서 성모상이 원주민 여성의 외모를 가진 모습으로 변화한 것이다. 따라서 이는 문화 전파를 통한 문화 변동의 사례에 해당한다.

① 문화 획일화의 사례에 해당한다. ③ 문화 갈등의 사례에 해당한다. ⑤ 문화 병존의 사례에 해당한다.

06 문화 변동의 양상   정답 ④

④ 인천 강화도 성공회 성당은 동양의 건축 양식과 서양의 건축 양식 및 종교 사상 간 문화 융합의 사례에 해당한다. 서울 대림동 중국 문화의 거리는 한국 문화와 중국 문화의 고유성이 나란히 존재하므로 문화 병존의 사례에 해당한다. 따라서 A는 문화 융합, B는 문화 병존이다.

07 문화 변동의 양상   정답 ②

② 문화 동화, 문화 병존, 문화 융합 중 기존 문화의 정체성을 상실하는 경우는 문화 동화이고, 새로운 문화 요소가 만들어지는 경우는 문화 융합이다. 따라서 A는 문화 융합, B는 문화 병존, C는 문화 동화이다.

08 문화 변동의 양상   정답 ②

기존 문화의 요소가 소멸되는 경우는 문화 동화이다. 문화 병존과 문화 융합 중 외래문화의 요소가 변형되지 않고 정착된 경우는 문화 병존이다. 따라서 A는 문화 동화, B는 문화 병존, C는 문화 융합이다. ② 우리나라에서 한의학과 별개로 서양 의학이 통용되는 것은 문화 병존의 사례에 해당한다.

① 문화 변동을 통해 새로운 문화 요소가 만들어지는 경우는 문화 융합이다. ③ 필리핀에서 타갈로그어와 영어가 모두 사용되는 것은 문화 병존의 사례에 해당한다. ④ 문화 융합은 전파된 문화 요소가 수용 지역의 문화 체계 안에서 그대로 정착하지 않고 변형된다. ⑤ 문화 동화, 문화 병존, 문화 융합은 모두 외재적 요인에 의해 나타나는 문화 변동이다.

09 문화 변동의 양상   정답 ④

문화 병존, 문화 동화, 문화 융합 중 제3의 문화 요소가 나타나는 경우는 문화 융합이고, 자기 문화의 정체성이 유지되는 경우는 문화 병존과 문화 융합이다. 따라서 A는 문화 병존, B는 문화 융합, C는 문화 동화이다. ④ 문화 동화와 달리 문화 병존, 문화 융합은 한 사회의 문화 다양성을 높이는 데 기여한다.

① 문화 병존, 문화 동화, 문화 융합은 모두 자발적인 문화 변동 과정에서

도 발생할 수 있다. ② 서로 다른 문화 요소가 온전히 존재하는 경우는 문화 병존이다. ③ 외래문화의 요소가 변형되지 않고 정착된 경우는 문화 병존과 문화 동화이다. ⑤ 미국에서 아프리카 음악과 유럽 음악의 요소가 결합하여 재즈가 등장한 것은 문화 융합의 사례에 해당한다.

10 전통문화의 계승   정답 ①

제시문의 외국 학자들이 티베트어의 가치를 알고 심도 있게 연구하고 있는 내용을 통해 티베트인이 모국어를 지키는 것이야말로 인류의 중요한 자산이며 보물을 지키는 것이라는 입장을 파악할 수 있다. ① 제시문은 문화의 세계화 과정에서 전통문화 요소의 가치를 바로 알고 전승시켜 나가는 것이 중요함을 보여 준다.

11 전통문화의 창조적 계승   정답 ③

③ 제시문에서 우리나라의 판소리를 오페라의 요소와 결합하여 재해석한 공연이 좋은 반응을 얻었음을 파악할 수 있다. 이는 전통문화를 창조적으로 재해석한 사례에 해당한다.

오답 피하기
①, ②, ④, ⑤ 제시된 자료와 관련이 없는 제목이다.

12 전통문화의 창조적 계승과 발전 방안   정답 ①

ㄱ. 외래문화 중 긍정적인 요소는 우리 사회의 특성에 맞게 수용하고, 일부 요소는 수용하지 않는 비판적인 모습이 필요하다. ㄴ. 전통문화를 현시대에 맞게 재해석하고 비판적으로 성찰하는 모습이 필요하다.

오답 피하기
ㄷ. 창조적인 계승이란 전통문화를 원형 그대로 보존하는 것보다 시대에 맞게 재해석하는 것을 의미한다. ㄹ. 전통문화와 다른 외래문화라도 그것이 우리 사회에 필요한 것이라면 수용하는 자세가 필요하다.

03   문화 상대주의와 보편 윤리

시험 대비하기   본문 ◦ 171 ~ 173쪽

01 ④	02 ④	03 ⑤	04 ③	05 ③	06 ⑤
07 ②	08 ③	09 ②	10 ⑤	11 ⑤	12 ④
13 ⑤					

01 문화 상대주의   정답 ④

밑줄 친 '이것'은 문화 상대주의이다. ④ 문화 상대주의는 각 문화의 사회적 상황과 맥락 그리고 그 속에서 해당 문화가 갖는 의미를 중시한다.

오답 피하기
① 문화 상대주의는 보편 윤리의 측면을 경시하지 않는다. ②, ③, ⑤ 자문화 중심주의에 대한 설명이다.

02 문화 상대주의   정답 ④

제시문의 필자가 지닌 문화 이해 태도는 문화 상대주의이다. ④ 문화 상

대주의는 다른 사회의 문화를 그 사회의 입장에서 이해하려는 태도이다.

오답 피하기
① 문화 상대주의는 문화적 다양성을 보존할 수 있다. ② 문화 상대주의는 각각의 문화가 고유성과 가치를 가지므로 우열을 평가할 수 없다고 본다. ③ 문화 사대주의에 대한 설명이다. ⑤ 자문화 중심주의에 대한 설명이다.

03 자문화 중심주의   정답 ⑤

제시된 사례에서 과거 중국인들과 독일의 히틀러는 모두 자기 문화만이 우수하다고 보는 자문화 중심주의 태도를 가지고 있다. ⑤ 자문화 중심주의는 국수주의를 초래하여 문화 간 갈등이나 국제적 고립을 가져올 수 있다.

오답 피하기
①, ② 문화 상대주의에 대한 설명이다. ③, ④ 문화 사대주의에 대한 설명이다.

04 자문화 중심주의   정답 ③

제시문에서 을국 사람들은 갑국 유목민들의 문화가 목욕을 자주하는 자신들에 비해 매우 불결하고 미개하다고 보고 있다. 이는 자문화 중심주의에 해당한다. ③ 자문화 중심주의는 집단 구성원 간의 결속력을 강화시키는 데 기여한다.

오답 피하기
① 자문화 중심주의는 국수주의에 빠질 가능성이 높다. ② 다문화 사회에서 요구되는 태도는 문화 상대주의이다. ④ 다른 사회의 문화를 동경하거나 숭상할 가능성이 높은 태도는 문화 사대주의이다. ⑤ 각 사회가 처한 환경을 고려하여 문화를 이해하고자 하는 태도는 문화 상대주의이다.

> **개념노트 | 자문화 중심주의**
> • 의미 : 자기 문화의 우수성을 내세워 타문화를 낮게 평가하는 태도
> • 특징 : 자기 문화에 대한 자부심을 강화시켜 사회 통합에 기여할 수 있으나, 국수주의를 초래하거나 제국주의적 문화 이식 시도로 문화적 마찰을 발생시킬 수 있음

05 문화 사대주의   정답 ③

필자는 중국의 중화사상을 숭배하는 조선의 사대주의를 가지고 있다. ③ 집단 내의 일체감과 자부심을 고양시키는 태도는 자문화 중심주의이다.

오답 피하기
①, ②, ④, ⑤ 문화 사대주의에 대한 설명이다.

06 문화 이해 태도   정답 ⑤

A는 자문화 중심주의, B는 문화 사대주의이다. ⑤ 문화 사대주의는 자문화 중심주의에 비해 맹목적인 외부 문물 수용으로 인해 자문화의 정체성을 상실할 가능성이 높다.

오답 피하기
① A는 자문화 중심주의, B는 문화 사대주의이다. ② 자문화 중심주의와 문화 사대주의는 모두 문화의 상대성을 부인한다. ③ 자문화 중심주의와 문화 사대주의는 모두 문화를 평가의 대상으로 본다. ④ 자문화 중심주의는 타문화와의 갈등을 초래할 가능성이 높다.

07 문화 이해 태도   정답 ②

갑은 아프리카의 어떤 부족이 행하는 성인식이 우리나라에 비해 미개하다고 보고 있으므로 이는 자문화 중심주의에 해당한다. 을은 그들이 처한 환경과 상황을 고려해야 한다고 보고 있으므로 이는 문화 상대주의에 해

당한다. ㄱ. 자문화 중심주의는 문화의 우열을 평가하는 기준이 있다고 본다. ㄷ. 문화 상대주의가 극단적 문화 상대주의로 왜곡될 경우 보편 윤리를 무시하는 문화를 용인할 우려가 있다.

오답 피하기
ㄴ. 자문화의 문화적 정체성을 약화시킬 가능성이 높은 태도는 문화 사대주의이다. ㄹ. 문화의 다양성을 보존하는 데 기여하는 태도는 문화 상대주의이다.

08 문화 이해 태도   정답 ③

③ 각 사회가 지니고 있는 문화의 고유한 의미와 가치를 인정하는 태도는 문화 상대주의이다. 따라서 A는 문화 상대주의이다. 문화 사대주의와 자문화 중심주의 중 외래문화 수용에 적극적인 태도는 문화 사대주의이다. 따라서 B는 문화 사대주의, C는 자문화 중심주의이다.

09 문화 이해 태도   정답 ②

갑은 자문화 중심주의, 을은 문화 상대주의, 병은 문화 사대주의 태도를 지니고 있다. ② 문화 상대주의는 문화가 형성되는 맥락적 이해를 중시하고 문화를 그 사회의 입장에서 이해하려는 태도이다.

오답 피하기
① 자기 문화의 정체성을 상실할 우려가 있는 태도는 문화 사대주의이다. ③ 자문화 중심주의는 국수주의로 흐를 가능성이 크다. ④ 다른 문화와 갈등을 초래할 우려가 있는 태도는 자문화 중심주의이다. ⑤ 자문화 중심주의와 문화 사대주의는 문화를 평가하는 절대적 기준이 있다고 본다.

10 문화 이해 태도   정답 ⑤

문화 간에 우열이 존재한다고 보는 태도는 자문화 중심주의와 문화 사대주의이고, 집단 내의 일체감과 자부심을 강화시키는 태도는 자문화 중심주의이다. 따라서 A는 문화 상대주의, B는 자문화 중심주의, C는 문화 사대주의이다. ⑤ 자기 문화의 관점에서 다른 사회의 문화를 평가하는 태도는 자문화 중심주의이다.

오답 피하기
① 자문화 중심주의는 타문화의 수용에 우호적이지 않다. ② 문화의 다양성 보존에 기여하는 태도는 문화 상대주의이다. ③ 자기 문화의 정체성을 약화시킬 수 있는 태도는 문화 사대주의이다. ④ 환경과 맥락을 고려한 문화 이해를 강조하는 태도는 문화 상대주의이다.

11 극단적 문화 상대주의   정답 ⑤

제시된 칼럼은 문화 상대주의 태도와 함께 보편 윤리를 통해 비판적으로 문화를 성찰할 것을 강조하고 있다. ⑤ 보편 윤리 차원의 문화 성찰을 통해 인류의 보편적 가치를 침해하는 문화에 대해 윤리적으로 비판하고 개선을 요구할 수 있다.

오답 피하기
① 보편 윤리 차원의 문화 성찰은 다양한 문화를 비판적으로 수용할 수 있게 한다. ② 보편 윤리 차원의 문화 성찰은 다양한 문화를 무조건적으로 인정하고 포용하는 것에서부터 벗어날 수 있게 한다. ③ 보편 윤리 차원의 문화 성찰은 보편적 가치 기준에 어긋나는 문화를 비판하고 개선할 것을 강조한다. ④ 문화 상대주의 태도를 가지지 못할 때 나타날 수 있는 문제점에 해당한다.

12 극단적 문화 상대주의와 보편 윤리   정답 ④

④ 을은 부인이 죽으면 남편을 산 채로 같이 매장하는 A국의 풍습이 갖는 고유한 의미와 가치를 인정해야 한다고 보고 있으므로 극단적 문화 상대

주의 태도를 가지고 있다. 이에 대해 병은 을의 극단적 문화 상대주의 태도를 보편 윤리를 훼손한다는 점에서 비판할 수 있다.

13 문화 이해 태도   정답 ⑤

갑은 극단적 문화 상대주의 태도, 을은 자문화 중심주의 태도, 병은 보편 윤리 관점에 입각한 문화 상대주의 태도를 가지고 있다. ⑤ 갑은 인류의 보편적 가치에 위배되는 행위마저 고유의 문화로 인정하는 극단적 문화 상대주의 태도를 가지고 있는 반면, 병은 보편 윤리의 관점에서 ○○국의 풍습을 비판적으로 보고 있다.

오답 피하기
① 갑은 문화적 특수성을 인정하고 있다. ② 갑은 국가 간 문화의 우열을 평가할 수 없다고 보고 있다. ③ 을의 태도는 자문화의 정체성을 강화시키는 데 기여한다. ④ 병은 문화 상대주의 태도를 가지고 있다.

04   다문화 사회와 문화적 다양성

시험 대비하기   본문 ○ 175~177쪽

01 ③	02 ②	03 ④	04 ⑤	05 ④	06 ①
07 ④	08 ②	09 ④	10 ④	11 ①	12 ②

01 다문화 사회   정답 ③

③ 제시된 자료는 세계화에 따른 국가 간 인적 교류 증가가 우리나라에 미치는 영향을 언급하고 있다. 우리나라가 다문화 사회로 변화함에 따라 나타나는 현상이다. 따라서 (가)에는 '다문화 사회로의 변화'가 들어갈 수 있다.

02 다문화 사회   정답 ②

ㄱ. (가)는 '다문화 사회'이다. 다문화 사회는 한 국가나 사회 안에 서로 다른 문화를 가진 인종이나 민족 등이 함께 살고 있는 사회를 말한다. ㄷ. 다문화 사회의 긍정적 측면으로, 외국인 노동자의 유입은 우리나라에서 부족한 노동력 문제를 해결할 수 있다.

오답 피하기
ㄴ. 외국인 노동자의 유입과 국제결혼 가정 등의 증가는 다문화 사회의 변화 요인이다. ㄹ. 다문화 사회의 변화로 인해 나타날 수 있는 부정적 측면으로 저출생·고령화의 심화는 적절하지 않다.

03 다문화 수용성   정답 ④

'일자리 부족 시 자국민 우선 고용에 찬성함'의 비율과 '외국인 노동자와 이민자를 이웃으로 삼고 싶지 않음'의 비율은 모두 한국이 가장 높다. 이를 통해 한국의 다문화에 대한 수용성, 즉 개방성이 다른 나라에 비해 낮음을 알 수 있다. ④ 우리나라는 다른 나라에 비해 외국인 노동자나 이민자에 대한 개방성이 낮다. 이는 우리나라가 다른 나라에 비해 외국인 노동자나 이민자에 대한 배타성이 강함을 의미한다.

오답 피하기
① 다문화 이해 교육의 필요성은 미국보다 한국이 높다. ② 전체 국민에서 외국인이 차지하는 비율은 전체 인구와 외국인 인구가 제시되어 있지 않으므로 알 수 없다. ③ 제시된 자료를 통해 일자리 부족 시 자국민 우선

고용에 찬성하는 사람의 수는 알 수 없다. ⑤ 제시된 자료만으로는 일자리 부족 시 자국민 우선 고용에 찬성하는 사람을 비교할 수 없다.

04 다문화 사회　　　　　　　　　　　정답 ⑤

갑은 우리나라에서 살고 있는 외국인들이 그들의 고유한 문화보다 우리나라의 문화에 따라 살아야 한다고 주장하고 있다. 반면 을은 외국인들의 고유한 문화적 정체성을 지킬 수 있도록 도와주어야 한다고 주장하고 있다. ⑤ 갑의 입장에서는 을의 입장이 다양한 문화의 공존으로 인해 구성원들의 문화적 정체성이 혼란스러워질 수 있음을 간과하고 있다고 비판할 수 있다.

05 다문화 사회　　　　　　　　　　　정답 ④

을은 다문화 사회를 살아가는 우리에게 필요한 자세는 배려, 공존을 위한 지혜, 관용의 가치임을 주장하고 있다. ④ 관용의 자세에 있어 제약이 없을 경우 인류의 보편적 가치를 훼손하는 행위까지 문화로 인정될 수 있으며, 이 경우 인권 침해와 사회 혼란의 원인이 될 수 있다.

❗ 오답 피하기
①, ②, ③, ⑤ 을의 관점에 부합하는 진술이다.

06 다문화 사회　　　　　　　　　　　정답 ①

문화 다양성을 존중하기 위한 노력에는 제도적 차원의 노력과 의식적 차원의 노력이 있다. 갑은 의식적 차원의 노력을, 을은 제도적 차원의 노력을 강조하고 있다. ㄱ, ㄴ. 의식적 차원의 노력에 해당한다.

❗ 오답 피하기
ㄷ, ㄹ. 제도적 차원의 노력에 해당한다.

07 다문화 사회의 이주민 정책　　　　　　정답 ④

ㄴ. 결혼 이민자나 이주 노동자에 대한 한국어 교육이나 우리의 전통문화를 전수하는 것 등은 우리 문화에 이주민을 동화시키는 것으로, 이는 용광로 정책에 부합한다. ㄹ. 다양한 집단의 문화가 우리 사회 내에서 공존할 수 있도록 보장하는 것은 샐러드 볼 정책에 부합한다.

❗ 오답 피하기
ㄱ. (가)는 다문화 사회이다. 교통과 통신의 발달은 다문화 사회로의 변화를 촉진한다. ㄷ. 다양한 집단의 문화가 우리 사회 내에서 공존할 수 있도록 보장하는 것은 문화 동화보다 문화 병존의 가능성을 높인다.

08 다문화 사회의 이주민 정책　　　　　　정답 ②

교사는 우리 사회의 이주민에게 우리 문화를 강요할 것이 아니라 우리가 이주민의 문화를 이해하고 보호하려는 노력을 해야 함을 강조하고 있다. ② 내국인에 대한 다문화 교육 프로그램은 이주민 문화에 대한 우리의 이해도를 높이는 데 기여한다.

❗ 오답 피하기
①, ③, ④, ⑤ 이주민이 우리 사회의 문화에 익숙해지게 하는 데 도움을 주는 정책에 해당한다.

09 다문화 사회의 이주민 정책　　　　　　정답 ④

(가)는 다문화주의(샐러드 볼 이론), (나)는 동화주의(용광로 이론) 입장이다. ④ 다문화주의는 다문화 사회에서 이주민들의 문화와 정체성을 포기하도록 강요하는 것을 비판하며 여러 가지 야채가 한곳에 모아져 있는 샐러드 볼처럼 다양한 문화가 함께 공존해야 한다고 주장한다. 반면 동화주의는 주류 문화에 이주민 문화를 편입시켜야 사회의 안정을 도모할 수 있

다고 주장한다. 동화주의에 따르면, 여러 금속을 용광로에 넣으면 하나가 되듯이 타문화를 주류 문화에 동화시켜야 한다.

❗ 오답 피하기
① 동화주의는 다문화주의에 비해 문화적 동질성을 강조한다. ② 다문화주의는 동화주의에 비해 문화 병존을 중시한다. ③ 동화주의는 이주민을 통합의 대상으로 인식한다. ⑤ 다문화주의는 다양한 문화를 그들의 입장에서 바라보고 조화롭게 공존하려는 태도인 문화 상대주의적 태도를 지닌다.

10 다문화 사회의 이주민 정책　　　　　　정답 ④

갑의 입장은 용광로 정책, 을의 입장은 샐러드 볼 정책에 해당한다. ④ 을은 한 사회에서 이주민의 다양한 문화가 각각의 특성을 유지할 수 있어야 한다고 보고 있다. 따라서 을은 다양한 문화의 정체성을 대등하게 인정해야 한다고 주장할 것이다.

❗ 오답 피하기
① 제시된 갑의 주장만으로는 파악할 수 없는 내용이다. ② 갑은 이주민의 문화가 사회의 주류 문화에 동화될 수 있게 해야 한다고 볼 것이다. ③ 을은 문화적 다양성을 높여야 사회 통합이 가능하다고 주장할 것이다. ⑤ 을은 이주민의 고유한 문화적 특성이 유지될수록 사회 통합의 가능성이 높아진다고 주장할 것이다.

11 다문화 사회의 이주민 정책　　　　　　정답 ①

갑은 자문화의 순수성을 유지하기 위해 외국인의 국내 유입을 제한해야 한다고 주장하고 있다. 을은 국내에 유입된 외국인들이 우리 문화에 동화될 수 있도록 해야 한다고 주장하고 있다. 병은 다양한 문화가 서로 공존할 수 있도록 지원해야 한다고 주장하고 있다. ① 을의 주장은 용광로 정책에, 병의 주장은 샐러드 볼 정책에 해당한다.

❗ 오답 피하기
② 병은 문화 상대주의적 태도를 가지고 있다. ③ 병은 공통의 정체성 확립보다 문화 다양성을 중시하고 있다. ④ 갑과 을은 모두 자문화 중심주의 태도를 가지고 있다. ⑤ 외국인을 대상으로 한 한국어 교육은 병보다 을이 더 찬성할 것이다.

12 다문화 사회의 이주민 정책　　　　　　정답 ②

A는 용광로 정책, B는 샐러드 볼 정책이다. ㄱ. 용광로 정책은 이주민 집단의 다양한 문화를 주류 문화로 동화시키고자 하므로 각 문화의 고유성과 다양성을 존중하기 어렵다. ㄷ. 샐러드 볼 정책은 기존 문화와 이주민 문화의 공존을 추구하고자 하므로 다양한 문화가 서로 대등한 자격으로 조화와 공존을 이룰 수 있다.

❗ 오답 피하기
ㄴ. 용광로 정책은 한 사회의 주류 문화를 이주민들의 문화로 대체하는 것이 아니라 이주민들의 문화를 주류 문화에 흡수시키는 것을 목적으로 한다. ㄹ. 용광로 정책과 샐러드 볼 정책은 모두 사회적 연대감이나 결속력만 지나치게 강조한다고 보기 어렵다.

Ⅴ 생활공간과 사회

01 산업화와 도시화

시험 대비하기

본문 ○ 179 ~ 181쪽

01 ③	02 ③	03 ③	04 ①	05 ④	06 ⑤
07 ④	08 ②	09 ⑤	10 ①	11 ③	12 ⑤

01 도시 문제의 해결을 위한 노력 　　정답 ③

③ 노후 경유차 감축 조례 제정은 개인적 차원에서 실행 가능한 방안이 아니라 법 제정과 관련된 내용이므로 정부 차원에서 실행 가능한 방안에 해당한다.

02 도시화에 따른 변화 　　정답 ③

(가) 시기에 단독 주택, 농경지 등이 있던 자리가 (나) 시기에 시가지를 비롯하여 대규모 아파트 단지로 바뀌었다. 따라서 ○○ 지역은 도시화가 진행되면서 촌락이 도시로 변모하였음을 알 수 있다. ○○ 지역은 도시화가 진행되면서 인구가 증가하여 인구 밀도가 높아졌으며 고층 건물이 많이 들어서게 되면서 토지 이용의 집약도가 높아졌다. 또한 ○○ 지역은 도시화가 진행되면서 공동체보다 개인의 자유와 권리를 중시하는 경향이 강해져 공동체 의식이 약화되었다.

03 우리나라의 도시화 　　정답 ③

(나) 시기는 (가) 시기보다 도시 수와 도시 인구가 많으므로 최근인 2020년이고, (가) 시기는 과거인 1970년이다. ③ 2020년은 1970년보다 도시화율이 높고 3차 산업 종사자 비율이 높으며, 도시 내 토지 이용의 집약도가 높다.

04 우리나라의 산업화와 도시화 　　정답 ①

그래프를 보면 1960~2020년 1차 산업인 농림어업의 종사자 비중은 낮아진 반면 3차 산업인 사회 간접 자본 및 서비스업의 종사자 비중은 높아졌음을 알 수 있으며, 이를 통해 우리나라에서 산업화와 도시화가 진행되었음을 알 수 있다. ① 산업화와 도시화가 진행되면서 직업의 종류가 다양해지고, 세분화·전문화되었다.

05 서울의 인구와 면적 변화 　　정답 ④

ㄴ. 서울의 인구 증가율이 서울의 면적 증가율보다 높으므로 서울의 인구 밀도는 1945년보다 2022년에 높다. ㄹ. 서울의 인구는 1945년에 90만 명, 2022년에 942만 명이므로 10배 이상 증가하였다.

❗ 오답 피하기

ㄱ. 1945~2022년 서울의 인구는 10배 이상 증가하였고, 서울의 면적은 약 4배 증가하였다. 따라서 서울의 인구 증가율은 면적 증가율보다 높다. ㄷ. 지도를 보면 서울의 면적이 확대되면서 서울의 행정 구역 개수도 1945년보다 2022년에 증가했음을 알 수 있다.

06 도시 문제의 해결을 위한 노력 　　정답 ⑤

(가)는 오염된 울산 태화강의 모습에 해당하고, (나)는 하천 생태 복원을 통해 맑은 물이 흐르는 생명의 강으로 바뀐 울산 태화강의 모습에 해당한다. 무. 폐수로 인해 오염된 태화강을 맑은 물이 흐르는 생명의 강으로 바꾸기 위해서 하천 위를 아스팔트, 콘크리트 등으로 덮는 복개 사업을 실시하면 오히려 하천 오염이 심화된다.

07 도시와 촌락의 비교 　　정답 ④

거리를 가득 메운 자동차 경적 소리, 샐러리맨 기계 부품처럼 큰 빌딩 속에 앉아 등의 내용을 통해 (가)는 도시라는 것을 알 수 있다. 넓은 벌, 실개천, 황소, 밭 등의 내용을 통해 (나)는 촌락이라는 것을 알 수 있다. ④ 촌락은 도시보다 직업이 다양하지 못하므로 직업의 다양성이 낮다.

❗ 오답 피하기

① 도시는 시민의 대부분이 3차 산업에 종사하고 있으므로 3차 산업 취업자 수보다 1차 산업 취업자 수가 적다. ② 서울은 우리나라의 최고차 중심 도시이다. ③ 도시는 촌락보다 고층 건물이 많아 토지 이용의 집약도가 높게 나타난다. ⑤ 도시는 아스팔트, 콘크리트 포장 면적의 비율이 높다. 따라서 촌락은 도시보다 지표 포장 면적의 비율이 낮다.

08 산업화와 도시화에 따른 변화 　　정답 ②

(가) 시기는 (나) 시기보다 대지 면적 비율이 높은 반면, 논, 밭 면적 비율이 낮다. 따라서 (가) 시기는 도시화가 많이 진행된 2022년이고, (나) 시기는 1986년이다. ㄱ. 2022년은 1986년보다 인구가 많으므로 인구 밀도도 높다. ㄷ. 1986년은 2022년보다 3차 산업 취업자 수 비율이 낮은 반면, 1차 산업 취업자 수 비율이 높다.

❗ 오답 피하기

ㄴ. 1986년은 2022년보다 고층 건물이 적으므로 토지 이용의 집약도가 낮다. ㄹ. (가) 시기는 2022년이고, (나) 시기는 1986년이다.

09 도시 문제의 해결을 위한 노력 　　정답 ⑤

⑤ 열섬 현상은 도시의 주변(외곽) 지역보다 인공 열 방출량이 많고 포장 면적 비율이 높은 도심에서 평균 기온이 높게 나타나는 현상을 말한다.

10 우리나라의 산업화와 도시화 　　정답 ①

1960~2022년 취업자 수 비율이 증가하였으며 2022년 기준 현재 취업자 수 비율이 80%에 가까운 (가)는 3차 산업인 사회 간접 자본 및 기타 서비스업이다. 1960년에는 취업자 수 비율이 절반 이상을 차지할 정도로 높았으나 2022년 기준 취업자 수 비율이 매우 낮은 (나)는 1차 산업인 농림어업이다. ① 도시는 촌락보다 3차 산업인 사회 간접 자본 및 기타 서비스업의 취업자 수 비율이 높다.

❗ 오답 피하기

② 경기는 전남보다 도시화가 많이 진행되었으므로 지역 내 1차 산업인 농림어업의 취업자 수 비율이 낮다. ③ 사회 간접 자본 및 기타 서비스업은 3차 산업에 속하고, 농림어업은 1차 산업에 속한다. ④ 산업화와 도시화가 진행되면서 3차 산업인 사회 간접 자본 및 기타 서비스업의 취업자 수 비율은 높아지고, 1차 산업인 농림어업의 취업자 수 비율은 낮아진다. ⑤ 생산 요소로서 토지의 중요성은 3차 산업인 사회 간접 자본 및 기타 서비스업보다 1차 산업인 농림어업에서 높다.

11 산업화와 도시화에 따른 변화 　　정답 ③

ㄴ, ㄷ 산업화와 도시화로 인해 2, 3차 산업이 증가하였고 직업이 다양화, 세분화, 전문화되었으며 주거, 업무, 상업, 여가 등을 수행하는 다양한 공간으로 분화되었다.

㉠ 산업화와 도시화로 인해 집단보다 개인의 목표를 중시하는 개인주의
적 가치관이 확산되었다. ㉢ 도시 인구가 증가하고 시가지 면적이 확대되
면서 토지 이용의 집약도가 높아졌다.

개념노트 │ 산업화와 도시화로 인한 생활양식의 변화

도시성의 확산	• 자율성과 다양성이 존중됨 → 사회적 유대감이 약화됨 • 도시와 촌락의 교류 증가로 촌락 지역에 도시성이 확산됨 → 도시적 생활양식이 보편적 생활양식이 됨
직업의 분화	산업화로 직업의 세분화와 전문화가 이루어짐 → 서비스업 직종이 증가하고, 도시민의 직업이 다양화됨
개인주의 가치관 확산	• 공동체보다 개인의 자유와 권리를 중시하는 '나홀로족'이 증가함 • 개인 간의 경쟁이 치열해짐

---

12 도시화에 따른 공동체 의식의 약화와 해결 방안 정답 ⑤

제시된 설문 조사의 질문을 보면 공동체 의식에 대한 조사라는 것을 알
수 있으며, 조사 결과 공동체 의식이 매우 약한 문제점이 드러나고 있다.
⑤ 도시화에 따른 공동체 의식 약화 문제를 해결하기 위해서는 마을 공동
체 운영 사업을 확대 지원해야 한다.

02~03 교통·통신 및 과학기술의 발달 ~
우리 지역의 공간 변화

시험 대비하기 본문 ○ 183~185쪽

01 ④	02 ①	03 ③	04 ②	05 ④	06 ③
07 ①	08 ③	09 ④	10 ③	11 ①	12 ③

---

01 교통의 발달과 과학기술의 발달에 따른 변화 정답 ④

ㄱ. 교통의 발달로 인해 접근성이 향상되면서 개인의 일상생활 범위가 확
대되었다. ㄴ. 생태환경의 변화 사례로 교통로 건설에 따른 야생 동물의
이동 통로 단절을 들 수 있다. ㄹ. 정보화로 인해 지역 간, 계층 간 정보
격차 문제가 발생하고 있다.

ㄷ. 전자 상거래가 활성화되면서 소비 활동의 공간적 제약이 완화되었다.

---

02 정보 격차 문제 정답 ①

(가)를 해결하기 위해 정보화 취약 계층을 대상으로 정보 통신 기기 활용
교육을 실시하고, 공공장소의 근거리 무선망을 확대 구축하며, 노후 장비
를 교체하고 있다. ① 따라서 (가)는 정보 격차 문제이다.

---

03 교통 발달에 따른 생태환경 파괴 문제의 해결 방안 정답 ③

③ (가)에는 생태 통로를 설치한 목적과 관련된 내용이 들어가야 한다. 생
태 통로를 설치하면 교통 발달에 따른 생태 서식지 단절을 줄일 수 있다.

---

04 지역 조사 과정 정답 ②

A는 조사 주제 및 지역 선정, B는 실내 조사, C는 야외 조사, D는 자료
분석 및 정리, E는 그래프 및 주제도 작성 단계에 해당한다. ② 인터넷을
활용하여 ○○시의 인구 통계 자료를 조사하는 활동은 지역 정보 수집 중
실내 조사 단계에 해당한다.

① 자료 분석 및 정리 단계에 해당하는 활동이다. ③ 그래프 및 주제도 작
성 단계에 해당하는 활동이다. ④ 야외 조사 단계에 해당하는 활동이다.
⑤ 조사 주제 및 지역 선정 단계에 해당하는 활동이다.

---

05 과학기술 발달에 따른 변화 정답 ④

갑. 과학기술 발달로 정보 사회가 출현하여 지식과 정보가 가장 중요한
자원이 되었다. 병. 누리 소통망(SNS)이 보편화되면서 직접 민주주의의
이상 실현이 가능해졌다. 정. 전자 상거래가 활성화되면서 상품을 소비자
에게 전달하기 위한 택배 산업도 동반 성장하였다.

을. 과학기술이 발달하면서 화상 회의, 원격 근무가 가능해졌고, 이로 인
해 재택근무를 하는 직장인의 비율이 높아졌다.

---

06 교통·통신의 발달에 따른 생활공간의 변화 정답 ③

③ 장거리 이동이 가능해지게 된 배경은 항공기, 철도 등의 교통수단 등
장과 관련이 깊다. 따라서 ㉢에는 과거의 느린 교통수단인 우마차, 수운
교통이 아니라 최근에 등장한 항공기, 철도가 들어가야 한다.

---

07 교통 발달에 따른 문제점과 해결 방안 정답 ①

(가)는 선박에 의한 외래 동식물의 유입과 생태계 교란 문제이고, (나)는
고속 국도 건설로 인한 야생 동물 서식지 파괴와 이동로 단절 문제이다.
ㄱ. (가)를 해결하기 위해서는 선박 평형수 처리 장치를 의무화해야 한다.
ㄴ. (나)를 해결하기 위해서는 도로 건설 시 생태 통로도 함께 건설해야
한다.

ㄷ. 고속 철도의 레일을 건설하는 과정에서도 야생 동물 서식지 파괴와
이동로 단절 문제가 발생할 수 있다. ㄹ. 동물 전염병 확산 문제의 해결
방안에 해당한다.

---

08 사이버 범죄 문제점과 해결 방안 정답 ③

제시된 자료에는 정보화에 따른 사이버 범죄의 증가 문제가 나타나 있다.
ㄴ, ㄷ. 사이버 범죄 문제를 해결하기 위해서는 개인 정보 관리 강화를 위
한 제도를 마련하고 정보 시스템 보안 관련 전문 인력을 육성해야 한다.

ㄱ. 정보 격차 문제의 해결 방안이다. ㄹ. 사이버 불링(cyber bulling)은
사이버 범죄의 유형 중 하나이므로 이를 활성화하기 위한 법률 제정은 해
결 방안이 될 수 없다.

---

09 정보 격차 문제점과 해결 방안 정답 ④

그래프는 일반 국민과 정보 소외 계층 간의 정보 격차 문제를 나타내고
있다. 을. 정보 격차 문제의 해결을 위해서는 정보 소외 계층을 대상으로
정보화 교육을 강화해야 한다. 정. 정보 격차 문제의 해결을 위해서는 전
통 시장, 보건소, 장애인 이용 시설 등에 무선 인터넷 구역을 구축하여 정
보 접근성을 높여야 한다.

갑. 익명성 보장과 정보 접근성 향상은 관련이 없으며, 익명성을 보장한다고 해서 정보 격차 문제가 해결되지는 않는다. 병. 사이버 범죄 문제의 해결 방안에 해당한다.

10 지역의 변화 분석　　　　　　　　　　정답 ③

제시된 자료를 보면 용인시는 경지 면적이 감소하고 도로와 대지 면적이 증가했으며 인구와 가구 수가 증가했다. 또한 용인시는 1차 산업 종사자 비율이 낮아진 반면 3차 산업 종사자 비율이 높아졌다. ③ 제시된 자료를 통해 용인시가 촌락에서 도시로 변모하였음을 알 수 있으며, 이를 통해 주민의 직업 구성이 다양화되었음을 파악할 수 있다.

11 실내 조사　　　　　　　　　　정답 ①

① 국토 정보 플랫폼에서 위성 사진을 검색하고, 도서관에서 찾은 통계 연보에서 용도별 토지 면적 통계를 찾는 행위는 모두 실내 조사 단계에 이루어진다.

12 지역 조사의 단계　　　　　　　　　　정답 ③

(가)에는 실내 조사에 해당하는 활동이, (나)에는 야외 조사에 해당하는 활동이, (다)에는 지리 정보 분석에 해당하는 활동이 들어가야 한다. ③ ○○시의 혁신 도시를 답사하고 경관을 사진 촬영하는 활동인 ㄱ은 야외 조사에 해당한다. ○○시의 혁신 도시 입지 이후 토지 이용 변화에 관한 통계를 통계청 누리집에서 검색하는 활동인 ㄴ은 실내 조사에 해당한다. 수집된 자료를 토대로 ○○시의 혁신 도시 입지 전후 토지 이용 변화를 지도로 제작하는 활동인 ㄷ은 지리 정보 분석에 해당한다. 따라서 (가)에는 ㄴ, (나)에는 ㄱ, (다)에는 ㄷ이 해당한다.

개념노트 | 지역 조사의 목적과 순서	
목적	지역의 공간 변화 과정에서 나타난 문제를 구체적으로 파악하여 합리적 해결 방안을 마련
순서	조사 계획 수립 → 지역 정보 수집(실내 조사, 야외 조사) → 지역 정보의 분석 및 종합 → 보고서 작성

MEMO

MEMO

MEMO

MEMO

본
本

개념이 근본이 된다
내 삶의 기본이 된다

본

통합사회1

수능·내신 영어의 모든 것을 **마스터**하세요!

MASTER
Series

독해를 마스터   듣기를 마스터   영단어를 마스터

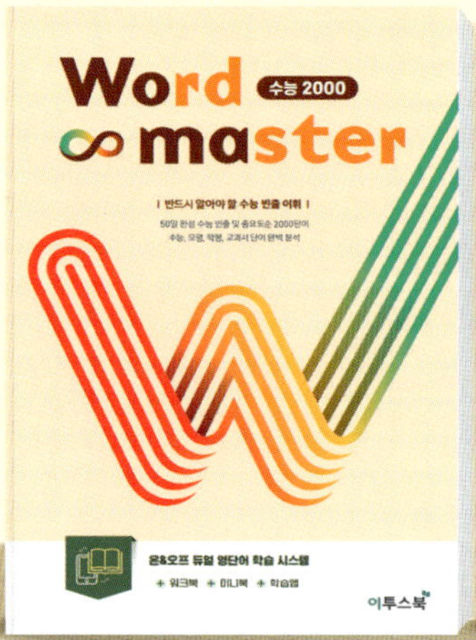

최신 수능 경향 반영!
수준별 독해서

"유형 - 실전 - 고난도"로
영어 독해 체계적 완성

1등급 목표!
수능 영어 듣기 훈련서

유형 학습부터 고난도까지
완벽한 3단계 난이도 구성

반드시 알아야 할
빈출 어휘 영단어장

학습앱&워크북, 미니북
온&오프 복습 시스템

이투스북